JN130876

50周年を迎えたセンター、次の50年に向かって歩みます

記念誌

公益財団法人
神戸学生青年センター

50周年記念誌発行にさいして

理事長
飛田雄一

センターは、1972年４月、在日本南プレスビテリアンミッションと日本基督教団を母体として作られました。その後50年間、多くの方に支えられて50年の歩みを続けられたことを感謝しています。

1995年の阪神淡路大震災は、たいへんな出来事でしたが、「六甲奨学基金」というレガシーも残してくれました。

50年を前にした2021年、センターは新しいビルに移転しました。ウエスト100（本館）とノース10（分館）です。旧センターのあった六甲ニューライフマンション建て替えによるものです。寂しい気持ちもありますが、阪急六甲駅に更に近くなった新センターでの活動が始まっています。宿泊事業は中止しましたが、その他の事業は古本市も含めて順調に引き継がれています。そして、新しいプロジェクト「六甲ウィメンズハウス 」もスタートしています。

センターはこれまでの50年をふりかえり、次の50年に向かって歩みを続けます。引き続きみなさまのご協力をよろしくお願いします。

＊

館　長
朴　淳　用

理事長より次の50年に向かって歩み続けますとの挨拶の言葉がありましたが、まずは、今までセンターを支えてくださった関係者の皆さまに深く感謝申し上げます。

1995年阪神淡路大震災をきっかけとして、新たにセンターの活動対象に加わった、留学生への支援活動（六甲奨学基金・古本市・日本語サロン）は、今やセンターの活動の柱となっております。

2021年５月、長年活動拠点として利用しておりました山田町からの移転をきっかけに、これからの50年に向かって新たにセンターのミッションに加わった学生支援活動を筆頭に、留学生支援活動から次のステージへ大きく舵を切る準備を進めており、2024年春開館を目標として六甲ウィメンズハウスの建設を進めております。この六甲ウィメンズハウスは、留学生のみならず、支援を必要とする女性が安心して生活できる居住空間を提供する事業です。シングルマザー、非正規・低収入の女性、経済的困難に直面している女子学生にも開かれた住まいとして、自立可能な新しい人生の実現をサポートすることを目的としています。

六甲ウィメンズハウス事業においても、センターの活動原点である『開かれた出会いの場』の大切さを守り続けるつもりです。これからも皆さまにお力添えいただけましたら幸いです。何卒よろしくお願い申し上げます。

目　次

神戸学生青年センター50年略史

1955年	米国南長老教会が六甲キリスト教学生センター設立
1966年	日本基督教団兵庫教区に伝道活動を委譲
1969年11月	学生センタービル建築準備委員会設置
1972年４月	財団法人神戸学生青年センター開館式（館長 小池基信）
1972年６月	「朝鮮史セミナー」はじまる
1973年１月	法人登記完了
1973年６月	「食品公害セミナー」はじまる
1974年２月	「東南アジアセミナー」はじまる
1974年４月	「食品公害を追放し安全な食べものを求める会」結成
1975年５月	「朝鮮語講座」はじまる
1975年７月	第１回朝鮮史夏期特別講座（朴慶植氏）
1976年６月	ニューライフマンションの管理を都市問題研究所より引き継ぐ
1977年４月	開館５周年記念講座
1977年４月	センターニュース１号発行
1977年５月	「近代日本とキリスト教セミナー」はじまる
1977年12月	辻建館長就任
1978年３月	朝鮮語講座第１回学芸会
1979年	センター賛助会発足
1980年７月	センター出版部第１作『解放後の在日朝鮮人運動』(梶村秀樹著）出版
1980年12月	第１回センターデイ
1982年４月	開館10周年記念事業（マグルーダー氏招待、関西芸術座公演ほか）
1982年４月	『今、子供になにが起こっているのか』出版
1982年７月	食品公害セミナー100回記念講演会（竹熊宜孝氏）
1983年11月	兵庫県教職員組合より社会文化奨励賞授賞
1985年６月	ニューライフ管理組合設立（管理会社はkbsシラカワ）
1985年９月	ロビー書店開店
1985年12月	兵庫指紋拒否を共に闘う連絡会発足（代表河上民雄、事務局センター内）
1986年４月	センターニュース10号発行
1986年６月	「「知りたい世界」をのぞく会」はじまる
1987年１月	子ども考セミナー開催
1987年８月	「有機農業ワークキャンプ」はじまる
1987年９月	開館15周年記念事業
1988年４月	奥村智美ピアノリサイタル
1988年12月	『賀川豊彦の全体像』出版
1989年	ベッドルーム改装（２人用８室へ）
1989年	パンフ「有機農業運動とセンターを中心とした市民運動」（朝鮮語）発行

1989年11月　第10回センターデイ
1990年７月　『1990朝鮮人・中国人強制連行・強制労働資料集』発行
1991年４月　飛田雄一館長就任
1991年９月　食品公害セミナー200回記念講演会（坂下栄氏）
1991年12月　センターニュース20号発行
1992年４月　『母・従軍慰安婦－かあさんは「朝鮮ピー」と呼ばれた－』（尹静慕）出版
1992年５月　開館20周年記念劇団態変公演、ロビー改装工事
1992年９～10月　開館20周年記念式典、記念講演会（鶴見俊輔氏、李泳禧氏、山下惣一氏）
1993年６～７月　「先住民年」セミナー開催（チュプチセコル氏、小林致広氏、真実一美氏）
1994年４月　「農を志す人・農に思いを寄せる人のための農塾」第１期開講
1994年４～12月　「市島発夏子体験」開催
1995年１月17日　阪神淡路大震災
1995年２～４月　被災留学生・就学生支援活動、フロン回収活動
1995年５月　報告集会「阪神大震災と被災留学生・就学生」
1995年６月　日本語サロンスタート
1995年10～11月　現代キリスト教セミナー「戦後50年とキリスト教」開催
1996年４月　六甲奨学基金第１期支給開始
1996年５月　「森林講座」始まる
1996年６月　センターニュース30号発行
1996年６月　韓国祭ツアー第１回江陵「端午祭」
1996年９月　「ソウル朝鮮語集中講座」開催
1997年６月　ホームページ開設　www.hyogo-iic.ne.jp/~rokko/
1997年11月　オゾン層保護地球温暖化防止国際フォーラム（infog）開催
1997年11月　開館25周年「となりのトトロ」上映会
1998年３～５月　六甲奨学基金のための第１回古本市
1998年11月　アジア労働者交流集会 in KOBE（共催）はじまる
1999年６月　第１回六甲のちいさな音楽会、鄭光均オカリナコンサート
1999年９月　センターニュース40号発行
1999年12月　第300回記念食料環境セミナー記念講演（保田茂氏）
2000年６月　「朝鮮戦争50年」朝鮮史セミナー開催（和田春樹氏、水野直樹氏）
2000年１月　中南元他『もっと減らせる！ダイオキシン』発行
2001年４月　農塾伊川谷実習農園オープン
2001年９月　高銀『朝鮮統一への想い』発行
2001年10～11月　六甲奨学基金「実践・日本語学習支援講座」
（中畠孝幸氏、瀬口郁子氏、奥田純子氏）
2002年１月　兵庫県ボランティア賞受賞
2002年２月　トイレ改装工事（障害者用トイレ新設ほか）
2002年３～４月　「ワールドカップをもっと楽しむための韓国語短期集中講座」開催
2002年５月　河上民雄理事長退任
2002年５月　辻建理事長就任
2002年６月　創立30周年記念式典
2002年６月　講演会「“現代”が問いかけるもの」（松井やより氏）
2002年６月　記念誌「20世紀から21世紀へ」出版

2002年12月　センターニュース50号発行
2003年12月　神戸マスクワイヤー第１回クリスマスゴスペルコンサート開催
2003年12月　キリスト教学校教育同盟関西地区国際交流委員会編（日韓合本版）
『日韓の歴史教科書を読みなおす』出版
2004年３月　ジョン・レイン著『夏は再びやってくる』出版記念講演会
2004年４月　三木原奨学基金（のちに一粒の麦奨学基金）支給開始、2008年３月終了
2004年５～7月　第１回日本語教育ボランティア養成講座開催（矢野文雄氏）
2005年４月　利用料金など施設利用料を改定
2005年10～11月　フェアトレードひょうごネットフェア開催
2006年３月　多文化と共生社会を育むワークショップ（共催）はじまる
2006年４月　センターニュース60号発行
2006年10月　講座「絵本をみる・きく・たべる」はじまる
2006年12月　松井やより全仕事展と講演会
2007年８月　竹内康人編著『戦時朝鮮人強制労働調査資料集』出版
2009年４月　ブックレット・大森あい著『自給自足の山村暮らし』発行
2009年５月　辻建理事長退任
2009年５月　保田茂理事長就任
2009年９月　センターニュース70号発行
2009年10月　「多賀健太郎絵画展」はじまる
2009年10月　土曜ランチサロンはじまる
2010年４月　センターニュース72号よりカラー印刷となる
2010年12月　ブックレット・浄慶耕造著『国産大豆で、醤油づくり』発行
2011年４月　朝鮮語・韓国語会話クラス（午前）スタート
2011年12月　ブックレット・宮内陽子著『生徒と学ぶ戦争と平和』発行
2011年12月　ブックレット・成川順著『南京事件フォト紀行』発行
2012年２月　ホームページリニューアル http://ksyc.jp/
2012年４月　竹内康人編著『戦時朝鮮人強制労働調査資料集２』出版
2012年９月　創立40年記念式典　記念講演「日韓交流のきのう、きょう、あす」（直喜夫氏）
2012年12月　センターニュース80号発行
2013年１月　東アジアキリスト教交流史研究会　第１回ワークショップ in Kobe
2013年８月　公益財団法人へ移行
2013年10月　神戸平和マップ展
2014年６月　「高作先生と学ぶ会」はじまる（共催）
2014年７月　モシムとサリム研究所著・大西秀尚訳『殺生の文明からサリムの文明へ』出版
2014年11月　「林賢宜さんの韓国料理教室」はじまる
2015年１月　竹内康人編著『戦時朝鮮人強制労働調査資料集　増補改訂版』出版
2015年７月　「韓国語手話講座」（アンダンテ相永氏）はじまる
2015年９月　居空間RoCoCo@サロン室　利用はじまる
2016年４月　センターニュース90号発行
2017年９月　「土曜ランチサロン」から「土曜ティーサロン」へ変更
2017年11月　強制動員真相究明ネットワーク・民族問題研究所編『日韓市民による世界遺産
ガイドブック「明治日本の産業革命遺産」と強制労働』出版

2018年１月　高作正博著・「高作先生と学ぶ会」編 ブックレット高作先生と学ぶ会No.１
　『2017年通常国会における改憲論議－転換点としての５月３日』発行
2018年11月　六甲奨学基金が兵庫県社会賞を受賞
2019年３月　第500回食料環境セミナー記念講演（保田茂氏）
2019年５月　保田茂理事長退任
2019年５月　飛田雄一理事長就任
2019年５月　朴淳用館長就任
2019年７月　ブックレット・飛田雄一著『阪神淡路大震災、そのとき、外国人は？』発行
2019年９月　センターニュース100号発行
2021年５月　山田町３－１－１から八幡町４－９－22へ移転
新センターでの営業開始　宿泊業を廃止
2021年５月　「ろっこうおーがにっく市」はじまる
2021年７月　Amazonでセンター出版部の書籍を販売開始
2022年１月　食料環境セミナー第３水曜朝→第３土曜昼へ開催日変更
2022年１月　「六甲奨学基金のための古本市」常設開催はじまる
2022年３月　新センターリーフレット発行
2022年４月　神戸港における戦時下朝鮮人・中国人強制連行を調査する会編
　<資料集>『アジア・太平洋戦争下の「敵国」民間人抑留－神戸の場合－』発行
2022年５月　創立50周年記念式典　50周年記念講演「ともに歩む共生社会への道」（李清一氏）

1965年頃の六甲キリスト教学生センター

▲正門

庭園および建物▼

写真提供／J・マグルーダー氏

1969 ?　センタービール建築準備委員会　　旧センターでのセミナー、笠原芳光氏

1972.4.9　神戸学生青年センター開館式　　1973.11　兵庫県有機農業研究会創立総会

1974.　東南アジアセミナー、藤好、小池、ウオーカー各氏　　1974　食品公害を追放し安全な食べものを求める会スタートのころ

1980.4　マグルーダー宣教師を招いて　　1980.11.22　第１回センターディ

1982.3.14　第５回朝鮮語講座学芸会

1985.8.16　ソナンダン公演

1987.2.13　子ども考えるセミナー、森末哲郎氏

1991.7　韓国カトリック農民会との交流、丹南町

1992.7.29～8.2　第６回有機農業ワークキャンプ

1992.9.23　開館20周年記念式典

1994.12.3　第13回センターディ、時田直也氏

1995.2　阪神大震災時のフロン回収ボランティア活動

1995.2　センターに避難した留学生たち

1995.5.25　被災留学生・就学生支援活動報告会

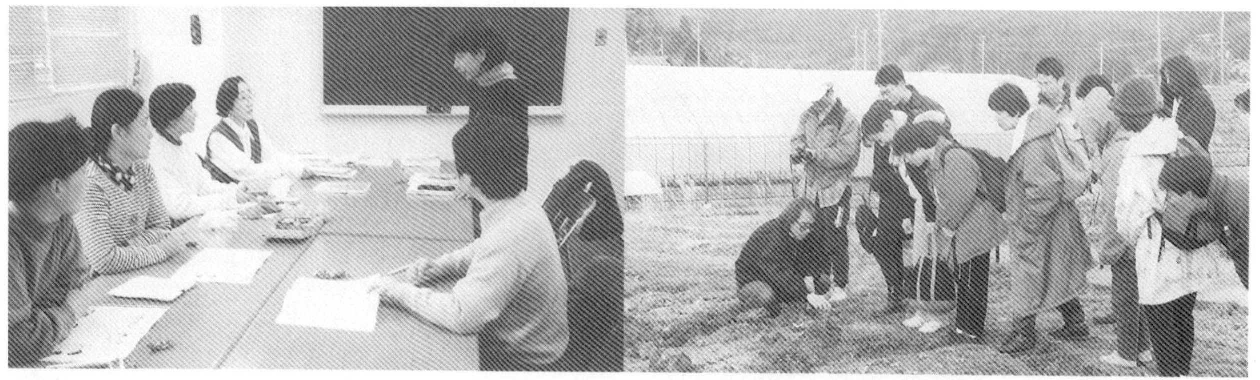

1995.11.20　日本語サロン

1996.1.21　農塾検地研修会、能勢尾崎農場

1996.7.27　森林講座、市島町

1997.1.27　ロビー書店と喬世帆、世安

1997.6.14　朝鮮史セミナー「自由主義史観」を問う

1997.11.24　ＩＮＦＯＧ国際会議、西山記念館

1997.　左より2代（辻）、3代（飛田）、初代（小池）館長　　1998.3.28　食料環境セミナー、保田茂氏

1998.12.12　日本語サロンクリスマス・パーティ　　1999.6.26　第１回六甲ちいさな音楽会、鄭光均氏

1999.12.12　淡路みかん体験　　2001.5.3　キムチチゲ・ハイキング、修法が原

2001.6.15～22　北朝鮮ツアー、板門店　　2002.4.8　六甲奨学基金2002年度授与式

2001.12.2　キリスト教セミナー
差別を超えるもの 女性神学の立場から 金櫻氏

2002.4.29 朝鮮史セミナー サ条約発効50周年
不条理な在日朝鮮人政策の出立 田中宏氏

2002. 6 .29
創立30周年記念講演会　松井やより氏

2002.9.27−10.1　韓国祭ツアー　安東
国際タルチュム(仮面劇)フェスティバル

2002.11.1
第11回食と農を考える交流会

2003.1.10
尹東柱の夕べ　川上盾氏

2003.2−3 平和学講座
ロニー・アレキサンダー氏

2003.4.8
六甲奨学基金2003年度授与式

2004.3.13
『夏は再びやってくる』出版記念講演会

2004. 3 .26
金子マーティン氏講演会

2004. 5 .21
無爲堂・張壱淳先生10周忌（韓国原州）

2005.6.11 金榮注さんと李健雨さんの
日韓農民・消費者交流への働きに感謝する集い

2005.7.10
第１回市島町有機農業ワークキャンプ
事前説明会ならびに野菜の即売会 in 神戸

2006.6.17
第14期農塾

2007.3.18
山陰本線工事と朝鮮人フィールドワーク

2008.3.15～5.15
第11回六甲奨学基金古本市

2008.12.1　キリスト教セミナー
混沌とした戦後のなかで　佐治孝典氏

2009.3.6
3.1独立運動90周年記念講演会 姜在彦氏

2009.5.16　学生センターの
きのう、きょう、あす 辻建氏

2010.4.30–5.8 中央アジアのコリアンを
訪ねる旅（カザフスタン・ウシュトベ）

2012.6.30
4人の出版を祝う会

2012.9.8
センター40年の集い

2013.10.24～30
神戸平和マップ展

2014.7.29「殺生の文明からサリムの
文明へ」出版記念講演会

2014.11.15
第２回土曜ティーサロン

2015.7
韓国語手話教室

2016.5.14
朝鮮語講座42年目のパーティ

2016.10.1
林賢宜さんの韓国料理教室

2016.12.11
朱成山氏講演会

2017.5
旧センターロビー なんやか屋

2018.11.8
兵庫県社会賞受賞

2018.11.30
世界から見た日本を語る 藤田早苗氏

2019.4.12
2019年度六甲奨学金授与式

2021.5
ろっこうおーがにっく市

2022.1 六甲奨学基金古本市
（ウエスト100ロビー）

2022.9
日本語サロン（ウエスト100）

50周年記念式典活動報告

神戸学生青年センター館長　朴　淳　用

今日、50周年記念式典及び記念講演にお集まりいただき、誠にありがとうございます。私の方から、センターの活動についてご報告させていただきます。

＊

その前に、なぜ、私がどうして責任重大な、センターの館長になっているかと、疑問を感じている方もたくさんいらっしゃると思いますので、簡単に、自己紹介させて頂きます。

＊

最初のきっかけですが、初めて日本に来たのは、1998年10月、神戸大学農学部の保田茂先生の研究室に研究生として神戸にまいりました。当時、私が話せる日本語は「はい」しかなかったので、保田先生より、先生が深く関わっている神戸学生青年センターに挨拶に行きなさいと指示があり、それがセンターとの初めての出会いでした。その後、保田先生より、韓国から来る、有機農業や生協関係のお客さんの案内と通訳をするように指示されると、やはり「はい」しか言えないので、学生センターに出入りする機会がどんどんと増えるようになりました。

＊

それほど長い期間ではありませんでしたが、2000年から2001年まで学生センターの管理人として住み込み、夜間のバイトをしておりました。その後も、長い間、韓国から来る、有機農業運動グループや生活協同組合運動グループの日本研修でいつもセンターを利用しておりましたので、通訳及び案内役として、センターと求める会の方々には大変お世話になっておりました。

＊

その後、就職先が見つからない私に、飛田館長より、センターのスタッフとして働くことをご提案して頂きました。あなたは、韓国語もできるし、農学部出身ですから、食料環境セミナーも担当出来るし、一応、キリスト教信者ですから、センターで働いてみないか？とおっしゃっていただきました。やはり、日本語は「はい」としか話せないので「はい」と答え、2010年４月より、学生センター職員として働くようになりました。

＊

声をかけていただいたこと、今でも飛田さんに感謝しております。

＊

2019年より、保田先生が理事長を退任することとなり、飛田さんが新しい理事長となられた時も、「はい」しか言えないので、現在、館長として働いております。

＊

センターの活動として、３本柱があります。それは、朝鮮史セミナー、キリスト教セミナー、食料環境セミナーです。そのうち、食料環境セミナーとその関連で農塾、韓国語講座を担当しております。現在も、定期的に開催しております。

＊

もう一つ、中心となっているセンターの活動として、1995年阪神淡路大震災をきっかけとして始めた六甲奨学基金の設立と日本語サロンの発足です。日本語サロンは、毎週月・土曜日にセンターで開催されております。「六甲奨学基金」は、兵庫県下のアジアからの留学生・就学生に月額５万円の奨学金を支給するもので、96年度より、毎年６名に支給しております。また六甲奨学基金のための「古本市」は今年から常設で行なっております。

＊

最後に、2021年５月に現在の場所に移転し、今後、センターは何をすべきか、何をしなければならないか？その結果としてセンターが存続し続けられるかについて、スタッフとともに悩みました。その結果、2021年よりこれからのセンター活動について、一つ目に、学生支援事業として学生寮の建設を提案することになりました。

＊

2021年夏より、今日の記念式典に参加して頂いておりますが、ウィメンズネット・こうべの正井様よりご提案いただき、鶴甲団地にある、コープこうべ女子寮の再利用計画に参加することとなりました。秋に国土交通省所管補助金交付事業である、「住まい環境整備モデル事業の事業育成型」に選ばれました。今年３月から４月にかけて予備調査を実施しており、その結果を今月中にまとめて報告し、６月には本審査のための計画書を提出する予定です。事業者提案型に応募する予定ですが、その結果は９月中に出る予定です。その結果次第で、来年秋もしくは2024年春から女性専用寮をセンターの新しい事業として行う予定です。

＊

以上で、活動報告とさせていただきます。
ありがとうございます。

公益財団法人・神戸学生青年センター創立50周年記念礼拝　2022年５月28日（土）

説教：「一粒の麦～新しい命に生きる～」

聖書：ヨハネ福音書12章23～26節

牧師　菅　根　信　彦

1972年４月９日に財団法人神戸学生青年センターが開館してから、今年の４月に50周年を迎えました。皆様、おめでとうございます。今から50年前、当センターは、理事長に河上民雄さん、館長に小池基信さんが就任し、センター発足当時の職員は、小池館長のもとに主事に辻建さん、事務職員に小林みえ子さん、管理人に登佐尅己さんが就任しました。また、昨年５月にセンターが移転するまで拠点としていた灘区山田町３丁目１番地１のニューライフマンションの管理には、センターの委託を受けた「都市問題研究所」が担当し、そして、日本基督教団の関係団体として財団法人設立登記をしたうえで、新しくなった会館と共に現在のセンターが発足。その働きが開始されました。それから半世紀、50年の月日が経過しました。

この間、私の記憶するところでは、理事長に、河上民雄さん、辻建さん、保田茂さん、そして飛田雄一さんが歴任し、さらに、館長には、小池基信さん、辻建さん、飛田雄一さん、そして、現在の朴淳用さんと、バトンが受け継がれ現在に至っています。理事、評議員、監事の方々の運営への協力理解、さらに、様々なセミナー活動などを通して出会った多くの方々の働きと支援によって、当センターの働きが続けられてきました。皆様の働きに改めて感謝します。同時に、その出会いや働きの中に神の不思議な御手が働いたことを覚えて感謝をいたします。

ところで、50年という月日は私たちにとってはどのような意味をもつものでしょうか。ちょうど今月の５月15日は沖縄の本土復帰50周年を迎え、東京と沖縄で式典が行われました。同時に、この50年は何であったのかの検証が、沖縄をもとより本土の各団体や報道番組で行われていました。「核抜き・本土並みの返還」ということが叫ばれていましたが、少なくとも、沖縄の基地問題は現代においても解決に程遠いものがあり、この間、米軍による悲惨な痛ましい事件や事故が繰り返し起こってきたことも事実です。現在でも辺野古での基地建設が市民の反対の声をかき消しながら、新基地増設が行われています。そのような厳しい現実を見る時に、50年という月日は確かに、「時の流れによる積み重ねの大切さ」を感じると共に、「重大な出来事」や「時代の問い」を過去へと押しやり、現実を固定化してしまう誘惑に駆られていく期間であったとも言えるのではないかと思います。

教会ではよく、歴史を振り返る時に「荒野の40年」という言葉を使います。古代エジプト王国の圧制に苦悩するイスラエルの民を、神はモーセを用いて、出エジプトという解放の出来事を導いていきます。まさに、「歴史に働く神」の業をイスラエルの民は経験します。そして、神はこの小さな民を選び契約を結びます。しかし、「乳と蜜の流れる約束の地」に入るのには「荒野の40年」を必要としました。この解放と「荒野の40年」の経験がイスラエルの民の信仰を形成していったと言われています。そして、その地に定着し王国の形成や南北の分断、王国滅亡の中で、王や為政者によって不正、あるいは正義や人権が踏みにじられる状況が生まれると、預言者たちは、常に出エジプトの解放と試練の出来事に戻ることを訴えていきました。その意味で、信仰の在り様も人間の営みも常に「原点に戻る」ことの大切さを教えられます。

かつて、西ドイツの大統領であったヴァイツゼッカーがドイツ敗戦40周年の折に議会でおこなった記念演説、「荒野の40年」は今でも多くの人々の心に残っている名演説でした。いや、演説というよりも説教でした。ドイツの戦争責任への罪責を語り、「過去に目を閉ざす者は結局のところ現在にも目を閉ざすことになります。非人間的な行為を心に刻もうとしない者はまた、そうした危険に陥りやすいものです。」と、ヴァイツゼッカーはこのように歴史を記憶する・「心に刻む」ことの大切さを語りました。この「心に刻む」という言葉は、「ある出来事が自らの内面の一部となる」ことをいいます。日本語では「想い起こす」「想起する」とも訳されていました。神が約束したカナンの地に入るまでの「荒野の40年」と「敗戦後40年」を重ね合わせています。彼はこうも語ります。「世代が交代するには40年が必要。しかし、救いは往々にして40年の間しか心に刻んでおけなかった。…40年は区切りを指す。暗い時代がおわり、新しく未来への見通しが開けるか、あるいは忘れることの危険、その結果に対する警告であるかどうかは別として40年の歳月は人間の意識に重大な影響を及ぼしているのである」と。この言葉からすれば、大切な経験は40年しか刻むことができないと言えますし、それでは神戸学生青年センターの50年という月日を経験した私たちは、既に40年を突き抜けてきています。いや、当センターの前身である1955年青年伝道をめざして「六甲キリスト教学生センター」の発足から数えれば67年目を迎え、さらに、前史であるアメリカ南長老教会外国伝道局による神戸伝道まで遡れば、123年以上の歴史を持って、実は今があるはずです。加えて、昨年の５月にはセンターの移転を行い、当センターは現在の本館と分館の２つの「出会いの場」をもって、新しい働きを始めたばかりです。

このような歴史と新しいセンターの開設という今日的状況を踏まえて、今日、私は２つのことを述べます。一つは、「原点への回帰」です。「初心」に帰ることを勧めます。当センターの出自を想い起こすことです。アメリカ南長老教会によって作られた「六甲キリスト教学生センター」当時の働き、特に、そこで働いたジェイムス・タイラー・マグルーター宣教師の働きは忘れてはならないことです。その後、アメリカ南長老教会の財産である「六甲キリスト教学生センター」が日本基督教団に寄付され、運営活動は日本基督教団兵庫教区に移譲されていきます。とりわけ、「神戸学生センター運営委員会」「学生センタービル建築準備委員会」や「センター設立委員会」の祈りと尽力を想い起こすことは大切です。また、開設当初から営まれてきた「朝鮮史セミナー」「食品公害セミナー」「キリスト教セミナー」の３つの柱と言われたセミナーの働き、そのめざすべきところは何であったかを改めて想い起こすことは大事なことだと思います。もちろん、阪神淡路大震災後の支援活動とその後に生まれた「六甲奨学基金」の働きも加えてです。神戸学生青年センター30年略史には、「朝鮮史や食品公害の学習とそこから展開された運動を通して、今日を生きるものの誠実で健全な生の追求という形が生まれてきた」ことが強調されていました。また、センターを通しての「人と人との出会い」「テーマとテーマの出会い」「人とテーマの出会い」こそがセンターの中心であることを述べています。さらに、センター設立の趣旨を先月４月15日に発行された「センターニュース108号」で、飛田雄一理事長は、神戸学生青年センターの最初のリーフレットに書かれた辻建さんの文書を紹介しています。この趣旨こそがまさに、当センターの原点になりうる言葉だと思います。紹介します。「人間の営みは、いつも場所を媒介として行われます。思想的、政治的なものから家庭の営みにいたるものまで。ですから、いつの時代でもおおよそ支配者が自らに批判的な人の集まりを弾圧するとき、それは場所の破壊、場所からの追放として現われました。自由な生の営みを願うものは、何者から干渉されることのない場所を獲得したいと願います。私たちのセンターはそうした願いを実現しようとする一つのアプローチです。この園に市民共同体や文化や宗教の営みが花開くことを願っています」と。この趣旨こそ、当センターの原点であるはずです。誠実な「出会い」を保障するために、このセンターが生まれたことが記されています。この原点を今一度、今日心に刻み直したいと存じます。

二つ目は、この原点を刻みながら、新しい活動の展開を求めていくということです。そのために、今日は新約聖書ヨハネ福音書12章23節以降のイエスの言葉を選びました。特に、12章24節の「一粒の麦は、地に落ちて死ななければ、一粒のままである。だが死ねば、多くの実を結ぶ」という言葉です。

イエスは、ここで誰でも知っている自然界の現象に譬えて、深い命の神秘を示します。イエスは「はっきり言っておく」と断言調に語り始めます。「一粒の麦が、もし死なないで」自己保存を図れば、それはいつまでもひからびた一粒の麦のままである。しかし、もし、死ねば、そこから多くの実が結ばれていく。イエスの十字架の死を暗示する言葉を語ります。イエスの十字架の死は、まさに、「地に落ちて死んだ一粒の麦」でした。ここに福音の生命力の源泉、すなわち、十字架の死を通して命に至る福音、失うことによって得る、身を削ることによって豊かにされる「イエスの無償の愛」に示される「逆説的真理の世界」が語られます。

「一粒の麦は、地に落ちて死ななければ、一粒のままである」と訳されていますが、「地におちても」と訳している聖書学者がいます。つまり、「死ななければ」「殻を破らなければ」そのままである、と言うのです。この表現には、「麦が地に落ちること」と、「死ぬこと」「殻を破ること」には、時間的な差異、本質的な差異を読み取ることができます。「ただ落ちること」と「殻を破る」の差異といってもよいでしょう。つまり、麦は「地に落ちる」ことと、殻を破って、本当の命に至ることは必ずしも連続していないということです。麦は地に落ちるだけでは実を結ぶわけではないのです。殻を破る。旧い自分に死んでいく、言葉を代えて言えば、他者への誠実な関わり、何らかの愛の働きかけ、共に生きようとする思いや祈りを媒介にして、人に仕えるときはじめて多くの実を結ぶと読むことが許されるはずです。

神戸学生青年センターの活動は、これまで、諸団体・グループとの繋がりを深め、広がりをもって歩んできています。その関係を大事にしていきたいと思います。そして、次の100年に向けて、自由な出会いの場を確保しながら、「平和」・「人権」・「環境」・「アジア」をキーワードにした活動を力強く展開できるようにと願っています。とりわけ、戦争と対立の世界が映し出される時代状況の中で、命が分断され、生きる居場所が破壊される世界の状況の中で、むしろ、異質な他者との出会いを通して、自分の殻を破って、繋がり生きることの喜びを知ることができる「誠実な出会いのセンター」になりますように。多くの実を結ぶセンターへと変えられていくことを願っています。神様の豊かな導きを祈ります。

*

主なる神さま、神戸学生青年センター設立50周年を共に守ることができましたことを感謝いたします。20年記念誌、30年記念誌を読むと、本当に懐かしい方々の名前と顔が浮かんできます。多くの出会いがあり、多くの方々の働きがあったことを覚えて感謝します。どうか、新しい場所に移った神戸学生青年センターのこれからの働きが、開設当時の原点に戻りながら、なお、自らの殻を破りつつ、新しい命を生み出すような働きを続けていくことができますよう導いてください。この感謝と願い、皆様の祈りを合わせて、主イエスの名前を通してみ前におささげします。アーメン。

公益財団法人・神戸学生青年センター創立50周年記念講演　2022年５月28日（土）

ともに歩む共生社会への道

在日韓国基督教会館（KCC）名誉館長　李（イ）　清一（チョンイル）

Ⅰ．はじめに

1．自己紹介に代えて：在日韓国基督教会館（KCC）の設立と目的
2．神戸学生青年センターとKCCとの共通点、相違点

Ⅱ．神戸学生青年センターの設立について

1．米国南長老教会（PCUS）：「六甲キリスト教学生センター」設立（1956～66年）
　マグルーダー宣教師（1952年～1971年 19年間滞日）
2．日本基督教団・兵庫教区への移管（1967年２月「神戸学生センター」）、1970年６月、教団常議委員会「PCUSの土地譲渡得る」ための申請を承認。1970年12月、新学生会館起工式
3．1973年“People Forum”EACC-UIM主催、小池基信、塩沢美代子、小田実等参加（資料１）

Ⅲ．神戸学生青年センターの取り組み（1972年４月９日～）

1．神戸学生青年センターの事業
　⑴「場」の提供：貸館、宿泊施設
　⑵ セミナーの主催　①食品・公害（後 食料・環境）セミナー、526回
　　　　　　　　　　②朝鮮史セミナー、339回
　　　　　　　　　　③キリスト教セミナー、199回
　⑶ 資料の収集
　⑷ 出版事業
　⑸「六甲奨学基金」設置（1996年～、留学生・就学生160名）：古本市（1998年～）
2．館長歴任者のセンターの活動理念
　小池基信（1972－1979）：「教会」の枠を超えて多くの心ある人と出会い、問題を共有する。
　辻　　建（1979－1991）：この園に市民共同体や文化や宗教の営みが花開くことをねがう。
　飛田雄一（1991－2019）：「平和・人権・環境」を「アジア」の視点から追及していく。
3．30周年における関係者のことば（期待・評価）について（資料２）

Ⅳ．神戸学生青年センターの共働プロジェクト

1．1972年１月、関西キリスト教都市産業問題協議会（KUIM）
2．1976年４月、「韓国民主化支援関西キリスト者連絡会議」（兵庫：辻建，仲本幸哉）
3．1978年５月、日韓UIM協議会（現在まで12回開催）（資料１）
4．1979年３月、SCM協力委員会「現場研修」（生野、釜ヶ崎地域）
5．1984年11月、「外登法問題と取り組む関西キリスト教連絡協議会」（外キ連）→（外キ協）
6．2014年、エキュメニカル・ネットワーク結成

Ⅴ．おわりに

1．コロナ禍で気づかされたプロテスタント教会の既成組織の問題と組織の再構築について
2．各個教会のアジアへの関心とつながりへの導きを：「冠名」奨学金としての参加への道
3．「共生社会」に向けてのさらなる前進を！：キリスト教社会実践センター（約100センター、含カトリック）の協力と連帯のためのプラットホームづくり

公益財団法人・神戸学生青年センター創立50周年記念講演　2022年5月28日（土）

ともに歩む共生社会への道

在日韓国基督教会館（KCC）名誉館長　李清一（イ チョンイル）

◎在日韓国基督教会館（KCC）と神戸学生青年センター

皆さん、こんにちは。ただ今、紹介を受けました李清一（イ・チョンイル）といいます。神戸学生青年センター50周年をお祝い申し上げます。飛田さんから今日の講演を頼まれて、「はい」と答えてしまって、大変なことをしてしまったなと思っております。先ほど、ここの館長の朴淳用（パク・スンヨン）さんが、日本に来た最初のころ、日本語が不充分で何でも「はい」とおっしゃったそうですが、何でも「はい」と答えると大変なことになる、そういう経験をしてまいりました。１週間ぐらい前からどうしたものかと思ったんですが、昨日、レジュメをセンターに送ったら、すっとすっきりしました。

私が所属しておりますのは、在日韓国基督教会館（KCC）です。英語ではKCCというふうに言っております。コリアン・クリスチャン・センターで、大阪生野区にあります。設立されたのが1970年で、活動を始めたのが71年。この神戸学生青年センターの出発とだいたい同じぐらいの時から活動を始めています。その意味で、この在日韓国基督教会館は在日大韓基督教会という教会が母体になって、地域、また社会に奉仕するセンターとして設立されました。特に在日韓国・朝鮮人の基本的人権の確立と、人間としての尊厳が尊ばれ、多民族・多文化共生社会の実現を目指すというのが、KCCの大きな目的です。

◎海外のミッションの働き

私は1971年、ソウル留学から戻り、2012年までの41年間、KCCスタッフとして活動に携わりました。現在は、先ほど紹介を受けましたように、名誉館長という立場です。今日のお話は、そのKCCの立場で、50周年を迎えられた神戸学生青年センターについて、気付かされたこと、そしてまた一緒に取り組むことができた活動等についてお話しできればと思っております。

神戸学生青年センターとKCCの共通点、そして相違点というのはどういったものがあるのかなというのをまず考えてみました。共通点としては、先ほども言いましたように、教会を母体としているということがいえるかもしれません。神戸学生青年センターは教団、要するに日本基督教団を母体としています。KCCは在日大韓基督教会を母体としているということです。もう一つ、この母体の中には長老派の教会、宣教団体が大きな関係をしています。先ほどの菅根先生の説教の中でもございましたけれども、神戸学生青年センターはアメリカの南長老教会の宣教団体がここに来て、キリスト教学生活動を始められたということでした。KCCは、ここから車で10分くらいの所に長峰山がありますが、その長峰山の中腹にカナダ長老教会海外宣教部本部がありました。その本部を売却したお金がKCCの最初の建設の基金に使われたということで、ここも似ているんだなということを感じました。

そして、似ているところの部分で言いましたが、両者とも1970年代の初めに活動を展開しています。そしてその活動の内容は、今日、私のテーマでもあります共生社会・人権・平和・環境・アジアというものを視点に入れながらの働き、共生を目指す働きというものが非常に共通しているのかなというふうに思います。

そして、違うところの一つは、神戸学生青年センターは神戸の灘区、そしてKCCは大阪の生野区という地域です。両者の地域性がずいぶん違うということを思います。学生センターの位置している灘区というのは、誰もが住んでみたい、うらやましい、そういうような地域ということですし、大阪の生野区は、人口のおよそ４分の１が在日コリアン、在日韓国・朝鮮人が占めているという地域です。うらやましい地域と、そして差別の象徴のような地域。早くこの所から抜け出したいというような方がたくさん住んでいる地域が、大阪の生野区です。大阪の生野区の人たちの働き場というのは基本的には零細企業というものが中心の所でした。それぞれの違った場所、そういうところで地域センターとしての働きをしつつ、この神戸学生青年センターとKCCは、常に協力し合いながら、働きを推進してきた仲間であるという意識を、私は持っております。

◎小池基信先生の『地震・雷・火事・オヤジ』

学生センターの設立について、私も学ぶ機会がありました。今回、話をするにあたって、神戸学生青年センターが出された30周年記念誌をいただきました。それから、小池先生が書かれた『地震・雷・火事・オヤジ』を読ませていただきました。また飛田雄一理事長が書かれた『現場を歩く・現場を綴る』という本も参考にして、いろいろあらためて神戸学生青年センターのことを知る機会を得ることができました。今まで知らなかったことがずいぶんたくさんあるなということに、私はその中で気付かされました。

アメリカの南長老教会（PCUS）のマグルーダー（J.T.Magruder）さんという方は、1951年から1972年までの21年間にわたって日本におられたということが記録に出ておりました。彼は日本に来られて１年目ぐらいで結婚され、ここで住まれることになるわけです。マグルーダーさんという方はずいぶん若い、恐らく20歳代の半ばぐらいに日本に来て、およそ20年間ここで日本の若者のために奉仕をされた方でした。25歳で来られたとしたら45歳までですから、マグルーダーさんにとって生涯のその期間の20年間というのはずいぶん大きな時期だと思います。そういう方がここに来られたということを、私は本当に感謝を持って受け止めたいと思います。

そしてPCUSというのはアメリカ南長老教会の英語名ですが、そこの世界伝道局というところと教団との関係も、非常に面白いなというふうに思いました。PCUSはマグルーダーさんが中心になって、1956年から約10年間、この「六甲キリスト教学生センター」の名前で働きをしておられました。その働きをより活性化させるということで、兵庫教区に委譲される時に「神戸学生センター」という名称になり、そして72年に新たに始める時には、「神戸学生青年センター」という名前に変わっています。この名称の変遷は、非常に面白いと思いました。センターの名称が「六甲キリスト教学生センター」から「神戸学生センター」へ、そして「神戸学生青年センター」へと広がりを見せています。

◎「縮み志向」と学生センター

余談ですが、韓国の女子大に梨花（イファ）女子大がありますが、そこの教授で李御寧（イ・オリョン）という方が、日本語で本を書かれたのを私は記憶しております。『縮み志向の日本人』という本があります。日本の人たちの非常に素晴らしい点というのは、大きなものを小さくまとめるということに対して非常に特別なセンスを持っておられるということで書いておられます。例えばうちわを折りたたみ扇子にするという、あれは日本独特の文化だということをおっしゃっています。それから当時、ソニーがトランジスターラジオというのを発売しています。これも日本の大きな技術というものの賜物であると。それから石川啄木の、「東海の小島の磯の白砂にわれ泣きぬれて蟹とたわむる」という、東海から小島に来て、大きいものから小さいものにもってくるという独特のセンスというんでしょうか、そのことをふと思ったわけです。しかし神戸学生青年センターというのは、まさにこれを逆に行きます。「六甲キリスト教学生センター」から「神戸学生センター」、そして学生から青年が入って、「神戸学生青年センター」となっていくところに、当初のリーダーたちの活動に対する新たなヴィジョンを感じさせられます。

そして南長老教会宣教部との関係が大きく変化しました。当初は、学生センターの働きを兵庫教区に委譲することとなり、1967年から小池基信先生が引き継がれました。その後、都市問題研究所（代表・妹尾活夫牧師）などの協力により、「神戸学生青年センター」の働きを継続的に運営するため、経費を自給するためのマンションを含むプロジェクトが提案され、宣教部所有の土地を南長老教会（PCUS）から無償譲渡を受け、財団法人として運営される基盤が備えられました。ここに、アメリカ南長老教会が始められた「六甲キリスト教学生センター」が兵庫教区に移譲され、「神戸学生センター」となり、その後、財団法人「神戸学生青年センター」として、今日の50周年を迎える出発点となりました。

人民会議で検討

EACC都市産伝委　教会と社会問題

六月六日からシンガポールで開かれる第五回EACC（東アジア・キリスト教協議会）総会に先立って、EACC都市産業伝道委員会は、六月二日から四日まで、シンガポールで、住民組織、農民運動、労働者などの代表による会議を開き、現在アジアの各国の人びとがかかえている諸問題について現場からの声を聞き、教会がこれにどうこたえうるかを検討する。

この会議は、「人民会議」と呼ばれており、参加者はアジア各国から五十人内外にしぼられるみこみだが、会議の性格上出席者の宗教は問わず、このため半数はキリスト者以外の人びとで占められる予定である。

教会およびキリスト教諸団体はこれまでも、教会外の人びとに奉仕の業を行なってきたが、問題をかかえている現場で、じかに問題に直面している人びとに十分にこたえ得る方策をもっていたかどうか、また、教会が問題としてとらえ、これに対してたてるさまざまな対応策に、現場の人びとがどのように参加し得るか、また教会およびキリスト教団体は現場の問題にどのように参加しうるか、これらの問題が話合われる。

EACC都市産業伝道委員会はこの会議によって、アジアの人民の声を十分に反映し得る場を設定すること、人民の社会的運動の危機に際し、この運動に教会、キリスト教団体が真に支援の役割を担うことができるかどうか検討すること、地域および組織での闘いに人民の結束を計ることなどを、計画している。

アジアの多くの国家は、現在国家開発に大きな力を注いでいるがこの中で、人民はさまざまな制約を国家から加えられ、それによって困難や苦悩の中に置かれている。日本は、このような状況の中から利益を得る立場にあり、アジアの中で特異な存在として異端視されているが、キリスト教諸団体は、日本を正しいあり方に導く役割をアジア諸国のキリスト者から期待されており、この会議のなり行きに、関係者は注目している。

1973年5月12日　キリスト新聞

◎「ピープルズ・フォーラム」

センターの初期の取り組みについて大切なことがあったと思います。1973年のピープルズ・フォーラムです。EACC-UIM（東アジア・クリスチャン・カンファレンス―都市産業伝道）主催ということで、ピープルズ・フォーラムがシンガポールで開催されます。ここに小池先生が日本の代表として呼ばれています。日本からは塩沢美代子さん。塩沢美代子さんというのは女子労働者のオーガナイズを幅広くされた方で、この後、アジアの女子労働者のオーガナイズを手掛けられる方でした。そしてもうひと方は、小田実さんが呼ばれています。クリスチャンだけが呼ばれたわけではなく、クリスチャンではない人たちも含めて、この1973年のピープルズ・フォーラムが開催されました。

＊

私は、なぜ小池先生がここに呼ばれたんだろうかということを考えてみました。それは、新しい建物ができ、神戸学生青年センターが一番最初に取り組まれたのは、食品公害の問題でした。小池先生が『地震・雷・火事・オヤジ』の中で神戸大学の農学部の保田茂先生の協力のもと、農薬を使わない食品を作るためにはどうしたらいいかということで、農村を回って調査をしたということが綴られておりました。そして小池先生は、「もし、農薬を使わないで農産物ができれば、われわれが責任を持って購入する用意がある」ということを農村に行って、話しておられます。

私の知っている小池先生はそれ程大胆にお話する方じゃないと思っていたんですけれども、そのように書かれているんです。この時、小池先生は、「食品公害を追放し安全な食べ物を求める会」というのをすでにつくっておられました。非常にオーガナイズのセンスというのを持っておられたんだなということに気付かされるわけです。実はアジアキリスト教協議会都市産業委員会委員長の責任を担っておられた同志社大学教授の竹中正夫先生でしたが、その働きを評価され小池先生を代表としてピックアップをされたんだと思います。この時のピープルズ・フォーラムを担当されたのが韓国からいらした呉在植（オ・ジェシク）という幹事でした。

この1973年のアジアキリスト教協議会UIMのピープルズ・フォーラムは、アジアキリスト教協議会自体に大きな変化をもたらすターニングポイントとなりました。アジアキリスト教協議会UIMがピープルズ・フォーラムで市民活動、労働活動、そして農村活動に携わっている人々をアジア各国から集まっていただいて、その人たちの声を聞くということを行った初めての試みでありました。それまでは主に教会から代表が集まってきて、何々問題について語りましょうというようなことが中心だったわけですが、73年のピープルズ・フォーラムを契機に、民衆よ語れ、声を出そうというような、そういうところに変化していったのが、この73年でありました。

そして、今までアジアではアーバン・インダストリアル・ミッション（UIM）と言っていたのをアーバン・ルーラル・ミッション（URM）、都市農漁村というところまで範囲を含めて、働きというものを広げていくことになりました。このように導かれたのが呉在植さんで、私たちが非常に親しくしていた方でございます。

1973年の『キリスト新聞』の記事があります。73年の5月12日に出されている「人民会議で検討」は、6月に始まるピープルズ・フォーラムの目的が記載されています。そして6月23日の記事は、その結果が書かれたものです。この呉在植という方は、著書『私の人生のテーマは「現場」』（新教出版社、2014年）に、「人民」といえば、みんな驚くから「民衆」という言葉を使って説明をしておられます。ピープルズというのを「民衆」と彼は考えたわけですが、まだその時には日本では「民衆」という言葉まで使っていなくて、『キリスト新聞』ではピープルズというのを「人民」ということで翻訳しています。

日本の経済進出批判も
EACC-UIMC 人民会議15カ国参加

EACC（東アジア・キリスト教協議会）、UIM（都市産伝）の人民会議（ピープルズ・フォーラム）が六月二日から五日まで、シンガポールのシー・ビュー・ホテルで、アジアの十五カ国から六十三人が参加して開かれた。

日本からは塩沢美代子（オルガナイザー）、小池基信（神戸学生青年センター館長）、竹中正夫（同志社大学教授）、小田実（作家）、アンソニー・カーター（宣教師）、李仁夏（在日大韓川崎教会牧師）氏ら六人が参加、スタッフとしてオー・ジェー・シーク氏（EACC幹事）らが出席した。

竹中、塩沢の両氏は、それぞれ発題したが、とくに塩沢氏は発題の中で、大手メーカーの電気製品の組立工程における女性に対する苛酷な労働条件について、「労働協約は立派なものを作っているが、精神的な圧力や二交代制によって、これが事実上実施されなかったりしている」と述べた。

また、これに先立ってシンガポールの代表として出席した二十代の女性（オルガナイザー）が、日本におけるよりもさらに苛酷な女性に対する労働条件があることを報告したが、塩沢氏は、「シンガポールの女性の労働者と連帯してたたかわねばならないことを強く感じた」と述べた。

1973年6月23日　キリスト新聞

◎学生センターとアジアとのつながり

『キリスト新聞』（73年６月23日付）の記事で「日本の経済進出批判も」があります。「EACC-UIM人民会議15カ国参加」、アジアの15カ国から63人が参加して開かれたということで、日本からは塩沢美代子さん、小池基信さん、小田実さん等々、６人の人が参加しているというのが書かれております。小池先生は、先ほどの『地震・雷・火事・オヤジ』の著書の中で、初めてのアジア訪問は新しくアジアに対して、その活動に大きな影響を与えることになりましたと書いておられます。このことから、神戸学生青年センターがアジアを本当に大切に考えていくことになりました。それはピープルズ・フォーラムで経験された小池先生の思いが強く反映していることだと、私は感じているわけです。

神戸学生青年センターの取り組みは、１番に「場」の提供です。貸館とか宿泊施設があります。そして（2）セミナーの主催、それには①食品公害セミナー、②朝鮮史セミナー、③キリスト教セミナーという３本柱があります。これに（3）、資料の収集、それから（4）出版事業、今日の資料に出版物の一覧表がありますが、すごいですよね。そしてセミナーでは、「食品公害（のちに食料環境）セミナー」は、526回。本当に驚きの回数だと思います。「朝鮮史セミナー」が339回。「キリスト教セミナー」も199回。次に資料の収集というところですが、ときどき飛田さんからＮＣC-ＵＲＭメーリングリストなどで送られてくる資料がありますが、その中には驚かされるような内容があります。

そして（5）「六甲奨学基金」というのも、この前その資料を送っていただいて、驚きました。1996年以降、奨学金を受けたアジアからの留学生と就学生、合わせて160名にもなるというわけですね。すごいことだと思います。そしてそれを支えるために、継続するために、古本市のプロジェクトというのが出されてきたのですね。そしてその古本市を運営するボランティアが、延べ人数を計算したら5,965人という数字が出てきました。5,965人が、この20数年の間、協力をしてこれを支えてこられたということ、そして寄付冊数は全部で145万6,500冊ということです。売り上げが7,800万円でこの六甲の基金というのが現在まで継続してきたということです。六甲奨学基金というのは、まさにアジアの人たちを対象にした奨学金であり、学生センターとアジアとのつながりというのは、本当に充実したプロジェクトとして地についたものをやっておられるということを感じます。

◎「この園に市民共同体や文化や宗教の営みが花開くことをねがう」

ここで私の夢も語ってみたいと思います。「はい」と言って館長になられた朴さんが「はい」と言ってくれるかどうか分からないですが、言うだけ言っておこうと思うことがあります。「館長歴任者のセンターの活動理念」があります。小池基信先生は、1972年から1979年に館長をしておられたわけですが、「『教会』の枠を超えて多くの心ある人と出会い、問題を共有する」というところを強調しておられました。教会を出るという、ここを私は分かるような気持ちと同時に、それでいいのかなという思いも持つこともあるわけですが、そういうことを考えておられました。もうちょっと早ければそのことを小池先生に聞けたのにと思っていて、私の準備が遅かったと、残念に思っています。辻建先生は1979年から1991年まで館長をされております。「この園に市民共同体や文化や宗教の営みが花開くことをねがう」という、人柄が出ているなという感じを私は思います。飛田雄一館長は、1991年から2019年、「『平和・人権・環境』を『アジア』の視点から追及していく」という、飛田さんらしい人柄が出ているのかなと感じます。ここには書かれておりませんが、新しく朴淳用館長が、「はい」という、そのことに象徴される人柄が出ているというふうに付け加えたいと思います。

実は、30周年の時に、今回はまだ出されておりませんが、記念誌が出されておりまして、そこであいさつの言葉があります。神戸学生青年センターといろいろな関係のあった方、私が計算したら36人が、神戸学生青年センターについて語っておられます。そこから４人の方を皆さんの資料の中に載せさせていただきました。４人の方の、神戸学生青年センターに対する期待とか、ある意味では評価、その時期の言葉が綴られています。私は少し歴史に関心を持っている人間として、30周年から20年たった今、この４人の方、もっといえば36人の方々が語っておられることが、歴史的に正しかったかどうかという評価は、今だからこそ出来るのではないかとおもいます。あえて20年前の方々の思いというのを、ここに出させていただきました。

まず、名古屋学生青年センターの総主事をなさっていた池住圭さんの文章を紹介します。

「神戸学生青年センターは、永年にわたって社会の先駆的な働きを担ってこられました。設立以来進められているセミナー３本柱や、阪神淡路大震災の支援活動を契機に生まれた六甲奨学基金等々の諸活動は、社会に対して、あるいは教会に対して、大きな気付きを促し、警鐘を鳴らし続けています。広くそれぞれの時代の必要に応え、思想信条、民族を超えて、常に弱くされている人々と共にあろうとする姿勢の表れであろうと思います。一貫して主張し続けることは、根気と勇気と、そして頑固さのいることであり、とてもチャレンジングなことです。きっぱりとした主張を持ち、人々の必要に応え、なおかつ、自給のできる態勢を維持しながらの運営には、地道な努力が必要であり、また、並々ならぬご苦労があるかと思います。しかし、自給を目指しているからこそ、30年もの長い間、強い説得力を持って主張を貫いてくることができたのだろうと思います」と書かれています。これは20年前のことであります。20年たった今、神戸学生青年センターはこの道を歩んでいるということを私は思います。

◎「歴史を鏡とする」

「エキュメニカル運動を拠点として」と題して日本キリスト教協議会の当時の総幹事であった大津健一さんが語っておられます。

「センターは、NCCの関係でいえば、NCC都市農村宣教（URM）委員会や在日外国人の人権委員会などと深く関わってきました。しかし、NCCのようなエキュメニカルな団体にとって神戸学生青年センターの存在の大切さは、センターが絶えず農の問題や在日韓国・朝鮮人の人権問題、そして私たちが過去の歴史を踏まえながら、朝鮮半島の人々とどういう関係をつくりなすべきかなどを、セミナーや出版物を通して発信しつづけてきたことです。勿論センターは、エキュメニカル運動の関西における一つの拠点だと考えています。どんな働きもそうですが、何かを続けていくことの大切さと、何かを絶えず作り出していくことの大切さがあります。今後ともセンターの特徴が益々にじみ出るような働きを期待しています」とありますが、期待に応えて今日があるというように見ていいんじゃないかと思います。

「六甲奨学基金のともしび」と題してコミュニカ学院院長で六甲奨学基金運営委員の奥田純子さんが書いておられる文章に私は感銘を受けました。

「95年の阪神淡路大震災によって、私たちが失ったものの大きさは言葉では言い尽くせません。しかし、確かにかけがえのないものを失いはしましたが、震災は新たな『文化』も、もたらしてくれました」、文化という言葉を使っておられます。「それは、震災を契機として、当センターが設立した『六甲奨学基金』です。この基金は、震災の教訓から、援助の薄い外国人学生（留学生、就学生）に対する奨学金支給、在住外国人のための日本語学習支援を行うために設立されました。それまで、就学生のための奨学金は全くありませんでしたから、六甲奨学基金は、まさにパイオニアとして、新たな文化創造をしたと言えるでしょう。この基金に運営委員として取り組ませていただいている私にとっては、外国人学生等への支援という新たな文化創造の場に参加できたことが、何より大きな誇りであり喜びでした。『文化』というのは、人の日常的な行為であり、行動です。その意味で、今後、センターが点したこの六甲奨学基金という文化の火が消えないことを願い、皆で知恵を出し合い、文化の火を消さないことをセンター30周年記念の決意としたいと思います」。この30周年記念の決意を50年に変えても、全く同じ言葉が生きているということを、私は感じました。

林同春さん、神戸華僑総会名誉会長です。途中から読みます。「今年は又、中日国交回復三十周年。貴センターをよりどころに、この間、過去の戦争で中日間に残された数々の問題、南京大虐殺、強制連行、戦時性暴力等について、時には生存者を招いて、私達在神華僑や日本の市民と一緒になって学習し、被害者の尊厳の回復の為に、歴史の事実を次の世代に伝える為にどうすればいいか真剣に考えて来ました。歴史を鑑とすることこそ中日友好のたしかな保証です。貴センターがこうした中日友好の方面でも大きく寄与されていることをたのもしく思います。今後とも正義と人権の為に、アジアの平和と友好のために、貴センターがますます大きな役割を果たされることを心から期待します」。歴史認識の事柄を非常に明確に語ってくださったということです。

◎「儲かりもしないのに一生懸命」

資料としてコピーしていませんが、一つだけ、私にとってこれが一番しっくりくるなということがありますので紹介しておきます。「儲かりもしないのに一生懸命」という、マイチケット社長の山田和生さんという人が語っておられます。

「どんなに真面目に堅いテーマを扱っても、港町神戸の国際感覚と阪神間に暮らす市民のスマートさがどことなく漂っている。飄々として、たいして力んだ風もなく、いつも弱者の側にあり、創意工夫に満ちた企画を創り続け、不況にあっても健全な経営基盤を保ち、震災の最中は地域救援の拠点となる。そして、いざというときには、全てをつっこんで存在を賭けた勝負に出る思い切りの良さ。これは、ただただ敬服に値するあっぱれさ。市民活動の拠点としての役割と、朝鮮、韓国、中国との交流の歴史は、センターにつながる人々にとって共有の財産です。たいして儲かりもしないことに一生懸命取り組み、決して赤字をださない」、これがすごいなと思います。「これからますます注目される、非営利組織の経営に取り組んだ先達として、後に続くものに教訓を残し、進路を指し示してください。六甲と言えばなにをおいても学生青年センター。阪神間の我らが拠点を微力ながら支え守ってゆきます」という、私がしっくりする文なんです。私から見て、センターというのは本当に財政的にも裕福でない。ところが学生センターというのは、本当にここでいわれているような、儲かりもしないのにというような、しかし赤字も出さないというようなことでやってこられたその力量というのは、ただすごいなと思うしだいです。『30周年誌』に書かれた文章は、まさに神戸学生青年センターの50周年を評価するに値するスケール、尺度と見ていいんじゃないかなと思います。

◎「関西キリスト教都市産業問題協議会」

「神戸学生青年センターの共働プロジェクト」とレジメに書き出しました。私は今回講演の依頼を受けて、私の役割は実はここのところをきちんと紹介するということにあるのではないかなと感じました。先ほど見ましたように、神戸学生青年センターが果たしておられる役割は、非常に大切なものがあるわけであります。学生青年センターが少数精鋭の中で、他のセンターとか、他の活動、運動というものと密接につながり、その中心的な役割を担ってこられました。神戸学生青年センターは共働プログラムの働きに対して、遠慮してあまり語っていません。その遠慮しておられる部分を、私は今日、やはりきちんと、時間が許すかぎりの中で説明しておくことが私の役割であり責任じゃないかと思います。共働の働きの内幾つかだけお話したいと思います。

1972年１月、「関西キリスト教都市産業問題協議会（KUIM）」が生まれます。関西で神戸学生青年センターのような働きをしておられるキリスト教関係の団体が集まって、お互いに協力し合うという組織をつくり、必要に応じて合同のプロジェクトを組むということをしたのが、このKUIMという組織です。現在、このKUIMの代表は、ここの理事長の飛田さんが担っておられます。そのKUIMの働きにおいて神戸学生青年センターは働きの中心を担ってこられました。

◎関西における「カンキリキン」

次に、1976年４月「韓国民主化支援関西キリスト者連絡会議」が生まれています。この代表は、当時、教団の浪花教会の牧師をしておられた三好博先生でした。そして十数人の方が、韓国民主化の声明文に名前を連ねておられましたが、兵庫では辻建先生と仲本幸哉先生が名前を出してくださっています。ここに、館長であった小池先生の名前がないのには理由があります。小池先生は後ほど、韓国のUIMの人たちと交流をする、そのための準備委員として韓国ソウルに行っていただかなければならないということがあって、小池先生の名前を控えることにしました。小池先生とロン・藤好さん、そして前島宗甫先生の３人がソウルに行き、日韓キリスト者のUIM交流のために準備を進めていただきました。関西は特にアジア、そして韓国の民主化運動に関して非常に積極的につながりを持って支援をした、そういうグループがKUIMという組織がベースになって生まれてきたのではないかと思います。

1978年５月、日韓UIM協議会の第１回目がソウル・水原で開催されました。この第１回目の協議会に関しては、飛田理事長が参加しておられるので、いつか機会があれば皆さん、聞いていただければと思います。

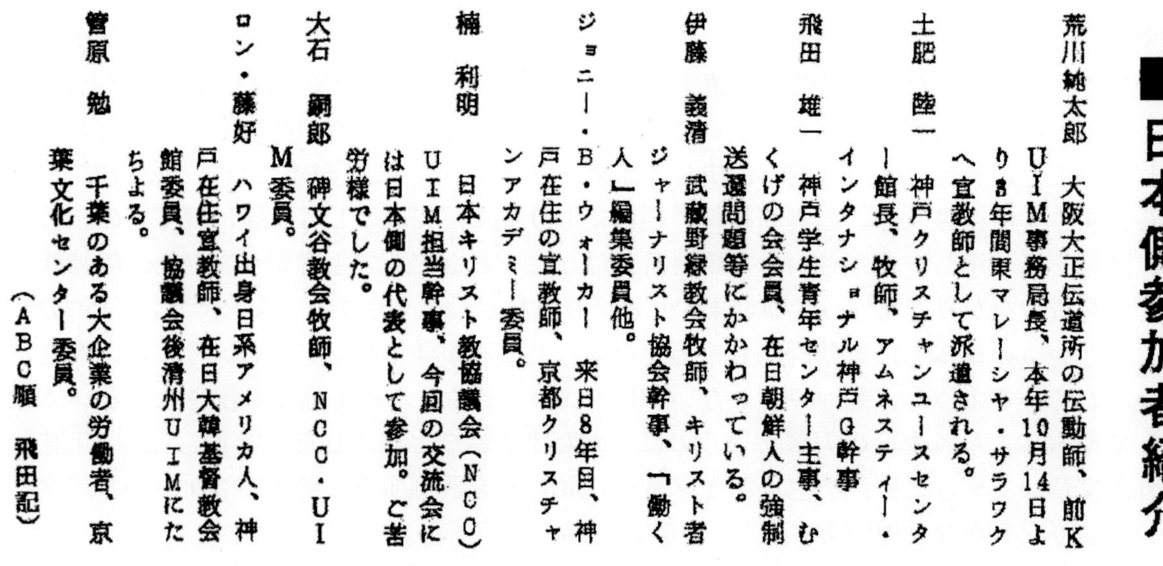
■日本側参加者紹介

荒川純太郎　大阪大正伝道所の伝動師、前KUIM事務局長、本年10月14日より8年間東マレーシャ・サラワクへ宣教師として派遣される。

土肥隆一　神戸クリスチャンユースセンター館長、牧師、アムネスティー・インタナショナル神戸G幹事

飛田雄一　神戸学生青年センター主事、むくげの会会員、在日朝鮮人の強制送還問題等にかかわっている。

伊藤義清　武蔵野緑教会牧師、キリスト者ジャーナリスト協会幹事、「働く人」編集委員他。

ジョニー・B・ウォーカー　来日8年目、神戸在住の宣教師、京都クリスチャンアカデミー委員。

楠　利明　日本キリスト教協議会（NCC）UIM担当幹事、今回の交流会には日本側の代表として参加。ご苦労様でした。

大石嗣郎　碑文谷教会牧師、NCC・UIM委員。

ロン・藤好　ハワイ出身日系アメリカ人、神戸在住宣教師、在日大韓基督教会館委員、協議会後清州UIMにたちよる。

菅原　勉　千葉のある大企業の労働者、京葉文化センター委員。

（ABC順　飛田記）

第１回日韓ＵＩＭ協議会（1978年５月16日～19日　於：ソウル・水原）報告集より

当初、日本側からは16人が参加する予定でした。しかし、大阪の韓国総領事館で５人（三好博さん、平田哲さん、近藤善彦さん、小柳伸顕さん、柴田作治郎さん）のビザ発給が拒否され、通訳の２人（崔忠植さん、李清一）は入国許可がもらえませんでした。結局、９人（荒川純太郎さん、土肥隆一さん、飛田雄一さん、伊藤義清さん、ジョニー・ウォーカーさん、楠利明さん、大石嗣郎さん、ロン・藤好さん、菅原勉さん）が参加し、韓国UIMとの交流が実現しました。

帰国時に金浦空港で目的外の行為をしたということで参加者の内何人かが取り調べを受け、資料等が没収されたのが記事にある事件です。そのため、飛行機の時間が間に合わなくて、帰ってこられなかったのです。飛田さんは１日遅れて、うまく滑り込んで帰ってこられました。５月31日の新聞記事は、「訪韓牧師らのメモなど没収」ということで、その顛末記みたいなものがこの

新聞記事に書かれています。第１回目の交流に行った人たちは、大変な経験をされて、しかもそういうものをベースにしながら交流というものが始まっていきました。２回目は京都のアカデミーハウスで1981年、それがずっと続いて、今日まで12回、韓国との間で協議会が開かれ、交流と連帯がなされてきました。

訪韓牧師らのメモなど没収

金浦空港で、韓国当局

女子繊維労働者の低賃金や労働条件改善に積極的に取り組んでいる韓国の都市産業宣教会（UIM）との交流のため訪韓した日本キリスト教協議会の牧師ら五人が、帰国に際してソウルの金浦空港で四―六時間にわたって取り調べを受け、持っていた資料、フィルム、個人的メモまで没収される事件が明るみに出た。同協議会は三十日、東京で内外記者と会見し「韓国当局の措置は宣教活動の侵害だ」と非難するとともに、日本政府を通じて韓国政府に抗議、所持品の返還を求める意向を表明した。

日本キリスト教協議会が明らかにしたところによると、韓国キリスト教会協議会の招待による日韓の都市産業宣教会交流会が五月十七日から十九日まで韓国・水原で開かれた。同交流会には日本側から十四人が参加する予定だったが、大阪の韓国総領事館で五人がビザ発給を拒否され、結局九人が訪韓した。

会議中、日本側代表団は韓国中央情報部（KCIA）部員とみられる男たちに公然と尾行され、写真も撮られたという。

日本側代表団は同日夕、帰国の途についたが、日本UIM代表幹事の[illegible]氏が午後五時すぎ、金浦空港で足止めをくったのをはじめ米国人のJ・B・ウォーカー牧師ら計四人が同空港で四―六時間にわたって身柄を拘束された。

このため、[illegible]氏らは帰国が一日遅れ、他の参加者も自発的に資料などを処分することで、〝無事〟帰国したという。

1978年５月31日　毎日新聞

◎生野・釜ケ崎での現場研修

４番目にあるSCM協力委員会は、1950年代から出発していますが、具体的には1970年にSCM協力委員会という形で働きが始まりました。SCMというのはStudent Christian Movementということで、協力委員会では現場研修を1979年から始めています。それまでのSCMの協力委員会は、聖書研究ゼミナールの活動が中心でした。1970年前後、キリスト教学生運動は安保問題や万博問題により停滞しておりました。SCMもその例外ではありませんでした。私は1976年からKCCではなく在日大韓基督教会の委員としてここの委員会に加わりました。その時に委員として、すでに神戸学生青年センターの小池先生は委員として活動しておられました。

当時SCMの事務局は東京の日本YMCA学生部が担っておりました。1970年代の半ばにはKUIMが釜ケ崎と生野において現場研修を行っていました。それをSCMの活性化のために生かそうということを、小池先生と私で話し合った結果が、ＳＣM現場研修の実現となりました。

その第１回目の現場研修は、1979年に「差別の社会構造とキリスト者」というテーマのもとで実施されました。釜ヶ崎と生野区、日本の社会の中でも差別構造とか、差別というのが非常に明確に見えてくる、そんな所が釜ヶ崎と、生野区でした。募集定員は、釜ヶ崎10名、生野10名ということにしました。第１回目のSCMの現場研修の代表を小池先生に担っていただきました。小池先生はこれをもって神戸学生青年センターを辞められたと聞いております。現在までこの現場研修は続いておりますし、現場研修に参加した学生、青年は500名を超えます。その中には日本基督教団でいえば兵庫教区、大阪教区、京都教区で教区議長が出てきています。牧師になった人もいますし、社会福祉とか大学で教えている人等々、いろいろなところで活躍していますので将来を楽しみにしております。このSCMの現場研修の事務局の担当を、飛田理事長に担っていただいていますが、もう少し頑張って続けていただきたいと思っているところです。

◎指紋押捺撤廃運動

1984年11月には、「外登法問題と取り組む関西キリスト教連絡協議会」（外キ協）が結成されました。これは皆さんもご存じかと思います。外登法は今はなくなりましたけれども、その法律の中に、切り替えごとに指紋を取り、その登録証を常に持って歩かなければいけない、常時携帯制度がありました。そして罰則が非常に重いということで、80年代の初めから指紋押捺反対という運動が起こりました。関西ではキリスト教界を中心に、まず84年11月に「外登法問題と取り組む関西キリスト教連絡協議会」が扇町教会を会場に開催されました。その時の講演をしてくださったのが当時社会党委員長の土井たか子さんでした。社会党の委員長でございました。その土井たか子さんは宝塚教会牧師である辻建先生と深いつながりがありました。本当に人的なつながりというのはこういうところで生かされるのだと思います。

また土井たか子さんが国会議長の時（1994年）、「外登法問題と取り組む全国キリスト教連絡協議会」が主催した大阪玉造カトリック教会での大集会の講演も引き受けてくださいました。

関西から始まった組織的な取り組みは「関西外キ連」に引き続き「関西キリスト教代表者会議」の結成となります。現在も京阪神の代表の方々が年に５回、テーブルを囲んで集まり、在日外国人たちに関する諸問題を教会としてどう取り組むかということを話し合っています。この外登法問題と取り組む全国協議会でございましたけれども、現在はそれが在日外国人の人権基本法制定を求める運動へと展開しています。皆さんの教会にも毎年、署名運動ということで署名をお願いしてあります。関西の「外キ連」と「代表者会議」という２つが合わさった形で、全国のキリスト教の組織が生まれたのが1987年です。

2014年エキュメニカル・ネットワークが結成されました。エキュメニカル運動に関心のある人たちが集まり、日本全国から会員を募り、現在の会員が100名を越えています。この会においても神戸学生青年センターも重要なメンバーですし、飛田雄一さんに監事をやっていただいております。このような共働のプロジェクトというものは本当に大切だと思っています。一つのセンターではできないのが、ネットワークが組織されることで実現可能になることを私たちは経験をしているわけです。

神戸学生青年センターはこれ以外にも取り組んでおられることはありますが、時間の関係で私はこれだけに絞りました。これらの共働のプロジェクトの取り組みにおいて、その中心にあるのが神戸学生青年センターであります。

◎コロナがもたらしたもの

おわりに、幾つかの思い付きを少し皆さんに話しておきたいと思います。一つは、「コロナ禍で気付かされたプロテスタント教会の既成組織の問題と組織の再構築について」ということです。この３年におよぶコロナ禍で、私たちキリスト教会、特にプロテスタント教会で感じたことは何かといいますと、大きな教会を含めて礼拝がストップしました。そして、中にはウェブ、Zoom等を使った礼拝ということでできたところもあります。しかし、教会の大切な働きは、教会が社会に対して奉仕する役割がどのようになったかということです。プロテスタント教会の多くは、その働きを社会委員会等に任せていたわけです。しかしコロナ禍で委員会はみなストップしました。ストップすると同時に、社会的な働き、奉仕の働き、弱い立場に立っている人たちに対する奉仕の役割、支援の役割というのがストップしてしまったということを感じます。これに対して、カトリック教会はちがったように思います。世界的な社会奉仕では「カリタス・ジャパン」とか、大阪では「シナピス」という組織が、そのために（奉仕のために）存在しているわけです。これが曲がりなりにも機能しています。今回のような感染のパンデミックにおいてもその働きは機能しています。私たちは今回の経験を大切にしながら、私たちの教会の組織というものの在り方を考えるきっかけになればなと思います。そのために、教会は神戸学生青年センターのようなセンターの働きを、今一度きちんと見直す視点が必要だと思います。

２つ目です。「各個教会のアジアへの関心とつながりへの導きを」ということです。神戸学生青年センターとアジアとのつながりというのは、六甲奨学基金等々を通して、また、アジア・ツアーを通して、非常に強いものを持っておられるわけです。そのような取り組みを教会に戻し、教会に参加への道を与えるような機会を、ぜひともやっていただきたいと思います。

例えば、たくさんの教会があります。アジアに対してどのように奉仕していいかということを分からない教会もたくさんあるかと思います。そういうところに、例えば奨学金１人分を私たちの教会で担いましょう、「何々教会冠名奨学金」という形でいいじゃないですか。１人分の奨学金をその教会は出しますというような形で、教会をしてアジアの人材育成につながるものを開いていただければなと思います。

アジアや世界でエキュメニカルな働きをされていた荒井俊次先生は、次のようなアジアのことわざを紹介してくれました。「一年の計を建てるには種をまけ。十年の計を建てるには木を植えよ。百年の計を建てるには人を教育しなさい」。

96年から始まったアジアへ向けての六甲奨学基金の目的はこのことわざの体現にあると思います。教会をしてアジアとのつながりの道を示していただきたいと思います。

◎「間に合う」センター

３番目、「『共生社会』に向けてのさらなる前進を」ということです。キリスト教年鑑を見ましたら、このようなセンター活動をやっているのは、私の目から見たら、100ぐらいのセンターです。そのうち20はカトリックの関係センターです。センター間の協力と連帯というためのプラットフォームが必要だと思います。このプラットフォームは将来、日本のキリスト教界の組織を新しく作りかえていく上で重要な役割になる可能性があると期待しています。

私の神戸学生青年センターのイメージを語って終わりたいと思います。50年にわたって、共に歩んできたその歩みを振り返り、一言でその関わりを私なりに言うなら、私たちにとって神戸学生青年センターは、常に「間に合う存在」というような表現をしたいと思います。その時々になって、必要なものを用意し、提供してくださる存在であったと思っています。

それはある時は人を通して、辻建さんとか土井たか子さんとか河上民雄さんも講演を、大切な時にやってくださいました。ある時は出版物を通して、私は今も『〈未完〉年表・日本と朝鮮のキリスト教100年』という、八幡明彦さんが書かれたそれを大事に使っております。外登法関係、ここでは新聞の切り抜きを何冊にもわたって作ってくださったのは神戸学生青年センターで、それを見れば、その外登法の問題がどんなに進んだのかというのが見えてくる、そういう役割をしてくださいました。ある時は方向づけです。どういう役割を私たちは担わなければいけないか、そういう運動の方向づけのアイデア、ある時は事務局の働きを通して、「間に合う存在」としての役割を担っていただいたと思います。これらの働きについて私は、先ほど小池先生の、教会という枠を超えてという言葉を引用したわけでありますが、本来、教会は超えてしかるべき教会の働きの一つのモデルを、神戸学生青年センターが果たしてこられたと思っております。先ほど朴淳用館長より新しいスタッフの紹介、新しい「六甲ウイメンズハウス」プロジェクトの話を聞きました。新しい建物での働きが昨年より始まっているわけでありますが、新しい時代には必ず新しい課題が出てまいります。それらの課題に的確に対応され、今後も時のしるしと時代の方向をきちんと指し示してくださるセンターであることを期待して、私のお話しを終わらせていただきたいと思います。カムサハムニダ、ありがとうございました。

神戸学生青年センター50年の歩み

「人間の営みは、いつも場所を媒介として行なわれます。思想的、政治的なものから家庭の営みにいたるまで。

ですから、いつの時代でもおおよそ支配者が自らに批判的な人の集まりを弾圧するとき、それは場所の破壊、場所からの追放として現れました。

自由な生の営みを願うものは、何ものからも干渉されることのない場所を獲得したいと願います。私たちのセンターは、そうした願いを実現しようとする一つのアプローチです。

この園に市民共同体や文化や宗教の営みが花開くことを願っています。」

*

この文章は、神戸学生青年センターの最初のカラーパンフレットに、辻建氏によって書かれた趣旨文である。それから50年が経過した。この50年の歩みを振り返ってみる。

■ 六甲キリスト教学生センターの働き

米国南長老教会外国伝道局による神戸伝道は、1897年から1903年にわたるヘンリー・B・プライスに始まるとされている。その後、1907年この地に神戸神学校が開校され（後に中央神学校となる）、賀川豊彦、富田満らがここで学び、伝道界へと送り出された。1918年には11の自給教会を設立し、東京につぐ長老教会の中心地となった。しかし1941年宗教団体法による日本基督教団の設立にともない中央神学校は1941年閉鎖、宣教師は本国送還となった。

1945年11月、日本基督改革派教会は、日本基督教団が信条を持たないこと、戦時下に神社参拝に妥協したことを理由として教団より離脱。1951年には日本基督教会が成立した。米国南長老教会は戦後、教団を含むこれら三団体と連携して日本における伝道に協力することとなった。この連携により1947年神戸改革派神学校が設立され、1955年青年伝道をめざして「六甲キリスト教学生センター」が発足した。ここでは聖書研究、英語礼拝クラス、聖歌隊、演劇、ラテン語学習などが行われて、10年間に300名以上の学生がメンバー登録をしている。

1966年世界伝道局は、活性化をもとめて六甲学生センターの伝道活動を日本基督教団の兵庫教区に委譲することを決定した。

■ 日本基督教団兵庫教区による神戸学生センターの運営

日本基督教団兵庫教区は、この申し入れを受けて「神戸学生センター運営委員会」（委員長・沼信行のちに今井和登）を立ちあげた。1967年度の運営委員は、今井和登、沼信行、松村克己、魚住せつ、宇都宮佳果、辻建、マグルーダー。1967年５月小池基信氏が研究主事として就任し、マグルーダー宣教師がこれに協力した。同年12月登佐尅己氏とその家族が管理人として入居。この年30名分の寝具を購入。運営委員会は、センターの活動の柱として、①会員制をとらない、②宿泊設備を含む活動の場を提供する、③セミナー開催、資料室の提供を主な方針とすることにした。1966年度の決算は、米国南長老教会からの援助金60万円、施設利用料10万円、特別献金26万円等、計123万円。これを主事、管理人手当、営繕費、備品費等に当てた。

1968年センター活動２年目を迎えて、センター主催のセミナーを開催した。折から各大学で「学園紛争」が起こり、大学や学問のあり方が問われ始めたが、センターとしてこれらの問題を出来る限り共有しようと努めた。また教会においても教会革新の動きが起こり始めていた。教会青年との対話の場をつくり出そうと願い、セミナーを企画して参加を呼びかけた。(1)「大学生と教師との対話」(2) 学生セミナー「現代と人間」(3) 牧師セミナー「今日の学生の思想と行動」(4)第２回学生セミナー「沖縄を考える」など。施設利用者も増加して、使用収入は64万円に急増した。

1969年センター活動３年目に入り、各大学における紛争は一層激しさを増していた。センターはそこでの問題を受けとめる場としての自覚に立ちセミナーを継続した。(5) 第３回大学セミナー「知性の変革をめざして」(6) 聖書学セミナー「聖書解釈と現代」(7) 第４回大学セミナー「わがうちなる朝鮮」。また、自主的な集会もセンターで数多く行われて、主事が事務をとる場所も確保出来ないほどであった。この年度の使用グループ数619、総人数6,844名、宿泊数2,229名、施設利用料98万円と前年比の1.5倍となった。

新会館設立への道

利用者の増加に伴い、ホールの増設、集会室の改造、寝室拡充のための資金の援助を兵庫教区常置委員会に申請した。申請が受理され、南長老教会より60万円の建築費が決定した。その直後、小池主事とマグルーダー主事により学生センタービル計画が提案され、運営委員会はこの方針で進めることを了承した。

兵庫教区常置委員会は1969年10月、この件に関する公聴会を開催。それに基づいて同年11月「学生センタービル建築準備委員会」を発足させた。委員は、井坂辰雄 (長)、西原基一郎、中谷繁雄、芹野俊郎、宇都宮佳果、辻建、小池基信。これに都市問題研究所がアドバイザーとして参加した。この委員会は1970年５月より「建築実行委員会」となる。

ビル建築の目的としては、より充実した活動を展開出来る施設の拡張、他からの援助を求めずに経費を自給出来る態勢を目指した。このために都市問題研究所のアドバイスをうけつつ検討を重ね、第６案を最終案として、分譲、賃貸住宅、貸店舗及び駐車場を含むマンションの一部をセンター部分とすることとなった。兵庫教区常置委員会はこの最終案を採択し、1970年６月開催の教団常置委員会はこれを受けて、「学生伝道のために学生センタービルを建築するため、合衆国南長老教会（PCUS）土地の無償譲渡を得ること」の申請についてこれを承認した。

1970年12月、新学生センター建築のための起工式が行われ、センター事務所を神戸市東灘区御影城之内1478に移転。ここを仮センターとして会館完成までの１年３ヵ月、活動の場とした。

建築実行委員会は、教団との折衝により財団法人設立の方向で進めることとし、理事長を河上民雄氏に依頼することを決定した。1971年12月、常置委員会は (1) 神戸学生センターの財団法人設立を承認、(2) 同センター専任主事として小池基信氏を招聘することを承認した、また同年12月の第37回常任常議員会は「(1) 宗教法人たる日本基督教団がこの事業をおこなうことは、現時点においては相当困難なことが明らかとなった。そこで関係者間において検討の結果、教団、教区、関係教会の当事者が役員の中心になって運営管理することが適当な方策と考えられるに致ったので、財団法人を設立すること」(2)「財団法人神戸学生青年センターの設立に伴い、下記の物件（神戸市灘区山田町３丁目１番地１、宅地1503.53㎡、同所１番地２、宅地1065.99㎡）を無償譲渡すること」を賛成多数をもって承認した。

こうして財団法人神戸学生青年センター設立委員会が発足し、1972年１月第１回委員会が開かれた。委員は河上民雄 (長)、小池基信、井坂辰雄、魚住せつ、種谷俊一、西原基一郎、宇都宮佳果、辻建、岸本和世、(陪席)田原潔、南谷繁弘。「寄付行為」の文案について検討している。

1972年4月9日、財団法人「神戸学生青年センター」の開館式が行われ、新しい装いのもとにセンターが発足した。なおマンション部分についてはマグルーダー主事により「ニューライフ」と命名された。

■財団法人神戸学生青年センターの発足

1972年4月9日、財団法人神戸学生青年センターは理事長河上民雄、館長小池基信のもとに開館式を行い発足した。日本基督教団は同年5月23日、これを教団関係団体として承認した。翌1973年1月、財団法人設立登記を完了した。(センターは、2014年8月に公益財団法人として認定された。)

センター発足当時の職員は、小池基信館長のもとに辻建主事、事務職員として小林みえ子、管理人が登佐尅己であった。また、ニューライフマンションの管理には、センターの委託を受けて都市問題研究所が担当した。

センター活動は手さぐりの状態にあったが、前学生センターの経験を生かしてセミナーの開催、図書館の充実、各種文化活動のための場所の提供などを骨子として進むことにした。職員の間で研究会を行って、セミナーの内容の検討なども行った。

これらの活動費、人件費の収入源としてはマンション3件分の賃貸料、駐車場使用料、部屋の一部の定期利用料、利用者による部屋使用料などが当てられた。

■朝鮮史セミナー(セミナー活動とその展開)

セミナーは、とりあえず2本が発足した。その一つは「朝鮮史セミナー」で、1972年6月に井上秀雄氏の「朝鮮の古代国家」によって第1回が始められた。この「朝鮮史セミナー」をはじめるにはきっかけがあった。センター理事の1人、西原基一郎(韓皙曦)氏がこの年3月にマッケンジー著「義兵闘争から三一独立運動へ」を翻訳出版し、その出版記念会がセンターホールにおいて行われた。その折参加者の間でこの歴史を今後も継続して学習していこうとの提案がなされ、早速企画委員が作られて朝鮮と日本の関係史を学ぶセミナーが発足することになった。

その後も引き続き、「現代朝鮮と日本」「朝鮮文化と日本」「朝鮮の文学」「李朝時代の思想」「朝鮮近代の民衆運動」「解放後の在日朝鮮人運動」「在日朝鮮人の民族教育」「現在の在日朝鮮人問題」「朝鮮解放40年・日韓条約20年」「兵庫と朝鮮人」「天皇制と朝鮮」「『強制連行』を問う」「日韓条約締結40周年」「中央アジアの朝鮮人」「「韓国併合」100年の年をむかえて」「コリア・映画の世界」「韓流ブームの源流と神戸」「東学農民革命120年」「日韓歴史認識問題とは何か」「ジェンダーから見る植民地主義」「四・二四阪神教育闘争の証言」「兵庫・コリアンの歴史の一断面－三宮、新湊川、武庫川－」「鄭鴻永さんの甲陽園地下壕発見、その後」といったテーマで行われた。

夏期特別講座として、朴慶植、鄭敬謨、金達寿、姜在彦、梶村秀樹、李進熙、中塚明、金賛汀、金石範、李恢成、大村益夫の諸氏を講師としてお迎えし泊まりこみのセミナーも開催した。セミナーに関連して、「山陰線工事と朝鮮人」「甲陽園地下壕」「神戸市立外国人墓地」などをテーマに国内フィールドワークを開催した。また、韓国に「歴史ツアー」「祭ツアー」として、済州島、江陵、公州、珍島、安東を訪ね、朝鮮民主主義人民共和国、カザフスタン・ウズベキスタンへも訪問している。

また演劇等のイベントとして、「成昌順・パンソリの夕べ」「水牛楽団コンサート」「沈雨晟・人形劇場」「金明洙・金一玉／韓国伝統舞踊」「瓦礫組・糞氏物語」「曺小女パンソリの夕べ」「がんばれ神戸！安致環ライブ」など。映画会でも、「江戸時代の朝鮮通信使」「ユンボギの日記」「沖縄のハルモニ」「忘却の海峡」「光州は告発する」「李朝残影」「族譜」「しばられた手の祈り」「世界の人へ」「風吹く良き日」「指紋押捺拒否」「レッド・ハント」「梅香里」「あんにょん・サヨナラ」「ウリナラ」「空色の故郷」「笹の墓標」「抗いの記」「アリラン2003」「異なる世界」「血筋」「帰国船」などを上映している。

センター20周年記念（1992年）には、李泳禧氏講演会を開催している。

1972年にスタートした朝鮮史セミナーは、2022年11月までに341回開催された。

■ 食品公害セミナー／食料環境セミナー

セミナーの二本目は「食品公害セミナー」だが、このセミナーの発足に当たってもきっかけがあった。最初これは「婦人生活セミナー」として始められたが、このなかのひとつとして食品公害の問題を取り上げていた。この講演に参加した当時神戸大学農学部助手の保田茂氏とセンターとの出会いが、その後この問題を発展させていくことになる。そして翌1973年６月、「食品公害セミナー」が発足し第１回保田茂氏の「今なにを学び何をすればよいか」を皮切りとして現在まで毎月１回開催されている。1995年４月から名称を「食料環境セミナー」と変えている。

各シリーズのテーマは、「学校給食を考える」「農業と私たち」「海と私たち」「今、家畜に何が起こっているか」「食生活の総点検」「恐ろしい魔法の薬・界面活性剤」「今、子どもに何が起こっているか」「石油危機と食べもの」「農畜産物の安全性を考える」「医と食と健康」「ゴミと水と都市」「森と水と生きもの」「アトピーを考える」「今、米を考える」「生活環境と大震災」「ダイオキシンと住民運動」「子どもと環境ホルモン」「どうする!? タバコ」「気候変動問題を考える」「一粒の種子から農業を考える」「地域の力－食・農・まちづくり－」「農と出会い、農に生きる」「原子力発電を考える」「再生可能エネルギーで地域再生」「若い人の農業実践から」「アグロエコロジー」などである。

以下のような記念講演も開催した。1980年12月特別セミナー「80年代をどう生きるか－公害の現状と私達のあり方－」宇井純氏、1982年には、100回記念講演として竹熊宜孝氏による「食べものと健康」。1987年９月にはセンター15周年記念講演として「せまりくる21世紀にむけて」と題して、梁瀬義亮氏と槌田劭氏によるシンポジウム。

1988年特別講演会「いりません！原子力発電」松下竜一氏、1991年９月には200回記念として「あなた、生活を科学していますか」坂下栄氏。2000年12月には、300回を記念して保田茂氏の「21世紀の食を問う」。2019年３月には、500回記念講演会保田茂氏の「日本の食料・農業・農村の未来」。2022年４月には、センター50周年記念講演会「農はいのちをつなぐ―時代を超えて引き継がれていくもの・資本主義の先を考える―」宇根豊氏が開催された。

このセミナーでも以下のような映画が上映されている。「忍びよる農薬禍」「生きている土」「水俣の甘夏」「食物の安全性を追及する」「いのち耕す人々」「フランドン農学校の尾崎さん」「サルー！ハバナ　キューバ都市農業リポート」「日本の公害経験～農薬その光と影」「遺伝子組み換えルーレット」。

食品公害／食料環境セミナーは、1973年６月から2022年11月までに、531回開催されている。

■ 近代日本とキリスト教／現代のキリスト教セミナー

センターが日本基督教団と密接な関係にあることについては先に述べたが、そのことからキリスト教思想に関するセミナーの開催が望まれ、1977年５月「近代日本とキリスト教」第１期が発足した。近代以降の日本のキリスト教を批判的にとらえて、正統的立場だけではなく多様な立場からキリスト教精神を生かした人々の思想、生き方を浮かび上がらせせようとの意図をもってのぞんだ。「キリシタンから初期プロテスタントまで」「明治後期のキリスト教」「大正期のキリスト教」「昭和初期のキリスト教」「戦後日本のキリスト教」と５年間で１サイクルを終え、センター10周年記念講演として加藤周一氏を迎えて「日本文化の課題」を聞いた。

1982年４月以降は「近代日本の精神」として、1985年以降は「現代、こころの旅」「神戸とキリスト教を語る」に受け継がれ、1987年５月のセンター15周年記念講演には再び加藤周一氏を迎えて「日本文化対キリスト教」を聞いた。その後、「新共同訳聖書について」「賀川豊彦の全体像」「戦時下・キリスト教の一断面」「現代に生きる神学を学ぶ」「生と死」「戦後50年とキリスト教」「世紀末と宗教」「イエスとは何か」「20世紀のキリスト者」「いま、キリスト教を問う」「芸術のなかのイエス」「若手研究者による東アジアキリスト教史研究」「在日大韓キリスト教教会の歴史」などのテーマで開催されている。コロナ禍、休会中であるが、2019年までに199回のセミナーが開かれた。

■ 東南アジアセミナー／知りたい世界をのぞく会／高作先生と学ぶ会

３本柱のセミナーのほかに、センターが主催あるいは共催・後援のかたちでいくつかのセミナーを開催した。

1972年には、のちに食品公害セミナーにつながる婦人生活講座 第１期「生活の中で考える」「私たちの生活は楽になるか」を河上民雄氏がはじめられ、翌年11月までの３期まで開かれた。

1974年以降「東南アジアセミナー」として「東南アジアの声を聞く集い」やティーチイン「アジア援助のすきま風」「タイにおける労働、住民運動」などを計18回行い、1975年には最初の東南アジア現場研修旅行を行った。この研修旅行はさらに第２回を翌1976年にも行っている。

また1975年から「現代と人間セミナー」として９回のセミナーを開いたが、寺山修司氏（76.5.7）もお招きしている。

高作先生と学ぶ会は、2014年にセンターが共催する形でスタートした。初回のテーマは、「憲法の危機と沖縄－辺野古・普天間・高江が問う平和」。その後、「特定秘密保護法」「日の丸・君が代の戦後と現在」「安保法制定後の憲法問題」「天皇の代替わりと憲法問題」「敵基地攻撃能力の保有と憲法論」などをテーマに勉強会が続いた。2022年度よりセンター主催のプログラムとなり、「岸田政権と改憲問題」「米軍基地の環境問題と表現の自由」などをテーマに開催している。

ほかにも、六甲の小さな音楽会、村山康文写真展、多文化と共生社会を育むワークショップ、絵本をみる・きく・たべる、多賀健太郎絵画展、トモニプロジェクト、神戸平和マップ展、張雨均切り絵・書道作品展、林榮太郎ケーキ教室、居空間RoCoCo活動パネル展、劇団石ひとり芝居「在日バイタルチェック」、解放出版社の本展示販売展、技能実習制度廃止！全国キャラバンIN神戸などを開いている。

映画上映会としては、「にがい涙の大地から」「Marines Go Home－辺野古・梅香里・矢臼別」「蟻の兵隊」「また、また、辺野古になるまで」「1985年花であること・華僑２世徐翠珍的在日」「クロンビ、風が吹く」「ホームランが聞こえた夏」「女を修理する男」「ミャンマー関西・映画会」「100年の谺－大逆事件は生きている」「ドキュメント人間－大都会の海女」などを開いた。

■ セミナーからの発展

「朝鮮史セミナー」との関連で生み出されたのが「朝鮮語講座」であった。初級講座は1975年

５月に「むくげの会」の朝鮮語講座を引き継ぐ形で開講され、1976年４月に中級を、1976年７月に上級をそれぞれ開講した。毎年多くの人々が受講し、2002年度はワールドカップの影響もあって４つのクラスで約60名が学んだ。また、韓国のカトリック農民会等が、日本の有機農業運動との交流で学生センターを訪れるときには「通訳」の役割も担っている。開講３年目の1978年から受講者による「学芸会」が毎年行われ、朝鮮語劇の熱演で盛り上がった。10回続いた後に「卒業弁論大会」が開かれたこともあった。キムチチゲハイク、ポジャギ教室（尹英順氏 、金恩順氏）、韓国語手話講座（アンダンテ相永氏）も開催した。林賢宜さんの韓国料理教室は、センターのサロン室を使用して開かれている常設のプログラムで、人気が高い。

「食品公害セミナー」との関連から生じたのが、「食品公害を追放し安全な食べものを求める会」で、1974年に発足しセンター内に事務所を置いている。有機農産物をつくる生産者とこれを受ける消費者とが協力して、食品公害の実態を学習しながら、生活に必要なより安全な食べものを作るつながりをつくりだそうとの運動体である。（2022年３月に活動を終了した。）

また、食品公害・食料環境セミナーとの関連で青年たちを対象に「有機農業ワークキャンプ」が1987年８月より兵庫県氷上郡市島町一色農園の協力を得て97年まで行なわれ、94年には「市島発夏子体験」も企画した。また1994年には一色作郎氏を塾長に「農塾」がスタートし、2002年には渋谷冨喜男新塾長のもとで第10期をおこなっており、神戸市西区に実習農園も運営した。市島町をフィールドとする「森林講座」は、96年５月から始まり04年７月まで続けられた。グリーンウェーヴ例会（96年７月～01年３月）、淡路・海とみかん山体験（95年～99年）も企画した。

1994年に始まった農塾は、座学と実習を行うものだ。開催方法を工夫しながら現在まで継続されており、2022年は、第25期「生産者のお話と農産物販売」が開かれている。ウエスト100のサロン室での「ろっこうおーがにっく市」での販売が好評である。

土曜ランチサロンは2009年の「ラオスに『海外協力隊』として行ってきました」（天野郡壽氏）から始まった。2017年９月からは土曜ティーサロンへ変更し、「地球の歩き方」の雰囲気で、ソウル、ウガンダ、中国、マニラ、六甲山、マラウイ、アテネ、ホーチミン、台湾、セルビア、ミクロネシア、インドネシア、ネパール、セネガル、ハワイ、タイ、ジンバブエ、モンゴル、インド､アフガニスタン、ミャンマー、ノルウェー、サハリン、コスタリカ、ドイツ、イラク、ポルトガル、パラグアイ、アジスアベバ、タンザニア、モスクワを「歩いて」いる。

センターに事務所をもつ神戸大学ＹＭＣＡは、OBOG会を中心に、６月の講演会と12月のKOBE Mass Choirクリスマスコンサートを開催している。（コロナのために中断）

またセンターに事務所をおく「多文化と共生社会を育むワークショップ」は、2006年以降センターと共催で、音楽会、講演会、ワークショップを開いている。

こうしてふりかえってみると、この50年間、実に多彩なセミナーを開催している。詳細は別項のセミナー記録をご覧いただければ幸いです。

■ 阪神大震災と六甲奨学基金の設立

1995年１月17日の阪神淡路大震災で学生センターも給水設備の破損などの被害をうけたが、幸いなことに建物はそのまま使用が可能な状況であった。センターでは、フロン回収などの環境問題へのとりくみとともに、被災留学生・就学生の支援活動に取り組んだ。センターの避難所としての提供、住居の斡旋、生活一時金の支給（一人３万円）、救援物資の配給などを行なった。全国からは多くの募金が寄せられ、767名の留学生・就学生に計2301万円が支給された。一時金の支給は、当時アルバイトをしていた韓国人留学生・鄭燦圭さんの「震災時の留学生・就学生にとって早期に支給される生活一時金は貴重である」という提案に応えたものだった。また、日本語ボランティアの教室が使えなくなってセンターに来られた松岡静子さんの提案を受けてボランティア日本語教室＝日本語サロンが発足した。毎週月・土曜日にセンター内でひかられており、生徒とボランティアは年々増え、これまでに975名の学習者の参加があり、2022年度には学習者39名、ボランティア教師が36名でマンツーマン形式の授業を行なっている。

全国から寄せられた募金の残高約1300万円から「六甲奨学基金」がつくられた。兵庫県下のアジアからの留学生・就学生に月額５万円の奨学金を支給するもので、96年度より現在まで、毎年４～10名名計156名に支給している。支給総額は、2022年度までで9255万円になる。2004年～2008年には、三木原さんの寄付3000万円で三木原奨学金（のち一粒の麦奨学基金）が作られて40名に支給された。

六甲奨学基金は、震災時の日本DECからの寄付金1000万円に支援金の残金300万円でスタートした。当初引き続き寄付をつのることによって10年間毎年300万円の奨学金支給をする計画であった。しかしその後の寄付が集まらず、資金集めのために1998年に始めたのが「古本市」。３～５月の60日間の開催で、多い年は450万円を売り上げた。新しいセンターに移転後は常設古本市となっている。2022年1月～12月の売り上げは2,332,485円となった。

1998年にスタートした古本市の2022年12月までの総売り上げは、8042万円となっている。60万円（月額５万円）の奨学金、134名分に相当する。古本市の成功がなければ六甲奨学基金は継続できなかったことになる。

日本語サロンの関連では、「ボランティア養成講座」、「やさしい日本語講座」、基金運営委員による「実践・日本語学習支援講座」も開催された。

■センター出版部とロビー書店、そしてフェアトレードショップの「なんやか屋」

セミナーの内容を知りたいとの要望が参加者以外の人たちから寄せられ、セミナー講演録として出版した最初の本が梶村秀樹著「解放後の在日朝鮮人運動」（1980年８月）であった。好評で初版1,000部を短期日に売りつくし、現在まで７刷計7,000部を出している。その後、セミナーの記録として、「在日朝鮮人の民族教育」「現在の在日朝鮮人問題」「医と食と健康」「今、子どもに何が起っているか」「もっと減らせる！ダイオキシン」「賀川豊彦の全体像」「教科書検定と朝鮮」「医と食と健康」「朝鮮近現代史における金日成」「体験で語る解放後の在日朝鮮人運動」「児童文学と朝鮮」「天皇制と朝鮮」「朝鮮統一への想い」を出した。

セミナーの記録以外に、「母・従軍慰安婦」「指紋制度を問う－歴史・実態・闘いの記録－」「殺生の文明からサリムの文明へ－ハンサリム宣言　ハンサリム宣言再読－」「サラム宣言－指紋押捺拒否裁判意見陳述－」「地震・雷・火事・オヤジ－モッちゃんの半生記」「歴史を生きる教会－天皇制と日本聖公会」「朝鮮人･中国人強制連行強制労働資料集」「朝鮮人従軍慰安婦･女子挺身隊資料集」「国際都市の異邦人・神戸市職員採用国籍差別違憲訴訟の記録」「日韓の歴史教科書を読み直す－新しい相互理解を求めて－」「三・一独立運動と堤岩里教会事件」「アボジの履歴書」「＜未完＞年表日本と朝鮮のキリスト教100年」「歌劇の街のもうひとつの歴史－宝塚と朝鮮人」「在日朝鮮人90年の軌跡－続・兵庫と朝鮮人－」「朝鮮人強制連行とわたし川崎昭和電工朝鮮人宿舎・舎監の記録」「夏は再びやってくる－戦時下の神戸・オーストラリア兵捕虜の手記－」「風は炎えつつ」「戦時朝鮮人強制労働調査資料集」「同２」「「明治日本の産業革命遺産」と強制労働」を出版した。

センターにある印刷製本を自動的にする印刷機・リソーグラフを利用した冊子の発行も好評である。「南京事件フォト紀行」「生徒と学ぶ戦争と平和」「国産大豆で、醤油づくり」「自給自足の山村暮らし」「朝鮮人強制労働企業 現在名一覧」「阪神淡路大震災、そのとき、外国人は？」「2017年通常国会における改憲論議－転換点としての５月３日」「<資料集>アジア・太平洋戦争下の「敵国」民間人抑留－神戸の場合－」など。

売れ行きに応じて増刷する方式（オンデマンド）で、不良在庫を抱える心配がないのがメリットだ。

センター出版部への依頼もあり、「牧会五十話」「信徒と教職のあゆみ」も出した。出版部のほとんどの本は、Amazonで購入できるようにしている。センター来店で購入の場合は消費税なし、郵送希望の場合は送料分180円＋送金手数料、Amazonの場合はそれが不要だ。（手間のことも考えてAmazonでの購入に誘導している？）

ロビー書店（一坪書店）は、朝鮮史や在日朝鮮人の人権問題の基本図書をそろえる必要から、1985年９月にスタートした。セミナーの主題に合わせて食品公害関係のものも集めたが、これらの関係書を集めている書店が少ないことから利用者に喜ばれている。ミニコミ誌も一部扱っているが、すべて取次店を経由せず、出版社や発行元から直接仕入れる方式を取っている。もちろん、神戸学生青年センター出版部の本はすべて販売している。

またロビーでは、one village one earth、シナピス工房、ネパリバザーロ、PEPUP、ピープルツリー、グリーンアイズ、第三世界ショップ、太陽油脂、吉村茶園、日本ケニア交友会などさまざまな商品を販売する「なんやか屋」もオープンし多くのみなさまに利用されている。一角では常設の六甲奨学基金ミニバザーのコーナーもある。

■ 役員／職員、記念事業

理事長は、1972年の設立当初より2002年まで河上民雄氏がつとめた。その後、2009年まで辻建氏、2021年まで保田茂氏、そしてその後飛田雄一が就任して現在にいたっている。

館長（常務理事）は、初代館長を勤めた小池基信氏が５年９か月の働きののち1979年12月退任した後を受けて、辻建氏が館長に就任した。11年３か月を勤めたのち1991年４月より飛田雄一が2021年まで、そして2021年、朴淳用が就任して現在にいたっている。

スタッフとして、1981年以降、鹿嶋節子、山本達志、中野由貴が働き、現在は、都築和可子、大和泰彦が働いている。そのほか、多くのアルバイトに支えられてこれまでやってくることができた。その名前等は別項をごらんいただきたい。登佐尅己氏は1972年の設立以降19年間の働きを終えて1991年３月退職した。

1982年４月には会館５周年を迎えて記念講演を行い、1982年には財団法人設立に尽力されたマグルーダー氏を北米より招いて会館10周年記念式典を行い、加藤周一氏、竹熊宜孝氏の記念講演、関西芸術座による特別公演を行った。また、1987年４月には開館15周年記念事業として日本基督教団兵庫教区議長藤田公氏を迎えて式典をもち、中嶋正昭、加藤周一、梁瀬義亮、槌田劭、梶村秀樹の諸氏を招いて記念講演会を行った。

1992年には開館20周年記念事業として、ロビーの大々的な改装工事を行なうともに、劇団「態変」公演、鶴見俊輔、李泳禧、山下惣一各氏の講演会をおこなった。

2002年（30周年）には、松井やより氏の講演会、2012年（40周年）には、朞喜夫氏講演会を開催した。

50周年を迎えた2022年、菅根信彦氏の記念式典、李清一氏の記念講演会が開かれた。この50年冊子にその内容を収録している。

■センターニュース、メールニュース

センターニュースは、年３回（４月、９月、12月）発行している。最近は毎号4500部を印刷し､そのうち約4000部が郵便で送られている。2002年発行の30年誌に2002年までのセンターニュースを再録している。それ以降のものについては、この50年誌に再録した。センターニュースは、センターの活動を広く知っていただくためのものだが、活動の貴重な記録となっている。

不定期発行のメールニュースは、約5000のメールアドレスに送られている。ホームページは、何度かの改訂が行われて現在のスタイルに到達した。ちなみに、ホームページアドレスの「https://ksyc.jp/」、簡潔なアドレスだが、Kobe Student Youth Centerの頭文字をとっている。メールニュースは、無料。希望者は、info@ksyc.jp に申し込むことになっている。バックナンバーは、79号（2008年３月）以降のメールニュースがホームページに掲載されている。

センターニュース、メールニュースともに発行／送付部数が多い。センターニュースは住所の分かるセミナー講師／参加者、古本提供者などに送っている。5000通を越えるときもあったが、数年に一度、名簿の整理をしている。最近送られてこないという方は再度連絡いただければお送りします。メールニュースはセミナーアンケートで送付依頼のあった方、なんらかのルートでセンターとつながりのできた方に送っている。

1992年には、20年誌『はたちのセンター、新たな出会い』を、2002年には、30年誌『20世紀から21世紀へ』を発行した。2012年には、新聞切り抜き集『新聞記事にみる学生センター40年』を発行した。いずれも近日中に、ホームページ内に「六甲アーカイブ」をつくりダウンロードできるようにする予定である。

■諸団体との交流、ネットワーク

センターの活動を側面から支え、活動をともにして下さった団体、グループとのつながりを抜きにセンターの50年を語るわけにはいかない。

現在センターに事務所あるいは連絡先をおいている団体／グループは以下のとおりである。

ＳＣＭ（学生キリスト教運動）協力委員会、ＮＣＣ-ＵＲＭ委員会、神戸大学ＹＭＣＡ、むくげの会、神戸・南京をむすぶ会、居空間RoCoCo、多文化と共生社会を育むワークショップ、はんてんの会、神戸石炭火力を考える会、市民デモHYOGO、青丘文庫研究会、アジアキリスト教交流史研究会、強制動員真相究明ネットワーク、神戸港における戦時下朝鮮人･中国人強制連行を調査する会、神戸電鉄敷設工事朝鮮人犠牲者を調査し追悼する会、神戸空襲を記録する会、県研（人権啓発研究兵庫県集会実行委員会）、ひょうご人権ネットワーク会議、兵庫県フロン回収・処理推進協議会、松田妙子さんの会、アジア労働者交流集会。

終了した団体／グループは、以下のとおりである。

六甲カウンセリング研究所、神戸日本語教育協議会（KECJL）、食品公害を追放し安全な食べものを求める会、ＩＮＦＯＧ（オゾン層保護・地球温暖化防止国際フォーラム）、兵庫県在日外国人教育研究協議会、外国人の生存権を実現する会、「多民族共生教育フォーラム・2005」実行委員会、兵庫指紋押捺拒否を共にたたかう連絡会など。

現在センターが属しているネットワークには、神戸ＮＧＯ協議会、関西ＮＧＯ協議会、キリスト教施設長会、ひょうご市民活動協議会（HYOGON）、ＮＧＯ神戸外国人救援ネット、Kife KOBEなどがある。

■「移転」のこと、コロナのこと

2018年ごろからセンターが１階に入っている六甲ニューライフマンションの建て替えが課題となった。1972年に作られたマンションの老朽化、1981年以前のマンションで耐震基準を満たしていないという問題があった。2020年３月、センターは、建て替えに同意した。

再建後のマンションに再入居も検討されたが、３年近くの他の場所での仮営業の可否、従来の規模の施設を建設することの費用負担が大きな問題であった。最終的に、権利を売って転出することにした。幸いウエスト100（本館）とノース10（分館）の賃貸物件を確保することができた。2021年５月以降、この２か所を拠点に活動が続けられている。宿泊事業は中止したが、貸会議室、古本市、ロビー書店、雑貨販売等は、引き続いて運営されている。

■むすびとして

センター50年の歩みを振り返ってみるとき、時々の時代の要請にこたえて活動をすることができてきたと思う。小さな集まりであるが、多くの人々の力に支えられてのことだと感謝している。

2022年より「六甲ウィメンズハウス」の事業がスタートしている。2024年４月には40組の入居者をお迎えする。この事業は、セミナー、場の提供（貸会議室等）、六甲奨学基金の事業に加えて、これからのセンターの大きな柱となる事業である。

この50年間のセンター活動の中心は「出会い」であったと思う。この出会いは、センターを通しての人と人の出会いであり、テーマとテーマの出会いであり、人とテーマあるいはテーマと人との出会いであった。

この50年の出会いが、さらに新しい出会いを創りだすことを期待しながら次の50年への歩みを進めていきたい。引き続いてともに歩んでくださることを願っている。

＊

＊本稿は、30周年記念誌『20世紀から21世紀へ（2002年６月）』所収の略史（辻建、飛田雄一）に飛田が加筆・訂正したものです。セミナー、六甲奨学基金、職員、アルバイト等の記録については、別項をご覧ください。

神戸学生青年センター 50年の記録

朝鮮史セミナー　1972年〜2022年

年	回	日付	演題	肩書	講師
			＊朝鮮と日本－その連続と断絶をめぐって－＊		
1972年	1	6月1日	古代Ⅰ　朝鮮の古代国家	大阪工大教授	井上　秀雄
	2	7月15日	古代Ⅱ　モンゴール侵入と義兵闘争	大阪工大教授	井上　秀雄
	3	9月9日	中　世　いわゆる李朝封建制の成立と崩壊	朝鮮史研究家	韓　晳　曦
	4	10月14日	近代Ⅰ　近代朝鮮と日本	奈良女子大教授	中塚　　明
	5	11月11日	近代Ⅱ　朝鮮解放の闘い	朝鮮史研究家	韓　晳　曦
	6	12月9日	第二次大戦後の朝鮮と日本－日韓条約と朝鮮の統一問題－	奈良女子大教授	中塚　　明
			＊近代における朝鮮と日本＊		
1973年	7	2月24日	日本による朝鮮植民地支配と民族解放運動	奈良女子大教授	中塚　　明
	8	3月24日	日本帝国主義の朝鮮植民地支配	朝鮮史研究家	朴　慶　植
	9	4月28日	日本帝国主義の植民地収奪機構	甲南大学講師	安　秉　玲
	10	5月26日	日本統治下の宗教政策への抵抗と挫折	朝鮮史研究家	韓　晳　曦
	11	6月23日	「敗戦」と「解放」の意味	朝鮮史研究家	姜　在　彦
			＊古代における朝鮮と日本＊		
	12	9月22日	倭から日本へ	大阪工大教授	井上　秀雄
	13	10月13日	近代日本史学と古代の日朝関係	古代朝鮮史研究家	李　進　熙
	14	10月27日	倭の五王をめぐって	京都府立大学女子短大部助教授	坂本　義種
	15	11月24日	飛鳥と朝鮮文化	奈良女子大教授	門脇　禎二
			＊現代朝鮮と日本＊		
1974年	16	2月23日	現代朝鮮史の基軸－統一運動を軸とした解放後の日朝関係	奈良女子大教授	中塚　　明
	17	3月20日	戦後における在日朝鮮人問題	京都大学助教授	飯沼　二郎
	18	4月27日	在日朝鮮人の最近の問題	在日韓国基督教会館主事	崔　忠　植
	19	5月25日	在日朝鮮人の存在性と主体性	詩　人	金　時　鐘
	20	6月22日	在日朝鮮人形成の歴史	朝鮮史研究家	姜　在　彦
	21	7月20日	韓国と日本－その関わり合い－	評論家	鄭　敬　謨
			＊朝鮮文化と日本Ⅰ＊		
	22	9月28日	朝鮮古代文化と日本	朝鮮史研究家	李　進　熙
	23	10月26日	朝鮮の陶磁器と日本	「日本のなかの朝鮮文化」編集発行者	鄭　詔　文
	24	11月16日	朝鮮の儒教思想と日本	大阪市立大学講師	姜　在　彦
	25	12月14日	朝鮮近代文学と日本	詩　人	金　時　鐘
			＊朝鮮文化と日本Ⅱ＊		
1975年	26	2月22日	記紀・万葉の中の朝鮮語	大阪外国語大学客員教授	金　思　燁
	27	3月22日	朝鮮の古書画	朝鮮古美術評論舎主幹	李　英　介
	28	4月26日	朝鮮古代の仏像	朝鮮古代美術研究者	中吉　　功
	29	5月24日	朝鮮の民芸	「日本のなかの朝鮮文化」編集発行者	鄭　詔　文
	30	6月21日	朝鮮の歳時風俗	大阪市立大学講師	姜　在　彦
			＊夏期特別講座（1）＊		
	31	7月26日〜27日	在日朝鮮人・その形成と運動の歴史 1)在日朝鮮人の形成　2)在日朝鮮人運動史(1945年まで) 3)在日朝鮮人運動史(1945年以降)	朝鮮史研究家	朴　慶　植
			＊江華島事件から百年＊		
	32	9月20日	江戸期の朝鮮と日本の交流関係	朝鮮史研究者	李　進　熙
	33	10月18日	幕末から明治維新における征韓思想の形成	京都大学教授	井上　　清

年	No.	日付	題目	所属	講師
1975年	34	11月15日	江華島事件前後	京都大学講師	姜 在 彦
	35	12月13日	日清・日露戦争と朝鮮	京都府立大学助教授	井口 和起
1976年	36	1月20日	皇国史観と朝鮮史学	東京都立大学名誉教授	旗田 巍
	37	2月28日	江華島事件と現代	奈良女子大学教授	中塚 明
			＊朝鮮の文学＊		
	38	3月27日	文学にみる朝鮮のこころ－古代から近世までⅠ－	大阪外国語大学客員教授	金 思 燁
	39	4月24日	文学にみる朝鮮のこころ－古代から近世までⅡ－	大阪外国語大学客員教授	金 思 燁
	40	5月22日	植民地下の朝鮮文学	朝鮮文学者	梶井 陟
	41	6月19日	現代の韓国文学	朝日新聞東京本社調査研究室	田中 明
	42	7月10日	在日朝鮮人の文学	詩人・大阪文学学校講師	金 時 鐘
			＊夏期特別講座(2)＊		
	43	7月24日～25日	韓国民主化運動 1)「民主救国宣言」とその後　2)韓国民主化運動の歴史 3)金芝河の世界	評論家	鄭 敬 謨
			＊朝鮮の抗日独立運動と現代の日朝関係＊		
	44	9月25日	植民地化に反対する抗日運動	奈良女子大学教授	中塚 明
	45	10月23日	三・一独立運動とその意義	奈良女子大学教授	中塚 明
	46	11月27日	1920～30年代の朝鮮	奈良女子大学教授	中塚 明
	47	12月28日	太平洋戦争下の日本と朝鮮	奈良女子大学教授	中塚 明
1977年	48	1月29日	解放、そして統一をめざして	奈良女子大学教授	中塚 明
	49	2月26日	現代の日本と朝鮮	奈良女子大学教授	中塚 明
	50	4月29日	(センター5周年記念特別セミナー) シンポジウム「朝鮮史をどう学ぶか」	明治大学講師 奈良女子大学教授 京都大学講師	李 進 熙 中塚 明 姜 在 彦
			＊わたしの朝鮮史－通史と史話－＊		
	51	5月28日	第1章　朝鮮史の性格／原始時代／建国神話の「檀君」と「箕子」		
	52	6月25日	第2章　三国の形成と展開(高句麗、百済)	京都大学講師	姜 在 彦
			＊夏期特別講座(3)＊		
	53	7月23日～24日	「わが文学、わが民族」 1)在日朝鮮人としての私　2)私にとっての文学　3)民族と歴史	作家・歴史家	金 達 寿
			＊わたしの朝鮮史－通史と史話－<続>＊	京都大学講師	姜 在 彦
	54	9月24日	第2章　三国の形成と展開(新羅)		
	55	10月22日	第3章　新羅による三国統一と渤海国／円仁(慈覚大師)の入唐と新羅坊／史話－王子好童と楽浪公主		
	56	11月26日	第4章　新羅の滅亡と高麗王朝の創建／二つの困難－契丹と元の侵攻／史話－金博士と麻衣太子		
	57	12月17日	第5章　高麗朝の仏教／高麗大蔵経の話／朱子学の伝来と排仏思想		
1978年	58	1月28日	第6章　高句麗の滅亡と李朝の創建／鄭夢周と鄭道伝／「咸興差使」ということ		
	59	2月25日	第7章　集賢殿のスターたち／死六臣と生六臣		
	60	3月25日	第8章　李朝の女性像／妓生・黄真伊の話		
	61	4月22日	第9章　秀吉の朝鮮侵略／江戸文化と朝鮮／「ジュリア・おたあ」の話		
	62	5月27日	第10章　朝鮮儒教における学派と党派／朝鮮実学派		

年	No.	月日	内容	講師
1978年	63	6月24日	第11章　19世紀前半期の思想状況－衛正斥邪思想／天主教の伝来と殉教	
	64	7月22日	第12章　1976年江華島条約	
			＊夏期特別講座(4)＊	
	65	7月29日 ～30日	近代における日本と朝鮮－朝鮮民衆の闘いの歴史－ 1)「日韓併合」前の反侵略・反封建闘争 2)植民地支配に反対する朝鮮人民の闘い　3)「日韓条約」と韓国民主化闘争	大阪市立大学講師　姜　在　彦
			＊朝鮮の古代・中世＊	
	66	9月23日	古代Ⅰ　朝鮮の建国	奈良国立文化財研究所研究員　鬼頭　清明
	67	10月28日	古代Ⅱ　三国の興亡(1)	奈良国立文化財研究所研究員　鬼頭　清明
	68	11月25日	古代Ⅲ　三国の興亡(2)	奈良国立文化財研究所研究員　鬼頭　清明
	69	12月16日	古代Ⅳ　統一新羅の興亡	奈良国立文化財研究所研究員　鬼頭　清明
1979年	70	1月27日	中世Ⅰ　高麗の成立と展開	大阪市立大学助教授　北村　秀人
	71	2月24日	中世Ⅱ　高麗の文化	大阪市立大学助教授　北村　秀人
	72	3月24日	中世Ⅲ　高麗の滅亡	大阪市立大学助教授　北村　秀人
	73	4月15日	映画と講演の会「江戸時代の朝鮮通信使」 朝鮮通信使の歴史的意義	大阪市立大学講師　姜　在　彦
			＊李朝時代の思想＊	
	74	5月25日	朝鮮儒学の成立	大阪市立大学講師　姜　在　彦
	75	6月16日	朝鮮儒学の展開	大阪市立大学講師　姜　在　彦
	76	7月21日	実学思想の抬頭	大阪市立大学講師　姜　在　彦
			＊夏期特別講座(5)＊	
	77	7月28日 ～29日	解放後の在日朝鮮人運動 1)解放直後の在日朝鮮人運動　2)朝鮮戦争下の在日朝鮮人運動　3)映画上映「江戸時代の朝鮮通信使」　4)分断固定化時代の在日朝鮮人運動	神奈川大学助教授　梶村　秀樹
			＊朝鮮映画の夕べ＊	
	78	9月22日	ハングル（韓国文化映画）／ユンボギの日記（大島渚監督）／金剛山（朝鮮民主主義人民共和国風景映画）／雪岳山（韓国風景映画）	
	79	10月27日	崔鶴信の一家（朝鮮民主主義人民共和国劇映画）	
	80	11月24日	申潤福の絵（韓国文化映画）／沖縄のハルモニー証言・従軍慰安婦（無明舎作品）	
	81	12月22日	民俗博物館（韓国文化映画）／嫁入りの日（韓国劇映画）	
1980年	82	1月26日	乱中日記（韓国劇映画）	
	83	2月23日	端午（韓国文化映画）／忘却の海峡（松山善三脚本、日下部水棹監督）	
			＊朝鮮近代の民衆運動＊	
	84	3月22日	朝鮮近代女性運動史	朝鮮女性史研究家　李　順　愛
	85	4月19日	朝鮮近代学生運動史	大阪市立大学講師　姜　在　彦
	86	5月24日	朝鮮近代農民運動史	むくげの会　飛田　雄一
	87	6月21日	朝鮮労働運動史	朝鮮史研究家　朴　慶　植
			＊夏期特別講座(6)＊	
	88	7月26日 ～27日	解放後・南朝鮮人民のたたかい 1)朝鮮の解放をむかえて(1945～46年)　2)アメリカ軍政に抗して(1946～47年) 3)単独選挙・南北分断に反対して(1947～50年)	朝鮮史研究家　高　峻　石
	89	9月27日	映画会「光州は告発する」／「受難の記録－朝鮮人強制連行の記録」 解放前の在日朝鮮人運動	朝鮮史研究家　朴　慶　植
	90	10月11日	在日朝鮮人の生活と歴史　解放前の在日朝鮮人運動	朝鮮史研究家　朴　慶　植
	91	11月8日	1910年代－2・8独立宣言より3・1運動へ 解放前の在日朝鮮人運動	朝鮮史研究家　朴　慶　植

1980年

92 12月13日 1920年代－思想団体・労働団体の結成
解放前の在日朝鮮人運動・朝鮮史研究家 朴 慶 植

1981年

93 1月10日 1930年代－侵略戦争と在日朝鮮人運動
解放前の在日朝鮮人運動・朝鮮史研究家 朴 慶 植

94 2月7日 1940年代－太平洋戦争下の抵抗
解放前の在日朝鮮人運動・朝鮮史研究家 朴 慶 植

95 3月7日 朴慶植先生を囲んでの座談会、ビール会

＊在日朝鮮人の民族教育＊

96 4月25日 「神戸朝鮮人学校事件」 神戸朝鮮高級学校教師 金 慶 海

97 5月23日 大阪における4･24教育闘争 兵庫県立尼崎工業高校朝鮮語講師 梁 永 厚

98 6月27日 在日朝鮮人民族教育の現状 朝鮮史研究者 洪 祥 進

＊夏期特別講座(7)＊

99 7月25日～26日 日本文化と朝鮮 明治大学講師 李 進 熙
1)日本と朝鮮の古代文化 －七支刀と好太王碑をめぐって 2)中世・近世の日朝文化交流史 3)映画「江戸時代の朝鮮通信使」 4)侵略と友好の近代日朝文化関係－植民地朝鮮と柳宗悦

＊朝鮮映画の夕べ＊

100 9月26日 李朝残影（梶山季之原作 松山善三脚本 申相玉監督）

101 10月24日 族譜（梶山季之原作 林権澤監督）

102 11月28日 八万大蔵経（韓国劇映画）

103 12月19日 しばられた手の祈り（富山妙子画 火種プロ制作）／自由光州 1980年5月（富山妙子画 火種プロ制作）

104 12月12日 成昌順パンソリの夕べ「春香伝」

1982年

＊続・朝鮮映画の夕べ＊

105 2月27日 世界の人へ－朝鮮人被爆者の記録（盛善吉監督）／ヒロシマ35年冬・再び"補償"を問う（ビデオ 中国放送 1980.12.13）

106 3月27日 サラムとの出会い－画家・呉日（福田孝構成演出）／ある一生（韓国文化映画）

107 4月10日 （センター10周年記念公演）関西芸術座「朝まで‥‥徐兄弟と母・呉己順」

108 5月29日 水牛楽団コンサート「はじけ！鳳仙花」

＊夏期特別講座(8)＊

109 7月24日～25日 近代における日本と朝鮮 奈良女子大教授 中塚 明
1)近代日本史学における朝鮮問題 －私と朝鮮史の出会い
2)歴史教育における日本と朝鮮 －特に近現代史の分野をめぐって
3)人類史上、現代とはどういう時代か －核時代の日本と朝鮮を考える

＊朝鮮の民族運動＊

110 9月18日 総論 朝鮮の民族運動 大阪市立大学講師 姜 在 彦

111 10月9日 民族統一戦線としての新幹会運動 平安女学院短大講師 水野 直樹

112 11月13日 朝鮮共産党の再建運動 むくげの会 堀内 稔

113 12月11日 中国における朝鮮独立運動 むくげの会 佐久間英明

1983年

114 2月19日 沈雨晟人形劇場「双頭児」

115 4月3日 金明洙・金一玉 韓国伝統舞踊 「ムーダン舞踊」「太平舞」「僧舞」「サルプリ」

＊現在の在日朝鮮人問題＊

116 4月23日 入管法をめぐって 愛知県立大学助教授 田中 宏

117 5月28日 外国人登録法をめぐって 愛知県立大学助教授 田中 宏

118 6月25日 社会保障制度をめぐって 関西大学講師 山本 冬彦

＊夏期特別講座(9)＊

年	No.	日付	内容	肩書	講師
1983年	119	7月30日	朝鮮人の強制連行・強制労働 1)在日朝鮮人女工の生活と歴史　2)在日朝鮮人土工の生活史 3)在日朝鮮人坑夫の生活史	ルポライター	金 賛 汀
			＊韓国の伝統芸能＊		
	120	9月29日	コクトゥガクシノルム（ビデオ）　韓国の伝統人形劇	韓国民俗劇研究所所長	沈 雨 晟
	121	10月19日〜26日	写真展「韓国の仮面」（島崎哲也太）		
	122	10月22日	韓国の仮面	評論家	梁 民 基
	123	11月26日	鳳山仮面劇（ビデオ）韓国の仮面	評論家	梁 民 基
	124	12月17日	農舞（ビデオ）韓国の農舞	評論家	梁 民 基
			＊在日朝鮮人青年は語る＊		
1984年	125	1月28日	民族差別に抗する闘いの中で	民族差別と闘う兵庫連絡協議会	梁 泰 昊
	126	2月25日	指紋押なつを拒否して	京都精華大学講師	金 明 観
	127	3月24日	在日朝鮮人の文化をめざして	大阪韓国YMCA民族舞踊講師	金 君 姫
	128	3月3日	瓦礫組神戸公演「糞氏物語」（金芝河作）		
			＊近代朝鮮の思想＊		
	129	4月21日	前近代朝鮮儒教の特質	大阪市立大学講師	姜 在 彦
	130	5月26日	衛正斥邪思想と開化派への分化	大阪市立大学講師	姜 在 彦
	131	6月23日	近代民族主義の形成と三・一独立運動	大阪市立大学講師	姜 在 彦
	132	6月20日〜22日	映画試写会　「古代からの歴史にみる日本列島と朝鮮半島」	大阪市立大学講師	姜 在 彦
			＊夏期特別講座（10）＊（@六甲YMCA）		
	133	7月28日〜29日	「金石範・小説の世界」	小説家	金 石 範
	134	9月15日	映画と講演の会・関東大震災と朝鮮人虐殺 （1）映画「隠された爪跡」（呉充功監督）（2）関東大震災から61年	朝鮮史研究者	姜 徳 相
			＊朝鮮の独立運動＊		
	135	10月27日	朝鮮の独立運動	和光大学講師	姜 徳 相
	136	11月17日	安重根の思想と行動	和光大学講師	姜 徳 相
	137	12月15日	三・一 独立運動	和光大学講師	姜 徳 相
	138	12月22日	映画会「風吹く良き日」（李長鎬監督）	和光大学講師	姜 徳 相
1985年	139	1月26日	映画会「指紋押捺拒否」（共催）		
	140	2月16日	韓国舞踊の会	コリアハーモニー舞踊研究所代表 朴貞子舞踊研究所代表	丁 明 淑 朴 貞 子
			＊朝鮮解放40年・日韓条約20年＊		
	141	2月23日	植民地からの解放	京都精華大学講師	李 景 珉
	142	3月23日	南北分断と朝鮮戦争	青丘文化ホール代表	辛 基 秀
	143	4月27日	1960年4月・韓国学生革命	桃山学院大学助教授	金 学 鉉
	144	5月25日	日韓会談反対運動(1965年)と私	ソウル書林社長	李 慈 勲
	145	6月22日	7・4共同声明(1972年)と朝鮮の統一	大阪市立大学大学院	梁 官 洙
			＊夏期特別講座（11）＊		
	146	8月10日	8・15を考える（共催）	作家	李 恢 成
	147	8月16日	ソナンダン公演「ウリサン ウリカン」		
			＊兵庫と朝鮮人＊		
	148	9月28日	総論・兵庫と朝鮮人	朝鮮史研究家	金 慶 海
	149	10月26日	大阪国際空港建設と朝鮮人	朝鮮史研究家	鄭 鴻 永

年	No.	日付	演題	肩書	講師
1985年	150	11月16日	尼崎と朝鮮人	尼崎朝鮮初中級学校教員	洪　祥　進
	151	12月21日	広野ゴルフ場建設と朝鮮人	朝鮮史研究家	金　慶　海
			＊続・解放後の在日朝鮮人運動＊		
1986年	152	1月25日	総論・解放後の在日朝鮮人運動	朝鮮史研究家	朴　慶　植
	153	2月22日	朝連結成（大阪）と私	元朝連活動家	張　錠　寿
	154	3月22日	阪神教育闘争の頃	大阪女子大講師	梁　永　厚
	155	4月26日	団体等規正令と朝連の解散	大阪女子大講師	梁　永　厚
	156	5月24日	民戦時代の私	花園大学教授	姜　在　彦
	157	6月28日	路線転換と総連の結成	花園大学教授	姜　在　彦
			＊夏期特別講座(12)＊		
	158	8月2日～3日	中国・朝鮮族自治州に暮して 1)延辺の朝鮮族・その文学　2)懇談会・大村益夫先生を囲んで 3)詩人・尹東柱その周辺	早稲田大学教授	大村　益夫
			＊古代の朝鮮＊		
	159	10月7日	スライドで見る朝鮮の古代遺跡	甲南高校教諭	木下　礼仁
	160	11月8日	高句麗壁画　スライドとお話し	(財)大阪文化財協会	永島暉臣慎
	161	12月13日	4、5世紀の朝鮮三国－高句麗・百済・新羅	関西大学講師	田中　俊明
			＊朝鮮のこころ＊		
1987年	162	6月6日	民族の心を歌う	歌手	李　順　子
	163	7月8日	わが情、わが恨－猪飼野より	詩人	宗　秋　月
	164	8月1日	夏期特別講座(15周年記念講演会)　韓国現代史	神奈川大学教授	梶村　秀樹
			＊朝鮮の児童文学＊		
	165	10月3日	児童文学と朝鮮	メアリ発行人	仲村　修
	166	11月7日	在日朝鮮児童文学を語る	児童文学者	韓　丘　庸
	167	12月5日	童話作家からみた朝鮮児童	文学者	しかたしん
			＊連続写真展＊		
1988年	168	3月14日～20日	韓くにの風の旅	写真家	藤本　巧
		3月19日	藤本巧さんを囲む会		
	169	3月21日～27日	映像が語る「日韓併合」史	青丘文化ホール主宰者	辛　基　秀
		3月22日	辛基秀さんを囲む会		
	170	3月28日～4月3日	韓国の被爆者たち	写真家	山本　将文
		4月2日	山本将文さんを囲む会		
			＊夏期特別講座(13)＊		
	171	7月23日	いま、韓国歌謡曲がおもしろい－かたり＆うたう－ 1)シンポジウム　2)パーティ	甲南大学教授 むくげの会 韓国歌謡史研究家	滝沢　秀樹 山根　俊郎 朴　燦　鎬
			＊日本と朝鮮＊		
	172	9月17日	古代－海をこえた交流	橿原考古学研究所主任研究員	東　潮
	173	10月15日	倭冦－日本の海賊はいずこに？	大阪市立大学教授	北村　秀人
	174	11月19日	李三平、ジュリア・おたあ、姜沆　－秀吉に連れてこられた人々	花園大学教授	姜　在　彦
	175	12月17日	大陸浪人・内田良平、海をわたる	神戸大学教授	初瀬　龍平
			＊天皇制と朝鮮＊		
1989年	176	4月15日	天皇制と朝鮮	朝鮮史研究家	朴　慶　植
	177	4月29日	朝鮮の植民地支配と天皇制	橘女子大助教授	水野　直樹

年	No.	日付	内容	所属	講師
1989年	178	5月13日	朝鮮植民地支配清算の課題	アジアの女たちの会	内海　愛子
	179	5月20日	日韓会談・教科書検定・天皇の死	津田塾大助教授	高崎　宗司
	180	7月14日	中国東北地方における朝鮮人の独立運動	韓国・嶺南大学教授	呉　世　昌
	181	10月14日	映画試写会「朝鮮戦争」(あべ・野人 監督)		
	182	11月3日	兵庫県下の在日朝鮮人の足跡を訪ねる旅　西宮甲陽園		［案内］
		～4日	地下工場跡、円山川、余部鉄橋ほか	兵庫朝鮮関係研究会	徐　根　植
				兵庫朝鮮関係研究会	鄭　鴻　永
				むくげの会	寺岡　　洋
1990年	183	2月6日	李東哲氏(作家、国会議員)、金明坤氏(俳優)を囲む会／話し合い、パーティ		
			＊韓国キリスト教と民族運動＊		
	184	2月7日	シンポジウム（共催）		
			1）初期韓国キリスト教と民族運動	漢城大学教授	尹　慶　老
			－105人事件を中心として	〈コメント〉京都橘女子大助教授	水野　直樹
			2）神社参拝問題と韓国教会	淑明女子大学講師	金　承　台
				〈コメント〉 青丘文庫代表	韓　晳　曦
	185	6月25日	シンポジウム　朝鮮戦争勃発40年	札幌大学助教授	李　景　珉
				シアレヒム主宰	鄭　敬　謨
	186	9月8日	シンポジウム　「日韓併合」より80年	京都府立大学助教授	井口　和起
				京都橘女子大助教授	水野　直樹
	187	10月27日	日朝関係を考える岡山への旅		
		～28日	鬼ノ城、倉敷・亀島山地下工場跡、牛窓・唐子踊り		
	188	11月17日	シンポジウム「11.27 神戸朝鮮人生活権擁護闘争」40周年		
				兵庫朝鮮関係研究会	金　慶　海
				むくげの会	堀内　　稔
				体験者	鄭　鉉　斗
1991年	189	11月9日	激動のソ連と日朝交渉のゆくえ	東京大学教授	和田　春樹
	190	11月23日	京都のマンガン記念館と東九条に在日朝鮮人の足跡を訪ねる旅	マンガン記念館	李　貞　鎬
				東九条キリスト者地域活動協議会	宇野　　豊
	191	12月8日	元「従軍慰安婦」の証言を聞く会　@神戸YWCA（共催）		
				証言　元「従軍慰安婦」	金　学　順
				講演韓国挺身隊問題対策委員会	金　恵　媛
	192	12月10日	特別講演会（共催）第2次大戦下 日系アメリカ人・強制収容から補償実現へ－アメリカから日系3世の活動家を迎えて－	NCRR(補償実現全米連合)	ビル・サトー
				バークレーのFM放送プロデューサー	ジナ・ホッタ
			＊「強制連行」を問う＊		
1992年	193	4月18日	朝鮮人戦時動員の全体像	むくげの会会員	金　英　達
	194	5月9日	「朝鮮人従軍慰安婦」	女性史・社会運動史研究家	鈴木　裕子
	195	6月20日	「皇軍兵士にされた朝鮮人」	在日朝鮮人運動史研究会会員	樋口　雄一
	196	7月18日	兵庫県下の地下軍需工場と朝鮮人	兵庫朝鮮関係研究会会員	鄭　鴻　永
	197	10月16日	(センター20周年特別講演会)“新たな世界秩序”と日本・韓国		
				韓国・漢陽大学教授	李　泳　禧
	198	11月10日	「在ロシア朝鮮人社会の歴史と現状」	在ロシア朝鮮人学者	ボリス・朴

年	No.	日付	内容	講師
1993年	199	9月30日	「中国・集安の高句麗遺跡を訪ねて －好太王碑・高句麗壁画」	大谷大学教授　鄭　早　苗
1994年	200	10月29日	朝鮮近現代史における金日成	東京大学教授　和田　春樹 京都大学助教授　水野　直樹
1995年	201	5月16日	阪神大震災被災留学生・就学生支援チャリティーコンサート・曺小女「パンソリの夕べ」朝鮮解放50年・在日朝鮮人50年－1945～95－	
	202	6月1日	解放後の在日朝鮮人社会　－人口と法的地位を中心に－	兵庫朝鮮関係研究会　金　英　達
	203	6月13日	解放後在日朝鮮人の生活と経済	大阪産業大学教授　裵　富　吉
	204	6月29日	解放後の在日朝鮮人運動	歴史家　朴　慶　植
	205	7月12日	映像で見る解放後50年	青丘文化ホール代表　辛　基　秀
	206	7月27日	在日朝鮮人文学に見る戦後50年	在日朝鮮人文学研究家　磯貝　治良
	207	8月3日	がんばれ神戸！安致環ライブ 於／テアトルラモー（共催）	
1996年	208	6月18日 ～23日	韓国祭ツアー第1弾「江陵端午祭」	
1997年	209	1月6日	シンポジウム光州学生運動とキリスト教	
	210	6月14日	シンポジウム「自由主義史観」を問う —日露戦争・植民地支配・「従軍慰安婦」—	朝鮮女性史研究者　宋　連　玉 京都府立大学教授　井口　和起 大阪産業大学教授　滝沢　秀樹
	211	10月9日 ～13日	韓国祭ツアー第2弾「公州民族文化祭　在日一世に学ぶ」	
	212	11月8日	（1）フィールドワーク阪急電車甲陽園駅集合→「朝鮮國獨立」の落書きの残る強制連行地下工場跡見学 （2）講演会「私の歩んだ道」	案内　兵庫朝鮮関係研究会　鄭　鴻　永 歴史家　朴　慶　植
	213	11月22日	「識字学級のハルモニたち」	大阪市北市民教養ルームよみかき茶屋生徒：姜　玉　春 秦　文　子 コーディネータ：藤井幸之助
	214	12月6日	「私と太平洋戦争、そして解放」	在日朝鮮人一世　徐　元　洙
1998年	215	4月26日 ～30日	韓国祭ツアー第3弾「珍島霊登祭」	
	216	6月13日	済州島4・3事件／上映＆講演の会 1)ドキュメンタリービデオ『レッド・ハント』 2)「済州島4・3事件」の意義 3)「政治犯としての私」	 立命館大学教授　徐　勝 金　泰　洪
			＊人物でたどる朝鮮半島と日本の100年＊	
	217	10月14日	吉田松陰	甲南大学文学部講師　本田　雅嗣
	218	10月21日	伊藤博文	甲南大学文学部講師　本田　雅嗣
	219	10月28日	李方子	甲南大学文学部講師　本田　雅嗣
	220	11月4日	東郷茂徳	甲南大学文学部講師　本田　雅嗣
	221	11月11日	柳寛順	甲南大学文学部講師　本田　雅嗣
	222	11月18日	金大中	甲南大学文学部講師　本田　雅嗣
1999年	223	1月19日	ソ連邦崩壊後の中央アジアの朝鮮人	キルギスタン国立人文大学助教授　白　泰　鉉

1999年

224　7月8日～12日　韓国民草ツアー第1弾「東学の道」

225　6月19日　中国の朝鮮族－現状からみた将来の展望　元北京中央民族大学教授　金　道　権

226　11月6日　朝鮮独立運動における光州学生運動　京都大学人文科学研究所助教授　水野　直樹
花園大学教授　姜　在　彦

2000年

227　5月4日～8日　韓国民草ツアー第2弾「済州島4・3」

228　6月17日　朝鮮戦争50年・記念講演会
1)朝鮮戦争をどうみるか　東京大学名誉教授　和田　春樹
2)朝鮮戦争の時代の在日朝鮮人運動　浮島丸犠牲者真相究明委員会代表　李　秉　萬

229　10月21日　特別講演会／朝鮮統一への想い－平壌での南北頂上会談に参加して　詩人　高　銀

2001年

230　2月17日～25日　高慶日風刺マンガ展

231　2月23日　講演会「私にとっての風刺マンガ」　京都精華大学講師　高　慶　日

232　7月13日　「つくる会」の教科書を総点検する　大阪産業大学助教授　藤　永　壮

233　6月15日～22日　北朝鮮ツアー

234　11月23日～24日　山陰線敷設工事で亡くなった朝鮮人労働者の名を刻んだ久谷「招魂碑」建立90周年記念追悼集会＆フィールドワーク（共催）

235　12月1日　アジア太平洋戦争と植民地朝鮮　－開戦60周年を迎えて－
京都大学教授　水野　直樹

2002年

236　4月27日　サ条約発効50周年記念講演会　不条理な在日朝鮮人政策の出立
―サ条約発効と在日朝鮮人の戦後補償・法的地位―　龍谷大学教授　田中　宏

237　9月27日～10月1日　韓国祭ツアー第4弾
「安東国際タルチュム（仮面劇）フェスティバル」

238　10月2日　「従軍慰安婦」問題の現在　神戸大学大学院国際協力研究科助教授　戸塚　悦朗
立命館大学講師　山下　英愛

2003年

239　1月10日　尹東柱の夕べ～歌と講演～
講演「尹東柱の生涯」　アジア現代史研究所代表　林　茂
歌　日本基督教団東神戸教会牧師　川上　盾

240　6月3日　記録映画「梅香里（メヒャンニ）」上映会
講演「梅香里はいま」　「梅香里米空軍国際爆撃場閉鎖のための汎国民対策委員会」国際連帯委員　都　裕史

＊韓国における政治とイデオロギー～世界の中で考える～＊

241　10月31日　李承晩とその時代－「盗人のようにやってきた解放」とその影響
神戸大学大学院国際協力研究科助教授　木村　幹

242　11月7日　林正熙と正統保守野党のディレンマと葛藤
神戸大学大学院国際協力研究科助教授　木村　幹

243　11月14日　豊かな韓国の明るい統一論－新しい世代の理想と現実－
神戸大学大学院国際協力研究科助教授　木村　幹

2004年

244　3月12日　金時鐘・私の文芸活動－「チンダレ」のころ－
講演1　大阪朝鮮詩人集団機関紙「チンダレ（朝鮮つつじ）」について
神戸大学国際文化学部助教授　宇野田尚哉

年	No.	月日	内容	所属	講師
2004年			講演2　私の文芸活動－「チンダレ」のころ	詩人	金 時 鐘
	245	7月9日	在日外国人の無年金問題	四天王寺国際仏教大学大学院教授	愼 英 弘
			＊新史料で考える日本の朝鮮支配＊		
	246	11月10日	「韓国併合」は朝鮮人が望んだのか？	兵庫朝鮮関係研究会会員	金 慶 海
	247	11月17日	「強制連行」はあったのか？なかったのか？	高校教員・15年戦争研究会会員	塚崎 昌之
	248	11月24日	「創氏改名」は強制ではなかったのか？	京都大学教授	水野 直樹
2005年	249	3月4日	日韓の食文化を考える「ホルモン＝放るもん」説を論じる	むくげの会会員	佐々木道雄
	250	6月24日	日韓条約締結40周年　問い直される日本の戦後処理	佛教大学教員	太田 修
			＊朝鮮解放60年を考える　朝鮮半島の60年、在日朝鮮人の60年＊		
	251	7月23日	講演1　解放後の朝鮮－1945～2005－	大阪産業大学教授	藤永 壮
			講演2　在日朝鮮人にとっての戦後60年	神戸学生青年センター館長	飛田 雄一
	252	10月26日	日韓最新事情－「韓流」の源をたどって－	神戸大学大学院総合人間科学研究科博士後期課程	山地久美子
	253	11月19日	「朝鮮人強制連行」の現在 1)全国強制労働現場一覧表を作成して	人権平和・浜松、朝鮮人強制連行史研究家	竹内 康人
			2)兵庫県の朝鮮人強制連行	兵庫朝鮮関係研究会	金 慶 海
2006年	254	2月25日	ドキュメンタリーフィルム「あんにょん・サヨナラ」上映と講演の集い（共催） 講演「アジア太平洋戦争と日本軍の元朝鮮人軍人軍属」	在韓軍人軍属裁判を支援する会事務局長	古川 雅基
	255	6月3日	シンポジュウム これからの「日本」と「韓国」 －韓国政府の日韓会談文書全面公開と日本政府作成文書（共催）	パネラー：佛教大学教員	太田 修
				弁護士、自由人権協会	東澤 靖
				韓国の原爆被害者を救援する市民の会代表	市場 淳子
				コーディネータ：京都大学教員	水野 直樹
	256	8月1日	韓国・朝鮮の遺族とともに遺骨問題の解決へ 証言集会 in 神戸 父親を強制連行された遺族（韓国）の声を聴く（共催）		姜 宗 豪 鄭 倫 炫
	257	11月9日	韓国文化ワークショップ講演会 「韓国の歌-源流を求めて」（共催）	むくげの会	山根 俊郎
2007年	258	2月9日	講演会「朝鮮半島解放後の一大抗争－済州島（１９４８）を考える－	済州大学教授・関西学院大学客員教授	趙 誠 倫
	259	2月22日	講演会「韓国映画」の世界（共催）	姫路獨協大学特別教授・元朝日新聞ソウル特派員	小田川 興
	260	3月17日～18日	「山陰線工事と朝鮮人」フィールドワーク－最後の余部鉄橋／久谷八幡神社魂碑建立96周年（共催）		
	261	6月1日	青丘文庫設立35周年／神戸市立中央図書館移転10周年＜記念講演会＞（共催） 講演（1）「朝鮮史研究と青丘文庫－韓晳曦さんと青丘文庫設立のころ」	朝鮮史研究家	姜 在 彦
			講演（2）「青丘文庫所蔵資料と青丘文庫研究会」	京都大学教授	水野 直樹
	262	9月29日	『慰安婦』問題－何が問題なのか、今こそ解決を！	女性史研究者	鈴木 裕子
	263	11月18日	「ウリナラ」講演と上映の集い（共催） 「ドキュメンタリーと私」	監督	河 真 鮮

2007年

264 12月1日 映画「在日朝鮮人『慰安婦』宋神道のたたかい－オレの心は負けてない－」上映と講演「学生たちと学ぶ『慰安婦』問題」の集い
済州大学教授・関西神戸女学院大学教授 石川 康宏

＊韓国・大統領論＊

2008年

265 6月11日 李承晩イスンマン、尹潽善ユンボソン
政治学博士、兵庫県立大学非常勤講師 金 世 徳

266 6月25日 朴正熙パクチョンヒ、崔圭夏チェギュハ、全斗煥チョンドウファン、盧泰愚ノテウ
政治学博士、兵庫県立大学非常勤講師 金 世 徳

267 7月9日 金泳三キムヨンサム、金大中キムデジュン、盧武鉉ノムヒョン、そして李明博イミョンバク
政治学博士、兵庫県立大学非常勤講師 金 世 徳

268 10月13日 神戸市立外国人墓地に朝鮮ゆかりの人物をたずねるハイキングwithキムチチゲ
案内人：神戸学生青年センター館長 飛田 雄一

269 11月1日 こちまさこ出版記念講演会（1）「一九四五年夏 満州-七虎力（しちこりき）の惨劇-」（2）「一九四五年夏 はりま-相生事件を追う-」（共催）
作家、姫路市在住 こちまさこ

270 11月5日 「済州島四・三事件」の私
詩人 金 時 鐘

271 11月21日 1970・兵庫/在日朝鮮人生徒の「一斉糾弾闘争」
講演（1）1970・兵庫/在日朝鮮人の「一斉糾弾闘争」
神戸学生青年センター館長 飛田 雄一
講演（2）「私には浅田先生がいた」、その後
小学校（京都）非常勤講師・作家 康 玲 子

2009年

272 3月6日 日本と朝鮮、100年の歴史をふりかえる－3・1独立運動90周年を迎えて－（共催）
歴史学者 姜 在 彦

273 3月8日 中央アジアの朝鮮人－強制移住から70年、その歴史と現在－
カザフ国立大学教授、北海道大学スラブ研究所客員教授 ゲルマン・キム

274 6月20日 「創氏改名」から70年－朝鮮植民地支配の〈同化〉と〈差異化〉－
京都大学教授 水野 直樹

275 8月25日～28日 「移住」の視点からみる韓国・済州島スタディツアー（共催）

276 11月13日 「空と風と星の詩人 尹東柱」
愛 沢 革

277 11月20日 青春の柳宗悦－失われんとする光化門のために
丸山 茂樹

2010年

278 3月12日 李朝白磁のふるさとを歩く
山崎 祐次

3.12
山崎祐次さん

＊シリーズ「韓国併合」100年の年をむかえて＊

279 4月23日 (1) 1960年・韓国4月革命50年
立命館大学経営学部准教授 鄭 雅 英

280 5月21日 (2) 1980年・韓国光州民衆抗争30年
立命館大学国際関係学部教授 文 京 洙

281 6月18日 (3) 1950年・朝鮮戦争60年
札幌大学文化学部教授 李 景 珉

282 7月23日 (4)「親日派」清算問題の現在－韓国「併合」100年にあたって－
大阪産業大学人間環境学部教授 藤永 壮

283 10月29日 朝鮮半島の分断と私の家族
歴史学者 姜 在 彦

284 11月19日 近代日本の朝鮮侵略と伊藤博文
京都大学人文科学研究所所長 水野 直樹

2010年

4.23　鄭雅英さん

5.21　文京洙さん

6.18　李景珉さん

7.23　藤永壮さん

10.29　姜在彦さん

11.19　水野直樹さん

＊シリーズ「コリア・映画の世界〜検閲・抵抗・韓流への道〜」＊

2011年

285　6月17日　凍てつくスクリーン：1910〜50年代—「アリラン」（羅雲奎監督）ほか—
ノンフィクション作家　高　賛　侑

286　7月1日　表現の自由を求めて：1960〜80年代—「風の丘を越えて」(林権澤監督）ほか—
ノンフィクション作家　高　賛　侑

287　7月15日　韓流への飛躍：1990年代〜現在—「シュリ」（姜帝圭監督）ほか—
ノンフィクション作家　高　賛　侑

288　10月8日　非常事態宣言—在日朝鮮人を襲った闇1948（共催）　金　賛　汀

289　11月5日　東学思想・文化講座（共催）　金容煇・邊英浩

6.17〜7.15　高賛侑さん

10.8　金賛汀さん

11.5　金容煇さん

11.5　邊英浩さん

2012年

290　2月10日　ディアスポラを生きる詩人金時鐘　大阪府立大学教授　細見　和之

291　4月11日　「アメリカ・コリアタウン—ロス暴動の真実—コリアタウンはなぜ襲われたか」
講演会＆上映会　ノンフィクション作家　高　賛　侑

292　6月14日　「東学農民戦争」東学農民革命の跡をたずねて　朴孟洙・信長正義

293　6月15日　北朝鮮現代史　東京大学名誉教授　和田　春樹

294　11月8日　ひょうごの古代朝鮮文化—猪名川流域から明石川流域—　むくげの会　寺岡　洋

295　11月22日　鉄路に響く鉄道工夫アリラン—山陰線工事と朝鮮人労働者—
兵庫朝鮮関係研究会代表　徐　根　植

296　11月23日　天皇制を考える—天皇の、天皇による、天皇のための天皇制か？（共催）
裴　富　吉

297　12月4日　どうして「竹島＝独島」問題は「今」起こっているか（共催）
神戸大学大学院国際協力研究科教授
NPO法人汎太平洋フォーラム理事長　木村　幹

298　12月6日　韓流ブームの源流と神戸—神戸に足跡を残した韓国・朝鮮人芸術家たち—
兵庫朝鮮関係研究会会員　高　祐　二

2.10　細見和之さん

6.14　信長正義さん

6.14　朴孟洙さん

6.15　和田春樹さん

2012年

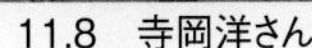
11.8　寺岡洋さん

11.22　徐根植さん

11.23　裴富吉さん

12.4　木村幹さん

12.6　高祐二さん

2013年

299　5月7日　李朝陶磁と陶工たち　姜　健　栄
300　7月17日　韓国歌謡とともに60年　韓国大衆歌謡研究家　朴　燦　鎬
301　9月3日　関東大震災90年―朝鮮人虐殺事件の意味を、いま、考える―
立教大学名誉教授　山田　昭次
302　11月1日　「空色の故郷」神戸上映会と金素榮監督を囲む会　金　素　榮

5.7　姜健栄さん

7.17　朴燦鎬さん

9.3　山田昭次さん

2014年

303　3月1日　「空色の故郷」アンコール上映会
304　4月13日　「笹の墓標」全5章神戸上映会
305　7月4日　東学農民革命120年－1894～2014　奈良女子大学名誉教授　中塚　　明
306　7月29日　出版記念講演会「殺生の文明からサリムの文明へ」　朴孟洙・大西秀尚
307　11月14日　北方部隊の朝鮮人兵士～日本軍に動員された植民地の若者たち
在日朝鮮人運動史研究会会員　北原　道子

7.4　中塚明さん

7.29　朴孟洙さん

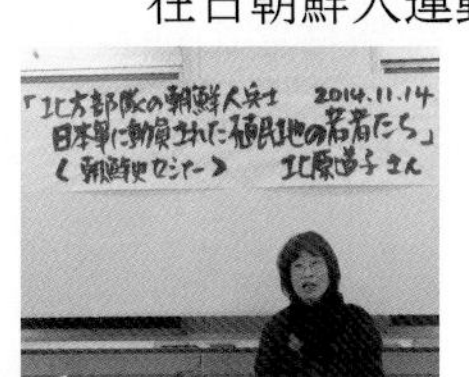
11.14　北原道子さん

2015年

＊連続講座「日韓歴史認識問題とは何か」＊

308　2月13日　第一次歴史教科書問題とその発展過程
神戸大学大学院国際協力研究科教授　木村　　幹
309　2月27日　従軍慰安婦問題の発展過程とその言説
神戸大学大学院国際協力研究科教授　木村　　幹
310　3月13日　ナショナル・ポピュリズムの時代における歴史認識問題
神戸大学大学院国際協力研究科教授　木村　　幹
311　3月14日　「クロンビ、風が吹く」神戸上映会とチョ・ソンボン監督トーク
チョ・ソンボン監督

＊戦後70年、日韓条約50年＊

312　6月18日　日韓条約から50年―植民地支配・戦争責任は解決済みか
同志社大学教授　太田　　修
313　7月29日　戦後70年と在日朝鮮人　京都大学教授　水野　直樹
314　11月13日　キム・ホンソンという生き方―在日コリアンとして、障がい者として―
大阪国際大学非常勤講師　金　洪　仙

2.27　木村幹さん

3.14　チョ・ソンボンさん

6.18　太田修さん

7.29　水野直樹さん

11.13　金洪仙さん

2016年

315　5月20日　ドキュメンタリー映画・記録作家林えいだい「抗いの記」上映会

316　6月10日　ハンセン病元患者家族として　―国家賠償訴訟を訴えて―

兵庫在日外国人人権協会事務局長、ハンセン病元患者家族の集団訴訟原告団副団長　黄　光　男

317　6月21日　「アリラン2003」上映と講演の会

在日文芸クラブ「アリラン友の会」代表　李　喆　雨

6.10　黄光男さん

6.21　李喆雨さん

＊著者が語るシリーズ　全3回＊

2017年

318　1月19日　金達寿とその時代―文学・古代史・国家―　大阪府立大学非常勤講師　廣瀬　陽一

319　2月9日　われ、大統領を撃てり―在日韓国人青年・文世光と朴正熙狙撃事件―

兵庫朝鮮関係研究会会員　高　祐　二

320　2月23日　安重根と東洋平和論　立命館政策科学部教員　勝村　誠

321　6月23日　「東学農民革命」神戸上映会

322　6月29日　ハンセン病回復者のコリアンの実相

―ハンセン病問題の内に見られる韓国・朝鮮人回復者―　福原　孝浩

323　9月16日　「異なる世界」上映会＆制作トーク　ハンコンギプロジェクト

＊韓国映画の世界（全2回）＊

324　11月2日　活動写真の初上映1903年から全盛期1960年代、斜陽の時代1970年代―

「アリラン」1926年、「自由万歳」1945年、「馬鹿たちの行進」1975年―

325　11月16日　維新体制の崩壊1979年、日本に紹介された韓国映画、そして韓国映画界の大転換と新たな課題　アジア映画社　兪　澄　子

326　11月25日　帝国日本と朝鮮野球―憧憬とナショナリズムの隘路

京都大学人文科学研究所助教　小野　容照

1.19　廣瀬陽一さん

2.9　高祐二さん

2.23　勝村誠さん

6.29　福原孝浩さん

9.16　トークショー

11.2　兪澄子さん

11.25　小野容照さん

＊ジェンダーから見る植民地主義（全2回）＊

2018年

327　2月27日　植民地主義と女性表象

青山学院大学名誉教授、文化センターアリラン館長　宋　連　玉

328　3月13日　植民地主義とセクシュアルティ

青山学院大学名誉教授、文化センターアリラン館長　宋　連　玉

＊1948年の済州四・三、神戸四・二四＊

329　4月24日　済州島四・三事件―武装蜂起から70年　問題解決の到達点と課題―

立命館大学教授　文　京　洙

330　4月26日　四・二四阪神教育闘争の証言―なぜドキュメンタリー映画を撮るのか

ノンフィクション作家、ライフ映像ワーク代表　高　賛　侑

2018年

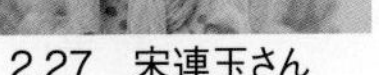
2.27　宋連玉さん

4.24　文京洙さん

4.26　高賛侑さん

2019年

331　2月27日　日本の朝鮮植民地支配と朝鮮の民族運動～三一独立運動100周年にあたって
京都大学名誉教授　水野　直樹

＊兵庫・コリアンの歴史の一断面ー三宮、新湊川、武庫川ー＊

332　6月14日　三宮—闇市からの復興　㈱スペースビジョン研究所　研究員　村上しほり
333　6月28日　新湊川のコリアンスラム　立正大学嘱託職員　本岡　拓哉
334　7月12日　武庫川河川敷のコリアンスラム—1961年の強制代執行—
兵庫在日外国人人権協会代表　孫　敏　男
335　7月2日　ドキュメンタリー映画「血筋」神戸上映会
336　10月4日　韓国歴史ドラマの再発見—可視化される身分と白丁—
大阪人権博物館館長　朝治　　武

2.27　水野直樹さん

6.14　村上しほりさん

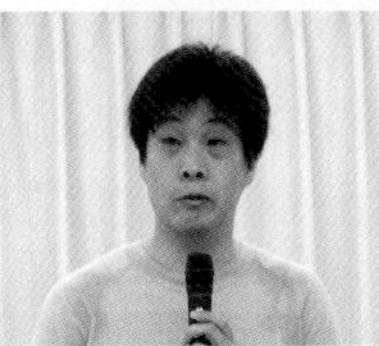
6.28　本岡拓哉さん

7.12　孫敏男さん

10.4　朝治武さん

2020年

337　10月30日　朝鮮戦争と日本
近畿大学人権問題研究所客員教授
西村　秀樹

10.30
西村秀樹さん

2022年

338　1月8日　大阪コリアン研究プラットフォーム　康浩郎監督作品上映会+写真展＆トーク
康浩郎監督×大阪市立大学大学院文学研究科教員　伊地知紀子（後援）
339　1月22日　康浩郎監督作品上映会+写真展＆トーク
康浩郎監督×神戸学生青年センター理事長　飛田雄一（共催）

＊兵庫の朝鮮人の歴史をともに学ぶ—朝鮮人強制連行の現場・甲陽園地下壕発見から35年—＊

340　10月27日　鄭鴻永さんの甲陽園地下壕発見、その後
兵庫朝鮮関係研究会代表　徐　根　植
341　11月10日　戦前（解放前）の兵庫における朝鮮人労働者の闘い
むくげの会会員　堀内　　稔

1.8　トークショー

10.27　徐根植さん

11.10　堀内稔さん

食品公害セミナー・食料環境セミナー　1973年〜2022年

年	No.	日付	テーマ	講師
1973年	1	6月20日	今何を学び、何をすればよいか	神戸大学農学部助手　保田　茂
	2	7月18日	野菜の生産から消費まで	農業改良普及員　安堂　和夫
	3	9月19日	タマゴ生産の実情	別所ファーム　原　勘太郎
	4	10月17日	畜産物の栄養と安全	国立栄養研究所　岩尾　裕之
	5	11月21日	森永ヒ素ミルク事件	神戸森永を告発する会・被害者支援の会
	6	12月10日	タマゴの共同購入について	神戸大学農学部助手　保田　茂
1974年	7	1月18日	第1回タマゴ共同購入を終えて	宝塚地区グループ
	8	2月20日	再び、タマゴ共同購入について	宝塚地区Ｂグループ
	9	3月30日	農薬（ニッソール）中毒事件をめぐって	大阪大学理学部助手　植村振作・弁護士　河田　毅
	10	4月17日	食品公害学習のこれまでと今後	学生センター館長　小池　基信
	11	5月15日	農薬（ニッソール）中毒事件について	弁護士　河田　毅
	12	6月19日	AF2へのとりくみ	安全食品促進連絡会　山中　純枝
	13	7月17日	AF2の実態(映画)	神戸大学医学部　杉山　武敏
	14	9月4日〜5日	食品公害の実態と私達の役割	東京大学医学部講師　髙橋　晄正
	15	10月15日〜16日	卵と牛乳	岡田　米雄
	16	11月20日	無農薬農業への試みと消費者の役割	兵庫県有機農業研究会会員　山本明・能勢太郎・角田恒実・三谷康
	17	12月18日	生産者の立場・養鶏業界の実情など	別所ファーム　原　勘太郎
1975年	18	1月22日	私たちの運動の状況と展望	安全な食べ物を作って食べる会　戸谷委代・野川洋子
	19	2月19日	共同購入･一年の経験から二年目に向って	食品公害を追放し安全な食べものを求める会　上谷二夫･門倉和子･信長たか子
	20	3月12日	たべもの論	東京都立大学助手　高松　修
	21	4月16日	無農薬農産物の生産	市島町有機農業研究会
			＊学校給食を考える＊	
	22	5月21日	この恐るべき事実	昭和女子短期大学講師　郡司　篤孝
	23	6月18日	学校給食の実態と問題点	学校給食問題研究会　能勢千鶴子
	24	7月16日	学校給食の実情と今後の方向	兵庫県教育委員会　坂本　啓子
	25	9月17日	勉強から今後の活動へ	林英子・芦田正子・長谷川笑子・兵庫県健康教育公社　原田　春男
			＊農業と私たち＊	
	26	10月15日	有機農業の現代的意義	京都大学農学部教授　坂本　慶一
	27	11月19日	近代農業は農民と消費者に何をもたらしたか	農業評論家　長須　祥行
	28	12月17日	有機農業の体験から	有機農業実践者・詩人　星　寛治
1976年	29	1月21日	本県農業の問題点と技術開発の方向	兵庫県農業総合センター　岩本　利一
			＊海と私たち＊	
	30	2月18日	生物学者からみた海と魚の実態	神戸大学教養部助手　讃岐田　訓
	31	3月17日	海と魚の汚染をもたらしたもの	評論家　星野　芳郎
	32	4月21日	漁業に従事する中から	播磨灘を守る会　青木　敬介

1976年

33 5月19日 漁業の実態と対策 兵庫県農林部水産課課長 福井 源治

＊加工食品の安全と栄養を考える＊

34 6月16日 食べ物と出産の科学－食品添加物の実態と安全－ 大阪府立大学教授 武者宗一郎
35 7月21日 食品の安全確保のしくみ 京都市衛生研究所 藤原 邦達
36 9月16日 加工食品は食べ物として何か 東京杉並区消費者の会 大高 節子
37 10月20日 加工食品流通の実態と安全対策 兵庫県食品衛生課長 木邑 久夫

＊今、家畜たちに何が起こっているか＊

38 11月17日 ロングライフミルクとエサ法 東京都立大学助手 高松 修
39 12月15日 獣医師の立場から 岐阜県獣医師 八竹 昭夫

1977年

40 1月19日 酪農の現実について 氷上郡酪農協 金川 啓三
41 2月16日 家畜飼料の安全対策について 兵庫県農林部 鷲見 純一

＊食生活の総点検＊

42 3月16日 医師の立場からみた食生活の問題点 医師 橋本 行生
43 4月27日 私の食生活の体験から 小林美喜子
44 5月15日 豊かな生命と健康のために－農業を中心に－ 医師 梁瀬 義亮
45 6月15日 大食は長生きするか 医師 明石 陽一
46 7月20日 OPPおよび放射能ジャガイモ－日本消費者連盟の活動をも含めて 日本消費者連盟 竹内 直一

＊有機農業＊

47 9月21日 有機農業運動の考え方すすめ方について 神戸大学農学部助手 保田 茂
48 10月19日 近代農業における生産と流通の問題点 農業改良普及員 安堂 和夫
49 11月16日 自己変革・社会変革としての有機農業運動－具体的運動の体験から 京都大学工学部 槌田 劭

＊恐ろしい魔法の薬・界面活性剤＊

50 12月21日 化粧品とは何か－総論－ 東京美容化学講座講師 中村 教雄

1978年

51 1月18日 悪魔の化粧品 東京美容化学研究所 小沢 王春
52 2月22日 合成洗剤が及ぼす健康と環境への影響 三重大学医学部助手 坂下 栄
53 3月15日 BHT(酸化防止剤)の話 大阪大学理学部助手 植村 振作
54 4月19日 水は誰のものか びわ湖環境権起訴団 辻田 啓志

＊共同運動論＊

55 5月17日 消費者の権利 兵庫県立神戸生活科学センター 松井 宏安・西川智恵子
56 6月21日 協同組合運動の歴史と今日的課題 協同組合研究所主任研究員 築地文太郎
57 7月19日 食品公害追放運動の課題 日本消費者連盟 竹内 直一

＊改めて農業問題を学ぶ＊

58 9月20日 農薬はなぜ使われるようになったか－農薬の歴史－ 神戸大学農学部助手 保田 茂
59 10月18日 なぜ病虫草害が滅殺されるのか－農薬の薬理作用－ 神戸大学農学部教授 松中 昭一
60 11月15日 ニッソール裁判 大阪大学理学部助手 植村 振作
61 12月20日 農薬の人体に及ぼす影響 大阪大学医学部助手 田代 実

1979年

62 1月17日 世界の有機農業運動－国際有機農業大会に参加して－ アジア学院 浅井 重郎
63 2月26日 農薬の使用と生態系 高知県農林技術研究所 桐谷 圭治
64 3月20日 奇形猿の実態－人間に対する警告として 淡路島モンキーセンター 中橋 実
65 4月17日 歯と健康－歯槽膿漏とはどんな病気か－ 歯科医師 矢野 毅

年	回	日付	演題	所属	講師
1979年	66	5月15日 ～16日	原子力発電を考える －その危険性と私たちの生活環境－	理化学研究所	槌田　敦
	67	6月20日	子供の骨折と食品添加物	薬を監視する国民運動の会	里見　宏
			＊食品添加物＊		
	68	7月18日	放射線ジャガイモの恐ろしさ	薬を監視する国民運動の会	里見　宏
	69	9月18日	最近の食品添加物の動向について	昭和女子大学講師	郡司　篤孝
	70	10月18日	食品添加物の毒性	同志社大学教授	西岡　一
	71	11月21日	おやつをみなおす	京都・子供の食生活を考える会	山本　時子
	72	12月19日	食品公害･私たち･アジア	神戸大学農学部助手	保田　茂
1980年	73	1月23日	生命系の危機－毒物と後から生まれてくる人たち－	全国自然保護連合	綿貫　礼子
	74	2月19日	食品添加物の安全性と問題点	大阪市立環境科学研究所	谷口　繁
			＊石油危機と食べもの＊		
	75	3月19日	石油危機と現代文明	評論家	星野　芳郎
	76	5月21日	石油と農業	農業技術研究所	宇田川武俊
	77	6月18日	都市生活と石油	京都精華大学教授	槌田　劭
	78	7月16日	エネルギー問題と食べもの	一橋大学経済学部助教授	室田　武
			＊水と健康＊		
	79	9月24日	琵琶湖汚染と石けん運動	滋賀大学教育学部教授	鈴木　紀雄
	80	10月22日	飲み水の発ガン物質	大阪大学工学部助手	山田　國廣
	81	11月19日	水の汚染と生命の破壊	神戸大学教養部助手	讃岐田　訓
	82	12月9日 ～10日	特別セミナー80年代をどう生きるか －公害の現状と私達のあり方－	東京大学工学部助手	宇井　純
			＊いかに食べるか－有機農産物・料理実践編＊		
1981年	83	1月21日	安心できるおやつのつくり方	求める会	門倉　和子
	84	2月18日	玄米食－効用とそのつくり方－	主婦・料理研究家	丸山　光代
	85	3月16日	野菜の料理	主婦・料理研究家	大島　澄江
			＊今、子供になにが起こっているのか＊		
	86	4月15日	学校給食と子供の健康	大阪府立堺聾学校栄養士	白井　晴美
	87	5月20日	小学生の体と心	世田谷区立守山小学校養護教諭	坂本　玄子
	88	6月17日	カウンセラーよりみた子供の健康	六甲カウンセリング研究所	谷　綛　保
	89	7月15日	新生児にみる異常の実態	薬を監視する国民運動の会	髙橋　晄正
			＊農畜産物の安全性を考える＊		
	90	9月16日	ビデオ「忍びよる農薬禍」	解説　神戸大学農学部助手	保田　茂
	91	10月21日	畜・水産物食品は安全か	岐阜県獣医師	八竹　昭夫
	92	11月17日	輸入食料は安全か	都立大学工学部助手	高松　修
	93	12月16日	低毒性農薬は安全か	大阪大学理学部助手	植村　振作
			＊薬害を考える＊		
1982年	94	1月20日	総論・人の先天性異常からみた薬害	東京・帝京大学病院	木田盈四郎
	95	2月17日	キノホルム薬害（スモン病）をめぐって	兵庫県スモンの会	春本幸子・水間典昭
	96	3月17日	先天性四肢障害をめぐって	先天性四肢障害児父母の会	大塚　肇
			＊国際的にみた食べものの安全＊		
	97	4月21日	外国産加工食品の氾濫－食品添加物の国際的な規制をめぐって－	消費者運動家	小若　順一
	98	5月19日	食卓からみたアジア	環境問題研究者	綿貫　礼子
	99	6月16日	地中海ミバエの波紋－輸入オレンジ・レモンと農薬－	市民エネルギー研究所	辻　万千子
	100	7月24日	（100回記念講演会）食べものと健康	菊池養生園診療所	竹熊　宜孝

1982年

＊医と食と健康＊

101　9月18日　小児科よりみた子供の健康　尼崎市・医師　山中　栄子
102　10月9日　「便秘」の話　阪神医療生協小中島診療所　石丸　修
103　11月6日　生命と医と食　奈良県五条市・医師　梁瀬　義亮
104　12月11日　現代病と食生活　大阪大学医学部名誉教授　丸山　博

1983年

＊農業青年は語る－有機農業の体験－＊

105　1月29日　ほんものの卵づくりをめざして　八千代町有機農業研究会　青位真一郎
106　2月26日　ほんものの茶づくりをめざして　丹南町有機農業研究会　原　重男
107　3月26日　ほんものの野菜づくりをめざして　良い食べものを育てる会　藤井　誠次

＊食品公害入門＊

108　4月16日　コーラとラーメン－食品添加物を学ぶ－　神戸大学農学部助手　保田　茂
109　5月21日　ミルクとハマチ－環境汚染を学ぶ－　神戸大学農学部助手　保田　茂
110　6月18日　レタスとトマト－農薬を学ぶ－　神戸大学農学部助手　保田　茂
111　7月16日　ぶた肉とブロイラー－近代農業を学ぶ－　神戸大学農学部助手　保田　茂

＊危険がいっぱい＊

112　9月24日　原子力発電は安くて安全か－すてばのない廃棄物－　神戸大学助教授　中川　保雄
113　10月22日　今、なぜ食品添加物規制をゆるめるのか
東京弁護士会公害消費者問題対策特別委員会・副委員長　神山美智子
114　11月26日　病院まかせのお産を考える－ラマーズ法を体験して　生活改良普及員　早川和佳子
115　12月17日　映画「輸出専用農薬」　解説　神戸大学農学部助手　保田　茂

1984年

116　1月28日　有機農産物共同購入のやり方・考え方
求める会　信長たか子・神戸大学農学部助手　保田　茂
117　2月25日　破滅にいたる工業的くらし　京都精華大学教授　槌田　劭
118　3月24日　未来へつなぐ農的くらし　京都精華大学教授　槌田　劭

＊ゴミと水と都市＊

119　4月28日　ゴミとダイオキシン　愛媛大学農学部教授　立川　涼
120　5月26日　ゴミ問題を考える　大阪大学基礎工学部助手　森住　明弘
121　6月23日　農薬が飲み水に！－CNP除草剤とびわ湖　京都大学農学部助手　石田　紀郎
122　7月28日　望ましい住宅環境を求めて　神戸大学工学部講師　重村　力

＊これでよいのか子どもの食生活＊

123　9月22日　食文化と子ども　評論家　津村　喬
124　10月27日　望ましい学校給食を求めて　高槻市立赤大路小学校栄養士　大野　芳子
125　11月24日　子どもの健康と食品添加物　国立公衆衛生院専門課程　里見　宏
126　12月15日　ひとりぼっちの食卓　NHKプロデューサー　内林　達夫

1985年

＊映画を通して学ぶ＊

127　1月26日　映画「生きている土」　お話　市島町有機農業研究会　一色　作郎
128　2月23日　映画「水俣の甘夏」　お話　神戸水俣病を告発する会
129　3月23日　映画「食物の安全性を追及する」　お話　神戸大学農学部助手　保田　茂

＊日常生活を点検する＊

130　4月27日　家庭の中にも農薬が　日本消費者連盟関西グループ　山崎　昌子
131　5月25日　知らずに使っている合成洗剤　『暮しのニュース』発行者　加藤　義和
132　6月22日　プラスチックゴミの行方　白川台第6次清掃工場対策委員会代表　香嶋　正忠
133　7月27日　石垣島・白保の海によせて　海と女たちの会　魚住　けい

＊森と水と生きもの＊

134　9月28日　総論・山と緑の生態系　京都府立大学学長　四手井綱英
135　10月26日　森－その役割と現状　島根大学農学部　井口　隆
136　11月16日　水－その源と行方　湖南生協　物部夫美子

年	No.	日付	テーマ	所属	講師
1985年	137	12月21日	生きもの－森と水の恵み	であい塾代表	山田　利行
			＊地球は泣いている＊		
1986年	138	1月25日	飢え、南北問題－エビを中心として－	アジアの女たちの会	内海　愛子
	139	2月22日	地球の汚染－農薬問題を中心として－	農薬問題研究家	中島　　誠
	140	3月22日	緑の破壊話－地球の砂漠化－	夙川学院大学講師	服部　　保
			＊いま、食品公害は＊		
	141	4月23日	まだ不安が多い農薬	大阪大学理学部	中南　　元
	142	5月28日	増えつづける食品添加物	日本子孫基金(準)	小若　順一
	143	6月25日	ちっともへらない家畜のくすり	岐阜県獣医師	八竹　昭夫
	144	7月23日	体にたまる重金属	神戸大学教養部	讃岐田　訓
			＊捨てずに生かす技をみがく＊		
	145	9月24日	紙でも作れる籐細工	有機農業実践者	尾崎三智子
	146	10月22日	わらぞうり、ひもぞうり	鶴甲学童保育所指導員	石本百合子
	147	11月26日	牛乳パックで年賀状を作ろう	求める会	信長たか子
	148	12月24日	廃油を石鹸にかえる	神戸大学自然科学大学院	永松　美希
			＊汚れゆく大地、うめく生命＊		
1987年	149	1月28日	ふりそそぐ毒－松枯れ	松枯れ告発連絡会議事務局長	北村　茂夫
	150	2月25日	ただよう毒－ダイオキシン、PCB	愛媛大学農学部	脇本　忠明
	151	3月25日	とびちる毒－原発	神戸大学教養部	中川　保雄
			＊薬にたよらないからだづくり＊		
	152	4月24日	くすりや予防注射の害	大阪市大医学部小児科講師	宮田　雄祐
	153	5月27日	体のゆがみからくる不健康	箕面市・針灸師	金　東　輝
	154	6月24日	現代人に必要な食養生	枚方・食品公害と健康を考える会	山崎　万里
	155	7月29日	子供の食生活を考える	神戸大学農学部	保田　　茂
	156	9月26日	(センター15周年記念講演会）せまりくる21世紀にむけて		
			（1）食と健康の視点から	奈良県五条市医師	梁瀬　義亮
			（2）生命とくらしの視点から	京都精華大学教員	槌田　　劭
			＊いま、農村は－「米の自由化」の波の中で－＊		
	157	10月24日	大阪近郊の村から	大阪府有機農業研究会会長	尾崎　　零
	158	11月28日	中国山地の村から	福山わかつちの会会長	田辺　省三
	159	12月26日	リンゴのなる東北の村から	詩人・高畠町有機農業研究会	星　　寛治
			＊子どものからだとこころの異常＊		
1988年	160	1月26日	皮膚障害(アトピー)に悩む子ども	船員保健病院医師	田代　　実
	161	2月26日	からだの異常を訴える子ども	大阪市大医学部小児科講師	宮田　雄祐
	162	3月23日	こころの悩みを訴える子ども	公立豊岡病院精神科医師	高石　俊一
			＊国際化する食品公害＊		
	163	4月27日	気をつけよう輸入食品の汚染	消費者運動家	小若　順一
	164	5月25日	気になる輸入穀物の農薬汚染	関西環境分析センター	中南　　元
	165	6月22日	気がかりな世界に広がる放射能汚染	神戸大学教養部助教授	中川　保雄
	166	7月27日	特別講演会　いりません！原子力発電	作家	松下　竜一
			＊食べものは世界に溢れているか＊		
	167	9月28日	異常気象と世界の食糧－アメリカ農業の泣きどころ－	相模女子大学講師	古沢　広祐
	168	10月26日	米の輸入とアジアの農村－揺れ動くタイの農業と農村－	神戸西農協職員	本野　一郎
	169	11月30日	食糧輸入のうらがわ－経済のしくみと相互依存の道	神戸大学農学部講師	保田　　茂
	170	12月21日	一本のバナナから－食卓から世界を見る	兵庫県立東灘高校教員	大津　和子

＊米を学問する＊

171　1月25日　米の栄養学　姫路市立大津小学校栄養士　縄　厚子

172　2月17日　米の生活学　詩人・高畠町有機農業研究会会員　星　寛治

173　3月22日　米の政治学　京都大学農学部助教授　辻井　博

＊地球がこわれる＊

174　4月26日　かすむ大気—温暖化・オゾン層破壊の広がり　環境監視研究所所長　中南　元

175　5月24日　にごる水—酸性雨・地下水の汚染への広がり　大阪大学工学部助手　山田　國廣

176　6月28日　かわく土—森林破壊・砂漠化への広がり　神戸大学農学部助教授　高橋　竹彦

1989年　177　7月26日　ほろびる生き物—コウノトリ・オランウータン・ゾウへの広がり　神戸市立王子動物園獣医　村田　浩一

＊有機農業を正しく学ぶ＊

178　9月27日　有機農業の思想と原理　神戸大学農学部　保田　茂

179　10月25日　有機農業の技術と実践　市島町有機農業研究会　一色作郎・大阪府有機農業研究会　尾崎零

180　11月22日　生産者と消費者の提携　求める会　児玉主恵・姫路ゆうき野菜の会　山根成人

181　12月20日　外国の有機農業事情と表示基準　農林中金研究センター　中村　耕三

182　1月24日　子どもの食の世界－おやつ、スナック、ファーストフード－　消費生活コンサルタント　髙橋　和子

183　2月28日　ゴルフ場亡国論　大阪大学工学部助手　山田　國廣

184　3月28日　家庭にひそむ農薬　日本消費者連盟関西グループ　山崎　昌子

＊医師の目からみた生命の異常＊

185　4月25日　どうして多い子どものアレルギー　高槻・富田町病院医師　幸寺　恒敏

1990年　186　5月22日　くすりに頼りすぎる親と子　大阪市立大学医学部・小児科　宮田　雄祐

187　6月27日　病気をなおす看眼点　みずほ漢方研究所・橋本内科医院　橋本　行生

188　7月25日　食と健康の窓としての歯　大阪大学医学部講師　新庄　文明

＊捨てられたもののゆくえを知っていますか＊

189　9月26日　ごみのゆくえを考える　大阪大学基礎工学部助手　森住　明弘

190　10月24日　まぜればごみ、分ければ資源　西宮市環境施設部部長　森下　淳

191　11月28日　焼却場の現場から　西宮市環境施設部課長　足立　義弘

192　12月19日　下水処理場の現場から　西宮保健環境部係長　鈴木　貴博

193　1月23日　米の自由化論議をめぐって　神戸大学農学部助教授　保田　茂

194　2月27日　輸入食品の安全性をめぐって　環境監視研究所所長　中南　元

195　3月27日　有機農業の規格基準をめぐって　神戸大学農学部助教授　保田　茂

196　4月24日　「美浜原発事故」を問う　神戸大学理学部助教授　橋本眞佐男

＊生命を守る制度の問題－弁護士の目から－＊

197　5月22日　環境の安全を守る法システム　弁護士　西村　忠行

1991年　198　6月26日　生活の安全を守る法システム　弁護士　松重　君予

199　7月24日　食品の安全を守る法システム　弁護士　神山美智子

200　9月25日　(200回記念セミナー) あなた、生活を科学してますか　生活クラブ生協検査室々長　坂下　栄

＊すぐにもできる環境保護－身の周りを見回すと－＊

201　10月23日　1本の割り箸から熱帯林を考える　熱帯林行動ネットワーク　黒田　洋一

202　11月27日　1個の牛乳パックから森林を考える　みんなの労働文化センター　永岡　美紀

203　12月18日　1台の車からリサイクルを考える　大阪大学基礎工学部　森住　明弘

＊いまは食べ物を正しく選ぶ時代です－原点にかえって食生活の基本を学ぶ－＊

1992年　204　1月22日　食生活編・健康的な食生活への改善策は　神戸大学農学部助教授　保田　茂

年	No.	日付	演題	所属	講師
1992年	205	2月26日	農薬編・医師の目から農薬禍を検証する	足立病院医師	足立　光平
	206	3月25日	添加物編・どんな食べ物に使われているのか－輸入食品は、人体への影響は－	湊川女子短期大学	倉元　綾子
			＊水道水は安全か＊		
	207	4月22日	遺伝子を撃つ水道水	神戸大学教養部助教授	讃岐田　訓
	208	5月27日	琵琶湖・淀川と水道水－水道原水の汚染源－	関西水系連絡会	本間　都
	209	6月24日	農薬と水道水	環境監視研究所	中地　重晴
	210	7月22日	浄水器で水道水の安全は守れるか	神戸大学教養部助教授	讃岐田　訓
		10月31日	(センター20周年記念講演会) 村からの警告・町からたべものがきえる！？		山下　惣一
	211	11月25日	有機農産物の規格基準を考える	神戸大学農学部	保田　茂
	212	12月16日	農産物の輸入拡大と農薬規制の大幅緩和	大阪大学理学部	植村　振作
			＊アトピーを考える －ライフスタイルとアレルギー－＊		
1993年	213	1月27日	衣食住の生活環境とアレルギー	医師	幸寺　恒敏
	214	2月24日	治るアトピー、治ってもいいアトピー、治らなくてもいいアトピー	京都高雄病院医師	江部　康二
	215	3月24日	子どもをアトピーから守るために	福井母乳育児相談室・助産婦・保健婦	福井早智子
	216	4月28日	アトピーを通して何が見えるか映画『奇妙な出来事アトピー』	制作者	髙橋　一郎
			＊健康を脅かす現代食－食文化を省みる連続講座－＊		
	217	5月26日	増え続ける輸入食材料	神戸大学農学部教授	保田　茂
	218	6月23日	ファーストフードを考える	家庭栄養研究会代表委員	髙橋　和子
	219	7月14日	あふれる市販飲料水	家庭栄養研究会代表委員	髙橋　和子
	220	9月22日	自動販売機は必要か	京都ゴミ問題市民会議	沼崎　佳子
			＊くらしの中の化学物質を考える＊		
	221	10月27日	身の回りの農薬汚染	日本消費者連盟関西グループ	山崎　昌子
	222	11月24日	食べ物の化学汚染	環境監視研究所所長	中南　元
	223	12月15日	くらしの中の化学物質汚染	大阪大学理学部助手	植村　振作
	224	12月8日	コメ問題を考える緊急集会	神戸大学農学部	保田　茂
			＊今、米を考える －コメ開放問題と私たちの選択－＊		
1994年	225	1月26日	輸入米は、安全か？－ポストハーベスト農薬汚染－	日本子孫基金	三宅　征子
	226	2月23日	世界の米は、余っているのか？	京都大学農学部助教授	辻井　博
	227	3月23日	食糧としての米・商品としての米	神戸大学農学部教授	保田　茂
			＊米騒ぎを考える －コメ開放問題と私たちの選択（2）＊		
	228	4月27日	米不足の背景	兵庫女子短期大学	池本　廣希
	229	5月25日	輸入米の味を言う前に	新聞記者	横川　修
	230	6月22日	日本の農政と食管制度	神戸大学農学部教授	保田　茂
	231	7月20日	シンポジウム「米騒ぎの教訓」 丹南町有機農業実践会　谷後好之・兵庫県農協中央会　三木久和 コープこうべ参与　藤原恒子・神戸大学農学部教授　保田茂		
			＊ＧＡＴＴ農業合意を考える－コメ開放問題と私たちの選択（3）－＊		
	232	9月28日	日本の米のゆくえ	兵庫女子短期大学	池本　廣希
	233	10月26日	残留農薬基準のゆくえ	弁護士	神山美智子
	234	11月30日	日本の農業のゆくえ	東京農業大学農学部教授	梶井　功
	235	12月14日	製造年月日のない生鮮食品	みんなの牛乳勉強会	小寺　とき
			＊生活環境と大震災 －これからの街づくりに向けて－＊		
1995年	236	4月21日	食	神戸大学農学部教授	保田　茂

年	No.	日付	テーマ	所属	講師
1995年	237	4月28日	水	神戸大学国際文化学部助教授	讃岐田　訓
	238	5月12日	大気	環境監視研究所	中地　重晴
	239	5月18日	廃棄物	大阪大学工学部助手	植村　振作
			＊住宅がからだを蝕んでいる－深刻な室内化学物質汚染＊		
	240	6月28日	住宅がからだを蝕む－深刻な室内化学物質汚染－	大阪大学工学部助手	植村　振作
	241	7月12日	健康な住宅づくり	建築家	足立　和郎
			＊ゴミは減らせるか？大震災が提起したゴミ問題＊		
	242	9月27日	多すぎる包装材	京都大学経済学部	植田　和弘
	243	10月25日	大震災後のゴミ問題	循環科学研究所	山田　國廣
	244	11月22日	日常生活のゴミ問題	大阪大学基礎工学部	森住　明弘
	245	12月13日	地震と原子力発電所	京都大学	荻野　晃也
1996年	246	1月24日	ゴミの行き着く先	環境監視研究所	中地　重晴
	247	2月28日	身の回りの危険な電磁波	京都大学	荻野　晃也
	248	3月27日	新食糧法で米はどうなる	神戸大学農学部教授	保田　茂
			＊健康を脅かす家の中の有害物質＊		
	249	4月24日	家庭にひそむ農薬	日本消費者連盟関西グループ	山崎　昌子
	250	5月22日	家電製品の危険な電磁波	京都大学	荻野　晃也
	251	6月26日	遺伝子を撃つ水道水	神戸大学	讃岐田　訓
	252	7月10日	オゾン層破壊と皮膚ガン	神戸大学医学部教授	市橋　正光
			＊食べ物の安全性と表示を考える＊		
	253	9月25日	生鮮食料品	日本消費者連盟	安田　節子
	254	10月30日	有機農産物	神戸大学農学部教授	保田　茂
	255	11月27日	遺伝子組み換え食品は安全か	ジャーナリスト	天笠　啓祐
	256	12月11日	食べ物のダイオキシン汚染	環境監視研究所所長	中南　元
			＊自然と農業－人と生態系の関わりの再構築を目指して＊		
1997年	257	1月22日	米と赤トンボ －田の生態系と農業－	福岡農業改良普及センター	宇根　豊
	258	2月26日	土とミミズ－耕地の生態系と農業－	京都大学農学部	西村　和雄
	259	3月26日	クヌギとクワガタ －里山の生態系と農業	大阪自然環境保全協会	木下　陸男
	260	4月23日	ダイオキシン汚染は減らせるか	摂南大学教授	宮田　秀明
	261	5月28日	遺伝子組み換え食品の安全性と表示	安全食品連絡会	山中　純枝
			＊Ｏ－１５７からの警告＊		
	262	6月18日	近代畜産とＯ－１５７	日本小動物獣医師会理事	八竹　昭夫
	263	7月9日	学校給食とＯ－１５７	学校給食情報ネットワーク代表	小松　茂
			＊今、子どもの体が危ない －子どものアトピー－＊		
	264	10月22日	住居とアトピー	福井母乳育児相談室	福井　智子
	265	11月5日	子どもの食生活とアトピー	健康料理研究家	梅崎　和子
	266	11月26日	子どもとアトピー	島津医院	幸寺　恒敏
			＊電磁波問題と市民運動＊		
	267	12月20日	電磁波問題と市民運動	高圧線問題全国ネットワーク	かけひ哲夫
			関西における市民ネットワークについての提案	環境監視研究所	中地　重晴
			＊未来がうばわれる －はびこる内分泌撹乱物質－＊		
1998年	268	1月28日	ダイオキシン編	環境監視研究所所長	中南　元
	269	2月25日	プラスチック編	大阪大学	植村　振作
	270	3月25日	新しい食品の登場をめぐって	神戸大学農学部教授	保田　茂
	271	4月22日	くらしの中の環境ホルモン	日本子孫基金	植田　武智
	272	5月13日	食卓にあがった遺伝子組み換え食品	京都大学農学部	石田　紀郎
	273	6月24日	くらしの中のダイオキシン	愛媛大学農学部助手	松田　宗明

年	No.	日付	演題	所属	講師
1998年	274	7月15日	ダイオキシン問題への提言	環境監視研究所	中地　重晴
			＊くらしの中のダイオキシン（Ⅱ）＊		
	275	9月30日	ダイオキシンとゴミ行政	環境問題ライター	別処　珠樹
	276	10月28日	ダイオキシン汚染問題と住民	能勢町議会議員	八木　修
	277	11月25日	ダイオキシンとゴミ最終処分場	闘う住民とともにゴミ問題の解決を目指す弁護士連絡会会長	梶山　正三
			＊ダイオキシンと住民運動＊		
	278	12月16日	宝塚ゴミ裁判の取り組み	宝塚のごみ行政を考える市民協議会	松下　量子
			神戸での取り組みについて	神戸ゴミ問題連絡協議会	香嶋　正忠
			明石での取り組みについて	明石ゴミ研究会	森川　典子
1999年	279	1月27日	バイキンを駆逐してヒトは生きられるのか？	東京医科歯科大学医学部教授	藤田紘一郎
	280	2月24日	食品汚染とＨＡＣＣＰ		久慈　力
	281	3月24日	有機農産物認証関連法と新農業基本法について	神戸大学農学部教授	保田　茂
			＊ダイオキシンの元を断て＊		
	282	4月28日	ダイオキシンはどこから？	止めよう！ダイオキシン汚染関西ネットワーク	中南　元
	283	5月26日	分けたら減った！ダイオキシン	宮代町議会議員	上杉ちず子
	284	6月23日	ダイオキシンの元を断て	日本消費者連盟	三島　佳子
	285	7月21日	リターナブル瓶を見直そう	リターナブル研究会	吉川　康彦
	286	9月22日	環境を守る家づくり	共同住宅研究会	井上　保子
	287	10月27日	さらば！遺伝子組み換え食品	「コモンズ」編集長	大江　正章
	288	11月24日	コンピューター2000年問題が示すもの	ジャーナリスト	天笠　啓祐
	289	12月15日	「原発震災」前夜の私たち	神戸大学都市安全研究センター教授	石橋　克彦
			＊今、子どもに何が起こっているのか？（Ⅱ）＊		
2000年	290	1月26日	子育てで大切にしたいこと	藤森医院小児科	藤森　弘
	291	2月23日	子どもと生活環境	島津医院アレルギー専門医	島津　恒敏
	292	3月22日	カウンセラーから見た現代の子ども達	いくむら医院臨床心理士	阪田憲二郎
			＊子どもと環境ホルモン＊		
	293	4月26日	子どもと環境ホルモン		渡辺　雄二
	294	5月24日	おもちゃと環境ホルモン	グリーンピース・ジャパン	関根　彩子
			＊抗生物質が効かない＊		
	295	6月28日	食肉の中の抗生物質	岐阜県獣医師会理事	八竹　昭夫
	296	7月12日	抗生物質と耐性菌	市立堺病院ＩＣＴ薬剤師	阿南　節子
			＊21世紀のエネルギーを考える＊		
	297	9月27日	脱原発の潮流	元大阪大学理学部講師	久米三四郎
	298	10月25日	期待される代替エネルギーと普及政策	エコテック	林　敏秋
	299	11月22日	省エネを楽しむ	ひのでやエコライフ研究所	鈴木　靖文
	300	12月20日	(300回記念講演）21世紀の食を問う	神戸大学農学部教授	保田　茂
			＊どうする！？ タバコ＊		
2001年	301	1月24日	タバコと健康	大阪府立母子保健総合医療センター名誉顧問	竹村　喬
	302	2月28日	タバコと社会	大阪府立母子保健総合医療センター名誉顧問	竹村　喬
	303	3月17日	体験　禁煙教室	神戸市立中央市民病院医師	薗　潤
			＊安い！ 便利！ の落とし穴＊		
	304	4月25日	安い！ 便利！ の落とし穴	京都精華大学教授	槌田　劭
	305	5月23日	日本の異常な自動販売機の多さ	神戸大学工学部教授	筏　英之
	306	6月27日	安い野菜を考える	神戸大学農学部教授	保田　茂

2001年

307 7月25日 家電リサイクル法が始まった 兵庫県環境局 岡崎 俊忠

＊滅び行く生命の産業＊

308 9月26日 農業編 神戸大学農学部教授 保田 茂
309 10月24日 林業編 京都大学農学研究科教授 岩井 吉彌
310 11月28日 漁業編 京都精華大学教授 鷲尾 圭司
311 12月12日 狂牛病は避けられる 全国獣医事協議会副会長 八竹 昭夫

2002年

＊食べ物の安全性　総点検！＊

312 1月23日 野菜 編 神戸大学農学部教授 保田 茂
313 2月27日 魚 編 天草の海からホルマリンをなくす会事務局長 松本 基督
314 3月27日 食肉 編 全国獣医事協議会副会長 八竹 昭夫
315 4月24日 問題だらけの食品表示　－表示のしくみを正しく知ろう－ 消費者問題研究所代表・表示問題アドバイザー 垣田 達哉
316 5月22日 思春期の子どもと携帯電話 丹下 大信

＊殺虫剤にご用心！＊

317 6月26日 衣料用防虫剤とダイオキシン汚染 止めよう！ダイオキシン汚染・関西ネットワーク 中南 元
318 7月10日 家庭用殺虫剤は大丈夫？ 元大阪大学理学部 植村 振作
319 9月25日 神戸空港建設による大阪湾汚染 神戸大学発達科学部教授 讃岐田 訓
320 10月23日 環境ホルモンと化粧品－安全な化粧品の選び方－ 生活評論家・薬剤師 境野 米子

＊野菜の安全性を考える＊

321 11月27日 野菜の硝酸態窒素について 兵庫県立農林水産技術総合センター主任研究員 永井 耕介
322 12月11日 輸入野菜は安全か？ 農民連食品分析センター所長 石黒 昌孝

2003年

323 1月22日 無登録農薬問題と農薬取締法の改正－あなたも100万円の罰金かも？－ 反農薬東京グループ代表 辻 万千子
324 2月26日 世界の水問題－第３回世界水フォーラムが目指すもの－ 世界水フォーラム市民ネットワーク（PFW） 神田 浩史

＊気候変動問題を考える＊

325 3月26日 気候変動問題とは－そのメカニズムと国連枠組条約－ CASA専務理事 早川 光俊
326 4月23日 日本の取り組み－温暖化を防ぐ快適生活－ (有)ひのでやエコライフ研究所 鈴木 靖文
327 5月28日 もんじゅ裁判なぜ勝ったの？これからどうなるの？ もんじゅ裁判原告"補佐人" 久米三四郎
328 6月25日 WHOと日本の農業 AMネット事務局長 川上 豊幸
329 7月９日 市民に役立つPRTR制度の活用法－暮らしの中の有害化学物質を減らすために－ 有害化学物質削減ネットワーク代表 中地 重晴

＊食べ物における先端技術と安全性＊

330 9月24日 クローン牛の食品としての安全性 ジャーナリスト 粥川 準二
331 10月22日 遺伝子組み換え作物の栽培とその安全性について 名古屋大学理学部助手 河田 昌東

＊子どもを育む食事＊

332 11月26日 子どもの健康と食事 大阪保育研究所・管理栄養士 水嶋 敏子
333 12月10日 学校給食における食農教育の取り組み 農林中金総合研究所 根岸 久子

2004年

334 1月28日 震災の教訓－農業・自給・コミュニティー 本野 一郎
335 2月25日 水環境問題と科学者　30年の研究の軌跡 神戸大学発達科学部教授 讃岐田 訓
336 3月24日 サプリメントの正しい知識 武庫川女子大学薬学部 篠塚 和正

2004年

337 4月28日 鳥インフルエンザ　－その問題点と養鶏家の本音－
篠山市養鶏関係業者鳥インフルエンザ問題対策協議会会長　渡辺　拓道
338 5月26日 劣化ウラン弾とイラク市民　神戸大学教授・「劣化ウラン弾使用禁止」ヒロシマ・プロジェクト代表　嘉指　信雄
339 6月23日 ダイオキシン問題は終わっていない
止めよう！ダイオキシン汚染・関西ネットワーク代表　山崎　清
340 7月14日 共生共貧の豊かな生き方　NPO使い捨て時代を考える会代表　槌田　劭
341 9月22日 失敗しない生ゴミコンポストー堆肥づくりのススメー
堆肥・育土研究所主宰　菜遊ファーム代表　橋本　力男
342 10月27日 手作りバイオディーゼル燃料－家庭から始めるスローなエネルギー革命－
手づくり企画「ジャーニー・トゥ・フォーエバー」共同代表　平賀　緑
343 11月24日 遺伝子組換え作物の栽培問題－生産現場からのメッセージ－
滋賀県新旭町専業農家　石津　文雄
344 12月22日 進行する地球温暖化－京都議定書の意義と市民の役割－
NPO法人地球環境と大気汚染を考える全国市民会議(CASA)専務理事　早川　光俊

2005年

345 1月26日 日本のお米とカドミウム　大阪市立大学教授環境政策論、CASA理事　畑　明郎
346 2月23日 種子の特許、知的所有権の問題点
ジャーナリスト・市民バイオテクノロジー情報室代表　天笠　啓祐
347 3月23日 BSE問題－米産牛肉輸入解禁を巡って－　兵庫県生活衛生課食品安全官　川久　通隆

＊いま、たべものと環境を考える＊

348 4月27日 いま、たべものと環境を考える　神戸大学名誉教授　保田　茂
349 5月25日 給食に「地産地消」20年
愛媛県有機農業研究会・今治市農林振興課　安井　孝
350 6月22日 子どもの健康と生活リズム　兵庫教育大学名誉教授　原田　碩三
351 7月27日 あすの日本と世界の食料　神戸大学名誉教授　保田　茂
352 9月28日 本当にこわかったアスベスト　環境監視研究所所長　中地　重晴

＊子どもを育む「食・農・育」＊

353 10月27日 食べものを『選べる』子どもを育てる　NPO法人食と農の研究所　中塚　華奈
354 11月30日 自然がはぐくむ心と体　丹波農村ビオトープ連絡会事務局長　村上　俊明
355 12月14日 群れてこそ子どもは育つ　六甲どんぐり学童保育所指導員　森末　哲朗

2006年

356 1月26日 鳥インフルエンザ～鳥から人へ？～　大阪府立大学生命環境学部助教授　向本　雅郁
357 2月22日 「有機」と「特別栽培」はどうちがう？－有機JASとはなにか－
兵庫農漁村社会研究所代表・神戸大学名誉教授　保田　茂
358 3月22日 「100％新米」と「新米」はどうちがう？－食品表示の読み方－
安全食品連絡会代表　山中　純枝

＊一粒の種子から農業を考える＊

359 4月26日 遺伝子組み換えを武器にしたアメリカの世界農業支配　JA兵庫六甲　本野　一郎
360 5月24日 品種改良の歴史と現在～風土と食べ方から考える～
ひょうごの在来種保存会世話人　小林　保
361 6月28日 伝統野菜を守ろう－『ひょうごの在来種保存会』の実践
ひょうごの在来種保存会世話人　小坂　高司
362 7月26日 ドキュメンタリー映画「いのち耕す人々」上映会
363 9月27日 食品の裏側－みんな大好き食品添加物
「最進の塩」研究技術部長・有機JAS判定委員　安部　司
364 10月25日 ダイオキシン問題は終わっていない　摂南大学教授　宮田　秀明
365 11月22日 食料にみる南北問題（1）　龍谷大学教授　中村　尚司

2006年

366 12月13日 食料にみる南北問題（2）キリマンジャロ・コーヒーの生産者とコーヒー危機　京都大学農学部教授　辻村　英之

2007年

367 1月24日 「フランドン農学校の尾崎さん」上映会　講演　尾崎　零
368 2月27日 世界の有機農業事情　市島町有機農業研究会　橋本　慎司
369 3月28日 韓国の有機農業事情　神戸大学留学生　朴　淳　用
370 4月25日 種と遊んで　ひょうごの在来種保存会代表　山根　成人
371 5月23日 有機農業推進法のできるまで、そして、これから　国会議員　ツルネン・マルテイ
372 6月27日 「食育」のとりくみ（1）篠山市立西紀小学校　篠山市立西紀小学校教諭・食育担当　塚本　一男
373 7月25日 「食育」のとりくみ（2）神戸ＹＭＣＡ保育園　神戸ＹＭＣＡ保育園栄養士　石田　由紀

＊環境と共生する農業＊

374 9月26日 総論・環境創造型農業の意味　神戸大学名誉教授　保田　茂
375 10月24日 コウノトリが育む地域農業　兵庫県豊岡農業改良普及センター地域第2課長　西村いつき
376 11月28日 琵琶湖－水田は魚のゆりかご－　滋賀県農村振興課にぎわう農村推進室主査　堀　明弘
377 12月12日 岩座神（いさりがみ）の棚田を守る　兵庫県加美区岩座神区長　安田　利幸

2008年

378 1月23日 割り箸はもったいない？―食卓からみた森林問題―　森林ジャーナリスト　田中　淳夫
379 2月27日 映画①「サルー！ ハバナ　キューバ都市農業リポート」　監督：井坂泰成　制作：office ISACA（2006年/日本/33分）
映画②『日本の公害経験～農薬その光と影』　監督：河合樹香　制作：環境テレビトラスト日本委員会（2007年/日本/30分）
380 3月26日 自然保護大国でなければ21世紀は生き残れない ～クマのすむ豊かな森を次世代へ～　日本熊森協会会長・元尼崎市立園田中学校理科教諭　森山まり子
381 4月23日 中国冷凍ギョーザがつきつけている食の問題　地球救出アクション97　久保きよ子

＊地域の力－食・農・まちづくり－＊

382 5月28日 地域の力－食・農・まちづくり－　コモンズ代表　大江　正章
383 6月25日 地域の力－食・農・まちづくり－～NPOひょうご農業者クラブの実践～　NPOひょうご農業者クラブ　増田　大成
384 7月23日 地域の力－食・農・まちづくり－～はっぱで村おこし－徳島・上勝村のとりくみ　徳島県上勝村㈱いろどり副社長　横石　知二
385 9月24日 神戸大学NPO『ごみじゃぱん』のとりくみ　NPOごみじゃぱん事務局長　神戸大学大学院経済学研究科教育研究補佐員　小島　理沙
386 10月22日 松蔭中・高校『グリーンエコプロジェクト』のとりくみ　松蔭中・高校教師　谷口　理
387 11月26日 脱サラののち有機農業に取り組んで　神戸市西区・有機農業農家　大村　明
388 12月24日 自給自足の山村に暮らして　あ～す農場　大森　あい

2009年

389 1月28日 六甲山とモリアオガエル－六甲山自然保護運動のとりくみ　六甲山自然保護センターを活用する会代表　堂馬　英二
390 2月25日 原子力発電と私たちのくらし　原発の危険性を考える宝塚の会　中川　慶子
391 3月25日 牛とアサガオ－県立播磨農業高校のとりくみ　兵庫県立播磨農業高校教師　松島　敏春
392 4月22日 いつまでもあると思うな親と米　京都精華大学元教授　槌田　劭

2009年

393　5月27日　菜の花除草で米をつくっています
自然を愛し環境を考える百姓（岡山市）　赤木　歳通
394　6月24日　兵庫のため池、兵庫の田んぼ　兵庫大学経済情報学部教授　池本　廣希
395　7月22日　田んぼに暮らすいろんな生きもの　神戸大学農学部教授　伊藤　一幸

＊農と出会い、農に生きる＊

396　9月30日　兵庫県市島町で農業を始めて
奥丹波ブルーベリー農場　古谷　暁子、谷水農場　谷水　大祐
397　10月28日　脱サラ、そして有機農業　五島農園　五島　隆久
398　11月25日　いちごとトマト、そしてこどもを育てて　淡路小林農園　小林　剛彦
399　12月9日　半農半X（エックス）のすすめ　綾部市・半農半X研究所代表　塩見　直紀

2010年

400　1月27日　ダム建設と環境問題　元国土交通省職員
元淀川水系流域委員会委員長　宮本　博司
401　2月24日　手に（市民活動の）職を持とう－宝塚市の廃プラ処理政策から学ぶ－
NPO法人大阪ごみを考える会理事長　森住　明弘
402　3月24日　再び学んで他・自のために－神戸市のごみ処理政策から学ぶ－
NPO法人大阪ごみを考える会理事長　森住　明弘
403　4月28日　農作物のカドミウム汚染　大阪市立大学教授　畑　明郎
404　5月26日　国産大豆での醤油作り　大徳醤油株式会社（兵庫県養父市）　浄慶　耕造
405　6月23日　「食の安全」裏側の話　安心!?食べ物情報http://food.kenji.ne.jp/主宰　渡辺　宏
406　7月28日　ゴミ問題を考える　京都大学環境保全センター助教　浅利　美鈴

＊21世紀の暮らしと環境－COP10（生物多様性条約締約国会議）を迎えて－＊

407　9月22日　21世紀の暮らしと環境　神戸大学名誉教授　保田　茂
408　10月27日　暮らしの中の生物多様性　いのちをつなぐ食育の会代表　戸田　耿介
409　11月24日　動物のウンチいろいろ－食べ物がむすぶ生態系－
動物教材研究所pocket主宰　松本　朱実
410　12月22日　環境教育と絵本　フリーランス・環境教育コーディネーター　南家聡一郎

1.27　宮本博司さん 　2.24　森住明弘さん 　4.28　畑明郎さん 　5.26　浄慶耕造さん 　6.23　渡辺宏さん

7.28　浅利美鈴さん 　9.22　保田茂さん 　10.27　戸田耿介さん 　11.24　松本朱実さん 　12.22　南家聡一郎さん

2011年

411　1月26日　ＴＰＰを読み解く－グローバリゼーションと日本農業－
AMネット代表理事　松平　尚也
412　2月23日　あぶらむ物語－人生のよき旅人たちの話
あぶらむの会（岐阜県高山市）代表　大郷　博
413　3月23日　省エネ家電って本当に省エネ？　NPO法人近未来生活研究所　桑垣　豊
414　4月27日　TPPを読み解くⅡ
京都大学大学院工学研究科（都市社会工学専門）助教　中野　剛志
415　5月25日　地域でがんばるおもろい農家　農業生産法人（有）夢前夢工房代表　衣笠　愛之

416　6月22日　ワクチンの安全性、ワクチンで防げる病気
佛教大学社会福祉学部教授（耳原総合病院小児科）　武内　一
417　7月27日　科学は誰のものか？遺伝子組み換え作物を通して
大阪大学コミュニケーションデザインセンター准教授　平川　秀幸

＊原子力発電を考える＊

418　9月28日　原発と日本の未来　九州大学大学院比較社会文化研究院教授　吉岡　斉
419　10月26日　原発の発電コストはほんとに安いか？　原子力資料情報室共同代表　西尾　漠
420　11月30日　脱原発のため知るべきこと　京都大学原子炉実験所助教　今中　哲二
421　12月21日　子供たちに年間20ミリシーベルトは妥当か？
神戸大学大学院海事科学研究科教授　山内　知也

2011年

1.26　松平尚也さん

2.23　大郷博さん

3.23　桑垣豊さん

4.27　中野剛志さん

5.25　衣笠愛之さん

6.22　武内一さん

7.27　平川秀幸さん

9.28　吉岡斉さん

10.26　西尾漠さん

11.30　今中哲二さん

＊放射能と食べもの＊

422　1月25日　わが子からはじまる食べものと放射能のはなし
食政策センタービジョン21主宰人　安田　節子
423　2月22日　食べものを守ることがいのちをつなぐ～この国で生きていくということ～
心といのちをはぐくむ会・原発の危険性を考える宝塚の会世話人　井上　保子
424　3月28日　脱原発・共生への道　NPO法人使い捨て時代を考える会相談役　槌田　劭

＊原発と放射性物質による汚染＊

425　4月25日　放射性物質で汚染されたがれき処理の問題点　元京都大学教授　山田　耕作
426　5月23日　震災がれきの処理はいかにあるべきか　はんげんぱつ新聞編集委員　末田　一秀
427　6月27日　低線量で長期被曝による健康被害～チェルノブイリの教訓からフクシマを考える～
元京都薬科大学教授　大和田幸嗣
428　7月25日　食卓にあがる放射能　NPO法人チェルノブイリ救援・中部理事　河田　昌東

＊これからの産消提携の運動と流通を考える＊

429　9月26日　震災から提携を問う　星　寛治
430　10月24日　台所からの世直し～安全な食べ物をつくって食べる会と三芳村生産グループの提携から～
安全な食べ物をつくって食べる会会員　若島　礼子
431　11月28日　こだわり生協現状と有機農業～コープ自然派事業連合～
生活協同組合連合会コープ自然派事業連合理事長　小泉　佳久
432　12月19日　産消提携の運動と流通を考える
使い捨て時代を考える会安全農産供給センター役員専従　植村　雅人

2012年

1.25　安田節子さん

2.22　井上保子さん

3.28　槌田劭さん

4.25　山田耕作さん

5.23　末田一秀さん

6.27　大和田幸嗣さん

7.25　河田昌東さん

9.26　星寛治さん

10.24　若島礼子さん

11.28　小泉佳久さん

2013年

433 1月23日 有機農業の現代的意義 神戸大学名誉教授 保田 茂

＊本当に大丈夫？食の安全＊

434 2月27日 生鮮食品編~放射能の影響から食肉、食中毒まで~ 消費者問題研究所代表 垣田 達哉

435 3月27日 加工食品編～食品添加物からアレルギー、健康食品まで～ 消費者問題研究所代表 垣田 達哉

＊環境・食べ物のリスク問題を考える＊

436 4月24日 内部被曝における空気・水・食べ物の影響と健康被害 中村 聡子

437 5月22日 宝塚・再生可能エネルギーでまちづくり～すみれ発電所第１号～ NPO法人新エネルギーをすすめる宝塚の会理事 井上 保子

438 6月26日 リスクの食べ方～食の安全・安心を考える～ 神戸大学医学部附属病院感染病内科診療科長 岩田健太郎

439 7月24日 放射線・原発という科学技術を中心としたリスク問題 大阪大学コミュニケーションデザイン・センター准教授 平川 秀幸

＊今、TPPを読み解くⅢ＊

440 9月25日 TPPでどうなる？医療、食の安全 食政策センタービジョン21主宰人 安田 節子

441 10月23日 グローバル・フード・ガバナンスによる食料支配と抵抗 神戸大学大学院国際協力研究科教授 土佐 弘之

442 11月27日 TPPが医療を壊す 兵庫県保険医協会事務局 岡林 信一

443 12月25日 TPPと日本の農業 神戸大学大学院農学研究科教授 小野 雅之

1.23 保田茂さん 　2.27 垣田達哉さん 　4.24 中村聡子さん 　5.22 井上保子さん 　6.26 岩田健太郎さん

7.24 平川秀幸さん 　9.25 安田節子さん 　10.23 土佐弘之さん 　11.27 岡林信一さん 　12.25 小野雅之さん

2014年

444 2月12日 TPPと地方・農業―両立は可能か― 北海道大学法学部公共政策大学院教授 遠藤 乾

＊再生可能エネルギーで地域再生＊

445 2月26日 風力発電と地域 龍谷大学経済学部教授 松岡 憲司

446 3月26日 「原発地元の地域再生」と「電力市場のからくり」 関西学院大学総合政策学部准教授 朴 勝俊

447 4月23日 環境モデル都市ゆすはら 自然エネルギーによるまちづくり 高知県梼原町環境整備課環境モデル都市推進室担当 那須 俊男

448 5月28日 丹波・山王自治会の太陽光発電チャレンジ 山王自治会 細田 泰宏

449 6月25日 再生可能エネルギーとエネルギー自治 京都大学大学院経済研究科教授 諸富 徹

450 7月23日 地域住民の力で小水力発電 地域小水力発電株式会社 古谷 桂信

＊サプリメントの嘘、本当＊

451 9月24日 健康食品で元気はつらつ！って本当？？ 消費生活アドバイザー・消費生活専門相談員 福澤 彰子

452 10月22日 グルコサミンはひざに効かない―元気に老いる食の法則― 千葉大学名誉教授 山本 啓一

453　11月26日　体にいい食べ物はなぜコロコロと変わるのか
ファッションフード研究家　畑中三応子
454　12月10日　サプリメントの実力　武庫川女子大学薬学部・健康生命薬科学科教授　篠塚　和正

2014年

2.12　遠藤乾さん

2.26　松岡憲司さん

3.26　朴勝俊さん

4.23　那須俊男さん

5.28　細田泰宏さん

6.25　諸富徹さん

7.23　古谷桂信さん

9.24　福澤彰子さん

10.22　山本啓一さん

11.26　畑中三応子さん

12.10　篠塚和正さん

＊これからの農業を考える＊

2015年

455　1月28日　国際家族農業年と人びとの食料主権
愛知学院大学経済学部経済科講師　関根　佳恵
456　2月25日　農業を買い支える仕組み―コーヒーのフェアトレードとコメの産消提携―
京都大学大学院農学研究科准教授　辻村　英之
457　3月25日　生産者と消費者の交流を通じて、共に創る産直
NPO法人小田原食とみどり事務局長　斎藤　文子

＊若い人の農業実践から＊

458　4月22日　百姓6年生　麦豆米輪作・原木椎茸栽培百姓・たんぼのはたけ親方　太田　光宣
459　5月27日　丹波で育む有機ブルーベリーと野菜、そして家族
奥丹波ブルーベリー農場　古谷　暁子
460　6月24日　持続可能な農業のこれから－坂ノ途中の実践から－
(株)坂ノ途中代表取締役　小野　邦彦
461　7月22日　NPO法人Peace&Natureのとりくみ
NPO法人Peace&Nature代表　Bahram Enanloo（バハラム イナンル）

＊変わっていく、子供たちをとりまく環境＊

462　9月30日　子どもの貧困、負の連鎖を止めるために
大阪子どもの貧困アクショングループ代表　徳丸ゆき子
463　10月28日　スマホ時代の大人が知っておきたいこと
兵庫県立大学環境人間学部准教授　竹内　和雄
464　11月25日　親と子どものための食物アレルギー　予防から治療まで
同志社女子大学生活科学部特任教授　伊藤　節子
465　12月16日　和食の魅力と、次世代に継承することの意義
関西福祉科学大学客員教授　的場　輝佳

1.28　関根佳恵さん

2.25　辻村英之さん

3.25　斎藤文子さん

4.22　太田光宣さん

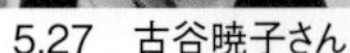

5.27　古谷暁子さん

6.24　小野邦彦さん

7.22　バハラム・イナンルさん

9.30　徳丸ゆき子さん

2015年

10.28　竹内和雄さん

11.25　伊藤節子さん

12.16　的場輝佳さん

2016年

466　1月27日　自由化だ、電気を選ぼう！
関西学院大学総合政策学部総合政策学科教授　朴　勝俊

467　2月24日　食品ロースとフードバンク活動
認定特定非営利活動法人フードバンク関西代表　浅葉めぐみ

468　3月23日　東日本大震災から５年、福島の今　福島大学行政政策学類准教授　荒木田　岳

469　4月27日　資本主義から農本主義者へ―農は天地に浮かぶ大きな舟なんだ―
農と自然の研究所元代表　宇根　豊

470　5月25日　家庭でできるエネルギーの選び方・作り方
有限会社ひのでやエコライフ研究所　鈴木　靖文

471　6月22日　温暖化を防ぐ快適省エネ生活　有限会社ひのでやエコライフ研究所　鈴木　靖文

472　7月27日　生物多様性とヒトの健康を脅かす農薬―ネオニコチノイド系農薬を例に―
元朝日新聞論説委員　岡田　幹治

473　9月28日　科学とニセ科学、マイナスイオンから水素水まで
大阪大学大学院理学研究科教授　菊池　誠

474　10月26日　限界集落の再生の取り組みについて―宍粟市一宮町千町―
NPOひょうご農業クラブ理事長　増田　大成

475　11月30日　日本型アグロエコロジーをどう考えるか？－Agroecologyと歩んだ三十三年間から　愛媛大学大学院農学研究科准教授　日鷹　一雅

476　12月21日　廃炉に向けて・・・美浜町の自立のために
森と暮らすどんぐり倶楽部代表　松下　照幸

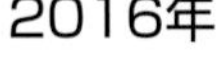

1.27　朴勝俊さん

2.24　浅葉めぐみさん

3.23　荒木田岳さん

4.27　宇根豊さん

5.25　鈴木靖文さん

7.27　岡田幹治さん

9.28　菊池誠さん

10.26　増田大成さん

11.30　日鷹一雅さん

12.21　松下照幸さん

2017年

477 1月25日 電力自由化の"トリセツ" 京都大学大学院地球環境学舎修士課程 加志村 拓
478 2月25日 遺伝子組換えの安全性を問う—映画「遺伝子組み換えルーレット」～私たちの生命のギャンブル～ オルター・トレード・ジャパン政策室室長 印鑰 智哉
479 3月22日 日本人が知らない漁業の大問題 鹿児島大学水産学部教授 佐野 雅昭

＊地域に希望を—これまでの農業、これからの農業—＊

480 4月26日 地域が支える食と農～顧客からサポーターへ～ ファームアンドカンパニー株式会社・兵庫食べる通信 光岡 大介
481 5月24日 沈黙の春から夏へ 牛尾農園 牛尾 武博
482 6月28日 有機農業が目指してきたもの、目指すもの 神戸大学名誉教授・NPO法人兵庫農漁村社会研究所理事長 保田 茂
483 7月26日 菜の花から生まれた新しい流れ「愛東」の今、そしてこれから NPO法人愛のまちエコ倶楽部事務局長 増田 隆

＊格差社会におかれた子どもの健康と教育＊

484 9月27日 子どもの健康格差・口から見える貧困 神戸常磐大学短期大学部口腔保健学科教授 足立 了平
485 10月25日 子どもの心に届く支援を～社会の課題としての共有と発信を～ NPO法人西淀川子どもセンター代表理事 西川日奈子
486 11月22日 子どもの貧困と学校給食 跡見学園女子大学マネジメント学科教授 鳫 咲子
487 12月20日 女性と子どもたちに笑顔を取り戻すためのWACCA（わっか）の活動 認定NPO法人女性と子ども支援センター ウィメンズネット・こうべ理事 茂木美知子

1.25 加志村拓さん

2.25 印鑰智哉さん

3.22 佐野雅昭さん

4.26 光岡大介さん

5.24 牛尾武博さん

6.28 保田茂さん

7.26 増田隆さん

9.27 足立了平さん

10.25 西川日奈子さん

11.22 鳫咲子さん

12.20 茂木美知子さん

2018年

488 1月24日 テレビでは教えてくれない食品表示のウソ？ホント！ 消費者問題研究所 垣田 達哉
489 2月28日 若者たちの食卓－食写真から見える日常－ 大正大学心理社会学部人間科学科教授 長谷川智子
490 3月28日 子どもの健康と食卓 神戸大学農学研究科特命助教 山下 陽子

＊放射能汚染から８年目へと向かう～放射能を学び、福島の今を知る～＊

491 4月25日 測定から見える放射能汚染 阪神・市民放射能測定所 代表 安東 克明
492 5月23日 放射能って何？ 食の安全と環境問題の元科学者 三原 翠
493 6月27日 原発事故後を生きる私たち いわきの初期被曝を追及するママの会代表 千葉 由美

2018年

494　7月25日　福島から母子避難7年『避難の権利』と憲法　～国連人権委員会で世界に伝えた母たちの願い・子どもたちを被ばくから守って！～
（原発賠償関西訴訟原告団代表）東日本大震災避難者の会 Thanks&Dream代表 森松明希子

＊放射能汚染から8年目へと向かう～放射能を学び、福島の今を知る～＊

495　9月26日　ゲノム編集　遺伝子組み換え食品いらない！キャンペーン代表　天笠　啓祐
496　10月24日　最大未利用資源昆虫の活用　神戸大学名誉教授　竹田真木生
497　11月28日　種子法廃止－多国籍企業に明け渡す食料主権
食政策センター・ビジョン21代表 安田　節子

1.24　垣田達哉さん

2.28　長谷川智子さん

3.28　山下陽子さん

4.25　安東克明さん

5.23　三原翠さん

6.27　千葉由美さん

7.25　森松明希子さん

9.26　天笠啓祐さん

10.24　竹田真木生さん

11.28　安田節子さん

2019年

498　1月23日　「資本主義的食料システム」を考える～大豆を伝統食から工業原料に、植物油をエネルギーから食材に変えた政治経済史　平賀　緑
499　2月17日　兵庫県有機農業研究会共催「種子－みんなのもの？それとも企業の所有物？」上映会＆講演会「種の現状と課題と対策」（共催）　印鑰　智哉
500　3月16日　(500回記念講演会) 日本の食料・農業・農村の未来　神戸大学名誉教授　保田　茂

＊日本の食料の未来のために＊

501　4月24日　食べられる野草を知ろう－食料危機を前にして－
使い捨て時代を考える会相談役　槌田　劭
502　5月22日　海外の有機農業事情－アメリカのCSAとフランスのAMAP
中央大学専任講師　近藤　和美
503　6月26日　Bio creatorsのCSAへの取り組み　ナチュラリズムファーム　大皿　一寿
504　7月24日　有機農業・オーガニックとSDGs　株式会社プラスリジョン代表取締役　福井佑実子
505　9月25日　水道民営化で水はどうなるのか　アクアスフィア・水教育研究所代表　橋本　淳司
506　10月23日　有機農業で未来を拓く－身土不二（地元のものを食べて健康に）で自然と共に生きよう－　國學院大學名誉教授　大崎　正治
507　11月27日　神鋼石炭火力発電所の増設計画と神戸市域の大気汚染を考える
神戸の石炭火力発電を考える会　菊井　順一

1.23　平賀緑さん

2.17　印鑰智哉さん

3.16　保田茂さん

4.24　槌田劭さん

2019年

5.22　近藤和美さん

6.26　大皿一寿さん

7.24　福井佑実子さん

9.25　橋本淳司さん

10.23　大崎正治さん

11.27　菊井順一さん

2020年

508　1月22日　東遊園地ファーマーズマーケットから広がる新たな農的つながり
　　一般社団法人KOBE FARMERS MARKET 理事　小泉亜由美

509　2月26日　未来のために知っておきたい、海とプラスチックの話
　　大阪商業大学公共学科准教授　原田　禎夫

510　9月23日　新型コロナウイルスの影響を正確につかもう！　フリーライター　守田　敏也

511　10月28日　生きる力を育む眠育のススメ　NPO法人里豊夢わかさ理事長　前田　勉

512　11月25日　あなたの知らないゴミの世界－徳島県上勝町の挑戦－
　　上勝町ゼロ・ウェイスト推進員　藤井　園苗

1.22　小泉亜由美さん

2.26　原田禎夫さん

9.23　守田敏也さん

10.28　前田勉さん

11.25　藤井園苗さん

2021年

513　1月27日　韓国の学校給食と有機農業－『ソウル市親環境無償給食成果白書』を読む－
　　むくげの会　近藤　富男

514　2月24日　食べものが劣化する日本－命をつむぐ種子と安心な食を次世代へ－
　　食政策センター・ビジョン21 代表　安田　節子

515　3月24日　福島第一原発事故から10年－放射性汚染土の拡散を止めるために－
　　神戸大学英語講師、さよなら原発神戸アクション共同世話人　小橋かおる

516　5月26日　（移転記念講演）コロナ時代と私たちの暮らし　神戸大学名誉教授　保田　茂

517　6月23日　（移転記念講演）新型コロナのワクチン、接種しますか？
　　元朝日新聞論説委員　岡田　幹治

518　7月28日　食べるとはどういうことか　京都大学人文科学研究所准教授　藤原　辰史

＊新しい食と農の在り方をめざすアグロエコロジー＊

519　9月22日　海の幸、山の恵みで健康寿命は延ばせる－世界の長寿食から学ぶ"賢食術"とは
　　武庫川女子大学国際健康開発研究所所長、
　　公益財団法人兵庫県健康財団会長　家森　幸男

520　10月27日　なぜアグロエコロジーなのか　京都大学経済学研究科研究員　小林　舞

521　11月24日　アグロエコロジーと私たち：食べる側の視点から
近畿大学名誉教授、西日本アグロエコロジー協会共同代表　池上　甲一

2021年

1.27　近藤富男さん

2.24　安田節子さん

3.24　小橋かおるさん

5.26　保田茂さん

6.23　岡田幹治さん

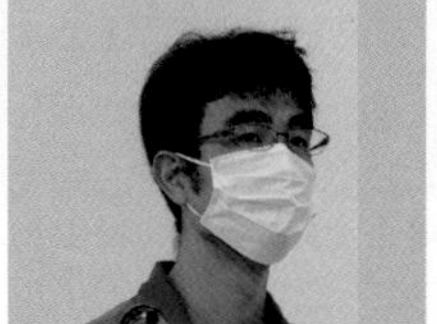
7.28　藤原辰史さん

9.22　家森幸男さん

10.27　小林舞さん

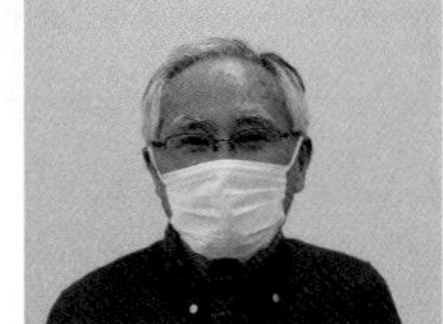
11.24　池上甲一さん

2022年
土曜日開催
に変更

522　1月15日　アグロエコロジーによる農業のすすめ－地球温暖化対策をふまえて
市島有機農業研究会、西日本アグロエコロジー協会共同代表　橋本　慎司
523　2月19日　排除の論理から共存の論理へ－持続可能な農業を求めて　福津農園　松澤　政満
524　3月19日　低温殺菌牛乳の現状と未来　丹波乳業代表取締役　吉田　拓洋
525　4月16日　(センター50周年記念講演会) 農はいのちをつなぐ－時代を超えて引き継がれていくもの・資本主義の先を考える－　農と自然の研究所代表　宇根　豊
526　5月21日　農薬は微量なら安全って本当？－農薬毒性試験の中身－
神戸大学大学院農学研究科教授　星　信彦
527　6月18日　ゲノム編集を考える－安全性と生命倫理　遺伝子組換え情報室代表　河田　昌東
528　7月16日　3.11から11年、福島の今は？ NPO法人チェルノブイリ救援・中部理事　河田　昌東
529　9月17日　農薬再評価とみどりの食料システム戦略の問題
神戸大学大学院農学研究科教授　星　信彦
530　10月15日　永遠の化学物質PFASの環境汚染リスクとどう向き合うか
社会健康医学福祉研究所所長、京都大学名誉教授　小泉　昭夫
531　11月19日　有機の里丹波市が抱えるごみ減量化問題－そのゴミは本当にゴミなのか－
丹波市議会議員　前川　進介

1.15　橋本慎司さん

2.19　松澤政満さん

3.19　吉田拓洋さん

4.16　宇根豊さん

5.21　星信彦さん

6.18　河田昌東さん

9.17　星信彦さん

10.15　小泉昭夫さん

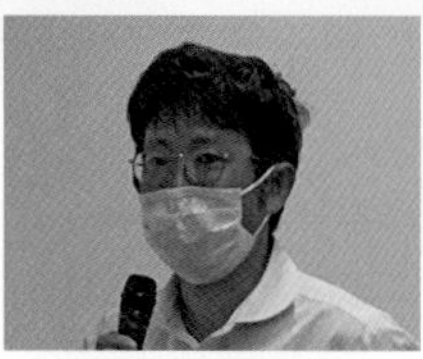
11.19　前川進介さん

キリスト教セミナー　1977年～2022年

＊キリシタンから初期プロテスタントまで＊

年	回	日付	題目	講師
1977年	1	5月13日	シンポジウム 近代日本とキリスト教	同志社大学教授　杉井　六郎 京都精華短期大学教授　笠原　芳光 神戸女学院大学教授　山口　光朔
	2	6月10日	キリシタンの歴史と文化	京都外国語大学教授　松田　毅一
	3	7月8日	初期宣教師の活動	同志社大学教授　杉井　六郎
	4	9月9日	札幌・横浜・熊本バンドの結成	神戸女学院大学教授　高道　基
	5	10月14日	自由民権期のキリスト教	神戸女学院大学教授　山口　光朔
	6	11月11日	キリスト教主義学校の成立	同志社大学教授　土肥　昭夫
	7	12月9日	不敬事件とその反響	京都精華短期大学教授　笠原　芳光

＊明治後期のキリスト教＊

年	回	日付	題目	講師
1978年	8	3月10日	シンポジウム 天皇制国家の成立とキリスト教	同志社大学教授　土肥　昭夫 京都精華短大教授　笠原　芳光 朝鮮史研究者　韓　晳　曦 日本聖公会教会員　佐治　孝典
	9	4月14日	自由キリスト教の思想－大西祝	京都精華短大教授　笠原　芳光
	10	5月12日	文学者の背教－有島武郎	神戸女学院大学教授　高道　基
	11	6月9日	社会主義とキリスト教－木下尚江	神戸女学院大学教授　山口　光朔
	12	7月14日	社会事業とキリスト教－留岡幸助	同志社大学教授　住谷　磬
	13	9月8日	殖産興業とキリスト者－波多野鶴吉	日本聖公会教会員　佐治　孝典
	14	10月13日	鉱毒事件とキリスト教界－田中正造	同志社大学教授　土肥　昭夫

＊大正期のキリスト教＊

年	回	日付	題目	講師
1979年	15	1月12日	シンポジウム 大正デモクラシーとキリスト教	同志社大学教授　和田　洋一 京都精華短大教授　笠原　芳光 神戸女学院大学教授　山口　光朔 日本聖公会教会員　佐治　孝典
	16	2月9日	植民地支配とキリスト教	朝鮮史研究家　韓　晳　曦
	17	3月9日	正統神学の確立－高倉徳太郎	同志社大学教授　土肥　昭夫
	18	4月13日	廃娼運動とキリスト者	神戸女学院大学教授　高道　基
	19	5月11日	「死線を越えて」－賀川豊彦	神戸女学院大学教授　山口　光朔
	20	6月8日	大正的人間像－大原孫三郎	日本聖公会教会員　佐治　孝典
	21	7月13日	大正の文学とキリスト教	京都精華短大教授　笠原　芳光

＊昭和前期のキリスト教＊

年	回	日付	題目	講師
1979年	22	9月14日	シンポジウム 15年戦争とキリスト教	京都精華大学教授　笠原　芳光 神戸女学院大学教授　山口　光朔 立命館大学講師　佐々木敏二 日本聖公会教会員　佐治　孝典
	23	10月12日	芥川龍之介・太宰治と聖書	神戸女学院大学教授　高道　基
	24	12月14日	新しいカトリシズム－岩下壮一・吉満義彦	京都精華大学教授　笠原　芳光
1980年	25	1月11日	戦時下のキリスト教主義学校	神戸女学院大学教授　山口　光朔
	26	2月8日	日本的基督教とは	日本聖公会教会員　佐治　孝典
	27	3月14日	「危機神学」と教会	同志社大学教授　土肥　昭夫

＊戦後日本のキリスト教＊

年	回	日付	題目	講師
1980年	28	4月18日	シンポジウム 戦後キリスト教の功罪	神戸女学院大学教授　山口　光朔 摂津富田教会牧師　桑原　重夫 京都精華大学教授　笠原　芳光 兵庫教会牧師　船越　諭
	29	5月16日	占領下のキリスト教－アメリカの宗教政策	キリスト教史研究者　佐治　孝典

年	No.	日付	題目	所属	講師
1980年	30	6月20日	「キリスト教脱出」まで－赤岩栄の場合	京都精華大学教授	笠原　芳光
	31	7月18日	キリスト教文学の展開－椎名麟三と遠藤周作	神戸女学院大学教授	高道　基
	32	9月19日	平和運動とキリスト教	神戸教会牧師	岩井　健作
	33	10月17日	70年前後の教会闘争	同志社大学教授	土肥　昭夫
	34	11月21日	戦後日本のキリスト教とアジア	関西労働者伝道委員会専任者	小柳　伸顕
	35	12月12日	聖書解釈－戦後の動向	宝塚教会牧師	辻　建
			＊近代日本のキリスト者（明治前期）＊		
1981年	36	4月10日	幕末のキリシタンたち－殉教の人々	京都外国語大学教授	松田　毅一
	37	5月8日	ニコライ－ロシア正教の使者	大阪ハリスト正教会長司祭	牛丸　康夫
	38	6月12日	九鬼隆義－三田のキリスト者	同志社大学教授	土肥　昭夫
	39	7月10日	沢山保羅－自立の伝道者	神戸女学院大学教授	高道　基
	40	9月11日	北村透谷－否定の思想家	京都精華大学教授	笠原　芳光
	41	10月9日	松山高吉－聖書の翻訳者	神戸女学院大学教授	山口　光朔
	42	11月13日	徳富蘇峰－平民主義の提唱者	同志社大学教授	杉井　六郎
1982年		4月17日	（センター10周年記念セミナー）日本文化の課題	評論家	加藤　周一
			＊近代日本のキリスト者（明治後期）＊		
	43	5月14日	明治後期の精神－その大帝観	同志社大学教授	杉井　六郎
	44	6月11日	羽仁もと子－女性の自立	京都精華大学教授	笠原　芳光
	45	7月9日	植村正久－正統的キリスト教	同志社大学教授	土肥　昭夫
	46	9月10日	新渡戸稲造－太平洋のかけ橋	神戸女学院大学教授	山口　光朔
	47	10月8日	徳冨芦花－「負け犬」の抵抗	神戸女学院大学教授	高道　基
	48	11月12日	安部磯雄－キリスト教社会主義の先駆	キリスト教史研究者	佐治　孝典
			＊大正期の精神＊		
1983年	49	4月9日	シンポジウム 大正期の精神		
				同志社大学教授	杉井　六郎
				神戸女学院大学教授	山口　光朔
				京都精華大学教授	笠原　芳光
				キリスト教史研究者	佐治　孝典
	50	5月14日	一燈園－無所有の共同体	京都精華大学教授	笠原　芳光
	51	6月11日	アナーキズム群像	神戸女学院大学教授	山口　光朔
	52	7月9日	白樺派の人びと	神戸大学教授	西垣　勤
	53	9月10日	大正デモクラシーの苦悶	同志社大学教授	土肥　昭夫
	54	10月8日	右翼思想の源流	評論家	伊谷　隆一
	55	11月12日	三一運動と関東大震災	朝鮮史研究者	韓　晳　曦
	56	12月10日	労働運動と友愛会	キリスト教史研究者	佐治　孝典
			＊昭和前期の精神＊		
1984年	57	4月21日	シンポジウム1930年代の思想と文化		
				神戸女学院大学教授	山口　光朔
				同志社大学教授	土肥　昭夫
				京都精華大学教授	笠原　芳光
				朝鮮史研究者	韓　晳　曦
	58	5月19日	北一輝	神戸大学助教授	野口　武彦
	59	6月16日	高村光太郎－智恵子と戦争をめぐって	京都精華大学教授	笠原　芳光
	60	7月21日	転向－天皇制と日本人	関西大学教授	小山　仁示
	61	9月15日	日本浪曼派	評論家	伊谷　隆一
	62	10月20日	三木清	関西大学教授	竹内　良知
	63	11月17日	明石順三－父子の確執	甲南大学教授	高阪　薫
	64	12月15日	河上肇－無産者運動の経済学	キリスト教史研究者	佐治　孝典
			＊戦後日本の精神＊		
1985年	65	4月13日	戦後思想とキリスト教	京都精華大学学長	笠原　芳光
	66	5月11日	生と老と死	河野胃腸外科病院長	河野　博臣

年	No.	日付	題目	講師所属	講師
1985年	67	6月8日	差別と宗教	神戸雲内教会牧師	仲本　幸哉
	68	7月13日	戦後の日本人と聖書	松蔭女子学院大学教授	荒井　章三
	69	9月14日	テクノロジーと人間	神戸大学農学部助	保田　茂
	70	10月12日	現代文学とキリスト教	梅光女学院大学長	佐藤　泰正
	71	11月9日	文化人類学と宗教	宮城学院女子大学長	山形　孝夫
			＊現代、こころの旅＊		
1986年	72	4月12日	「イエスの方舟」からの問い	京都精華大学学長	笠原　芳光
	73	5月10日	現代短歌における神	京都精華大学学長	笠原　芳光
	74	6月14日	フランス－こころの旅①	大阪市立大学教授	田辺　保
	75	7月12日	フランス－こころの旅②	大阪市立大学教授	田辺　保
			＊神戸とキリスト教を語る（明治前期）＊		
	76	9月19日	文明開化と神戸のキリスト教	京都精華大学学長	笠原　芳光
	77	10月17日	兵庫のキリスト教	兵庫教会牧師	船越　諭
	78	11月28日	神戸の女子教育とキリスト教	神戸女学院院長	岡本　道雄
	79	12月12日	神戸のクリスチャン・マーチャント－小林富次郎の場合	神戸女学院大学講師	佐治　孝典
1987年	80	5月9日	（センター15周年記念セミナー）日本文化対キリスト教	評論家	加藤　周一
			＊続・神戸とキリスト教を語る（明治前期）＊		
	81	11月6日	河上丈太郎	神戸学生青年センター理事長・衆議員議員	河上　民雄
	82	12月11日	城ノブ	神戸婦人同情会理事長	城　一男
1988年	83	1月21日	八代斌助	神戸女学院大学学長	山口　光朔
	84	2月19日	米澤尚三	京都精華大学学長	笠原　芳光
	85	3月18日	黒崎幸吉	黒崎幸吉著作集編集責任者	加島　二郎
			＊新共同訳聖書について＊		
	86	5月14日	新共同訳聖書の特色－出エジプト記を中心に	松蔭女子大学教授	荒井　章三
	87	6月18日	新共同訳聖書の特色－マルコによる福音書を中心に	福良キリスト教会牧師・新共同訳聖書編集委員	島田　和人
			＊賀川豊彦の全体像＊		
	88	6月11日	賀川豊彦の文学－「死線を越えて」から	京都精華大学学長	笠原　芳光
	89	6月25日	賀川豊彦の宗教思想	関西学院大学教授	内田　政秀
	90	7月16日	賀川豊彦と社会運動	神戸女学院大学講師	佐治　孝典
	91	7月30日	賀川豊彦の部落差別問題とキリスト教伝道	同志社大学教授	土肥　昭夫
1990年	92	1月25日	特別講演会　アジアのキリスト教スピリットに学ぶ　－日本とアジアの新しい関係づくりに向けて－	NCCアジア資料センター総主事	山野　繁子
	93	11月9日	日本基督教団の「戦責告白」をめぐって	神戸教会牧師	岩井　健作
	94	12月14日	1970年「反万博闘争」をめぐって	同志社大学宗教部	千葉　宣義
1991年	95	1月18日	日本基督教団の成立の問題について	同志社大学教授	土肥　昭夫
			＊戦時下・キリスト教の一断面＊		
	96	6月14日	カトリックと国家神道	カトリック正義と平和委員会世話人・大阪市立大学講師	上杉　聰
	97	7月12日	灯台社のレジスタンス－明石静栄と遠山昌謙の場合－	甲南大学教授	高阪　薫
	98	9月20日	教団合同問題と日本聖公会	神戸女学院大学講師	佐治　孝典

年	No.	日付	演題	所属	講師
1991年	99	10月11日	戦時下の沖縄教会	真和志教会牧師	西尾　市郎
	100	11月15日	ホーリネス教会への弾圧と再臨信仰－日朝関係史の視点から－	桃山学院大学講師	蔵田　雅彦

＊現代に生きる神学を学ぶ＊

年	No.	日付	演題	所属	講師
1992年	101	6月12日	平和の神学	四国学院大学教授	G.ムアンギ
	102	7月10日	韓国・民衆神学	恵泉女学園大学講師	石井智恵美
	103	9月18日	荊冠の神学	四国学院大学	栗林　輝夫
		9月23日	（センター20周年記念講演会）現代日本の思想		鶴見　俊輔
	104	10月9日	女性神学	ＮＣＣ宗教研究所	山下　明子
	105	11月13日	カトリック・解放の神学	大阪カトリック神学院・神父	松浦　悟郎

＊生と死＊

年	No.	日付	演題	所属	講師
1994年	106	10月3日	生命のはじまり	甲南大学理学部教授	中村　運
	107	10月17日	青春と性	保健婦・イーブン相談員	赤松　彰子
	108	10月31日	自死－文学者の場合	京都精華大学教授	笠原　芳光
	109	11月14日	死をどう迎えるか	河野胃腸科外科院長	河野　博臣
	110	11月28日	葬り方、葬られ方	真宗大谷派浄泉寺住職	望月　広三
				日本キリスト教団・神戸教会牧師	岩井　健作

＊戦後50年とキリスト教＊

年	No.	日付	演題	所属	講師
1995年	111	10月3日	戦後文学とキリスト教－椎名麟三と遠藤周作	京都精華大学教授	笠原　芳光
	112	10月17日	日本人とキリスト教	同志社大学教授	土肥　昭夫
	113	10月31日	戦争責任と戦後責任	神戸女学院大学講師	佐治　孝典
	114	11月14日	仏教とキリスト教	国際日本文化研究センター教授	山折　哲雄
	115	11月28日	アジアの人と共に歩んだ道	韓国の原爆被害者を救援する市民の会	松井　義子

＊世紀末と宗教＊

年	No.	日付	演題	所属	講師
1996年	116	11月5日	世紀末論と終末論	京都精華大学教授	笠原　芳光
	117	11月12日	「オウム真理教」とはなにか	同志社大学名誉教授／ＮＣＣ宗教研究所々長	幸　日出男
	118	11月19日	国家と宗教	平和遺族会全国連絡会事務局長	西川　重則
	119	11月26日	阪神大震災と宗教者	カトリック鷹取教会神父	神田　裕

＊イエスとはなにか＊

年	No.	日付	演題	所属	講師
1997年	120	11月4日	「親鸞とイエス」	真宗大谷派住職	戸次　公正
	121	11月11日	「釜ケ崎のイエス」	カトリック神父	本田　哲郎
	122	11月18日	「芥川と太宰のイエス」	京都精華大学教授	笠原　芳光
	123	11月25日	「幸徳秋水たちとイエス」	神戸女学院大学講師	佐治　孝典
	124	12月2日	「歴史の中のイエス」	摂津富田教会牧師	桑原　重夫

＊続・イエスとはなにか＊

年	No.	日付	演題	所属	講師
1998年	125	10月13日	イエスとはなにか	京都精華大学名誉教授	笠原　芳光
	126	10月20日	イエス…一人の歴史上の人物	新約聖書学者	田川　建三
	127	10月27日	民衆とイエス	関西学院大学教授	栗林　輝夫
	128	11月10日	イエスとブッダ	同志社大学名誉教授・ＮＣＣ宗教研究所々長	幸　日出男
	129	11月17日	ルオーのイエス	同志社大学名誉教授	竹中　正夫

＊20世紀・日本のキリスト者＊

年	No.	日付	演題	所属	講師
1999年	130	10月12日	内村鑑三	同志社大学名誉教授	土肥　昭夫
	131	10月19日	賀川豊彦	頌栄保育学院理事長・院長	今井　鎮雄
	132	10月26日	田中正造	神戸松蔭女子学院大学講師	佐治　孝典
	133	11月2日	羽仁もと子	同志社大学教授	深田未来生
	134	11月9日	遠藤周作	京都精華大学名誉教授	笠原　芳光

1999年
135　11月16日　新島襄　聖和大学教授・同志社大学名誉教授　竹中　正夫

＊20世紀・日本のキリスト者PartⅡ＊

136　10月16日　相馬黒光－中村屋サロンの女王－　京都精華大学名誉教授　笠原　芳光
137　10月23日　小磯良平－"画聖"の清楚は目と手から－
日本基督教団神戸教会牧師　岩井　健作
138　10月30日　ニコライ－ロシア人聖者、日本社会を往く　同志社大学名誉教授　土肥　昭夫

2000年
139　11月６日　久布白落実－『廃娼ひとすじ』－
日本キリスト教婦人矯風会理事・神戸婦人寮理事長　市野瀬　翠
140　11月13日　ヴォーリス－「神の国」の建築家－
元近江兄弟社学園学園長・同志社大学人文科学研究所嘱託　奥村　直彦
141　11月２日　矢内原忠雄－植民地批判と抵抗－　神戸松蔭女子学院大学講師　佐治　孝典

＊20世紀・日本のキリスト者PartⅢ＊

2001年
142　10月29日　河上丈太郎－十字架委員長の人と生涯
東海大学名誉教授・神戸学生青年センター理事長　河上　民雄
143　11月５日　徳冨蘆花－自由と反抗の文学者－　京都精華大学名誉教授　笠原　芳光
144　11月12日　吉野作造－大正デモクラシーの旗手－　元桃山学院大学教授　太田　雅夫
145　11月19日　海老名弾正－「日本のキリスト教化」と「キリスト教の日本化」を求めて－
神戸市外国語大学教授　関岡　一成
146　11月26日　木下尚江－キリスト教社会主義、その反逆の系譜－
神戸松蔭女子学院大学講師　佐治　孝典

＊いま、キリスト教を問う＊

2002年
147　10月28日　宗教を超えるもの－戦後思想史の問題－　京都精華大学名誉教授　笠原　芳光
148　11月11日　「９・11」哀悼から報復へ
－2001年９月14日ナショナル・カテドラル（ＮＹ）での礼拝を見る－
関西学院大学助教授　水野　隆一
149　11月18日　なぜ、若者の心がこんなに疲れ切ってしまったのか　師友塾塾長　大越　俊夫
150　11月25日　キリスト教と農業・農村－何をしてきたか、何が出来るか－
松崎教会（静岡県）牧師　星野　正興
151　12月２日　差別を超えるもの－女性神学の立場から－
牧師・同志社大学講師　金纓（キム・ヨン）

2003年
152　11月８日　シンポジウム 討論・いま、宗教は必要か～一神教と多神教～
パネラー：京都精華大学名誉教授、宗教思想史　笠原　芳光
関西学院大学教授、宗教社会学　大村　英昭
司会：日本社会思想史　佐治　孝典

2005年
153　２月25日　阪神淡路大震災から10年－人間として・キリスト者として－
カトリックたかとり教会神父・たかとりコミュニティセンター代表　神田　裕

＊現代を読み解く－戦後60年とキリスト教＊

154　10月19日　戦後日本とキリスト教－敗戦後～1950年代　同志社大学神学部教授　原　誠
155　10月24日　戦後文学の信と不信　京都精華大学名誉教授　笠原　芳光
156　10月31日　戦争と戦後のキリスト教
明治学院教会協力牧師、頌栄保育学院理事長　岩井　建作
157　11月７日　靖国とナショナリズム　日本社会思想史研究者　佐治　孝典
158　11月14日　キリスト教の可能性　関西学院大学神学部教授　中道　基夫

＊芸術のなかのイエス＝日本編＝＊

2006年
159　10月30日　美術のなかのイエス－「最後の晩餐」を描く－　画家　堀江　優
160　11月６日　文学のなかのイエス①～太宰治「駆け込み訴へ」を読む～

京都精華大学名誉教授　笠原　芳光

2006年

161　11月13日　漫画のなかのイエス～手塚治虫「きりひと讃歌」を読む～
関西学院大学助教授　中道　基夫

162　11月20日　落語のなかのイエス～桂三枝創作落語「神様のご臨終」を聴く～
神戸学生青年センター館長　飛田　雄一

163　11月27日　映画のなかのイエス～フウテンの寅とフォレスト・ガンプ～
関西学院大学教授　栗林　輝夫

164　12月４日　文学のなかのイエス②～遠藤周作「深い河」を読む～
南山宗教文化研究所非常勤研究員　長谷川（間瀬）恵美

＊芸術のなかのイエス＝ヨーロッパ編＝＊

2007年

165　11月12日　文学のなかのイエス－ドストエフスキー『カラマゾフの兄弟』を読む－
京都精華大学名誉教授　笠原　芳光

166　11月19日　音楽のなかのイエス－ルターの賛美歌を聴く－
日本基督教団神戸聖愛教会牧師　小栗　献

167　11月26日　映画の中のイエス－『バベットの晩餐会』に隠れたイエスを観る－
関西学院大学教授　栗林　輝夫

168　12月３日　絵画の中のイエス－フラ・アンジェリコ『受胎告知』の天使を見る－
関西学院大学助教授　中道　基夫

＊私のキリスト教＊

2008年

169　11月７日　①「五郎兵衛は生涯未完成」　落語家　露の五郎兵衛
②「教会根問（きょうかいねどい）」　落語家　露のききょう

170　11月15日　徐正敏先生講演会 韓国キリスト教の過去、現在、未来－歴史的反省と課題－

171　11月17日　イエスはキリストにあらず　京都精華大学名誉教授　笠原　芳光

172　12月１日　混沌とした戦後のなかで　日本社会思想史研究者　佐治　孝典

173　12月８日　神戸教会のルーツを探る－アメリカン・ボードの働き
日本キリスト教団神戸教会牧師　菅根　信彦

174　12月15日　戦争期を生きたキリスト者の先輩から学ぶ　作家　石浜みかる

2009年

175　10月16日　老いを生きる－老人施設の体験と家人の介護を通じて－　小池　基信

2010年

176　10月２日　植民地・戦争・天皇制－あるキリスト者の歩んできた道－
日本社会思想史研究者　佐治　孝典

2011年

177　２月25日　日本で活躍した初期の朝鮮人女性伝道師
聖和大学非常勤講師
在日大韓基督教会教育主事
呉　寿　恵

2.25
呉寿恵さん

2012年

178　４月28日　日韓キリスト教史１
「韓国での研究生活を終えて
－韓国キリスト教研究への新たな視角」
恵泉女学園大学教授　李　省　展

4.28
李省展さん

日韓キリスト教史２
「日韓関係からアジアへ
－日韓キリスト教研究の未来への課題」
明治学院大学客員教授　徐　正　敏

4.28
徐正敏さん

2012年

179　7月17日　神戸中央神学校の朝鮮人留学生たち
改革派神学校教授
日本キリスト改革派山田教会牧師
牧田　吉和

7.17
牧田吉和さん

2013年

180　5月8日　パレスチナ問題とキリスト教
日本キリスト教団牧師
村山　盛忠

5.8
村山盛忠さん

181　11月4日　アメリカ社会と宗教（はんてんの会共催）
名古屋学院大学教員
大宮　有博

11.4
大宮有博さん

2014年

＊総題「若手研究者による東アジアキリスト教史研究」＊

182　2月21日　中国におけるキリスト教本色化（土着化）運動－1920年代を中心に
福岡女学院大学准教授　徐　亦　猛
183　3月14日　日本メソヂスト教会の樺太伝道　関西学院大学大学院　大和　泰彦
184　3月28日　中国朝鮮族教会の形成と現状　在日大韓基督教東神戸教会伝道師　韓　承　哲
185　4月11日　日本聖公会の在朝日本人伝道（1880年－1945年）
延世大学神学部大学院博士課程　松山　健作

2.21　徐亦猛さん

3.14　大和泰彦さん

3.28　韓承哲さん

4.11　松山健作さん

2015年

186　7月1日　韓国キリスト教の特徴　梨花女子大学神学大学院教授　梁　明　洙
187　11月11日　高齢者・野宿者・外国人とともに－カトリック社会活動神戸センターの活動－
カトリック社会活動神戸センター長　山野真実子
188　12月9日　釜ケ崎の日雇い労働者とともに－釜ケ崎キリスト教協友会の活動－
釜ケ崎キリスト教協友会　大谷　隆夫

7.1　梁明洙さん

11.11　山野真実子さん

12.9　大谷隆夫さん

2016年

189　7月8日　現代社会におけるキリスト教の役割
－移住労働者・ホームレス支援の活動から－
関西学院大学社会学部准教授
白波瀬達也

7.8
白波瀬達也さん

2016年

190　10月８日　エキュメニカル運動との出会い
－アジアで女性キリスト者が『神学する』ことをめぐって－
東北学院大学文学部総合人文学科専任講師
藤原佐和子

10.8
藤原佐和子さん

191　11月25日　信頼とはなにか？
有田憲一郎

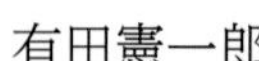

11.25
有田憲一郎さん

2017年

192　６月８日　東アジアの平和と和解－日本の教会のアジア認識と取り組み－
関西学院大学商学部教授・宗教主事　山本　俊正

193　６月22日　平和の課題とキリスト教における宣教論の新たな展開
－世界教会協議会（WCC）の取り組みを中心に－
関西学院大学総合政策学部准教授・宗教主事　村瀬　義史

＊日本の差別社会と宣教師＊

194　11月14日　被差別部落とＢ.ゲーンズ宣教師　釜ケ崎キリスト教協友会　小柳　伸顕

195　11月28日　アイヌ民族とＪ．バチラー宣教師　釜ケ崎キリスト教協友会　小柳　伸顕

196　12月12日　釜ケ崎の愛徳姉妹会　釜ケ崎キリスト教協友会　小柳　伸顕

6.8　山本俊正さん

6.22　村瀬義史さん

小柳伸顕さん

2018年

＊在日大韓キリスト教教会の歴史＊
－1908～2008－<全２回>

197　10月25日　解放前の歴史－1908～1945

198　11月１日　解放後の歴史－1945～2008
在日韓国基督教会館（ＫＣＣ）名誉館長
李　清　一

11.1
李清一さん

2019年

199　11月14日　オリンピックとカジノ万博は現代のバベルの塔か？
－科学技術とプロテスタンティズムの倫理－
神戸大学教授
塚原　東吾

11.14
塚原東吾さん

朝鮮語・韓国語講座　1975年～2022年

●1975年度
入門（佐久間英明）
●1976年度
初級（堀内　稔）／中級（佐久間英明）
●1977年度
初級（兪澄子）／中級（堀内　稔）／上級（兪澄子）
1978年３月５日　第１回学芸会
●1978年度
初級（堀内　稔）／中級（兪澄子）／上級（兪澄子）
1979年３月　第２回学芸会
●1979年度
入門／初級（金静美／佐久間英明）／
中級（堀内　稔）／上級（宋連玉）
1980年３月30日　第３回学芸会
●1980年度
入門（宋連玉）／初級（佐久間英明）／
中級（堀内　稔）／上級（金静美）
1981年３月15日　第４回学芸会
●1981年度
入門／初級（佐久間英明）／中級（仁木愛子）／
上級（渡辺義雄）
1982年３月14日　第５回学芸会
●1982年度
入門／初級（２クラス、金東輝）／中級（佐久間英明）／
上級（渡辺義雄）
1983年３月20日　第６回学芸会

3.20　第6回朝鮮語講座学芸会

●1983年度
入門（若生みすず）／中級Ａ（金東輝）／
中級Ｂ（渡辺義雄）／上級（ゲストを招いて）
1984年３月18日　第７回学芸会
●1984年度
入門／初級（高義弼）／中級Ａ（朴静江）／
中級Ｂ（金東輝）／上級（自主クラス）
1985年３月31日　第８回学芸会
●1985年度
初級・入門（柳英数）／中級Ａ（高義弼）／
中級Ｂ（朴静江）／上級（李景珉）
1986年３月16日　第９回学芸会
●1986年度
初級・入門（朴静江・高秀賢）／中級Ａ（柳英数）／
中級Ｂ（高義弼）／上級（李景珉）
1987年３月29日　第10回学芸会
●1987年度
初級／入門（兪澄子）／中級Ａ（高秀賢）／
中級Ｂ（柳英数）／上級（金菊子）
1988年３月20日　卒業式・参鶏湯パーティ
●1988年度
初級・入門（李炳魯）／中級Ａ（兪澄子）／
中級Ｂ（高秀賢）／上級（林賢宜）
●1989年度
初級・入門（高秀賢）／中級Ａ（李炳魯）／
中級Ｂ（兪澄子）／上級（李炳魯）
●1989年秋／冬
入門集中講座（林賢宜）
1990年３月21日　卒業弁論大会
●1990年度
初級・入門（兪澄子）／中級Ａ（高秀賢）／
中級Ｂ（李炳魯）／上級（徐正敏）
1991年３月24日　卒業弁論大会
●1991年度
初級・入門（金順錦）／中級Ａ（兪澄子）／
中級Ｂ（高秀賢）／上級（徐正敏・朴世用）
●1992年度
初級（兪澄子）／初級（金順錦）／中級（金恩希）／
上級（藤井幸之助）／上級会話（李秀昊）
●1993年度
入門（兪澄子）／初級（金順錦）／中級（金恩希）／
上級（藤井幸之助）／上級会話（李秀炅）
●1994年度
入門（兪澄子）／初級（李秀炅）／中級（金希姃）／
上級（李恵淑）
●1995年度
入門（金希姃・尹智香）／初級（兪澄子）／
中級（李秀炅）／上級（留学生ゲスト・趙子衡）
●1996年度
入門（尹智香）／初級（兪澄子）／中級（李秀炅）／
上級（趙子衡）
●1997年度
入門（李秀炅）／初級（兪澄子）／中級（尹智香）／
上級（趙子衡）
●1998年度

入門（李秀炅）／初級（兪澄子）／中級（尹智香）／上級（趙子衡）

●1999年度

入門（趙子衡）／初級（尹智香）／中級（李秀炅）／上級（金ヨンジュ）／映画のシナリオを読む（兪澄子）

●2000年度

入門（尹智香）／初級（趙子衡）／中級（李秀炅）／中級会話（呉ヒョンジュン・孫正権・任テヒョク・金水静）

●2001年度

入門（李埈瑞）／初級（尹智香）／中級（趙子衡）／中級会話（金水静）

●2002年度

入門（趙子衡）／初級（李埈瑞）／中級（尹智香）／中級会話（朴鐘祐）

●2003年度

入門（朴英珠）／初級（趙子衡）／中級（李埈瑞）／中級会話（朴鐘祐）

●2004年度

入門（李埈瑞）／初級（尹智香・金宝英）／中級（金眞映）／中級会話（朴鐘祐）／シナリオクラス（金水静）

●2005年度

入門（金眞映）／初級（李埈瑞）／中級（金宝英）／中級会話（朴鐘祐）／はじめての朝鮮語韓国語（兪澄子）／ききとり力UP（金水静）

●2006年度

入門（高秀美）／初級（金宝英）／中級（李埈瑞・金冷垠）／中級会話（朴鐘祐）／ききとり力UP（金水静）

●2007年度

入門（金宝英）／初級（高秀美）／中級（姜相熙）／中級会話（朴鐘祐）

●2008年度

入門（金世徳）／初級（金宝英）／中級A（高秀美）／中級B（姜相熙）／上級（朴鐘祐）

●2009年度

入門（姜相熙・金知恵）／初級（金世徳）／中級A（金眞）／中級B（高秀美）／上級（朴鐘祐）

●2010年度

入門（金世徳）／初級（金知恵）／中級A（金眞）／中級B（高秀美）／上級（朴鐘祐）

●2011年度

入門（金眞）／初級（金世徳）／中級（金知恵）／上級（朴鐘祐）／会話クラス（高秀美）

●2012年度

入門（金眞）／中級（金世徳）／上級（金知恵・禹昭娟）／会話クラス（林賢宜）

2012年1月16日　朝鮮語講座・合同パーティ

●2013年度

初級（朴玲実）／中級（張京花）／上級（禹昭娟）／会話クラス（林賢宜）

●2014年度

初級（朴玲実）／中級（張京花）／上級（禹昭娟）／会話クラス（林賢宜）

2014年1月18日　朝鮮語・韓国語講座交流パーティ

●2015年度

初級（朴玲実）／中級（張京花）／上級（禹昭娟）／会話クラス（林賢宜）

韓国語手話／アンダンテサンヨン
（7/2－8/20、10/19－2/15）

●2016年度

初級（朴玲実）／中級（張京花）／上級（安在善）／会話クラス（林賢宜）

韓国語手話／アンダンテサンヨン
（4/25－7/11、10/17－12/19）

2016年5月14日
朝鮮語・韓国語講座42年目のパーティ＆大和泰彦さんミニコンサート

5.14 大和泰彦さんミニコンサート

●2017年度

入門（文雅炫）／初級（朴玲実）／実践会話（朴玲実）／上級（安在善）／会話クラス（林賢宜）

●2018年度

入門→夜初級（文雅炫）／昼初級（朴玲実）／実践会話（朴玲実）／上級（尹智香）／会話クラス（林賢宜）

●2019年度

夜初級（文雅炫）／昼初級1（朴玲実）／夜初級2（朴玲実）／上級（尹智香）／昼応用（林賢宜）

●2020年度

入門（尹智香）／昼初級1（朴玲実）／夜初級2（朴玲実）／上級（尹智香）／中級（文雅炫・鄭京淑）／昼応用（林賢宜）

●2021年度

夜初級1（尹智香）／昼初級2（朴玲実）／夜中級1（朴玲実）／上級（尹智香）／夜中級2（鄭京淑）／昼応用（林賢宜）

●2022年度

夜初級1（尹智香）／昼初級2（鄭京淑）／上級（尹智香）／昼応用（林賢宜）

農　塾　1994年～2022年

●1994年

≪第１期≫

1　５月13日　日本の農業と農政／保田　茂
2　５月20日　有機農業の米づくり／一色　作郎
3　５月27日　有機農業の野菜づくり／渋谷冨喜男
4　６月10日　産消提携の面白さ／尾崎　零
5　６月17日　有機農業の養鶏／渡辺　省悟
6　６月18日　ほ場見学及び実習
　丹南町有機農業実践会
　市島町有機農業研究会
7　７月１日　旬を生かした料理／山根　成人
8　７月８日　村のくらしの心得／本野　一郎

≪第２期≫

1　10月７日　日本の農業と農政／保田　茂
2　10月14日　有機農業の養鶏／渡辺　省悟
3　10月15日　ほ場見学及び実習
　丹南町有機農業実践会
　市島町有機農業研究会
4　10月21日　有機農業の米づくり／一色　作郎
5　10月28日　有機農業の野菜づくり／渋谷冨喜男
6　11月４日　産消提携の面白さ／尾崎　零
7　11月11日　村のくらしの心得／本野　一郎
8　11月18日　旬を生かした料理／山根　成人
　11月27日　尾崎さんのほ場見学会
　12月18日　渋谷さんのほ場見学会

●1995年

≪第３期≫

1　10月６日　日本の農政と食の安全／保田　茂
2　10月13日　有機農業の養鶏／渡辺　省悟
3　10月20日　有機農業の米づくり／一色　作郎
4　10月27日　有機農業の野菜づくり／渋谷冨喜男
5　11月10日　村のくらしの心得／本野　一郎
6　11月17日　産消提携・私の17年物語
　－サラリーマンから有機農業生活へ－
　／尾崎　零
7　11月24日　旬を生かした料理／山根　成人
　10月７日　第１・２期同窓会
　10月14日　ほ場見学
　丹南町有機農業実践会
　市島町有機農業研究会
　12月１日　農塾渋谷農園研修会
　12月10日　渋谷さんのほ場見学会
　毎月第２日曜実習サークル

●1996年

　１月21日　尾崎さんのほ場見学会／能勢

≪第４期≫

1　10月18日　日本の農業と食べ物の安全性
　／保田　茂
2　10月25日　有機農業の米づくり／一色　作郎
3　11月１日　有機農業の養鶏／渡辺　省悟
4　11月８日　有機農業の野菜づくり／渋谷冨喜男
5　11月15日　産消提携・私の17年物語
　－サラリーマンから有機農業生活へ－
　／尾崎　零
6　11月22日　村のくらしの心得／本野　一郎
7　11月29日　家庭でできる健康法／小林美喜子
8　12月６日　旬を生かした料理／山根　成人
　11月９日　ほ場見学
　丹南町有機農業実践会
　市島町有機農業研究会
　12月23日　農塾尾崎農園研修会／能勢
　第２日曜実習サークル

●1997年

≪第５期≫

1　５月16日　日本の農業と食べ物の安全性
　／保田　茂
2　５月23日　産消提携・私の17年物語
　－サラリーマンから有機農業生活へ－
　／尾崎　零
3　５月30日　有機農業の養鶏／渡辺　省悟
4　６月６日　有機農業の野菜づくり／渋谷冨喜男
5　６月13日　有機農業の米づくり／一色　作郎
6　６月20日　家庭でできる健康法
　－からだの歪み直し・操体法－
　／小林美喜子
7　６月27日　有機農業の「流通」
　－有機ビジネスから提携まで－
　／本野　一郎
8　７月４日　旬を生かした料理／山根　成人
　６月28日　ほ場見学
　丹南町有機農業実践会
　市島町有機農業研究会
　10月５日／16日／30日
　大豆づくり体験
　10月10日／19日
　米づくり体験

●1998年

1月15日　新年もちつき大会

≪第6期≫

5月15日～7月3日
農塾

6月14日～毎週日曜家庭穀園サークル
明石・松陰新田

6月27日　ほ場見学
丹南町有機農業実践会
市島町有機農業研究会

7月19日　ほ場見学会
「べじたぶる・はーつ」
尾崎零／能勢

9月12日　ほ場見学会
渋谷農場
神戸市西区

11月7日　農塾同窓会

●1999年

1～3月　家庭穀園サークル
明石・松陰新田

≪第7期≫

1　5月14日　日本の農業と食べ物の安全性
／保田　茂
2　5月21日　有機農業の野菜づくり／渋谷冨喜男
3　5月28日　有機農業の米づくり／一色　作郎
4　6月4日　有機農業の養鶏／渡辺　省悟
5　6月11日　作ったものをどう売るか
／本野　一郎
6　6月18日　家庭でできる健康法
－からだの歪み直し・操体法－
／小林美喜子
7　6月25日　村への移住、有機農業暮らし20年
～ムラ社会は変わった？～
／尾崎　零
8　7月2日　旬を生かした料理／山根　成人

6月26日　ほ場見学
丹南町有機農業実践会
市島町有機農業研究会

11月6日　農塾・秋の一日研修
「べじたぶる・はーつ」
尾崎零／能勢

6～11月　家庭穀園サークル
明石・松陰新田

●2000年

3月31日　実習農園／神戸市西区

≪第8期≫

1　5月12日　日本の農業と食べ物の安全性
／保田　茂
2　5月19日　有機農業の野菜づくり／渋谷冨喜男
3　5月26日　有機農業の米づくり／一色　作郎
4　6月2日　有機農業の養鶏／渡辺　省悟
5　6月9日　体の歪みを自分で直す
－家庭療法とくらしの自給－
／小林美喜子
6　6月16日　作ったものをどう売るか
／本野　一郎
7　6月23日　ムラ社会の未知、知るべェ
～目指すは農的暮らし、
それとも農業生活？～
／尾崎　零
8　6月30日　旬を生かした料理／山根　成人

6月3日　ほ場見学会
丹南町（渡辺農園・浅田農園）
市島町（橋本農園・一色農園）

●2001年

第1.3日曜　有機農法実習農園
神戸市西区　渋谷冨喜男／山根成人

≪第9期≫

1　5月11日　日本の農業と食べ物の安全性
／保田　茂
2　5月18日　有機農業の野菜づくり／渋谷冨喜男
3　5月25日　有機農業の米づくり／一色　作郎
4　6月1日　有機農業の養鶏／青位眞一郎
5　6月8日　体の歪みを自分で直す
－家庭療法とくらしの自給－
／小林美喜子
6　6月15日　生産と消費をむすぶ／本野　一郎
7　6月22日　ムラ社会の未知、知るべェ
～目指すは農的暮らし、
それとも農業生活？～
／尾崎　零
8　6月29日　旬を生かした料理／山根　成人

6月2日　ほ場見学（篠山市・市島町）

10月13日　秋の一日研修会
「べじたぶる・はーつ」
尾崎零／能勢

●2002年

第1.3日曜　有機農法実習農園
神戸市西区　渋谷冨喜男／山根成人

≪第10期≫

1　5月10日　有機農業の意義／保田　茂
2　5月17日　有機農業の野菜づくり／渋谷冨喜男

3　5月24日　有機農業の養鶏／青位眞一郎
4　5月31日　有機農業のコメづくり／牛尾　武博
5　6月7日　体の歪み（不調）を自分で直す
－家庭療法とくらしの自給－
／小林美喜子
6　6月14日　生産と消費をむすぶ／本野　一郎
7　6月21日　ムラ社会の未知、知るベェ
～目指すは農的暮らし、
それとも農業生活？～
／尾崎　　零
8　6月28日　旬を生かした料理／山根　成人
6月1日　ほ場見学会
青位養鶏場・牛尾農園・渋谷農園

●2003年

第1.3日曜　有機農法実習農園
神戸市西区　渋谷冨喜男／山根成人

≪第11期≫

1　5月9日　有機農業の時代／保田　　茂
2　5月16日　有機農業の野菜づくり／渋谷冨喜男
3　5月23日　有機農業の養鶏／青位眞一郎
4　5月30日　有機農業のコメづくり／牛尾　武博
5　6月6日　体の歪み（不調）を自分で直す
－家庭療法とくらしの自給－
／小林美喜子
6　6月13日　種採りの時代／本野　一郎
7　6月20日　…だから云える！
就農したら…ができる!!
／尾崎　　零
8　6月27日　旬を生かすスローフード／山根　成人
6月14日　ほ場見学会
青位養鶏場・牛尾農園・渋谷農園

●2004年

1月10日　農塾　第3回同窓会
第1.3日曜　有機農法実習農園
神戸市西区　渋谷冨喜男／山根成人

≪第12期≫

1　10月22日　有機農業の時代／保田　　茂
2　10月29日　有機農業の野菜づくり／渋谷冨喜男
3　11月5日　有機農業の養鶏／青位眞一郎
4　11月12日　有機農業の米づくり／衣笠　愛之
5　11月19日　体の歪み（不調）を自分で直す
／小林美喜子
6　11月26日　種採りの時代／本野　一郎
7　12月3日　はるウララな“集農時代”／尾崎　　零
8　12月10日　給循環型農業の豊かな暮らし
／牛尾　武博
11月13日　ほ場見学会
青位養鶏場・牛尾農園・渋谷農園

●2005年

≪第13期≫

1　10月7日　有機農業の時代／保田　　茂
2　10月14日　有機農業の養鶏／青位眞一郎
3　10月21日　有機農業の野菜づくり／渋谷冨喜男
4　10月28日　有機農業の米づくり／酒井　　清
5　11月4日　体の歪み（不調）を自分で直す
－家庭療法とくらしの自給－
／小林美喜子
6　11月11日　種採りの時代／本野　一郎
7　11月18日　「生きる基本だと考えてやっています、
有機農業」～保障なき時代に入った
今だから、オススメ生活～
／尾崎　　零
8　11月26日　自給循環型農業の豊かな暮らし
／牛尾　武博
※11月26日は牛尾農場で開催

●2006年

≪第14期≫

1　5月26日～27日
有機農業の時代（1）（2）
／保田　　茂
2　6月17日　有機農業の米づくり＠酒井農場
／酒井　　清
3　7月15日　自給循環型農業の豊かな暮らし
＠牛尾農場／牛尾　武博
4　9月16日　「生きる基本だと考えてやっています、
有機農業」～保障なき時代に入った今
だから、オススメ生活～＠尾崎農場
／尾崎　　零
5　10月21日　27年間青位流平飼養鶏にとりくんで
＠青位養鶏場／青位眞一郎
6　11月18日　有機農業の野菜づくり＠渋谷農場
／渋谷冨喜男
7　12月15日　種採りの時代／本野　一郎
8　1月29日　体の歪み（不調）を自分で直す
－家庭療法とくらしの自給－
／小林美喜子
※1、7、8は学生センターで開催

●2007年

≪第15期≫

1　5月25日　有機農業の時代／保田　　茂
2　6月16日　都会から農村に移り住んで

－新規就農のすすめ@橋本農場
／橋本　愼司
3　7月14日　有機農業の米づくり@酒井農場
※台風のため中止　　／酒井　　清
4　9月15日　自給循環型農業の豊かな暮らし
@牛尾農場　　　　　／牛尾　武博
5　10月20日　28年間青位流平飼養鶏にとりくんで
@青位養鶏場／青位眞一郎
6　11月17日　有機農業の野菜づくり@渋谷農場
／渋谷冨喜男
7　12月14日　種採りの時代／本野　一郎
※1、7は学生センターで開催

●2011年

≪第16期≫

1　5月27日　有機農業の時代／保田　　茂
2　6月24日　有機農業の技術／西村いつき
3　7月22日　有機農業の特徴／保田　　茂
4　8月26日　都会から農村に移り住んで
－新規就農のすすめ　／橋本　愼司
5　9月23日　自給循環型農業の豊かな暮らし
／牛尾　武博
6　10月28日　兵庫県における有機農業への
行政支援　　　　　／山﨑　広治
7　11月26日　有機農業の野菜づくり／渋谷冨喜男
8　12月16日　種採りの時代／山根　成人

5.27､7.22 保田茂さん

6.24　西村いつきさん

8.26　橋本愼司さん

9.23 牛尾武博さん

10.28 山﨑広治さん

11.26 渋谷冨喜男さん

●2012年

≪第17期≫

1　6月6日　わが国の農業と食料の行方
－安全良質な食べ物づくりの時代
／保田　茂
2　6月20日　有機農業の技術／西村いつき
3　7月4日　兵庫県における有機農業への
行政支援　　　　　／山﨑　広治
4　7月21日　有機農業の野菜づくり@渋谷農場
／渋谷冨喜男
5　9月5日　脱サラののち有機農業に取り組んで
／大村　　明
6　9月19日　種採りの時代／山根　成人
7　10月3日　人と地球にやさしい農業をめざして
－農塾先輩からのおすすめ－
／五島　隆久
8　10月17日　日本の未来と有機農業／保田　　茂

6.20　西村いつきさん

7.4　山﨑広治さん

7.21　渋谷冨喜男さん

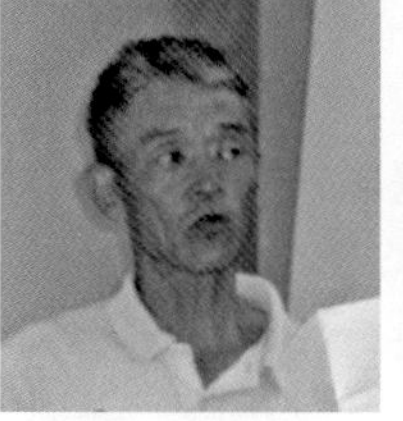
9.5　大村明さん

9.19　山根成人さん

10.3　五島隆久さん

●2013年

≪第18期≫

1　10月16日　わが国の農業と食料の行方
－安全良質な食べ物づくりの時代
／保田　　茂
2　10月30日　有機農業の技術
～保田ぼかしを利用した
有機稲作の可能性～
／西村いつき
3　11月6日　都会から農村に移り住んで
－新規就農のすすめ　／橋本　愼司
4　11月16日　有機農業の野菜づくり@渋谷農場
／渋谷冨喜男
5　11月20日　種採りの時代／山根　成人
6　11月30日　生産者と消費者の関係づくり
／槌田　　劭
7　12月4日　兵庫県における有機農業への
行政支援　　　　　／石田　　均
8　12月18日　日本の未来と有機農業／保田　　茂

10.3　西村いつきさん

11.16 渋谷冨喜男さん

11.20　山根成人さん

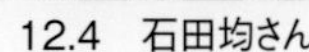

12.4　石田均さん

12.18　保田茂さんと懇親会

●2014年

≪第19期≫

1　5月14日　わが国の農業と食料の行方
　　　　　　－安全良質な食べ物づくりの時代
　　　　　　／保田　茂
2　5月24日　有機農業の野菜づくり@渋谷農場
　　　　　　／渋谷冨喜男
3　6月21日　自給自足の山村暮らし@あーす農場
　　　　　　／大森　昌也
4　7月19日　都会から農村に移り住んで
　　　　　　－新規就農のすすめ@橋本農場
　　　　　　／橋本　慎司
5　9月13日　生きる基本だと考えてやっています、
　　　　　　有機農業@尾崎農場　／尾崎　零
6　10月4日　保田ぼかし作りと農塾の先輩を
　　　　　　たずねて@安藤農場　／安藤　晶次
7　11月8日　自給循環型農業の豊かな暮らし
　　　　　　@牛尾農場　／牛尾　武博

5.24　渋谷冨喜男さん

6.21　大森昌也さん

7.19　橋本慎司さん

9.13　尾崎零さん

10.4　安藤晶次さん

11.8　牛尾武博さん

●2015年

≪第20期≫

1　6月20日～21日
　　　　　　@関西学院大学千刈キャンプ場
　　　　　　有機農業の現代的意義について
　　　　　　播磨のため池、その歴史と役割について／池本　廣希
　　　　　　竹炭作り、竹伐採作業
2　12月13日　たんぱのはたけ太田農場見学
　　　　　　／太田　光宣

6.20　池本廣希さん

竹炭焼き体験　釜に竹をいれます

●2016年

≪第21期≫

1　9月13日　農場見学
　　　　　　たんばのはたけ／太田　光宣
　　　　　　奥丹波里山工房／岸下　正純
　　　　　　うむ農園／高橋　麻美

●2017年

≪第22期≫

1　11月26日　農場見学・有機栽培の
　　　　　　小麦とシイタケを使ってピザ作り
　　　　　　たんばのはたけ／太田　光宣

●2020年

≪第23期≫

＊生産者のお話と農産物販売＊

1　11月7日　ナチュラリズムファーム
　　　　　　／大皿　一寿
2　12月5日　fresco.fresco／丸山　倫寛

●2021年

3　1月16日　なちゅらすふぁーむ／石野　武
4　2月6日　長田農園／長田江美子
5　3月6日　チアファーム／浅川　元子

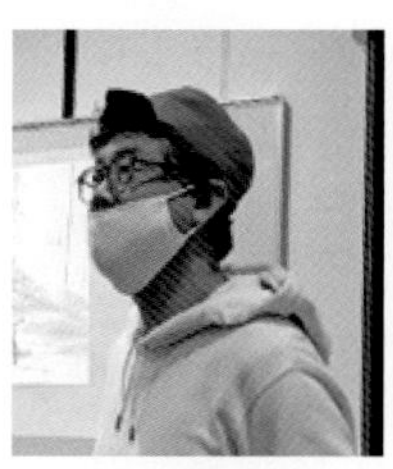

11.7　大皿一寿さん

ナチュラリズムファーム販売農産物

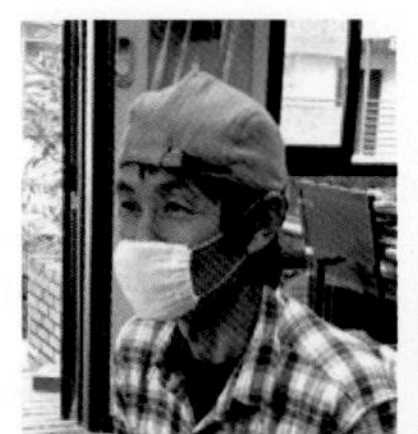

12.5　丸山倫寛さん　1.16　石野武さん

2.6　長田江美子さん

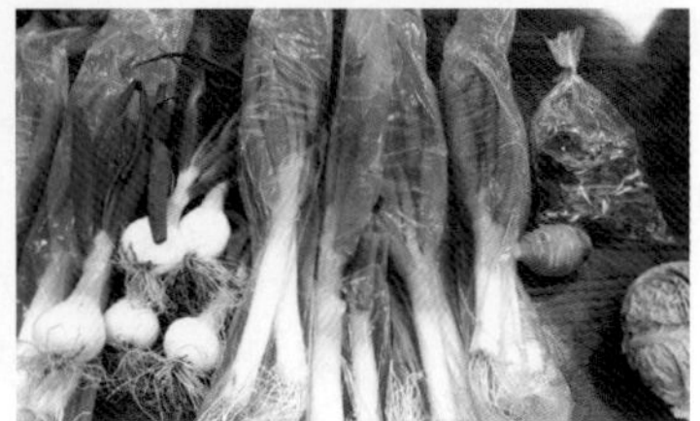

3.6　浅川元子さん

≪第24期≫

＊生産者のお話と農産物販売＊

1　4月3日　MorninngDewFarm／中野　信吾
2　6月5日　荒木　武夫
3　7月3日　池野　創人
4　8月7日　求める会生産者／橋本　慎司
5　9月4日　求める会生産者／高木　　力
6　10月2日　Yamasai／山野　太郎
7　11月6日　ジェイ農園／上野　元久
8　12月4日　Big sun's farm／大日野卓也

●2022年

9　1月8日　どんぐりクラブ／森末　哲朗
10　2月5日　めぐり農場／末利　公一
11　3月5日　丹波の百姓／太田　光宣

4.3　中野信吾さん

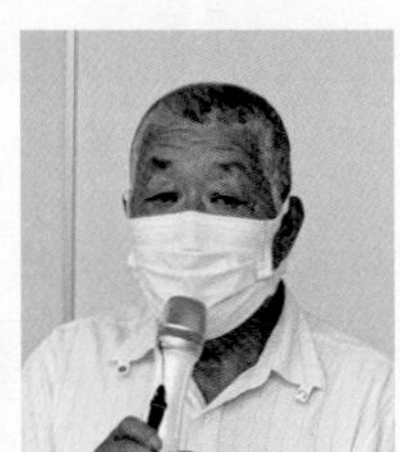

6.5　荒木武夫さん

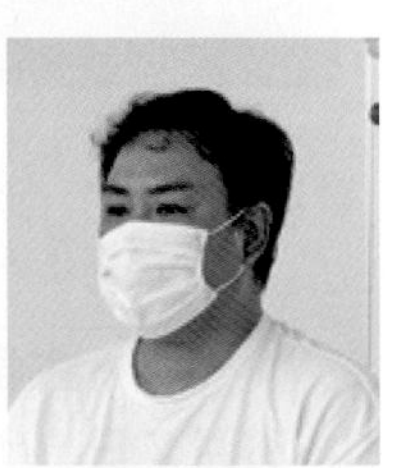

7.3　池野創人さん

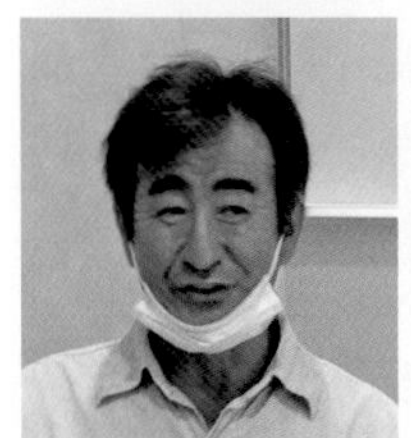

8.7　橋本慎司さん

9.4　高木力さん

10.2　山野太郎さん

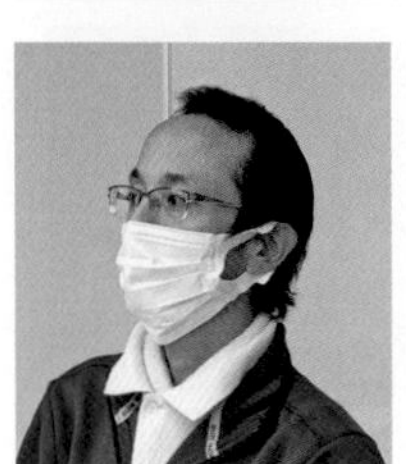

11.6　上野元久さん

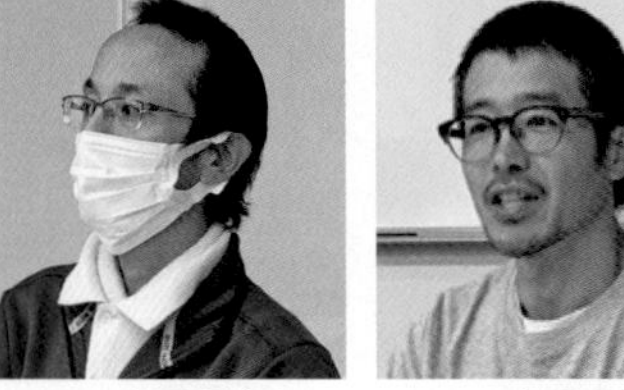

12.4　大日野卓也さん

1.8　森末哲朗さん

2.5　末利公一さん　3.5　太田光宣さん

≪第25期≫

＊生産者のお話と農産物販売＊

1　4月2日　いちじま丹波太郎／秋山 和美
2　5月7日　MorningDewFarm／中野真惟子
3　6月4日　自然の恵みごはん　かさねて
／大貫亜喜子
4　7月2日　パイレーツ・ユートピア
／川邊　　雄
5　9月3日　社会福祉法人すばる福祉会
／西　　定春
6　10月1日　園北ファーム／大岸　靖則
7　11月5日　株式会社口果報／西岡　直哉
8　12月3日　にのらく茶園／東　　晃佑

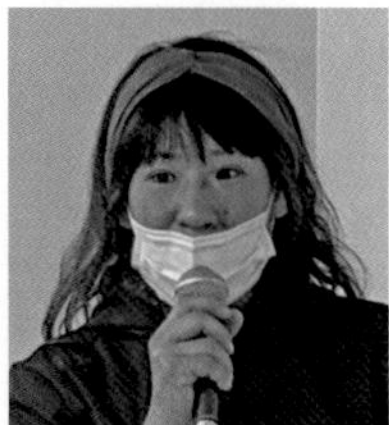

4.2　秋山和美さん

5.7　中野眞惟子さん

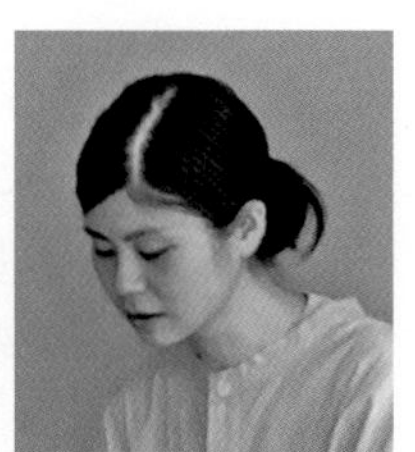

6.4　大貫亜喜子さん

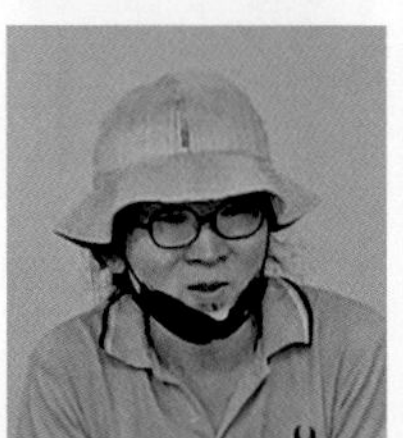

7.2　川邉雄さん

9.3　西定春さん

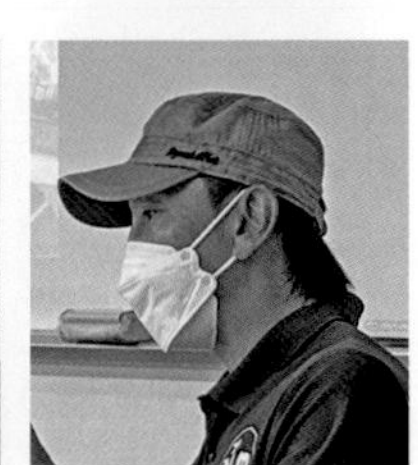

10.1　大岸靖則さん

11.5　西岡直哉さん

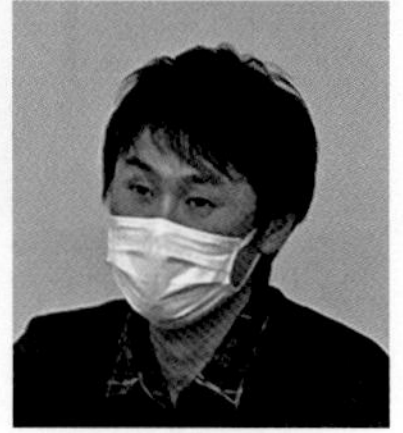

12.3　東晃佑さん

土曜ランチサロン・土曜ティーサロン　2009年～2022年

2009年

10月31日　ラオスに『海外協力隊』として行ってきました／天野郡壽

天野郡壽さん　10.31

2014年

10月18日　飛田雄一さんのオカリナコンサート
11月15日　ソウルの歩き方／足立龍枝
12月20日　ウガンダの歩き方／フィオナ・ナガイ

2015年

1月17日　中国・福建省の歩き方／鄭宇龍
2月21日　マニラの歩き方～大学をたずねて／天野郡壽
3月28日　中国・紹興の歩き方／任偉凱
4月18日　ウランバートル＆フフホトの歩き方／フフデルケル
5月16日　六甲山の歩き方／浅野晴良
6月20日　アフリカ・ブルンジの歩き方／森口雄太
7月18日　マラウイ（東アフリカ）の歩き方／伊藤一幸
9月19日　キューバ・ハバナの歩き方／鹿嶋節子
10月17日　プサンの歩き方／本田芳孝
11月21日　セルビア・ベオグラードの歩き方／ニニッチ・スラヴィツァ
12月19日　アテネとエーゲ海の島の歩き方／矢萩桃骨

フィオナ・ナガイさん　12.20

伊藤一幸さん　7.18

2016年

1月16日　ベトナム・ホーチミンの歩き方－お正月－／Nguyen Dang Thien Kim
2月20日　台湾の歩き方－お茶日記－／宮田健一
3月19日　韓国の歩き方－韓国お正月の風景－／丁經凡
4月16日　中央セルビアの歩き方／ヴェーリコ・ナースティッチ
5月21日　イギリス・湖水地方の歩き方－ピーターラビットの世界－／市橋泰子
6月18日　ミクロネシアの歩き方－ミクロネシアの平和って？－／野村麻裕

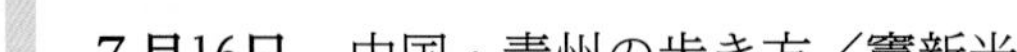

7月16日　中国・青州の歩き方／竇新光
9月17日　インドの歩き方／マラ・パンディ
10月15日　パリの歩き方～クールジャパン／フィリップ・キン
11月19日　インドネシア・アンボン島　第２次世界大戦中の父の足跡をたずねて／玉川侑香
12月17日　ネパールの歩き方／Ayush Neupane

Nguyen Dang Thien Kimさん　1.16

フィリップ・キンさん　10.15

2017年

1月21日　セネガルの歩き方－セネガル流イスラム文化－／オンバダ香織
2月18日　コスタリカの歩き方　プーラビーダ！幸せな人々／池上智恵子
3月18日　バルト海沿岸の歩き方～消えた東プロシア地方を訪ねて～／山下昌子
4月15日　ハワイの歩き方～私の留学日記～／川部純巳
5月20日　北タイの歩き方～チェンライを中心に～／上野政志
6月17日　日本の歩き方～日本語とスペイン語の潮目にて～／バレンスエラ・エド
7月15日　ジンバブエの歩き方～ハラレ滞在記／石野祥子

バレンスエラ・エドさん　6.17

土曜ティーサロンへ変更(2017年9月～)

2017年

9月2日　モンゴルの歩き方～モンゴルの出会いと感動・ボランティア体験から～／今中成吉
10月7日　モロッコの歩き方～青の街、シャウエンを中心に～／竹下葉月
11月4日　インドの歩き方～インド観光について／プリティカ・ダスワニ

2018年

2月3日　アフガニスタンの歩き方～防弾車の窓越しに見える風景／長田守
3月3日　スリランカの歩き方／ガマゲラダンパラガマゲラッキーンドラセナラダンパラ
4月7日　ミャンマーの歩き方～ちょっぴりロヒンギャの話～／猶原信男
6月2日　台湾の歩き方／余旻軒
9月1日　カリブ海の歴史ある国―ドミニカ共和国で得たもの／竹田ゆり子
10月3日　イランの歩き方～首都テヘランの日常とイスラム～／Nahid Mirzakhalili
12月15日　ノルウェーの歩き方＆ドイツの歩き方／Maria Simonsen＆Elizabeth Kirsch

猶原信男さん　4.7

2019年

2月2日　船で世界一周／安藤真子
3月2日　ウズベキスタンの歩き方／浦野俊夫
4月6日　ロシア・サハリンの歩き方／大和泰彦
6月1日　コスタリカの歩き方～憲法が息づく国から～／八木和美
7月6日　JICAボランティアの目を通して～バヌアツの歩き方／尾崎博
9月7日　イスラエルとエジプトの歩き方～世界72ケ国1人旅～／篠塚義春
10月5日　ジョージア（グルジア）の歩き方／野村麻裕
11月2日　中国・四川の歩き方～四川省・川劇・変面～／紅玉
12月15日　ドイツの歩き方／ソフィア・リベラ/アナ・クリムス

篠塚義春さん　9.7

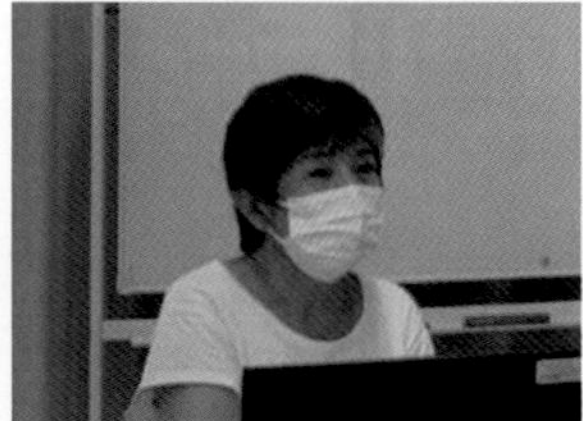
紅玉さん　11.2

2020年

2月1日　イラクの歩き方～クリスマスのエルビル・スレイマニヤ・郊外地を歩く～／細野佑樹
3月7日　メキシコの歩き方／辻明男
4月4日　ウガンダの歩き方／石坂守
9月5日　ポルトガルの歩き方／山本紀子
10月3日　韓国・ソウルの歩き方／金省延
11月7日　ベトナムの歩き方／小林憲明
12月5日　フランス・パリの歩き方～パリ発祥の哲学カフェを訪ねて～／野村麻裕

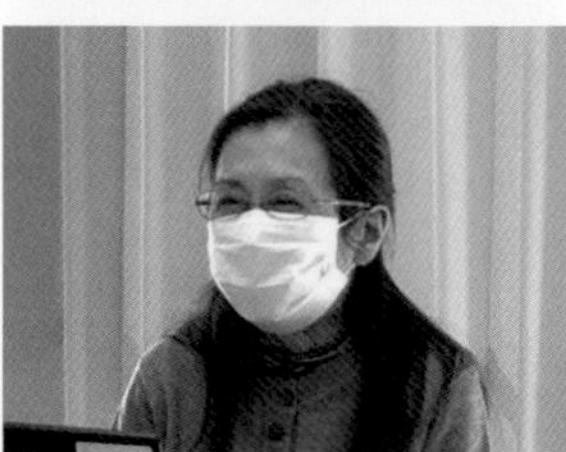
山本紀子さん　9.5

2021年

2月6日　パラグアイの歩き方／権藤早千葉
3月6日　ベルギーの歩き方／岡本悠希
4月3日　東アジアの各都市を訪ね歩いて～土曜サロンのこれから～／大和泰彦
6月5日　エクアドルの歩き方／笠井嘉枝
7月3日　初めてのアフリカ・ウガンダ／川並浩司
9月4日　中東の歩き方～中東を知ると世界が見える／樋野伸二郎
10月2日　アフリカと国際協力NGO活動～アジスアベバ・ナイロビ・キンシャサの事例を中心に～／深尾幸市
11月6日　イランの歩き方～超インスタ映えのイランで過ごした冬休み～／細野佑樹
12月4日　アルゼンチンの歩き方／桑原しんいち

権藤早千葉さん　2.6

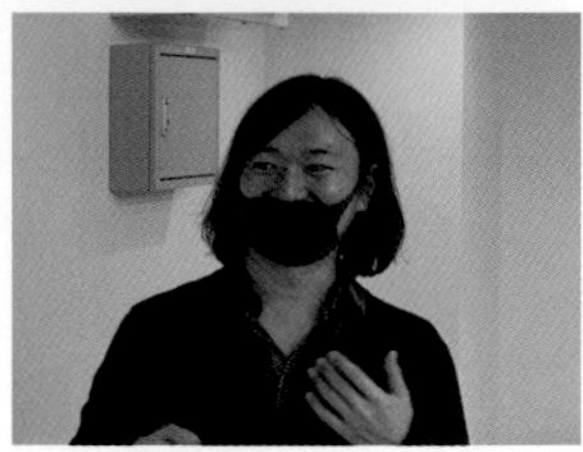
細野佑樹さん　11.6

2022年

2月12日	中国内モンゴル自治区の歩き方／孫萌
3月5日	タンザニアの歩き方／津村樹理
4月2日	エチオピアの歩き方／岡村奈津子
6月4日	旅行者からみたロシア・ウクライナ・ベラルーシ／新田浩之
7月2日	ベトナム中部の歩き方／NGUYEN THI THU HA
9月3日	アイルランド・ダブリンの歩き方／石川弘海
10月1日	ロシア・モスクワの歩き方／森井久美子
11月5日	韓国各地の歩き方／森崎和夫
12月3日	タイ・バンコクの歩き方／ARTHORNMITRA KULLANANT

森崎和夫さん　11.5

ARTHORNMITRA KULLANANTさん　12.3

林賢宜さんの韓国料理教室　2014年〜2022年

2014年	11月12日 29日	チャプチェ・カムジャヂョン
	12月6日 10日	《正月メニュー》トックマンドゥクッ・ えびとカニ缶と貝柱のヂョン
2015年	1月22日	サムジャン（味噌）・焼肉・カクトゥギ（大根キムチ）
	2月26日	ユッケジャン・ヨングンヂョン（れんこんのヂョン）
	3月7日 12日	クジョルパン・トランクッ（里芋のスープ）
	4月4日 9日	さば缶の韓国風味つけの蒸しキャベツ包み・ 明太子入り韓国風茶わん蒸し・鶏卵湯
	5月28日 30日	五色ナムルのからしソース和え・豆もやしご飯
	6月6日 11日	参鶏湯・さきいかの韓国風味つけ
	7月4日 9日	ピビン麺・えごま粉とえごま油の和え物
	9月5日 10日	三色煎・砂ずりの韓国風味つけ
	10月3日	韓国みそ鍋・じゃがいもと黒ゴマの煎
	31日	韓国の海苔巻（キムパ）・じゃがいものスープ
	12月5日	とうふチョンゴル・レンコンの韓国風煮物
2016年	1月30日	たらこ入りチゲ（アルタン）・かぼちゃの五国米詰め（タンホバク）
	3月14日	ききょうの根の生菜（トラジ生菜）・ごぼうのヂョン
	4月2日	はるさめのチャプチェ・わかめスープ（ミヨック）
	5月7日	生わかめのチョコチュジャン和え・ニラチヂミ
	6月4日	ピビンバ・豆もやしのスープ
	7月2日	ずら卵とスネ肉の煮込み・コチュジャン入りチヂミ
	9月3日	鶏肉と野菜の煮込み・きゅうりの水キムチ
	10月1日	豚肉と酢漬け大根の和え物・ あさり入りほうれん草の味噌汁
	11月5日	牛肉と４種の野菜の串焼き・牛肉入り大根のスープ
2017年	1月7日	キノコ入りチョンゴル・カクトゥギ（大根キムチ）
	2月4日	そうめん入りいか炒め・かぼちゃ粥
	4月1日	海苔巻き（キムパ）・じゃがいものスープ
	5月6日	スンドゥブ（純とうふチゲ）・うずら卵入り油揚げのきんちゃく煮
	6月3日	茹で豚・ポサム
	7月1日	サバ缶の韓国風味つけの蒸しキャベツ包み・ きゅうりのソン
	9月2日	肉円煎（肉と豆腐のソン）・きゅうりのキムチ
	10月7日	豚肉の青唐辛子とえのき巻き 干し明太魚のスープ（ブッオクッ）
	11月4日	イカ入りコチュジャンチゲ・豆腐煮（トゥブジョン）

正月メニュー　12.6・10

キムパとスープ　10.31

できました

鶏肉と野菜の煮込み・きゅうりの水キムチ　9.3

キノコ入りチョンゴル・カクトゥギ　1.7

2018年

2月3日	しろ菜の韓国みそ炒め・海鮮入り炊き込みごはん
3月3日	チェンバンククス（ひやむぎの韓国風混ぜ麺）・プゴッチム（すけそうだらの蒸し物）
4月7日	アルタン（助子のチゲ）・鶏肉の酢辛子ソース和え
6月2日	味付き豚足・青菜の水キムチ・豆もやしご飯
7月7日	キムチクッ（キムチのスープ）・ じゃことしし唐の炒め
9月1日	タッカルビ（鶏カルビ・れんこんチヂミ）
10月6日	なすとささみの冷菜・パッチュッ（小豆のおかゆ）
12月15日	白菜入りチヂミ・ニンニク入り鶏肉炒め

チェンバンククス・プゴッチム　3.3

2019年

2月2日	トッマンドゥ（ギョウザ入りトック）・コチュジャン入りチヂミ
3月2日	干し大根とセリのチョコチュジャン和え・豚ミンチととうふの一口焼き
4月6日	さきいかの和え物・豚肉とニンニクの芽炒め
6月1日	野菜たっぷり豚肉の焼肉・大根の生菜
7月6日	海産物入りネギのヂョン・きゅうりの生菜
9月7日	どんぐりムク・タッケジャン（鶏肉の辛味スープ）
10月5日	なすとささみの冷菜・えごまの葉っぱのしょうゆ漬け
11月2日	韓国風おからのチゲ・クラゲのからし和え
12月7日	白菜のキムチ・カクトゥギ（大根キムチ）・豆もやしご飯

トッマンドゥ・コチュジャン入りチヂミ　2.2

2020年

2月1日	さばと大根の韓国風煮付け・牛ミンチ詰めのヂョン
2月29日	助子入りコチュジャンチゲ・エビ入り韓国カボチャの蒸し物
4月4日	干し明太魚焼き（ブッオグイ）・春キャベツのキムチ
6月6日	とびこ入りピビンバ・ししとうと魚ムッ（平天）炒め
7月4日	すじ肉入りの韓国みそクッ・かぼちゃ入りえごま巻き
9月5日	牛肉入りのブッオックッ・宮廷トッポギ
10月3日	ゆず風味のスペアリブ焼き・青唐辛子入りじゃがいも炒め
11月7日	そうめん入りいか炒め・さつまいも団子
12月5日	豚肉の焼肉野菜添え・スジョンガ（干し柿入りしょうが湯）

そうめん入りいか炒め・さつまいも団子　11.7

2021年

2月6日	白菜入りチヂミ・カキ入り豆腐チゲ
3月6日	チーズタッカルビ・かぼちゃの五穀米詰め
4月4日	大豆のチヂミ・野菜とオムッ（平天）のチャプチェ
10月2日	牛肉の辛味スープ・えのきのヂョン
11月6日	牡蠣ご飯・豆腐の豚キムチのせ
12月18日	トック入りスープ餃子・干し大根のコチュジャン和え

チーズタッカルビ・かぼちゃの五穀米詰め　3.6

2022年

2月5日	キムチトッジョンゴル・牛肉ともやしの酢入りナムル
3月5日	牛肉とねぎの串刺しヂョン・里芋のスープ
4月2日	イカ入りコチュジャンチゲ・しし唐辛子の蒸し物
6月4日	青菜のキムチ・昆布揚げ・豆もやしごはん
7月2日	水冷麺・三色包み
9月3日	いかフェ・宮廷トッポギ
10月1日	えごまの葉のしょうゆ漬け・韓国のみそチゲ
11月5日	干し明太魚の和え物・じゃがいも入りすいとん

牛肉とねぎの串刺しヂョン・里芋のスープ　3.5

高作先生と学ぶ会　2014年～2022年

（2014年～2021年度共催→2022年度～センター主催）講師：高作正博

2014年	6月28日	憲法の危機と沖縄　－辺野古・普天間・高江が問う平和
	9月13日	安倍政権の姿勢と「民意？」
	10月18日	名ばかり民主主義の国　－私たちに希望はあるのか？
	11月8日	「民意」は「憲法」を破る!?
	12月6日	特定秘密保護法
2015年	1月16日	「平和国家」日本の岐路　－解散総選挙後の政治を考える
	5月30日	立憲主義から遠ざかる日本　－安全保障法制の批判的検討
	6月27日	宗教・移民・ライシテ　－シャルリー・エブド事件を考える
	7月25日	政治日程化する改憲論「慣れさせられる」主権者？
	9月26日	日の丸・君が代の戦後と現在
	10月25日	「マイナンバー制度」とプライバシー
	11月27日	民主主義における自己決定と地方自治・日米地位協定 －シンポジュームに参加して
	12月19日	国と沖縄県との裁判　－代執行と抗告訴訟の行方
2016年	1月6日	安保法制定後の民主主義　－市民運動の課題
	5月28日	二院制の意義と機能
	6月25日	報道の自由と放送制度の問題点
	7月2日 ～3日	「不思議なクニの憲法」上映会（5回上映）
	7月23日	選挙結果を受けて　－今後の政治日程?!そしてわたしたちにできること
	9月10日	「思想犯」戸締りの危険は回避されるか －「共謀罪」から「テロ等組織犯罪準備罪」へ？
	10月22日	安倍政権と改憲論の問題性　－辺野古・高江・普天間をつなぐ立憲主義の回路
	11月12日	「国民統合」の再検討　－「制度」と「人権」の均衡を回復する
	12月17日	民主主義と代表制「不信の時代」の政治をどう生きるか
2017年	1月28日	「平和主義」と「安全保障」の距離　－アメリカ大統領選挙後の日米安保を問う
	5月20日	基地建設反対運動と人権から
	6月17日	2017年通常国会における改憲論議
	7月15日	安保法制定後の憲法問題
	9月30日	2017年衆議院解散・総選挙で考えておくべき論点 －解散権の制約と自衛権明記の改憲論
	10月21日	投票日前日の論点整理　－「改憲論」への対応と対抗
	11月11日	沖縄・辺野古訴訟の展開　－2017年衆議院選挙の結果も踏まえて
	12月16日	憲法改正国民投票と表現の自由
2018年	1月20日	安倍政権の過去・現在・未来
	5月18日	「米軍基地爆音訴訟の現在」を知る
	6月15日	「押しつけ憲法論」と日本国憲法の正当性
	7月20日	公権力によるプライバシー情報の収集・集積と共謀罪社会
	9月21日	改憲勢力が狙う家族制度　－「ＬＧＢＴ」「生産性」発言の背後にあるもの
	10月19日	「個人の尊重」と幸福追求権　－強制不妊手術の憲法問題

2018年	12月21日	不起立訴訟の現在
2019年	1月25日	地位協定の比較研究
	6月8日	解題『米軍基地問題の基層と表層』
	7月13日	憲法と条約の人権保障システム
	9月21日	2019年参議院選後の政治と社会
	10月26日	公共施設における表現の自由　－「表現の不自由展」を念頭に置いて
	11月30日	憲法53条と臨時国会の召集義務 －岡山・沖縄・東京で提訴された裁判がテーマ
	12月21日	天皇の代替わりと憲法問題
2020年	1月18日	今、改めて、「戦後補償」を問う
	6月20日	新型コロナウイルス問題から学ぶべきもの
	7月25日	自衛隊の海外派兵と改憲論
	9月26日	「アフター・アベ」「ウイズ・コロナ」の民主主義
	11月28日	敵基地攻撃能力の保有と憲法論
2022年	1月15日	岸田政権と改憲問題
	3月12日	民主主義の危機と再生
	5月7日	辺野古訴訟の現在
	7月30日	2022年参議院選挙後の政治と社会
	11月19日	米軍基地の環境問題と表現の自由

2019.6.8

2014.6.28

2019.12.21

その他のセミナー　1972年～2022年

		＊婦人生活講座 第１期　生活の中で考えるⅠ＊	
1972年	９月27日	〈家庭生活〉私たちの生活は楽になるか	河上　民雄
	10月４日	〈食品公害〉どんな食物を選べばいいか	宮本　豊子
	10月11日	〈中国と日本〉中国における女性の一日	八木　節子
	10月18日	〈性〉「性の解放」と家庭	河野　博臣
	10月25日	〈親子〉親子の対話の原理	井上　敏明
	11月１日	〈娯楽〉「流行歌」にみる今日の世相	小池　基信
	11月８日	〈文学〉沖縄の文学－芥川賞作家・大城立裕の作品から	藤原一二三
		＊婦人生活講座 第２期　生活の中で考えるⅡ自然と人間＊	
1973年	４月25日	食品汚染のメカニズム	藤原　邦達
	５月９日	自然・科学・人間	中岡　哲郎
	５月16日	瀬戸内海汚染の実態	讃岐田　訓
	５月23日	食品公害と住民運動	新井　通友
		＊婦人生活講座 第３期　市民と健康＊	
	９月26日	あなたのご主人の胃は？	五百蔵昭夫
	10月３日	健康であるために	河野　博臣
	10月17日	私たちの呼吸器をおかすもの	高尾　延之
	10月24日	薬と健康－サリドマイド被害児をめぐって	田辺　二郎
		＊印は東南アジアセミナーとして開催	
1974年	２月19日	＊東南アジアの声を聞く集い	クォク・プイ・ラン／ソムチ・シリスジン／ジュオジヤ・カデリナ／ディォグラシアス・タデリヤ／エレミアス・アクィノ
	６月５日	＊ティーチイン「アジア援助のすきま風」	仲本幸哉／サルタ・ジェーローム／トッポ・ルーベン
	５月10日	＊少数者問題を考える	在米韓国人三世／オーストラリア原住民／アメリカインデアン
	６月18日	＊タイにおける労働・住民運動	サナン・ウーン・スティー／ポール・チャムニーエン
	７月12日	＊スライド上映会「POST-WAR-WAR ベトナム和平協定後のアジアにおけるアメリカの軍事占領」	
	９月24日	＊アジアに対する自分の関わり	東南アジア研修旅行参加者
	11月８日	＊東南アジア経済侵略とタイの人々	日タイ青年友好運動事務局長　井上　澄夫
	12月６日	＊タイにおける日本人社会の問題	近畿大学助教授　江夏　健一
		☆印は現代と人間セミナーとして開催	
1975年	２月13日	＊東南アジアの労働問題	小柳　伸顕
	３月15日～４月２日	第１回東南アジア現場研修旅行(香港、シブ、シンガポール、クアラルンプール、バンコク)	
	９月26日	☆日本の怪異文学の系譜	笠原　芳光
	10月16日	＊講演会「タイの誠治運動」	テプシリ
	10月24日	☆西洋の幻想文学	多田智満子
	11月10日	☆東南アジアの旅行の仕方	ロン・藤好
	11月28日	☆日本浪曼派からの問い	伊谷　隆一
	12月12日	☆歌物語における愛と憎	塚本　邦雄
1976年	２月27日	☆日本の怪異文学の系譜	松田　　修
	４月25日	＊第２回東南アジア現場研修旅行準備会	
	５月７日	☆生と死	寺山　修司
	５月14日	☆武士道における死	奈良本辰也

1976年	5月15日	＊シンガポールの政治経済事情	ホン
	6月11日	☆文学者と自殺－有島武郎をめぐって－	笠原　芳光
	7月5日	＊タイの政治経済事情	ポケット
	7月6日	☆戦後文学における死と生－椎名麟三の文学をめぐって－	松原　新一
	10月6日	＊インドが当面する経済と政治	インドジュニアカレッジ講師　E・エヌマエル
	11月9日	＊タイ虐殺事件の真相	井上　澄夫
1978年	6月8日	＊インドに宣教師として働いて（共催）	牧野　一穂
	10月14日	日韓UIM交流会報告会（共催）	土肥隆一/飛田雄一/ロン・藤好/J・B・ウォーカー
	10月21日～22日	フィリピン現代青年美術展－飢え・差別・抑圧の現実を描く(共催)	
	10月21日	フィリピン現代青年美術展・懇談会（共催）	フェルナンデス
1979年	7月22日	神戸ＹＷＣＡ・ティーチイン「私たちと原爆－『はだしのゲン』の中沢啓治氏を囲んで@三宮青少年センター（共催）	
	8月16日	神戸ＹＷＣＡ・韓国の原爆被害者を救援する市民の会　韓国原爆被害者協会副会長・郭貴勲氏を囲んで（共催）	
1980年	3月15日	＊バングラデシュの現状	Ｓ・Ａ・ウハブ／斉藤千宏
	3月23日	JOCS等　講演会「アジアの中の日本」@教育会館（共催）	隅谷三喜男
	4月19日	神戸YWCA講演会「遺伝子工学と人権」（共催）	木村　利人
	5月12日	マグルーダーさんを囲む会	
	6月20日	日本消費者連盟講演会「アジアの消費者と私たち」（共催）	ファザール
	7月29日	原水爆禁止運動を世界の人々と共に! オランダ平和代表団を囲む会@神戸YWCA（共催）	ヤン・ゲリッシュ／コ・ルス／ヨス・ニーセン
	6月8日～9日	金大中氏らの全政治犯に自由を！　富山妙子版画展・映画会（共催）	
	6月9日	映画会「光州は告発する」「受難の記録」「異邦人の河」（共催）	
	9月18日～21日	志水光彦・彫塑展	
	11月22日	第1回センターデー講演	センター理事長　河上　民雄
1981年	10月24日	第2回センターデー講演	六甲カウンセリング研究所　井上　敏明
	11月10日	ソウル・アンサンブル公演「ホンドンジの外出」「農舞」	
1982年	1月26日	日本基督教団兵庫教区　牧野一穂氏を囲む会（共催）	
	3月5日～7日	「いのち」と「くらし」そして「こころ」のための映画「みんなでうたおう太陽のうた」と講演会	中村　敏
	4月3日～4日	ボリビヤ映画上映会　「ウカマウ」「コンドルの血」（共催）	
	4月17日	開館10周年記念記念式典・祝賀会	
	5月3日～4日	ボリビヤ映画上映会「革命」「落盤」「ここから出てゆけ」（共催）	
	5月9日～11日	金井聖徳・操体教室	
	10月23日	第3回センターデー	
	11月15日	日本基督教団兵庫教区　買春観光を考える集会（共催）	
1983年	6月4日	試写会「秀吉の侵略」	
	7月23日	上映会「イルム・名前－朴秋子さんの本名宣言」	
	10月8日	ボリビヤ映画上映会　「勝利への決意」「モラサン」（共催）	
	10月22日	第4回センターデー	
	10月29日	ボリビヤ映画上映会　「人民の勇気」（共催）	

1984年	10月20日	第５回センターデー	
	12月28日	もちつきの会	
1985年	７月13日	コーベブックス労組等・映画と講演の会／映画「寿ドヤ街・生きる」（共催）	小柳　伸顕
	７月16日	外国人登録法の指紋押捺完全撤廃要求兵庫集会＠三宮勤労会館（共催）	
	９月７日	韓国ムーダン神戸公演＠神戸博物館（共催）	
	10月２日	第６回センターデー	
	11月22日	講演会「朝鮮人被爆者・反核平和・忠魂碑訴訟」	岡　　正治

※のぞく会は、「知りたい世界」をのぞく会

1986年	１月22日	講演会「80年代以降の韓国の状況と民衆文学」	黄　哲　暎
	２月17日	兵庫県下における完全な情報公開を求める集会（共催）	
	４月19日	映画「ただひとつの拳のごとく」と講演の集い 講演 ボリビヤの労働運動（共催）	吉森　義紀
	５月17日	「山谷－やられたらやりかえせ」上映会（共催）	
	６月14日	「解放の日まで－在日朝鮮人の足跡」上映会＠県民会館（共催）	
	６月19日	のぞく会１　チェルノブイリ原発事故と日本の原発	反原発神戸地区研究者の会　橋本眞佐男
	６月28日	たばこ問題シンポジウム（後援）	竹内　直一ほか
	７月５日	講演会「韓国民衆神学の今日的意味」（共催）	玄　永　学
	７月17日	のぞく会２　SDI（戦力防衛構想）と日本の科学の軍事化	反原発神戸地区研究者の会　橋本眞佐男
	９月18日	のぞく会３　アフリカを訪ねて	アジア協会・アジア友の会　伊藤　道夫
	10月16日	のぞく会４　ホルモンの話	「ホルモン杉山」店主　徐　根　植
	11月８日	第７回センターデー	
	11月16日	映画会「アルシノとコンドル」（共催）	
	11月20日	のぞく会５　ゴキブリの話	神戸大学農学部　竹田真木生
	11月25日	講演会「単一民族とは言わせない」（共催）	チカップ美恵子
	11月29日	映画と講演の会 映画「24000年の方舟」（共催）	中尾ハジメ
	12月18日	のぞく会６　帰国子女問題と日本の国際化	同志社国際高校教員　小池　基信
1987年	１月23日	「子ども考」１　総論	神戸教育心理センター主宰　谷綛　　保
	２月13日	「子ども考」２　あそび	六甲学堂保育所指導員　森末　哲郎
	２月23日	兵庫出版サービス等・講演と映画の会「国家秘密状況と表現」 映画「あやまちはくりかえしません」（共催）	奈良県自治研究センター　吉田　智弥
	２月27日	「子ども考」３　まなび	高木塾講師　石本　佳子
	３月５日	のぞく会７　インドのカースト制	元ＡＨＩ研修生　ラマラージュ
	３月13日	「子ども考」４　からだ	鶴甲学童保育所指導員　石本百合子
	３月20日	映画会「ナウ！ウーマン－女性が世界を変えるとき」「裏切られた夢」（共催）	
	３月26日	のぞく会８　近畿地方の地質	地質調査員　杉山　睦三
	３月27日	「子ども考」５　こころ	神戸同人社　森地　明子
	４月１日	「子ども考」６　まとめ	谷綛保／森末哲郎／石本佳子／石本百合子／森地明子
	４月16日	のぞく会９　都市の景観と町並み保存運動	㈱コー・プラン代表　小林　郁雄
	５月10日	15周年記念式典	
	５月21日	のぞく会10　インドの織物・染色を訪ねて	染色・織物家　細野美沙子
	６月３日	リレートーク・小尻記者追悼「だれでも、なんでも、自由にものがいえるために」 ＠三宮勤労会館（共催）	
	６月18日	のぞく会11　ドイツ・シュタイナー教育研究所を訪ねて	大阪府立園芸高校教諭　高成　良樹

年	日付	内容	所属	講師
1987年	7月12日	講演会「沖縄と天皇制－日の丸・君が代・国体」(共催)		平良　修
	8月2日～5日	第1回有機農業ワークキャンプ		
	9月17日	のぞく会12　リサイクル運動の昨今		金　敦　子
	10月4日	講演会「天皇の沖縄訪問を考える」@三宮勤労会館（共催）		
	10月15日	のぞく会13　公害物質の検出に従事して		広　春　夫
	11月6日～21日	連続映画上映会「もうひとつのヒロシマ」(共催)		
	11月	第8回センターデー		
	11月19日	のぞく会14　旗振り役から「現場」へ－消費者運動の課題と展望		小松　茂
	12月17日	のぞく会15　模擬授業「一本のバナナから」	兵庫県立東灘高校教諭	大津　和子
1988年	1月22日	南京大虐殺50周年神戸集会@神戸YWCA（共催）		
	3月17日	のぞく会16　神戸地区労の「たべもの安全チェック」より		本野　一郎
	4月16日	15周年記念 奥村智美ピアノリサイタル		
	4月21日	のぞく会17　最近みられる子供の異常	養護教諭	山里芙佐子
	4月26日	「東史郎さんに聞く南京大虐殺の真相」(共催)		
	5月10日	ベロ亭やきものキャラバン		
	7月2日～8日	原爆絵画展（神戸YWCAと共催）		
	7月5日	講演会「原発怪獣は家畜か猛獣か」(神戸YWCAと共催)		安斎　育郎
	7月12日	講演会「ヨーコのアメリカ平和行進」(神戸YWCAと共催)		北浦　葉子
	7月14日	のぞく会18　いま農村は、おおゆれ		山下　惣一
	7月21日	のぞく会19　スペイン子ども考		森末　哲郎
	7月27日～31日	第2回有機農業ワークキャンプ		
	9月29日	のぞく会20　タイ・韓国の農村を訪ねて		一色作郎／信長たか子
	10月10日～16日	写真展「4番目の恐怖」(共催)		
	11月26日	第9回センターデー＆『賀川豊彦の全体像』出版記念会		
	12月1日	映画会「紅いコーリャン」		
	12月11日	講演会「中国・延辺朝鮮族の歴史と現状」@神戸YWCA（共催）		韓　俊　光
1989年	5月14日	ベロ亭焼き物・詩キャラバン		
	7月15日～20日	原爆絵画展		
	7月29日～8月3日	第3回有機農業ワークキャンプ		
	10月5日	講演会「アパルトヘイトってなに」(共催)	六甲ルーテル教会	イトランド
	10月19日	のぞく会21　有機農業運動と消費者の意識		金　起　燮
	11月8日	講演会「アパルトヘイトへの眼差し－フォトジャーナリストとしての視点から」(共催)		吉田ルイ子
	11月11日	第10回センターデー 『体験で語る解放後の在日朝鮮人運動』『天皇制と朝鮮』出版記念会		
	11月16日	のぞく会22　靴による健康障害		木下　洋子
	12月19日	講演会「アパルトヘイトの報道現場から」（共催）		R・ナイドゥー
	12月26日	のぞく会23　サラリーマンから有機農業に転進して		橋本　慎司
1990年	3月16日～18日	第1回在日ミニコミブックフェアー（模索者、RAIKと共催）		
	4月8日	のぞく会24　快医学入門講座	発見の会東洋医学研究所	瓜生　良介
	5月23日	講演会「東洋的伝統とハンサルリム」		津村喬／奇峻成／崔恵成
	6月5日	のぞく会25　朝鮮と日本の民俗芸能		華房　良輔
	6月26日～27日	ザ外登証展（共催）		
	7月5日	PHD研修生を囲む会（兵庫教区と共催）		
	7月21日	講演会「いますぐアパルトヘイトをなくすために」(共催)	ANC駐日代表	J・マツィーラ

1990年	7月24日～29日　神戸YWCA等　原爆絵画展（共催）	
	7月29日～8月3日　第4回有機農業ワークキャンプ	
	12月1日　第11回センターデー	河上　民雄
	12月1日～9日　模索社・RAIK　第2回在日ミニコミブックフェアー（共催）	
1991年	2月10日　シンポジウム「在日朝鮮人史研究の現段階」（後援）	朴慶植ほか
	4月20日　シンポジウム「センターの将来像」	保田茂／金子まち子／笠原芳光／佐治孝典／金英達
	7月31日～8月4日　第5回有機農業ワークキャンプ	
	11月22日　第12回センターデー	
1992年	4月19日　長田マダン　ホルモンチゲと本屋出店	
	5月16日　20周年記念行事・劇団「態変」・ポレポレバンド公演	
	7月12日～17日　原爆絵画展	
	7月18日『母・従軍慰安婦』出版記念会	
	7月19日　尹静慕さんを囲む会	
	7月23日　講演会「韓国近現代史におけるキリスト教史理解」@青丘文庫（共催）	韓国漢城大学教授　尹　慶　老
	7月29日～8月2日　第6回有機農業ワークキャンプ	
	9月12日～13日　アムネスティ「カンボジア写真展」（後援）	
	9月20日　高銀氏を囲む会	
	11月1日～3日　SCM宣教協議会	
	11月8日　20周年記念行事・わいわい収穫感謝祭「求める会」（共催）	
	11月10日　ボリス・D・朴氏講演会	
1993年	1月8日　神戸YWCA　CBS光州児童合唱団コンサート（共催）	
	4月3日～4日　有機農業ワークキャンプ　プレワークキャンプ／市島町	
	4月25日　長田マダン出店	
	5月29日～30日　田植え援農／市島町	
	6月5日　先住民年セミナー「日本の先住民－アイヌの歴史をどう見るか－」	チュプチセコル
	6月19日　先住民年セミナー「南アメリカの先住民－“コロンブス501年を考える”」	小林　致広
	7月10日　先住民年セミナー「アジアの先住民－インドを中心として－」	真実　一美
	7月15日～22日　原爆絵画展（共催）	
	7月23日～29日　B．アショク写真展『インド紀行』	
	7月28日～8月1日　第7回有機農業ワークキャンプ／市島町	
	9月3日～9日　V．マトム写真展『南アフリカの人々』（共催）	
	9月25日～26日　ワークキャンプ同窓会「水生生物観察と炭焼き体験の会」／和田山あーす農場	
	10月23日～11月1日　劇団「態変」写真展	
	11月2日～3日　アイヌ写真展	
	11月5日　神戸YWCA「声なき挽歌」神戸公演（共催）	
	12月8日　米問題を考える緊急集会	
1994年	2月21日　神戸NGO　フィジー報告会	
	4月2日～3日　プレ有機農業ワークキャンプ／市島町	
	4月23日　もっと知りたいタイと米（共催）	
	4月30日～5月1日　市島発夏子体験（田植え）	
	5月3日　憲法を考える集い（共催）	
	5月～7月　市島発夏子体験（除草作業）	
	7月7日～14日　第19回原爆絵画展	

1994年	8月10日	講演会「堤岩里虐殺事件を知ってますか」（共催）	
	9月3日～4日	市島発夏子体験（稲刈り）	
	9月11日	市島発夏子体験（脱穀）	
	10月4日～12月6日	操体法入門講座（全10回）	
	11月7日～14日	ガテマラ写真展（共催）	
	11月12日～15日	市島発夏子体験（元麹造り）	
	11月15日～17日	市島発夏子体験（酒母の仕込み）	
	11月23日～26日	市島発夏子体験（添麹造り）	
	11月30日	音楽舞劇「セヤセヤ」神戸公演（共催）	
	11月30日～12月4日	市島発夏子体験（醪の仕込み）	
	12月3日	第13回センターディ、時田直也コンサート	
	12月8日	ビデオ「「レーン・宮沢事件」もうひとつの12月8日」上映と講演の集い（共催）	
	12月23日～24日	市島発夏子体験（上槽）	
1995年	1月17日	阪神淡路大震災	
	3月26日	市島発夏子体験（皆造祝い）	
	5月13日～14日	プレ有機農業ワークキャンプ／市島町	
	5月16日	チョ・ソニョ　パンソリの夕べ	
	5月25日	報告集会「阪神大震災と留・就学生」	
	7月20日～25日	第20回原爆絵画展（共催）	
	8月2日～6日	第9回有機農業ワークキャンプ／市島町	
	8月3日	安致環コンサート（共催）	
	12月15日～17日	淡路・海とみかん山体験／淡路島	
1996年	4月24日～5月5日	丸木位里・俊とニューヨーク中国人画家が描いた南京1937（共催）	
	5月8日～22日	「電磁波問題集中セミナー」	荻野　晃也
	5月10日～12日	第1回森林講座（間伐作業）／市島町	
	7月17日	第1回GW例会「今なぜ農業なのか？」	保田　茂
	7月19日	陳寛さん（韓国環境運動家）を囲む会（共催）	
	7月26日～28日	第2回森林講座（下刈作業）／市島町	
	8月1日～4日	第10回有機農業ワークキャンプ／市島町	
	9月11日	第2回GW例会「有機農業とは何か？」	保田　茂
	10月9日	第3回GW例会「六甲山の土砂災害を考える」	山口　直樹
	10月24日	戦後補償を求める神戸集会	
	10月25日～27日	第3回森林講座（枝打作業）／市島町	
	10月30日	第6回韓日農民交流会（共催）	
	11月13日	「アフリカから学ぶ」（共催）	
	11月13日	第4回GW例会「セネガルNGOスタッフを招いて」	
	11月18日	「ソルー・アンソニー・スバム氏を迎えて」（共催）	
	12月11日	第5回GW例会「半年の活動を振り返って」	
	12月14日～15日	淡路・みかん山体験／淡路島	
1997年	1月22日	第6回GW例会「里山林と私たち」	石田　弘明
	1月29日	韓国クリスチャンアカデミー交流会	
	2月19日	第7回GW例会「マヌス島（PNG）の森に暮らす人々」	小瀬　一徳
	2月28日～3月2日	第4回森林講座（植林作業）／市島町	
	3月12日	第8回GW例会「イリアンジャヤからゲストを招いて」	
	3月14日	シンポジウム「いのちの海、いのちの森は誰のもの」（共催）	

年	日付	内容	担当
1997年	3月22日	オゾン層保護特別講座（共催）	
	3月29日	食と環境を考えるシンポジウム（事務局）	
	4月5日	学習会「フロンと地球温暖化」（共催）	シェイク・サ・ゲイ
	4月9日	第9回GW例会「セネガル－人とくらし」	本野　一郎
	5月14日	第10回GW例会「地域が支える農業」	
	5月24日～25日	第5回森林講座（間伐作業）／市島町	野田　正彰
	5月28日	「阪神大震災とボランティア」（後援）	
	6月3日	南京大虐殺幸存者劉永興さん証言集会（後援）	柳田　耕一
	6月11日	第11回GW例会「今、水俣をどう捉えるか？」	
	6月21日～22日	第6回森林講座（下刈作業）／市島町	池田　清
	6月25日	「神戸市都市経営の源流と課題」（後援）	
	6月	ホームページ開設 www.hyogo-iic.ne.jp/~rokko/	河内　伸介
	7月9日	第12回GW例会「ウガリを食べる」	
	7月31日～8月3日	第11回有機農業ワークキャンプ／市島町	富野　一郎
	8月4日	「日本的市民社会の構築と90年代市民運動」（後援）	
	8月6日～9日	写真展「平良孝七の世界」	
	8月23日	地球温暖化防止京都会議100日前兵庫イベント クール・ジ・アースキャンペーン（共催）	
	8月30日	第2回日韓関係史エスペラントシンポジウム「日韓関係史公開講演会」（後援）	
	9月3日	「住民運動の課題と現状」（後援）	井上　吉郎
	9月6日	学習会「ストップ・フロンへの道」（共催）	
	9月10日	第13回GW例会「タバコは地球を肺ガンにする」	柳田　耕一
	10月4日	学習会「モントリオール議定書会議報告」（共催）	
	10月8日	第14回GW例会「ジャンボ　ケニアーその人とくらし」	河内　伸介
	10月18日	ゆうコープ環境セミナー（後援）	讃岐田　訓
	11月6日	第7回韓日農民交流会（共催）	
	11月8日～9日	第7回森林講座（枝打作業）／市島町	
	11月12日	第15回GW例会「ターカインストーリー上映会」	阪本　守
	11月16日	創立25周年記念「となりのトトロ」上映会	
	11月18日	GWイベント「秋のリースづくり」	戸田奈緒美
	11月23日～24日	オゾン層保護・地球温暖化防止国際フォーラム（共催）	
	12月13日～14日	淡路・みかん山体験／淡路島	
	12月16日	南京大虐殺幸存者証言集会（後援）	
1998年	1月14日	第16回GW例会「地球温暖化防止京都会議の成果と課題」	菊井　順一
	2月28日	第17回GW例会「年度計画」	
	3月7日～8日	第8回森林講座（植林作業）／市島町	
	3月15日	第18回GW例会「人と自然の博物館へ行こう」	
	4月8日	第19回GW例会「ＭＡＩについて」	河内　伸介
	4月13日	第20回GW例会「電磁波問題」	山本　達士
	6月10日	第21回GW例会「環境ホルモン」	前川　八重
	6月13日～14日	第9回森林講座(間伐作業）／市島町	
	7月8日	第22回GW例会「遺伝子組換作物」	段野　貴子
	7月11日～12日	第10回森林講座（下刈作業）／市島町	
	7月30日～8月2日	第12回有機農業ワークキャンプ／市島町	
	9月9日	第23回GW例会「ホンジュラス－人とくらし」	西方　憲弘
	10月14日	第24回GW例会「みらい」乗船記	山崎健太郎
	10月24日～25日	第11回森林講座（枝打ち）／市島町	
	11月3日	万愛花さんらの証言を聞く会（後援）	

1998年

11月9日　第８回食と農を考える交流会（共催）
11月11日　第25回GW例会「21世紀の健康教育とライフスキル教育」　近森けいこ
11月25日　アジア労働者交流集会in KOBE（共催）
12月９日　第26回GW例会「淡路島南端の森と有機農業」　山口　直樹
12月12日～13日　淡路・みかん山体験／淡路島

1999年

１月13日　第27回GW例会「有機食品の認証について」　小川　華奈
２月10日　第28回GW例会「環境評価法CVMとそのケーススタディ」　木村明代／田澤愛
３月10日　第29回GW例会「森林ボランティアって何だろう？」　山本　達士
３月13日～14日　第12回 森林講座(植林作業) ／市島町
４月14日　第30回GW例会「所沢ダイオキシン問題を検証する」　山本　達士
４月24日　センターデイ、二胡の演奏ほか
５月12日　第31回GW例会「世界のくらし パート４「マレーシア」」　パン・アチン
５月29日～30日　第13回森林講座（間伐作業）／市島町
６月５日　シャプラニール全国キャラバン「自立するネパールの女性たち」(共催)
チャンドラ・プラサード・カチパティ
６月９日　第32回GW例会「インドのアーユルベーダ体験記」　木村明代／田澤愛
６月21日　アジア労働者交流集会 in 神戸　@神戸市勤労会館（共催）
６月23日～25日　ＮＣＣ-ＵＲＭ関係者協議会（協力）
６月26日　第１回六甲の小さな音楽会～オカリナコンサート～　鄭　光　均
７月10日～11日　第14回森林講座（下刈作業）／市島町
７月14日　第33回GW例会「自分でできる健康法」　小林美喜子
９月８日　第34回GW例会「 農村小口金融再考」　羽佐田勝美
９月23日～25日　ＮＣＣ-ＵＲＭ関係者協議会（後援）
９月26日～10月３日　石川真生写真展『日の丸』を視る目（後援）
10月９日～10日　第15回森林講座（枝打ち）／市島町
10月13日　第35回GW例会「ジャビルカ鉱山と世界遺産」　佐藤　大介
10月23日～24日　さわやか環境祭りに出展
11月３日　キムチチゲ・ハイキング
11月５日　安全なたべものを求めて（共催）
11月10日　第36回GW例会「秋のリースづくり」　小林奈緒美
11月21日　市島町有機農業祭に出展
11月28日　女たちのワイワイトークー平和ってなんだろうー（後援）
12月８日　第37回GW例会「有機農産物」表示法制化について　小林　重仁
12月11日～12日　淡路・みかん山体験／淡路島モンキーセンター見学・山口みかん農園

2000年

１月12日　第38回GW例会「「PCM手法」について」　河内　伸介
２月９日　第39回GW例会「森林と地球環境」　金澤　洋一
３月８日　第40回GW例会「モンゴルあれやこれや」　河内　伸介
３月３日～４日　第16回 森林講座（植林作業）／市島町
４月12日　第41回GW例会「遺伝子組み換え食品について」　山本　達士
４月22日～23日　六甲山ゆったり一泊ハイキング
５月16日　第42回GW例会「熱帯林減少のメカニズム」　金澤　洋一
５月27日～28日　第17回森林講座（間伐作業）／市島町
６月14日　第43回GW例会「ニュージーランドの野外活動と環境教育」　松平　貴子
７月10日　第２回六甲のちいさな音楽会　李政美ライブ in 神戸
７月12日　第44回GW例会「「ビオトープ活動」について」　高畑　　正
７月15日～16日　第18回森林講座（下刈作業）／市島町

年	日付・内容	講師
2000年	9月4日　食と農を考える交流会（共催）	
	9月9日～10日　強制連行調査ネットワークの集い2000 in 神戸（共催）	
	9月13日　第45回GW例会「国連におけるＮＧＯの活動」	関本　克好
	10月7日～15日　モザンビーク水害復興支援写真展	
	10月8日　モザンビーク水害復興支援チャリティコンサート	
	10月11日　第46回GW例会「地球温暖化問題とＣＯＰ６」	山本　達士
	10月14日～15日　第19回森林講座（枝打ち）／市島町	
	10月19日～31日　シャプラニール写真展「生きる力を持つ子どもたち」	
	11月3日　キムチチゲハイキング	
	11月8日　第47回GW例会「辺野古米軍基地計画とジュゴン」	土屋　典子
	12月13日　第48回GW例会「ＣＯＰ６を終えて」	山本　達士
2001年	2月11日　INFOG2000年度活動報告会－気候変動問題とフロン対策の現状－（後援）	
	2月14日　第49回GW例会「ジュゴンについて」	勝井　健二
	3月9日～10日　第20回森林講座（植林作業）／市島町	
	3月14日　第50回GW例会「地元間伐材製学校家具について」	山本　達士
	5月3日　キムチチゲハイキング	
	5月7日　講演会「東ティモールをたずねて」第51回GW例会（共催）	青木　一博
	5月18日～31日　AWEPフェアーアジア女性の手作り商品の展示販売（共催）	
	5月19日　アジアを知る会「アジアのお菓子を作ってアジアを知ろう」（共催）	
	5月26日～27日　第21回森林講座（間伐作業）／市島町	
	6月30日～7月1日　第22回森林講座（下刈作業）／市島町	
	7月1日～15日　ぷあんフェア「ビルマ難民女性の手織プロジェクト」（共催）	
	7月8日　講演会「きいてみよう！ふれてみよう！ビルマ難民の今」（共催）	中尾　恵子
	7月15日　「有機が見えた！未来が見えた!?」／ドーンセンター（後援）	
	9月8日、10月14日、1月19日、2月16日、3月16日　森林講座月例会	
	9月28日～10月6日　写真展「ネパールの今」（共催）	
	9月29日　講演会「ネパールの現状を語る」（共催）	
	11月7日～21日　サマサマフェアーアジアを中心としたフェアトレード商品展示販売（共催）	
	11月10日～11日　第23回森林講座（枝打ち）／市島町	
	11月18日　講演会「サマサマの故郷をたずねて」（共催）	
	11月18日　アフリカを知り、触れる講座　第1回「タンザニアからＮＧＯスタッフを招いて」	
	11月27日　アジア労働者交流集会in神戸@神戸市勤労会館（共催）	
	12月8日　2001有機農業祭／ポートピアホテル（後援）	
2002年	1月19日　森林講座・小型水力発電所跡の探索	
	2月18日　森林講座・ビオトープの整備	
	3月9日～10日　森林講座・冬の編（植林・枝打ち作業）	
	4月14日　キリスト者エコネット1周年集会（後援）	
	4月2日　森林ボランティア活動	
	5月3日　キムチチゲ・ハイキング	
	5月18日～19日　森林講座・春の編（間伐作業）	
	5月18日～27日　サマサマフェア（共催）	
	6月15日　森林ボランティア活動	
	6月25日　アジア労働者交流会 in 神戸（共催）	
	6月29日　30周年記念式典　30周年記念講演会「“現代”が問いかけるもの」	松井やより
	7月13日～24日　AWEPフェア（共催）	
	9月14日～26日　サマサマフェア（共催）	

年	日付	内容	講師
2002年	9月21日	森林ボランティア活動	
	10月12日	映画「よみがえれカレーズ」(共催)	
	10月12日～13日	エコフェスティバル出展	
	10月19日	森林ボランティア活動	
	11月1日	食と農を考える交流会(共催)	
	11月16日～17日	森林講座・秋の編(枝打ち・測量実習)	
2003年	2月18日、2月25日、3月4日	平和学講座(3回)	ロニー・アレキサンダー
	2月22日	AWEPセミナー　スモールバンクを考える(共催)	
	5月17日	森林講座・「バイオマスフォーラムたんば」訪問／氷上町	
	5月17日	世界につながる私たちの暮らし(共催)	神田　浩史
	6月1日	バングラディシュでNGO活動(共催)	平本実／ベパリ
	6月14日	フィリピンの伝統織物とフィリピン現代女性の仕事(共催)	もりきかずみ／有吉真紀
	6月21日～22日	森林講座／市島町	
	7月12日	森林講座・樹の標本づくり	
	7月12日	ソディの時間(共催)	古本妃留美／寺田栄
	7月19日	エルム・ハイキングコース視察／市島町	
	10月4日～5日	森林講座／姫路市	
	10月11日	松井やよりさんを偲ぶ会	もりきかずみ／西野瑠美子
	10月25日～26日	森林講座・市島町さわやか環境まつり出展	
	11月1日	食と農を考える交流集会(共催)	石中　英司
	12月5日	神戸大学YMCA・KOBE Mass Choirクリスマスゴスペルコンサート(後援)	
2004年	1月31日	森林講座・村雲小学校森林活動／篠山市	
	2月10日～3月9日	ポジャギを作ってみませんか(全5回)	尹　英　順
	2月21日	森林講座・自然観察路の整備／市島町	
	2月29日	ピーバ主催　占領下イラク写真展・豊田譲(後援)	
	3月13日	「夏は再びやってくる」出版記念講演会(後援)	レイン／内海愛子他
	3月13日～14日	森林講座/市島町森林ボランティア活動	
	3月26日	神戸・ユダヤ人難民1940－41	金子マーチン
	4月17日	森林ボランティア活動・ムッレ小屋の解体と妙高山自然観察	
	5月15日	森林ボランティア活動・五大山登山道の整備	
	5月19日～6月15日	サマサマフェア(共催)	
	6月5日	第8回サマサマワークショップ「フェアトレードをひも解く」(共催)	
	6月12日	森林ボランティア活動・自然観察路の整備	
	6月16日～7月14日	AWEPフェア(共催)	
	6月19日	AWEPセミナー「フィリピン・ネグロスの人々は今」	
	7月5日	アジア労働者交流集会 in 神戸@兵庫県私学会館(共催)	
	7月6日	インド・デリー路上生活の子どもたちの村つくり(共催)	牧野由紀子
	7月10日	AWEPセミナー「アフガニスタンの人々は今－銃から鍬へ－」	
	7月17日	森林ボランティア活動・自然観察と観察路の整備	
	8月7日	シンポジウム「安心して食べたい!卵とお肉」(共催)	
	8月11日	イラク参戦米兵の証言を聞く会(共催)	
	9月30日～10月12日	AWEPフェア(共催)	
	10月9日	AWEPセミナー「フェアトレードで国際協力」	鈴木　誠也
	10月20日	子どもとおとなの関係性を考える(共催)	AFM・サイフル・イスラム
	11月13日	AWEPセミナー「平和な世界を築くには…」(共催)	ロニー・アレキサンダー
	11月26日	アジア労働者交流集会 in 神戸@神戸市勤労会館(共催)	

2004年

12月１日　神戸大学YMCA・KOBE Mass Choirクリスマスゴスペルコンサート（後援）
12月８日　南京大虐殺幸存者の証言を聞く会 in 神戸（後援）
12月18日～26日　「神戸から世界へdari KOBE EXHIBITION PAMERAN」展示会
12月19日　Ocean History ワークショップ

2005年

２月12日　NGO神戸外国人救援ネット設立10周年記念集会
「阪神淡路大震災から10年、外国人と共に暮らすまちをめざして」
２月16日～３月３日　AWEPフェア(共催)
３月３日　AWEP10周年記念セミナー（共催）
４月27日　講演会「ベトナム戦争終結30年いま戦争を問う」と
ビデオ「イントレピット脱走兵」上映会　小中陽太郎
５月13日　「女性国際戦犯法廷」が問いかけてきたもの
－NHK番組への政治介入はなぜ、起こったのか？－　西野瑠美子
６月４日　サマサマセミナー「国際協力からフェアトレードへ」(共催)
６月16日～７月13日　AWEPフェア（共催）
６月23日　アジア労働者交流集会 in 神戸@神戸市勤労会館（共催）
７月９日　AWEPワークショップ・染色体験（共催）
10月15日　「にがい涙の大地から」上映と講演の集い　海南　友子
10月20日～11月７日　フェアトレードひょうごネットフェア（共催）
10月29日　フェアトレードひょうごネットセミナー（共催）
11月８日～14日　日本軍占領期東ティモール性奴隷制問題に取り組む会「日本軍占領下の東ティモールにおける性暴力に関する調査プロジェクト」写真展（後援）
11月11日　日本軍占領期東ティモール性奴隷制問題に取り組む会　講演会（後援）　松野　明久
12月２日　神戸大学YMCA・KOBE Mass Choir クリスマスゴスペルコンサート（後援）
12月16日　南京大虐殺幸存者の証言を聞く会 in 神戸（後援）

2006年

１月16日～22日　枯葉剤被害者ユンちゃんを支援する会「ベトナム戦争の傷跡」
フォトジャーナリスト村山康文写真展（後援）
１月19日　講演会「枯葉剤被害者ユンちゃんと出会って」(後援)　村山　康文
３月31日　多文化と共生社会を育むワークショップ～Kick−off講演会・音楽会～（共催）
講演「アジアのなかの人的交流のあり方～日韓関係を中心に～」　小針　進
音楽会：～日本の歌・韓国の歌～（共催）　飯田美奈子／澤井宏仁
５月18日～６月28日　AWEP初夏のフェア「伝統とモダン」
６月13日　アジア労働者交流集会 in 神戸@神戸市勤労会館（共催）
６月17日～25日　多文化と共生社会を育むWS　ポジャギ展－金恩受先生と生徒さんの作品展（共催）
６月18日　多文化と共生社会を育むWS　韓国料理ワークショップ（共催）
韓国料理・文化研究家　金　恩　受
６月21日　多文化と共生社会を育むWS　ポジャギワークショップ（共催）
韓国料理・文化研究家　金　恩　受
７月１日～17日　DEFC「ラオスの子どもたちのために－不発弾被害地域での教育協力－」
写真展とフェアトレード製品の販売（後援）
７月８日　DEFCワークショップ「ラオスの不発弾問題と－その歴史と現状－」
「ラオスにおける学校教育－教室から眺める－」　駒田聡／沢田誠二
７月18日～８月12日　フェアトレードひょうごネットサマーセール（共催）
７月29日　神戸YWCA・基盤委員会主催
「Marines Go Home－辺野古・梅香里・矢臼別」上映会（共催）　藤本幸久／影山あさ子
９月６日～27日　サマサマフェア（共催）
９月16日　サマサマセミナー（共催）

2006年

10月9日　多文化と共生社会を育むWS・音楽会世界をつなぐ音楽の花束「伝承される伝統芸能－韓国の仮面劇を中心に－」交流音楽会　@中華会館7階東亜ホール（共催）
10月18日～11月8日　フェアトレードひょうごネットフェア（共催）
10月10日～2月27日　金恩受・ポジャギ教室（全10回）
10月12日～12月14日　絵本をみる・きく・たべる（全5回）
10月28日　第3回フェアトレード神戸セミナー（共催）　柏田紘一／中野由貴／國友美香
11月29日　アジア労働者交流集会 in 神戸（共催）@神戸市勤労会館
12月1日～7日　松井やより全仕事展
12月6日　松井やより仕事展記念セミナー
「非暴力社会を創る－パレスチナ・ヨルダンにかかわって」　清水　愛砂
12月8日　神戸大学YMCA・KOBE Mass Choir クリスマスゴスペルコンサート（後援）
12月12日　神戸・南京をむすぶ会主催・南京大虐殺幸存者の証言を聞く会 in 神戸（後援）

2007年

1月25日　「中国残留孤児」問題の問いかけるもの－神戸地裁勝訴判決を受けて－
講演1「中国残留孤児」神戸地裁判決の意義　吉井　正明
講演2「中国残留孤児」の聞き取り調査から見えてきたもの　浅野　慎一
1月27日　多文化と共生社会を育むWSシンポジウム
「多文化共生と多文化摩擦」@神戸山手大学（共催）
3月17日　日本語ポートフォリオを使おう!!　奥田　純子
4月21日　「沖縄から米軍基地撤去を求め、「教団合同のとらえなおし」をすすめる連絡会」兵庫（共催）
2006岩国住民投票の記録映画「米軍再編　岩国の選択」上映会
@兵庫教区クリスチャンセンター（協賛）
4月22日　「4.24の風」上演実行委員会主催・マダン劇「4.24の風」
@兵庫ひまわり信用組合本店
4月24日～6月26日　金恩受先生のポジャギ教室
6月2日　「蟻の兵隊」上映会
6月20日　アジア労働者交流集会 in 神戸　@神戸市勤労会館（共催）
8月7日～10月2日　金恩受先生のポジャギ教室
10月6日　多文化と共生社会を育むWS・台湾震災復興ドキュメンタリー「三叉坑」
映画上映と講演「台湾集集大地震と原住民部落の再建」（共催）
邵珮君（シャオ・ペイジュン）
10月10日～31日　フェアトレードひょうごネットフェア（共催）
10月11日～12月6日　絵本をみる・きく・たべる（全5回）　柏田紘一／中野由貴／國友美香
10月21日　多文化WS・ベトナムの簡単おやつをつくろう！（共催）　大石キムオアン
11月5日～18日　「東ティモールパネル展と講演会」東ティモール戦争を生きぬいた女たち
－日本軍とインドネシア支配の下で－
パネル提供：アクティブ・ミュージアム「女たちの戦争と平和資料館」（wam）
11月11日　多文化と共生社会を育むWS・芸術交流ワークショップ・音楽会
「世界をつなぐ音楽の花束　日本からアジア、そして世界へ～中国・アジア編～」
@中華会館7階　東亜ホール（共催）
11月17日　maluの会講演会
「東ティモールの現在と今後－人権回復と政治状況を中心に－」（共催）　松野　明久
11月28日　アジア労働者交流集会 in 神戸　@神戸市勤労会館（共催）
12月3日　神戸大学YMCA・KOBE Mass Choir クリスマスゴスペルコンサート（後援）
12月4日　南京大虐殺から70年幸存者の証言を聞く会 in 神戸（後援）

2008年

2月20日～26日　CODEスリランカの子どもたちの絵画展（後援）
3月7日　多文化と共生社会を育むWS「多文化共生社会構築のための相互理解」@山手大学（共催）

2008年

6月1日　多文化と共生社会を育むWS・芸術交流ワークショップ・音楽会
「世界をつなぐ音楽の花束～アジア・パシフィック編～」@兵庫県公館（共催）
6月13日～22日　村山康文写真展　エイズとこどもたち～ベトナムからのメッセージ～（後援）
6月13日　講演会「ベトナム戦争とエイズ」（後援）　村山　康文
6月30日　アジア労働者交流集会 in 神戸　@神戸市勤労会館（共催）
7月11日　９条のある国がすてきだ！－名古屋イラク派兵違憲判決報告－（共催）　池住　義憲
7月22日～8月11日　フェアトレードひょうごネットフェア（共催）
8月3日　フェアトレードひょうごネット「わたし８歳、カカオ畑で働きつづけて
～チョコレート、児童労働、わたしたちとのつながり～」（共催）　岩附　由香
10月17日　風刺劇「学ぶ権利を取り戻すために～ある夜間中学の風景～」
神戸大学有志・劇団こめこめ一家
11月5日～12月25日　フェアトレードひょうごネットフェア（共催）
11月16日　フェアトレードひょうごネットセミナー「おいしいコーヒーの真実」の裏側（共催）
映画「おいしいコーヒーの真実」・フェアトレードコーヒー試飲会（共催）
辻村英之／神田浩史
11月28日　留学生のための音楽会　孫正熙（ソン・ジョンヒ）／朴銀順（パク・ウンジュン）
11月29日　多文化と共生社会を育むWS・日系ブラジル人ドキュメンタリー上映会
「Permanencia－ペルマネンシア　この国にとどまって」（共催）
12月3日　アジア労働者交流集会 in 神戸　@神戸市勤労会館（共催）
12月5日　神戸大学YMCA・KOBE Mass Choir クリスマスゴスペルコンサート（後援）
12月10日　南京大虐殺幸存者の証言を聞く会 in 神戸（後援）

2009年

3月7日　多文化と共生社会を育むWS・多文化共生社会の構築には何が必要か
～行政との協働へ向けて～　@神戸山手大学（共催）
7月1日　第22回アジア労働者交流集会 in 神戸　@神戸市勤労会館（共催）
7月10日　神戸・南京をむすぶ会　学習会「学校で戦争を考える」（後援）　宮内陽子／阪上史子
7月18日　多文化と共生社会を育むWS「神戸で飲茶料理と中国文化を楽しもう」（共催）　林　美智子
7月23日　ワークショップ「不逞社（金子文子・朴烈たち）の時代から
東アジアの未来・平和の自由共同体に向けて」韓国・自由共同体研究会（共催）
7月24日～25日　第４回在日朝鮮人運動史研究会・日韓合同研究会（後援）
7月25日～26日　強制動員真相究明ネットワーク・強制動員真相究明全国研究集会
－「名簿」「供託金」問題を中心として－（後援）
8月11日　徐正敏さん「日韓キリスト教関係史研究」の出版をお祝いする集い　信長　正義
9月29日　第23回アジア労働者交流集会 in 神戸　@神戸市勤労会館（共催）
10月10日～18日　多賀健太郎絵画展
11月17日　アジア学院講演会「ネパールの農奴、いま、彼らの直面していること…」（共催）
シャンタ・チョウドリ／ラコー・ザチボル／佐久間郁
12月10日　南京大虐殺幸存者の証言を聞く会in神戸（後援）
12月11日　神戸大学YMCA・KOBE Mass Choir クリスマスゴスペルコンサート（後援）

2009・12・10 楊翠英さん

2009・12・11 ゴスペルコンサート

2010年

1月9日　多文化と共生社会を育むWS・文化復興コンサート
「祈り・夢・未来～文化復興・神戸からの願い」@兵庫県立美術館（共催）
1月26日～31日　トモニプロジェクト主催
久野武志写真展「コンゴ民主共和国　消えゆく人々」（協力）
3月5日　多文化と共生社会を育むWS・長編ドキュメンタリー「花はんめ」上映会（共催）
4月4日　ＡＫＡＹ支援コンサート in 神戸 Child Dream Concert（後援）
4月30日～5月8日　中央アジアのコリアンを訪ねる旅
6月17日　第24回アジア労働者交流集会 in 神戸　@神戸市勤労会館（共催）
6月21日～24日　高慶日ドローイング展
7月10日～17日　高塚事件20年WAKKUN原画展
10月9日「船ごと徴用」とは？　韓国併合100年の今、韓国人太平洋戦争遺族の声に耳を傾けよう
@神戸華僑歴史博物館（共催）
10月15日「1985年花であること　聞き取り・華僑２世徐翠珍的在日」上映会
金成日（キム・ソンイル）
10月20日～26日　多賀健太郎絵画展Vol. 2
10月24日「また、また、辺野古になるまで」「One Shot One Kill（一撃必殺）」上映会・藤本幸久
監督講演会　神戸YWCA、日本キリスト教団兵庫教区社会部&沖縄交流委員会（共催）
12月3日　神戸大学YMCA・KOBE Mass Choir クリスマスゴスペルコンサート（後援）
12月6日　アジア労働者交流集会 in 神戸　@神戸市勤労会館（共催）
12月8日　南京大虐殺・生存者の証言を聞く会 in 神戸（後援）

1.9　文化復興コンサート

6.21～24　高慶日ドローイング展

7.10～17　WAKKUN原画展

10.20～26　多賀健太郎絵画展

10.24　藤本幸久さん

12.6　ユン・チョルスさん

12.8　郭秀蘭さん

2011年

1月15日　むくげの会「２回目の成人式」
1月29日　多文化と共生社会を育むWS「タイ料理とタイ文化を楽しもう」（共催）
片山エミニチャゴン
3月11日　多文化と共生社会を育むWS座談会
「片岡希監督を囲んで　これからの多文化共生を考える」（共催）
4月3日　トモニプロジェクト「平和以外に何でもある国コンゴ」（後援）
5月18日「原発震災」について考える　中川　慶子
6月11日　神戸大学YMCA講演会「地下足袋の詩～歩く生活相談室32年～（後援）　入佐　明美
6月23日　アジア労働者交流集会 in 神戸@神戸市勤労会館（共催）
10月14日～23日　多賀健太郎絵画展Vol. 3
10月21日「被曝ピアノ　響け！平和の音色」チャリティーコンサート in 灘（共催）
11月5日　東学思想・文化講座（共催）　金容輝／邊英浩
11月29日　アジア労働者交流集会 in 神戸@神戸市勤労会館（共催）

2011年

12月2日　神戸大学YMCA・KOBE Mass Choir クリスマスゴスペルコンサート（後援）

12月7日　南京幸存者証言集会（後援）　潘　巧　英

1.15　むくげの会「2回目の成人式」

1.29　片山エミニチャゴンさん

3.11　片岡希監督

5.18　中川慶子さん

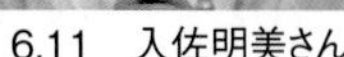

6.11　入佐明美さん

10.21　被爆ピアノコンサート

2012年

1月14日　朝鮮語・韓国語交流会

2月　ホームページリニューアル

6月9日　神戸大学YMCA講演会「西洋美術の読み方」（後援）　宮下規久朗

6月20日　アジア労働者交流集会 in 神戸＠神戸市勤労会館（共催）

9月8日　40周年記念式典 記念講演「日韓交流のきのう、きょう、あす」　曺喜夫（チョ・ヒブ）

10月15日～24日　多賀健太郎絵画展Vol.4

11月8日～15日　The Beautiful Flowers～日韓越、60人の女子学生と辿る3ヶ国の近現代史～フォトジャーナリスト村山康文写真展

11月18日～25日　「七十五年の記憶～幸存者の肖像～」七十五年の記憶写真展（後援）

11月26日　アジア労働者交流集会 in 神戸＠神戸市勤労会館（共催）

12月7日　神戸大学YMCA・KOBE Mass Choir クリスマスゴスペルコンサート（後援）

12月12日　南京幸存者証言集会（後援）　夏　淑　琴

1・14　朝鮮語・韓国語交流会

6・9　宮下規久朗さん

11.8～15　村山康文写真展

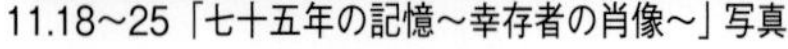

11.18~25「七十五年の記憶～幸存者の肖像～」写真展

11.26　アジア労働者交流会in神戸

12.12 夏淑琴さん

2013年

1月25日～26日　東アジアキリスト教交流史研究会 第1回ワークショップ in KOBE（後援）

2月11日～23日　バングラデシュのフェアトレード展（共催）

2013年

2月17日　バングラデシュの女性のエンパワーメント料理会（共催）
2月25日～3月3日　「3.11被害地からのメッセージ～気仙沼のいま～」写真展（共催）
3月2日　「つなぐ・つたえる復興ひろば」報告会＆朗読・映像で綴るライブ（共催）
3月3日　「被災地をつなぐ☆復興支援グッズ大集合！」（共催）
3月9日　台湾近現代史を見る視点
　　　　台湾は「親日」なのか、「独立」すべきなのか（共催）　酒井　亨
3月23日　市民と政府のTPP意見交換会・神戸実行委員会「これからの私たちの医療はどうなるの？
　　　　～TPP／規制緩和でこわされていく私たちの医療～」@神戸市勤労会館
6月8日　神戸大学YMCA「聖像と偶像－宗教美術の起源」（後援）　宮下規久朗
6月15日～16日　第9回移住労働者と連帯する全国フォーラム@甲南大学
6月19日　アジア労働者交流集会 in 神戸@神戸市勤労会館（共催）
10月5日　市民救命士講習会　東灘救急ボランティアグループ
10月12日～21日　多賀健太郎絵画展Vol. 5
10月21日　市民社会フォーラム「辛淑玉さんとともに考えようヘイトスピーチと人権」
　　　　@こうべまちづくり会館（共催）
10月24日～30日　神戸平和マップ展
10月25日　「神戸平和マップ」がつくる“平和”　小城　智子
11月3日～11日　中国「残留日本人孤児」を支援する兵庫の会主催「張雨均切り絵・書道作品展」
11月28日　アジア労働者交流集会 in 神戸@神戸市勤労会館（共催）
12月6日　神戸大学YMCA KOBE Mass Choir クリスマスゴスペルコンサート（後援）
12月10日　南京大虐殺幸存者証言集会（後援）

1・25　会長の李省展さん

2・17　バングラデシュセミナー

2・25～3・3　宗景正さん

3・9　酒井亨さん

6・15～16　移住労働者と連帯する全国フォーラム

10・21　辛淑玉さん

10・24～30　平和マップ展

11・3～11　張雨均切り絵・書道作品展

11・28　ウォルター・スモラレクさん

2014年

1月24日～25日　東アジアキリスト教交流史研究会（後援）
2月1日　「シェーナウの想い」～自然エネルギー社会を子どもたちに～（共催）
3月1日　つなぐ・つたえる復興ひろば2014
　　　　「避難者はいま～福島・コミュニティと人びとの軌跡～」（共催）

3月1日　多文化と共生社会を育むWS
「トルコ料理とトルコ文化をたのしむ会」(共催)　シェネル・コヌック

3月1日～5日　尹英順とポジャギ教室作品展

3月2日　絵本とポジャギのミニエコバッグづくり（後援）　尹英順／中野由貴

4月25日　天皇制を考える市民講座
「再び戦争する神の国へ～天皇・天皇制を美化するメディア」(共催)　山口　正紀

6月14日　神戸大学YMCA
「西洋美術とキリスト教－ヤコブの梯子をめぐって」(後援)　宮下規久朗

6月18日　アジア労働者交流集会 in 神戸@神戸市勤労会館（共催）

7月25日～27日　金城実世界を彫る「なまぬるい奴は鬼でも喰わない」

7月29日　出版記念講演会「殺生の文明からサリムの文明へ
－ハンサリム宣言／ハンサリム宣言再読－」　朴孟洙／大西秀尚

9月21日　AWEPの20年とフェアトレード（後援）

10月11日　介護予防カフェ（六甲カフェ）はじまる（共催）

10月12日　「空財布」ちいさなコンサート（後援）

11月6日～16日　多賀健太郎展Vol.6

11月16日～17日　神戸・日本軍「慰安婦」パネル展@こうべまちづくり会館（共催）

11月18日　講演会「いま、あらためて『慰安婦』問題を考えるために
－制度の実態と論争の歴史－」(共催)　藤永　壯

11月21日　天皇制を考える市民講座
「再び戦争する神の国へ－安倍首相はなぜ靖国参拝するのか」(共催)　菱木　政晴

12月2日　第33回アジア労働者交流集会 in 神戸@神戸市勤労会館（共催）　キム・ヨンテ

12月5日　神戸大学YMCA KOBE Mass Choir クリスマスゴスペルコンサート（後援）

2014年　12月9日　神戸・南京をむすぶ会「ジョンラーベ～南京のシンドラー～」上映会（後援）

3.1　シェネル・コヌックさん

7.25～27　金城実世界を彫る

7.26 金城実さん講演会

7.29　朴孟洙さん出版記念講演会

9.21　AWEP20周年の展示

11.18　藤永壮さん

11.21　菱木政晴さん

12.2　アジア労働者交流集会

12.5　横山順一牧師

2015年

2月9日　ケーキ教室1「シフォンケーキ」　林　榮太郎
2月16日　ケーキ教室2「ベイクドチーズケーキ」　林　榮太郎
2月28日　多文化と共生社会を育むWS「モロッコのお茶会」(共催)　ジャズーリ・ムスタファ
3月14日「クロンビ、風が吹く」上映会&監督トーク（協賛）　チョ・ソンボン
4月25日　多文化と共生社会を育むWS「エジプトのお茶会」(共催)　藤原ジーナ
4月29日　これでいいのか安倍政権－集団自衛権・基地・改憲－（共催）　服部　良一
5月20日～29日　村山康文写真展「サイゴン陥落から40年～それぞれのベトナム戦争～」
5月24日「ベトナム反戦運動とべ平連神戸」
「ベトナム戦終結から40年、今、人びとは何を想う」　西信夫／村山康文
6月6日　神戸大学YMCA「最後の晩餐」と食の美術（後援）　宮下規久朗
6月17日　アジア労働者交流集会 in 神戸@神戸市勤労会館（共催）
7月28日～29日「日本の歴史歪曲を許さない！全国大学生行動」特別企画展示会
「記憶、保存､そして継承～日本の歴史歪曲に反対する」(後援)
7月30日　多文化と共生社会を育むWS「日本のお茶会」(共催)　伊東　貴子
9月3日「ホームランが聞こえた夏」上映会
10月17日　神戸YWCAピースブリッジ
「よみがえる最前線～神戸と核と日米同盟」(共催)　坪井　兵輔
11月1日～8日　多賀健太郎展Vol. 7
11月9日　兵庫県国際交流協会アドバイザー派遣事業
「日本語ボランティアの指導法を振り返る」　斎藤　明子
11月9日～15日「日韓の海女－暮らしと生業」写真展
11月14日「済州の海女（チャムス）の“生”に学ぶ」(共催)　伊地知紀子
11月16日　ケーキ教室「リンゴジャムのパウンドケーキ」　林　榮太郎
11月30日　第35回アジア労働者交流集会 in 神戸@神戸市勤労会館（共催）
12月4日　神戸大学YMCA KOBE Mass Choir クリスマスゴスペルコンサート（後援）
12月7日　ケーキ教室「かぼちゃのプリン」　林　榮太郎
12月11日　神戸・南京をむすぶ会「笠原十九司さん講演会」(後援)

2・26 ケーキ教室

2・28 ジャズーリ・ムスタファさん

3・14 チョ・ソンボン監督

4・25 藤原ジーナさん

5・24 西信夫さん

5・24 村山康文さん

7・30 伊藤貴子さん

10・17 よみがえる最前線～神戸と核と日米同盟

11・9～15「日韓の海女」写真展

2015年

11・16 リンゴジャムのパウンドケーキ

11・28 第38回求める会収穫感謝祭

12・11 笠原十九司さん

2016年

1月25日　外国人とのコミュニケーションのための「やさしい日本語」　福井　武司
1月25日　「日本と原発４年後」上映会（共催）
2月29日　第36回アジア労働者交流集会 in 神戸@神戸市勤労会館（共催）
3月13日　復興ひろば2016「被災地女性の声を届ける」（協力）
3月18日　神戸YWCAピースブリッジ「生きにくい社会の構造－安保、TPP、そして食」@まちづくり会館（共催）　藤原　辰史
4月30日　有機野菜を使った料理教室１　近藤　貴水
5月14日　多文化と共生社会を育むWS「韓国のお茶会」（共催）　な・すんじゃ
5月28日　有機野菜を使った料理教室２　近藤　貴水
6月9日～15日　居空間RoCoCo活動パネル展／いきいきコンサート
6月11日　神戸大学YMCA「マグダラのマリアの美術」（後援）　宮下規久朗
6月25日　有機野菜を使った料理教室３　近藤　貴水
6月26日　はんてんの会「地域医療を掘り崩す神戸医療産業都市」　平田　雄大
7月10日　「ホームランが聞こえた夏」上映会
7月23日　有機野菜を使った料理教室４　近藤　貴水
8月19日　はんてんの会「神戸医療産業都市」弾劾　池田　清
10月1日　兵庫在日外国人人権協会「在日朝鮮人とハンセン病問題」（後援）　金　貴　粉
10月2日　空財布・ちいさなコンサート（後援）
10月13日　汎太平洋フォーラム「竹島問題と日韓両国の市民社会」（共催）　アレクサンダー・ブフ
10月15日～23日　多賀健太郎展Vol. 8
10月24日　まぜて焼くだけ　乳製品・卵を使わない秋のマフィン祭り　近藤　貴水
11月22日～12月3日　AWEP「アジアの布と女性の手仕事展」
12月9日　神戸YMCA KOBE Mass Choir クリスマスゴスペルコンサート（後援）
12月11日　神戸・南京をむすぶ会「世界記憶遺産と南京大虐殺－中国の平和への取り組み－」（後援）　朱　成　山
12月13日　アジア労働者交流集会 in 神戸@神戸市勤労会館（共催）

4・30 近藤貴水さん

5・14 な・すんじゃさん

6・9～15 RoCoCo展

10・1 金貴粉さん

10・24 秋のマフィン祭り

12・11 朱成山さん

2016年

12月15日　はんてんの会「天皇の『生前退位』を議論しよう」　天野　恵一

2017年

1月7日～22日　沖縄に想いを馳せる会　巡回写真展「辺野古はいま」（共催）
1月8日～11日　沖縄に想いを馳せる会
「高江－森が泣いている」「いのちの森　高江」上映会（共催）
1月28日　東北アジアの平和をつくる「日朝関係－制裁と対立からの脱却」（協力）　康　宗　憲
3月25日　多文化と共生社会を育むWS「ベトナムのお茶とお菓子を楽しむ会」（共催）大石キムオアン
4月28日　はんてんの会「天皇の『生前退位』を議論しよう」　服部　良一
5月28日　ミャンマー関西「ミャンマー民主化の現状とその課題」（共催）
6月10日　神戸大学YMCA「聖母マリアと美術」（後援）　宮下規久朗
6月21日　第38回アジア労働者交流集会 in 神戸＠神戸市勤労会館（共催）
7月30日　KOBEピースネット・東北アジアの平和を作る「歴史認識と日中関係」（協賛）矢吹　晋
9月16日　ドキュメンタリー映画「異なる世界」上映会
9月29日　神戸の石炭火力発電を考える会
「神戸製鋼が建設予定の石炭火力発電所を考える市民学習会」（共催）
10月2日～15日　村山康文写真展「追憶のベトナム～取材20年の現場から～」（共催）
山本元／久保はるか
10月3日　日本バプテスト連盟日韓・在日連帯特別委員会　劇団石ひとり芝居「在日バイタルチェック」
10月8日　空財布・ちいさなコンサート（後援）
10月21日～11月5日　多賀健太郎展Vol. 9
11月11日　兵庫県国際交流協会日本語学習支援アドバイザー派遣事業
「日本語のリズム・イントネーション・アクセントについて」　服部　和子
11月17日　はんてんの会「共謀罪と大逆事件」（共催）　永嶋　靖久
11月29日　第39回アジア労働者交流集会 in 神戸＠神戸市勤労会館（共催）
12月7日　神戸・南京をむすぶ会「父の証しした記憶をたどって」（後援）　山本　敏雄
12月8日　神戸大学YMCA KOBE Mass Choir クリスマスゴスペルコンサート（後援）
12月17日　ミャンマー関西「ミャンマーロヒンギャ問題とは何か」（共催）
12月24日　「南京大虐殺80年の今　米国ドキュメンタリー『南京』を観る」（共催）

1・28 康宗憲さん

3・25 大石キムオアンさん

5・28 ミャンマー集会

9・29 石炭火力発電所を考える市民集会

10・15 村山康文さん

11・17 永嶋靖久弁護士

2018年

2月13日　多文化と共生社会を育むWS
「ペルーのお茶とお菓子を楽しむ会」（共催）　大城ロクサナ・アジベ
3月24日　多文化と共生社会を育むWS「災害時～電気、ガス、水が無い～
あなたはどうしますか？美味しい食事を作りましょう！」（共催）　坂本　佳奈
4月1日　幸徳秋水を語る神戸のつどい実行委員会「幸徳秋水を語る神戸のつどい」

2018年

4月27日　天皇制を考える市民講座「立憲主義と象徴天皇制」　中北龍太郎
5月17日～31日　AWEP「アジアの布と女性の手仕事展」
6月2日　神戸大学YMCA「「最後の晩餐」と「食」の美術」(後援)　宮下規久朗
6月27日　第40回アジア労働者交流集会 in 神戸@神戸市勤労会館（共催）
7月26日　神戸・南京をむすぶ会
「七冊の従軍手帳－山本敏雄氏の講演に続けて」(後援)　荒井とみよ
9月3日　兵庫県国際交流協会日本語学習支援アドバイザー派遣事業
「日本語ボランティアとして知っておきたいこと」　岡田亜矢子
9月29日　神戸・南京をむすぶ会
「満洲農業開拓民「東亜農業のショウウィンドウ」建設の結末」(後援)　今井　良一
11月6日～15日　多賀健太郎展Vol.10
11月16日　大韓赤十字社　朴庚緒会長講演集会
「南北・東北アジア平和共同体構築のための宗教者の役割」(後援)
11月23日　はんてんの会
「「明治産業革命遺産」と強制労働「明治150年」賛美反対」(後援)　中田　光信
11月29日　第41回アジア労働者交流集会 in 神戸@神戸市勤労会館（共催）
11月30日　藤田早苗講演会@KOBE実行員会
「世界から見た日本を語る－メディア・ジェンダー・貧困－」　藤田　早苗
12月3日　神戸・南京をむすぶ会
「『廠窖（しょうこう）事件』(中国）をご存知ですか？」(後援)　上田雅美／宮内陽子
12月14日　神戸大学YMCA KOBE Mass Choir クリスマスゴスペルコンサート（後援）

2・13 大城ロクサナ・アジベさん

3・24 坂本佳奈さん

4・1 田中全さん

5・17 アジアの布と女性の手仕事展

8・15 むすぶ会南京追悼集会

11・30 藤田早苗さん

2019年

1月11日～14日　星野文昭さんを取り戻す会・兵庫「星野文昭＆暁子　絵と詩展」
4月26日　いま問われる植民地統治「徴用工」韓国大法院判決をめぐって（賛同）　太田　修
5月20日～6月21日　AWEP「アジアの女性の布と小物の物語」
5月21日～6月20日　ロシナンテ社協賛「解放出版社の本展示販売展」
6月8日　神戸大学YMCA「追悼と美術」(後援)　宮下規久朗
6月27日　第42回アジア労働者交流集会 in 神戸@神戸市勤労会館（共催）
6月30日　神戸芝居カーニバル実行委員会「河東けい・ひとり語り　母－多喜二の母－」(協力)
8月4日　「女を修理する男」上映実行委員会
映画「女を修理する男」上映会+トーク（共催）　杉山　精一
8月18日～27日　「慰安婦」問題を考える会・神戸、すべての人に尊厳と人権を！
ヘイトクライムをなくそう！神戸連絡会「宋神道さんを心に刻む」
写真展と講演・映画（協賛）

2019年

9月1日　ミャンマー関西「ミャンマー民主化への道－民主活動家のお話と映画－」(共催)
10月19日　カトリック社会活動神戸センター「冤罪はいまも…私はわらじがぬがれない」
古川泰龍の足跡を辿る講演と展示（後援）
12月6日　神戸大学YMCA KOBE Mass Choir クリスマスゴスペルコンサート（後援）
12月13日　韓国映画：소리없는 파이팅 『글로브』(ホームランが聞こえた夏）上映会
12月20日　神戸・南京をむすぶ会　講演会＆出版記念会（後援）　宮内　陽子

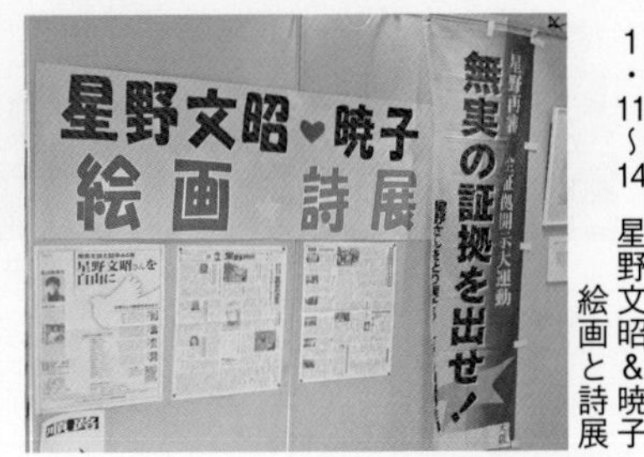

1・11〜14 星野文昭&暁子絵画と詩展

8・17〜27 宋神道さんを心に刻むパネル展

12・20 宮内陽子さん講演会

2020年

1月15日　「戦争取材と自己責任」刊行記念　安田純平+藤原亮司トークライブ（共催）
2月1日　大逆事件を明らかにする兵庫の会「100年の谺　大逆事件は生きている」上映会
10月31日　「大逆事件を明らかにする兵庫の会」立ち上げ集会・講演会
11月17日　「戦争の持つもう一つの暴力『復員日本兵の心的外傷後ストレス障害』
＝PTSDを考える」(実行委員会主催)　黒井　秋夫

1・15「戦争取材と自己責任」トークライブ

10・31 記念講演　山泉進さん

11・17 黒井秋夫さん講演会

2021年

5月6日　(新センター開館記念講演会）鳥井一平さん講演会実行委員会主催
「コロナ禍の『移民』と入管法改悪」(協賛)　鳥井　一平
6月20日　ミャンマークーデター抗議西日本実行委員会
「ミャンマークーデター抗議セミナー・ミャンマー人が話します！」(共催)
6月29日～7月2日　(新センター開館記念）神戸学生青年センター所蔵16ミリフィルム上映会
11月10日　天皇制を考える市民講座「日本の中国侵略」(共催)　宮内　陽子

2022年

1月14日　「いま、新疆ウイグル自治区（東トルキスタン）でなにが起こっているのか」　王　柯
1月21日　「ウイグル問題の歴史と構造」　王　柯
4月23日　天皇制を考える市民講座「『豊かな海づくり』の欺瞞」(共催)　湯浅　一郎
4月30日　講演会「神戸平民倶楽部と大逆事件－岡林寅松・小松丑治とその周辺」　上山　慧
5月28日　50周年記念式典　記念講演「ともに歩む共生社会への道」　李清一（イ・チョンイル）
6月1日　技能実習制度廃止！全国キャラバン IN 神戸（講演会と対談）「もうウソやごまかしはやめて、まっとうな外国人労働者受け入れ制度を」(後援)　鳥井一平／斎藤善久
8月6日　てつがく対話実行委員会
「てつがく対話を身近なものに～対話のコツ～」(後援)　水上　裕貴
9月1日　神戸・南京をむすぶ会講演会「語り継ぐ満蒙開拓の史実」(後援)　寺沢　秀文
10月29日　天皇制を考える市民講座「『豊かな海づくり』の欺瞞」(共催)　末田　一秀
12月8日　神戸・南京をむすぶ会
林伯耀さん講演会「関東大震災100年－中国人虐殺事件－」(後援)
12月17日　大逆事件を明らかにする兵庫の会「森近運平と神戸」　森山　誠一

12月20日　六甲ウィメンズハウス「露の団姫チャリティー落語会」@あすてっぷKOBE（共催）
12月24日　Z&D&M　六甲ウィメンズハウスチャリティイベント「クリスマスイブのつどい」
@かもめりあ（協力）

2022年

1.14　王柯先生講演会

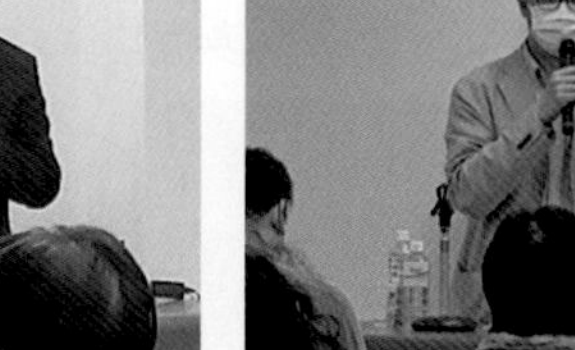
4.30　上山慧さん

6.1　斉藤善久さん（左）　鳥井一平さん（右）

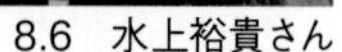
8.6　水上裕貴さん

12.8　林伯耀さん

センター出版部・出版目録（価格は税別）

解放後の在日朝鮮人運動／梶村秀樹／ISBN978-4-906460-51-9　A5　103頁　600円

在日朝鮮人の民族教育／金慶海・洪祥進・梁永厚<品切>　A5　91頁　400円

教科書検定と朝鮮／中塚明・朝鮮語講座上級グループ<品切>　B5　148頁　800円

現在の在日朝鮮人問題／田中宏・山本冬彦<品切>　A5　94頁　500円

指紋制度を問う―歴史・実態・闘いの記録―／新美隆・小川雅由・佐藤信行他<品切>　A5　205頁　900円

サラム宣言―指紋押捺拒否裁判意見陳述―／梁泰昊／ISBN978-4-906460-58-8　A5　92頁　500円

児童文学と朝鮮／仲村修・韓丘庸・しかたしん／ISBN978-4-906460-55-7　A5　216頁　1100円

天皇制と朝鮮／朴慶植・水野直樹・内海愛子・高崎宗司／ISBN978-4-906460-59-5　A5　170頁　1200円

1990朝鮮人・中国人強制連行強制労働資料集／金英達・飛田雄一編<品切>　B5　80頁　400円

1991朝鮮人・中国人強制連行強制労働資料集／金英達・飛田雄一編<品切>　B5　210頁　1100円

1992朝鮮人・中国人強制連行強制労働資料集／金英達・飛田雄一編／ISBN978-4-906460-61-8　B5　272頁　1400円

1993朝鮮人・中国人強制連行強制労働資料集／金英達・飛田雄一編<品切>　B5　316頁　1600円

1994朝鮮人・中国人強制連行強制労働資料集／金英達・飛田雄一編／ISBN978-4-906460-26-7　B5　290頁　1600円

朝鮮人従軍慰安婦・女子挺身隊資料集／金英達編／ISBN978-4-906460-60-1　B5　215頁　1100円

国際都市の異邦人・神戸市職員採用国籍差別違憲訴訟の記録／仲原良二編<品切>　B5　196頁　1800円

体験で語る解放後の在日朝鮮人運動／朴慶植・張錠寿・梁永厚・姜在彦／ISBN978-4-906460-53-3　A5　210頁　1500円

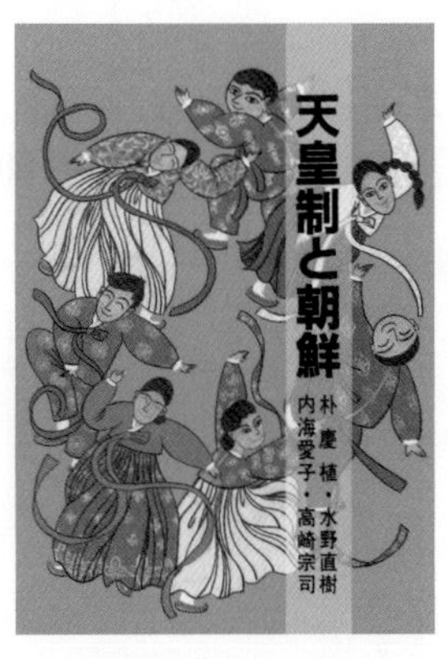

日韓の歴史教科書を読み直す―新しい相互理解を求めて―／キリスト教学校教育同盟関西地区国際交流委員会編<品切>　A5　199頁　2190円

【日韓合本版】日韓の歴史教科書を読み直す―新しい相互理解を求めて―／キリスト教学校教育同盟関西地区国際交流委員会編／ISBN978-4-906460-41-0　A5　427頁　2500円

3・1独立運動と堤岩里教会事件／韓国基督教歴史研究所著/信長正義訳／ISBN978-4-90640-34-2　四六　252頁　1800円

アボジの履歴書／金乙星／ISBN978-4-906460-33-5　A5　134頁　2000円

<未完>年表日本と朝鮮のキリスト教100年／八幡明彦編（簡易製本版のみ）　B5　146頁　1600円

歌劇の街のもうひとつの歴史―宝塚と朝鮮人／鄭鴻永／ISBN978-4-906460-30-4　A5　265頁　1800円

朝鮮近現代史における金日成／和田春樹・水野直樹／ISBN978-4-906460-29-8　A5　108頁　1000円

在日朝鮮人90年の軌跡－続・兵庫と朝鮮人－／兵庫朝鮮関係研究会・編著／ISBN978-4-906460-23-6　B5　310頁　2300円

朝鮮人強制連行とわたし川崎昭和電工朝鮮人宿舎・舎監の記録／脇本寿（簡易製本版のみ）／ISBN978-4-906460-25-9　A5　35頁　400円

母・従軍慰安婦 かあさんは「朝鮮ピー」と呼ばれた／尹静慕作・鹿嶋節子訳・金英達解説／ISBN978-4-906460-56-4　A5　172頁　1000円

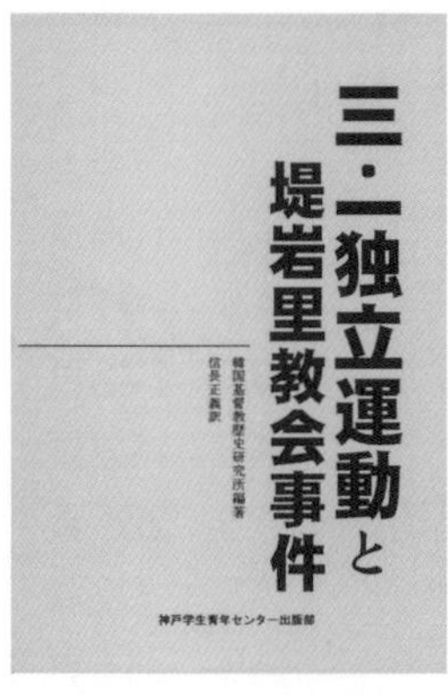

在日朝鮮人・生活権擁護の闘い—神戸・1950年「11・27」闘争／金慶海・堀内稔／ A5 280頁 1800円
ISBN978-4-906460-54-0
高慶日マンガ展「二十世紀からの贈り物」／高慶日 A4 44頁 1300円
朝鮮統一への想い／高銀／ISBN978-4-906460-38-0 A5 30頁 400円
殺生の文明からサリムの文明へ—ハンサリム宣言　ハンサリム宣言再読—／ A5 164頁 700円
モシムとサリム研究所著／大西秀尚訳／ISBN978-4-906460-46-5
夏は再びやってくる—戦時下の神戸・オーストラリア兵捕虜の手記—／ A5 427頁 1800円
ジョン・レイン著／平田典子訳／ISBN978-4-906460-42-7
風は炎えつつ／深山あき／ISBN978-4-906460-43-4 B6 209頁 1500円
戦時朝鮮人強制労働調査資料集2—名簿・未払い金・動員数・遺骨・過去精算—／ B5 212頁 1900円
竹内康人編／ISBN978-4-906460-45-8
戦時朝鮮人強制労働調査資料集　増補改訂版—連行先一覧・全国地図・死亡者名簿—／ B5 270頁 2000円
竹内康人編著／ISBN978-4-906460-48-9
日韓市民による世界遺産ガイドブック「明治日本の産業革命遺産」と強制労働／ A5 88頁 500円
強制動員真相究明ネットワーク・民族問題研究所編／ISBN978-4-906460-49-6

＊

今、子供になにが起こっているのか／白井晴美・坂本玄子・谷綛保・高橋晄正／ A5 158頁 600円
ISBN978-4-906460-57-1
医と食と健康／竹熊宜孝・山中栄子・石丸修・梁瀬義亮・丸山博　<品切> A5 132頁 600円
もっと減らせる！ダイオキシン／中南元・上杉ちず子・三島佳子／ A5 145頁 1200円
ISBN978-4-906460-37-3

＊

賀川豊彦の全体像／山口光朔・笠原芳光・内田政秀・佐治孝典・土肥昭夫／ A5 180頁 1400円
ISBN978-4-906460-52-6
歴史を生きる教会—天皇制と日本聖公会／佐治孝典<品切>／ A5 165頁 1300円
ISBN978-4-906460-40-3
牧会五十話／中村敏夫／ISBN 978-4-906460-28-1 A5 177頁 1800円
地震・雷・火事・オヤジ—モッちゃんの半生記／小池基信／ISBN978-4-906460-35-9 四六 270頁 1600円

信徒と教職のあゆみ／中村敏夫＜品切＞	B6	101頁	1500円

＊

＜ブックレット＞

南京事件フォト紀行／成川順	A4	96頁	560円
生徒と学ぶ戦争と平和／宮内陽子	A4	80頁	560円
国産大豆で、醤油づくり／浄慶耕造	A4	24頁	320円
自給自足の山村暮らし／大森あい	A4	36頁	320円
朝鮮人強制労働企業 現在名一覧／竹内康人編	A4	26頁	240円
阪神淡路大震災、そのとき、外国人は？／飛田雄一／ISBN978-4-906460-50-2	B5	58頁	410円
2017年通常国会における改憲論議—転換点としての5月3日／高作正博著／「高作先生と学ぶ会」編	A5	56頁	500円
＜資料集＞アジア・太平洋戦争下の「敵国」民間人抑留—神戸の場合—／神戸港における戦時下朝鮮人・中国人強制連行を調査する会編／ISBN978-4-906460-62-5	A4	56頁	600円
神戸学生青年センター朝鮮語講座ブックレット①　ハンサルリム宣言＜品切＞	B5	28頁	100円
シンポジウム＜在日朝鮮人史研究の現段階＞資料集／在日朝鮮人運動史研究会関西部会編＜品切＞	B5	52頁	300円
11・27神戸朝鮮人生活権擁護闘争・資料集／神戸学生青年センター編＜品切＞	B5	31頁	300円

(財)神戸学生青年センター賛助金　2002.4.1～7.31(敬称略・単位円)

熊谷一綱 10000　多田傳三郎 5000　川原トシ子 3000　本田真美 3000　木村靖 3000　木原眞知子 3000　加輪上敏彦 5000　センターグループ 5000　西咸子 3000　小柳玲子 5000　小林まゆみ 3000　山川美代 3000　萩ルイ子 3000　金慶海 3000　岡田照子 10000　仲本幸哉 5000　山本善偉 5000　横山篤夫 10000　田原良次 3000　遠山薫 3000　土本基子 3000　坂元勝 3000　木村量好 5000　青木一博 3000　野澤正美 5000　久保井規夫 3000　前田みち子 3000　伊藤義清 5000　李周鎬 5000　宗像基 3000　山崎雅實 5000　杉山博昭 3000　岡内克江 3000　中村大蔵 3000　友井公一 3000

佐藤敬 3000　山門喜久雄 10000　井尻喜野恵 5000　高阪邦子 3000　松井潔 3000　平田典子 3000　金井文宏 5000　豊島直子 3000　申曽洙 5000　山下秀 3000　山田保 3000　秋山眞澄 3000　吉村武郎 5000　草谷桂子 5000　武正興 5000　福原孝浩 3000　宮井正彌 3000　小川幹雄 3000　小笠幸雄 5000　梁愛舜 10000　井上淳子 3000　黒田千歳 3000　特別養護老人ホームオリンピア 3000　梁壽龍・朴貴玉 3000　武田雅子 3000　坂本悠一 3000　杉原達 3000　板山眞由美 3000　室田卓雄 3000　尹明憲 3000　今田裕子 3000　山縣熙 5000　永井靖二 5000

渡辺俊雄 3000　広川嘉宏 3000　成毛典子 10000　坂元ひろ子 5000　藤田章子 3000　井坂弘 3000　住谷馨 3000　横川修 5000　青野正明 3000　所薫子 3000　三木聡明 3000　山田園子 3000　石田米子 3000　愛媛有機農産生協 5000　幸内菜々絵 3000　浜崎としずみ 3000　羽鳥敬彦 5000　山崎延子 3000　朴明子 3000　荒川宏史 3000　中川健作 3000　藤本覚 3000　田部美知雄 3000　手束光子 3000　泉迪子 3000　明石教会 5000　片山憲明 5000　松下量子 3000　高木塾 5000　乾康子 3000　小柳玲子 5000　杉原一三 3000　黒田重徳 3000　北村栄子 3000

中野光司 3000　中野啓子 3000　植木節子 3000　齋藤玲子 3000　辰巳眞理 3000　河崎吉弘 3000　稲地昭子 3000　田中紀子 3000　杉谷あかね 3000　山中真理子 3000　畑典子 3000　堀川敏朗 3000　本橋正男 5000　坂根輝吉 2000　無名氏 5000　西村美佐 3000　加藤雅之 3000　阿部恩 5000　星乃勇介 3000　横山康子 3000　高木甫 10000　平山良平 3000　西信夫 5000　枡田計雄 5000　木下洋子 3000　横野朝彦 3000　間明子 3000　宇都宮佳果 3000　一色作郎 5000　貞松・浜田バレエ団 3000　石塚健 3000　児玉浩次郎 3000　戸塚悦朗 5000　山内充江 3000

金俊江 3000　高茂成 3000　吉水公一 3000　神戸大学学生震災救援隊 3000　関戸駿治 3000　中村証二 3000　松代東亜子 5000　梅尾文子 3000　斉藤日出治 3000　飛田みえ子 5000　長谷川智子 3000　寺島俊穂 3000　飛田雄一 10000　望月文雄 2000　島津恒敏 10000　河野美佐恵 3000　李景珉 5000　竹沢泰子 3000　寺岡洋 5000

伊藤一幸・西尾典子 10000　乾康子 3000　徐根植 5000　宮田茂雄 3000　伊藤悦子 3000　山本賢二 10000　宇野田尚哉 3000　兵庫県有機農業研 20000　中地重晴 5000　甲南女子大多文化共生学科 5000　上野利恵子 3000　山根成人 20000　山田初美 5000　厚地勉 3000　田中洋一 3000　田中満 3000　近藤とみお・幸子 5000

求める会 15000　小沼恵子 5000　樅山さち子 3000　根岸知枝子 3000　村上千代 3000　上田勝彦 3000　阪上史子 3000　野村潔 5000　園部俊治 2000　佐治孝典 5000　野村詩賀子 5000　林茂 3000　菅沼祐子 3000　飛田溢子 5000

計186件　776,000円
以上感謝をもって領収いたしました。

賛助金ご協力のお願い

●賛助会費
　一口 A3,000　B5,000　C10,000
※いずれも一口を単位としますが、何口でも結構です。
※送金方法
　郵便振替〈01160-6-1083 財団法人 神戸学生・青年センター〉
　　備考欄に「賛助金」とお書きください。
　銀行振込 三井住友銀行 六甲北支店 0779663
　　財団法人 神戸学生青年センター 賛助金
　銀行振込で領収証やニュースをご希望の方は、事務局までご連絡ください。

六甲奨学基金　2002.4.1～7.31(敬称略・単位円)

河瀬幸子 3000　熊谷一綱 10000　石村真紀 3000　加輪上敏彦 5000　小柳玲子 5000　山本善偉 3000　横山篤夫 10000　田原良次 3000　松岡静子 10000　長澤秀 10000　津田玲子 3000　申曽洙 5000　田辺光平 3000　白川豊 10000　吉村武郎 5000　草谷桂子 5000　武正興 5000

福原孝浩 3000　大野貞枝 5000　西浦茂 5000　宮川博之 3000　板山眞由美 5000　渡辺俊雄 3000　藤本一枝 3000　坂元ひろ子 10000　青野正明 3000　田島恵児 5000　愛媛有機農産生協 5000　羽鳥敬彦 5000　山崎延子 3000　田部美知雄 5000　瀬戸口雅子 5000　片山憲明 5000

松下量子 3000　高木塾 5000　葛谷登 10000　夏井町子 5000　小柳玲子 5000　無名氏 5000　阿部恩 5000　横山康子 3000　清水正博 5000　枡田計雄 5000　間明子 3000　山下英愛 5000　森野秀樹 3000　山内充江 3000　神戸大学学生震災救援隊 5000　飛田みえ子 5000

飛田雄一 10000　中畠孝幸 10000　伊藤一幸・西尾典子 10000　粟野英子 3000　外谷悦夫 5000　山本繁樹 3000　松岡静子 10000　樅山さち子 3000　村上千代 3000　近澤淑子 5000　野村詩賀子 5000　灘チャレンジ祭実行委 16610　林茂 3000　飛田溢子 5000

会社案内による募金協力 5090　UFJカードによる募金協力 30208

古本市による募金協力 1,365,917　募金箱 1600

計66件　1,740,425円
以上感謝をもって領収いたしました。

六甲奨学金ご協力のお願い

●賛助会費
　一口 A3,000　B5,000　C10,000
※いずれも一口を単位としますが、何口でも結構です。
※送金方法
　郵便振替〈01160-6-1083 財団法人 神戸学生・青年センター〉
　　備考欄に「奨学金」とお書きください。
　銀行振込 三井住友銀行 六甲北支店 0779651
　　財団法人 神戸学生青年センター 六甲奨学金
　銀行振込で領収証やニュースをご希望の方は、事務局までご連絡ください。

セミナーの記録　2002.4～7

食料環境セミナー

(No.315)　4月24日　垣田 達哉 氏「問題だらけの食品表示」
(No.316)　5月22日　丹下 大信 氏「思春期の子どもと携帯電話」
シリーズ「殺虫剤にご用心」
①(No.317)6月26日　中南 元 氏「衣料用防虫剤とダイオキシン汚染」
②(No.318)7月10日　植村 振作 氏「家庭用殺虫剤は大丈夫?」

農　塾

第10期 農塾
第1回5月10日(金)保田 茂 氏「有機農業の意義」
第2回5月17日(金)渋谷冨喜男氏「有機農業の野菜づくり」
第3回5月24日(金)青位眞一郎氏「有機農業の養鶏」
第4回5月31日(金)牛尾 武博 氏「有機農業のコメづくり」
6月1日(土)圃場見学会／八千代町、市川町、神戸市
第5回6月7日(金)小林美喜子氏「体の歪みを自分で直す」
第6回6月14日(金)本野 一郎 氏「生産と消費をむすぶ」
第7回6月21日(金)尾崎 零 氏「ムラ社会の未知、知るべェ」
第8回6月28日(金)山根 成人 氏「旬を生かした料理」
実習農園(神戸市西区)
講習会 第1・3日曜

森林講座

春の編(間伐作業)5月18―19日
夏の編(下刈作業)7月13―14日
森林ボランティア活動
　4月20日、6月15日

朝鮮史セミナー

4月27日(土) 田中 宏 氏「不条理な在日朝鮮人政策の出立」

六甲奨学基金

日本語サロン(毎週月・土曜日)
第5回古本市 3月15日～5月15日
日本語学習支援講座
5月 矢野文雄氏

朝鮮語講座

①入　門 毎週水曜日 趙子衡氏
②初　級 毎週火曜日 李埈瑞氏
③中　級 毎週木曜日 尹智香氏
④中級会話 毎週木曜日 朴鐘佑氏
ワールドカップをもっと楽しむための韓国語集中講座
④4月6日　韓国語の看板を読もう
⑤4月13日　これだけはおさえておきたい日韓(日朝)の歴史
⑥4月20日　韓国のサポーターと交流しよう
　李埈瑞氏　森川展昭氏

その他

4月14日 キリスト者エコネット1周年集会(後援)
5月3日 キムチチゲ・ハイキング
5月18日 理事会、評議委員会
5月18―27日 サマサマフェア(共催)
6月25日 アジア労働者交流会in神戸(共催)
6月29日 30周年記念式典
　30周年記念講演会 松井やより氏「"現代"が問いかけるもの」
7月13―24日 AWEPフェア(共催)

神戸学生・青年センター センターニュース
KOBE STUDENT YOUTH CENTER NEWS No.49

No.49
発行所　(財)神戸学生・青年センター
理事長　辻　建
館　長　飛田 雄一
〒657-0064　神戸市灘区山田町3丁目1-1
TEL (078) 851-2760 FAX (078) 821-5878
Yamada-cho 3-1-1, Nada-ku
Kobe, 657-0064 Japan
E-mail rokko@po. hyogo-iic. ne. jp
URL http://www. hyogo-iic. ne. jp/~rokko/

理事長退任のご挨拶

東海大学名誉教授、
聖学院大学大学院客員教授
河　上　民　雄

このたび、私は神戸学生青年センター創立三十周年を機に、理事長を辞し、新理事長辻建氏にあとをお願いすることにいたしました。

辻氏は、センター発足以来、終始その発展に心を砕き、二代目の館長としても活動され、センターを最もよく知る方といって過言ではありません。辻理事長、飛田館長の新体制のもとでセンターが更なる発展をとげることを、私は信じております。

私のような者が三十年間も理事長をつとめることができましたのも、三代にわたる館長、そして職員の皆さん、理事、評議員の皆さん、さらには、センターを囲む幅広い支援者のご協力があったればこそで、ここにつきない感謝を捧げます。

これからのセンターの役割は、三十周年記念誌の標題の如く、まさに「20世紀から21世紀へ」のメッセージを発信しつづけることにあると信じます。20世紀を生きてきた者には、21世紀がどのようになるかは、軽々に予想することはできません。人が幸福になるためには、希望と勇気と、そこそこのお金(some money)が必要というチャップリンの名言を思い起こします。理想を見失わず、足下をおろそかにせず、力強い歩みを続けられることをお祈りします。

理事長に就任して

理事長　辻　建

センターの創立30周年にあたって、勇退された河上民雄先生のあとをお受けして、理事長をお引き受けすることになりました。

思い返せば、センターの財団法人設立の折り、事情のよく分からない私たちを指導して財団法人化のために細かい指導をして頂いたのが河上先生でした。その後のセンターの働きの内容が、多くの評価を頂いてきたことは勿論ですが、その陰には「法人」としての社会的評価があったことを見過ごすわけにはいきません。河上先生を理事長に頂いてきたことの貢献度に改めて、感謝を申し上げます。

センターは設立当初から、自立した経済基盤を持ち続けたいと願って運営してきました。しかし30年の歳月は容易ではなく、数々の経済的変動があり、阪神淡路大地震がありました。そのうえ、施設そのものの老朽化と再生を継続的に諮らねばなりませんでした。この課題は今後、一層重荷としてのしかかっており、皆様のご支援なくしては進むことが出来ません。よろしくお願い致します。

もうひとつの課題は、世代交代を諮ることです。熱心ですぐれた理事・評議員・スタッフの方々に恵まれて現在の活動が続けられていますが、問題は次の担い手を造りだしていくことです。センターが次に50年を迎えるために、これは必須の条件となります。 センターを愛し、支えて下さる皆様のご協力によりセンターがさらによい活動が出来ますよう心からお願いする次第です。

30周年記念式典・講演会が開かれました

去る6月29日、センターの30周年記念式典と記念講演会が当センターホールで開かれました。式典には120名、記念講演会には160名の方が参加して下さいました。お忙しいなか参加下さった方々、また祝電を寄せていただいた方々、どうもありがとうございました。センターのホールは通常はメモ台付の椅子をならべて80～100名程度の講演会に利用されますが、この日はリース業者からパイプ椅子も借りて会場を準備し、なんとか160名の会をすることができました。

式典は、宇都宮佳果理事（日本キリスト教団神戸東部教会牧師）の司式で行なわれました。辻建新理事長が選ばれた聖書の箇所は、マルコによる福音書4章26～29節です。

「神の国は、ある人が地に種をまくようなものである。夜昼、寝起きしている間に、種は目を出して育っていくが、どうしてそうなるのか、その人は知らない。地はおのずから実を結ばせるもので、初めに芽、つぎに穂、つぎに穂の中に豊かな実ができる。実がいると、すぐにかまをいれる。刈入れ時がきたからである」

宇都宮氏の祈祷に続いて河上民雄理事長からのメッセージ（別掲）および飛田からの事業報告がありました。

別室でのティータイムののち午後3時から松井やよりさんの記念講演が開かれました。松井さんは、東京外国語大学英米科に在学中、米国・ミネスタ大学、フランス・パリ大学に留学。のちに朝日新聞社に入られ社会部記者として福祉、公害、消費者問題、女性問題などを取材されました。1981～85年シンガポール・アジア総局員、帰国後、社会部編集委員。1994年4月同社定年退職後、フリージャーナリスト。アジア女性資料センター代表をつとめる他、NGOの活動に関わっておられます。

もりきかずみ評議員が、30年前に結成された「アジアの女たちの会」発足の頃をふりかえって松井さんの紹介をしてくださいました。松井さんの講演は「グローバル化」をキーワードに、アジアで実際に起っていることがらを具体的な材料として紹介しながら、お話し下さいました。（編集部の抄録は別掲）

（飛田雄一）

記念式典メッセージ

理事長　河 上 民 雄

種まきの聖書の箇所（マルコによる福音書4章26～29節）は、ふたつのことを教えてくれる。ひとつは、人間の技には時間が大切だということだ。急に思いついてもすぐにできるのではない。学生センターのさまざまなプログラムも阪神大震災のときの被災留学生・就学生支援の事業もそうであったと思う。

もうひとつは、人間のいとなみは小さなものでキリスト教的に言えば人間の力を超えた神の摂理が働くということだろう。この箇所に関連して聖書の別の箇所（マタイ6章）に有名な「空の鳥、野の花をみよ」という有名な言葉がある。「明日のことを思い煩うな」という箇所だが、日蓮の信者であった悲劇の宰相・石橋湛山の最後の色紙はこの言葉で結ばれている。石橋は「小日本主義」をとなえ「朝鮮台湾満州をすてよ」と主張した人物だ。

また石橋の20年程前に勝海舟も同じようなことを言っている。日清戦争に断固と反対し（勝ったのちも）、戦争は勝ったり負けたりする、この次負けるのは日本だと看破したが、50年後この予言は的中した。また足尾銅山鉱毒事件でも古川財閥を、徳川時代にもあんなことは起こらなかったとた批判した。私たちが歴史に学ぶべきことはまだまだ多い。

先日の理事会で30年間勤めた理事長を辞すことを認めていただいた私の理事長としては最後のスピーチとなりましたが、これからも辻新理事長と飛田館長を中心に担われる学生センターをよろしくお願いします。

■宿泊料（税別）　チェックイン　午後 6:00～10:30　チェックアウト　午前 9:00

部屋名	定員	利用人数による一人当りの素泊まり料金／¥（学生料金）			
和室A	8	2人 4,000 (3,500)	3―4人 3,300 (3,000)	5―6人 3,000 (2,700)	7―8人 2,800 (2,500)
和室B／C	各3	1人 4,500 (4,000)	2人 3,800 (3,500)	3人 2,800 (2,500)	
和室D	16	3―4人 4,000 (3,500)	5―8人 3,300 (3,000)	9―12人 3,000 (2,700)	13―16人 2,800 (2,500)
ベットルーム 8室	各2	1人 3,500 (3,000)	2人 2,800 (2,500)	＊	＊

●シーツとまくらカバーをお渡しします。全室にゆかたを準備しています。ベッドメーキングは、セルフサービスでお願いします。（定員46人）

■会場使用料（税別）　一般料金（学生料金）

	A.M.9～12	P.M.1～5	P.M.6～10
ホール	7,000 (6,000)	8,000 (7,000)	9,000 (8,000)
スタジオ 会議室A 会議室D	3,200 (2,700)	3,700 (3,200)	4,200 (3,700)
会議室C	2,900 (2,400)	3,400 (2,900)	3,900 (3,400)

●ホール使用に限り土曜日・日曜日・祭日は各2,000円増
●営業目的の会場使用は、10割増となります。
●ピアノ使用は1口1,000円（スタジオ）、3,000（ホール）

●阪急六甲より徒歩2分
●JR六甲道より徒歩10分
●新幹線新神戸よりタクシー15分

30周年記念1000万円募金　2002.4.1～7.31（敬称略・単位円）

すぎなコーラス 10000
辻学 10000
慎英弘 5000
石村真紀 3000
多田偉三郎 5000
野口綾子 10000
神戸東女声合唱団 10000
柳田耕一 10000
滝口豊 5000
小国冷子 1000
望月慶子 30000
センターグループ 10000
岡崎ひろみ 3000
仲本幸哉 5000
岡田照子 5000
田原良次 3000
飛田滋子 100000
小島勇 5000
三輪嘉男 3000
一岡玲子 3000
渡辺省悟 10000
赤松彰子 5000
徳岡宏一郎 10000
武山栄子 3000
山川美代 3000
大月良子 3000
若宮まさこ 3000
横山篤夫 10000
阿江千枝子 5000
松岡静子 20000
金正郁 5000
米村邦稔 10000
木下洋子 5000
李周鎬 5000
岡野清 5000
麻田光弘 5000
高橋喜久江 10000
中島孝幸 10000
齋藤朝則・敏子 5000
野澤正美 5000
吉岡治子 3000
青木一博 5000
木村量好 10000
坂本勝 3000
久冨伸子 3000
濱本正彦 3000
佐藤敬 3000
酢屋善元 10000
井尻喜野恵 10000
高阪薫 20000
姜在彦 5000
松井潔 5000
青位眞一郎 3000
平田典子 1000
菅沼祐子 3000
下前幸一 5000
稲田紀男 20000
瓜生良介 3000
田辺光平 3000
瀬戸口雅子 5000
山田保 3000
山下秀 10000
渡部昌子 5000
伊吹房子 10000
光葉啓一 3000
福原孝浩 3000
武正興 5000
村山盛忠 10000
小笠幸雄 10000
魚住みち 3000
大野貞枝 5000
45歳からの会
ヨーイーゴ 5000
嶋野保子 10000
岡田惇也 10000
岩崎貞枝 10000
宮川博之 3000
西脇美代子 3000
特別養護老人ホームオリンピア 10000
茂松訓子 5000
槙上重光 10000
小川政亮 1000
近江岸建助 5000
渡辺俊雄 4000
尹明憲 3000
今田裕子 5000
永井靖二 3000
光森恒子 3000
内藤正中 10000
中田作成 3000
坂元ひろ子 30000
宮武隆 3000
大西史子 3000
宮本牧子 5000
成毛典子 10000
松重君予 10000
小松匡位 10000
住谷馨 1000
佐野英世 10000
内藤進夫 2000
竹内良太郎 10000
横川修 5000
山下ゆたか、昌子 10000
益子醇三 10000
所薫子 1000
愛媛有機農産生協 5000
登尾明彦 10000
石田米子 5000
長野広美 3000
どんぐりクラブ 5000
羽下大信 10000
浜崎としずみ 10000
山崎延子 10000
武田多美 3000
湯口恵 3000
羽鳥敬彦 5000
岩坂正雄 5000
角村祐子 1000
津田いずみ 10000
田部美知雄 2000
外キ連 5000
石本佳子 5000
片山憲明 5000
松下量子 3000
梅林宏道 5000
明石教会 5000
岡崎 2000
坪野えり子 3000
飯謙 10000
村岡眞知子 5000
大坪良子 2000
本橋正男 3000
竹中正夫 5000
西村美佐 3000
神戸女声合唱団 22110
保田茂 20000
阿部恩 10000
星乃勇介 3000
藤田ふみ子 10000
ベジタブルはーつ
尾崎零 10000
高木甫 10000
平山良平 3000
西信夫 5000
小川恵三 3000
寺内真子 10000
貞松・浜田バレエ団 10000
森崎律子 1000
渋谷冨喜男 20000
間明子 5000
南谷繁弘 20000
山内充江 4000
山口勝弘 10000
中道澄春 5000
深田未来生 5000
岩井健作 10000
高茂成 3000
田口悦子 3000
名古屋学生青年センター 30000
元町HDクリニック 5000
吉水公一 3000
鷲尾圭司 5000
神戸大学学生震災救援隊 4705
松代東亜子 3000
梅尾文子 2000
北原道子・倉持光雄 10000
神田健次 5000
飛田みえ子 10000
根津茂 3000
金恩順 3000
木村康子 1000
志水昭子 1000
兵庫県在日外国人保護者の会 5000
安保則夫 10000
小林美喜子 30000
竹沢泰子 5000
西尾典子、伊藤一幸 10000
嚢重度 10000
小川圭一郎・美貴子 3000
田中英雄 10000
日本自由メソジスト教団 10000
平本実 10000
吉田俊弘 10000
徳冨幹生 5000
日本福音ルーテル下関教会 3000
榛木恵子 5000
金澤洋一 3000
山田正子 10000
求める会東仲/町G 10000
(財)PHD協会 10000
森地重博・明子 10000
蒋点相 10000
岡明一幸 5000
安井三吉 10000
外谷悦夫 5000
徐根植 30000
宮崎ひさ子 10000
上野利恵子 2000
松岡静子 10000
聖公会生野センター 10000
黒田一美 10000
神戸いのちの電話 10000
木村量好 10000
安藤康子 20000
被災地NGO協働センター 5000
早稲田奉仕園 10000
部落解放同盟兵庫県連 10000
(株)遊文舎 10000
ろっこう医療生協 5000
サマサマトモカンパニー 3000
鈴木誠也 10000
平田哲 10000
壽ボランティア姫野 5000
ウィメンズネットこうべ 5000
KCC 10000
六甲苑・伴 20000
喬徳利 60000
船曳周一 5000
金山次代 5000
近藤とみお・幸子 5000
求める会 10000
上田勝彦 2000
岡崎勝彦 5000
平山芳子 10000
梁相鎮 3000
南谷繁弘 10000
野村潔 5000
鹿嶋節子 50000
東海林勤 5000
永井満 3000
金坪成和 10000
大西国子 10000
飛田雄一 500000
瀬尾朝子 10000
林茂 20000
橋本倫子 10000
竹前昇 50000

計235件 2,431,815円
30周年募金累計 5,977,735円(59%)
以上感謝をもって領収いたしました。さらに目標までご協力をよろしくお願いします。

引き続きご協力をよろしくお願いします。
●募集額　1000万円
●期間　01年12月1日～02年12月31日
●使用目的　トイレ・厨房・ホール等の改修　記念事業費、記念誌出版等
●送金先
①郵便振替　00900-6-81888　神戸学生青年センター30周年記念事業委員会
②三井住友銀行　六甲支店　普通口座　783509　神戸学生青年センター30周年記念事業委員会

ECOプログラム

農塾

第10期農塾を開催

今年も5月10から6月28日までの2ヶ月渡り、第10期農塾を開催いたしました。

また今年度より、塾長が初代一色作郎氏から2代目となる渋谷冨喜男氏に引き継がれました。一色作郎さん、8年間に渡り熱心にご指導いただきありがとうございました。

2002.6.1 八千代町の青位養鶏場にて

渋谷新塾長のもとでは、2年目となる有機農法実習農園もご指導いただいています。

7月21日には、オーストラリアから来日中のシードセイバーズのミッシェル・ファントン氏が農園を訪問くださり、採種法や土づくりについて指導くださいました。

2002.7.21 ファントン氏を囲んで／伊川谷実習農園

森林講座

丹波・妙高山森林ボランティア活動

森林講座は7年目に突入。妙高山に活動フィールドが固定されてからは、森林の荒廃と手入れの状況がよく分かるようになり、焦りや無力さを感じることも。確実なプランを立てて、着実に活動を進めていきたい。

この秋は、10月12-13日に西宮球場のエコフェスに自然素材の工作を出展。11月には神池寺の紅葉イベントを予定しています。ぜひ遊びに来て下さい。ボランティアも募集中です。

2002.7.13 下刈作業／市島町妙高山にて

食料環境セミナー

問題だらけの食品表示

牛肉偽装事件の発覚が続いています。4月24日に垣田達哉氏から食品表示問題についてご講演いただきました。

法律にもたくさんの問題がありますが、消費者が面倒がらずにしっかりと表示を確認することが大切。不明な点はどんどん問い合わせましょう。

6月26日には、中南元氏から衣料用の防虫剤についてお話いただきました。

ダイオキシン汚染問題に対する取り組みが進む中、自宅のタンスのダイオキシン汚染が進んでいます。ご注意を。

2002.4.24 垣田達哉氏

30周年記念講演会 松井やより氏

「現代」が問いかけるもの

―アジアのなかの日本―

私は94年まで朝日新聞の記者を勤め、いまは、主に①アジア女性資料センター②ジャパニーズ・フィリピーノ・チルドレン③アジア民衆法廷（バウネントジャパン）の3つの問題に関わっている。この30年間、「アジア」が力をつけてきたが、いまも大きな問題をかかえている。70年代に日本のアジアへの公害輸出の問題を現場で取材して大変なショックを受けたことが私の原点になっている。また73年に韓国の女性たちの提起からされたキーセン観光反対運動も私にとって重要なものだった。

いまアジアの問題として①エコロジー②ジェンダー③民主化④南北不均衡⑤平和の問題が指摘されるが、それらが現在どうなったかを考えるのがきょうのテーマだ。

現在をひとことでいえば、グローバリゼーションの時代で、この新しい枠組みのなかで反グローバル化の運動をどのように作っていくかが課題となる。先進国の巨大企業が利益をもとめて国境をこえて活動する。コンピュータ化がそれを実現可能なものにしている。

タイや韓国で重大な経済危機が急激におこったり、「貿易自由化」による先進国から廉価な農産物が入ってインドの農民が困難な状況に陥ったりする。競争原理による弱肉強食がアジアに様々な新たな問題を惹起している。

これらの物が国境を超えて動くことによる問題の他にもうひとつの大問題、人の移動=移住労働者の問題がある。アジアは世界最大の移住労働者送りだし地域である。そして移住労働者の「女性化」が言われだしているが、職種が限られる女性労働者の問題はさらに深刻である。国連の女性委員会・人権委員会では、移住労働者女性への暴力をなくすための特別決議もなされている。移住労働者の受け入れ国である日本の課題は多く、先のジャパニーズ・フィリピーノ・チルドレンの問題にも関連している

さらにグローバル化のもたらす新たな軍事化の問題がある。ブッシュ米大統領は、2002年は戦争の年だといったが、私たちはなぜテロがおこるのかという根本的な問題を考えなければならない。

日本の小泉政権は、グローバル化を進めるブッシュ政権を積極的に支援し、有事立法を準備して戦争のできる国へ道を進もうとしている。そして靖国神社参拝にみられるように、ナショナリズム的な傾向を強めている。「アジアのなかの日本」を考えるとき私たちの責任は重いといわなければならない。

（要約・文責編集部）

30周年記念誌 「20世紀から21世紀へ」を出版しました

30年間のセミナー全記録のほか、写真でみるセンターの30年、30年略史、年表、出版目録、役員・職員・アルバイトの記録のほか、以下の方々のメッセージを収録しています。

大津健一／水野雄二／平山芳子／藤野達也／池住圭／妹尾正和／平田哲／前島宗甫／李清一／吉沢託／渋谷冨喜男／金澤洋一／荒井純子／井上日登史／川瀬甫／信長たか子／小前芳彦／林同春／姜在彦／徐根植／中西智子／飯島千尋／水野直樹／鈴木誠也／山田和生／奥田純子／松岡静子／金栄俊／安井三吉／中田作成／森末哲郎／ロニー・アレキサンダー／喬世帆／中野由貴／鹿嶋節子／山本達士

そして、30年間の全センターニュース（1〜48号）を再録しています。

A4版、192頁、1050円。ご希望の方は、送料とも1260円を、郵便振替<01160-6-1083　財団法人神戸学生青年センター>でお送り下さい。

定期利用

グループ・教室のご案内

- ◆六甲トレーニングサロン…… 月曜日・前9〜12：00　前田先生　0797-35-5588
- ◆稲美会（絵更紗）…… 第1・3土曜日・後1〜5：00　稲垣先生　078-821-7078
- ◆あみものさろんくぼた…… 第2・4水曜日・後1〜5：00　窪田先生　078-944-9034
- ◆からむい会（絵更紗）…… 第2・4木曜日・後0〜4：00　葭村先生　0797-31-1798
- ◆フォークダンスの会…… 火・木曜日・前10〜12：00　連絡先・久山　078-861-5768
- ◆すぎなコーラス…… 月曜日・前10〜12：00　連絡先・横田　078-851-5714
- ◆神戸女声合唱団…… 金曜日・前10〜12：00　連絡先・岡 邦子　078-291-0855
- ◆神戸東女声合唱団…… 金曜日・後2〜4：00　連絡先・野口綾子　0727-77-2080
- ◆児童英語（MOMO）…… 月・水・木・金・土曜日　寺地先生　078-882-4191
- ◆創作アップリケ…… 第2・4月曜日・前10〜12：00　柏原先生　078-821-4632
- ◆ノイエカンマーコール（混声コーラス）…… 土曜日・後6〜9：00　連絡先・広瀬　0798-40-4170
- ◆ヨガ体操…… 火曜日・前9：30〜12：00　廣瀬先生　078-851-8851
- ◆アトリエ太陽の子（児童絵画）…… 木曜日・後1〜5：00　中嶋先生　078-811-8421
- ◆六甲ボーカル…… 第1・3木曜日・前10〜12：00　池本先生　078-861-8724
- ◆こうべこーる恵（コーラス）…… 火曜日・前10〜12：00　連絡先・田附　0798-26-2169
- ◆前田書道教室…… 金曜日・後1〜5：00　連絡先・前田先生　078-854-1578
- ◆ステンドグラス・アトリエとも…… 第1・3木曜・後1〜5：00　幸坂先生　078-582-0644
- ◆神戸二胡教室…… 第1・2・3日曜・後1〜5：00　連絡先・橋本　078-412-6132
- ◆学研教室…… 月・金曜（月8回）・後1〜5：00　尾村先生　0727-75-1957
- ◆六甲手編教室…… 金曜・前10〜後5：00　井上先生　078-794-2353
- ◆全珠連会員・熊内そろばん六甲教室…… 火曜・後6〜9：00、土曜・後1〜4：00　奥野先生　078-241-1095

お問合せやお申込は、各グループ・教室に直接ご連絡ください。

六甲奨学基金のための第5回古本市（3月15日―5月15日）

古本市

震災後からはじまったアジアからの留学生・就学生のための支援活動、六甲奨学基金。その募金活動のひとつとして開催している古本市も今年で5年目です。古本市がきっかけではじめてセンターに来館して下さる方や、「今年もたのしみにしていたよ」という声も増えました。

両手いっぱいに本をかかえてきて下さる地域の方、宅配屋さんが運んでくれた全国から届く本がいっぱいのダンボール、あふれる本を整理するのはボランティアの方たちの協力なくてはできません。新聞で見たと遠方から電車を乗り継いで買いにきてくださった方、仕事帰りによってくれる方など。開催中の2ヵ月間は連日にぎやかになります。日常センターを利用いただいている方々には普段と様子のかわることで、ご不便もおかけしている面もあり、本当に多くの方のご親切・ご協力でこの古本市は成り立っているのだなと感じています。届いた本は、455の個人・団体から約5万冊。売り上げは2,440,437円となりました。これは奨学生約4人分にあたります。ありがとうございました。

日本語サロンはにぎやかです

六甲奨学基金のプログラムのひとつとして開催されている日本語サロンは、9月1日現在の参加者57組〜先生52人、学習者17ヵ国・57人〜という大所帯になっています。サロンの開催されるのは月曜・土曜日。夏休みは参加者が少なく静かでしたが、秋の到来とともにまたにぎやかになりそうです。

5月から毎週木曜日、日本語教育ボランティア養成講座「日本語学習支援のステップアップ」の10回講座を開催しました。講師は日本語サロンに参加され、インドネシアの日本語学校・学修堂日本支部代表の矢野文雄先生。15名の参加者のほとんどが皆勤賞。講座修了後、日本語サロンで早速活躍されている方も。

恒例の日本語サロンクリスマス会は今年は12月14日（土）に行ないます。

日本語サロンのボランティアの登録、学習者の参加受付は常時行なっています。詳しくはお問い合せ下さい。

2002年4月8日　奨学生と運営委員

7年目の六甲奨学基金をよろしく

―千円会員募集中、UFJカードも継続中―

震災時の被災留学生・就学生支援活動から生まれた六甲奨学基金は7期目を迎えています。ニュース4月号でお知らせした本年度奨学生の授与式の写真を掲載いたします。みなさん、元気に勉強を続けられています。

1300万円でスタートした基金で、毎年100万円を取り崩し13年間続けようというものですが、目減りが予定より少々早く、本年3月末で残金が440万円となっています。

新たな募金活動として「毎月千円募金会員」募集を始めます。ご自身の銀行・郵便局口座から毎月自動的に千円が基金に送金されます。売り上げの0.3%が自動的に募金となるUFLカード（旧ミリオンカード）も募集中です。「どうせ作るなら六甲奨学基金カードを!」いずれも申込み用紙は請求ください。

サ条約発効50年の朝鮮史セミナー

在日朝鮮人の戦後の歴史に大きな影響をあたえた1952年4月28日のサンフランシスコ講和条約発効から今年が50年。「不条理な在日朝鮮人政策の出立」と題して龍谷大学の田中宏さんに講演していただいた。沖縄、安保等、戦後の日本に大きな問題を残したサ条約をテーマにしたシンポジウム等がないのがおかしい、と大きな企画も考えたが、センターでは分相応に朝鮮史セミナーでこの問題をとりあげた。戦後の在日朝鮮人問題を根本的に考えるとてもいい機会となった。

2002年4月27日　朝鮮史セミナー　田中宏氏

30周年記念1000万円募金　2002.8.1～11.30（敬称略・単位円）

むくげの会 20000
坂田洋美 5000
求める会下山手G 3000
朴炳陽 10000
求める会福知山G 2350
河野友里 3000
小林とみ 1000000
巽良生 10000
ねむカンパニー 5000
求める会塩屋台グループ 10000
上林順一郎 10000
浅野不二子 3000
川瀬甫 1260
岡田照子 5000
井上日登史 5000
菅陽子 3000
縄昭三 10000
友井公一 3000
住谷磬 1000
高石瑠美 5000
満寿会 3000
遠山薫 2000
金井文宏 3000
田原良次 3000
慶徳敦 5000
井上淳子 3000
窪田実美 10000
中原眞澄 10000
杉田哲 10000
近澤淑子 3000
保田茂 10000
平田典子 1000
秀村冠一 3000
飛田悦子 5000
杉原耀明 3000
金慶海 3000
永井靖二 2000
岩井昭一 10000
徐元洙 3000
室田卓雄 3000
村瀬義史 2000
下西ユキヨ 3000
平野英雄 3000
仁川'92植田良子 3000
高仁宝 10000
宮内えり子 3000
西信夫 5000
阿蘇敏文 5000
落合健二 10000
小川さち代 2000
前川純一 5000
門倉和子 10000
永野仁 1000
前川宏 10000
菱木康夫 3000
韓国食品株式会社 10000
六甲手編教室
井上幸子 10000
求める会大久保グループ 5000
伊藤悦子 3000
山西伸史 5000
セットンくまもと 20000
辻本久夫 2000
飛田みえ子 10000

計63件　1,349,610円
30周年募金累計 7,327,345円（73.27%）
以上感謝をもって領収いたしました。

引き続きご協力をよろしくお願いします。
●募集額　1000万円
●期間　01年12月1日～02年12月31日
●使用目的　トイレ・厨房・ホール等の改装、記念事業費、記念誌出版等
●送金先
①郵便振替　00900-8-61866
神戸学生青年センター30周年記念事業委員会
②三井住友銀行 六甲北支店 普通口座 783509
神戸学生青年センター30周年記念事業委員会

（財）神戸学生青年センター賛助金　2002.8.1～11.30（敬称略・単位円）

趙博 3000
津野勝俊 3000
坂田洋美 5000
八尾佳子 3000
田中宏明 2000
鈴木道也 3000
菱木康夫 3000
浅野不二子 3000
岡田照子 5000
菅陽子 3000
友井公一 3000
仲野憲次郎 3000
住谷磬 3000
和田進 3000
岡部晴子 3000
満寿会 3000
足立龍枝 3000
徳岡宏一朗 5000
六島純雄 3000
高石瑠美 5000
岩崎貞枝 5000
キーブ協会清泉寮 10000
明松善一 3000
金井文宏 5000
遠山薫 3000
神戸大学生活協同組合 5000
田原良次 3000
中川慶子 3000
足集利陽子 3000
山本真弓 3000
杉田哲 5000
武田雅子 3000
保田茂 5000
平田典子 3000
椿美政恵 3000
板山眞由美 3000
飛田悦子 5000
山田園子 3000
金慶海 3000
荒川宏史 3000
飛田溢子 5000
徐元洙 3000
近藤和雄 3000
下西ユキヨ 3000
井上勇一 5000
松井嘉子 3000
神宮清子 3000
高仁宝 5000
島津恒敏 10000
西信夫 5000
松下由紀 3000
桝田計雄 5000
阿蘇敏文 3000
落合健二 5000
門倉和子 5000
菱木康夫 3000
松原栄 3000
手束光子 3000
崔南龍さんを囲む会 1115
宮本牧子 3000
山崎雅實 5000
伊藤悦子 3000
皇甫佳英 3000
西尾達 3000
辻本久夫 3000
水野直樹 5000
水野雄二 5000
笠原芳光 5000
葛谷登 3000
平川直 3000
倉持龍一 3000
小林保 5000
坂根輝吉 2000
太田修 3000
ひつじ書房松本功 10000
熊谷一綱 5000
南谷繁弘 10000
一條三子 5000
金野南 5000
大越俊夫 20000
寺岡洋 5000
飛田悦子 5000

計82件
341,115円
以上感謝をもって領収いたしました。

賛助金ご協力のお願い
●賛助会費：
一口 A3,000　B5,000　C10,000
※いずれも一口を単位としますが、何口でも結構です。
※送金方法
郵便振替〈01160-6-1083 財団法人 神戸学生・青年センター〉
備考欄に「賛助金」とお書きください。
銀行振込 三井住友銀行 六甲北支店 0779663
財団法人 神戸学生青年センター 賛助金
銀行振込で領収証やニュースをご希望の方は、事務局までご連絡ください。

六甲奨学基金　2002.8.1～11.30（敬称略・単位円）

上杉三郎 20000
瀬戸口雅子 5000
新原浄子 1000
小林とみ 1000000
菱木康夫 3000
甲子園教会 5000
鈴木香織 3000
武山栄子 3000
白川豊 10000
徳岡宏一朗 5000
六島純雄 3000
高石瑠美 5000
岩崎貞枝 5000
田原良次 3000
中川慶子 3000
江川協子 3000
西浦茂 5000
松田陽子 3000
山本純子 5000
葛谷登 3000
飛田悦子 5000
浜崎純子 3000
神宮清子 3000
高仁宝 5000
桝田計雄 5000
門倉和子 5000
菱木康夫 3000
松原栄 3000
杉山はるみ 3000
福林徹 3000
仁川学院中・高校バザー 20000
水野直樹 5000
馬場由起子 10000
太田修 5000
趙恩東 3000
金野南 5000
飛田溢子 5000
古本市による募金協力 22000
UFJカードによる募金協力 27361
会社案内による協力 2935

計40件
1,236,296円
以上感謝をもって領収いたしました。

六甲奨学基金ご協力のお願い
●賛助会費：
一口 A3,000　B5,000　C10,000
※いずれも一口を単位としますが、何口でも結構です。
※送金方法
郵便振替〈01160-6-1083 財団法人 神戸学生・青年センター〉
備考欄に「奨学金」とお書きください。
銀行振込 三井住友銀行 六甲北支店 0779651
財団法人 神戸学生青年センター 六甲奨学基金
銀行振込で領収証やニュースをご希望の方は、事務局までご連絡ください。

セミナーの記録　2002.8～11

食料環境セミナー

(No.319)　9月25日　讃岐田 訓 氏
「神戸空港建設による大阪湾汚染」
(No.320)　10月23日　境野 米子 氏
「環境ホルモンと化粧品」
シリーズ「野菜の安全性を考える」
①(No.321)　11月27日　永井 耕介 氏
「野菜の硝酸態窒素について」

森林講座

秋の編（枝打ち・測量実習）
11月16－17日
森林ボランティア活動
9月21日、10月19日
エコフェスティバル出展 10月12・13日

農　塾

伊川谷有機農法実習農園
毎月　第1・3日曜日

朝鮮史セミナー

9月27日－10月1日韓国祭ツアー
安東国際タルチュム（仮面劇）フェスティバル
10月2日戸塚 悦朗 氏、山下 英愛 氏
「従軍慰安婦」問題の現在

現代キリスト教セミナー

「いま、キリスト教を問う」
①10月28日 笠原 芳光 氏
宗教を超えるもの
②11月11日 水野 隆一 氏
「9・11」哀悼から報復へ
③11月18日 大越 俊夫 氏
なぜ、若者の心がこんなに疲れ切ってしまったのか
④11月25日 星野 正興 氏
キリスト教と農業・農村

六甲奨学基金

日本語サロン　毎週月・土曜日
「実践・日本語学習支援講座」
①10月8日 瀬口 郁子 氏
文化の違いから学ぶことの意味①
②10月15日 中畠 孝幸 氏
文法と文型①助詞について
③10月22日 中畠 孝幸 氏
文法と文型②
受身文と使役文について
④10月29日 中畠 孝幸 氏
文法と文型③
理由や目的を表す文について
⑤11月5日 奥田 純子 氏
コミュニケーションから見た言語の知識と運用
⑥11月12日 奥田 純子 氏
表現技術①聴くためのスキル
⑦11月19日　奥田 純子 氏
表現技術②話すためのスキル
⑧11月26日 瀬口 郁子 氏
文化の違いから学ぶことの意味②

朝鮮語講座

①入　門 毎週水曜日 趙子衡氏
②初　級 毎週火曜日 李埈端氏
③中　級 毎週木曜日 尹智香氏
④中級会話 毎週木曜日 朴鐘佑氏

その他

9月14－26日 サマサマフェア（共催）
10月12日
映画「よみがえれカレーズ」（共催）
11月1日
食と農を考える交流会（共催）

神戸学生・青年センター
センターニュース
KOBE STUDENT YOUTH CENTER NEWS No.50

No.50
発行所　（財）神戸学生・青年センター
理事長　辻　建
館　長　飛田　雄一
〒657-0064　神戸市灘区山田町3丁目1-1
TEL (078) 851-2760 FAX (078) 821-5878
Yamada-cho 3-1-1, Nada-ku
Kobe, 657-0064 Japan
E-mail rokko@po. hyogo-iic. ne. jp
URL http://www. hyogo-iic. ne. jp/~rokko/

韓国「祭」ツアー第4弾
安東仮面劇フェスティバルに行ってきました

館長　飛　田　雄　一

2002.9.28　安東仮面劇フェスティバル会場にて

9月27日～10月2日の4泊5日、韓国慶尚北道安東に出かけた。韓国の仮面劇は、以前センターで人形劇を上演してくださった韓国の民俗学者・沈雨晟先生からその楽しさをうかがい、その後、機会あるごとに観ていた。東京の増上寺まで鳳山仮面劇のために行ったこともある。

韓国の仮面劇は李朝社会を痛烈に風刺するものでいくつもの仮面劇が重要無形文化財として残されている。安東のフェスティバルはそれを一堂に集めて10日間、上演するものだ。私たちのツアーは、釜山－安東－ソウルの旅だが、4泊とも安東泊りでまさに「仮面劇三昧」の日々だ。

メンバーは20代から80代の12名で、関空よりが8名、現地での合流が4名だった。同じホテルに泊ることぐらいが条件で、それぞれが思い思いに過した。でもバスは5日間借り切っていたので、付近の陶山書院、河回マウルなどには、それに乗ってみなで出かけた。

ホテルから仮面劇のメイン会場までは徒歩20分ほどで、洛東江の河原の甲子園球場ふたつ分というところに専用仮面劇劇場、屋台村、大運動場、体育館などがあった。

時々変更されるスケジュール表を見ながら、メイン会場内の仮面劇、人形劇、ムーダン（みな男性だった）行事、仮面製作教室、小中学生の仮面展、仮面劇入門講座、模擬結婚式などをウロウロとした。広場では飴売りのパーフォーマンスも夜中までやっていた。疲れては屋台で飲み食べ、また、出かけるという具合であった。

期間中に多くの仮面劇が、安東市内と河回マウルで上演される。①水営野遊②康翎仮面劇③北青獅ノリ④官奴仮面劇⑤鳳山仮面劇⑥固城五広大⑦東萊野遊⑧楊州別山台⑨金海五広大⑩晋州五広大⑪河回仮面劇⑫殷栗仮面劇⑬松坡山台などである。丸3日間で全てを観ることはできないが、一番よく観たメンバーは5つほどを観ている。アドリブもよく飛び出し、観客とのかけあいも楽しいものだ。卑猥なやりとりで?、ドッと笑うシーンもあるが、いかんせん語学力がついていかない。

ひょっとしたらわが師・沈雨晟先生は、それぞれの現場で演じられる仮面劇が本物で学芸会的フェスティバルはだめだ、とおっしゃるかもしれない。が、今回の旅は韓国の伝統に触れることができたステキな旅であった。

仮面劇・韓国の絵ハガキより

こんなボランティアやってみませんか？

時折「何かできることありませんか？」という問い合わせをいただくことがあります。センターでは次のようなボランティアをお願いしています。

◎古本市ボランティア：

3月から5月にかけて「六甲奨学基金のための古本市」を開催しています。期間中、本の分野別に分類、本棚に並べる、整理して片づける、運ぶというお手伝い。毎年本好きの方が集まってください ます。作業しながら掘り出し物を見つけるかもしれませんよ。問い合わせは「古本市係」まで。

◎日本語サロンボランティア：

月・土曜日に開催している日本語ボランティア教室「日本語サロン」で外国から来た学習者に日本語を教えてみませんか。やる気のある方なら特に資格（日本語学習支援の経験、外国語がはなせる、など）はといません。まず登録していただき、後に時間などあった学習者があらわれたとき再度連絡させていただく形をとっています。詳細は「日本語サロン係」までお問い合わせを。

●実践・日本語学習支援講座を開催しました

10月8日から12月3日まで9回講座で行いました。昨年にひきつづき、参加費は六甲奨学基金として用いようと六甲奨学基金運営委員の中畠孝幸先生、瀬口郁子先生、奥田純子先生の三氏が無償で講師をつとめてくださいました。毎週火曜日の夜、集まった30名の方たちはみな熱心に受講され、日本語文法の教え方、文化の違いから学ぶことの意味、コミュニケーションのための表現技術などを学びました。

森林講座

エコフェスティバルに出展

今年は、10月12・13日に西宮スタジアムで開催。松ボックリの人形とクリスマスツリーの工作と間伐材製学校家具の展示を行いました。たくさんの親子に自然素材の工作を楽しんでいただきました。今度は森へ行きましょう。

2002.10.13
エコフェスティバル

森林講座・秋の編

11月16−17日、燃えるような紅葉の市島町妙高山で開催。林業体験は、枝打作業と測量作業。夜は山崎さんの指導のもと、小枝で立体的な絵の額を作りました。はじめての測量体験は森の中を歩き回り、山仕事気分を満喫しました。

2002.11.16
森林講座・秋の編　測量体験

食料環境セミナー

秋のセミナーは、難しいデータを丁寧に収集、分析に取り組まれている講師にお話いただきました。

9月は、神戸空港問題に取り組まれている神戸大学の讃岐田訓氏。神戸空港建設による大阪湾の汚染状況を学生と共に船に乗り込み、分析。市民の貴重なデータとなっています。

10月は、福島の境野米子氏。薬剤師の知識をもとに、理解し難い化粧品の情報をメーカーに何度も問い合わせながら収集され、消費者に提供くださっています。

2002.10.23
境野米子氏

11月は、野菜の硝酸態窒素について、県農林水産技術総合センターの永井耕介氏にお話いただきました。健康の素と考えてきた野菜に発ガン物質が含まれていることに驚きましたが、ゆでるなど除去の方法も教わりました。詳しい資料と丁寧な説明をいただき、ありがとうございました。

2002.11.27　永井耕介氏

■宿泊料（税別）　チェックイン　午後 6:00〜10:30　チェックアウト　午前 9:00

部屋名	定員	利用人数による一人当りの素泊まり料金／¥（学生料金）			
和室A	8	2人 4,000 (3,500)	3−4人 3,300 (3,000)	5−6人 3,000 (2,700)	7−8人 2,800 (2,500)
和室B／C	各3	1人 4,500 (4,000)	2人 3,800 (3,500)	3人 2,800 (2,500)	
和室D	16	3−4人 4,000 (3,500)	5−8人 3,300 (3,000)	9−12人 3,000 (2,700)	13−16人 2,800 (2,500)
ベットルーム 8室	各2	1人 3,500 (3,000)	2人 2,800 (2,500)	＊	＊

●シーツとまくらカバーをお渡しします。全室にゆかたを準備しています。ベッドメーキングは、セルフサービスでお願いします。（定員46人）

■会場使用料（税別）　一般料金（学生料金）

	A.M.9〜12	P.M.1〜5	P.M.6〜10
ホール	7,000 (6,000)	8,000 (7,000)	9,000 (8,000)
スタジオ 会議室A 会議室D	3,200 (2,700)	3,700 (3,200)	4,200 (3,700)
会議室C	2,900 (2,400)	3,400 (2,900)	3,900 (3,400)

●ホール使用に限り土曜日・日曜日・祭日は各2,000円増
●営業目的の会場使用は、10割増となります。
●ピアノ使用は1口1,000円（スタジオ）、3,000（ホール）

神戸学生青年センター Kobe Student Youth Center
・阪急六甲より徒歩2分
・JR六甲道より徒歩10分
・新幹線新神戸よりタクシー15分

朝鮮史セミナー

「従軍慰安婦」問題の現在

2002.10.2 朝鮮史セミナー 山下英愛氏

「従軍慰安婦」問題は、国連の人権小委員会でこれまでも論議され、解決を促す勧告もだされていますが、まだ解決への道筋がみえていない。2002年8月、スイス・ジュネーブ国連人権小委員会に参加された神戸大学大学院国際協力研究科助教授・戸塚悦朗氏と立命館大学講師・山下英愛氏をお招きしてセミナーを開いた。

現代キリスト教セミナー

「いま、キリスト教を問う」5回シリーズ

2回目の関西学院大学の水野隆一氏は、昨年のニューヨークの事件後、9月14日にブッシュ大統領やビリーグラハムが参加する追悼礼拝が報復戦争のための雰囲気作りとなっていく様子をビデオをみながらお話くださった。それぞれの講師のお話は、いまキリスト教が問わなければならない課題を示してくださっている。

2002.11.25 星野正興氏

これからのセミナー

食料環境セミナー

1月22日（水）午前10〜12時
「無登録農薬問題と農薬取締法の改正」
ーあなたも100万円の罰金かも!?ー
辻 万千子 氏（反農薬東京グループ）

2月26日（水）午前10〜12時
「世界の水問題」
神田 浩史 氏
（第3回世界水フォーラム事務局事務次長）

3月26日（水）午前10〜12時
「気候変動問題①」

4月23日（水）午前10〜12時
「気候変動問題②」

参加費：各回600円
会場：神戸学生青年センター・ホール

森林講座

冬の編

日　時：3月8日（土）9:30 〜9日（日）14:30
会　場：市島町立神池寺会館（氷上郡市島町）
主な内容：林業体験（指導：市島町森林組合）
森の学習会「森林と私たちの暮らし」お話：高見 豊 氏
森の観察会（案内：日本野外生活推進協会）
参加費：8400円（1泊3食、保険代等）

朝鮮史セミナー

ユン・ドンジュ尹東柱の夕べ〜歌と講演〜
1月10日（金）午後6時30分〜8時30分
歌　日本基督教団東神戸教会牧師・川上 盾 氏
講演　「尹東柱の生涯」　アジア現代史研究所代表　林 茂 氏
会　場：神戸学生青年センターホール
参加費：1500円（学生800円、留学生・就学生は招待）

ロニー・アレキサンダーの平和学講座（全3回、毎回18:30〜20:30）
(1) 2月18日（火）様々な平和・様々な非平和ー私たちの中の「平和」とは？
(2) 2月25日（火）すべての生き物にとっての「平和」を探ろう
(3) 3月4日（火）「平和」を作り出すのに、私たちはどうしたらいいか？
講　師・神戸大学国際協力研究科大学院教授　ロニー・アレキサンダー 氏
定　員：30名／参加費：5000円（学生3000円）

定期利用

グループ・教室のご案内

◆六甲トレーニングサロン……月曜日・前9〜12：00　前田先生　0797-35-5588
◆稲美会（絵更紗）……第1・3土曜日・後1〜5：00　稲垣先生　078-821-7078
◆あみものさろんくぼた……第2・4水曜日・後1〜5：00　窪田先生　078-944-9034
◆からむい会（絵更紗）……第2・4木曜日・後0〜4：00　蔭村先生　0797-31-1798
◆フォークダンスの会……火曜日・前10〜12：00　連絡先・久山　078-861-5768
◆すぎなコーラス……月曜日・前10〜12：00　連絡先・横田　078-851-5714
◆神戸女声合唱団……金曜日・前10〜12：00　連絡先・岡 邦子　078-291-0855
◆神戸東女声合唱団……金曜日・後2〜4：00　連絡先・野口綾子　0727-77-2080
◆児童英語（MOMO）……月・水・木・金・土曜日　寺地先生　078-882-4191
◆創作アップリケ……第2・4月曜日・前10〜12：00　柏原先生　078-821-4632
◆ノイエカンマーコール（混声コーラス）……土曜日・後6〜9：00　連絡先・広瀬　0798-40-4170
◆ヨガ体操……火曜日・前9：30〜12：00　廣瀬先生　078-851-8851
◆アトリエ太陽の子（児童絵画）……木曜日・後1〜5：00　中嶋先生　078-811-8421
◆六甲ボーカル……第1・3木曜日・前10〜12：00　池本先生　078-861-8724
◆こうべこーる恵（コーラス）……火曜日・前10〜12：00　連絡先・田附　0798-26-2169
◆前田書道教室……金曜日・後1〜5：00　連絡先・前田先生　078-854-1578
◆ステンドグラス・アトリエとも……第1・3木曜・後1〜5：00　幸坂先生　078-582-0644
◆神戸二胡教室……第1・2・3日曜・後1〜5：00　連絡先・橋本　078-412-6132
◆学研教室……月・金曜（月8回）・後1〜5：00　尾村先生　0727-75-1957
◆六甲手編教室……金曜・前10〜後5：00　井上先生　078-794-2353
◆全珠連会員・熊内そろばん六甲教室……火曜・後6〜9：00、土曜・後1〜4：00　奥野先生　078-241-1095

お問合せやお申込は、各グループ・教室に直接ご連絡ください。

30周年記念1000万円募金　2002.12.1～03.3.31（敬称略・単位円）

- 小沼恵子 5000
- 林祐介 5000
- 片山由美子 4000
- 由良佐知子 5000
- 辻建 100000
- 宇野田尚哉 1000
- 坂内宗男 10000
- 牛尾武博 3000
- 岡田たづ子 2000
- 田原良次 3000
- 矢野美智子 2000
- 横山康子 3000
- 白承豪 10000
- 神田栄治 3000
- 坂和優 5000
- 西尾嘉尉 5000
- 安田めぐみ・敏郎 5000
- 兵庫県有機農研 30000
- 伴絹代 20000
- 井上力 10000
- 川辺比呂子 3000
- 田中宏明 1000
- 川勝浩 2000
- 藤村洋 3000
- 上田勝彦 1000
- 北原昭夫 10000
- 東浦剛彦・小林真知 3000
- 船橋治 10000
- 川原トシ子 3000
- 竹内康人 2000
- 杉山博昭 1000
- 藤井道雄 4000
- 登佐康子 5000
- 貞松・浜田バレエ団・学園 5000
- 山辺慶子 3000
- 藤吉求理子 3000
- 無名氏 5000
- 田辺光平 3000
- 阿部恩 20000
- 岩崎裕保 5000
- 新屋英子 10000

計44件　443,000円
30周年募金累計 7,770,345円
以上感謝をもって領収いたしました。

- 求める会鶴甲G 5000
- 中道基夫 5000
- 辻建 100000

（財）神戸学生青年センター賛助金　2002.12.1～03.3.31（敬称略・単位円）

- 光森恒子 3000
- 荒井章三 5000
- 田島恵児 5000
- 前川純一 3000
- 大前信一 3000
- 厚地勉 3000
- 小川文夫 3000
- 六渡和香子 5000
- 水谷俊平 30000
- 横山康子 3000
- 辻学 3000
- 児玉浩次郎 3000
- 浅野不二子 5000
- 加納花枝 5000
- 金井文宏 5000
- 小川幹雄 3000
- 岸本卓也 5000
- 梁愛舜 10000
- 成毛典子 10000
- 山田和美 3000
- 梁相鎮 3000
- 栗本敬一郎・陽子 3000
- 林祐介 5000
- 岡田照子 5000
- 飛田溢子 5000
- 鈴木誠也 5000
- （有）トモカンパニー 5000
- 西八條敬洪 1000
- 宇野田尚哉 3000
- 住谷章 5000
- 宮井正彌 3000
- 福林徹 3000
- 福原孝治 2000
- 青ひょん 1000
- 前田ひろ子 5000
- 松下量子 3000
- 小林順子 5000
- 片山由美子 3000
- 木村健二 3000
- 三木ときよ 3000
- 野崎充彦 10000
- 花岡光義 3000
- 島田恒 10000
- 山本正志 3000
- 六甲カトリック教会 30000
- 金澤洋一 3000
- 高木甫 10000
- 小松裕 5000
- 田中義信 3000
- 原口浩一 3000
- 一ノ瀬輝博 3000
- 木内寛子 3000
- 保田茂 5000
- 石井知恵美 5000
- 金香都子 5000
- 金野南 5000
- 湯浅晃弘 10000
- 白方誠彌 5000
- 直木めぐみ 3000
- 瀬口昌久 3000
- 小松匡位 10000
- 所薫子 3000
- 蔵田和子 3000
- 山本節子 10000
- 三木鎌吾 3000
- 樋口大祐 5000
- 西尾典子 5000
- 伊藤一幸 5000
- 田原良次 3000
- 高光重 10000
- 佐藤善治 3000
- 瓜生良介 2000
- つるまきさちこ 1000
- 斉藤日出治 3000
- 福島信夫 5000
- 山本慶政 3000
- 藤井信英 3000
- 瀬戸口雅子 3000
- 井上薫 3000
- 崔春子 3000
- 柳下恵子 3000
- 八木晃介 3000
- 小西和治 3000
- 畑野三枝子 5000
- 大津留厚 3000
- 金沢みつえ 5000
- 西尾嘉尉 5000
- 一色作郎 10000
- 稲田登 10000
- 小川政亮 1000
- 玉木哲郎 3000
- 松岡幸右 3000
- 森本宮仁子 3000
- 沼田孝雄 3000
- 中村豊 3000
- 近江岸建助 3000
- 植田恵 3000
- 赤松彰子 3000
- 中勝博志 5000
- 八木修 3000
- 登尾明彦 3000
- 湯木昭八郎 5000
- 井上力 5000
- 安井孝 3000
- 齋藤皓彦 3000
- 上田眞佐美 3000
- 李鎮哲 5000
- 小紫富久枝 3000
- 島津恒敏 10000
- 川勝浩 5000
- 上田寿一 3000
- 坪山和聖 3000
- 多田伝三郎 5000
- 加藤克子 3000
- 門脇正宏・桜子 3000
- 広春夫 3000
- 山本純子 5000
- 寺谷正信 3000
- 西信夫 5000
- 神戸多聞教会 5000
- 越智清光 3000
- いなだ多恵子 5000
- 井坂弘 3000
- 桂正孝 3000
- 在日大韓基督教福岡中央教会 3000
- 藤井道雄 3000
- 金徳化 10000
- 永井満 3000
- （株）アドブックス 5000
- 寺口淳子 3000
- 李重華 3000
- 岩崎裕保・幸子 5000
- 三谷順子 1000
- 島田恒 5000
- 淡路三原伝道所 3000
- 金早雪 5000
- 神戸北教会 5000
- 竹林寛賢 5000
- 渡辺俊雄 5000
- 結婚改姓を考える会 10000
- 安田吉三郎 5000
- 佐藤三枝子 5000
- 西村文雄 3000
- 佐藤泰子 5000
- 石塚健 3000
- 福井母乳育児相談室 6300
- ねむカンパニー 5000
- 南谷繁弘 10000
- 菅沼祐子 3000
- 在日大韓小倉教会 5000
- 照井八重子 5000
- 名古屋聖ステパノ教会 5000
- ロバート・圭子ウィットマー 3000
- 薬師寺小夜子 3000
- 竹林寛賢 5000
- 李修京 3000
- 魚住みち 3000
- フェミニストカウンセリング神戸 3000
- 寺岡洋 5000
- 山口徹 3000
- 芦屋岩園教会 5000
- 杉山はるみ 3000
- 本宮広 3000
- 宇都宮佳果 3000
- 保田茂 3000
- 宝塚教会 5000
- センターの象 30000
- 久世そらち 3000
- 高島ふさ子 3000
- 関西学院宗教活動委員会 30000
- あちへっち 3000
- 関西学院教会 3000
- 安堂和夫 10000
- 田平雅人 3000
- 葛谷登 5000
- 谷井尚子 3000
- 竹田美沙子 3000
- 杉本ミキ子 3000
- 多民族共生人権教育センター 3000
- 町田律子 3000
- 柳田耕一 3000
- 舘野晳 5000
- 中道基夫 10000
- 永松美希 3000
- 川原トシ子 5000
- 金起燮 5000
- 辻建 40000
- 石打謹也 3000

計188件　939,300円
以上感謝をもって領収いたしました。

賛助金ご協力のお願い

●賛助会費：
　一口 A3,000　B5,000　C10,000
※いずれも一口を単位としますが、何口でも結構です。
※送金方法
　郵便振替〈01160-6-1083 財団法人 神戸学生・青年センター〉
　　備考欄に「賛助金」とお書きください。
　銀行振込 三井住友銀行 六甲支店 0779663
　　財団法人 神戸学生青年センター 賛助金
　銀行振込で領収証やニュースをご希望の方は、
　事務局までご連絡ください。

六甲奨学基金　2002.12.1～03.3.31（敬称略・単位円）

- 前川純一 10000
- 森脇慎也 3000
- 木原薫 3000
- 水谷俊平 30000
- 辻学 5000
- 中畠孝幸 100000
- 瀬尾朝子 10000
- 難波勝子 3000
- 栗本敬一郎・陽子 5000
- 林祐介 5000
- 岡田照子 5000
- 飛田溢子 5000
- センターの猫たち 3000
- 長瀬三千子 5000
- 西浦茂 5000
- 田積典子 5000
- 前田ひろ子 5000
- 松下量子 3000
- 小林順子 5000
- 片山由美子 3000
- 葛谷登 3000
- 木内寛子 3000
- 保田茂 5000
- 坂和優 10000
- 樋口大祐 5000
- 西尾典子 5000
- 伊藤一幸 5000
- 田原良次 3000
- 高光重 10000
- 矢野美智子 3000
- 篠原閑 3000
- 山崎昌子 3000
- 柳田緑映・清美 5000
- 畑野三枝子 5000
- 大津留厚 3000
- 金沢みつえ 5000
- 奥野葉津紀 5000
- 稲田登 10000
- 沼田孝雄 3000
- 横山康子 3000
- 谷井尚子 3000
- 一條三子 5000
- 井上力 5000
- 山本高史 3000
- 川勝浩 5000
- 西信夫 5000
- 神戸多聞教会 5000
- 駒形愛子 3000
- 藤井道雄 3000
- 寺口淳子 3000
- 平山久雄 5000
- 神戸東部教会 10000
- 竹林寛賢 5000
- 渡辺俊雄 5000
- 神戸YWCA 10000
- 夏井町子 10000
- 佐藤泰子 5000
- 近澤淑子 5000
- 夙川東教会 5000
- 薬師寺小夜子 5000
- 竹林寛賢 5000
- 番洋子 3000
- 川井仁史 5000
- 武藤迪子 10000
- 兪渓子 50000
- 土井川佳世子 3000
- 濱田芳孝 10000
- 西宮聖パウロ教会 婦人会 3000
- 古川敬子 6563
- 西松弘景 1000
- 森山喜洋子 3000
- 辻建 100000
- 毎月募金会員 計55000（千円＝菱木康夫/金早雪/信長正義/高仁宝/信長たか子/藤田寿ゑ子/飛田雄一、2千円＝岡田惇也/福田菊、3千円＝白川豊/辻建）
- 募金箱 1322

計74件　632,885円
古本市による協力　935,740円
総計　1,623,625円
以上感謝をもって領収いたしました。

六甲奨学基金ご協力のお願い

●賛助会費：
　一口 A3,000　B5,000　C10,000
※いずれも一口を単位としますが、何口でも結構です。
※送金方法
　郵便振替〈01160-6-1083 財団法人 神戸学生・青年センター〉
　　備考欄に「奨学金」とお書きください。
　銀行振込 三井住友銀行 六甲支店 0779651
　　財団法人 神戸学生青年センター 六甲奨学基金
　銀行振込で領収証やニュースをご希望の方は、
　事務局までご連絡ください。

セミナーの記録　2002.11～2003.3

食料環境セミナー

シリーズ「野菜の安全性を考える」②
(No.322)12月11日柳澤　尚氏
　「輸入野菜は安全か?」
(No.323)1月22日辻　万千子氏
　「無登録農薬問題と農薬取締法の改正」
(No.324)2月26日神田浩史氏
　「世界の水問題」
シリーズ「気候変動問題を考える」①
(No.325)3月26日早川光俊氏
　「気候変動問題とは」

森林講座

森林講座　3月8－9日／市島町
森林ボランティア活動　2月22日

農　塾

伊川谷有機農法実習農園
　毎月　第1・3日曜日

朝鮮史セミナー

1月10日林茂氏、川上盾氏
　「尹東柱の夕べ」

六甲奨学基金

古本市　3月15日～5月15日
日本語サロン
　毎週月・土曜
　12月14日クリスマスパーティ

朝鮮語講座

①入　門 毎週水曜日 趙子衡氏
②初　級 毎週火曜日 李埈端氏
③中　級 毎週木曜日 尹智香氏
④中級会話 毎週木曜日 朴鐘佑氏

その他

2月18日、25日、3月4日
　平和学講座
　　ロニー・アレキサンダー氏
2月22日粟野晴子氏
　AWEPセミナー
　「スモールバンクを考える」（共催）

神戸学生・青年センター
センターニュース
KOBE STUDENT YOUTH CENTER NEWS No.51

No.51
発行所　（財）神戸学生・青年センター
理事長　辻　建
館　長　飛田　雄一
〒657-0064　神戸市灘区山田町3丁目1-1
TEL (078) 851-2760 FAX (078) 821-5878
Yamada-cho 3-1-1, Nada-ku
Kobe, 657-0064 Japan
E-mail rokko@po. hyogo-iic. ne. jp
URL http://www. hyogo-iic. ne. jp/~rokko/

食料・環境問題への取り組み

―これまでとこれから―

主事　山　本　達　士

保田先生とセンターの30年

神戸学生青年センターは設立31年を迎え、新たな歩みを始めました。有機農業運動を担ってこられた理事の保田茂先生もこの3月に神戸大学を定年退職されるという、大きな節目を迎えられました。

この30年の区切りに、食料・環境分野における、これまでの取り組みとこれからについて、保田先生とセンター主催のセミナーから誕生した消費者グループ「食品公害を追放し、安全な食べ物を求める会」専従の稲田登さんにお話をうかがいました。

有機農業運動の時代的背景

1972年に設立されたセンターが、有機農業運動に関わることになったのは、偶然の出会いと時代的な必然に基づきます。4大公害事件が世に注目され始めたのは1968年であり、1969年には牛乳の農薬汚染、1970年には、母乳から残留農薬が検出されました。保田先生も1970年に「無農薬農業研究会」を学内で始められました。

保田先生がセンターに最初に足を踏み入れたのは、婦人生活講座の看板を見て、72年10月4日の宮本豊子さんの講義に参加されたときでした。講座終了後、小池館長を訪ねて話し合い、翌年の2期・3期婦人生活講座を企画、同時に食品公害セミナーを開始し、30年経った今も続いています。73年6月20日の第1回セミナーは保田先生自身が問題提起をされ、20数名の参加者を相手に手に汗をにぎり、足を震わせながら話したという、今では信じられないエピソードがありました。

有機農業運動を支えた学生センター

73年9月のセミナーで卵の生産者にお話しいただいたのをきっかけに卵の共同購入を始め、73年11月には、兵庫県有機農業研究会が発足。74年4月に「求める会」も発足しました。

当時は市民グループが安く使用できるスペースや印刷機はなく、それらを小池館長が快く提供くださったことにより、活発な活動を実現することができました。現在よくある学習の場だけではなく、実践活動をする場を提供くださったことの意義は大きいといえます。

「アンチ運動」から「社会形成運動」へ

「求める会」は、設立後あっという間に1800世帯まで会員数を増やしました。その後、会員数は、激減、低迷を続けます。

その理由は、婦人会など大きなグループで入会された方々が、この共同購入を安く買えることだと勘違いし、安全の対価を認めるという考えが理解されず、集団でやめられたことも一つの要因です。

もう一つは、会の分裂がありました。市民運動には分裂がつきものですが、当時の市民運動の未熟さによるものでした。加害者と被害者が明白な当時の公害問題などの場合はそれで良かったのですが、有機農業運動の場合は、自分たちも農薬を使用させた加害者であるという自己批判に基づく生産者と消費者の相互理解が大切です。なのに、その考えはなかなか浸透しませんでした。何度も涙を流すほどのつらいこともありました。しかし、結果としては、それぞれの会が会員を増やすという効果もありました。

見え難くなった問題

今日の低迷状態は、70年頃の目に見える環境汚染は少なくなり、市民の危機感が希薄になったこと、また若い世代は、自由なライフスタイルを求め、共同購入というような連帯とともに我慢が必要な活動に参加しなくなったこと、70年代のメンバーは高齢化し、子どものためにという気持ちが希薄になり、活動に迫力がもてなくなったことなどが要因です。

現代の豊かさは砂上の楼閣

確かにいろいろと改善された側面もありますが、基本的には問題は深刻化しています。経済活動によってもたらされた豊かさの裏側で、地球規模の環境問題や資源枯渇、日本では環境ホルモンなど便利な生活を支えてきた化学物質による汚染やエネルギー問題、そして食料自給率の低下などが次第に顕著になろうとしています。これらはいずれも人間の存在基盤に関わる深刻な問題です。

永続可能な社会形成のために

これらの問題に対する具体的な取り組みとして、以下のことを考えています。

一つは、今、時間的にも経済的にも比較的余裕のある高齢者の皆様への働きかけです。高度経済成長期に豊かさを求めてがむしゃらに働かれた方々に、もう一度、本当に豊かな社会を目指す取り組みに参加していただきたいと考えています。

もう一つは、若い世代への働きかけです。小学校では、生活科や総合学習という時間が設けられました。先生方も苦労されているようなので、センターの行ってきた農業プログラムの経験を活かし、食農教育を先生方と一緒に考え、取り組んでいけたらと思います。先生方だけでなく、次世代を担う小学生への働きかけも大切だと思います。もちろん、センターの名称が示していますように、学生や青年たちに対する働きかけは、なおさら大切だと思います。

保田先生と稲田さんとの2時間に渡る対談をまとめさせていただきました。ありがとうございました。

食料環境セミナー

野菜の安全性を考えるシリーズでは、「輸入野菜の残留農薬問題」と「無登録農薬問題」を取り上げました。無登録農薬問題では、4ヶ月という異例の速さで、農薬取締法が改正されましたが、危険性はブラックボックスのまま。

2・3月はグローバルな視点から「水問題」と「気候変動問題」について考えました。食糧の6割を輸入している日本は、その栽培に必要な水利用によって、その地域の環境や生活に影響を与えています。また大量の二酸化炭素の排出による気候変動によって、島嶼国など途上国に被害をもたらしている現状を知り、見直しを迫られました。

2003.2.26　神田浩史氏

2003.3.26　早川光俊氏

森林講座

3月8–9日に開催した森林講座は、冬の編と名乗ったためか、積雪20cmという本格的な雪の中で行いました。初日は大雪の中、凍えながらの枝打体験でしたが、2日目は天気も回復し、真っ白な雪景色の森を観察し、初挑戦の竹炭焼きも、まずまずのできでした。

事務室より＊＊＊＊＊＊＊＊＊＊＊＊＊＊＊＊＊＊＊＊＊＊＊＊＊＊＊＊＊＊

96年から在職しておりました中野由貴は4月20日付で退職し、後任に都築和可子が着任します。今後ともセンターをよろしくお願いします。

＊＊＊＊＊＊＊＊＊＊＊＊＊＊＊＊＊＊＊＊＊＊＊＊＊＊＊＊＊＊＊＊＊＊＊＊

■宿泊料（税別）　チェックイン　午後 6:00～10:30　チェックアウト　午前 9:00

部屋名	定員	利用人数による一人当りの素泊まり料金／¥　(学生料金)			
和室A	8	2人 4,000 (3,500)	3–4人 3,300 (3,000)	5–6人 3,000 (2,700)	7–8人 2,800 (2,500)
和室B／C	各3	1人 4,500 (4,000)	2人 3,800 (3,500)	3人 2,800 (2,500)	
和室D	16	3–4人 4,000 (3,500)	5–8人 3,300 (3,000)	9–12人 3,000 (2,700)	13–16人 2,800 (2,500)
ベットルーム 8室	各2	1人 3,500 (3,000)	2人 2,800 (2,500)	＊	＊

●シーツとまくらカバーをお渡しします。全室にゆかたを準備しています。ベッドメーキングは、セルフサービスでお願いします。（定員46人）

■会場使用料（税別）

一般料金（学生料金）

	A.M.9~12	P.M.1~5	P.M.6~10
ホール	7,000 (6,000)	8,000 (7,000)	9,000 (8,000)
スタジオ 会議室A 会議室D	3,200 (2,700)	3,700 (3,200)	4,200 (3,700)
会議室C	2,900 (2,400)	3,400 (2,900)	3,900 (3,400)

●ホール使用に限り土曜日・日曜日・祭日は各2,000円増
●営業目的の会場使用は、10割増となります。
●ピアノ使用は1口1,000円(スタジオ)、3,000(ホール)

神戸学生青年センター Kobe Student Youth Center
• 阪急六甲より徒歩2分
• JR六甲道より徒歩10分
• 新幹線新神戸よりタクシー15分

六甲奨学基金

■日本語サロン「クリスマス会」をしました

昨年12月14日の土曜日の昼下がり、サロンに参加している人、登録中の人など約50人が集まりました。たべもの飲み物もちよりのテーブルの上には、各国の自慢のお料理が並び、まずは腹ごしらえ。ピアノやオカリナ演奏、歌やゲームで会場はにぎやかでした。

2003.12.14 日本語サロンクリスマス会

■古本市がはじまりました

六甲奨学基金のための古本市も今年で6回目を迎えます。おかげさまで今年も全国からたくさん本が集まり開催することができました。今年も楽しみにしていたよ、六甲山ハイキングの帰りに寄ったよ、会社の帰りだけど…などこちらも連日にぎやかです。送っていただいた方、買いにきていただいた方、多くの方々のご協力のおかげです。ありがとうございます。古本市は5月15日まで開催していますのでお近くにお越しの際はぜひお立ち寄りください。掘り出し物もたくさんありますよ。

■2003年度奨学生決定

96年度より兵庫県下の学校に通うアジアからの留学生・就学生に月額5万円の奨学金を支給しています。03年度は、次の4名の方に奨学金を支給することになりました。

陳美吟（関西学院大学、女、台湾）
孫新華（神戸学院女子短期大学、女、中国）
梁英芳（姫路獨協大学、女、中国）
王麒麟（尼崎国際日本語学校、男、中国）

今後ともご支援をよろしくお願いします。

朝鮮史セミナー

「尹東柱の夕べ」開催

2003.1.10
朝鮮史セミナー川上盾氏

尹東柱は、1945年2月16日、福岡刑務所で獄死した朝鮮の詩人です。朝鮮語で詩を書いたことが治安維持法に問われ京都下鴨警察に1943年7月に逮捕されたのでした。センターの評議員でもある日本キリスト教団東神戸教会牧師の川上盾さんがその詩に曲をつけてCDを出されました。林茂氏の講演とあわせてお披露目コンサートを開きました。林氏は、尹東柱の同級生・南炳憲氏（在米）の来日を契機に尹東柱研究をされた研究者です。とてもいい雰囲気の会でした。

ロニー・アレキサンダー先生の平和学講座

アメリカのイラク攻撃が始められようとしていた時に神戸大学国際協力研究科大学院教授ロニー・アレキサンダー氏を講師に平和学ワークショップを開きました。参加者は老若男女の30名。グループごとに模造紙を使って発表したり、ロニーさんの北極行きのお話を聞いたり、モントリオール「1989.12.18事件」の歌を聞いたり、「平和」の意味を深く広く考え平和を作りだしていく方法をみんなで考える機会となりました。

平和学講座2003.2～3
ロニー・アレキサンダー氏

定期利用
グループ・教室のご案内

◆六甲トレーニングサロン……月曜日・前9～12：00　前田先生　0797-35-5588
◆稲美会（絵更紗）……第1・3土曜日・後1～5：00　稲垣先生　078-821-7078
◆あみものさろんくぼた……第2・4水曜日・後1～5：00　窪田先生　078-944-9034
◆からむい会（絵更紗）……第2・4木曜日・後0～4：00　蔭村先生　0797-31-1798
◆フォークダンスの会……火曜日・前10～12：00　連絡先・久山　078-861-5768
◆すぎなコーラス……月曜日・前10～12：00　連絡先・横田　078-851-5714
◆神戸女声合唱団……金曜日・前10～12：00　連絡先・岡 邦子　078-291-0855
◆神戸東女声合唱団……金曜日・後2～4：00　連絡先・野口綾子　0727-77-2080
◆児童英語（MOMO）……月・水・木・金・土曜日　寺地先生　078-882-4191
◆創作アップリケ……第2・4月曜日・前10～12：00　柏原先生　078-821-4632
◆ノイエカンマーコール（混声コーラス）……土曜日・後6～9：00　連絡先・広瀬　0798-40-4170
◆ヨガ体操……火曜日・前9：30～12：00　廣瀬先生　078-851-8851
◆アトリエ太陽の子（児童絵画）……木曜日・後1～5：00　中嶋先生　078-811-8421
◆六甲ボーカル……第1・3木曜日・前10～12：00　池本先生　078-861-8724
◆こうべこーる恵（コーラス）……火曜日・前10～12：00　連絡先・田附　0798-26-2169
◆前田書道教室……金曜日・後1～5：00　連絡先・前田先生　078-854-1578
◆ステンドグラス・アトリエとも……第1・3木曜・後1～5：00　幸坂先生　078-582-0644
◆神戸二胡教室……第1・2・3日曜・後1～5：00　連絡先・橋本　078-412-6132
◆学研教室……月・金曜（月8回）・後1～5：00　尾村先生　0727-75-1957
◆全珠連会員・熊内そろばん六甲教室……火曜・後6～9：00、土曜・後1～4：00　奥野先生　078-241-1095

お問合せやお申込は、各グループ・教室に直接ご連絡ください。

神戸学生・青年センター
センターニュース
KOBE STUDENT YOUTH CENTER NEWS No.52

No.52
発行所　(財)神戸学生・青年センター
理事長　辻　建
館　長　飛田　雄一
〒657-0064　神戸市灘区山田町3丁目1-1
TEL (078) 851-2760 FAX (078) 821-5878
Yamada-cho 3-1-1, Nada-ku
Kobe, 657-0064 Japan
E-mail info@ksyc.jp
URL http://ksyc.jp

センター出版部もがんばっています 今秋には新刊がめじろおし!?

館長　飛田雄一（ひだ　ゆういち）

センターに出版部ができたのは1980年7月のこと。前年の朝鮮史セミナー夏期特別講座の記録・**梶村秀樹『解放後の在日朝鮮人運動』**（600円）が1冊目だ。このテーマの本が貴重がられて初版千部はすぐに売り切れ、すぐに2刷千部をだした。その後も品切れになると増刷され、これまで7刷計7千部をだしている。

梶村秀樹
『解放後の在日朝鮮人運動』

セミナーも、企画するものにとっては楽しいものだが、出版はまた別の楽しみがある。セミナーの参加者は限られているが、出版となると更に多くの人々の目にとまることになる。この本が幸いよく売れたこと、これがくせ者だった。その後、40冊近くの本を出すことになった。

佐治孝典
『歴史を生きる教会ー天皇制と日本聖公会』

最新刊は、**佐治孝典『歴史を生きる教会ー天皇制と日本聖公会』**1300円、そして今秋には保田茂**『田んぼを守る』**、J・レイン**『戦争中神戸に抑留されたオーストラリア人の手記（仮題）』**、キリスト教学校教育同盟関西地区委員会国際交流委員会編**『増補・日韓の歴史教科書を読み直す（日本語+韓国語）』**を刊行の予定である。

●

センター出版部はセミナーの3本柱であるキリスト教、食品公害（食料環境）、朝鮮史の講演録を出版することからスタートしている。キリスト教セミナーの**山口光朔他『賀川豊彦の全体像』**1400円、食料環境セミナーの**白井晴美他『今、子供になにが起こっているのか』**600円、**竹熊宜孝他『医と食と健康』**600円、**中南元他『もっと減らせる!ダイオキシン』**1200円、朝鮮史セミナーでは前述の本の他に**金慶海他『在日朝鮮人民族教育』**、**中塚明『教科書検定と朝鮮』**＜以上2冊品切＞、**姜在彦他『体験で語る解放後の在日朝鮮人運動』**1100円、**朴慶植他『天皇制と朝鮮』**1200円などを出版した。『今、子供に』は、当時いくつもの新聞に取り上げられて、4刷7千五百部まで発行部数をのばした。『体験で』は、89年発行のものだがテーマが微妙な問題を含んでおり、セミナー記録という

紹介できなかった出版物　※は品切れ

・仲原良二編　国際都市の異邦人・神戸市職員採用国籍差別違憲訴訟の記録／※
・韓国基督教歴史研究所著・信長正義訳／3・1独立運動と堤岩里教会事件／1800円
・金乙星／アボジの履歴書／2000円
・兵庫朝鮮関係研究会・編著／在日朝鮮人90年の軌跡ー続・兵庫と朝鮮人ー／2300円
・尹静慕作・鹿嶋節子訳・金英達解説／母・従軍慰安婦 かあさんは「朝鮮ピー」と呼ばれた／1000円
・金英達・飛田雄一編／朝鮮人・中国人強制連行強制労働資料集（90年版〜94年版）90、91は※／1400〜1600円
・金英達編／朝鮮人従軍慰安婦・女子挺身隊資料集／1100円
・金慶海・堀内稔／在日朝鮮人・生活権擁護の闘い―神戸・1950年「11・27」闘争／1800円
・八幡明彦編／<未完>年表 日本と朝鮮のキリスト教100年／※
・鄭鴻永／歌劇の街のもうひとつの歴史ー宝塚と朝鮮人／1800円
・和田春樹・水野直樹／朝鮮近現代史における金日成／1000円
・新美隆他／指紋制度を問う―歴史・実態・闘いの記録―／※
・梁泰昊／サラム宣言―指紋押捺拒否裁判意見陳述―／500円
・仲村修・韓丘庸・しかたしん／児童文学と朝鮮／1100円
・中村敏夫／信徒と教職の歩み／※
・中村敏夫／牧会五十話／1800円
・高慶日／二十世紀からの贈り物／1238円
・高銀／朝鮮統一への想い／400円

中南元他『もっと減らせる!ダイオキシン』　脇本寿「朝鮮人強制連行とわたし」

(財)神戸学生青年センター賛助金　2003.4.1〜8.31（敬称略・単位円）

河瀬幸子 3000　近藤とみお・幸子 5000　正井輝子 5000　濱政博司 5000　西しげ子 3000　松岡静子 10000　熊谷一綱 10000　センターグループ 5000　加藤光広 3000　山本善偉 5000　信長正義 10000　藤川照子 5000　保田茂 100000　西川治郎 3000　山崎雅實 3000　津野勝俊 3000　中原眞澄 3000　谷口千秋 3000　荒川宏史 3000　前田小百合 3000　金鏐 5000　門脇桜子 3000　金慶海 3000　堀博幸 3000　山下ゆたか・昌子 6000　宮井正彌 3000　齋藤朝則 3000　一岡玲子 3000　実積護 3000　若宮まさこ 3000　原和美 3000　佐藤敬 3000　杉原硬 5000　永井秀夫 3000

石本佳子 5000　六島純雄 5000　山崎延子 5000　光森恒子 5000　無名氏 5000　岡内克江 3000　加藤雅之 5000　平田典子 3000　辻川敦 3000　北山秀俊 3000　矢野淳子 3000　三輪嘉男 3000　上野都 3000　谷朱子 3000　恒成和子 3000　水野隆一 10000　中和美智子 3000　熊野勝之 3000　八木晃介 3000　杉山博昭 3000　松岡ミネ 3000　原重男 5000　近江岸建助 5000　青ひょん 1500　李美葉 3000　飛田溢子 5000　井上淳子 3000　武正興 5000　宮川守 3000　池田正枝 1000　稲浦昂 3000　伊地知紀子 3000　萩ルイ子 3000　岡田照子 5000　横川修 5000

岩田将巳 5000　笠原芳光 5000　井坂弘 3000　木下洋子 3000　中南元 3000　柳田緑映・清美　前田ひろ子 5000　徳冨幹生 3000　藤本覚 3000　泉迪子 3000　藪田誠 5000　和田進 3000　中田作成 3000　坂本悠一 5000　坂和優 5000　長谷川明 3000　田中満 3000　藤本瀬子 3000　松原恵美子 3000　堀誠二郎 3000　飛田悦子 3000　西出郁代 5000　井尻喜野恵 5000　松田泰二 3000　大田美智子 3000　米澤薩 3000　須本尚子 3000　河上民雄 10000　島津恒敏 10000　宮田茂雄 3000　佐野修吉 3000　森田豊子 3000　福原孝浩 3000　近藤孝雄 5000　保田茂 10000

南谷繁弘 10000　安木富美子 3000　鶴川佳奈 3000　江藤繁信 3000　浜田泰彦 3000　熊澤幸子 3000　松原真 3000　徳武仁志 3000　増谷利資子 3000　樋口大祐 3000　大津留厚 3000　黒田薫 3000　羽鳥敬彦 5000　高仁宝 5000　満寿会 5000　樋口直人 5000　羽下大信 10000　湯口恵 3000　足立龍枝 3000　中原祥子 3000　孫敏男 3000　伊丹威 3000　斎藤洋子 3000　枡田計雄 5000　牛尾武博 10000　西脇千絵子 3000　寺岡洋 5000　門倉和子 5000　森川展昭 20000　堀江節子 3000　渡辺玲子 3000　田部美知雄 3000　祐村明 3000　菅沼祐子 3000　永井靖二 5000　趙博 3000

香嶋正忠 3000　片岡英利子 3000　高阪邦子 3000　明石教会 5000　小川雅由・寺岸三代子 10000　西信夫 5000　石田米子 3000　花木叶滋・順子 5000　酒井宜子 3000　高田理 3000　樅山さち子 3000　仲本幸哉 5000　森本和美 3000　宇都宮佳果 3000　一色作郎 5000　竹前昇 30000　阿部恩 10000　花房恵美子 3000

アトリエ太陽の子　中嶋洋子 10000　山本賢二 10000　大野貞枝 100000　小林美喜子 10000　松枝佳宏 3000　岩崎謙 10000　岩井昭一 3000　小川幹雄 3000　中川健一 5000　小林孝信 3000　山根成人 20000　小柳玲子 5000　石浜みかる 3000　後藤耕二 3000　小川浩一 3000　飯塚節 3000　小沼恵子 5000　片山憲明 5000　杉原一三 3000　佐治孝典 5000

橋本奈央 3000　甲南女子大 多文化共生学科 5000　神戸女声合唱団 10000　高祐二 3000　梁愛舜 10000　小林るみ子 3000　永井満 3000　寺島俊穂 3000　杉山はるみ 3000　愛媛有機農産生協 5000　甲子園教会 5000　小林順子 5000

計192件
1,052,500円

以上感謝をもって領収いたしました。

賛助金ご協力のお願い

●賛助会費:
一口 A3,000　B5,000　C10,000
※いずれも一口を単位としますが、何口でも結構です。
※送金方法
郵便振替 〈01160-6-1083 財団法人 神戸学生・青年センター〉
備考欄に「賛助金」とお書きください。
銀行振込 三井住友銀行 六甲支店 0779663
財団法人 神戸学生青年センター 賛助金
銀行振込で領収証やニュースをご希望の方は、事務局までご連絡ください。

六甲奨学基金　2003.4.1〜8.31（敬称略・単位円）

近藤とみお・幸子 5000　野村詩賀子 900　瀬口郁子 10000　松岡静子 20000　熊谷一綱 10000　山本善偉 3000　藤川照子 5000　三田登美子 3000　田辺光平 3000　土本基子 3000　門脇桜子 3000　金慶海 3000　堀博幸 3000　近藤芳廣 5000　小島種子 5000　高橋元 3000　牛尾武博 3000　石本佳子 5000　六島純雄 3000　森野秀樹 3000

中川慶子 3000　石村真紀 10000　渡部昌子 5000　中西美江子 3000　西浦茂 5000　内海尚枝 3000　新居弥生 5000　飛田溢子 5000　井上淳子 3000　武正興 5000　栗原直子 3000　瀬戸口雅子 5000　浅羽千之助 3000　兼崎暉 3000　岡田照子 5000　篠原閑 3000　前田ひろ子 5000　岩本光雄 5000　西出郁代 5000　前川純一 3000　張暁玉 3000

福原孝浩 3000　近藤洋子 5000　羽鳥敬彦 5000　高仁宝 5000　山田正子 10000　枡田計雄 5000　牛尾武博 10000　田島恵児 5000　門倉和子 5000　森川展昭 10000　田部美知雄 5000　杉谷あかね 3000　西信夫 5000　本間隆 5000　樅山さち子 3000　センターの猫たち 3000　中畠孝幸 10000　番洋子 10000　小柳玲子 5000　灘チャレンジ祭 17650

片山憲明 5000　今井真理 3000　鈴木香織 3000　近澤淑子 5000　南谷繁弘 5000　瀬尾朝子 10000　松重君予 10000　灘チャレンジ実行委 7600　愛媛有機農産生協 3000　小林順子 5000　毎月募金会員計 89000（千円=菱木康夫、金早雪、信長正義、金仁宝、信長たか子、藤田寿ゑ子、飛田雄一、松岡静子、2千円=岡田惇也、福田菊、3千円=白川豊、辻建）

UFJカード 1000　会社案内による協力 3525

計75件 471,675円
古本市による協力 1,322,330円
総　計 1,794,005円
以上感謝をもって領収いたしました。

六甲奨学基金ご協力のお願い

●賛助会費:
一口 A3,000　B5,000　C10,000
※いずれも一口を単位としますが、何口でも結構です。
※送金方法
郵便振替 〈01160-6-1083 財団法人 神戸学生・青年センター〉
備考欄に「奨学金」とお書きください。
銀行振込 三井住友銀行 六甲支店 0779651
財団法人 神戸学生青年センター 六甲奨学基金
銀行振込で領収証やニュースをご希望の方は、事務局までご連絡ください。

セミナーの記録　2003.4〜8

食料環境セミナー

シリーズ「気候変動問題を考える」②
(No.326)4月23日鈴木靖文氏「温暖化を防ぐ快適生活」
(No.327)5月28日久米三四郎氏「もんじゅ裁判　なぜ勝ったの? これからどうなるの?」
(No.328)6月25日川上豊幸氏「WTOと日本の農業」
(No.329)7月9日中地重晴氏「市民に役立つPRTR制度の活用法」

森林講座

5月17日　「バイオマスフォーラムたんば」訪問／氷上町
森林講座　6月21−22日／市島町
7月12日　樹の標本づくり
7月19日　エルム・ハイキングコース視察／市島町

農　塾

第11期
第1回　5月9日　保田　茂氏「有機農業の時代」
第2回　5月16日　渋谷　冨喜男氏「有機農業の野菜づくり」
第3回　5月23日　青位　眞一郎氏「有機農業の養鶏」
第4回　5月30日　牛尾　武博氏「有機農業の米づくり」
第5回　6月6日　小林　美喜子氏「体の歪みを自分で直す」
第6回　6月13日　本野　一郎氏「種採りの時代」
第7回　6月20日　尾崎　零氏「…だから云える!　就農したら…ができる!!」
第8回　6月27日　山根　成人氏「旬を生かすスローフード」
6月14日　圃場見学会／八千代町、市川町、西区
伊川谷有機農法実習農園
毎月第1・3日曜

朝鮮史セミナー

6月3日　記録映画「梅香里」上映会
お話:都裕史氏

朝鮮語講座

①入　門　毎週金曜日　尹智香氏・朴英珠氏
②初　級　毎週水曜日　趙子衛氏
③中　級　毎週火曜日　李埈端氏
④中級会話　毎週木曜日　朴鐘祐氏

六甲奨学基金

古本市　3月15日〜5月15日
日本語サロン
毎週月・土曜

その他

5月17日　神田浩史氏「世界につながる私たちの暮らし」(共催)
6月1日　平本実氏・ベパリ氏「バングラデシュでNGO活動」(共催)
6月14日　もりきかずみ氏・有吉真紀氏「フィリピンの電灯織物とフィリピン現代女性の仕事」(共催)
7月12日　古本妃留美氏・寺田栄氏「ソディの時間」(共催)

ことなら了解が得られるだろうということで、最初から本を作るためにセミナーを設定したのだった。

●

そのうちセンター出版部の名前が知られるようになり(?)、出版の話が持ち込まれたり、特別企画の出版を手がけたりするようになった。一般的に「本ばなれ」の傾向は強くなっており、出版社が尻込みする本も多い。また、新聞広告でよく見る「あなたの本を出版します」というのも、詐欺的なものがよくある。「もう少し書けていれば筆者の費用なしに出版しますが‥」と、多額の出資金を要求したりするものもあると聞く。センター出版部はその点全く問題がない。それなりに蓄積したノウハウにより**小池基信『地震・雷・火事・オヤジーモッちゃんの半生記』**1600円などをだした。少し変わった本として忘れられないのは**脇本寿『朝鮮人強制連行とわたしー川崎昭和電工朝鮮人宿舎・舎監の記録ー』**400円だ。脇本氏の体験を聞いて是非とも本にしたいと考えて手記を書いていただいた。そして、この内容はどうしても朝鮮語にして朝鮮半島でも読んでもらいたいと考えて、縦書き右開きの日本語と横書き左開きの朝鮮語を1冊の本にした。脇本氏の「この本の出版によって当時強制連行されていた朝鮮人に出会いたい」という夢は実現しなかったが朝鮮半島でも多くの人に読まれているはずである。

●

自費出版物の販売ルートについてはまた別の問題がある。当初、怖いもの知らずで大阪の紀伊國屋までも売り込みに行き、無理やりおいてもらったりもした。しかし、東販、日販などの流通ルートに乗らない本は、なかなか一般書店で扱ってもらえない。この問題は全面解決とはいかないが「地方小出版流通センター」に加入して少しは解決した。即全国の書店に本が並ぶということにはならないが、地方小に加盟すれば例のISDN番号もとれるし、全国どこの書店から注文がきても地方小経由で納品されることになる。最近のインターネットによる注文でもそれなりに対応できており、私自身がセンター出版部の本を入手して悦にいったこともある。

小出版社のふんばりは、まだ続きそうである。品切れの本もあるが、不良在庫化?している本もなくはない。そろそろ「読書の秋」だ。今秋、センター出版部の本を読破していただくのも一興かな、と思う。眠れなくなる本も程よい眠気をさそう本もあるはずである。いつの日かベストセラー出版を夢見ながらも、とりあえずはこつこついい本を出し続けていきたいと考えている今日このごろである。

古本市ご協力ありがとうございました

六甲奨学基金のための第6回古本市は、3月15日〜5月15日に開かれました。約216万円の売上がありました。新書文庫マンガ児童書は100円、単行本300円(留学生は半額)で販売しました。200円平均とすると実に10,800冊買っていただいたことになります。今年も残った本はアジア図書館建設運動をしているアジアセンター21に引き取っていただきました。本を送っていただいた方、ボランティアの方、買いにきてくださった方、本当にありがとうございました。(H)

JOCS講演会／

平本さん、ベパリさん(バングラデッシュ)

6月1日、お二人をお招きしてJOCS神戸と共催で講演会を開きました。平本さんは、元頌栄人間福祉専門学校教員、センターの評議員で、2年半のバングラでの働きを終えて帰国されました。ベパリさんは、HDD(Human Development Organization)の事務局長。スライドを通して現場で見た「バングラのNGO活動」のお話をきくことができました。

■宿泊料(税別)　チェックイン　午後6:00〜10:30　チェックアウト　午前9:00

部屋名	定員	利用人数による一人当りの素泊まり料金／¥　(学生料金)			
和室A	8	2人 4,000 (3,500)	3—4人 3,300 (3,000)	5—6人 3,000 (2,700)	7—8人 2,800 (2,500)
和室B／C	各3	1人 4,500 (4,000)	2人 3,800 (3,500)	3人 2,800 (2,500)	
和室D	16	3—4人 4,000 (3,500)	5—8人 3,300 (3,000)	9—12人 3,000 (2,700)	13—16人 2,800 (2,500)
ベットルーム 8室	各2	1人 3,500 (3,000)	2人 2,800 (2,500)	*	*

●シーツとまくらカバーをお渡しします。全室にゆかたを準備しています。ベッドメーキングは、セルフサービスでお願いします。(定員46人)

■会場使用料(税別)

一般料金(学生料金)

	A.M.9〜12	P.M.1〜5	P.M.6〜10
ホール	7,000 (6,000)	8,000 (7,000)	9,000 (8,000)
スタジオ 会議室A 会議室D	3,200 (2,700)	3,700 (3,200)	4,200 (3,700)
会議室C	2,900 (2,400)	3,400 (2,900)	3,900 (3,400)

●ホール使用に限り土曜日・日曜日・祭日は各2,000円増
●営業目的の会場使用は、10割増となります。
●ピアノ使用は1口1,000円(スタジオ)、3,000(ホール)

神戸学生青年センター Kobe Student Youth Center
・阪急六甲より徒歩2分
・JR六甲道より徒歩10分
・新幹線新神戸よりタクシー15分

食料環境セミナー

今春もセミナーを4回開催しました。

4月は、温暖化を防ぐ快適生活について鈴木靖文氏にお話いただきました。家電製品の省エネ化は著しく進んでいるが、その情報を消費者が正しく判断し選択することが重要。ランニングコストに注意しましょう。

2003.4.23 鈴木靖文氏

5月には、高速増殖炉「もんじゅ」の設置許可違法判決について、原告を補佐してきた久米三四郎氏にお話いただいた。「みんな負けると思っていた。それがおかしいやん。」議論の中身を見れば全く不思議でない。日本の将来を左右しかねない裁判、議論の一つひとつに注目していきたい。

2003.5.28 久米三四郎氏

環境問題を取り巻く状況も変わってきた。その一つが、環境汚染物質の移動や排出量の届出を義務づけたPRTR法。近所の工場からの排煙や排水が気になれば、すぐに調べることができるようになりました。7月に市民によるPRTRの活用方法を有害化学物質削減ネットワークの中地重晴氏にお話いただきました。十二分に活用していきたいと思います。

森林講座

今年度から会場が「エルムいちじま」に変更になりました。フィールドは与戸地区の森林で活動させていただいています。新しいフィールドを歩き回り、どんな活動や体験ができるか開発中です。10月には、与戸地区の方々との交流を兼ねた森林作業を予定しています。ぜひご参加ください。

2003.7.22　標本づくり／エルムいちじま

農塾

第11期農塾を開講

5月9日から8週にわたり、第11期農塾を開催しました。昨年から話題に多く上がっていた「自家採種」を新しくカリキュラムに加えました。

2003.6.14　圃場見学会

5月31日に予定していた圃場見学会は台風のため2週間延期。農塾も天候に振り回されました。

実習農園の作物も多雨冷夏の影響を受けました。実習していたからこそできた貴重な体験。これからも丁寧に観察していきたい。

ホームページアドレスが変わりました

http://ksyc.jp

独自ドメインの取得とともに常時接続のインターネット環境を整えました。

定期利用

グループ・教室のご案内

◆六甲トレーニングサロン……月曜日・前9〜12：00　前田先生　0797-35-5588
◆稲美会(絵更紗)……第1・3土曜日・後1〜5：00　稲垣先生　078-821-7078
◆あみものさろんくぼた……第2・4水曜日・後1〜5：00　窪田先生　078-944-9034
◆からむい会(絵更紗)……第2・4木曜日・後0〜4：00　薮村先生　0797-31-1798
◆フォークダンスの会……火曜日・前10〜12：00　連絡先・久山　078-861-5768
◆すぎなコーラス……月曜日・前10〜12：00　連絡先・横田　078-851-5714
◆神戸女声合唱団……金曜日・前10〜12：00　連絡先・岡邦子　078-291-0855
◆神戸東女声合唱団……金曜日・後2〜4：00　連絡先・野口綾子　0727-77-2080
◆児童英語(MOMO)……月・水・木・金・土曜日　寺地先生　078-882-4191
◆創作アップリケ……第2・4月曜日・前10〜12：00　柏原先生　078-821-4632
◆ノイエカンマーコール(混声コーラス)……土曜日・後6〜9：00　連絡先・広瀬　0798-40-4170
◆ヨガ体操……火曜日・前9：30〜12：00　廣瀬先生　078-851-8851
◆アトリエ太陽の子(児童絵画)……木曜日・後1〜5：00　中嶋先生　078-811-8421
◆六甲ボーカル……第1・3木曜日・前10〜12：00　池本先生　078-861-8724
◆こうべこーる恵(コーラス)……火曜日・前10〜12：00　連絡先・田附　0798-26-2169
◆前田書道教室……金曜日・後1〜5：00　連絡先・前田先生　078-854-1578
◆ステンドグラス・アトリエとも……第1・3木曜・後1〜5：00　幸坂先生　078-582-0644
◆神戸二胡教室……第1・2・3日曜・後1〜5：00　連絡先・橋本　078-412-6132
◆学研教室……月・金曜(月8回)・後1〜5：00　尾村先生　0727-75-1957
◆全珠連会員・熊内そろばん六甲教室……火曜・後6〜9：00、土曜・後1〜4：00　奥野先生　078-241-1095
◆六甲さくら合唱団……月3回月曜・後1〜5：00　連絡先・大北　078-441-0412

お問合せやお申込は、各グループ・教室に直接ご連絡ください。

神戸学生・青年センター
センターニュース
KOBE STUDENT YOUTH CENTER NEWS No.53

No.53
発行所　(財)神戸学生・青年センター
理事長　辻　建
館　長　飛田　雄一
〒657-0064　神戸市灘区山田町3丁目1-1
TEL (078) 851-2760 FAX (078) 821-5878
Yamada-cho 3-1-1, Nada-ku
Kobe, 657-0064 Japan
E-mail info@ksyc.jp
URL http://ksyc.jp

六甲奨学基金に続いてもうひとつの奨学金 三木原奨学基金がスタートします。

館長　飛田雄一

すてきなお知らせです。2004年4月より留学生のための新しい奨学金「三木原奨学基金」がスタートします。

三木原さんは神戸在住の方でアジアからの留学生を支援する活動をしたいと考えておられました。

❄

センターの留学生支援活動の歴史は古くはありません。阪神淡路大震災のときにボランティア活動として展開した被災留学生・就学生支援活動がきっかけとなって、「六甲奨学基金」が生まれました。震災時にセンターは、4月末ごろまで被災留学生・就学生の避難所として利用されました。そして、住居の斡旋などの事業とともに、自宅が全壊半壊した留学生・就学生に生活一時金を支給する活動も行いました。1名3万円を支給することを決定して2月1日から支給を開始しました。一時期は募金が間に合わず立て替えてお支払いするという時期もありましたが、久米宏のニュースステーションで広報されたこともあって(?)充分な募金が寄せられました。申請のあった767名を留学生・就学生すべてに支給することができたのでした。

❄

被災留学生・就学生支援活動が一段落したのち大口のご寄付をいただいたことをきっかけに、六甲奨学基金がスタートしました。1300万円を元手にして、募金活動を継続しながら毎年アジアからの留学生・就学生5名に月額5万円の奨学金を支給しようという計画です。順調に募金が集まれば毎年100万円を取り崩すことになり13年間維持することができるというものです。この基金は古本市というイベントも生みだし、現在まで毎年4～6名の留学生・就学生に奨学金支給を続けています。また、基金の事業としてボランティア日本語教室「日本語サロン」も開いています。

❄

三木原さんからは、3000万円を提供するのでこのような奨学金事業をセンターで行ってほしいという申し出がありました。その後何回か三木原さんとセンターで話し合いをもち、以下のような奨学金を2004年度よりスタートさせることになりました。

1) 中国、台湾、韓国から来日し、兵庫県下の4年制大学(応募時点で学部2年生以上)または大学院(研究生は除く)で学んでいる学習意欲のある留学生8名。
2) 月額6万円を1年間支給。返済の義務なし。
3) 2003年度より引き続いて2004年4月より2005年3月まで同大学(院)に在学する学生。
4) 他の奨学金を受給していないもので、兵庫県下の大学が各1名を推薦することができる。

❄

この基金は三木原さんとセンターとの信託契約によって運営されますがその2条には「太平洋戦争中日本軍によって侵略され多大の被害を受けた中国本土、台湾、朝鮮半島の諸国から来日した留学生を支援することを目的」とすると書かれています。この三木原さんの意志を受けとめて、5年間この新しい奨学金が支給されることになります。六甲奨学基金を運営してきたセンターの実績が認められ、新たに三木原さんから奨学基金が信託されたのです。

今年、日本への留学生の数が10万人を越えました。とりわけアジアからの留学生・就学生が増加していますが、六甲奨学基金に続いて三木原奨学基金という形で、彼らのほんの一部の方にではありますが、お手伝いができることを喜んでいます。

30周年記念1000万円募金　（敬称略・単位円）

2003年度にお寄せいただいた方のお名前が抜け落ちていました。大変失礼いたしました。

山本善偉	2000	松岡静子	20000
窪田実美	10000	北海クリスチャンセンター	10000
趙英淑	5000		
飯塚節	3000		

ありがとうございました。

(財)神戸学生青年センター賛助金　2003.9.1～11.30（敬称略・単位円）

山根譲	3,000	小川政亮	3000	桝田計雄	5000	仲野憲次郎	3000	桂正孝	3000	藤井信英	3000	坂本悠一	5000
青野正明	3000	友井公一	3000	南谷繁弘	10000	大津留厚	3000	春本幸子	3000	柳下恵子	3000	鄭早苗	5000
讃岐田訓	3000	鈴木道也	3000	人見勝	3000	福地章	3000	酢屋善元	3000	山口瑳智子	3000	水嶋敏子	10000
木下裕子	3000	平田典子	3000	所薫子	2000	山本修	3000	浜崎としずみ	3000	金坪成和	5000	平河直	3000
杉田哲	5000	宮井正彌	3000	久冨伸子	3000	高木俊江	5000	石井淑子	3000	飛田雄一	10000		
山内小夜子	3000	酒井哲雄	5000	小川幹雄	3000	小川正則	5000	南里知樹	3000	三沢有理	3000		
金井文宏	3000	多田伝三郎	5000	石塚健	3000	下西ユキヨ	3000	津村富代	3000	金恒勝	3000		
朴明子	3000	宇都宮佳果	3000	森井淳吉	3000	西尾典子	5000	堀博幸	3000	求める会	15000		
前田朗	3000	石田米子	3000	松永浩美	3000	伊藤一幸	5000	李重華	5000	辻本久夫	3000		
黒田裕子	3000	林祐介	3000	飛田悦子	5000	津田義夫	5000	伊藤悦子	3000	船越諭	3000		
林静一路	3000	岡田照子	5000	西村雅芳	3000	安田信吉	3000	山崎雅賓	3000	中出真哉	3000		
登尾明彦	5000	松岡静子	10000	河島完治	3000	谷口克次	3000						
加藤克子	3000	井上悦博	3000	宇野田尚哉	3000	加輪上敏彦	5000						
福島俊弘	3000	安達義博	5000	徐元洙	3000	木下海龍	3000						
瀬戸口雅子	3000	手束光子	3000	辻川敦	3000	岩井昭一	3000						
落合健二	5000	村江涌美子	3000	一岡玲子	3000	孫才喜	5000						
満寿会	3000	広田昌希	3000	梁壽龍・朴貴玉		荒川宏史	3000						
足立龍枝	3000	八木晃介	3000		3000	保田茂	5000						
久保井規夫	5000	李秉萬	3000	石川利彦	3000	川瀬陽子	3000						
島津恒敏	10000	金徳男	3000	土本基子	3000	朴明美	3000						
高龍弘	3000	西信夫	5000	谷井尚子	3000	武藤迪子	5000						
熊野朝子	3000	飛田溢子	5000	辻建	50000	金野南	5000						
横山康子	3000	平田昌司	5000	井坂弘	3000	小林保	5000						

計117件
500、000円

以上感謝をもって領収いたしました。

賛助金ご協力のお願い

●賛助会費:
一口 A3,000　B5,000　C10,000
※いずれも一口を単位としますが、何口でも結構です。
※送金方法
郵便振替 〈01160-6-1083 財団法人 神戸学生・青年センター〉
備考欄に「賛助金」とお書きください。
銀行振込 三井住友銀行 六甲支店 0779663
財団法人 神戸学生青年センター 賛助金
銀行振込で領収証やニュースをご希望の方は、事務局までご連絡ください。

六甲奨学基金　2003.9.1～11.30（敬称略・単位円）

青野正明	3000	桝田計雄	5000	本間隆	3000
井上淳子	3000	手嶋健策	3000	仁川学院中高校	
田辺光平	3000	慎英弘	5000	バザー係	10000
田口恵美子	3000	谷井尚子	3000	岩脇章能	3000
葛谷登	3000	辻建	50000	福島明	10000
横山康子	3000	河合信彦	3000	西浦茂	3000
福田菊	10000	大津留厚	3000	堀博幸	3000
中西美江子	3000	西尾典子	5000	福島明	2000
江川協子	3000	伊藤一幸	5000	UFJカードによる	
岡田照子	5000	津田義夫	5000	協力	1000
松岡静子	20000	川井仁史	5000	金坪成和	5000
井上悦博	3000	加輪上敏彦	5000	大津和子	10000
林祐介	3000	鈴木香織	3000	成毛典子	10000
西信夫	5000	三木ときよ	3000	西史子	3000
飛田溢子	5000	武藤迪子	5000		
平田昌司	5000	金野南	5000		

毎月募金会員計 53000
(千円:菱木康夫、金早苗、信長正義、信長たか子、藤田寿え子、飛田雄一、松岡静子、2千円:岡田惇也、福田菊、3千円:白川豊、辻建)
古本市 12500

計46件
321,500円
以上感謝をもって領収いたしました。

六甲奨学基金ご協力のお願い

●賛助会費:
一口 A3,000　B5,000　C10,000
※いずれも一口を単位としますが、何口でも結構です。
※送金方法
郵便振替 〈01160-6-1083 財団法人 神戸学生・青年センター〉
備考欄に「奨学金」とお書きください。
銀行振込 三井住友銀行 六甲支店 0779651
財団法人 神戸学生青年センター 六甲奨学基金
銀行振込で領収証やニュースをご希望の方は、事務局までご連絡ください。

セミナーの記録　2003.9～11

食料環境セミナー

シリーズ
「食べ物における先端技術と安全性」
①(No.330)9月24日粥川 準二 氏
「クローン牛の食品としての安全性」
②(No.331)10月22日河田 昌東 氏
「遺伝子組み換え作物の栽培と安全性」
シリーズ
「子どもを育む食事」
①(No.332)11月26日水嶋 敏子 氏
「子どもの健康と食事」

森林講座

森林講座　10月25－26日／市島町
さわやか環境まつり出展
10月4－5日／姫路市

農　塾

伊川谷有機農法実習農園
毎月第1・3日曜

朝鮮史セミナー

「韓国における政治とイデオロギー」
①10月31日「李承晩とその時代」
②11月7日
「朴正　と正統保守野党のディレンマと葛藤」
③11月14日
「豊かな韓国の「明るい」統一論」
木村　幹 氏

現代キリスト教セミナー

11月8日笠原芳光氏、大村英昭氏
「討論　いま、宗教は必要か」

朝鮮語講座

①入　門　毎週金曜日　朴英珠氏
②初　級　毎週水曜日　趙子衡氏
③中　級　毎週火曜日　李埈端氏
④中級会話　毎週木曜日　朴鐘祐氏

六甲奨学基金

日本語サロン
毎週月・土曜
「実践・日本語学習支援講座」
①10月7日中畠 孝幸 氏
文法と文型①品詞をめぐって
②10月14日中畠 孝幸 氏
文法と文型②補助動詞を使った表現
③10月21日中畠 孝幸 氏
文法と文型③相手に働きかける表現
④10月28日瀬口 郁子 氏
多文化社会で生きる①
⑤11月4日瀬口 郁子 氏
多文化社会で生きる②
⑥11月11日瀬口 郁子 氏
多文化社会で生きる③
⑦11月18日奥田 純子 氏
地域の日本語学習支援とは、何だろうか?
⑧11月25日奥田 純子 氏
日本語学習支援と日本語教育
⑨12月2日奥田純子氏
学習者の学習対象とはなんだろうか

その他

10月11日「松井やよりさんを偲ぶ会」
もりきかずみ氏、西野瑠美子氏
「食と農を考える交流集会」
11月10日石中英司氏（共催）

食料環境セミナー

9・10月は「食べ物における先端技術と安全性」について、クローン牛は粥川氏、遺伝子組み換え作物の栽培について河田氏にお話いただいた。データがないものをどう評価するか、また間違ったと分かったときに戻ることができるかどうかが重要。

2003.9.24粥川準二氏

2003.11.26水嶋敏子氏

11月は「子どもの健康と食事」について、現場経験豊かな水嶋氏にお話いただきました。成長の段階に応じた食事があり、親の思いよりも、まず子どもを受け入れること。

森林ボランティア活動

第2回 森林講座 10月25-26日

「エルムいちじま」を主会場に、市島町与戸地区での2回目の森林講座を開催しました。

1日目は、神戸大学の金澤先生の案内でわずかに色づき始めた初秋の森を散策。午後は童心に返り、森の素材の工作。創作活動は年齢に関わりなく楽しい時間でした。

夜は与戸地区の西安区長さんから与戸地区の森林利用の移り変わりについてお話いただきました。森林資源を活用していた暮らしが60年代末に石油やプロパンが普及し、森林が荒れ始めた。森林資源をどう活用していけるかが課題。

翌日は、与戸地区の森林整備活動に合流。総勢80名の作業は圧巻。また地元名人の仕事はお見事。手ほどきいただき、ありがとうございました。

気持ちのいい森の散策

童心にかえって森の素材の工作

いざ、枝打ち作業に出陣

松井やよりさんを偲ぶ会

昨年6月、センター30周年記念講演会でお話いただいた松井さんが、半年後の12月に逝去されました。センター主催の偲ぶ会では、ビデオ『松井やより　全力疾走―ガンと闘った2ヵ月半の記録』（ビデオ製作塾製作、40分）上映のあと、もりきかずみさん、西野瑠美子さんに講演していただきました。

西野瑠美子さん　2003.10.11

■宿泊料（税別）　チェックイン　午後 6:00～10:30　チェックアウト　午前 9:00

部屋名	定員	利用人数による一人当りの素泊まり料金／¥　(学生料金)			
和室A	8	2人 4,000 (3,500)	3―4人 3,300 (3,000)	5―6人 3,000 (2,700)	7―8人 2,800 (2,500)
和室B／C	各3	1人 4,500 (4,000)	2人 3,800 (3,500)	3人 2,800 (2,500)	
和室D	16	3―4人 4,000 (3,500)	5―8人 3,300 (3,000)	9―12人 3,000 (2,700)	13―16人 2,800 (2,500)
ベットルーム 8室	各2	1人 3,500 (3,000)	2人 2,800 (2,500)	＊	＊

●シーツとまくらカバーをお渡しします。全室にゆかたを準備しています。ベッドメーキングは、セルフサービスでお願いします。（定員46人）

■会場使用料（税別）

一般料金（学生料金）

	A.M.9～12	P.M.1～5	P.M.6～10
ホール	7,000 (6,000)	8,000 (7,000)	9,000 (8,000)
スタジオ 会議室A 会議室D	3,200 (2,700)	3,700 (3,200)	4,200 (3,700)
会議室C	2,900 (2,400)	3,400 (2,900)	3,900 (3,400)

●ホール使用に限り土曜日・日曜日・祭日は各2,000円増
●営業目的の会場使用は、10割増となります。
●ピアノ使用は1口1,000円(スタジオ)、3,000(ホール)

神戸学生青年センター Kobe Student Youth Center
六甲登山口 / 三井住友BK / みなとBK / 阪急六甲 / 至 三宮 / 八幡神社 / 交番 / 至 梅田(大阪) / Coop / フォレスタ / 六甲口 / 六甲道 / 桜口 / 国道②

・阪急六甲より徒歩2分
・JR六甲道より徒歩10分
・新幹線新神戸よりタクシー15分

朝鮮史セミナー

韓国における政治とイデオロギー
～世界の中で考える～

木村幹さん　2003.11.7

今回は神戸大学大学院国際協力研究科助教授の木村幹さんを講師に①李承晩②朴正熙③現代の統一論の全3回の連続講座を開催しました。37歳の若手学者の講義はとても新鮮でした。

実践・日本語学習支援講座

六甲奨学基金の運営委員中畠、奥田、瀬口の3名の日本語教授法の専門家が無料で全9回の講義をしてくださった。受講料（2万円／一人）がすべて募金となるもの。参加型の授業で盛り上がりました。

奥田純子さん　2003.12.2

食と農を考える交流集会

韓国よりの交流団　200.11.10

PHD協会が韓国より招いた農民を囲んで開く第12回目の会。同協会、日本基督教団兵庫教区とセンターが共催している。講演は石中英司氏（AMネット）韓国よりの団長は朴承八氏。

現代キリスト教セミナー

「討論　いま、宗教は必要か～一神教と多神教」

論者は、笠原芳光氏と大村英昭氏。司会は佐治孝典氏。参加者を巻き込んでの侃々諤々の大討論会とまではいかなかったが、充実したシンポジウムでした。

シンポジウムの各氏　2003.11.8

セミナーのご案内

食料環境セミナー

1月28日(水)午前10～12時
「震災の教訓は活かされているか」
保田　茂 氏
(神戸大学名誉教授)

2月25日(水)午前10～12時
「水環境問題と科学者」
―30年の研究の軌跡―
讃岐田　訓 氏
(神戸大学発達科学部)

●参加費:各回600円　●会　場:神戸学生青年センター・ホール

定期利用
グループ・教室のご案内

◆六甲トレーニングサロン……月曜日・前9～12：00　前田先生　0797-35-5588
◆稲美会（絵更紗）……月２回　水・土曜日・後1～5：00　稲垣先生　078-821-7078
◆あみものさろんくぼた……第2・4水曜日・後1～5：00　窪田先生　078-944-9034
◆からむい会（絵更紗）……第2・4木曜日・後0～4：00　霞村先生　0797-31-1798
◆フォークダンスの会……火曜日・前10～12：00　連絡先・久山　078-861-5768
◆すぎなコーラス……月曜日・前10～12：00　連絡先・横田　078-851-5714
◆神戸女声合唱団……金曜日・前10～12：00　連絡先・岡 邦子　078-291-0855
◆神戸東女声合唱団……金曜日・後2～4：00　連絡先・野口綾子　0727-77-2080
◆児童英語（MOMO）……月・水・木・金曜日　寺地先生　078-882-4191
◆創作アップリケ……第2・4月曜日・前10～12：00　柏原先生　078-821-4632
◆ノイエカンマーコール（混声コーラス）……土曜日・後6～9：00　連絡先・広瀬　0798-40-4170
◆ヨガ体操……火曜日・前9：30～12：00　廣瀬先生　078-851-8851
◆アトリエ太陽の子（児童絵画）……木曜日・後1～5：00　中嶋先生　078-811-8421
◆六甲ボーカル……第1・3木曜日・前10～12：00　池本先生　078-861-8724
◆こうべこーる恵（コーラス）……火曜日・前10～12：00　連絡先・田附　0798-26-2169
◆前田書道教室……金曜日・後1～5：00　連絡先・前田先生　078-854-1578
◆ステンドグラス・アトリエとも……第1・3木曜・後1～5：00　幸坂先生　078-582-0644
◆学研教室……月・金曜（月8回）・後1～5：00　尾村先生　0727-75-1957
◆全珠連会員・熊内そろばん六甲教室……火曜・後6～9：00、土曜・後1～4：00　奥野先生　078-241-1095
◆六甲さくら合唱団……月３回月曜・後１～5：00　連絡先・大北　078-441-0412

お問合せやお申込は、各グループ・教室に直接ご連絡ください。

神戸学生・青年センター
センターニュース
KOBE STUDENT YOUTH CENTER NEWS No.54

No.54
発行所　(財)神戸学生・青年センター
理事長　辻　建
館　長　飛田　雄一
〒657-0064　神戸市灘区山田町3丁目1-1
TEL (078) 851-2760 FAX (078) 821-5878
Yamada-cho 3-1-1, Nada-ku
Kobe, 657-0064 Japan
E-mail info@ksyc.jp
URL http://ksyc.jp

退職の辞

鹿嶋　節子

センター開館当初から朝鮮語講座や朝鮮史セミナーの参加者として、出入りしていた私が、職員として事務所に座るようになってから、いつの間にか20余年の月日が流れてしまいました。

以前から50才を仕事のひとつの区切りにしたいと考えていたのですが、50才という年齢は思いのほか早くやってきて、また、その年に入院、手術という予定外の出来事にも見まわれ、そうこうしているうちに2004年の春を迎えてしまいました。

この20何年かの間、センターは私の職場であると同時に、朝鮮語講座やセミナー、求める会での共同購入と、生活の全ての面で欠くことの出来ない場所であり、多くの人々との出会いの場でもありました。

めまぐるしく変化する世の中にあって、センターだけは時代の風潮に流されない場所であって欲しいという思いはありますが、身体に新陳代謝が必要なのと同じように組織でも新陳代謝が行われなければ、元気な活動はできないでしょう。年長者の経験や知識は大事だと思う反面、次の時代のセンターを作っていくには若い人の斬新な考えや感覚が必要です。

そして、なによりも私自身に「もう、充分に働いたかな」という気持ちもあり、このへんで引退させていただくことになりました。20有余年の間、多くのみなさまに支えられて大過なく勤務できたことに、心より感謝しています。

辞めるとはいっても、当面は嘱託として週の半分は勤務することになっていますので、センターに顔を見せることが全くなくなるわけではありません。今しばらくは、これまで、変わらぬおつきあいをお願いする次第です。

4月からもお世話になります

都築　和可子

4月から正職員として引き続きお世話になります。一年間、アルバイトとしておおまかなセンターの仕事に触れてきました。私以外のセンターのスタッフはそれぞれ担当している分野というものがあります。では、センターにおける私の仕事ってなんだろう？受付に一番近い席にいる私の仕事とは、センターを利用してくださる方々と気持ちよく接することだろうと思います。当たり前のことだけど、「おはようございます」「こんにちは」という挨拶をすること。それから、いろんな人たちとお話するためにいつも新しい情報をキャッチできる状態でいること。

新聞を読んだり、雑誌を読んだり、テレビを見たり。あとは、お客さんの名前と顔を一致させていくことですね。今のところ3分の1くらいはできるようになったかなぁ。みなさん、これからもどんどん声をかけてください。頑張って覚えていきたいと思っています。

(財)神戸学生青年センター賛助金　2003.12.1～2004.3.31(敬称略・単位円)

金正郁 3000
木村牧子 3000
金慶子 3000
王麒麟 3000
前川純一 5000
白方誠彌 5000
厚地勉 3000
神田栄治 3000
辻学 5000
河合和男 5000
神戸女声合唱団 10000
高橋靖 3000
鈴木利一 5000
小柳玲子 5000
福島信夫 5000
田中義信 3000
小松裕 5000
飯濱玲子 3000
兵庫県有機農業研究会 30000
六甲カトリック教会 30000
神宮清子 3000
小沼恵子 5000
益子酵三 5000
加減修 3000
野村潔 5000
杉山みさを 1000
飛田溢子 5000
高光重 10000
辰巳玲子 1000
松下宜且 10000
目良幸子 5000
平田典子 3000
小松匡位 10000
田中宏明 1000
坊下明信 3000
近藤和雄 3000
坂田洋美 5000
和田進 3000
佐治信 5000
谷井尚子 3000
野澤正美 5000
金慶海 3000
菱木康夫 10000
宮井正彌 3000
友井公一 3000
島田恒 10000
西尾達 3000
落合健二 5000
松岡幸右 3000
佐藤善治 3000
西脇美代子 3000
嶋田恭子 3000
松下量子 3000
江菅洋一 3000
片桐陽 5000
西出郁代 5000
廣田祐子 3000
中院彰子 3000
纐纈好子 3000
安田めぐみ 3000
山本慶政 3000
殷宅基 3000
飛田悦子 5000
小川幹雄 3000
高浜三保 3000
五十嵐広司・紀子 3000
堀川敏朗 1000
村瀬義史 1000
田原良次 3000
岡野重和・和枝 5000
黒川百代 5000
栗本敬一郎・陽子 5000
渡辺俊雄 5000
木内寛子 3000
菅沼祐子 3000
花岡光義 3000
井上薫 3000
伊丹威 2000
佐藤三枝子 3000
越智清光 3000
木下洋子 5000
西村誠 5000
秋山眞澄 3000
西尾嘉尉 5000
三木鎌吾 3000
畑野三枝子 5000
皇甫佳英 3000
上杉三郎 5000
林祐介 3000
加藤克子 3200
稲田登 10000
登佐康子 5000
むくげの会 10000
青ひょん 2000
ランド・アンド・ライフ 3000
小川文夫 3000
中川健一 5000
中村英之 3000
鍋島浩一 3000
六渡和香子 5000
奥西征一 3000
ワイドシステムサービス 20000
門永秀次 3000
横山康子 3000
水谷俊平 30000
沼田孝雄 3000
前田ひろ子 5000
信長正義・たか子 10000
安堂和夫 5000
永井俊作 3000
大高全洋 3000
大津留厚 3000
岡田照子 5000
野崎充彦 5000
上野利恵子 6000
坪山和聖 3000
岩坂正雄 5000
中勝博志 5000
松原恵美子 5000
阿江千枝子 3000
佐藤忠治 3000
松田利彦 3000
竹林寛賢 5000
湯木昭八郎 5000
井上力 10000
大野貞枝 100000
井坂弘 3000
岩田将巳 3000
辻本久夫 3000
山西伸史 5000
無名氏 3000
李仁夏 3000
大倉一郎 3000
住谷章 5000
西信夫 10000
小紫富久枝 3000
名古屋聖ステパノ教会 5000
山崎雅美 3000
神戸北教会 5000
安田吉三郎 5000
伊吹房子 10000
瀬口昌久 3000
樋口雄一 3000
古座岩博子 3000
チョン・ウンナム 5000
宋美幸 3000
飛田みえ子 3000
神戸多聞教会 10000
加藤光広 3000
藤吉求理子 3000
永井満 3000
西田勝英 3000
島津恒敏 10000
淡路三原伝道所 3000
岩崎裕保・幸子 5000
徳冨幹生 3000
太田顕 3000
舘野哲 3000
瓜生良介 2000
宇野田尚哉 3000
後藤聡 5000
南谷繁弘 5000
倉持龍一 3000
桝田計雄 5000
木場明志 3000
大月良子 3000
森川展昭 50000
千葉宣義 5000
松代東亜子 5000
徐元洙 3000
中原眞澄 3000
李景 3000
西村文雄 3000
枝川典子 3000
神戸YWCA 10000
金澤みつ義 10000
橋本和市 10000
農塾同窓会 3000
三次会 4000
保田茂 3000
廣春夫 3000
草京子 3000
松下佳宏 3000
今井真理 3000
関西学院宗教活動委員会 30000
藤井道雄 3000
武藤迪子 5000
高木甫 10000
斎藤洋子 3000
一色作郎 5000
前島宗甫 3000
柳田耕一 3000
宝塚教会 3000
間一孝 3000
中道基夫 10000
藤石貴代 5000
寺島俊穂 3000
津野勝俊 10000
山形理恵 3000
宮本牧子 3000
尹英順 10000
香嶋正忠 3000
今田裕子 3000
金時鐘 20000
南谷繁弘 10000
上野幸子 3000
原田光雄 3000
西威子 3000
正井輝子 5000
近藤とみお・幸子 5000
伊藤一幸 5000
西尾典子 5000
鶴田園子 20000
飛田みえ子 5000
安藤康子 3000
鹿嶋節子 50000
田中洋一 3000
羽鳥敬彦 3000
西尾嘉尉 10000

計218件
1,284,200円
以上感謝をもって領収いたしました。

賛助金ご協力のお願い

●賛助会費:
一口 A3,000 B5,000 C10,000
※いずれも一口を単位としますが、何口でも結構です。
※送金方法
郵便振替〈01160-6-1083 財団法人 神戸学生・青年センター〉
備考欄に「賛助金」とお書きください。
銀行振込 三井住友銀行 六甲支店 0779663
財団法人 神戸学生青年センター 賛助金
銀行振込で領収証やニュースをご希望の方は、事務局までご連絡ください。

六甲奨学基金　2003.12.1～2004.3.31(敬称略・単位円)

王麒麟 3000
馬場由起子 10000
辻学 5000
河合和男 5000
中畠孝幸 10000
本橋正男 10000
高橋靖 3000
小柳玲子 5000
鈴木利一 5000
瀬尾朝子 10000
飛田溢子 5000
高光重 10000
センターの猫たち 3000
田辺光平 3000
中西美江子 3000
谷智子 5000
谷井尚子 3000
野澤正美 5000
金慶海 3000
菱木康夫 5000
夏井町子 10000
江野尻正明 3000
津田義夫 10000
井上淳子 3000
前川純一 10000
藤本一枝 3000
嶋田恭子 3000
松下量子 3000
江菅洋一 3000
片桐陽 5000
奥野葉津紀 5000
山本純子 5000
高橋喜久江 5000
山崎昌子 3000
山田正子 10000
田原良次 3000
岡野重和・和枝 5000
黒川百代 5000
栗本敬一郎・陽子 5000
渡辺俊雄 5000
木内寛子 3000
近藤芳廣 3000
由良佐知子 3000
西浦茂 5000
上杉三郎 5000
林祐介 3000
鍋島浩一 3000
藤川照子 3000
無名氏 3000
ワイドシステムサービス 10000
門永秀次 3000
横山康子 3000
水谷俊平 30000
沼田孝雄 3000
前田ひろ子 5000
大津留厚 3000
岡田照子 5000
野崎充彦 5000
小関旦子 3000
近澤淑子 5000
林政子 3000
松田利彦 3000
竹林寛賢 5000
湯木昭八郎 5000
井上力 10000
篠原関 3000
荒井章三 5000
安田吉三郎 5000
チョン・ウンナム 10000
福島弘子 3000
兼崎暉 5000
飛田みえ子 3000
西田勝英 3000
大槻小百合 3000
葛谷登 3000
夙川東教会 5000
桝田計雄 5000
浅羽千之助 3000
成毛典子 10000
保田茂 3000
神戸東部教会 5000
今井真理 3000
関西学院宗教活動委員会 20000
藤井道雄 3000
武藤迪子 5000
宝塚教会 5000
瀬戸口雅子 5000
間一孝 3000
筑波大千本ゼミ 10000
福原孝浩 3000
坂和優 10000
瀬尾朝子 1500
灘チャレンジ実行委 18893
藤石貴代 5000
藤川理香 3000
サイトウキョウコ 5000
高橋弥生 5000
近藤とみお・幸子 5000
伊藤一幸 5000
西尾典子 5000
三上賢悦 10000
飛田みえ子 5000
西松弘景 2000
羽鳥敬彦 3000
河瀬幸子 3000
毎月募金会員計 72000
(千円:菱木康夫、金早苗、信長正義、信長たか子、藤田寿え子、飛田雄一、松岡静子、2千円:岡田惇也、福田菊、3千円:白川豊、辻建)
古本市 1010868

計107件
1647261円
以上感謝をもって領収いたしました。

六甲奨学基金ご協力のお願い

●賛助会費:
一口 A3,000 B5,000 C10,000
※いずれも一口を単位としますが、何口でも結構です。
※送金方法
郵便振替〈01160-6-1083 財団法人 神戸学生・青年センター〉
備考欄に「奨学金」とお書きください。
銀行振込 三井住友銀行 六甲支店 0779651
財団法人 神戸学生青年センター 六甲奨学基金
銀行振込で領収証やニュースをご希望の方は、事務局までご連絡ください。

セミナーの記録　2003.12～2004.3

食料環境セミナー

シリーズ
「子どもを育む食事」
②(No.333)12月10日　根岸　久子 氏
学校給食における
食農教育の取り組み
(No.334)1月28日　本野　一郎 氏
震災の教訓は活かされているか?
農業・自給・コミュニティー
(No.335)2月25日　讃岐田　訓 氏
水環境問題と科学者
(No.336)3月24日　篠塚　和正 氏
サプリメントの正しい知識

森林講座

森林講座　3月13-14日／市島町
森林ボランティア活動
1月31日　村雲小学校森林活動/篠山市
2月21日　自然観察路の整備/市島町

農塾

1月10日　第3回同窓会
伊川谷有機農法実習農園
毎月第1・3日曜

朝鮮史セミナー

3月12日「「チンダレ」のころ」
宇野田尚哉氏、金時鐘氏

朝鮮語講座

①入　門　毎週金曜日　朴英珠氏
②初　級　毎週水曜日　趙子衡氏
③中　級　毎週火曜日　李埈瑞氏
④中級会話　毎週木曜日　朴鐘祐氏

六甲奨学基金

日本語サロン　毎週月・土曜
12月6日　クリスマス会
古本市　3月15日～5月15日

その他

「ポジャギを作ってみませんか」
2月10日～3月9日(全5回)
尹　英順氏
3月26日　金子マーチン氏
「神戸・ユダヤ人難民　1940-41」

後援のプログラム

12月5日　神戸大学YMCA主催
クリスマスゴスペルコンサート
2月29日　ピーバ主催
占領下イラク写真展・豊田護
3月13日　レイン氏、内海愛子氏他
『夏は再びやってくる』
出版記念講演会

「ポジャギ」は朝鮮半島でものを包んだり、覆ったりするときに使われる布、日本でいえば風呂敷や袱紗にあたります。昔、布が貴重品だった時代には端布や残り布をはぎあわせて作られていましたが、現在はその彩りや針目の美しさ斬新さが見直され、日本でも愛好者が増えています。韓国留学中に「ポジャギ」に魅せられた尹英順さんを講師に迎えて、「ポジャギ」を作ってみました。参加者15人。男性もひとり混じって、巾着、ティーマットなど3点を制作。針目を揃えて細かく縫うのは難しく、四苦八苦。

尹英順さん 2004.2.24

朝鮮史セミナー

金時鐘「『ヂンダレ』のころ」

神戸大学図書館で1953年から金時鐘さんらの出されていた『ヂンダレ』を見つけられた宇野田尚哉さんと金時鐘さんを招いてセミナーを開きました。1950年代の生々しいお話を聞くことができました。

金時鐘さん 2004.3.12

農塾

第3回同窓会を開催

農塾は1994年から11期開講してきました。今年10年目を迎えるにあたり、1月10日に5年ぶりの同窓会を開催し、懐かしい顔ぶれと再開しました。修了生と講師で農塾の担うべき役割について、「営農」「家庭菜園」「農的暮らし」「食農共育」の4つテーマで熱心に話し合いました。

農塾同窓会グループワーク　2004.1.10

食料環境セミナー

12月は、農林中金総合研究所の根岸久子氏より、学校給食に熱心に取り組まれている事例を紹介いただき、食農教育の可能性を教わりました。1月は震災をテーマにし、本野一郎氏より、有機農業をベースにしたコミュニティづくりを紹介いただきました。2月は、今春大学を退官された讃岐田訓氏に、30数年にわたる研究活動を振り返っていただきました。瀬戸内海の汚染問題や水道水のトリハロメタン問題など、私たちの生活に密着した研究に地道に取り組んでこられたことに感謝。3月は、武庫川女子大学薬学部の篠塚和正氏に、使用が急増しているサプリメントの正しい知識についてお話いただきました。食物成分と薬物は相互作用があるものがあり、サプリメントは食事とは桁違いの成分を取り込むので注意が必要。薬と併用する場合は必ず医師や薬剤師に相談を。

讃岐田　訓さん 2004.2.25

篠塚　和正さん 2004.3.28

六甲奨学基金古本市開催中

98年より始まった六甲奨学基金古本市、第7回がスタートしています。期間は5月15日まで。今年も200万円を目標にしています。文庫・新書・マンガ・児童書は100円、単行本は300円です。留学生は半額です。

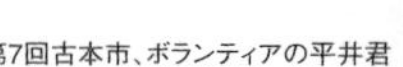
第7回古本市、ボランティアの平井君

日本語サロンクリスマス会

今年は充分にお世話ができなかった日本語サロンですが、ボランティアの方々の協力でクリスマス会が行われました。歌やピアノ演奏にプレゼントもあって、にぎやかに楽しい時を過ごしました。

日本語サロンクリスマス会　2003.12.6

第9期六甲奨学基金奨学生

（4名、月額5万円、1年間）

黄心怡（神戸芸術工科大学、台湾）
王双女（神戸親和女子大学、中国）
黄朋琴（聖和大学、中国）
王宏力（東亜経理専門学校、中国）

第1期三木原奨学基金奨学生

（8名、月額6万円、1年間）

丁雪静（姫路独協大学、中国）
張俊麗（兵庫教育大学、中国
姜　勇（神戸大学、中国）
呉　迪（関西国際大学、中国）
孫伝璽（姫路工業大学、中国）
宓冬瑩（宝塚造形芸術大学、中国）
呉小玉（兵庫県立看護大学、中国）
狄　海（関西学院大学、中国）

新刊案内

神戸収容所元豪兵捕虜の手記

太平洋戦争時、2年3ヶ月シンガポールから神戸に連行され捕虜生活を送ったジョン・レインさんの手記『夏は再びやってくる』を発行。1890円。去る3月13日、レインさん、内海愛子さんを招いて出版記念講演会が開かれた。

『夏は再びやってくる』

クリスマス・ゴスペルコンサートを開催

センター評議員川上盾牧師が指導する神戸マスクワイヤーを招いて開催。主催・神戸大学YMCA、学生センター後援。

ゴスペルコンサート　2003.12.5

定期利用

グループ・教室のご案内

◆六甲トレーニングサロン……………月曜日・前9～12：00　前田先生　0797-35-5588
◆稲美会（絵更紗）……………月2回　水・土曜日・後1～5：00　稲垣先生　078-821-7078
◆からむい会（絵更紗）……………第2・4木曜日・後0～4：00　葭村先生　0797-31-1798
◆フォークダンスの会……………火曜日・前10～12：00　連絡先・久山　078-861-5768
◆すぎなコーラス……………月曜日・前10～12：00　連絡先・横田　078-851-5714
◆神戸女声合唱団……………金曜日・前10～12：00　連絡先・岡 邦子　078-291-0855
◆神戸東女声合唱団……………金曜日・後2～4：00　連絡先・野口綾子　0727-77-2080
◆児童英語（MOMO）……………月・水・木・金曜日　寺地先生　078-882-4191
◆創作アップリケ……………第2・4月曜日・前10～12：00　柏原先生　078-821-4632
◆ノイエカンマーコール（混声コーラス）……土曜日・後6～9：00　連絡先・広瀬　0798-40-4170
◆ヨガ体操……………火曜日・前9：30～12：00　廣瀬先生　078-851-8851
◆アトリエ太陽の子（児童絵画）……………木曜日・後1～5：00　中嶋先生　078-811-8421
◆六甲ボーカル……………第1・3木曜日・前10～12：00　池本先生　078-861-8724
◆こうべこーる恵（コーラス）……………火曜日・前10～12：00　連絡先・田附　0798-26-2169
◆前田書道教室……………金曜日・後1～5：00　連絡先・前田先生　078-854-1578
◆ステンドグラス・アトリエとも……………第1・3木曜・後1～5：00　幸坂先生　078-582-0644
◆全珠連会員・熊内そろばん六甲教室……火曜・後6～9：00、土曜・後1～4：00　奥野先生　078-241-1095
◆六甲さくら合唱団……………月3回月曜・後1～5：00　連絡先・大北　078-441-0412

お問合せやお申込は、各グループ・教室に直接ご連絡ください。

(財)神戸学生青年センター賛助金　2004.4.1～8.31(敬称略・単位円)

薬師寺小夜子 3000
茂松正人 2500
飛田雄一 10000
山川賀世子 2000
鶴田圀子 100000
川原トシ子 5000
ｾﾝﾀｰｸﾞﾙｰﾌﾟ 5000
脇本寿 5000
熊谷一綱 10000
池田正枝 3000
船橋治 10000
蔡秋雄 5000
原田紀敏 5000
足立龍枝 3000
西田昭夫 3000
遠山薫 3000
徳冨幹生 3000
落合健二 5000
六島純雄 3000
斎藤日出治 3000
永井秀夫 5000
小川早苗 3000
青位眞一郎 3000
平田典子 3000
高田公子 3000
菅陽子 3000
友井公一 3000
諏訪晃一 3000
鈴木道也 3000
岡内克江 3000
深沢忠 3000
小川幹雄 3000
つるまきさちこ 1000
西山安子 3000
田邊誠 10000
手束光子 3000
萩ルイ子 3000
碓井みち子 5000
前田浩子 3000
山本善偉 5000
大田美智子 3000
原和美 3000
江川協子 3000
武田雅子 3000
阪神高齢者障害者支援ネットワーク 5000
岡田照子 5000
飛田溢子 5000
冨川直彦 5000
笠原芳光 5000
一岡玲子 3000
田原良次 5000
八木修 3000
伊地知紀子 3000
山口政紀 5000
山根貞夫 2000
林祐介 3000
八木晃介 3000
内藤進夫 2000
荒川宏史 3000
森川憲二 10000
高木甫 10000
門倉和子 5000
井坂弘 3000
飛田悦子 3000
朴慶一・宋貴美子 5000
山田保 3000
加輪上敏彦 5000
宇野田尚哉 3000
吉岡数子 3000
崔炳琴 3000
花木順子 3000
青野正明 3000
高石留美 5000
高田理 3000
山田園子 3000
木村量好 5000
古知正子 5000
佐々木基文 3000
白承豪 5000
近藤孝雄 5000
桂正孝 3000
島津恒敏 10000
金井文宏 3000
金村佐千子 3000
関本肇 3000
古谷瑞恵 3000
森行雄 3000
日本基督教団明石教会 5000
枡田計雄 5000
杉山博昭 3000
北原昭夫 5000
申英子 2000
山内麻奈視 3000
岩井昭一 3000
正木峯夫 5000
倉持龍一 3000
久冨伸子 3000
永井靖二 5000
片山憲明 5000
金徳男 3000
大前信一 3000
三輪嘉男 3000
黒田薫 3000
康良樹 5000
丸山茂樹 10000
石打謹也 3000
安達義博 5000
錦繍文庫 5000
趙博 5000
岩田将巳 3000
樋口直人 5000
高木富栄 3000
木場明志 3000
大賀正行 5000
新居弥生 3000
中原祥子 3000
井尻喜野恵 5000
小川正則 3000
松枝佳宏 5000
鶴田風子 15000
ろっこう医療生協 5000
浜崎としずみ 3000
佐治孝典 5000
野津喜美子 3000
東山荘 5000
田部美知雄 3000
ﾌﾟｰﾙ学院 5000
沼崎佳子 1000
中田作成 3000
辻川敦 3000
伊東恭子 3000
岡田和子 3000
井手宏美 3000
西田道之 3000
渡部留美 3000
金紗恵 3000
北河展子 3000
伊集院美奈 3000
杉江千代 3000
小林知子 5000
山城美里 3000
甲南女子大学多文化共生学科 5000
近江岸建助 3000
島京子 3000
阿部恩 5000
下村安男 5000
濱政博司 3000
船越諭 3000
菅沼祐子 3000
上田眞佐美 5000
前川純一 5000
竹中正夫 5000
目良幸子 3000
多田傳三郎 5000
聖ｽﾃﾊﾟﾉ教会 14000
日野志穂 3000
成毛典子 10000
西信夫 5000
津野勝俊 3000
一色作郎 5000
もりきかずみ 5000
根津茂 3000
神宮清子 5000
金星仁 3000
金星希 3000
前田ひろ子 5000
宮田茂雄 3000
乾康子 3000
石本百合子 3000
岩崎謙 5000
山口瑳智子 5000
伊藤悦子 3000
山本賢二 10000
阪上史子 3000
厚地勉 3000
小川浩一 3000
浜崎純子 3000
小沼恵子 5000
平野治 5000
南谷繁弘 10000
飯塚節 3000
保田茂 5000
藤原英信 5000
三木鎌吾 3000
高祐二 3000
園部俊治 2000
アジア映画社 10000
中川健一 3000
松代東亜子 5000
菊谷裕洋 10000
島田恒 5000
高仁宝 10000
稲田登 10000
金栄柱 3000
宮内陽子 3000
満寿会 3000
柳下恵子 3000

計197件
932,500円
以上感謝をもって領収いたしました。

賛助金ご協力のお願い

●賛助会費:
一口 A3,000　B5,000　C10,000
※いずれも一口を単位としますが、何口でも結構です。
※送金方法
郵便振替 〈01160-6-1083 財団法人 神戸学生・青年センター〉
備考欄に「賛助金」とお書きください。
銀行振込 三井住友銀行 六甲支店 0779663
財団法人 神戸学生青年センター 賛助金
銀行振込で領収証やニュースをご希望の方は、
事務局までご連絡ください。

六甲奨学基金　2004.4.1～8.31(敬称略・単位円)

田中ハル子 1000
薬師寺小夜子 3000
松下宜且 10000
脇本寿 5000
熊谷一綱 10000
原田紀敏 5000
田辺光平 3000
西浦茂 5000
井上淳子 3000
六島純雄 3000
鵜丹谷三千代 3000
岡内克江 3000
高橋喜久江 5000
碓井みち子 5000
山本善偉 3000
江川協子 3000
番洋子 10000
田口恵美子 3000
小林須子 5000
岡田照子 5000
飛田溢子 5000
中西美江子 3000
田原良次 5000
伊地知紀子 3000
山口政紀 5000
林祐介 3000
門倉和子 5000
吉田恒子 3000
朴慶一・宋貴美子 5000
加輪上敏彦 5000
伊藤あき子 3000
青野正明 3000
高石留美 5000
土本基子 3000
佐々木基文 3000
近藤洋子 5000
三田登美子 3000
金村佐千子 3000
古谷瑞恵 3000
枡田計雄 5000
北原昭夫 5000
愼英弘 5000
片山憲明 5000
沖原敬子 5000
安達義博 5000
大賀正行 5000
新居弥生 3000
早川良弥 5000
田部美知雄 5000
横井量子 2000
中村大蔵 3000
辻川敦 3000
森野秀樹 3000
阿部恩 5000
清水正博 3000
林政子 3000
松田陽子 3000
葛谷登 3000
西信夫 5000
根津茂 3000
大場康史 3000
中畠孝幸 10000
駒形愛子 3000
前田ひろ子 5000
瀬戸口雅子 5000
石本百合子 3000
灘ﾁｬﾚﾝｼﾞ実行委員会 4640
近澤淑子 3000
近藤芳廣 3000
瀬尾朝子 10000
栗原直子 3000
灘ﾁｬﾚﾝｼﾞ実行委員会 5850
所薫子 3000
細川敦子 1000
柳下恵子 2000
毎月募金会員計 94000
(千円:菱木康夫、金早苗、信長正義、信長たか子、藤田寿え子、飛田雄一、松岡静子、二千円:福田菊、三千円:白川豊、辻建、四千円:岡田惇也)
古本市 1125913

計77件
1,534,403円
以上感謝をもって領収いたしました。

六甲奨学基金ご協力のお願い

●賛助会費:
一口 A3,000　B5,000　C10,000
※いずれも一口を単位としますが、何口でも結構です。
※送金方法
郵便振替 〈01160-6-1083 財団法人 神戸学生・青年センター〉
備考欄に「奨学金」とお書きください。
銀行振込 三井住友銀行 六甲支店 0779651
財団法人 神戸学生青年センター 六甲奨学基金
銀行振込で領収証やニュースをご希望の方は、
事務局までご連絡ください。

セミナーの記録　2004.4～8

食料環境セミナー

(No.337)4月28日　渡辺　拓道 氏
鳥インフルエンザ
(No.338)5月26日　嘉指　信雄 氏
劣化ウラン弾とイラク市民
(No.339)6月23日　山崎　清　氏
ダイオキシン問題は終わっていない
(No.340)7月14日　槌田　劭　氏
共生共貧の豊かな生き方

森林ボランティア活動

4月17日　ムッレ小屋の解体と妙高山自然観察
5月15日　五大山登山道の整備
6月12日　自然観察路の整備
7月17日　自然観察と観察路の整備

農　塾

伊川谷有機農法実習農園
例会:毎月第1・3日曜

朝鮮史セミナー

7月9日　愼英弘氏
「在日外国人の無年金問題」

朝鮮語講座

①入　門　毎週水曜日　李埈瑞氏
②初　級　毎週火曜日　朴英珠氏
金宝英氏
③中　級　毎週水曜日　金眞映氏
④中級会話　毎週木曜日　朴鐘祐氏
⑤ｼﾅﾘｵｸﾗｽ　月二回木曜日　金水静氏

六甲奨学基金

日本語サロン　毎週月・土曜
古本市　3月15日～5月15日
日本語教育ボランティア養成講座
5月13日～7月15日　全10回
矢野文雄氏

その他(共催行事)

5月19日～6月15日
サマサマフェア(共催)
6月5日第8回サマサマワークショップ
「フェアトレードをひも解く」(共催)
6月16日～7月14日AWEPフェア(共催)
6月19日AWEPセミナー
「フィリピン・ネグロスの人々は今」
7月5日アジア労働者交流集会
in神戸(共催)
7月6日「インド・デリー路上生活の子供たちの村つくり」
牧野由紀子氏(共催)
7月10日AWEPセミナー
「アフガニスタンの人々は今」
一銃から鍬へ一
8月7日シンポジウム
「安心して食べたい!卵とお肉」(共催)
8月11日イラク参戦米兵の証言を聞く会(共催)

神戸学生・青年センター
センターニュース
KOBE STUDENT YOUTH CENTER NEWS No.55

No.55
発行所　(財)神戸学生・青年センター
理事長　辻　建
館　長　飛田　雄一
〒657-0064　神戸市灘区山田町3丁目1-1
TEL(078)851-2760 FAX(078)821-5878
Yamada-cho 3-1-1, Nada-ku
Kobe, 657-0064 Japan
E-mail info@ksyc.jp
URL http://ksyc.jp

朝鮮史セミナー

在日外国人の無年金問題
—過去・現在・未来—

四天王寺国際仏教大学大学院教授　愼英弘氏

愼英弘(シン・ヨンホン)氏は、1947年東京都生まれで、8歳のとき失明。龍谷大学、大阪市立大学で学び、花園大学教授をへて現職へ。

著書に『定住外国人障害者がみた日本社会』(1993年、明石書店)、『視覚障害者に接するヒント』(1997年、解放出版社)などがある。愼さんをお招きしてセミナーを開催した。よく整理された感銘深い講演だった。以下はその要旨である(文責飛田)。希望者には当日のレジメおよび録音テープを千円(送料共)で配布します。

なぜ在日外国人が無年金になったのか。年金は①国籍差別のない被雇用者年金(厚生年金等)と②非雇用者年金である国民年金がある。①には国籍差別はないが、②にはあったのである。戦後の国民年金制度を3期に分けて説明してみようと思う。

●第1期(1959.11.1～1981.12.31)

加入の要件には①20～60歳の間に最低25年間掛金を支払う(年齢要件)②日本国内に居住(居住要件)③日本国民に限る(国籍要件)があった。③により外国人は相互に協定のあるアメリカ人以外は加入できなかった。その差別が今も引き継がれている。

●第2期(1982.1.1～1986.3.31)

内外人平等を原則とする難民条約の発効により外国人を差別する国内法が改正された。国民年金法の国籍条項がなくなり、外国人が加入できるようになった。しかし1982年1月1日の時点で在日外国人について、①35歳以上の人は60歳までに25年間掛金を払うことができないので老齢年金が②60歳を越えている人は国民年金に加入できないし老齢福祉年金も③母子家庭等には母子福祉年金等が④20歳を越えている障害者には障害福祉年金が、支給されないことになった。1959年の制度発足当時は、①～④についてはそれぞれ救済措置を講じたし、小笠原返還(1968年)沖縄返還(1972年)時にもそのようにしたが、この時は救済措置が一切とられなかった。

●第3期(1986.4.1～現在)

国民年金制度が大きく改革され厚生年金と国民年金が一本化された。基礎年金制度を導入し専業主婦は強制加入となり、その後学生も1991年4月から強制加入となった。無年金となる35歳以上の専業主婦を救済するためカラ(空)期間制度の対象としたためその影響で外国人もカラ期間制度の対象になった。第2期の問題のうち①は救済されたが②③④は一切改善されていない。塩見訴訟に見られるように帰化をして日本国籍を取得しても救済されなかったのである。

●現在—解決のためのとりくみ

第1に、国に抜本的改革を求めて厚生労働省に働きかけているが①日本人にも無年金者がいる②国民年金は社会保険方式で外国人は掛金を支払ってない③経過措置をとらなかったのは制度の拡大のときだから、として改善の意思を示していない。①については国会でコロンビアトップ氏が外国人だけが制度的排除による無年金者であることを指摘すると言わなくなり、最近の交渉では小さな声で②③を主張している。福祉年金は拠出金でなくて外国人も払う税金でまかなわれていることから②は理由にならないし③については外国人にとっては制度の発足に等しく、小笠原・沖縄の例にならうべきだった。

朝鮮史セミナー　2004.7.9　愼英弘氏

第2は、自治体に暫定的な救済措置を作らせることで、国の制度の不備を自治体が尻拭いするのはいやだという自治体もあるが住民としての外国人を救済すべきだとして全国約3300のうち約700の自治体が制度をつくっている。

第3は裁判闘争。昨年8月京都地裁の在日外国人障害者裁判の判決は敗訴だが「歴史的経緯等をふまえた何らかの立法措置がなされるべきであったとの主張も、立法論としてはあり得る」とした。

●未来ー解決への道

私は、在日外国人の無年金障害者は年金制度の枠内で解決すべきだと考えているが、老齢年金についてはその枠内ではなくて戦後補償問題として解決すべきだと考えを変えた。次回の年金改革は5年後で10年後になるかもしれない。当事者たちが死に絶えてしまうのである。1994年の残留孤児問題についても日本政府は救済措置を講じたが、日本人のためならいろんな理屈をつけて救済措置を講じながら外国人に対してはそれをしない日本政府の姿勢を変えさせなければならない。

農塾・実習農園

4年目を迎えた今年度も、19区画全て埋まり、それぞれ試行錯誤しながら有機農法に挑戦しています。顕著になってきたのは、生態系が多様になり、安定してきたこと。鳥やヘビも畑に来ます。カメも来たけど散歩?

サツマイモの植え付け 2004.5.2

食料環境セミナー

今年1月12日に国内で79年ぶりに「鳥インフルエンザ」が確認されました。4月のセミナーでは、移動制限区域に指定された篠山で養鶏を営む渡辺拓道氏に、主に対応策の問題点と養鶏農家としての本音を話していただきました。さらに、8月7日に、「次の発生に備えて」と題した講演とパネルディスカッションを共催で開催しました。感染経路が不明であることから決定的な予防対策はなく、早期発見と初動対策が重要です。そのためには回復とともに経営も回復するよう、消費者と行政が理解し、協力することが欠かせません。

植田　劭さん
2004.7.14

渡辺　拓道さん
2004.4.28

5月は、イラクでの劣化ウラン弾の使用状況などについて、嘉指信雄氏に、6月は、最近マスコミに取り上げられていない「ダイオキシン問題」の現状について山崎清氏にお話いただきました。7月の槌田劭氏は、よく分かっていない技術を分からないまま使用する現代文明の危うさを指摘し、地に足のついた暮らしの大切さを話されました。

六甲奨学基金古本市
2004.3.15～5.15
第7回古本市

208万円の売り上げがありました。六甲奨学基金に使わせていただきます。本を提供くださった方々、ボランティアの方々、お買い上げ下ったかた方々、ご協力ありがとうございました。

講演会

神戸・ユダヤ難民　　金子マーティンさん

金子マーティンさんは、1949年イギリス生まれのオーストリア人。1991年から日本女子大学現代社会学科教員をされています。この度みずのわ出版（神戸）から『神戸・ユダヤ難民1940-1941ー「修正」される戦時下日本の猶太人政策ー』を出版されたのを記念して講演会を開催しました。杉原千畝「命のビザ」でナチスの迫害から逃れたユダヤ人難民のうち、約4600人が神戸を経由して第三国に移り、第二次世界大戦を生き延びましたが、氏はこの歴史的事実を詳細な資料調査により明らかにし、同時に戦時下日本政府がとったユダヤ人対策の実相を検証しました。

金子　マーティンさん
2004.3.26

インド・デリー路上生活の子供たちの村つくり　　牧野由紀子さん

インドで長年活動されている牧野さんが最近新たにデリーで路上生活の子供たちのための活動を始められました。今回、日本にもどられ神戸にも立ち寄られることになりましたので、むくげの会の共催で講演会を開きました。

牧野由紀子さん
2004.7.6

イラク参戦米兵の証言を聞く会　　イヴァン・メディナさん

1981年生まれで昨年イラク戦争に派遣され双子の兄弟を失ったイヴァン・メディナさんを迎えて神戸ピースアイネットと共催で開きました。彼は米軍に身内や恋人をもちイラク戦争に反対するグループ「Military Families Speak Out」のメンバーで、体験にもとづく生々しいお話が印象的でした。

イヴァン・メディナさん
2004.8.11

(財)神戸学生青年センター2003年度（03.4.1～04.3.31）収支決算書

※今後、センターニュースにて決算報告を掲載させていただきます。

〈収入〉		〈支出〉	
事業収入（会館利用料宿泊料）	28,967,150	事務費	3,370,287
セミナー参加費、出版物売上げ	5,739,531	事業費	7,753,716
不動産収入（マンション・ガレージ）	9,778,170	会館費	10,740,315
雑収入（雑貨、ロビー書店等）	860,288	人件費	26,904,792
賛助金、寄付金	3,439,700	諸支出金	208,500
六甲奨学基金寄付、古本市	4,460,652	六甲奨学基金費用	4,617,848
六甲奨学基金基金取り崩し	157,196	当期剰余金	214,229
積立金取り崩し	407,000		
収入合計	¥53,809,687	支出合計	¥53,809,687

定期利用
グループ・教室のご案内

◆六甲トレーニングサロン……月曜日・前9～12：00　前田先生　0797-35-5588
◆稲美会（絵更紗）……月2回　水・土曜日・後1～5：00　稲垣先生　078-821-7078
◆からむい会（絵更紗）……第2・4木曜日・後0～4：00　蔭村先生　0797-31-1798
◆フォークダンスの会……火曜日・前10～12：00　連絡先・久山　078-861-5768
◆すぎなコーラス……月曜日・前10～12：00　連絡先・横田　078-851-5714
◆神戸女声合唱団……金曜日・前10～12：00　連絡先・岡 邦子　078-291-0855
◆神戸東女声合唱団……金曜日・後2～4：00　連絡先・野口綾子　0727-77-2080
◆児童英語（MOMO）……月・水・木・金曜日　寺地先生　078-882-4191
◆創作アップリケ……第2・4月曜日・前10～12：00　柏原先生　078-821-4632
◆ノイエカンマーコール（混声コーラス）……土曜日・後6～9：00　連絡先・広瀬　0798-40-4170
◆ヨガ体操……火曜日・前9：30～12：00　廣瀬先生　078-851-8851
◆アトリエ太陽の子（児童絵画）……木曜日・後1～5：00　中嶋先生　078-811-8421
◆六甲ボーカル……第1・3木曜日・前10～12：00　池本先生　078-861-8724
◆こうべこーる恵（コーラス）……火曜日・前10～12：00　連絡先・田附　0798-26-2169
◆前田書道教室……金曜日・後1～5：00　連絡先・前田先生　078-854-1578
◆ステンドグラス・アトリエとも……第1・3木曜・後1～5：00　幸坂先生　078-582-0644
◆全珠連会員・熊内そろばん六甲教室……火曜・後6～9：00、土曜・後1～4：00　奥野先生　078-241-1095
◆六甲さくら合唱団……月3回月曜・後1～5：00　連絡先・大北　078-441-0412

お問合せやお申込は、各グループ・教室に直接ご連絡ください。

神戸学生・青年センター
センターニュース
KOBE STUDENT YOUTH CENTER NEWS No.56

No.56
発行所　(財)神戸学生・青年センター
発行責任者　辻　建
〒657-0064　神戸市灘区山田町3丁目1-1
TEL (078) 851-2760 FAX (078) 821-5878
Yamada-cho 3-1-1, Nada-ku
Kobe, 657-0064 Japan
E-mail info@ksyc.jp
URL http://ksyc.jp

日本語サロンは来年10年目を迎えます。

阪神淡路大震災のあった1995年から六甲奨学基金日本語サロンは始まりました。
今回は日本語サロン発起人である松岡静子さんと、今年在籍7年目、現在活躍中の杉本公子さんに、
日本語サロンについてお話をうかがいました。(都築)

日本語サロンのスタートは?

震災後、日本語が使えなくて不自由を感じている留学生・就学生たちにボランティアで日本語を教えましょう、という松岡先生の掛け声に、それならば場所はセンターが提供しましょう、とこたえてはじまった日本語ボランティア教室です。この日本語サロンは1995年11月に発足した六甲奨学基金活動の一部です。最初は一組から始まった参加者が、今では学習者延べ200名、ボランティアは130名をこえました。現在は13ヶ国、30組のペアが毎週月曜日、土曜日にセンターへやってきて学習しています。

日本語サロンボランティアの参加資格は?

日本語サロンに参加するための資格はいりません。誰でも参加できる、だからこそ自分を高めるよう努力をしています。その場所場所にあった先生でありたい、と。いつでもどこでも誰にでも同じことを教えていたのではいけないと思います。学習者ごとのニーズにこたえていけるような先生でありたいですね。

学習者とのかかわりで重要だと感じられることは?

日本人がこわい、だから話ができない、相手がなにを考えているのかわからない、そういう不信感を取り除いてあげるのが一番大事です。会って1回目、2回目が重要だと思います。リラックスさせてあげること、一方通行ではなく、学習者からも進んで話ができるような雰囲気をつくること。授業の最初にはかならず30分ほど雑談をします。「先週末はどこどこにいきました。」「だれといったのですか?」「なにをみましたか?」こんな会話から、先生がどれだけ親しみをもって自分と接してくれているか、それを学習者が感じとってくれたら、その時から学習者は耳をぱぁーっと開きます。積極的に意欲的に学ぼうという姿勢をみせてくれます。

松岡静子さん

杉本公子さん

これから日本語サロンへ参加されるボランティアの方へのメッセージを!

大学でも教えてもらえない、日本語学校でも教えてもらえない、それでいて日本で暮らすうえでとても不便だと感じている人たちに日本語を教えることができる、それがボランティアの醍醐味です。一対一の国際交流です。学習者のニーズにあった日本語を教える、というのはボランティアにしかできないこと。溝へおちこんでいるような人を拾い上げるのがボランティアだと思います。テキストだけがすべてだと思わないで日本語ボランティアに取り組んでほしいと思います。

これからの日本語サロンに期待すること

ボランティア同士の交流があるといいですね。行き詰まったとき、こんなふうにしたらいいんじゃない?というアドバイスをもらえたり、意見を交換できたりすると助けになると思います。また、勉強会ができるといいですね。漢字には一字一字意味があります。日本語の奥の深さを日本人として意識をしながら和歌や俳句を通して勉強する、そんな機会がもてるといいと思います。

楽しくないと続けられない、これは学習者にもボランティアにもいえることだろうと思います。文字通りのサロン的な雰囲気の中で楽しく学習・交流ができるようこれからもみなさん応援してください。

(財)神戸学生青年センター賛助金　2004.9.1～2004.11.30(敬称略・単位円)

氏名	金額	氏名	金額	氏名	金額	氏名	金額	氏名	金額	氏名	金額	氏名	金額
南谷繁弘	10000	坪山和聖	3000	鍋島浩一	3000	島津恒敏	10000	野中愛里	3000	宮本牧子	3000	檀上重光	5000
門脇桜子	3000	山田泉	5000	前川純一	3000	㈱ワイドシステム		多田伝三郎	5000	マイチケット	5000	李景珉	5000
鹿島和夫	10000	金徳男	3000	巽良生	5000	サービス	10000	片桐陽	5000	柳英数	10000	飛田雄一	10000
石田米子	3000	深沢忠	3000	今井鎮雄	5000	多木秀雄	5000	求める会	17000	岩崎貞枝	10000	大野貞枝	50000
小林まゆみ	3000	飛田溢子	5000	井村厚	3000	藤井信夫	3000	高木英昌	10000	杉原一三	3000	松下良子	3000
小川幹雄	3000	西尾嘉尉	5000	木下洋子	3000	岩井昭一	3000	無名氏	10000	森地重博	10000	倉持龍一	3000
高田千代子	3000	門永三枝子	3000	目良幸子	3000	金平雄	3000	康良樹／金恩順		孫才喜	5000		
宇都宮佳果	5000	光葉啓一	3000	小川文夫	3000	小林るみ子	3000		3000	フェミニストカウンセリング			
中川健一	5000	草谷桂子	5000	田原良次	5000	石本佳子	5000	太田修	3000	神戸岡本明子			
津久井進	3000	石塚健	3000	飯島千尋	3000	加輪上敏彦	5000	金正郁	3000		3000		
林祐介	5000	飛田悦子	5000	村江涌美子	3000	岡本繁代	5000	大西国子	5000	一岡玲子	3000		
井上悦博	3000	ディアコニア教会		柳田緑映・清美		湯口恵	3000	保田茂	10000	小林美喜子	10000		
杉本美紀子	3000		1000		5000	桝田計雄	5000						
杉田哲	5000	森田豊子	3000	大杉隆子	3000	小柳玲子	5000						
平田典子	3000	西村久美子	3000	原田紀敏	5000	鈴木峯代	3000						
児玉主恵	5000	村松佳美	3000	杉谷あかね	3000	金坪成和	10000						
李重華	3000	金治保	10000	今井和登	3000	部落解放同盟兵							
秋定嘉和	3000	梁英子	5000	西信夫	5000	庫県連合会	10000						
酒井宣子	3000	上野都	5000	中山一郎	10000	藤原栄子	3000						
福島俊弘	5000	永井満	3000	山内小夜子	2000	松岡静子	5000						
谷井尚子	3000	藤本覚	3000	間一孝	3000	徐龍達	5000						
福田菊	5000	北原昭夫	5000	水野雄二	5000	伊東恭子	3000						
井坂弘	3000	鈴木道也	3000	岡田照子	5000	成毛典子	10000						
山崎延子	5000	井上薫	3000	宮井正彌	3000	宇野田尚哉	3000						

計119件
612000円
以上感謝をもって
領収いたしました。

賛助金ご協力のお願い
●賛助会費:
一口 A3,000　B5,000　C10,000
※いずれも一口を単位としますが、何口でも結構です。
※送金方法
郵便振替〈01160-6-1083 財団法人 神戸学生・青年センター〉
備考欄に「賛助金」とお書きください。
銀行振込 三井住友銀行 六甲支店 0779663
財団法人 神戸学生青年センター 賛助金
銀行振込で領収証やニュースをご希望の方は、
事務局までご連絡ください。

六甲奨学基金　2004.9.01～2004.11.30(敬称略・単位円)

氏名	金額	氏名	金額	氏名	金額	氏名	金額
武田雅子	2000	井上淳子	3000	㈱ワイドシステム		林政子	3000
津久井進	3000	葛谷登	3000	サービス	10000	なんやか屋	2400
林祐介	5000	北原昭夫	5000	多木秀雄	5000	なんやか屋	2000
井上悦博	3000	井上薫	2000	西浦茂	5000	松下良子	3000
森脇慎也	10000	田口恵美子	3000	石本佳子	5000		
篠原閑	3000	山田正子	10000	加輪上敏彦	5000		
谷井尚子	3000	中西美江子	3000	桝田計雄	5000		
福田菊	5000	目良幸子	3000	藤川照子	3000		
山崎延子	3000	小川さち代	3000	小柳玲子	5000		
田辺光平	3000	加藤克子	3000	川井仁史	5000		
山田寿美子	3000	田原良次	5000	松岡静子	5000		
飛田溢子	5000	原田紀敏	5000	大谷紫乃	5000		
門永三枝子	3000	今井和登	3000	仁川学院中高校			
野崎充彦	5000	西信夫	5000	生徒会バザー係			
草谷桂子	5000	岡田照子	5000		20000		
馬場由起子	10000			本間隆	3000		

毎月募金会員計　60000
(千円:菱木康夫、金早苗、高仁宝、信長正義、信長たか子、藤田寿え子、飛田雄一、松岡静子、二千円:福田菊、三千円:白川豊、辻建、四千円:岡田惇也)

計48件　303,890円
以上感謝をもって
領収いたしました。

六甲奨学基金ご協力のお願い
●賛助会費:
一口 A3,000　B5,000　C10,000
※いずれも一口を単位としますが、何口でも結構です。
※送金方法
郵便振替〈01160-6-1083 財団法人 神戸学生・青年センター〉
備考欄に「奨学金」とお書きください。
銀行振込 三井住友銀行 六甲支店 0779651
財団法人 神戸学生青年センター 六甲奨学基金
銀行振込で領収証やニュースをご希望の方は、
事務局までご連絡ください。

セミナーの記録　2004.9～11

食料環境セミナー

(No.341)9月22日橋本 力男 氏
「失敗しない生ゴミコンポスト」
(No.342)10月17日平賀　緑 氏
「手づくりバイオディーゼル燃料」
(No.343)11月24日石津 文雄 氏
「遺伝子組換え作物の栽培問題」

朝鮮史セミナー

「新史料で考える日本の朝鮮支配」
① 11月10日金慶海氏
「「韓国併合」は朝鮮人が望んだのか?」
② 11月17日塚崎昌之氏
「「強制連行」はあったのか?なかったのか?」
③ 11月24日水野直樹氏
「「創氏改名」は強制ではなかったのか?」

農　塾

第12期
第1回 10月22日　保田　茂氏
「有機農業の時代」
第2回 10月29日　渋谷　冨喜男氏
「有機農業の野菜づくり」
第3回 11月5日　青位　眞一郎氏
「有機農業の養鶏」
第4回 11月12日　衣笠　愛之氏
「有機農業の米づくり」
第5回 11月19日　小林　美喜子氏
「体の歪みを自分で直す」
第6回 11月26日　本野　一郎氏
「種採りの時代」
11月13日　圃場見学会/八千代町、市川町、神戸市
伊川谷有機農法実習農園
毎月第1・3日曜

朝鮮語講座

①入　門　毎週水曜日　李埈瑞氏
②初　級　毎週火曜日　金宝英氏
③中　級　毎週水曜日　金眞映氏
④中級会話　毎週木曜日　朴鐘祐氏
⑤ききとりと会話力UPをめざす
月二回木曜日　金水静氏

六甲奨学基金

日本語サロン
毎週月・土曜
「実践・日本語学習支援講座」
①10月7日　中畠　孝幸氏
誤用から考える①動詞の用法
②10月14日　中畠　孝幸氏
誤用から考える②接続表現
③10月21日　中畠　孝幸氏
誤用から考える③ことばの意味
④10月28日　瀬口　郁子氏
見えない文化を探ろう①
⑤11月4日　瀬口　郁子氏
見えない文化を探ろう②
⑥11月11日　瀬口　郁子氏
一人ひとりの体験から学ぶ
⑦11月18日　奥田　純子氏
なぜ、日本語支援をするのか
⑧11月25日　奥田　純子氏
コミュニケーションと言語学習支援
⑨12月2日　奥田　純子氏
異文化間コミュニケーション教育としての日本語学習支援

その他(共催行事)

9月30日～10月12日 AWEPフェア(共催)
10月9日 AWEPセミナー「フェアトレードで国際協力」鈴木誠也氏
10月20日 「子どもとおとなの関係性を考える」AFM・サイフル・イスラム氏(共催)
11月13日 AWEPセミナー「平和な世界を築くには…」ロニー・アレキサンダー氏
11月26日 アジア労働者交流集会in神戸(共催)

食料環境セミナー

9月から11月のセミナーは、いずれも現在直面している環境問題に対し、実践的に取り組まれている方々にお話しいただきました。

橋本力男さん　2004.9.22

9月は、堆肥・育土研究所の橋本力男氏から「失敗しない生ゴミコンポスト」と題し、生ゴミを焼却せず、堆肥化し優良な育土にするテクニックを教えていただいた。個人レベルから地域レベルへの取り組みが今後の課題です。10月は、「ジャーニー・トゥ・フォーエバー」の平賀緑氏に、廃油からバイオディーゼル燃料の作り方とその意義についてお話いただきました。廃油処理と排ガス問題の一石二鳥の取り組みに注目していきたい。

平賀緑さん　2004.10.27

11月は国内の一般農地での遺伝子組換え作物の栽培問題について、2002年の滋賀県での栽培阻止に取り組まれた石津文雄氏のお話を伺った。交雑した遺伝子の回収は不可能です。各県で栽培規制条例が制定されていますが後悔する事のないよう監視していく必要があります。

農塾

第12期開講

10月22日より第12期農塾を開講しました。13名とアットホームな雰囲気で、ディスカッションを多く持ちながら熱心に学習しています。8回の講座では、農政から具体的な野菜作り、養鶏、米づくり、さらに自家採種や農業での暮らしまで、実践されている講師から学んでいます。今期の米づくりの回は、夢前町の特定農業生産法人「夢工房」の衣笠愛之氏に新しく担当いただきました。また11月13日には、講師の鶏舎や田畑の見学会を行いました。

牛尾農園（市川町）　2004.11.13

衣笠愛之さん
2004.11.12

有機農法実習農園

台風16号と18号で倉庫が全壊。しかし、農園メンバーの大工仕事のスキルも大幅にアップしていて、9月11日にたった1日で風当たりの弱い位置へ移築再建できました。

秋は収穫の季節。11月の例会では、採れたての落花生を試食したり、焼き芋、蕎麦の収穫などを行いました。

蕎麦の収穫　2004.11.21

森林講座

ひょうご環境創造協会より、地元間伐材製学校家具の普及に向けた研究・提言活動に助成いただきました。今後、学習会や提言作成を行いますので、関心をお持ちの方はぜひご参加ください。また、森林講座で行っている自然素材の工作を「ひょうご出前環境教室」に登録していますので、ご利用ください。

朝鮮史セミナー

「新史料で考える日本の朝鮮支配」

石原東京都知事の「韓国併合」は朝鮮人が望んだものだという発言、麻生総務大臣（発言当時は自民党政調会長）の創氏改名は強制されたものではなかった旨の発言、また大学入試センター試験（いわゆる共通テスト）の出題で「強制連行」について不適切な問題であるとの抗議がなされるなど、日本の朝鮮支配の実態を覆い隠そうとする動きがでています。セミナーでは新しい史料にもとづいてこれに反論しました。

①「韓国併合」は朝鮮人が望んだのか？金慶海氏
②「強制連行」はあったのか？なかったのか？塚崎昌之氏
③「創氏改名」は強制ではなかったのか？水野直樹氏

テープとレジメを一回分千円（送料とも）で販売しています。

朝鮮史セミナー
塚崎昌之さん　2004.11.17

六甲奨学基金「実践・日本語学習支援講座」

基金運営委員会である中畠孝幸、瀬口郁子、奥田純子3氏がボランティアで講師を務める講座の4期目。10月7日より木曜日の夜全9回開かれた。受講料2万円は少し高いがすべて基金のために用いられる。異文化コミュニケーションについて体を使いながら学ぶ機会でもあった。

第8回古本市は3.15～5.15です。本の回収は、3.1～3.31です。ご協力をよろしくお願いします。

中畠孝幸さん　2004.10.7

2004.10.28　瀬口郁子さん

2004.11.18　奥田純子さん

アジア労働者交流集会in神戸

11月26日、韓国から民主労総の金容旭氏、李寿甲氏を招いて三宮勤労会館で開催した。主催は兵庫社会労働運動センター、自立労連神戸支部と神戸学生青年センター。1998年から年2回程度開いている。金氏は民主労総の先鋒隊隊長で全国鉄道労働組合の統一委員長。韓国労働運動のパワーを充分に感じさせてくれる集会だった。

交流集会　金容旭さん（左）と李寿甲さん　2004.11.26

定期利用

グループ・教室のご案内

◆六甲トレーニングサロン…… 月曜日・前9～12：00　前田先生　0797-35-5588
◆稲美会（絵更紗）…… 月2回　水・土曜日・後1～5：00　稲垣先生　078-821-7078
◆からむい会（絵更紗）…… 第2・4木曜日・後0～4：00　薩村先生　0797-31-1798
◆すぎなコーラス…… 月曜日・前10～12：00　連絡先・横田　078-851-5714
◆神戸女声合唱団…… 金曜日・前10～12：00　連絡先・岡 邦子　078-291-0855
◆神戸東女声合唱団…… 金曜日・後2～4：00　連絡先・野口綾子　0727-77-2080
◆児童英語（MOMO）…… 月・水・木・金曜日　寺地先生　078-882-4191
◆創作アップリケ…… 第2・4月曜日・前10～12：00　柏原先生　078-821-4632
◆ノイエカンマーコール（混声コーラス）…… 土曜日・後6～9：00　連絡先・広瀬　0798-40-4170
◆ヨガ体操…… 火曜日・前9：30～12：00　廣瀬先生　078-851-8851
◆アトリエ太陽の子（児童絵画）…… 木曜日・後1～5：00　中嶋先生　078-811-8421
◆六甲ボーカル…… 第1・3木曜日・前10～12：00　池本先生　078-861-8724
◆こうべこーる恵（コーラス）…… 火曜日・前10～12：00　連絡先・田附　0798-26-2169
◆前田書道教室…… 金曜日・後1～5：00　連絡先・前田先生　078-854-1578
◆ステンドグラス・アトリエとも…… 第1・3木曜・後1～5：00　幸坂先生　078-582-0644
◆全珠連会員・熊内そろばん六甲教室…… 火曜・後6～9：00、土曜・後1～4：00　奥野先生　078-241-1095
◆六甲さくら合唱団…… 月3回月曜・後1～5：00　連絡先・大北　078-441-0412

お問合せやお申込は、各グループ・教室に直接ご連絡ください。

神戸学生・青年センター センターニュース

KOBE STUDENT YOUTH CENTER NEWS No.57

No.57
発行所 (財)神戸学生・青年センター
理事長 辻 建
館 長 飛田 雄一

〒657-0064 神戸市灘区山田町3丁目1-1
TEL (078) 851-2760 FAX (078) 821-5878
Yamada-cho 3-1-1, Nada-ku
Kobe, 657-0064 Japan
E-mail info@ksyc.jp
URL http://ksyc.jp

行楽に、合宿に、六甲登山に、神戸観光に、サークル活動に、お宅の「はなれ」に、みなさまのご利用をお待ちしております!!

いまさら、と思われる方もいらっしゃるでしょうが、神戸学生青年センターの施設の紹介をしたいと思います。神戸学生青年センターは1972年に建てられた施設で、宿泊室／貸会議室をもっています。宿泊室は、和室4室、ベッドルーム（二段ベッド）8室、定員46名様までご利用いただけます。04年度の宿泊者合計人数は約4000名。たくさんの方々にご利用いただいております。開館当初は16名用の可動式2段ベッドの部屋が2室ありました。その後、木製固定式の2段ベッドに改装し、更に1部屋はカプセルホテルのような寝台車のような個室式2段ベッドの部屋8室に、もう1部屋は16人宿泊可能な宴会もできる大和室?に改装しています。センターは交通が便利なので全国から人が集まりやすく30～50人規模の貸し切りの全国会議も開かれています。近所に夜遅くまであいている店が多いのも便利なところです。午後10時半までに一旦チェックインしてくだされば、その後の出入りはOKです。

貸会議室は多目的ホール、会議室3室、和室4室があり、定期利用グループのほか、パーティ、発表会、ミーティングなど、こちらも広くみなさんにご利用いただいています。これまでも多くの方々にご利用いただいている神戸学生青年センターですが、さらに多くの方々に、さらに多くの回数ご利用いただきたいと思い、4月より料金を値下げしました。みなさまのご利用をお待ちしております。

2005年4月より、神戸学生青年センターの施設は、さらにご利用いただきやすくなります!!

- その1　夜間の利用料金が午後の利用料金と同じになります
- その2　ホール使用料の土日祝UP料金がなくなります
- その3　会議室Cの利用料金を大幅に値下げします
- その4　ご予約を1年前から受けつけます
- その5　和室B/Cのお一人様ご宿泊料金を大幅に値下げします

神戸学生青年センターでは、定期利用をしていただけます。教室として、ミーティング会場として、定期利用の契約をすれば、面倒な予約の手続きなく、1年間（翌年の3月まで）は自動的に予約をおとりします。また、定期利用グループには貸ロッカー（有料）もご利用いただけます。現在、25グループに定期利用でご利用いただいています。

宿泊・会議室ともに、ご予約は12ヵ月前より承ります
料金は税込。（　）内の金額は学生料金です。単位:¥
キャンセルの場合は1週間前より20%、前日当日は80%ちょうだいします

就学前のお子さまは、引率の大人一人につき一人無料
二人目からは学生料金をちょうだいします

■宿泊料金（税込）　チェックイン:18:00～22:30　チェックアウト:9:00

部屋名	定員	利用人数による一人当りの素泊まり料金／単位:¥			
和室A	8	2人 4,200 (3,600)	3－4人 3,400 (3,100)	5－6人 3,100 (2,800)	7－8人 2,900 (2,600)
和室B/C	各3	1人 4,200 (3,800)	2人 3,600 (3,300)	3人 2,900 (2,600)	*
和室D	16	3－4人 4,200 (3,600)	5－8人 3,400 (3,100)	9－12人 3,100 (2,800)	13－16人 2,900 (2,600)
ベッドルーム8室	各2	1人 3,600 (3,100)	2人 2,900 (2,600)	*	*

■会場使用料（税込）
営業目的の会場使用は一般料金の倍額

部屋名	広さ	9:00－12:00	13:00－17:00	18:00－22:00
ホール	120㎡	7,000 (6,000)	8,000 (7,000)	8,000 (7,000)
会議室A 会議室D スタジオ	40㎡ 30㎡ 20㎡	3,300 (2,800)	3,800 (3,300)	3,800 (3,300)
会議室C	15㎡	2,800 (2,300)	3,300 (2,800)	3,300 (2,800)
和室A 和室D	12畳 17.5畳	3,300 (2,800)	3,800 (3,300)	この時間は利用できません
和室B/C	7.5畳	2,800 (2,300)	3,300 (2,800)	この時間は利用できません

多目的ホール

ベッドルーム

(財)神戸学生青年センター賛助金　2004.12.1～2005.3.31（敬称略・単位円）

泉迪子 1000　瀬尾朝子 5000　上田勝彦 3000　平田昌司 5000　草地とし子 3000　近藤泉 3000　林弘子 3000　神戸女声合唱団 10000　兵庫県有機農業研究会 30000　光森恒子 3000　三木鎌吾 5000　中村英之 3000　厚地勉 3000　堀江節子 3000　小松裕 5000　田中義信 3000　稲田登 10000　五十嵐広司・紀子 3000　久冨伸子 3000　金徳男 3000　早川良弥 5000　内山賢次 3000　足集利陽子 3000　岸本峰代 3000　堀川敏朗 1000　酒井宜子 3000　無名氏 3000　前田ひろ子 5000　登尾明彦 3000　西川治郎 5000　菱木康夫 3000　永井靖二 5000　瀬戸口雅子 3000　松枝佳宏 3000　宮奥和司 3000　渡辺俊雄 5000　津久井進 3000　中原祥子 3000　村瀬義史 2000

河上民雄 5000　川勝浩 5000　高石留美 10000　小川幹雄 3000　齊藤昭彦 3000　六甲カトリック教会 30000　高光重 10000　長瀬三千子 5000　山田初美 5000　無名氏 5000　金慶海 3000　寺岸美代子 5000　島田恒 5000　フォークダンス会 10000　武藤迪子 5000　山西伸史 5000　中道基夫 5000　宇野徹 5000　佐治信 5000　久保井規夫 3000　栗本敬一郎・陽子 5000　岡田たづ子 3000　植木淳子 3000　金俊江 3000　玉木哲郎 3000　飛田みえ子 5000　山下裕 3000　山下昌子 3000　宇野田尚哉 3000　飛田溢子 5000　福島信夫 5000　安田敏郎・めぐみ 3000　有川宏 3000　溝田彰 3000　孫敏男 3000　青位真一郎 3000　梁壽龍・朴貴玉 3000

石井淑子 3000　菅沼祐子 3000　上田登美子 3000　大西史子 3000　木村健二 3000　小松匡位 10000　足立龍枝 3000　瓜生良介 2000　満寿会 3000　宝田耕三 3000　石浜みかる 1000　成毛典子 10000　山本節子 10000　門永秀次 3000　保田茂 3000　枝川典子 3000　廣春夫 3000　水野浩重 3000　前田美江 3000　小沼恵子 5000　前川純一 5000　一色作郎 5000　山根成人 20000　坂本和美 5000　横山康子 3000　信長正義・たか子 10000　岡崎宏美 3000　近藤和雄 3000　小川文夫 3000　宮内陽子 3000　白方誠彌 5000　福田菊 5000　秋山眞澄 3000　蔵田和子 3000　在日大韓基督教川崎教会 3000　片桐陽 5000　安田正 5000　沼田孝雄 3000　水谷俊平 30000　縄昭三 5000

市場淳子・松田素二 5000　湯木昭八郎 5000　一條三子 10000　皇甫佳英 3000　住谷章 5000　森本宮仁子 5000　野村務 3000　山川賀世子 1000　戸塚悦郎 3000　青木一博 3000　野村潔 5000　岩田将巳 3000　川辺比呂子 3000　六渡和香子 5000　中川健一 5000　大倉一郎 3000　金野南 5000　越智清光 3000　秋定嘉和 3000　田添禧雄 3000　淡路三原伝道所 5000　大和三重 3000　柴田康彦 3000　井上力 10000　島津恒敏 10000　上杉聰 3000　尹英順 3000　和田進 3000　落合健二 5000　藤井道雄 3000　保田茂 3000　梁愛舜 10000　西尾典子 5000　島井範子 3000　高橋靖 3000　加藤光広 5000　林弘城 10000　野澤正美 5000　遠山薫 3000

名古屋聖ｽﾃﾊﾟﾉ教会 5000　教団神戸北教会 5000　西村文雄 3000　南谷繁弘 5000　武正興 5000　水野雄二 5000　井坂弘 3000　阿部恩 5000　神戸YWCA 10000　日本ｷﾘｽﾄ教団和田山・地の塩伝道所 5000　小川正則 5000　田中和夫 3000　六島純雄 3000　所薫子 3000　飯島千尋 3000　岩坂正雄 5000　日本基督教団神戸多聞教会 10000　西尾嘉尉 5000　羽下大信 10000

楠利明 3000　飛田悦子 5000　原口浩一 3000　嘉山隆司 3000　小泉洋 3000　白承豪 10000　草京子 3000　門野隆弘 5000　塚崎昌之 3000　寺島俊穂 3000　伊藤悦子 3000　田中宏明 1000　中村大蔵 3000　西田勝英 3000　永野仁 3000　吉永郁子 3000　永井秀夫 3000　津野勝俊 5000　竹中正夫 3000　姫路福音教会 3000　日本基督教団宝塚教会 5000　臼井明子・豊子 3000

片山憲明 5000　新居弥生 3000　伊吹房子 10000　齊藤洋子 3000　関西学院宗教活動委員会 30000　野崎充彦 5000　栁田耕一 3000　高田秀峰 2000　吉岡数子 3000　矢野淳子 5000　松下佳弘 3000　六甲苑 5000　中野由貴 3200　岩崎謙 5000　西條八東 3000　求める会事業部 20000　正井輝子 5000　石打謹也 3000

計214件 1038200円
以上感謝をもって領収いたしました。

賛助金ご協力のお願い

●賛助会費:
一口 A3,000　B5,000　C10,000
※いずれも一口を単位としますが、何口でも結構です。
※送金方法
郵便振替 〈01160-6-1083 財団法人 神戸学生・青年センター〉
備考欄に「賛助金」とお書きください。
銀行振込 三井住友銀行 六甲支店 0779663
財団法人 神戸学生青年センター 賛助金
銀行振込で領収証やニュースをご希望の方は、事務局までご連絡ください。

六甲奨学基金　2004.12.01～2005.3.31（敬称略・単位円）

瀬尾朝子 5000　なんやか屋 1350　平田昌司 5000　神宮清子 5000　高橋弥生 5000　谷智子 5000　岸本峰代 3000　前田ひろ子 5000　渡辺俊雄 5000　川勝浩 5000　高石留美 10000　近藤淑子 3000　山崎昌子 3000　中村大蔵 3000　高光重 10000　無名氏 5000　中西美江子 3000　澤田有希子 3000　奥野葉津紀 5000　近藤芳廣 3000　武藤迪子 5000　栗本敬一郎 5000

西浦茂 5000　田辺光平 3000　植木淳子 3000　飛田みえ子 5000　飛田溢子 5000　上田登美子 3000　山本純子 5000　井上淳子 3000　由良佐知子 3000　高橋喜久江 5000　横山康子 3000　夏井町子 5000　葛谷登 3000　水谷俊平 30000　岡野清 3000　縄昭三 5000　湯木昭八郎 5000　山中速人 5000　金野南 5000　井上力 10000　尹英順 3000　藤井道雄 5000

西尾典子 5000　林弘城 10000　野澤正美 5000　大槻小百合 3000　神戸東部教会 5000　安田吉三郎 5000　武正興 5000　阿部恩 5000　六島純雄 3000　日本基督教団夙川東教会 5000　福島弘子 3000　中村大蔵 3000　石村真紀 10000　西田勝英 3000　兼崎暉 3000　片山憲明 5000　新居弥生 3000　関西学院宗教活動委員会 20000　六甲苑 5000

中野由貴 3200　大田明生 5000　浅羽千之助 3000　川原トシ子 5000　本間隆 3000　援助修道会六甲修道院 5000

計72件 354550円

毎月募金会員計 80000
（千円:菱木康夫、金早苗、高仁宝、信長正義、信長たか子、藤田寿え子、飛田雄一、松岡静子、二千円:福田菊、三千円:白川豊、辻建、四千円:岡田惇也）

古本市 1111775

総計 1546325円
以上感謝をもって領収いたしました。

六甲奨学基金ご協力のお願い

●賛助会費:
一口 A3,000　B5,000　C10,000
※いずれも一口を単位としますが、何口でも結構です。
※送金方法
郵便振替 〈01160-6-1083 財団法人 神戸学生・青年センター〉
備考欄に「奨学金」とお書きください。
銀行振込 三井住友銀行 六甲支店 0779651
財団法人 神戸学生青年センター 六甲奨学基金
銀行振込で領収証やニュースをご希望の方は、事務局までご連絡ください。

セミナーの記録　2004.12～2005.3

食料環境セミナー

(No.344) 12月22日 早川　光俊氏
「進行する地球温暖化」
(No.345) 1月26日 畑　明郎氏
「日本のお米とカドミウム」
(No.346) 2月23日 天笠　啓祐氏
「種子の特許、知的所有権の問題点」
(No.347) 3月23日 川久　通隆氏
「BSE問題
—米産牛肉輸入解禁を巡って—」

朝鮮史セミナー

日韓の食文化を考える
「ホルモン＝放るもん」説を論じる
3月4日　佐々木　道雄氏

現代キリスト教セミナー

「阪神淡路大震災から10年
—人間として・キリスト者として—」
2月25日　神田　裕氏

農　塾

第7回　12月3日　尾崎　零氏
「はるウララな“集農時代”」
第8回　12月10日　牛尾　武博氏
「自給循環型農業の豊かな暮らし」

六甲奨学基金

日本語サロン　毎週月・土曜
12月4日　日本語サロンクリスマス会
3月15日～5月15日　第8回古本市

朝鮮語講座

①入　門　毎週水曜日　李埈瑞氏
②初　級　毎週火曜日　金宝英氏
③中　級　毎週水曜日　金眞映氏
④中級会話　毎週木曜日　朴鐘祐氏
⑤ききとりと会話力UPをめざす
月二回木曜日　金水静氏

南京大虐殺幸存者の証言を聞く会in神戸
王雲娣さん　2004.12.8

その他行事

12月1日 神戸マスクワイア・ゴスペルコンサート　川上盾牧師
12月8日 南京大虐殺幸存者の証言を聞く会in神戸
12月18日～26日「神戸から世界へ dari KOBE EXHIBITION PAMERAN」展示会
12月19日 Ocean Historyワークショップ
2月12日　NGO神戸外国人救援ネット設立10周年記念集会
「阪神淡路大震災から10年、外国人と共に暮らすまちをめざして」
2月16日～3月3日　AWEPフェア
3月3日　AWEP10周年記念セミナー

食料環境セミナー

12月のセミナーは、「進行する地球温暖化」をテーマにNPO法人地球環境と大気汚染を考える全国市民会議（CASA）専務理事の早川光俊さんに京都議定書の意義と市民の役割についてお話いただきました。議定書は今年2月に発効しましたが、まだまだ問題は山積です。

早川光俊氏　2004.12.22

1月のテーマは、「日本のお米とカドミウム」。

カドミウムは「イタイイタイ病」の原因となった重金属ですが、国内産米に新たに基準値を超える米が見つかりました。また携帯電話のカドニカ電池の問題もでてきています。『拡大する土壌・地下水汚染』（世界思想社）の著書もある大阪市立大学教授の畑明郎さんにご講演いただきました。

天笠啓祐氏　2005.2.23

2月は久しぶりに市民バイオテクノロジー情報室代表の天笠啓祐さんに来ていただきました。

種子をめぐる世界的な動きは、GMO（遺伝子組み換え作物）とも関連しながら多国籍企業の知的所有権主張などにより問題化されています。

1973年6月のスタート以来、第347回目となる3月のセミナーは、兵庫県生活衛生課食品安全官で獣医でもある川久通隆さんを招いて「BSE問題」について学びました。

川久通隆氏　2005.3.23

朝鮮史セミナー

普段のセミナーとは少々趣を変えて「日韓の食文化を考える」をテーマに開きました。講師はむくげの会佐々木道雄さん。佐々木さんは同会より『朝鮮の食と文化—日本・中国との比較から見えてきたもの—』（1996）を出された後、『韓国の食文化』『焼肉の文化史』（2002、2004、いずれも明石書店）を出版されました。

佐々木道雄氏　2005.3.4

ホルモン焼は「日本人が『放るもん』を朝鮮人が食べた」説が一般に流布していますが、その説の起源・誤りについて興味深いお話をしてくださいました。この説が否定されても味には関係がありませんが…。

現代キリスト教セミナー

今年は阪神淡路大震災から10年です。学生センターは震災時の被災留学生・就学生支援活動を契機に六甲奨学基金がスタートするなどした10年でした。セミナーでは、カトリックたかとり教会神父・たかとりコミュニティセンター代表の神田裕さんに震災後の10年を語っていただきました。サブタイトルは「人間として・キリスト者として」。神田さんは「このタイトルでは何を話してもいいですね」と。震災時のこと、ボランティア活動のこと、カトリック教会をめぐる様々な動きについて等々、普段聞けないとても興味深いお話でした。

神田裕氏　2005.2.25

朝鮮語講座

「韓流」ブームの中、30年の歴史をもつセンター朝鮮語講座は、相変わらずの歩みを続けています。2004年度は、① 入門 毎週水曜日 李埈瑞氏、② 初級 毎週火曜日 金宝英氏、③ 中級 毎週水曜日 金眞映氏、④ 中級会話 毎週木曜日 朴鐘祐氏、そして ⑤ ききとりと会話力UPをめざす 月2回木曜日 金水静氏でした。2005年度からは久しぶりに午前中のクラスをつくります。これを機会に朝鮮語を始めてみましょう。

2005年度のクラス

■入門:初心者
5月11日より毎週水曜日（8/17休講）

■初級:1年程度の学習歴のある方
4月6日より毎週水曜（5/4、8/17休講）

■中級:2−3年程度の学習歴のある方
4月5日より毎週火曜（5/3、8/16休講）

■中級会話:3年以上の学習歴のある方
（原則的に日本語は使わないクラスです）
4月7日より毎週木曜（5/5、8/18休講）

■聞き取り力アップをめざすクラス
（中級会話より高いレベルをめざします）
5月連休明けより月2回木曜日開講
開催日についてはお問合せください
各クラス　午後7時〜9時

■<午前中のクラス開講!>
初めての朝鮮語／韓国語
開講日:5月12日〜7月14日
毎週木曜日　午前10時〜12時
対象:初心者

※詳細は、神戸学生青年センターまでお問合せください。担当・鹿嶋節子

六甲奨学基金

04年度は4名の奨学生に月額5万円の奨学金を支給しました。05年度は、同じく以下の4名の方に支給します。

1. 夙川学院短期大学	全玲	女	中国
2. 大手前大学	郭婷	女	中国
3. 神戸YMCA日本語学校	麥翠茵	女	英国（香港）
4. コミュニカ学院	ヒュイン・クォック・トワン	男	ベトナム

日本語学習支援講座&日本語サロンクリスマス&古本市

日本語サロンは毎週月曜日、土曜日に開いています。約30組のボランティアと外国人が勉強しています。12月4日には、恒例のクリスマスパーティを開きました。

8回目となる古本市は、今年も3月15日から始まりました。順調な売れゆきです。本を提供してくださる全国の支援者と熱心なボランティアと古本を買いに来てくださるお客様に感謝感謝です。5月15日まで開催します。今年は約3万冊の寄付があり順次箱を開けて補充しています。まだ廊下にはダンボールがうず高く積まれています。掘り出し物もあります。時々のぞきにきてください。今年の目標は、250万円?です。

古本市　2005.3.15〜5.15

三木原奨学基金

この基金は04年4月にスタートしました。三木原さんからの3000万円寄付で向こう5年間、中国・台湾・韓国からの留学生に月額6万円の奨学金を支給するものです。2005年度の奨学生は、以下の8名のみなさんです。

1. 兵庫県立大学	董一凡	中国	男	5. 関西学院大学	武順	中国	男
2. 園田学園女子大学	金亨姝	韓国	女	6. 神戸大学大学院	楊岳樺	台湾	男
3. 神戸薬科大学	崔文花	中国	女	7. 兵庫医科大学大学院	李文	中国	女
4. 甲子園大学	倪瑜芳	中国	女	8. 姫路獨協大学	陳小芳	中国	女

Album

神戸大学YMCA主催
神戸マスクワイア・ゴスペルコンサート
川上盾牧師　2004.12.1

NGO神戸外国人救援ネット設立10周年記念集会
「阪神淡路大震災から10年、外国人と共に暮らすまちをめざして」
2005.2.12

定期利用
グループ・教室のご案内

◆六甲トレーニングサロン……月曜日・前9〜12：00　前田先生　0797-35-5588

◆稲美会（絵更紗）……月2回　水・土曜日・後1〜5：00　稲垣先生　078-821-7078

◆からむい会（絵更紗）……第2・4木曜日・後0〜4：00　葭村先生　0797-31-1798

◆すぎなコーラス……月曜日・前10〜12：00　連絡先・横田　078-851-5714

◆神戸女声合唱団……金曜日・前10〜12：00　連絡先・岡 邦子　078-291-0855

◆神戸東女声合唱団……金曜日・後2〜4：00　連絡先・野口綾子　0727-77-2080

◆児童英語（MOMO）……月・水・木・金曜日　寺地先生　078-882-4191

◆創作アップリケ……第2・4月・金曜日・前10〜12：00　柏原先生　078-821-4632

◆ノイエカンマーコール（混声コーラス）……土曜日・後6〜9：00　連絡先・広瀬　0798-40-4170

◆ヨガ体操……火曜日・前9：30〜12：00　廣瀬先生　078-851-8851

◆アトリエ太陽の子（児童絵画）……木曜日・後1〜5：00　中嶋先生　078-811-8421

◆六甲ボーカル……第1・3木曜日・前10〜12：00　池本先生　078-861-8724

◆こうべこーる恵（コーラス）……火曜日・前10〜12：00　連絡先・田附　0798-26-2169

◆前田書道教室……金曜日・後1〜5：00　連絡先・前田先生　078-854-1578

◆ステンドグラス・アトリエとも……第2・4木曜・後1〜5：00　幸坂先生　078-582-0644

◆全珠連会員・熊内そろばん六甲教室……火曜・後6〜9：00、土曜・後1〜4：00　奥野先生　078-241-1095

◆六甲さくら合唱団……月3回月曜・後1〜5：00　連絡先・大北　078-441-0412

◆カルトナージュ（フランス手芸）……第4火曜・後1〜5：00　連絡先・山路　078-854-1810

◆日本テコンドー協会神戸支部……毎週火曜日・後6〜9：00　連絡先・妹尾　090-9846-8241

お問合せやお申込は、各グループ・教室に直接ご連絡ください。

神戸学生・青年センター
センターニュース
KOBE STUDENT YOUTH CENTER NEWS No.58

No.58
発行所　(財) 神戸学生・青年センター
理事長　辻　建
館　長　飛田　雄一
〒657-0064　神戸市灘区山田町3丁目1-1
TEL (078) 851-2760 FAX (078) 821-5878
Yamada-cho 3-1-1, Nada-ku
Kobe, 657-0064 Japan
E-mail info@ksyc.jp
U R L http://ksyc.jp

子供たちが魚の絵を描いた－「食育」教育の現場－

今治市農林振興課地産地消推進室長・愛媛県有機農業研究会・安井　孝

5月の食料環境セミナーは安井さんが「給食に『地産地消』20年」をテーマに講演してくださった。安井さんは神戸大学農学部の学生時代にはセンターでアルバイトをしてくださっていました。
今秋の食料環境セミナーも「食育」をテーマに開催します。

今治市は、1983（昭和58）年から学校給食に地元食材や有機農産物の導入を行うなど地産地消を進め、その取り組みは、米やパン、豆腐などの加工品にまで及び一定の効果を上げている。

そして、これからこの運動をさらに発展させていくには何といっても消費者理解が必要であり、その理解を広げていくには「食育」が大切であることに気づいた。

しかしながら、これまでの「食育」は、田植えや稲刈りや芋掘りなどの単発的な体験イベントだったり、講演会やパンフレットによる啓発などが中心で、しかもその内容は栄養素学（栄養バランスに気をつけて生活習慣病を予防する）的なものが多く、食育を行った者は満足するが、受けた者がその知識や技を身につけたかどうか疑問に残るものが多かった。

そこで私達は、義務教育の中に「食育」を教科として取り入れ、やる気や能力のない先生が授業を行っても一定の効果が期待できる、また、授業を受けた子供たちがかけ算の九九や漢字の書き取りのように確実に技を習得するカリキュラムづくりに取り組んだ。

そして昨年、6コマ（10時間）の食育モデル授業を実施、総合学習の時間を使って「食育」を実際の教育現場で義務化する試みを行った。

授業の冒頭、鳥生小学校の4年生は10年後の夕食の絵を描いた。1／3以上の子供がカレーライスの絵だった。ステーキやカップラーメン、コンビニ弁当の絵を描く子もいた。理由を尋ねると「おいしいから、好きな物を食べたいから」という答えが返ってきた。

次に、子供たちは、3日間の食事とうんちの調査を実施、自分の食生活を記録し、うんちの状態で自分の体調を知る技を身につけ、うんちと食べ物の関係の話を聞き、生活習慣病について学んだ。

合成ジュースを作る実験

表示を見ながら合成ジュースを自分たちで作り、そして飲んだ。

「体の調子が悪いとき、何を食べたらいいのか迷ったときは、このメニューに戻りましょう」ということで、ごはん、みそ汁、焼き魚、おひたしの作り方を学び、理想のメニューの献立を考えた。そして、「自分で買い物をし、家で調理し、それを家族にごちそうして感想を聞いてくる」という大変な宿題もやり遂げた。

そして、最後の授業の日、再び、10年後の夕食の絵を描いた。

みんな見事に、ごはんとみそ汁と魚とおひたしの絵だった。「どうしてその絵を描いたの」と聞くとみんな胸を張って目を輝かせながらこう答えた。

「身体にいい食事だから！」

子供たちは、着実に技を身につけた。食材を選ぶ技、買い物の技、自分で食事を作る技、100人の子供たちは、10時間の授業で、「親に身体にいい食生活を教えてあげることができる」までに成長した。

この子供たちは大人になってからも地域の食材を愛用してくれるだろう、安全な有機農産物を食べようとするだろう、「こうした子供たちが一人ずつ増えていってくれれば、大人になったときは立派な地産地消の応援団になってくれるに違いない」という期待を込めて今年も食育の授業に取り組んでいこうと考えている。

食育基本法が施行されたが、地産地消を広げていくための足がかりとしての食育への取り組みが、今まさに正念場を迎えている。

家族の感想発表

(財) 神戸学生青年センター賛助金　2005.4.1～2005.8.31（敬称略・単位円）

河瀬幸子 3000
坊下明信 3000
近藤とみお・幸子 5000
濱政博司 3000
縦山さち子 3000
宇野田尚哉 3000
熊谷一綱 10000
辻建 100000
小西和治 5000
京極恒太 5000
薬師寺小夜子 3000
長志珠絵 3000
渡辺玲子 3000
神足威信 3000
門倉和子 5000
一岡玲子 3000
秋山眞澄 3000
小川幹雄 3000
実積護 10000
高田千代子 3000
水野直樹 5000
日本キリスト教団明石教会 5000
神谷重章 3000
李重華 3000
高見敏雄 3000
杉山博昭 3000
舩橋正樹 3000
安藤康子 3000
金野南 5000
田邊誠 10000
小川政亮 1000
松田利彦 10000
友井公一 5000
林祐介 3000
小泉勇治郎 3000
原和美 3000
小林るみ子 3000
中山一郎 10000
伊丹威 3000
蔡勝昌 3000
望月文雄 2000
岡内克江 3000
木下洋子 5000
杉田哲 5000
徳岡宏一朗 10000
森田豊子 3000
坂本玄子 3000
丸山茂樹 5000
山田保 3000
井坂弘 3000
加納花枝 10000
阪神高齢者障害者支援ネットワーク 3000
近江岸健助 3000
森行雄 3000
谷井尚子 3000
碓井みち子 3000
山本善偉 3000
木村量好 5000
奥西征一 3000
宮井正彌 3000
岩坂二規 3000
川崎松男 3000
和田進 3000
遠山薫 3000
津野勝俊 5000
安達義博 10000
泉迪子 1000
飯濱玲子 3000
センターグループ 5000
黒田千歳 3000
板山眞由美 3000
福田菊 5000
白承豪 10000
平田典子 3000
窪田実美 10000
外谷悦夫 3000
間一孝 3000
田部美知雄 3000
尹勇吉 5000
嶋田恭子 3000
加藤光広 5000
丹羽和子 3000
挽地康彦 3000
八木修 3000
笠原芳光 5000
大津留厚 3000
元町HDクリニック 5000
多田伝三郎 5000
甲南女子大学多文化共生学科 3000
金澤洋一 3000
石元清英 5000
今井鎮雄 3000
荒川宏史 3000
宇野田尚哉 3000
中院彰子 3000
佐藤敬 3000
八木晃介 3000
山川賀世子 3000
近藤孝雄 5000
矢野美智子 3000
金慶海 3000
満寿会 3000
平野英雄 3000
岡部晴子 3000
下西ユキヨ 3000
小柳玲子 5000
大和三重 3000
江口美幸 3000
森山喜洋子 3000
伊地知紀子 3000
飛田溢子 5000
徳富幹雄 3000
吉田純子 3000
朴善愛 3000
橘浩子 3000
山下昌子 3000
清水ゆみこ 3000
森本真由美 3000
林祐介 3000
鈴木正樹 3000
李信忠 3000
吉田恵 3000
永井靖二 3000
髙木甫 10000
山内泉 5000
金暎子 5000
河口恵子 3000
西咸子 3000
山田園子 3000
大田美智子 3000
上田眞佐美 5000
劉研 3000
朴明子 3000
佐藤三枝子 3000
康良樹・金恩順 3000
阪上芳男 3000
飛田雄一 5000
杉谷あかね 3000
羽鳥敬彦 5000
小林允子 3000
長瀬三千子 5000
浜崎としずみ 3000
アート・サポート・センター神戸 島田 5000
山田泉 5000
藤田寿恵子 3000
武正興 5000
名木純子 3000
高龍弘 3000
アジア映画社 5000
島津恒敏 10000
栗原嘉明 3000
大澤三枝子 500
姜守殷 5000
徐龍達 5000
岩崎信彦 5000
田中洋一 3000
大野貞枝 10000
清水紀代子 10000
篠田芳子 2000
魚住みち 3000
無名氏 10000
西田侑香里 3000
朝鮮総連兵庫支部 10000
太田修 10000
鹿島和夫 140000
岩崎謙 5000
山本賢二 10000
児玉主恵 13755
杉山はるみ 3000
三木鎌吾 5000
厚地勉 3000
酒井哲雄 3000
伊東恭子 3000
小沼恵子 5000
神戸女声合唱団 10000
長志珠絵 5000
佐治孝典 5000
飛田雄一 20000
山西伸史 3000
永井満 3000
神宮清子 3000
リングホーファーマンフレッド 5000
西脇鈴代 3000
根津茂 3000
柳田耕一 5000
阿部恩 5000
高田ますみ 1000
光葉啓一 3000

計188件　1036255円
以上感謝をもって領収いたしました。

賛助金ご協力のお願い

●賛助会費:
一口 A3,000　B5,000　C10,000
※いずれも一口を単位としますが、何口でも結構です。
※送金方法
郵便振替〈01160-6-1083 財団法人 神戸学生・青年センター〉
備考欄に「賛助金」とお書きください。
銀行振込 三井住友銀行 六甲支店 0779663
財団法人 神戸学生青年センター 賛助金
銀行振込で領収証やニュースをご希望の方は、事務局までご連絡ください。

六甲奨学基金　2005.4.1～2005.8.31（敬称略・単位円）

新谷敏朗・淳子 1000
近藤とみお・幸子 5000
縦山さち子 3000
西松弘景 2000
熊谷一綱 10000
瀬戸口雅子 5000
門倉和子 5000
手束光子 3000
田辺光平 3000
水野直樹 5000
李重華 3000
金野南 5000
井上淳子 3000
松田利彦 10000
林祐介 3000
成毛典子 10000
森野秀樹 3000
谷井尚子 3000
碓井みち子 3000
山本善偉 3000
三田登美子 3000
愼英弘 5000
中川慶子 3000
林政子 3000
田口恵美子 3000
森脇慎也 3000
藤川照子 3000
葛谷登 3000
外谷悦夫 3000
間一孝 3000
田部美知雄 5000
嶋田恭子 3000
金澤洋一 3000
大谷紫乃 3000
近藤洋子 5000
嶋田千恵子 5000
福原孝浩 3000
小柳玲子 5000
篠原閑 3000
飛田溢子 5000
夏井町子 5000
河口恵子 3000
飛田雄一 5000
日比富美子 3000
貞松・浜田バレエ団 3000
羽鳥敬彦 5000
武正興 5000
なんやか屋 2000
西浦茂 5000
鈴木香織 3000
前川純一 5000
山田正子 10000
中畠孝幸 10000
清水紀代子 10000
藤田ふみ子 5000
駒形愛子 3000
栗原直子 3000
神宮清子 3000
根津茂 3000
阿部恩 5000

計60件 256000円

毎月募金会員計 100000
（千円：菱木康夫、金早苗、高仁宝、信長正義、信長たか子、藤田寿え子、飛田雄一、松岡静子、二千円：福田菊、三千円：白川豊、辻建、四千円：岡田惇也）

古本市　1330139

総計 1686139円
以上感謝をもって領収いたしました。

六甲奨学基金ご協力のお願い

●賛助会費:
一口 A3,000　B5,000　C10,000
※いずれも一口を単位としますが、何口でも結構です。
※送金方法
郵便振替〈01160-6-1083 財団法人 神戸学生・青年センター〉
備考欄に「奨学金」とお書きください。
銀行振込 三井住友銀行 六甲支店 0779651
財団法人 神戸学生青年センター 六甲奨学基金
銀行振込で領収証やニュースをご希望の方は、事務局までご連絡ください。

セミナーの記録　2005.4～8

食料環境セミナー

シリーズ
「いま、たべものと環境を考える」
(No.348)4月27日　保田茂さん
「いま、たべものと環境を考える」
(No.349)5月25日　安井孝さん
「給食に『地産地消』20年」
(No.350)6月22日　原田碩三さん
「子どもの健康と生活リズム」
(No.351)7月27日　保田茂さん
「あすの日本と世界の食料」

朝鮮史セミナー

6月24日　太田修さん
「日韓条約締結40周年
問いなおされる日本の戦後処理」
7月23日「朝鮮解放60年を考える
朝鮮半島の60年、在日朝鮮人の60年」
①解放後の朝鮮-1945～2005-
藤永壮さん
②在日朝鮮人にとっての戦後60年
飛田雄一さん

朝鮮語講座

①入　門 毎週水曜日 金眞映さん
②初　級 毎週水曜日 李埈端さん
③中　級 毎週火曜日 金宝英さん
④中級会話 毎週木曜日 朴鐘祐さん
⑤はじめての朝鮮語/韓国語
5/12～7/14（全10回）兪澄子さん

六甲奨学基金

古本市　3月15日～5月15日
日本語サロン 毎週月・土曜
日本語学習支援のステップアップ講座
5/12～7/14（全10回）矢野文雄さん

その他行事

4月27日　小中陽太郎さん
「ベトナム戦争終結30年
いま、戦争を問う」
5月13日　西野瑠美子さん
「女性国際戦犯法廷」が問いかけてきたもの-NHK番組への政治介入はなぜ、起こったのか?-
5月18日～6月15日サマサマフェア（共催）
6月4日サマサマセミナー
「国際協力からフェアトレードへ」
6月16日～7月13日AWEPフェア（共催）
6月23日アジア労働者交流集会IN神戸
於神戸市勤労会館
7月9日AWEPワークショップ「染色体験」

朝鮮史セミナー

朝鮮史セミナー①

「女性国際戦犯法廷」が問いかけてきたもの

2005.5.13 西野瑠美子さん

VAWW-NET・ジャパン共同代表の西野瑠美子さんを招いて開催。ビデオ「ダイジェスト版・女性国際戦犯法廷」(21分)上映のあと、西野さんから「NHK番組への政治介入はなぜ、起こったのか?」をテーマに、単にNHKvs朝日新聞の問題ではない「女性国際戦犯法廷」の問題について学びました。

朝鮮史セミナー②

日韓条約締結40周年−問い直される日本の戦後処理−

2005.6.24 太田修さん

1965年6月22日の日韓基本条約調印から40年の今年、「戦後処理」をテーマに講演会を開いた。講師は、佛教大学教員で朝鮮現代史・現代日朝関係史専攻の太田修さんで、韓国高麗大学での博士論文が『日韓交渉−請求権問題の研究』(2003年、クレイン)として出版されています。現在の日韓関係に大きな影響を与えている日韓条約を体系的に学ぶ機会となったセミナーでした。

朝鮮史セミナー③

朝鮮解放60年を考える−朝鮮半島の60年、在日朝鮮人の60年−

大阪産業大学教授の藤永壮さんが「解放後の朝鮮−1945〜2005−」、学生センターの飛田館長が「在日朝鮮人にとっての戦後60年」をテーマに講演。日本の36年にわたる植民地支配のあと現在までの朝鮮半島および在日朝鮮人の歴史を学びました。

2005.7.23　藤永壮さん　飛田雄一さん

ベトナム戦争終結30年 いま、戦争を問う

ベトナム戦争終結から30年をむかえます。21世紀に入ってからもアメリカ軍は戦争を継続していますが、あらためてベトナム戦争を学び、現在の戦争を問うセミナーを開きました。講師は、元ベ平連(ベトナムに平和を!市民連合、ご存じない方も増えてきました)中部大学教授・小中陽太郎さん。最近、NHK解雇からベ平連結成、脱走兵支援、文学者の国際会議など自らの体験を綴った自伝的小説『ラメール母』(平原社)を上梓されました。神戸も舞台になっています。「イントレピッド脱走米兵」のビデオ上映のあと「ベトナム戦争とイラク戦争」をテーマに講演していただきました。

2005.4.27　小中陽太郎さん

食料環境セミナー

いま、たべものと環境を考える

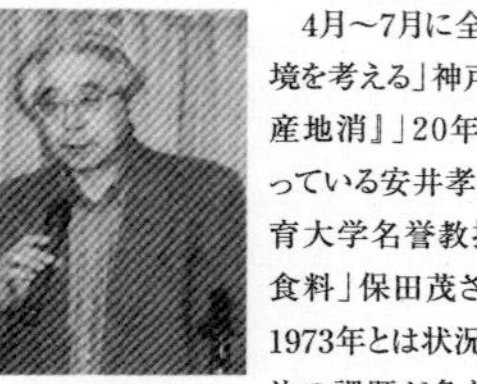
2005.4.27　保田茂さん

4月〜7月に全4回で開催。「(総論)いま、たべものと環境を考える」神戸大学名誉教授・保田茂さん、「給食に『地産地消』」20年」は本ニュース1面に原稿を書いてくださっている安井孝さん、「子どもの健康と生活リズム」兵庫教育大学名誉教授・原田碩三さん、「あすの日本と世界の食料」保田茂さん。食品公害セミナーとしてスタートした1973年とは状況が大きく変わってはいますが、いまだ未解決の課題が多く残されていることを感じました。

六甲奨学基金・日本語サロン

日本語教育ボランティア養成講座

「日本語学習支援のステップアップ/日本語教授法をまなぶ〜これから日本語を教えたい人のために」は今回で4回目。講師は、日本語サロンのベテランボランティアの矢野文雄さんで、毎回、丁寧な教授ぶりに人気があります。

2005.5　矢野文雄さん

秋にはこれも恒例の「実践・日本語学習支援講座」(10.13〜12.15)を開きます。講師は、奥田純子さん、瀬口郁子さん、中島孝幸さんで、いずれも六甲奨学基金の運営委員です。講師を無償で引き受けてくださり受講料はすべて奨学基金となります。30名の方が参加してくだされば60万円となり1名の1年間の奨学金になる「予定」です。よろしく。

金榮注さんと李健雨さんの 日韓農民消費者交流へのお働きに感謝する集い

学生センターでは1980年代から韓国のカトリック農民会や消費生活協同組合との交流が継続しています。この交流の橋渡しをされたのが金榮注さんと故李健雨さんです。おふたりはともにカトリック教会を中心とした民衆運動のリーダーで、日本の有機農業運動にも早くから注目され、日本各地の有機農業運動・消費者運動とも連携をとられてきました。

金榮注さん

今回、金榮注さんと李健雨さんの娘さんを招待しておふたりのお働きに感謝する会を兵庫農漁村社会研究所(代表・保田茂氏)と学生センターが開きました。金榮注さんの「韓国と日本の新しい関係をめざして−日韓農民消費者交流のきのう・きょう・あす」の講演のあと楽しいパーティを開きました。

日韓農民・消費者交流はいまも続いています。8月には、韓国生協首都圏連合会生産者会が8月28日より4泊5日で来神し、観光バスをチャーターして豊岡コウノトリ公園+生産者、市島町橋本慎司さん、丹南町酒井秀幸さん、三田市合鴨農業グループらと交流しました。また29日より3泊3日で労働者のために医療活動を進める5名のグループも来神、大阪西成、尼崎、神戸の病院・医療生協を訪問しました。

2005.8.30　豊岡農村体験館「八平」にて

定期利用

グループ・教室のご案内

◆六甲トレーニングサロン……………… 月曜日・前9〜12:00 前田先生　0797-35-5588

◆稲美会(絵更紗)……………… 月2回　水・土曜日・後1〜5:00 稲垣先生　078-821-7078

◆からむい会(絵更紗)……………… 第1・3火曜、第2・4木曜・後1〜5:00 薮村先生　0797-31-1798

◆すぎなコーラス………………… 月曜日・前10〜12:00 連絡先・横田　078-851-5714

◆神戸女声合唱団………………… 金曜日・前10〜12:00 連絡先・岡 邦子　078-291-0855

◆神戸東女声合唱団………………… 金曜日・後2〜4:00 連絡先・野口綾子　0727-77-2080

◆児童英語(MOMO)……………… 月・水・木・金曜日 小倉先生　0797-22-4270

◆創作アップリケ……………… 第2・4月・金曜日・前10〜12:00 柏原先生　078-821-4632

◆ノイエカンマーコール(混声コーラス)…… 土曜日・後6〜9:00 連絡先・広瀬　0798-40-4170

◆ヨガ体操……………… 火曜日・前9:30〜12:00 廣瀬先生　078-851-8851

◆アトリエ太陽の子(児童絵画)……… 木曜日・後1〜5:00 中嶋先生　078-811-8421

◆六甲ボーカル……………… 第1・3木曜日・前10〜12:00 池本先生　078-861-8724

◆こうべこーる恵(コーラス)……………… 火曜日・前10〜12:00 連絡先・田附　0798-26-2169

◆前田書道教室……………… 金曜日・後1〜5:00 連絡先・前田先生　078-854-1578

◆ステンドグラス・アトリエとも……… 第2・4木曜・後1〜5:00 幸坂先生　078-582-0644

◆全珠連会員・熊内そろばん六甲教室…… 火曜・後6〜9:00、土曜・後1〜4:00 奥野先生　078-241-1095

◆六甲さくら合唱団……………… 月3回月曜・後1〜5:00 連絡先・見須　078-881-7851

◆カルトナージュ(フランス手芸)……… 第4火曜・後1〜5:00 連絡先・山路　078-854-1810

◆日本テコンドー協会神戸支部……………… 毎週火曜日・後6〜9:00 連絡先・妹尾　090-9846-8241

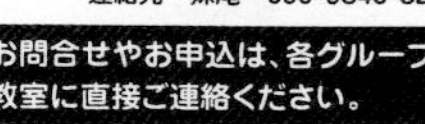

神戸学生・青年センター
センターニュース
KOBE STUDENT YOUTH CENTER NEWS No.59

No.59
発行所　(財)神戸学生・青年センター
理事長　辻　建
館　長　飛田　雄一
〒657-0064　神戸市灘区山田町3丁目1-1
TEL (078) 851-2760 FAX (078) 821-5878
Yamada-cho 3-1-1, Nada-ku
Kobe, 657-0064 Japan
E-mail info@ksyc.jp
URL http://ksyc.jp

フェアトレードひょうごネットをご存知ですか

フェアトレードひょうごネット　代表 もりきかずみ

神戸学生青年センターロビー「なんやかや」で、すっかりお馴染みになったアジアグッズ。これらは主にアジアの女性や小規模生産者の製品で、女性たちの自立支援などを目的にしているフェアトレード(公正な貿易)の製品です。神戸でもいくつかのNGOが国際協力を目的とする製品販売をしており、2004年3月、これらのグループが、競争するのではなく、お互いの目的を尊重し、協力していこうと、フェアトレードひょうごネットを立ち上げました。メンバーは現在、アジア女性自立プロジェクト、AKO(アコ)、PHD協会、JAFSサマサマ、国際エンジェル協会、アジア子どもプロジェクト、ぺぱっぷ、DEFC、アーラムリーフ、ルンルンギンナム、AKAIで構成されおり、それぞれのグループがアジアの生産者とつながり、日本での販売活動を行っています。

私たちがかかげるフェアトレードとは、アジアなど発展途上国の女性や小規模農業の兼業生産者などの製品作りに協力し、それらの製品を対等・公正な立場で購入、日本での販売を通じて、継続的な支援を行うことをいいます。参加団体は、生産者の状況を日本に紹介し、製品を販売することによって日本と生産地を結び、生産者の自立や現金収入に資するとともに、貧困や環境破壊の解決に貢献することを目指しています。

フェアトレードひょうごネットはゆるやかなネットワークなので、年二回の行事を行うことにしています。今年も春は神戸北野工房でフェアーを開催し、秋には、10月29日に神戸学生青年センターでセミナーとフェアーを開催しました。セミナーは、第一部が、貿易ゲームをして現在の資本主義社会の構造をNGOやフェアトレードという要素を加えて考える『誰が、どう、作る、売る、買う?』というものでした。第2部は、来日中のフィリピン研修生ロナルドさん、マニラにある女性生産グループWINのディナさん、ドロシーさんから生産者側のお話をききました。セミナーで取り上げた「貿易ゲーム」は、6つの「国」に分かれて、それぞれ与えられた条件でなんとか貿易競争に勝とうとするゲームで、貿易の疑似体験を通じて、国際社会の過酷な現実を体験するものでした。国際貿易の不公平さ、情報の不平等、援助の必要性などが参加者から出され、どれも、現在のゆがんだ貿易関係、経済構造に気づいていく仕掛けがあり、正当な価格、対等な関係でおこなわれる「フェアトレード」の重要性が改めて認識されたようでした。当日は約50名の参加者があり、当日のアンケートには好意的な感想が寄せられていました。

それでもまだまだ日本ではフェアトレードについての認識がうすく、100円均一のものを買ってしまう消費者行動があります。フェアトレード製品は機械や工具が十分ではない、一人一人の手作りということもあり、少し価格が高いという現実があります。しかし多くの製品がアジアなど現地の伝統を生かした工芸品などが中心で、なかなか現地でしか味わえないものも多くあります。モノが溢れ、これ以上いらないという物質文化を見直す動きもありますが、もの作りによって生活を支える人々との関係をつくりながら、これからの販売をフェアトレードの仲間たち、消費者の方たちと共に考えて行きたいと思います。

(財)神戸学生青年センター賛助金　2005.9.1～11.30(敬称略・単位円)

韓国首都圏生協連合会 20000
無名氏 3000
高橋弥生 5000
湯口恵 3000
求める会有志 6000
川辺比呂子 3000
武藤迪子 5000
高谷有紀 3000
山口政紀 5000
小無啓司 3000
足立龍枝 3000
林一子 3000
伊丹威 3000
加輪上敏彦 5000
日比富美子 3000
井上悦博 3000
小川幹雄 3000
久米三四郎 5000
中村証二 3000
林祐介 3000
広木澄子 3000
金子武嗣 10000
田原良次 3000
福田菊 5000
坪山和聖 3000
山田昭次 3000
平田典子 3000
松永浩美 3000
吉岡慶子 3000
石田米子 3000
西川治郎 4000
徳岡宏一郎 10000
森田豊子 3000
早川良弥 5000
㈱ワイドシステムサービス 10000
前川純一 3000
髙木甫 10000
門野隆弘 5000
山口瑳智子 3000
藤田恭子 3000
馬屋原晋治 3000
北原昭夫 10000
飛田溢子 5000
日朝友好促進京都婦人会議 3000
倉持龍一 3000
宇都宮佳果 5000
神谷量平 2000
津久井進 5000
森紀子 3000
鈴木道也 3000
島井範子 3000
愛媛有機農産生協 7000
伊藤悦子 3000
井村厚 3000
山本かえ子 3000
藤岡正雄 3000
関本肇 3000
岩本暁子 3000
谷井尚子 3000
木下律子 3000
福島俊弘 3000
下西ユキヨ 3000
八木晃介 3000
島津恒敏 10000
西尾康子 3000
久冨伸子 3000
一岡玲子 3000
光森恒子 3000
西尾達 3000
高田理 3000
八尾佳子 5000
守真弓 5000
西尾嘉尉 5000
近江岸健助 3000
佐藤佳子 3000
蔡秋雄 5000
渡辺俊雄 3000
東昌子 3000
草谷桂子 5000
上田勝彦 3000
保田茂 10000
小川正則 5000
柳下恵子 3000
太田顕 3000
武田雅子 3000
杉本ミキ子 3000
西出郁代 5000
吉田俊弘 5000
三輪嘉男 3000
梁瀬純一 5000
李修京 3000
津村富代 3000
大西史子 3000
玉木哲郎 1000
高和子 3000
田辺誠 10000
笠原芳光 5000
兪映衣 3000
今田裕子 3000
成毛典子 5000
稲田登 10000
酒井清 5000
西尾典子 3000
守真弓 3000
岩井健作 10000
田花安子 3000
森地重博 5000
守一律子 3000
小林美喜子 10000
嶋村佳央 3000
瀬戸口雅子 5000
川口裕子 5000
足立康幸 10000
徳富幹生 3000
山崎延子 3000
山脇啓造 3000
泉紀子 1000
林みち代 5000
大澤三枝子 1000
岡田長保 5000
山川賀世子 3000
田中義信 3000
中道澄春 5000
金山次代 5000

計124件
534,000円

以上感謝をもって領収いたしました。

賛助金ご協力のお願い

●賛助会費:
　一口 A3,000　B5,000　C10,000
※いずれも一口を単位としますが、何口でも結構です。
※送金方法
　郵便振替 〈01160-6-1083 財団法人 神戸学生・青年センター〉
　　備考欄に「賛助金」とお書きください。
　銀行振込 三井住友銀行 六甲支店 0779663
　　財団法人 神戸学生青年センター 賛助金
　　銀行振込で領収証やニュースをご希望の方は、事務局までご連絡ください。

六甲奨学基金　2005.9.1～11.30(敬称略・単位円)

なんやか屋 1000
高橋弥生 5000
武藤迪子 5000
加輪上敏彦 5000
近藤芳廣 3000
酢屋善元 3000
日比富美子 3000
井上悦博 3000
葛谷登 3000
林祐介 3000
田原良次 3000
田邊光平 3000
井上淳子 3000
㈱ワイドシステムサービス 10000
前川純一 3000
藤田恭子 3000
中居一男 5000
援助修道会六甲修道院 5000
飛田溢子 5000
津久井進 5000
愛媛有機農産生協 3000
前田美江 3000
加藤克子 10000
岩本暁子 3000
谷井尚子 3000
木下律子 3000
新竹アキ 5000
中西美佐子 3000
松井千穂 10000
樫原洋絵 1000
李月順 5000
岡内克江 3000
岡田たづ子 3000
渡辺俊雄 2000
西浦茂 5000
貞松・浜田バレエ団・学園 5000
李修京 3000
仁川学院中高校生徒会バザー係 20000
本間隆 3000
成毛典子 5000
西尾典子 3000
横田悦子 2480
森地重博 5000
兼崎暉 3000
林みち代 5000
古川明 5000
細川敦子 1000

計47件
201,480円

毎月募金会員計
60,000円
(千円:菱木康夫、金早苗、高仁宝、信長正義、信長たか子、藤田寿え子、飛田雄一、松岡静子、二千円:福田菊、三千円:白川豊、辻建、四千円:岡田惇也)

古本市による協力 21,790円
総計 281,270円
以上感謝をもって領収いたしました。

六甲奨学基金ご協力のお願い

●賛助会費:
　一口 A3,000　B5,000　C10,000
※いずれも一口を単位としますが、何口でも結構です。
※送金方法
　郵便振替 〈01160-6-1083 財団法人 神戸学生・青年センター〉
　　備考欄に「奨学金」とお書きください。
　銀行振込 三井住友銀行 六甲支店 0779651
　　財団法人 神戸学生青年センター 六甲奨学基金
　　銀行振込で領収証やニュースをご希望の方は、事務局までご連絡ください。

セミナーの記録　2005.9～2005.11

食料環境セミナー

(No.352) 9月28日　中地重晴氏
「本当にこわかったアスベスト」
=シリーズ子どもを育む〈食・農・育〉=
(No.353) 10月27日　小川華奈氏
「食べものを『選べる』子どもを育てる」
(No.354) 11月30日　村上俊明氏
「自然がはぐくむ心と体」

2005.11.30
村上俊明さん

朝鮮史セミナー

10月26日　山地久美子氏
日韓最新事情-「韓流」の源をたどって-
11月19日
「朝鮮人強制連行」の現在
①竹内康人氏
「全国強制労働現場一覧表を作成して」
②金慶海氏
「兵庫県の朝鮮人強制連行」

現代キリスト教セミナー

=シリーズ「現代を読み解く
　一戦後60年とキリスト教」=
①10月19日　原誠氏
「戦後日本とキリスト教一敗戦後～1950年代一」
②10月24日　笠原芳光氏
「戦後文学の信と不信」
③10月31日　岩井健作氏
「戦争と戦後のキリスト教」
④11月7日　佐治孝典氏
「靖国とナショナリズム」
⑤11月14日　中道基夫氏
「キリスト教の可能性」

2005.11.14
中道基夫さん

第13期・農塾

第1回　10月7日　保田茂氏
「有機農業の時代」
第2回　10月14日　青位眞一郎氏
「有機農業の養鶏」
第3回　10月21日　渋谷冨喜男氏
「有機農業の野菜づくり」
第4回　10月28日　酒井清氏
「有機農業の米づくり」
第5回　11月4日　小林美喜子氏
「体の歪み(不調)を自分で直す
　一家庭療法とくらしの自給一」
第6回　11月11日　本野一郎氏
「種採りの時代」
第7回　11月18日　尾崎零氏
「生きる基本だと考えてやってます、有機農業」～保険なき時代に入った今だから、オススメ生活～
第8回　11月26日　牛尾武博氏
「自給循環型農業の豊かな暮らし」
＊牛尾農場にて

200510.7　保田茂さん

朝鮮語講座

①入　門 毎週水曜日 金属映さん
②初　級 毎週水曜日 李埈端さん
③中　級 毎週火曜日 金宝英さん
④中級会話 毎週木曜日 朴鐘祐さん
⑤ききとりと会話力UPをめざす
　月2回木曜日 金水静さん

六甲奨学基金

日本語サロン　毎週月・土曜
「実践・日本語学習支援講座」
①10月13日　奥田純子氏
「地域の外国人住民と学習支援者の役割」
②10月20日　中畠孝幸氏
「外国人に分かりにくい類義表現(1)－「手紙が来た」と「手紙は来た」など－」
③10月27日　奥田純子氏
「日本語ユーザーのための学習支援」
④11月10日　瀬口郁子氏
「学習支援者として異文化体験」
⑤11月17日　瀬口郁子氏
「多様なコミュニケーションスタイル」
⑥11月24日　瀬口郁子氏
「日本語・日本文化を学ぶということ」

その他行事

10月15日「にがい涙の大地から」上映と講演の集い
　講演:監督・海南友子氏
10月20日～11月7日フェアトレードひょうごネットフェアトレードフェア
10月29日フェアトレードひょうごネットセミナー
11月8日～14日「日本軍占領下の東ティモールにおける性暴力に関する調査プロジェクト」写真展、
11月11日講演会　講師:松野明久氏

朝鮮史セミナー

秋のセミナーは、10月に「日韓最新事情―『韓流』の源をたどって―」と題して、神戸大学大学院総合人間科学研究科博士後期課程・山地久美子さんに講演していただきました。山地さんはセンター朝鮮語講座の卒業生でもあります。「新社会運動としての戸主制廃止運動―現代韓国における男児選好と民法改正運動」というような論文を書かれた新進の学者で韓国の社会保障制度や家族政策を研究されています。豊富な資料をパワーポイントで紹介しながら今ブームの韓流の原点について分かりやすくお話くださいました。

2005.10.26 山地久美子さん

11月は、「『朝鮮人強制連行』の現在」をテーマに開催。韓国で日帝強占下強制動員被害真相究明委員会が作られて調査活動が始まっていますし、日本でもその動きを受けて強制動員真相究明ネットワークが組織され、戦後60年の今年、積極的な活動が展開されています。今回のセミナーはこのネットワークの兵庫集会として開かれ、この度、長年の研究活動の成果として「全国強制労働現場一覧表」を作成された人権平和・浜松のメンバーで朝鮮人強制連行史研究家の竹内康人さんと兵庫で強制連行調査を進められてきた兵庫朝鮮関係研究会の金慶海さんのご講演をいただきました。学生センター出版部では、竹内さんの一覧表を来年早々に出版する計画です。ご期待ください。

2005.11.19 竹内康人さん

2005.11.19 金慶海さん

食料環境セミナー

9月のセミナーのテーマはずばり「本当にこわかったアスベスト」。講師は、環境監視研究所所長の中地重晴さんで、アスベスト問題の基本から説き起こして、今日やっと大きな問題となったこのテーマについて体系的なお話を伺うことができました。

2005.9.28 中地重晴さん

10月から12月のシリーズは、「子どもを育む＜食・農・育＞」がテーマ。10月は、NPO法人食と農の研究所理事の中塚(小川)華奈さんの「食べものを『選べる』子どもを育てる」、10月は、丹波農村ビオトープ連絡会代表の村上俊明さんの「自然がはぐくむ心と体」。有機農業の研究をされている中塚さんは神戸大学の学生時代から学生センターとの縁の深い方です。村上さんは震災をきっかけに長い間離れていた丹波の実家に戻って田舎生活を始められた方ですが、周りの自然がかつて自分が遊んだ頃とずいぶん違ってしまったことに危機感をつのらせ放棄された田んぼに水を張る「田んぼビオトープ」活動を始められました。このシリーズ最終回は12月14日、六甲どんぐり学童保育所指導員・森末哲朗さんが「群れてこそ子どもは育つ」と題してお話くださいます。

2005.10.27 中塚華奈さん

韓国との交流

8月28日～9月1日、韓国より生協首都圏連合会生産者会22名が来訪。案内は保田茂先生と元神戸大学農学部の留学生の金起燮さん。豊岡コウノトリ公園、八平、市島橋本慎司さん、三田合鴨農法の会、食品公害を追放し安全な食べものを求める会と交流をしました。お世話になったみなさま、ありがとうございました。

2005.8.29　コウノトリ公園

◎三木原奨学基金は「一粒の麦奨学基金」に◎

2004年度よりスタートした三木原奨学基金は、6名の中国・台湾・韓国からの奨学生に月額6万円の奨学金を支給しています。この度、基金の名称を「一粒の麦奨学基金」に変更しました。2006年度も引き続き奨学生を募集します。

農塾

迎えて13期の農塾は、10月7日より11月26日まで全8回開かれました。保田茂さんの「有機農業の時代」から始まり、青位眞一郎さん「有機農業の養鶏」、渋谷冨喜男さん「有機農業の野菜づくり」、初登場のJA兵庫六甲三田合鴨稲作研究会酒井清さん「有機農業の米づくり」、小林美喜子さん「体の歪み(不調)を自分で直す―家庭療法とくらしの自給―」、本野一郎さん「種採りの時代」、尾崎零さん「生きる基本だと考えてやってます、有機農業～保障なき時代に入った今だから、オススメ生活～」。そして最終回は牛尾武博さんの農場で、「自給循環型農業の豊かな暮らし」をテーマに現地に学び、かつニワトリ料理をごちそうになりました。講義は、一方的な座学ではなくて講義半分、ディスカッション半分のにぎやかなものでした。例えば有機JASの認証についてもそれぞれの講師がそれぞれの意見を述べられていたのも印象的でした。

2005.11.26　牛尾武博さん

現代キリスト教セミナー

今秋のテーマは、「現代を読み解く―戦後60年とキリスト教」。企画委員会では、戦後60年を年代順に並べて…とか、いろんな意見が交されましたが、単に時代を追うだけではないセミナーにということで、次のような全5回を組むことになりました。原誠さん「戦後日本とキリスト教―敗戦後～1950年代―」、笠原芳光さん「戦後文学の信と不信」、岩井健作さん「戦争と戦後のキリスト教」、佐治孝典さん「靖国とナショナリズム」、中道基夫さん「キリスト教の可能性」。

現代が読み解けた!とはいきませんが、キリスト教を軸に戦後60年を考える機会となりました。

2005.10.19 原　誠さん

「実践・日本語学習支援講座」

六甲奨学基金は阪神淡路大震災時の被災留学生・就学生支援活動を契機に始まったものです。毎年、4～6名のアジアからの留学生に月額5万円の奨学金を支給しています。この講座は六甲奨学基金の運営委員である奥田純子さん(コミュニカ学院)、瀬口郁子さん(神戸大学留学生センター)、中畠孝幸さん(甲南大学)が、ボランティアで講師をつとめてくださり、受講料が奨学金となるものです。今年も約20名の方が受講してくださいました。KJ法や異文化コミュニケーションのワークショップがあったり、留学生がモデルで参加してくださるプログラムもありました。日本語ボランティア活動をしている人にも、しようとしている人にも、日本語に興味を持っている人にも楽しい講義です。最終回は12月15日、終了後に交流会も開きます。受講料は全額奨学基金に組み入れさせていただきます。先生方受講生のみなさん、ありがとうございました。前期の矢野文雄さんの文法を中心とした講座とともに来年度も開催の予定です。古本市とともに、よろしくお願いします。

2005.11.24　瀬口郁子さん

六甲奨学基金は1996年度から始まっていますが、アジアからの留学生・就学生に月額5万円の奨学金を支給しています。2006年度は4名の奨学生を募集します。

映画「にがい涙の大地から」上映と講演の集い in 神戸

監督の海南友子(かなともこ)さんに来ていただいて開催しました。海南さんが、日本軍が60年も前に中国で廃棄した毒ガスによって、父を失った若いリュウ・ミンさんを主人公にしたドキュメンタリーで、大きな事実を私たちに突きつけます。講演も感動的でした。7月の茨木での上映会に神戸から参加した3名が互いに初対面でしたが、終了後の交流会でセンターの関係者であったことが分かりました。その後、神戸上映の話がセンター事務局に持ち込まれて実現した企画です。中国での日本の毒ガス処理が約束の2007年までに終了しないので、その期限を延期することが決められました。このことは日本軍の残した毒ガスがいかに大量であったかを示す事実です。

2005.10.15　海南友子さん

定期利用
グループ・教室のご案内

◆六甲トレーニングサロン……………… 月曜日・前9～12：00 前田先生　0797-35-5588

◆稲美会（絵更紗）……………… 月２回　水・土曜日・後1～5：00 稲垣先生　078-821-7078

◆からむい会（絵更紗）……………… 第1・3火曜、第2・4木曜・後1～5：00 陵村先生　0797-31-1798

◆すぎなコーラス……………… 月曜日・前10～12：00 連絡先・横田　078-851-5714

◆神戸女声合唱団……………… 金曜日・前10～12：00 連絡先・岡 邦子　078-291-0855

◆神戸東女声合唱団……………… 金曜日・後2～4：00 連絡先・野口綾子　0727-77-2080

◆児童英語（MOMO）……………… 月・水・木・金曜日 ・小倉先生　0797-22-4270

◆創作アップリケ……………… 第2・4月・金曜日・前10～12：00 柏原先生　078-821-4632

◆ノイエカンマーコール（混声コーラス）…… 土曜日・後6～9：00 連絡先・広瀬　0798-40-4170

◆ヨガ体操……………… 火曜日・前9：30～12：00 廣瀬先生　078-851-8851

◆アトリエ太陽の子（児童絵画）……… 木曜日・後1～5：00 中嶋先生　078-811-8421

◆六甲ボーカル……………… 第1・3木曜日・前10～12：00 池本先生　078-861-8724

◆こうべこーる恵（コーラス）……………… 火曜日・前10～12：00 連絡先・田附　0798-26-2169

◆前田書道教室……………… 金曜日・後1～5：00 連絡先・前田先生　078-854-1578

◆ステンドグラス・アトリエとも……… 第2・4木曜・後1～5：00 幸坂先生　078-582-0644

◆全珠連会員・熊内そろばん六甲教室…… 火曜・後6～9：00、土曜・後1～4：00 奥野先生　078-241-1095

◆六甲さくら合唱団……………… 月３回月曜・後１～5：00 連絡先・見須　078-881-7851

◆日本テコンドー協会神戸支部……………… 毎週火曜日・後６～9：00 連絡先・妹尾　090-9846-8241

お問合せやお申込は、各グループ・教室に直接ご連絡ください。

(財)神戸学生青年センター賛助金　2005.12.1～2006.3.31(敬称略・単位円)

河かおる 3000
神戸女声合唱団 10000
川井仁史 3000
板山眞由美 3000
小川文夫 3000
金正郁 3000
草地とし子 3000
永井俊作 3000
馬場由起子 10000
中村大蔵 3000
宇野田尚哉 3000
五十嵐広司、紀子 3000
辻本久夫 3000
登尾明彦 3000
岩坂二規 3000
田中義宣 10000
西川治郎 5000
求める会 15000
奈良本まゆみ 3000
厚地勉 3000
藤井道雄 3000
岸本新兵衛 3000
大薮善次郎 5000
宇野徹 5000
岩崎謙 5000
岡田長保 5000
澤田純三 3000
小川幹雄 3000
杉田哲 5000
西尾康子 3000
保田茂 5000
坂田洋美 5000
金慶海 3000
飛田悦子 5000
小林るみ子 3000
水野浩重 3000
友井公一 3000
徐龍達 5000
前川純一 3000
宮井正彌 3000
康良樹・金恩順 3000
梁愛舜 10000
石塚健 3000
安井三吉 3000
早川良弥 5000
岡野克子 3000
宮沢之祐 3000
白承豪 5000
島井範子 5000
高田嘉敬・金美恵 5000
つるまきさちこ 1000
井上淳子 3000
前田ひろ子 5000
青木一博 3000
北原昭夫 5000
福田菊 3000
南里知樹 3000
高坂邦子 3000
伊東恭子 3000
栗本敬一郎・陽子 5000
崔春子 3000
水谷俊平 30000
加納花枝 5000
小松裕 5000
小沼恵子 5000
山内小夜子 3000
林祐介 3000
玉木哲朗 1000
浄慶耕造 3000
梁壽龍・朴貴玉 3000
枝川典子 3000
信長正義・たか子 10000
田原良次 3000
山田真知子 3000
三木鎌吾 5000
金村佐千子 3000
蝋山道雄 3000
原口浩一 3000
尾形淳 3000
深沢忠 3000
中川一夫 2000
中原祥子 3000
山本正志 3000
山西伸史 5000
関本肇 3000
門永三枝子 3000
瀬口昌久 3000
寺島俊穂 3000
中山一郎 10000
林一子 3000
大津留厚 3000
落合健二 5000
宮川守 3000
黒田千歳 3000
松枝佳宏 3000
一色哲 5000
片桐陽 5000
六島純雄 3000
門脇正宏・桜子 3000
後藤玲子 5000
望月和子 5000
一色富士夫 100000
李仁夏 2000
島田恒 10000
田中茂夫 30000
辻川敦 3000
中野由貴 3000
徳岡宏一朗 5000
きどのりこ 3000
畑野三枝子 3000
古座岩博子 3000
堀誠二郎 3000
菊谷愛子・望月智 3000
徐正禹 3000
李重華 5000
倉持龍一 3000
鹿野幸枝 3000
中勝博志 5000
金野南 3000
川勝浩 5000
無名氏 5000
髙木甫 5000
高光重 10000
一條三子 5000
八木晃介 3000
下村安男 5000
堀川敏朗 1000
福島信夫 5000
正木峯夫 5000
越智清光 3000
花岡光義 3000
北川諭 3000
高田千代子 3000
大西洋司 10000
沼田孝雄 3000
魚住みち 3000
照井八重子 3000
日本YMCA同盟
国際研修センター
東山荘 5000
在日大韓基督教
川崎教会 3000
小松匡位 10000
六甲カトリック
教会 30000
今井和登 3000
齋藤皓彦 3000
六渡和香子 5000
藤井信英 3000
岩田将巳 3000
宮内陽子 3000
村田浩一 5000
津野勝俊 5000
小城智子 3000
谷井尚子 3000
大島淡紅子 1000
中原眞澄 3000
秋山眞澄 3000
濱政博司 3000
白方誠彌 5000
湯木昭八郎 5000
上野利恵子 3000
今井鎮雄 5000
渡辺玲子 3000
大島孝一 3000
平田典子 3000
藤石貴代 5000
牛尾武博 3000
野村潔 5000
井坂弘 3000
黒田一美 3000
井上力 10000
名古屋聖ステパノ
教会 5000
鍋島浩一 3000
佐藤善治 3000
丸山晶子 3000
金坪成和 5000
辻学 5000
瀬尾昇 5000
平山良平 3000
石浜みかる 3000
加藤光広 5000
中川健一 5000
廣春夫 3000
竹中正夫 3000
岡部晴子 3000
中村英之 3000
永井靖二 5000
島津恒敏 10000
西村文雄 3000
溝上瑛 3000
神戸多聞教会 10000
郭賢鶴 3000
菅根信彦 5000
瀬尾朝子 10000
井尻喜野恵 5000
山口徹 5000
藤原栄子 3000
丹羽和子 3000
一岡玲子 3000
在日小倉教会 3000
松下量子 3000
日比富美子 3000
田中洋一 3000
杉山はるみ 5000
神戸YWCA 10000
門倉和子 5000
無名氏 3000
森川展昭 30000
六甲苑 10000
大高全洋 3000
李景珉 5000
日本基督教団
宝塚教会 5000
島田信一 3000
アトリエ太陽の子 10000
川上盾 10000
神戸マスクワイア 10000
平田哲 10000
関西学院宗教
活動委員会 20000
伊藤悦子 3000
近藤泉 3000
飛田雄一 100000
横川修 5000
辻建 100000
斎藤洋子 3000
小堀聡子 3000
大野貞枝 20000
山中俊子 3000
伊吹房子 10000
近藤とみお・幸子 5000
求める会事業部
有希 10000
中道基夫 10000
大倉一郎 5000
光葉啓一 3000
千本秀樹 10000
蔵田和子 3000
正井輝子 5000
徳富幹生 3000
浜崎としずみ 5000
徳富博幸 3000

計236件
1441000円
以上感謝をもって領収いたしました。

賛助金ご協力のお願い

●賛助会費:
一口 A3,000　B5,000　C10,000
※いずれも一口を単位としますが、何口でも結構です。
※送金方法
郵便振替〈01160-6-1083 財団法人 神戸学生・青年センター〉
備考欄に「賛助金」とお書きください。
銀行振込 三井住友銀行 六甲支店 0779663
財団法人 神戸学生青年センター 賛助金
銀行振込で領収証やニュースをご希望の方は、
事務局までご連絡ください。

六甲奨学基金　2005.12.1～2006.3.31(敬称略・単位円)

川井仁史 3000
板山眞由美 3000
長瀬三千子 5000
中畠孝幸 10000
藤井道雄 3000
北山秀俊 3000
西尾康子 3000
金慶海 3000
田邉光平 3000
近澤淑子 5000
高田公子 3000
三上賢悦 10000
前田ひろ子 5000
青木一博 3000
北原昭夫 5000
葛谷登 3000
栗本敬一郎・陽子 5000
水谷俊平 30000
加納花枝 5000
奥野葉津紀 5000
林祐介 3000
松下宜且 10000
高橋喜久江 5000
田原良次 3000
畑悦子 3000
山崎昌子 3000
中居一男 5000
新竹アキ 5000
一色哲 3000
片桐陽 5000
六島純雄 3000
門脇正宏・桜子 5000
後藤玲子 5000
中勝博志 5000
金野南 3000
川勝浩 5000
無名氏 5000
髙木甫 5000
高光重 10000
一條三子 5000
宮川千香子 3000
藤原邦雄 3000
趙恩東 7000
小城智子 2000
谷井尚子 3000
湯木昭八郎 5000
上野利恵子 3000
倪瑜芳 3000
兼崎暉 3000
藤石貴代 5000
牛尾武博 3000
井上力 10000
橋本倫子 5000
神戸東部教会 5000
山本純子 5000
古川明 3000
浅羽千之助 3000
荒井章三 5000
貞松・浜田バレエ団・学園 5000
大槻小百合 3000
大谷紫乃 3000
日本基督教団夙
川東教会 5000
松下量子 3000
日比富美子 3000
門倉和子 5000
本間隆 3000
林政子 3000
関西学院宗教
活動委員会 20000
無名氏 1406
近藤とみお・幸子 5000
新竹アキ 10000

計71件
356,406円

毎月募金会計80000円(千円:菱木康夫、金早苗、高仁宝、信長正義、信長たか子、藤田寿え子、飛田雄一、松岡静子、二千円:福田菊、三千円:白川豊、辻建、四千円:岡田惇也)

古本市による協力
1,554,274円
総計　2,034,648円
以上感謝をもって領収いたしました。

六甲奨学基金ご協力のお願い

●賛助会費:
一口 A3,000　B5,000　C10,000
※いずれも一口を単位としますが、何口でも結構です。
※送金方法
郵便振替〈01160-6-1083 財団法人 神戸学生・青年センター〉
備考欄に「奨学金」とお書きください。
銀行振込 三井住友銀行 六甲支店 0779651
財団法人 神戸学生青年センター 六甲奨学基金
銀行振込で領収証やニュースをご希望の方は、
事務局までご連絡ください。

セミナーの記録　2005.12～2006.3

食料環境セミナー

355回12月14日　森末哲朗氏
群れてこそ子どもは育つ
356回1月26日　向本雅郁氏
鳥インフルエンザ～鳥から人へ?
357回2月22日　保田茂氏
「有機」と「特別栽培」はどうちがう?
ー有機JASとはなにかー
358回3月22日　山中純枝氏
「100%新米」と「新米」はどうちがう?
ー食品表示の読み方ー

2006.3.22
山中純枝さん

朝鮮史セミナー

2月25日　「アンニョンさよなら」
上映と講演の集い
講演:古川雅基氏「アジア太平洋戦争と日本軍の元朝鮮人軍人軍属」
3月31日　「多文化と共生社会を育むワークショップ～Kick−Off講演会・音楽会～」講演:小針進氏

朝鮮語講座

①入　門 毎週水曜日 金眞映氏
②初　級 毎週水曜日 李埈端氏
③中　級 毎週火曜日 金宝英氏
④中級会話 毎週木曜日 朴鐘祐氏
⑤ききとり力UP 月2回木曜日 金水静氏

六甲奨学基金

「実践・日本語学習支援講座」
⑦12月1日　奥田純子氏
「教えることから、学び方の学習へ」
⑧12月8日　中畠孝幸氏
「外国人に分かりにくい類義表現(2)-「ありそうだ」と「あるようだ」など-
⑨12月15日　中畠孝幸氏
「外国人に分かりにくい類義表現(3)-「思う」と「考える」など-
12月10日　日本語サロン交流会
日本語サロン　毎週月・土曜日
3月15日～5月15日
六甲奨学金のための第9回古本市

その他行事

12月2日　KOBE Mass Choir
クリスマスゴスペルコンサート(後援)
12月16日南京大虐殺幸存者の証言を聞く会in神戸(後援)
1月16～22日「ベトナム戦争の傷跡」フォトジャーナリスト村山康文写真展(後援)
1月19日講演会「枯葉剤被害者ユンちゃんと出会って」村山康文氏(後援)

2006.3.15～5.15
第9回古本市

神戸学生・青年センター
センターニュース
KOBE STUDENT YOUTH CENTER NEWS No.60

No.60
発行所　(財)神戸学生・青年センター
理事長　辻　建
館　長　飛田　雄一
〒657-0064　神戸市灘区山田町3丁目1-1
TEL (078) 851-2760 FAX (078) 821-5878
Yamada-cho 3-1-1, Nada-ku
Kobe, 657-0064 Japan
E-mail info@ksyc.jp
URL http://ksyc.jp

「'韓流'ブームと'ポスト韓流'」

多文化と共生社会を育むワークショップ　代表 山地久美子

2005.10.26
朝鮮史セミナー
山地久美子さん

昨年10月の朝鮮史セミナーで「日韓最新事情～韓流の源をたどって」というテーマで話す機会があった。それから半年経ち、日本の韓流ブームはどうなっているのかと考えてみた。

韓流ブームについては、少し落ち着いてきたというのが日韓両国での大方の見方だろう。この状態をどう解釈するかによって、「ポスト韓流」の行方に影響してくると思われる。また、韓流ブームについては様々な視点からの批判もあるが、印象深かったのは「『今の韓流ブームは文化のつまみ食い。日本の政治は、足元の在日の文化を捨て去っている』と批判した」(神戸新聞2005年9月19日)というあるシンポジウムでの議論である。このシンポジウムには参加していないので、この記事からはすべてを知ることはできない。ただ、ここには二つの視点が混在しているように思われる。ひとつは、「韓流ブームは文化のつまみ食い」であり、もうひとつは「日本の政治は在日の文化を捨て去っている」である。前者については、大変驚いた。誤解を恐れずに言えば、文化のつまみ食いをしていない社会、あるいはされていない文化など存在するのであろうか。かつて1900年代前半のアメリカ合衆国では「Dragon Lady」という東洋の妖艶な女性をイメージさせるステレオタイプ化された言葉があった。現代アメリカ社会で東洋女性をそのような目でみているかというと、そんなことはない。さらには、数年前の米有力週刊誌には、日本社会・経済を分析する特集が組まれ、京都を背景とした番傘に着物の男性、「ゲイシャ」の女性と一緒にポケモンを抱えた男の子が走っているという表紙が描かれていた。やや揶揄されている面があり、すべての人がそのように考えているとは思えないが、そういうイメージが存在するらしい、ということである。関心があるが故に着目されたのであろうが、一体彼らを誰が批判することができるだろうか。そこには自己を理解してもらうことを怠っている日本人の側にも責任があるのではないか。

これを韓流に置き換えた場合、仕事柄、韓国のネット新聞を連日読んでいるが、そこでは日本をはじめアジア、世界に向けて韓流映像・文化をどう発信し、韓国社会の理解のため国を挙げて奮闘している姿が如実に現れている。今回の日本の韓流ブームも2002年ワールドカップ後の友好ムードを受け、その一端に火がついた面があるのではないだろうか。

私も90年代後半のアメリカ在住時、韓国専門チャンネルArirangTVで韓国ドラマを熱心に見ていた一人である。アメリカで初めて知った韓国社会の様相や家族関係を純粋に楽しみ、驚いて、韓国社会を研究対象とするまでになった。ただ、英文の字幕はあったものの、ドラマの内容には理解し難い面が多かった。理解に役立ったのは、神戸の在日韓国人である親友の日常の何気ない話しであった。ドラマに出来てきた祭祀の様子(彼女は「法事」と言った)などは、彼女の話を聞いていなかったらわからなかっただろうし、関心もわかなかったかもしれない。ここでは、やはり個人レベルの交流というものが大切な役割を果たしたと言える。

このような個人的な交流や海外滞在の経験を踏まえ、「ポスト韓流」を考えるうえで有効だったのは、朝鮮半島をはじめとする外国からの定住者と日本人の地元における交流であった。神戸でも外国人の定住や多文化共生社会の実現に向けてサポートを行ってきた団体が数々あり、この神戸学生青年センターも留学生を中心に経済的・精神的支援を行ってきている。そのような中で、私達に何ができるのかと考え、結成されたのが「多文化と共生社会を育むワークショップ」である。

「多文化と共生社会を育むワークショップ」は、神戸学生青年センターを核とし、既存の講座にプラスして音楽・芸術文化やスポーツを盛り込み、多方面の文化と共生コミュニティへの取組みを目的としている。交流にはハーバード大学のジョセフ・S・ナイが提唱する「ソフト・パワー」(大衆文化などの魅力によって望む結果を得る能力)が求められている。Kick-off講演会で小針進・静岡県立大学助教授も紹介されていた。

神戸は震災前、そして、震災後も数々の市民活動があり、多くの人がまちづくりや多文化共生社会への取組みの必要性を認識されていると感じる。本ワークショップは、そのような方々にもう一歩前に出て頂いて、その思いを具現化できる場所や方法を提供していきたいと考えている。参加しながら発表もするという参加発表型ワークショップを展開し「サラダ・ボウル」社会の実現とそのドレッシングとなることを目指している。皆様のご参加・ご支援と活発な活動を期待したい。

2006.3.31　ワークショップKick offの会

2006年度、六甲&一粒の麦奨学金 奨学生の決定

11年目を迎えた六甲奨学基金、3年目になる一粒の麦奨学基金（旧三木原奨学基金）の06年度奨学生が決定しました。

＜六甲奨学基金＞は月額5万円で、陳自喜（アリスト外語学院、中国）／戦文鑫（武庫川女子大学、中国）／楼　凱（神戸市外国語大学、中国）／王　静（神戸大学、中国）の4名。＜一粒の麦奨学基金＞は月額6万円で、楊慧敏（神戸国際大学、中国）／鄭英姫（英知大学、中国）／李　玲（関西学院大学、中国）／高常濤（神戸学院大学、中国）／宋繕楨（流通科学大学、韓国）／陳　巍（姫路獨協大学、中国）／付珣瑶（神戸大学、中国）／李相熙（神戸芸術工科大学、韓国）の8名です。これらふたつの奨学金はいずれも返済不要です。

2006.4.8　一粒の麦奨学基金授与式

日本語サロン、盛んです

六甲奨学基金の2大事業は、奨学金と日本語サロン。震災の時、神戸市国際交流協会で日本語教室が開けなかった時、そこで学んでいた留学生とボランティア教師が学生センターで勉強会を始めたことをきっかけにスタートしました。現在は月曜日と土曜日に開いており、ボランティア教師45名、受講生49名です。基本的にマンツーマン、マンツーウーマン、ウーマンツーマン、そして最多のウーマンツーウーマンでの授業です。受講生の参加費は一回200円、ボランティアには交通費を支給しています。

2005.12.10　日本語サロン交流会／喬世安君の笛

六甲奨学基金 古本市

今年は過去の販売記録更新の勢いで、4月10日段階で売上約200万円です。すでに約1万3千冊が売れたことになります。朝日、毎日、読売、神戸への新聞折込広告の5万枚、阪急六甲近辺に「桃太郎的」のぼり10本の効果があったのか？連日、本の整理のためのボランティアが熱心に作業をしてくれています。古本市は5月15日まで続きます。本は日々更新中。ぜひお越しください。

2月の休館期間に改装

今年は、久々にロビーと会議室CDのペンキ塗りをした。また少々？おかしくなっていた鍵を全部取り替えました。これだ!!と写真で示しにくいところが残念です。

食料環境セミナー

1月のテーマは、「鳥インフルエンザ～鳥から人へ?～」。大阪府立大学生命環境科学部助教授の向本雅郁さんの講演で、恐れるばかりでもいけないが事実を踏まえて考えることの大切さも学びました。

2006.1.26　向本雅郁さん

2月3月は「表示」がテーマです。＜「有機」と「特別栽培」はどうちがう?－有機JASとはなにか－＞がご存知の保田茂さん、＜100%新米」と「新米」はどうちがう?－食品表示の読み方－＞が安全食品連絡会代表の山中純枝さんでした。センターが食料環境セミナーの前身の食品公害センターを始めた1973年ごろとは様子がだいぶ変わってきましたが、逆に有機農業運動が完全に市民権を得た今日の表示の問題を学びました。

朝鮮史セミナー

2月25日に日朝関係を考える神戸ネットワークと学生センターとの共催で＜ドキュメンタリーフィルム「あんにょん・サヨナラ」上映と講演の集い＞を開催。映画の主人公のひとりは神戸市職員の古川雅基さん。在韓軍人軍属裁判を支援する会事務局長として活躍中で、靖国神社問題を中心に「アジア太平洋戦争と日本軍の元朝鮮人軍人軍属」の講演もしていただきました。

2006.2.25　古川雅基さん

ベトナム戦争枯葉剤をテーマに写真展示会

2006.1.16－22　村山康文さん写真展

1.16（月）～22（日）、フォトジャーナリスト村山康文写真展「ベトナム戦争の傷跡」を開催。19日には村山さんの講演会「枯葉剤被害者ユンちゃんと出会って」も開きました。主催は、枯葉剤被害者ユンちゃんを支援する会、学生センターが後援しました。

南京大虐殺幸存者の証言を聞く会 in 神戸

主催は神戸・南京をむすぶ会（代表・佐治孝典）。1996年の丸木夫妻の南京大虐殺の図等の絵画展を機会に生まれたグループで、事務局は学生センター内にあります。97年より毎年夏に南京大虐殺等の現場を訪ねるフィールドワークを行っており、今年は8月13日から南京・無錫・石家荘・天津を訪ねます。

毎年12月には南京大虐殺の幸存者を招いて集会を開いていますが、05年12月は、陳秀華さん（女性・76歳）、陳広順さん（男性・81歳）、そしてジャーナリストで北京青年報記者の戴袁支さんにもご講演をお願いしました。

2005.12.6　南京証言集会

多民族共生教育フォーラム

昨秋9月25～26日にセンターが事務局を引き受けて「多民族共生教育フォーラム」（実行委員会・林同春）を開催しました。全体集会を私学会館で開き、夜の交流会および宿泊はセンターでした。2日目はバスで朝鮮初中級学校、中華同文学校、マリスト国際学校を訪問しました。小山帥人さん制作の記録DVD（28分）が出来上がりました。購入希望者は、郵便振替口座＜00910-4-223286　多民族共生教育フォーラム＞に代金（1000円）+送料（160円）=1160円を送金ください。

2005.9.25　フォーラム実行委員長・林同春さん

SCM生野・釜ケ崎現場研修

SCM協力委員会も学生センターに事務局があります。SCMは学生キリスト教運動の略で、毎年3月に学生が実行委員となって在日朝鮮人の街・生野と労働者の街・釜ケ崎で10日間の現場研修を開いています。今年は28回目の現場研修でした。夏前には報告書ができます。希望者は学生センター内の事務局までご連絡ください。

定期利用

グループ・教室のご案内

◆六甲トレーニングサロン　月曜日・前9～12：00　前田先生　0797-35-5588
◆稲美会（絵更紗）　月2回　水・土曜日・後1～5：00　稲垣先生　078-821-7078
◆からむい会（絵更紗）　第1・3火曜、第2・4木曜・後1～5：00　蔭村先生　0797-31-1798
◆すぎなコーラス　月曜日・前10～12：00　連絡先・横田　078-851-5714
◆神戸女声合唱団　金曜日・前10～12：00　連絡先・岡 邦子　078-291-0855
◆神戸東女声合唱団　金曜日・後2～4：00　連絡先・野口綾子　0727-77-2080
◆児童英語（MOMO）　水・木曜日　小倉先生　0797-22-4270
◆創作アップリケ　第2・4月・金曜日・前10～12：00　柏原先生　078-821-4632
◆ノイエカンマーコール（混声コーラス）　土曜日・後6～9：00　連絡先・広瀬　0798-40-4170
◆ヨガ体操　火曜日・前9：30～12：00　廣瀬先生　078-851-8851
◆アトリエ太陽の子（児童絵画）　木曜日・後1～5：00　中嶋先生　078-811-8421
◆六甲ボーカル　第1・3木曜日・前10～12：00　池本先生　078-861-8724
◆こうべこーる恵（コーラス）　火曜日・前10～12：00　連絡先・田附　0798-26-2169
◆前田書道教室　金曜日・後1～5：00　連絡先・前田先生　078-854-1578
◆ステンドグラス・アトリエとも　第2・4木曜・後1～5：00　幸坂先生　078-582-0644
◆全珠連会員・熊内そろばん六甲教室　火曜・後3～9：00、土曜・後1～4：00　奥野先生　078-241-1095
◆六甲さくら合唱団　月3回月曜・後1～5：00　連絡先・見須　078-881-7851
◆日本テコンドー協会神戸支部　毎週火曜日・後6～9：00　連絡先・妹尾　090-9846-8241
◆稽践会空手道　毎週月曜日　午後4～10時　連絡先・藤本　078-871-0049
◆ふらんす堂句会　原則第2土曜　午後1～5時　連絡先・山内　078-431-0039

お問合せやお申込は、各グループ・教室に直接ご連絡ください。

神戸学生・青年センター センターニュース

KOBE STUDENT YOUTH CENTER NEWS No.61

No.61
発行所　(財)神戸学生・青年センター
理事長　辻　建
館　長　飛田　雄一
〒657-0064　神戸市灘区山田町3丁目1-1
TEL (078) 851-2760 FAX (078) 821-5878
Yamada-cho 3-1-1, Nada-ku
Kobe, 657-0064 Japan
E-mail info@ksyc.jp
URL http://ksyc.jp

「にっぽんたねとりハンドブック」発刊に向けて

ひょうごの在来種保存会世話人　小林保さん

5月の食料環境セミナーでは小林さんに「品種改良の歴史と現在―風土と食べ方から考える―」をテーマにご講演いただきました。このハンドブック作成メンバーのおひとりでもある小林さんに原稿をいただきました。【編集部】

プロジェクト「たねとり物語」編
『にっぽんたねとりハンドブック』
現代書館　2006年6月
2100円

小林保さん、2006.5.24
食料環境セミナー

●画一化した食と風景

旅は私たちの生活を豊かにするための作業だ。各地の風景や文化、そして食を楽しみ、人々と交流することで私たちは精神を解放する。今、この旅先が少しずつ変化している。様々な地域の営みが画一化しつつある。どんな田舎町に行っても、都会と同じコンビニが無造作に建ち、大型の量販店が進出している。ここで売られる食材はどこで作られたかわからない。また、便利さを追求したファミリーレストランもどこの町にも見られる。赤や黄色の建物はよく目立ち、地方の風景を変えた。地域独特の建物も次々と規格化された建物に変わっている。どこへ行っても同じ食べ物、同じ風景、これは文化の消失だ。

●食生活を取り巻くもの

私たちの豊かな食生活は一夜にしてできたものではない。野菜や果物、穀物や海産物などの食材はいろんな所を長い時間をかけて旅してきた。そして、その過程には各地で暮らす人々の生活が関わっている。

言うまでもなく、食べ物を支えているのは農業だ。何気ない日常生活も農業なくしては成り立たない。今、この農業は大きな岐路に立たされている。産業構造の変化や生産者の高齢化が地方の活力を低下させているからだ。

地方の衰退は同時に地域の食文化を失わせる。食文化のみならず、生活に関わってきた様々な文化や風土までも変化させる。そこに存在するのは単に便利さとコストだけを追求する企業の論理だ。

●食べものと種

地域の食と風土を支えてきたものは何か。人々の生活に根ざして、営々と引き継がれてきたもの。農業にとって基本となるもの。それは言うまでもなく種だ。何気なく食卓にのぼる食べ物は種を抜きにしては語れない。いろいろな食べ物は大地に種を播く作業から始まる。豊かな水とおいしい空気。この風土がないと種を育むことはできない。種は過去何千年という人類の歴史の中で、様々な人々の営みを支え変化してきた。種は世界各地の民族が生活の知恵を絞って野生の植物を改良して作り上げた恵みである。その恵みは瞬時に完成したものではなく、長い時間をかけ、世代を越えて受け継がれた技術によって支えられたものだ。私たちは何の代償も支払わずこの先人達の営みの恩恵を受けとっている。多くの種は文化の交流や宗教の伝来とともに長い時間をかけて伝わった。中には資源侵略によって移動したものもある。

かつては地方の食生活と結びつき、地域の中で変化しながら伝えられた種。地方の食文化の根幹を変えてしまった種もある。地域風土とうまく調和しながら新しい食文化が生まれ育った。私たちは先人達から大きな財産を分けてもらって生活している。

●種を巡る動き

かつて農家自身が採り、風土の中で改良を進めた。今、ほとんどの種は専門分化した種苗業者が取り扱っている。種を採る作業はたいへんで農家自身が全ての作業を行うことは困難だ。地方で細々と栽培されてきた種も、地方の種屋が維持してきたものが多い。その地方の種も維持できなくなってきた。コストが合わない種は淘汰されてしまうのだ。画一的に生産される効率の良い種だけが流通するようになる。

かつて「種は万人のもの」というのが育種家の合い言葉であった。先人達が改良しつつ残してくれた恵みまでも特許戦争に巻き込まれている。その恵みに企業は何の代償も払っていない。一方では、高齢化により地方の農業が衰退し、また種屋も次々に廃業に追いやられている。地域独特の食べ方と結びついた種。漬け物や乾物など地域の食文化と切ってもきれない種は確実に忘れ去られようとしている。他産業と同様に種業界にも企業の論理は容赦なく浸透している。業界の競争が激化し、淘汰が始まっている。規格化された種は食べ物も均質化し、食文化を破壊する。

美しい日本の風景と文化。いのちの大切さを育む豊かな心を取り戻すのに残された時間はない。地道に種を採る作業は大切な営みだ。

(財)神戸学生青年センター賛助金　2006.4.1～2006.8.31（敬称略・単位円）

石打謹也 3000
薬師寺小夜子 3000
武藤迪子 5000
寺尾善喜 3000
三木早苗 3000
原田美幸 3000
永田知子 3000
船田明恵 3000
兵庫県有機農業研究会 10000
金本江利子 3000
泉迪子 1000
ｾﾝﾀｰｸﾞﾙｰﾌﾟ 5000
飛田雄一 10000
三宅えみこ 3000
瀬戸口雅子 5000
島田誠 5000
宮崎恵子 3000
鄭早苗 10000
足立龍江 3000
杉山博昭 3000
趙博 3000
正木峯夫 3000
酒井宣子 3000
児島未和 3000
早川良弥 5000
林同春 5000
久保井規夫 3000
柴田康彦 3000
友井公一 3000
藤江新次 3000
朝賀文子 3000
樅山さち子 3000
白承豪 5000
満寿会 3000
伊丹威 2000
李朱萬 3000
森田豊子 3000
森行雄 3000
蔡秋雄 3000
蔡曙伍 3000
川辺比呂子 3000
手束光子 3000
林一子 3000
西尾嘉尉 5000
鵜丹谷三千代 3000
飛田悦子 5000
きどのりこ 3000
奥西征一 3000
近藤孝雄 5000
金熙元 2000
石田米子 3000
小川幹雄 3000
野村詩賀子 5000
湯口恵 3000
河かおる 3000
安達義博 5000
大田美智子 3000
岡田長保・照子 5000
平田典子 3000
遠山薫 3000
蔵重優姫 3000
成毛典子 10000
松田利彦 10000
岡内克江 3000
丸山茂樹 5000
保田茂 2400
崔相鐵 10000
西村雅芳 3000
大津留厚 3000
島津恒敏 10000
日本YMCA東山荘 5000
徳岡宏一朗 10000
八木晃介 3000
鈴木道也 3000
山口瑳智子 5000
日本ｷﾘｽﾄ教団明石教会 5000
羽鳥敬彦 5000
坊下明信 3000
殿平真彦 3000
沼　佳子 1000
巻幡希子 3000
岸口李姿子 3000
奈良美子 3000
小野辺見名子 3000
江川一 3000
津田えみ子 3000
家近弥寿子 3000
井上由里 3000
大高全洋 3000
古山知己 3000
増井眞樹 3000
門永秀次 3000
髙木甫 10000
金秀吉 3000
西野千保子 3000
林祐介 3000
西尾康子 3000
岡田たづ子 3000
上田真佐美 3000
稲森幸一 3000
津野勝俊 3000
山本薫 3000
加輪上敏彦 5000
関本肇 3000
辻建 3000
佐久間昇 3000
吉田泰子 3000
谷井尚子 3000
本宮広 5000
坂和優 5000
朝浩之 5000
川崎紘平 5000
田部三知雄 3000
神田栄治 3000
康玲子 5000
西威子 3000
小川雅由・寺岸三代子 5000
田原良次 3000
一岡玲子 3000
無名氏 3000
川勝浩 5000
韓国食品株式会社 10000
梁愛舜 10000
甲南女子大学多文化共生学科 3000
三宅新一郎 3000
大阪女学院解放教育推進部
長谷川洋一 3000
北原昭夫 5000
野津喜美子 3000
小林保 5000
片山憲明 5000
山口政紀 5000
東田寿啓 5000
窪田実美 10000
青木弘美 3000
井坂弘 3000
酒井清 5000
深沢忠 5000
大邱MBC 10000
田中義信 3000
三木鎌吾 5000
間一孝 5000
佐藤佳子 3000
井上尚代 3000
安藤康子 10000
厚地勉 3000
神戸女声合唱団 10000
佐治孝典 5000
無名氏 5000
美俣 3000
荒内直子 3000
楠利明 3000
西脇鈴代 5000
安藤康子 5000
山田泉 5000
宮内陽子 3000
松代東亜子 10000
古坂純子 3000
無名氏 1000
信長正義・たか子 10000
神宮清子 3000
永井満 3000
佐野和子 3000
臼井豊子・明子 5000
福原孝浩 3000
信長たか子 5000
阿部恩 5000
タテヤマエイコ 3000

計168件
700400円
以上感謝をもって領収いたしました。

賛助金ご協力のお願い

●賛助会費:
一口 A3,000　B5,000　C10,000
※いずれも一口を単位としますが、何口でも結構です。
※送金方法
郵便振替〈01160-6-1083 財団法人 神戸学生・青年センター〉
備考欄に「賛助金」とお書きください。
銀行振込 三井住友銀行 六甲支店 0779663
財団法人 神戸学生青年センター 賛助金
銀行振込で領収証やニュースをご希望の方は、
事務局までご連絡ください。

六甲奨学基金　2006.4.1～2006.8.31（敬称略・単位円）

加納功 5000
武藤迪子 5000
薬師寺小夜子 3000
飛田雄一 10000
島田誠 5000
長瀬三千子 5000
葛谷登 3000
冨岡喜美江 5000
樅山さち子 3000
松下宜且 10000
中西美江子 3000
石村真紀 5000
待田順治 3000
江川協子 3000
近藤洋子 5000
西浦茂 3000
野村詩賀子 5000
江野尻正明 3000
安達義博 5000
松田利彦 10000
田口恵美子 3000
井上淳子 3000
大津留厚 3000
谷総保 5000
羽鳥敬彦 5000
愼英弘 5000
坊下明信 3000
島井範子 3000
本間隆 3000
田邉光平 3000
林祐介 3000
西尾康子 3000
加輪上敏彦 5000
谷井尚子 3000
森野秀樹 3000
田部三知雄 5000
山田正子 10000
牛尾武博 3000
センターの猫 3000
田原良次 3000
貞松・浜田バレエ団・学園 3000
川勝浩 5000
大谷紫乃 3000
篠原閑 3000
北原昭夫 5000
前川純一 10000
藤原邦雄 3000
片山憲明 5000
山口政紀 5000
駒形愛子 3000
東田寿啓 5000
中畠孝幸 10000
鈴木香織 3000
飯塚節 3000
柳田緑映 5000
無名氏 10000
高田公子 3000
間一孝 5000
無名氏 5000
前田美江 3000
大田明生 3000
神宮清子 3000
阿部恩 5000
毎月募金会計96000円（千円：菱木康夫、金早苗、高仁宝、信長正義、信長たか子、藤田寿え子、飛田雄一、松岡静子、二千円：福田菊、三千円：白川豊、辻建、＜四千円：岡田惇也※4-7月＞）

古本市による協力　1521208円
総計　1901208円
以上感謝をもって領収いたしました。

六甲奨学基金ご協力のお願い

●賛助会費:
一口 A3,000　B5,000　C10,000
※いずれも一口を単位としますが、何口でも結構です。
※送金方法
郵便振替〈01160-6-1083 財団法人 神戸学生・青年センター〉
備考欄に「奨学金」とお書きください。
銀行振込 三井住友銀行 六甲支店 0779651
財団法人 神戸学生青年センター 六甲奨学基金
銀行振込で領収証やニュースをご希望の方は、
事務局までご連絡ください。

セミナーの記録　2006.4～2006.8

食料環境セミナー

「一粒の種子から農業を考える」
シリーズ①～③
359回4月26日　①本野一郎さん
「遺伝子組み換えを武器にした
アメリカの世界農業支配」
360回5月24日　②小林保さん
「品種改良の歴史と現在
～風土と食べ方から考える～」
361回6月28日　③小坂高司さん
「伝統野菜を守ろう
"ひょうご在来種保存会"の実践」
362回7月26日ドキュメンタリー映画
「いのち耕す人々」上映会

農塾

5月26日～27日　保田茂さん
開校式　有機農業の時代
6月17日　酒井清さん
有機農業の米づくり　酒井農場
7月15日　牛尾武博さん
自給循環型農業の豊かな暮らし
牛尾農場

朝鮮史セミナー

6月3日　シンポジュウム
「これからの日本と韓国」
パネラー：太田修さん、東澤靖さん、
市場淳子さん
コーディネータ：水野直樹さん
6月18日
「多文化と共生社会を育むワークショップ～韓国料理ワークショップ～」
金恩受さん
6月21日
「多文化と共生社会を育むワークショップ～ポジャギワークショップ～」
金恩受さん
6月17日～25日　ポジャギ展

朝鮮語講座

①入　門 毎週火曜日 高秀美さん
②初　級 毎週水曜日 金宝英さん
③中　級 毎週水曜日 李埈瑞さん
④中級会話 毎週木曜日 朴鐘祐さん
⑤ききとり力UP 4-9月全10回 金永静さん

六甲奨学基金

3月15日～5月15日
六甲奨学金のための第9回古本市
5月11日～7月13日
日本語学習支援のステップアップ
矢野文雄さん
日本語サロン　毎週月・土曜日

その他行事

5月18日～6月28日
AWEP
初夏のフェア「伝統とモダン」
7月1日～17日
DEFC
「ラオスの子どもたちのために」写真展とフェアトレード製品の販売（後援）
7月8日
DEFCワークショップ
「ラオスの不発弾問題と教育協力」
駒田聡さん、沢田誠二さん
7月29日
「Marines Go Home」上映会
ゲストトークセッション：藤本幸久さん、影山あさ子さん（共催）
7月18日～8月12日
フェアトレードひょうごネット
サマーセール

第14期「農塾」

農塾のコピーは、「農を志す人・農に思いを寄せる人のための農塾」。今年の特徴は、農民の講義は現地の農場でうかがうこと。保田茂さんの開校式と講義のあと、三田市で酒井清さん「有機農業の米づくり」、市川町で牛尾武博さん「自給循環型農業の豊かな暮らし」。9月以降は尾崎農場、青位養鶏場、渋谷農場、そしてセンターでの本野一郎さん、小林美喜子さんの講義と続きます。

酒井清さん　2006.6.17

牛尾武博さん　2006.7.15

食料環境セミナー

本野一郎さん　2006.4.26

4月には、「遺伝子組み換え」をテーマにJA兵庫六甲の本野一郎さんのお話を、5月、6月は「種」をテーマにひょうごの在来種保存会の小林保さんと小坂高司さんにお話いただきました。小林さんにはニュース本号に原稿もいただきました。

7月には、山形県高畠町有機農研の活動を描いたドキュメンタリー映画「いのち耕す人々」を上映。多くの方に来ていただき、有機農業運動の原点を学ぶことができました。

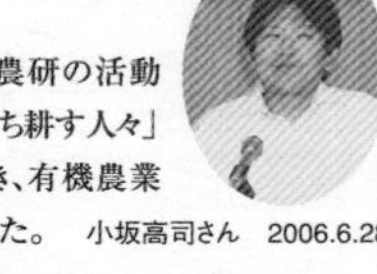
小坂高司さん　2006.6.28

朝鮮史セミナー

6月3日に「日韓会談文書・全面公開を求める会」と共催で、シンポジュウム＜これからの「日本」と「韓国」―韓国政府の日韓会談文書全面公開と日本政府作成文書＞を開催。京大の水野直樹さんにコーディネータをしていただき、太田修さん（佛教大学教員）、東澤靖さん（弁護士、自由人権協会）、市場淳子さん（韓国の原爆被害者を救援する市民の会代表）がパネラーとして参加してくださいました。

8月には、「証言集会 in 神戸　父親を強制連行された遺族（韓国）の声を聴く」を開催。姜宗豪さん（65歳、ソウル在住、本籍済州島）、鄭倫炫さん（52歳、ソウル在住）の証言は、それぞれのお人柄とともに心に残りました。

朝鮮史セミナー・日韓会談文書　2006.6.3

「韓国遺族の会」・姜宗豪さん　2006.8.1

「多文化と共生社会を育むワークショップ」

（山地久美子代表）

韓国料理の会　2006.6.18

センターと共催で、6月に「韓国料理ワークショップ―クジョルパンを作って食べる―」と「ポジャギワークショップ」を開催。講師は何れも金恩受さん。金さんとお弟子さんによるポジャギ展もセンターロビーで開催しました。料理もとても美味!!

金恩受先生

六甲奨学基金古本市

第9回古本市(2006.3.15〜5.15)は、過去最高の売り上げ3,015,626円を記録。新しく作った「のぼり」が効果をあげたのではと六甲界隈の噂です。本をお送りくださった方々、ご協力いただいたボランティアの方々、本を買ってくださった皆様に、心よりお礼申し上げます。来年も3月15日から5月15日まで開催いたします。古本の回収は、3月1日〜31日に行います。引き続きのご支援をよろしくお願いします。

古本市ののぼり

日本語学習支援ステップアップ講座

講師は、センター日本語サロンボランティアの矢野文雄さん。矢野さんは、元（学）日本語学校・学修堂「インドネシア・ジャカルタ」日本支部代表、（学）マニラ会日本語学校「フィリピン・マニラ」専任教師。日本語教授法を学ぶ講座で毎年この時期の人気講座となっている。

矢野文雄さん　2006.5〜7

映画「Marines Go Home―辺野古・梅香里・矢臼別」上映会

神戸YWCAと共催で、7月に開催。監督の藤本幸久さん、ナレーター影山あさ子さんのトークショーもあった。

藤本監督（右）と影山さん　2006.7.29

写真展「ラオスの子どもたちのために」

サブテーマは「不発弾被害地域での教育協力」。DEFC(Demining and Education For the Children)主催で、学生センターが後援した。会場はセンターロビー。駒田聡さん、沢田誠二さんによる講演会も開催した。

2006.7.1〜18　ラオス写真展

ロビーで展示会を開きませんか？

ロビーの一角を常設展示スペースとして開放します。1週間7000円です。写真、絵画などなど、発表の機会にご利用ください。センタースタッフにご相談ください。

7月某日、ホールの外に大人のイタチを発見。翌々日、なんと子ども7匹を連れて再登場しました。かわいいのなんのって･･。残念ながら最近見なくなりました。

センターのイタチ君　2006.7

定期利用
グループ・教室のご案内

- ◆六甲トレーニングサロン……月曜日・前9〜12:00　前田先生 0797-35-5588
- ◆稲美会（絵更紗）……月2回 水・土曜日・後1〜5:00　稲垣先生 078-821-7078
- ◆からむい会（絵更紗）……第1・3月曜、第2・4木曜・後1〜5:00　葭村先生 0797-31-1798
- ◆すぎなコーラス……月曜日・前10〜12:00　連絡先・横田 078-851-5714
- ◆神戸女声合唱団……金曜日・前10〜12:00　連絡先・岡 邦子 078-291-0855
- ◆神戸東女声合唱団……金曜日・後2〜4:00　連絡先・野口綾子 0727-77-2080
- ◆児童英語（MOMO）……水・木曜日・後1〜10:00　小倉先生 0797-22-4270
- ◆創作アップリケ……第2・4月・金曜日・前10〜12:00　柏原先生 078-821-4632
- ◆ノイエカンマーコール（混声コーラス）……土曜日・後6〜9:00　連絡先：池田 078-936-0123
- ◆ヨガ体操……火曜日・前9:30〜12:00　廣瀬先生 078-851-8851
- ◆アトリエ太陽の子（児童絵画）……木曜日・後1〜5:00　中嶋先生 078-811-8421
- ◆六甲ボーカル……第1・3木曜日・前10〜12:00　池本先生 078-861-8724
- ◆こうべこーる恵（コーラス）……火曜日・前10〜12:00　連絡先・田附 0798-26-2169
- ◆前田書道教室……金曜日・後1〜5:00　連絡先・前田先生 078-854-1578
- ◆ステンドグラス・アトリエとも……第2・4木曜・後1〜5:00　幸坂先生 078-582-0644
- ◆全珠連会員・熊内そろばん六甲教室……火曜・後3〜9:00、土曜・後1〜4:00　奥野先生 078-241-1095
- ◆六甲さくら合唱団……月3回月曜・後1〜5:00　連絡先・見須 078-881-7851
- ◆日本テコンドー協会神戸支部……毎週金曜日(10月より)・後6〜9:00　連絡先・妹尾 090-9846-8241
- ◆稲践会空手道……毎週月曜日 後4〜10:00　連絡先・藤本 078-871-0049
- ◆ふらんす堂句会……原則第2土曜 後1〜5:00　連絡先・山内 078-431-0039

お問合せやお申込は、各グループ・教室に直接ご連絡ください。

（財）神戸学生青年センター賛助金　2006.9.1～11.30（敬称略・単位円）

氏名	金額	氏名	金額	氏名	金額	氏名	金額	氏名	金額	氏名	金額
青野正明	3000	森一敏	3000	金国雄	3000	飯沼博一	5000	正木峯夫	5000	西尾嘉尉	5000
姜守殷	5000	林祐介	3000	伊地知紀子	3000	島津恒敏	10000	津野勝俊	3000	金正郁	3000
鞘本道子	3000	玉木哲郎	1000	藤原精吾	5000	石塚健	3000	山田正子	10000	池田正枝	2000
平田典子	3000	池田泰弘	3000	石川康宏	5000	坪山和聖	3000	笠原芳光	5000	高浜三保	3000
小川幹雄	3000	金慶海	3000	祐村明	3000	小林るみ子	3000	大高全洋	3000		
松岡幸右	3000	上田登美子	3000	丸山茂樹	5000	髙木甫	5000	飛田雄一	20000		
足立龍枝	3000	伊丹威	2000	兪澄子	5000	林茂	3000				
中山一郎	10000	林一子	3000	井上悦博	5000	西望美	3000				
宮井正彌	3000	北原昭夫	5000	清水嗣子	2000	菊谷裕洋	5000				
落合健二	5000	小林まゆみ	3000	宮本牧子	3000	辻川敦	5000				
近藤和雄	3000	高橋弥生	5000	下西ユキヨ	3000	久保美代子	10000				
西川治郎	3000	平山嘉廣・芳子	5000	本橋正男	5000	瀬戸口雅子	5000				
山田昭次	5000			谷井尚子	3000	久冨伸子	3000				
小城智子	3000	南里知樹	3000	前島宗甫	5000	金山次代	5000				
田原良次	3000	中川健一	5000	新居弥生	3000	トゥレ生協連合	10000				
桂正孝	3000	㈱ワイドシステムサービス	10000	伊藤悦子	3000						
西尾達	3000			多田伝三郎	5000	石本百合子	3000				
山田保	3000	岡田長保	5000	富川直彦	5000	石本百合子	5000				
徐聖寿	3000	光森恒子	3000	岩谷寿子	3000	矢野淳子	5000				
横山篤夫	3000	鈴木道也	3000	松下佳弘	3000	金芳美	3000				
永井靖二	5000	太田修	5000	伊東恭子	3000	後藤田裕子	3000				
藤江新次	30000	水野直樹	5000	小西和治	3000	堀江優	20000				

計95件
445000円
以上感謝をもって領収いたしました。

賛助金ご協力のお願い

●賛助会費:
一口 A3,000　B5,000　C10,000
※いずれも一口を単位としますが、何口でも結構です。
※送金方法
郵便振替〈01160-6-1083 財団法人 神戸学生・青年センター〉
備考欄に「賛助金」とお書きください。
銀行振込 三井住友銀行 六甲支店 0779663
財団法人 神戸学生青年センター 賛助金
銀行振込で領収証やニュースをご希望の方は、
事務局までご連絡ください。

六甲奨学基金　2006.9.1～11.30（敬称略・単位円）

氏名	金額	氏名	金額	氏名	金額
岡田惇也	8000	北原昭夫	5000	髙木甫	5000
細川淳子	1000	井上淳子	3000	林茂	3000
青野正明	3000	松下宜且	10000	菊谷裕洋	5000
三田登美子	3000	高橋弥生	5000	仁川学院中高校生徒会バザー係	10000
古川明	3000	冨岡喜美江	3000		
角田由紀子	5000	太田修	5000		
西浦茂	3000	田口恵美子	3000	岡田惇也	8000
田邉光平	3000	水野直樹	3000	中西美江子	3000
小城智子	3000	前川純一	10000	近藤芳廣	3000
田原良次	3000	井上悦博	5000	藤原邦雄	3000
葛谷登	3000	谷井尚子	3000		
林祐介	3000	前島宗甫	5000		
三木原ちか	2000000	新居弥生	3000		
		金眞映	5000		
上田登美子	3000	土本基子	3000		

計 37件
2155000円

毎月募金会計
48000円（千円:菱木康夫、金早苗、高仁宝、信長正義、信長たか子、藤田寿え子、飛田雄一、松岡静子、二千円:福田菊、三千円:白川豊、辻建）

古本市による協力
38850円

総計
2241850円
以上感謝をもって領収いたしました。

六甲奨学基金ご協力のお願い

●賛助会費:
一口 A3,000　B5,000　C10,000
※いずれも一口を単位としますが、何口でも結構です。
※送金方法
郵便振替〈01160-6-1083 財団法人 神戸学生・青年センター〉
備考欄に「奨学金」とお書きください。
銀行振込 三井住友銀行 六甲支店 0779651
財団法人 神戸学生青年センター 六甲奨学基金
銀行振込で領収証やニュースをご希望の方は、
事務局までご連絡ください。

セミナーの記録　2006.4～2006.8

食料環境セミナー

363回9月27日　安部司さん
食品の裏側　みんな大好き食品添加物
364回10月25日　宮田秀明さん
ダイオキシン問題は終わっていない
365回11月22日　中村尚司さん
食料にみる<南北問題>を考える

現代キリスト教セミナー

「芸術のなかのイエス＝日本編＝」
10月30日　堀江優さん
美術のなかのイエス「最後の晩餐」を描く
11月6日　笠原芳光さん
文学のなかのイエス①
太宰治「駆け込み訴へ」を読む
11月13日　中道基夫さん
漫画のなかのイエス
手塚治虫「きりひと讃歌」を読む
11月20日　飛田雄一さん
落語のなかのイエス　桂三枝創作落語「神様のご臨終」を聴く
11月27日　栗林輝夫さん
映画のなかのイエス
フウテンの寅とフォレスト・ガンプ
12月4日　長谷川（間瀬）恵美さん
文学のなかのイエス②
遠藤周作「深い河」を読む

農　塾

9月16日　尾崎零さん
生きる基本だと考えてやっています、有機農業　尾崎農場
10月21日　青位眞一郎さん
27年間青位流平飼養鶏場にとりくんで　青位養鶏場
11月18日　渋谷冨喜男さん
有機農業の野菜づくり　渋谷農場

朝鮮史セミナー

10月9日世界をつなぐ音楽の花束
多文化と共生社会を育むワークショップ（共催）/中華会館
11月9日　山根俊郎さん
「韓国の歌ー源流を求めて」
多文化と共生社会を育むワークショップ（共催）

朝鮮語講座

①入　　門 毎週火曜日 高秀美さん
②初　　級 毎週水曜日 金宝英さん
③中　　級 毎週水曜日 李埈瑞さん
④中級会話 毎週木曜日 朴鐘祐さん
⑤ききとり力UP 4-9月、10-3月
各全10回 金水静さん

●センターニュース27号（1995.4）にI LOVE KOBEの文を寄せて下さった金哲松さんが来館。当時、神大留学生、現在は北京中央財経大学教授です。

六甲奨学基金

日本語サロン　毎週月・土曜日
実践日本語学習支援講座
10月10日　中畠孝幸さん
外国人の誤用から考える日本語（1）
10月17日　奥田純子さん
学習支援者の役割
10月24日　奥田純子さん
学びの援助
10月31日　瀬口郁子さん
多様な「気づき」から学ぶⅠ
11月7日　奥田純子さん
学びの創造
11月14日　瀬口郁子さん
多様な「気づき」から学ぶⅡ
11月21日　中畠孝幸さん
外国人の誤用から考える日本語（2）
11月28日　中畠孝幸さん
外国人の誤用から考える日本語（3）
12月5日　瀬口郁子さん
多文化共生マインドを探る

金哲松さん（中央）と飛田、鹿嶋
2006.11.16

その他のセミナー

10月10日～2月27日隔週火曜日
全10回　ポジャギ教室
金恩受さん
「絵本をみる・きく・たべる」
隔週木曜日全5回
10月12日　柏田紘一さん
「絵本を読んで味わおう」
10月26日　柏田紘一さん、
中野由貴さん「絵本と料理を楽しもう」
11月16日　柏田紘一さん、
國友美香さん「読み聞かせを楽しもう」
11月30日　柏田紘一さん
「絵本を探そう」
12月14日　柏田紘一さん、
中野由貴さん
「絵本とお茶で愉快な時間」

その他行事

9月6日～27日サマサマフェア
9月16日サマサマセミナー（共催）
10月18日～11月8日
フェアトレードひょうごネットフェア
10月28日第3回フェアトレード神戸セミナー（共催）
11月29日アジア労働者交流集会in神戸（共催）/三宮勤労会館

シン・ジュンヒョクさん
2006.11.29

No.62
発行所　（財）神戸学生・青年センター
理事長　辻　建
館　長　飛田　雄一
〒657-0064　神戸市灘区山田町3丁目1-1
TEL（078）851-2760 FAX（078）821-5878
Yamada-cho 3-1-1, Nada-ku
Kobe, 657-0064 Japan
E-mail info@ksyc.jp
URL http://ksyc.jp

古本市はおもしろいです
来春10回目を開催

（財）神戸学生・青年センター 館長 **飛田雄一**

「飛田君、大阪で古本屋を始めた人がいてダンボール1箱2～3千円で買ってくれるのでよろしく。」

センターの古本市は、NGOの大先輩・平田哲先生のこの言葉がヒントになってスタートしました。私たちが古本市をしても最後の残った本をどうするかが大きな問題で、そんな古本屋があるならOKだと思ったのです。1998年3月、第一回古本市を開きました。これは阪神淡路大震災以来、センターが行っている六甲奨学基金の資金集めのためで、ロビーに所狭しと古本を並べました。多くのボランティアの協力を得て、予想に反して148万円を売り上げました。これはいける、と翌年も続けることになったのです。

が、この大阪の古本屋はすぐに倒産してしまいました。仕方なくこの年は残った本は古紙回収業者に引き取ってもらった（ごめんなさい。2回目以降はアジア図書館を作る運動を続けている「アジアセンター21」に引き取っていただいています。）

でも平田先生のおかげで（先生、いやみではありません。ありがとうございました）スタートした古本市は順調に発展して9回目の今年は301万円を売り上げました。文庫新書が100円、単行本が300円ですので、2万冊近く売れたのではないかと考えています。

本は毎年全国の方々が送ってくださいます。地元の方で「昨年買った本です」と持参してくださる方もおられます。中には、**先生と署名入りの本を「大義名分の六甲古本市に（?）」と毎年送ってくださる先生もおられます。

少しずつ専用の本棚を買い足し、今年は「のぼり」も買いました。地域の新聞折り込みもしており今年は5万枚配布しました。費用はかかりますが、これにより地域のイベントとして定着してきています。

よからぬこともあります。代金はカウンターにおいてある箱に自己申告で入れてもらうのですが、ごまかす人もいるのです。最近は携帯電話で古本相場を調べながら購入する人もいるのですが、どうも代金と冊数との関係がおかしい人もいるのです。要注意人物が現れると代金箱を空にしてカウンターで待ち構えるようなこともあるのです。

スタート時にはプロも来られますが、プロであっても規定の料金で買っていただける分にはなんの問題もありません。岩波新書を沢山買っていただいた方がありましたが、その山を見ているとそれが絶版のもののようです。

もちろん掘出し物もあります。これが300円かともったいなくなって古本屋にもっていってそれ以上で売ったこともありますが、最近はそんなこともしていません。スタート日には特に注目ですよ…。

次回は第10回、3月15日～5月15日です。本の回収は3月1～31日です。本のご提供、ボランティアもよろしくお願いします。

2006.3.15～5.15　第9回古本市

食料環境セミナー

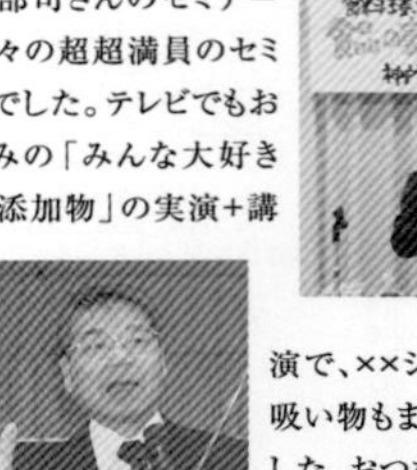

安部司さん　2006.9.27

安部司さんのセミナーは久々の超超満員のセミナーでした。テレビでもおなじみの「みんな大好き食品添加物」の実演＋講演で、××ジュースも松茸風味のお吸い物もまたたくまに出来上がりました。おつな味でした。

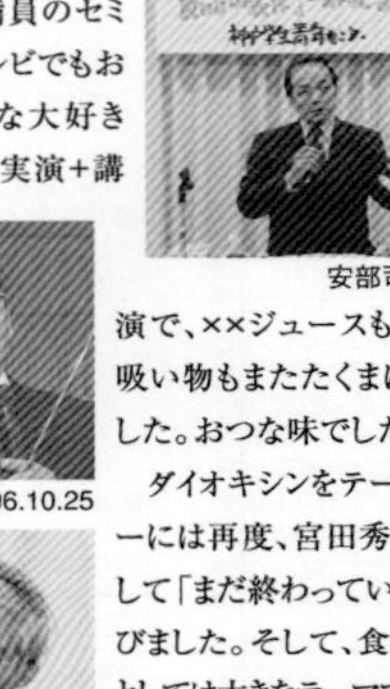

宮田秀明さん　2006.10.25

中村尚司さん　2006.11.22

ダイオキシンをテーマにしたセミナーには再度、宮田秀明さんをお迎えして「まだ終わっていない」問題を学びました。そして、食料環境セミナーとしては大きなテーマである食料の「南北問題」を中村尚司さんから学びました。

現代キリスト教セミナー

今回のシリーズは、「芸術のなかのイエス＝日本編＝」。落語が芸術かという異論もあったとかですが、無事終了しました。

美術、文学、漫画、落語、映画をとりあげてそこに描かれているイエスを語っていただきました。それぞれの分野に造詣の深い方がそれぞれのセミナーに参加されて、興味深いシリーズとなりました。

堀江優さん　2006.10.30　笠原芳光さん　2006.11.6

中道基夫さん　2006.11.13

飛田雄一さん　2006.11.20　栗林輝夫さん　2006.11.27

長谷川(間瀬)恵美さん　2006.12.04

農塾

今回のシリーズは農民のお話は現地の農場で聞くという企画です。尾崎農場編は、ちょうど尾崎さん主演のドキュメンタリー映画の試写会の影響もあり参加者も多く、そこで記念写真をパチリ。青位さん、渋谷さんの農場でも現地見学ののちに車座でのお話の会をにぎやかに開きました。センターでの座学もいいですが、やはり現地で学ぶことはもっと多かった、というのが感想です。センターでの本野一郎さん、小林美喜子さん、保田茂さんのお話をうかがって今回のシリーズは終了します。

尾崎零さん　2006.9.16

尾崎農場記念写真　2006.9.16

青位眞一郎さん　2006.10.21

渋谷冨喜男さん　2006.11.18

朝鮮史セミナー

「音楽の花束」　2006.10.9

多文化と共生社会を育むワークショップ（山地久美子代表）と共催で、「世界をつなぐ音楽の花束－多文化と共生社会を育むワークショップ」を中華会館で開催。高正子さんのワークショップと歌とバイオリンを存分に聴くことのできたとてもいい時間でした。

11月にはむくげの会の山根俊郎さんを迎え「韓国の歌－源流を求めて」をテーマに、実演もまじえての講義でした。山根さんのレコード、CDのコレクションにもみんな感動しました。

山根俊郎さん　2006.11.9

実践日本語学習支援講座

第6回を数えるこの講座ですが、今シリーズが最も盛り上がりました。参加してくださった留学生のゲストを招いての同窓会もさっそく企画されています。

甲南大学の中畠さん、コミュニカ学院の奥田さん、神戸大学の瀬口さん、いずれも六甲奨学基金の運営委員会をしてくださっており、今回もまったくの手弁当で、受講料は全額奨学金に寄付していただきました。

中畠孝幸さん　2006.11.21

奥田純子さん　2006.10.24

瀬口郁子さん　2006.11.14

留学生を招いて　2006.11.14

金恩受先生のポジャギ教室

今年6月に行われた多文化と共生社会を育むワークショップでのポジャギ教室から発展して新しい教室が開かれました。全10回のシリーズで、現在はティマット作りにとりくんでいます。なかなかいい作品が出来上がっています。

ポジャギ教室　2006.10.31

絵本をみる・きく・たべる

新しいセミナーに受講者が殺到してお断りすることにもなってしまいました。講師の柏田さんは古本市のボランティアとして働いてくださっています。お茶の時間に絵本の話が沸騰、今回のセミナーが開かれることになりました。六甲地域で読み聞かせ活動をされている國友さん、元センター職員の児童文学作家・中野さんが加わってのセミナーです。柏田さん作成の大部の資料集は、大好評です。

柏田紘一さん　2006.10.26

フェアトレード・フェア

AWEP、サマサマ、PHD協会などが構成するフェアトレードひょうごネットのフェアとセミナー（斉藤千宏さん）。センター共催で開かれました。センターロビーのショップ「なんやか屋」は、好評です。売切れ多発とはいきませんが、よく売れています。12月に入って森風舎の木工玩具などのクリスマスフェアを開催中。是非お越しください。

斉藤千宏さん　2006.9.16

定期利用
グループ・教室のご案内

◆六甲トレーニングサロン……月曜日・前9～12：00　前田先生　0797-35-5588

◆稲美会（絵更紗）……月2回　水・土曜日・後1～5：00　稲垣先生　078-821-7078

◆からむい会（絵更紗）……第1・3月曜、第2・4木曜・後1～5：00　陵村先生　0797-31-1798

◆すぎなコーラス……月曜日・前10～12：00　連絡先・横田　078-851-5714

◆神戸女声合唱団……金曜日・前10～12：00　連絡先・岡 邦子　078-291-0855

◆神戸東女声合唱団……金曜日・後2～4：00　連絡先・野口綾子　0727-77-2080

◆児童英語（MOMO）……水・木曜日・後1～10：00　小倉先生　0797-22-4270

◆創作アップリケ……第2・4月・金曜日・前10～12：00　柏原先生　078-821-4632

◆ノイエカンマーコール（混声コーラス）……土曜日・後6～9：00　連絡先：池田　078-936-0123

◆ヨガ体操……火曜日・前9：30～12：00　廣瀬先生　078-851-8851

◆アトリエ太陽の子（児童絵画）……木曜日・後1～5：00　中嶋先生　078-858-7301

◆六甲ボーカル……第1・3木曜日・前10～12：00　池本先生　078-861-8724

◆こうべこーる恵（コーラス）……火曜日・前10～12：00　連絡先・田附　0798-26-2169

◆前田書道教室……金曜日・後1～5：00　連絡先・前田先生　078-854-1578

◆ステンドグラス・アトリエとも……第2・4木曜・後1～5：00　幸坂先生　078-582-0644

◆全珠連会員・熊内そろばん六甲教室……火曜・後3～9：00、土曜・後1～4：00　奥野先生　078-241-1095

◆六甲さくら合唱団……月3回月曜・後1～5：00　連絡先・見須　078-881-7851

◆日本テコンドー協会神戸支部……毎週金曜日・後6～9：00　連絡先・妹尾　090-9846-8241

◆稽践会空手道……毎週月曜日　後4～10：00　連絡先・藤本　078-842-5669

◆ふらんす堂句会……原則第2土曜　後1～5：00　連絡先・山内　078-431-0039

お問合せやお申込は、各グループ・教室に直接ご連絡ください。

2007年4月10日　神戸学生・青年センター　ニュース　第 63 号　(1)

神戸学生・青年センター センターニュース

KOBE STUDENT YOUTH CENTER NEWS No.63

No.63
発行所　(財)神戸学生・青年センター
理事長　辻　建
館　長　飛田　雄一
〒657-0064　神戸市灘区山田町3丁目1-1
TEL (078) 851-2760 FAX (078) 821-5878
Yamada-cho 3-1-1, Nada-ku
Kobe, 657-0064 Japan
E-mail info@ksyc.jp
URL http://ksyc.jp

韓国の有機農業事情

3月の食料環境セミナーでは朴淳用さんに韓国の有機農業についてお話いただきました。日本の運動を進めていく上でも示唆に富むお話でした。朴さんに同じテーマで原稿をお願いしました。

神戸大学留学生　朴淳用（パク・スンヨン）

韓国の有機農業運動は日本の有機農業運動とは少し異なり、生産者の実践運動がきっかけでした。1976年正農会の設立が韓国における有機農業の始まりです。正農会は、会員に対して定期的に勉強会が行われ、有機農業の技術や思想に関する教育などを通じて韓国の有機農業の拡大に寄与してきました。その一方で、有機農産物の販売は、流通チャネルの未整備や消費者の有機農産物に対する認識があまり浸透しておらず、生産者による販売先の開拓も同時に行われてきました。そのため、有機農産物の流通は産直関係であり、生産者と消費者間の直接的な関係を中心としながら展開してきました。80年代に入り、生協と市民団体及び宗教団体などを中心に、主に有機農産物を販売事業とする活動によって、ようやく一般消費者の手にも有機農産物が届くようになります。

80年代半ば以降、ようやく、消費者側の組織として登場したのが生協でした。生協は最初から有機農産物の販売事業を中心活動として位置づけられ、生産者と消費者との協同や社会変革運動の実践を目的として運動を展開し始めます。当時、有機農業を実践していた生産者の有機農産物出荷先として役割を担っていた生協は、有機農産物の産直運動を展開する過程の中で、生産者と消費者との両者関係を大切にしながら有機農産物の主な流通チャネルとして発展してきました。そして有機農産物の産直活動は生協の発展の原動力となり、生協の活動はその後、親環境農業(親環境農業は、98年ごろから始まる国の農業政策で使い始めた用語で有機農業を含む環境に優しい農業の総称。有機・無農薬・減農薬農産物が含まれます。)の拡大にも大きな影響を与えています。

99年に全体耕地面積中わずか0.05%であった親環境農業認証面積は06年3.76%、そのうち、有機農業は0.013%から0.45%までに増加し、急速な成長を見せています(日本の場合0.16%といわれています)。このような発展の要因としては、政府による農業政策の環境農業育成という方針の転換が大きく影響していると考えられます。また、98年度制定された生協法の実施以来、生協が公に認められたことを契機に、生協に対する消費者の信頼が高まり、生協の規模拡大は有機農産物の流通量拡大にもつながりました。

しかし、生協法上の問題点として、限られた商品、農水畜林産物及び環境関連商品しか取扱うことができない(例えば日本の生協店舗では一般雑貨やさまざまな加工食品が売られていますが、韓国の生協は農畜産物と石けんが商品の中心と言っても言い過ぎではない)ことや消費者への開放性などの改善も求められています。

今や有機農産物を含め、親環境農産物が一般市場でも流通されるようになり、消費者の有機農産物の購入先として市場の割合が増えてきました。しかし、生協が中心的な役割を果たしてこられたのは、有機農業運動を社会運動の一環として位置づけ、生協も社会運動の一環として活動を行ってきたからといえます。今後も有機農業の持続的発展のためにも生協の活動は注目すべきであると考えています。

韓国原州での交流

(4)　神戸学生・青年センター　ニュース　第 63 号　2007年4月10日

(財)神戸学生青年センター賛助金　2006.12.1～2007.3.31(敬称略・単位円)

神戸女声合唱団 10000
小柳玲子 5000
今田裕子 3000
五十嵐広司・紀子 5000
大谷昌子 3000
岩坂正雄 5000
成毛典子 10000
佐野修吉 3000
援助修道会
六甲修道院 5000
三木鐵吾 5000
厚地勉 3000
光森恒子 3000
小川文夫 3000
満寿会 3000
無名氏 3000
井村厚 3000
六渡和香子 5000
無名氏 3000
宮田一雄 3000
梁壽龍・朴賁玉 3000
上田勝彦 2000
花岡光義 3000
杉田哲 3000
園田苑中村大蔵 3000
小松裕 5000
立木茂雄 3000
藤井道雄 3000
松下量子 3000
栗本敬一郎・陽子 5000
足立龍枝 3000
林一子 3000
梁瀬純一 5000
中川一夫 3000
登尾明彦 3000
藤原幸子 3000
中勝博志 5000
吉田敏子 3000
田原良次 3000
中村英之 3000
河かおる 3000
平田昌司 5000
友井公一 3000
杉山はるみ 3000
小松匡位 10000
徐元洙 3000
松枝佳宏 3000
野崎充彦 5000
三輪嘉男 3000
岡部晴子 3000
徐聖寿 3000
高光重 10000
久保井規夫 3000
宮沢之祐 3000
高英梨 3000
無名氏 3000
岡田長保・照子 5000
島田恒 5000
山西伸史 5000
李重華 5000
柳下恵子 3000
岩崎謙 5000
所薫子 1000
加輪上敏彦 5000
吉川三重子 3000
宇野田尚哉 3000
西脇美代子 3000
白承豪 5000
藤川理香 3000
金慶海 3000
中道基夫 10000
西尾達 3000
西川治郎 3000
近藤泉 3000
田中洋一 3000
田中宏明 3000
無名氏 3000
森地重博 5000
田口恵美子 3000
梁英子 10000
深沢忠 3000
太田とも子 3000
神田健次 2000
梁愛舜 10000
宇野徹 5000
満寿会 3000
岩坂二規 3000
小川政亮 1000
小川浩一 3000
髙木甫 10000
大島淡紅子 1000
安田敏郎・めぐみ 3000
大阪東十三教会 5000
保田茂 5000
崔相鐵 5000
益子醇三 5000
沼田孝雄 3000
伴修三 3000
李花子 3000
辻本久夫 3000
信長正義・たか子 10000
水谷俊平 30000
林みち代 5000
谷井尚子 3000
ペ・アドン 3000
平田典子 3000
名古屋聖ｽﾃﾊﾟﾉ教会 5000
朝賀文子 3000
福島信夫 5000
皇甫佳英 3000
鈴東力 5000
飯沼博一 5000
藤川照子 3000
林祐介 3000
加藤光広 5000
山田昭次 3000
津野勝俊 3000
岩田将巳 3000
白方誠彌 5000
和田進 3000
小畠聡美 3000
千葉光代 2000
今井鎮雄 5000
井上力 10000
宮内陽子 3000
越智清光 3000
近江岸建助 3000
千葉宣義 5000
宮井正彌 3000
西尾務 3000
藤江新次 3000
小川雅由・美代子 5000
北川諭 3000
田辺誠 30000
森田勇真 3000
金坪成和 5000
西浦茂 5000
永井満 3000
宇野田陽子 3000
齋藤洋子 3000
山田亀太郎 1000
沼﨑佳子 1000
玉木哲郎 1000
湯木昭八郎 5000
丹羽和子 3000
山内小夜子 3000
水野浩重 3000
五島隆久 5000
島津恒敏 10000
李仁夏 2000
申英子 3000
兵庫県有機農業研究会 30000
岩崎裕保 3000
中原眞澄 3000
西村文雄 3000
枝川典子 3000
泉紀子 1000
門倉和子 5000
西尾康子 3000
立山映子 3000
水木久美子 3000
小川正則 3000
小林美喜子 10000
㈱ﾜｲﾄﾞｼｽﾃﾑｻｰﾋﾞｽ 10000
津田義夫 3000
森田豊子 3000
種谷俊一 3000
在日大韓基督教川崎教会 3000
高田理 3000
勝村弘也 5000
岸本峰代 3000
薬師寺小夜子 3000
東昌子 3000
伊藤悦子 3000
日本ｷﾘｽﾄ教団和田山・地の塩伝道所 3000
伊吹房子 10000
柳到亨 3000
一色哲 3000
野村潔 5000
縄昭三 5000
長谷川洋一 3000
神戸YWCA 5000
渡辺俊雄 3000
日本基督教団宝塚教会 5000
中村香 5000
大和三重 3000
神戸多聞教会 10000
本條忠應 3000
求める会 15000
丸山晶子 3000
一岡玲子 3000
康良樹・金恩順 3000
藤原幸子 2000
辻建 100000
山崎延子 5000
足立康幸 10000
保田茂 3000
森木和美 3000
関西学院宗教活動センター 20000
関西学院宗教活動センター 20000
山内小夜子 3000
澤田隆司 2000
原田圭子 2000
三好千春 3000
鈴木道也 3000
聖和大学宗教部事務室 20000
水野雄二 5000
長志珠絵 5000
岡村直美 3000
古座岩博子 3000
岡山教会 5000
諏訪晃一 3000
廣春夫 3000
光葉啓一 3000
菅根信彦 5000
石打謹也 3000
求める会 10000

計216件
1,089,000円
以上感謝をもって領収いたしました。

賛助金ご協力のお願い

●賛助会費:
一口 A3,000　B5,000　C10,000
※いずれも一口を単位としますが、何口でも結構です。
※送金方法
郵便振替〈01160-6-1083 財団法人 神戸学生・青年センター〉
備考欄に「賛助金」とお書きください。
銀行振込 三井住友銀行 六甲支店 0779663
財団法人 神戸学生青年センター 賛助金
銀行振込で領収証やニュースをご希望の方は、事務局までご連絡ください。

六甲奨学基金　2006.12.1～2007.3.31(敬称略・単位円)

小柳玲子 5000
中畠孝幸 10000
三上賢悦 10000
神宮清子 3000
宮田一雄 3000
近澤淑子 5000
杉田哲 3000
園田苑中村大蔵 3000
藤井道雄 5000
松下量子 3000
栗本敬一郎・陽子 5000
本間隆 3000
田原良次 3000
奥野葉津紀 5000
平田昌司 5000
田邉光平 3000
岡部晴子 3000
正木峯夫 5000
冨岡喜美江 3000
高光重 10000
無名氏 3000
岡田惇也 8000
松下宜且 20000
瀬尾朝子 10000
加輪上敏彦 5000
無名氏 3000
森地重博 5000
古川明 3000
梁英子 5000
葛谷登 3000
兼﨑暉 3000
岩見宏 10000
山崎昌子 3000
柳禧子・寛子 3000
水谷俊平 30000
林みち代 5000
谷井尚子 3000
林政子 3000
飯沼博一 5000
藤川照子 3000
林祐介 3000
井上力 10000
無名氏 5000
長瀬三千子 5000
石村真紀 10000
湯木昭八郎 5000
前田美江 3000
中西美江子 3000
山本純子 5000
小林順子 5000
門倉和子 5000
西尾康子 3000
津田義夫 3000
日本基督教団夙川東教会 10000
島井範子 3000
岸本峰代 3000
薬師寺小夜子 3000
一色哲 3000
趙恩東 20000
縄昭三 5000
板山眞由美 3000
渡辺俊雄 3000
大槻小百合 3000
藤原幸子 3000
藤岡正雄 3000
山崎延子 3000
なんやか屋 1000
瀬戸口雅子 5000
成毛典子 10000
岡田惇也 8000

計 71件
382,000円

毎月募金会計
64,000円(千円：菱木康夫、金早苗、高仁宝、信長正義、信長たか子、藤田寿え子、飛田雄一、松岡静子、二千円：福田菊、三千円：白川豊、辻建)

古本市による協力 1,655,918円

総計2,101,918円
以上感謝をもって領収いたしました。

六甲奨学基金ご協力のお願い

●賛助会費:
一口 A3,000　B5,000　C10,000
※いずれも一口を単位としますが、何口でも結構です。
※送金方法
郵便振替〈01160-6-1083 財団法人 神戸学生・青年センター〉
備考欄に「奨学金」とお書きください。
銀行振込 三井住友銀行 六甲支店 0779651
財団法人 神戸学生青年センター 六甲奨学基金
銀行振込で領収証やニュースをご希望の方は、事務局までご連絡ください。

セミナーの記録　2006.12～2007.3

食料環境セミナー

366回12月13日　辻村英之さん
食料にみる<南北問題>を考える-キリマンジャロコーヒーの生産者とコーヒー危機
367回1月24日　尾崎零さん
「フランドン農学校の尾崎さん」上映会&講演会
368回2月27日　橋本慎司さん
世界の有機農業事情
369回3月28日　朴淳用さん
韓国の有機農業事情

辻村英之さん 2006.12.13

農　塾

12月15日　本野一郎さん
種採りの時代
1月19日　小林喜美子さん
体の歪み(不調)を自分で直す-家庭療法とくらしの自給-
&修了式　保田茂さん

朝鮮史セミナー

2月9日　趙誠倫さん
朝鮮半島解放後の一大抗争　済州島<4・3事件>1948を考える
2月22日　小田川興さん
韓国映画の世界(共催)多文化と共生社会を育むワークショップ
3月17～18日　山陰線工事と朝鮮人労働者の足跡を訪ねる旅(共催)
兵庫朝鮮関係研究会、兵庫在日外国人教育研究協議会

朝鮮語／韓国語講座

①入　門 毎週火曜日 高秀美さん
②初　級 毎週水曜日 金宝英さん
③中　級 毎週水曜日 李埈瑞さん(1月まで) 金冷垠さん(2.3月)
④中級会話 毎週木曜日 朴鐘祐さん
⑤ききとり力UP 10-3月 全10回 金水静さん

日本語サロン交流会　2006.12.16

六甲奨学基金

日本語サロン　毎週月・土曜日
3月15日～5月15日
六甲奨学金のための第10回古本市
3月17日　奥田純子さん
日本語ポートフォリオを使おう

その他行事

12月1～7日松井やより全仕事展
12月6日松井やより仕事展記念セミナー清末愛砂さん　松井やより仕事展関西実行委員会主催
12月12日神戸南京をむすぶ会主催 南京大虐殺幸存者の証言を聞く会in神戸(後援)
1月25日「中国残留孤児」問題の問いかけるもの①吉井正明さん②浅野慎一さん
1月27日「多文化共生と多文化摩擦」多文化と共生社会を育むワークショップ、兵庫自治学会、神戸山手大学、神戸学生青年センター(共催)

第10回古本市、大盛況です

3月15日よりスタートしました。今年は昨年以上にボランティアの方が来て機動力を発揮してくださっています。3月末で1,631,468円を売り上げました。昨年のペースをうわまわっています。今年の目標は、6名分の奨学金360万円。5月15日まで開催しています。本はどんどん入れ替わっています。是非お越しください。

第10回古本市　2007.3.15～5.15

第14期農塾

12月は本野一郎さん。テーマは、「種とりの時代－『種とりくらぶ』を始めよう」。1月の最終回は、小林美喜子さんの「体のゆがみを自分でなおす」。ホールにみなで寝ころがったりしながら操体法などを学びました。そして終了式では保田茂さんの「就農の勧め」がありました。さらに有志で近くの居酒屋で終了式の二次会がありました。今期の農塾は、農家を実際にお訪ねしましたので、現地ならではのお話をたくさん聞くことができました。

本野さん　2006.12.15

食料環境セミナー

12月は、食料にみる南北問題の2回目。辻村英之さんがコーヒーをテーマにお話くださいました。「先進国」が第三世界の国々をコーヒーの世界でも翻弄している様子を、多くの写真などを通して紹介されました。私のその後のコーヒーの味に若干の変化をもたらしました。

1月は、ドキュメンタリー映画に出演された大阪有機農業研究会の尾崎零さん。その映画「フランドン農学校の尾崎さん」の上映と講演会を開催しました。この作品の監督・高橋一郎さんの作品「奇妙な出来事アトピー」を以前センターで上映したこともあります。

2月、3月は海外の有機農業事情を学びました。2月は、市島町有機農業研究会会員でIFORM（国際有機農業運動連盟）日本の委員もつとめる橋本慎司さんが「世界の有機農業事情」を、3月には韓国からの神戸大学留学生・朴淳用さんに「韓国の有機農業事情」をテーマにお話いただきました。いずれもとても興味深いお話でした。

尾崎零さん　2007.1.24　橋本慎司さん　2007.2.27　朴淳用さん　2007.3.28

日本語サロン・交流会

12月に年に一度の交流会を開催しました。神戸学生青年センターはキリスト教を母体とするセンターですが、イスラム圏のメンバーもいる日本語サロンです。クリスマス会を改め「交流会」としています。持ち寄りの料理がバラエティーに富み、ゲームもアトラクションも盛り上がりました。（写真は4頁）

多文化と共生社会を育むワークショップ

1月には「多文化共生と多文化摩擦」をテーマに、兵庫自治学会、神戸山手大学とも共催して神戸山手大学で開催。講師は、井口泰さん、中川聡史さん、吉冨志津代さん、パネルディスカッションには飛田も参加しました。

2月には、姫路獨協大学特別教授・元朝日新聞ソウル特派員の小田川興さんによる「『韓国映画』の世界」。映画のエッセンスも見せていただきながら、韓国映画を歴史・社会学的に分析した講義でした。小田川さんは、雑誌『スッカラ』に「オー教授のビビンバ講座」と題して、韓国映画について連載されています。

井口泰さん　2007.1.27

小田川興さん　2007.2.22

「中国残留孤児」問題の問いかけるもの

神戸地裁での勝訴判決を受けて講演会を開きました。吉井正明さんは副弁護団長、浅野慎一さんは支援の会代表もつとめられている神戸大学教授で、孤児の養父母の聞き取り調査をされました。おふたりの簡潔な講演で、今回の裁判の意味と意義を知ることができました。その後の他の裁判所で敗訴判決が出されていることに心が痛みます。

浅野慎一さん　2007.1.25

「松井やより全仕事」展

センターロビーでパネル展を開きました。松井さんには学生センター30周年の記念講演をしていただきましたが、その後、体調をくずされ亡くなられました。この展示会でまさに「全仕事」がパネル展示されましたが、70年代の反公害の論陣など、時代をリードされてきた方であることを再認識しました。

パネル展　2006.12.1～7

記念セミナーでは、清末愛砂さんに「非暴力社会を創る-パレスチナ・ヨルダンにかかわって」をテーマにご講演いただきました。

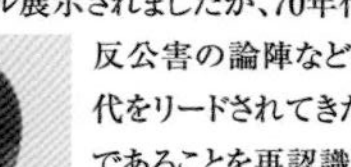
清末愛砂さん　2006.12.6

山陰線と朝鮮人フィールドワーク

兵庫朝鮮関係研究会、兵庫在日外国人教育研究協議会と共催で実施しました。最後の餘部鉄橋もカニ料理も満喫しました。フィールドワークノートをご希望の方は400円（80円切手5枚）を学生センターまでお送りください。

朝鮮人労働者の名も刻まれた招魂碑の前で　2007.3.18

「日本語ポートフォリオを使おう!」

六甲奨学基金運営委員でもある奥田純子さんにお話いただいて、日本語学習支援に関心のある方を対象に勉強会を開催しました。日本語学習支援者がこの方法を使ってどのように学習者をサポートしていけるか?など、とても興味深いお話でした。

奥田純子さん　2007.3.17

定期利用　グループ・教室のご案内

◆六甲トレーニングサロン……月曜日・前9～12：00　前田先生　0797-35-5588
◆稲美会（絵更紗）……月2回　水・土曜日・後1～5：00　稲垣先生　078-821-7078
◆からむい会（絵更紗）……第1・3月曜、第2・4木曜・後1～5：00　蔭村先生　0797-31-1798
◆すぎなコーラス……月曜日・前10～12：00　連絡先・横田　078-851-5714
◆神戸女声合唱団……金曜日・前10～12：00　連絡先・岡 邦子　078-291-0855
◆神戸東女声合唱団……金曜日・後2～4：00　連絡先・野口綾子　0727-77-2080
◆児童英語（MOMO）……木曜日・後5～10：00　小倉先生　0797-22-4270
◆創作アップリケ……第2・4月・金曜日・前10～12：00　柏原先生　078-821-4632
◆ノイエカンマーコール（混声コーラス）……土曜日・後6～9：00　連絡先：池田　078-936-0123
◆ヨガ体操……火曜日・前9：30～12：00　廣瀬先生　078-851-8851
◆アトリエ太陽の子（児童絵画）……木曜日・後1～5：00　中嶋先生　078-858-7301
◆六甲ボーカル……第1・3木曜日・前10～12：00　池本先生　078-861-8724
◆こうべこーる恵（コーラス）……火曜日・前10～12：00　連絡先・田附　0798-26-2169
◆前田書道教室……金曜日・後1～5：00　連絡先・前田先生　078-854-1578
◆ステンドグラス・アトリエとも……第2・4木曜・後1～5：00　幸坂先生　078-582-0644
◆全珠連会員・熊内そろばん六甲教室……火曜・後3～9：00、土曜・後1～4：00　奥野先生　078-241-1095
◆六甲さくら合唱団……月3回月曜・後1～5：00　連絡先・見須　078-881-7851
◆日本テコンドー協会神戸支部……毎週金曜日・後6～9：00　連絡先・妹尾　090-9846-8241
◆稲践会空手道……毎週月曜日　後4～10：00　連絡先・藤本　078-842-5669
◆ふらんす堂句会……原則第2土曜　後1～5：00　連絡先・山内　078-431-0039
◆学研教室……月・木曜日　後1～5：00　連絡先：帆足　090-3260-8601
◆プログレス（幼児教室）……火曜日　後1～5：00　連絡先：近藤　090-5050-1657

お問合せやお申込は、各グループ・教室に直接ご連絡ください。

神戸学生・青年センター センターニュース

KOBE STUDENT YOUTH CENTER NEWS No.64

No.64
発行所　(財)神戸学生・青年センター
理事長　辻　建
館　長　飛田　雄一
〒657-0064　神戸市灘区山田町3丁目1-1
TEL (078) 851-2760 FAX (078) 821-5878
Yamada-cho 3-1-1, Nada-ku
Kobe, 657-0064 Japan
E-mail info@ksyc.jp
URL http://ksyc.jp

センター出版部あれこれ
―いろいろ出してきました、40冊―

館長　飛田雄一

神戸学生青年センター出版部が久々に新刊書をだした。竹内康人編著『**戦時朝鮮人強制労働調査資料集―連行先一覧・全国地図・死亡者名簿―**』(B5、234頁、1575円)という、いかにも堅そうな堅い本である。竹内さんは浜松の高校の先生で強制連行の調査を長年続けてこられた方だ。1990年代に学生センターに事務局をおいて開催した全国交流集会の常連で、県ごとの強制連行一覧表を作ろうという作業が遅々として進まないことに業をにやした竹内さんが一人でその仕事を完成されたのである。今回は、地図と死亡者名簿を付け加えた待望の一冊である。

マニアックな本でもあるが、それゆえに?よく売れている。久々の新刊発行を契機にわが出版部の歩みを振りかえってみることにする。

一冊目は梶村秀樹『**解放後の在日朝鮮人運動**』(1980.7)。前年の朝鮮史セミナーの記録だが、これが売れたので出版部がスタートしてしまったのだ。7刷まで7000冊をだした。その後の朝鮮史セミナーの記録として、洪祥進他『**在日朝鮮人の民族教育**』、姜在彦他『**体験で語る解放後の在日朝鮮人運動**』、仲村修他『**児童文学と朝鮮**』、朴慶植他『**天皇制と朝鮮**』、金慶海他『**在日朝鮮人・生活権擁護の闘い―神戸・1950年「11・27」闘争**』、和田春樹他『**朝鮮近現代史における金日成**』などを出した。微妙なテーマゆえに出版のためにセミナーをひらいたのもある。執筆はできなくても?講演録なら講師もあきらめて出版OKとなるという具合である。1982年の『**教科書検定と朝鮮**』は1ヶ月で4000冊も売れた思い出の本だ。

食品公害セミナー(現、食料環境セミナー)の本もだした。白井晴美他『**今、子供になにが起こっているのか**』、竹熊宜孝他『**医と食と健康**』、中南元他『**もっと減らせる!ダイオキシン**』だ。おそらく出版部のベストセラーは当時かなり話題になった『**今、子供・・**』で、あと一回刷れば1万冊というところだった(もう無理か!)。

キリスト教セミナーの記録は、山口光朔他『**賀川豊彦の全体像**』。また翻訳本の『**3・1独立運動と堤岩里教会事件**』や中村敏夫『**牧会五十話**』、八幡明彦『**<未完>年表　日本と朝鮮のキリスト教100年**』、佐治孝典『**歴史を生きる教会―天皇制と日本聖公会―**』。小池基信『**地震・雷・火事・オヤジ―モッちゃんの半生記**』という本もだしている。

あと、いちばんぶ厚い本は、兵庫朝鮮関係研究会『**在日朝鮮人90年の軌跡**』(310頁)。薄い本は、高　銀『**朝鮮統一への想い**』(34頁)、脇本寿『**朝鮮人強制連行とわたし―川崎昭和電工朝鮮人宿舎・舎監の記録**』(36頁)。シリーズは金英達他『**朝鮮人・中国人強制連行・強制労働資料集／90年版～94年版**』。唯一の小説は尹静慕作・鹿嶋節子訳『**母・従軍慰安婦―かあさんは「朝鮮ピー」と呼ばれた**』。歌集は、深山あき『**歌集―風は炎えつつ**』。

また思い出深い持込出版もある。普通の出版社に持ち込むと×××万円を当出版部が××万円でつくったという具合だった。

約40冊を刊行したので零細出版社としてはよく出した方かもしれない。センターの本は全国どこの本屋で注文しても入手できるようになっているが、これは「地方小出版流通センター」に加盟しているからだ。もちろんインターネット上でも購入できる。この流通センターが東販など流通業者に納品してくれるのである。うちのような出版社は手間だけかけているようで恐縮だが助かっている。図書館直接納品は結構手続きが面倒だが、流通センター経由だとまったく手間はない。

ISBNコード(日本図書コード)もとっている。「ISBN 4-906460」だ。これが目に入らぬか、というほどの効果はないが、必要なところにはおまじないになる。

ベストセラーを出してビルを建てる夢をいだきつつ、平和・人権・環境・アジアをキーワードに活動するセンターにふさわしい本を出し続けていきたい。

『**戦時朝鮮人戦時強制労働調査資料集**』購入後希望の方は、代金1575円(送料センター負担)を下記郵便振替でご送金ください。
<郵便振替:01160-6-1083　(財)神戸学生青年センター>

(財)神戸学生青年センター賛助金　2007.4.1～2007.8.31(敬称略・単位円)

近藤とみお・幸子 10000
前田浩子 3000
畠山保男 10000
李景珉 5000
上田望 3000
センターグループ 5000
福田菊 3000
小柳玲子 3000
西浦茂 3000
落合健二 5000
馬屋原晋治 3000
立山映子 3000
手束光子 3000
小川幹雄 3000
西尾達 3000
高橋弥生 5000
杉山博昭 3000
宇都宮佳果 3000
田原良次 3000
青野正明 3000
中山一郎 5000
横川修 5000
向直子 2000
金慶海 3000
岡田たづ子・宏賢 3000
近藤孝雄 5000
桂正孝 3000
加輪上敏彦 5000
西野元偉 3000
窪田実美 5000
丸山茂樹 5000
大津留厚 3000
永井靖二 10000
山根貞夫 3000
北原昭夫 5000
林一子 3000
近江岸建助 3000
大倉美千代 3000
小川政亮 3000
福島俊弘 3000
高田秀峰 2000
阪上史子 6000
上田眞佐美 5000
西尾嘉尉 5000
原田光雄 5000
明松善一 3000
河かおる 3000
島田誠 5000
菅沼祐子 3000
柳到亨 3000
井坂弘 3000
呉宏明 3000
株式会社ワイドシステムサービス 10000
丹羽和子 3000
吉川美重子 3000
樅山さち子 3000
久保美代子 3000
尾崎かおる 1000
堀誠二郎 3000
林祐介 3000
山根成人 10000
つるまきさちこ 1000
愛媛有機農産生協 3000
森行雄 3000
泉迪子 1000
石田米子 3000
服部泰 1000
壇上重光 5000
山田保 3000
吉澤文寿・佳世子 3000
魚住みち 3000
濱西泰三 3000
泉紀子 1000
武正興 5000
門脇正宏・桜子 3000
奥西征一 3000
田部美知雄 3000
高見敏雄 3000
山縣照 5000
丹下大信 5000
小林るみ子 3000
日本キリスト教団明石教会 4000
無名氏 10000
伊田郁子 3000
津野勝俊 3000
島津恒敏 10000
濱まさみ 3000
阿曽愛子 3000
藤井博子 3000
六甲苑 10000
下川浩一郎 3000
平田哲 10000
甲南女子大学多文化共生学科 3000
㈱マイチケット
山田和生 5000
岡内克江 5000
多田偉三郎 5000
成毛典子 10000
大田美智子 3000
松枝佳宏 3000
大倉一郎 3000
藤江新次 3000
奈良本まゆみ 3000
溝上瑛 3000
厚地勉 3000
三木鎌吾 5000
川勝浩 5000
中嶋嗣美 3000
実積護 5000
金国雄 3000
根津茂 3000
保田茂 5000
佐藤佳子 3000
尹勇吉 5000
安井三吉 3000
高橋靖 5000
神戸女声合唱団 10000
佐治孝典 5000
光森恒子 3000
成毛典子 10000
飛田みえ子 5000
飛田悦子 5000
平田昌司 5000
上田勝彦 2000
李月順 3000
金坪成和 5000
松重君予 5000
藤原幸子 3000

計 127件
524,000円
以上感謝をもって領収いたしました。

賛助金ご協力のお願い
●賛助会費:
一口 A3,000　B5,000　C10,000
※いずれも一口を単位としますが、何口でも結構です。
※送金方法
郵便振替〈01160-6-1083 財団法人 神戸学生・青年センター〉
備考欄に「賛助金」とお書きください。
銀行振込 三井住友銀行 六甲支店 0779663
財団法人 神戸学生青年センター 賛助金
銀行振込で領収証やニュースをご希望の方は、事務局までご連絡ください。

六甲奨学基金　2007.4.1～2007.8.31(敬称略・単位円)

高田公子 3000
畠山保男 10000
小柳玲子 3000
高橋弥生 5000
古川明 3000
葛谷登 3000
田原良次 3000
近藤芳廣 3000
青野正明 3000
中山一郎 5000
近藤洋子 5000
加輪上敏彦 5000
井上淳子 3000
窪田実美 5000
松下宜且 20000
冨岡喜美江 3000
北原昭夫 5000
田澄光平 3000
株式会社ワイドシステムサービス 10000
慎英弘 10000
樅山さち子 3000
篠原閑 3000
林祐介 3000
センターの猫 3000
愛媛有機農産生協 3000
待田順治 3000
前川純一 10000
藤田眞弓 5000
ｷﾞｬﾗﾘｰわびすけ 3000
武正興 5000
門脇正宏・桜子 3000
八尾佳子 5000
田部美知雄 5000
江田勝子 3000
藤川理香 3000
岡田惇也 8000
藤原幸子 3000
無名氏 974
駒形愛子 3000
川勝浩 5000
加藤克子 3000
高橋靖 5000
飛田みえ子 5000
平田昌司 5000
松重君予 3000

毎月募金会計
80,000円(千円:菱木康夫、金早苗、高仁宝、信長正義、信長たか子、藤田寿え子、飛田雄一、松岡静子、二千円:福田菊、三千円:白川豊、辻建)

古本市による協力
1,618,790円

総計 1,911,764円
以上感謝をもって領収いたしました。

六甲奨学基金ご協力のお願い
●賛助会費:
一口 A3,000　B5,000　C10,000
※いずれも一口を単位としますが、何口でも結構です。
※送金方法
郵便振替〈01160-6-1083 財団法人 神戸学生・青年センター〉
備考欄に「奨学金」とお書きください。
銀行振込 三井住友銀行 六甲支店 0779651
財団法人 神戸学生青年センター 六甲奨学基金
銀行振込で領収証やニュースをご希望の方は、事務局までご連絡ください。

セミナーの記録　2007.4～8

食料環境セミナー
370回4月25日
山根成人さん　種と遊んで
371回5月23日
ツルネン・マルテイさん　有機農業推進法のできるまで、そして、これから
372回6月27日
塚本一男さん　「食育」のとりくみ(1)
篠山市立西紀小学校
373回7月25日
石田由紀さん　「食育」のとりくみ(2)
神戸YMCA保育園

5.23　ツルネン・マルテイさん

農塾
5月25日　保田茂さん
開校式と講義「有機農業の時代」
6月16日　橋本慎司さん
都会から農村に移り住んで一新規就農のすすめ
7月14日　酒井清さん
有機農業の米づくり(台風のため中止)

朝鮮語／韓国語講座
初　級　毎週火曜日　高秀美さん
中　級　毎週水曜日　秦相熙さん
中級会話　毎週木曜日　朴鐘祐さん

2007.4.20　六甲奨学基金授与式

六甲奨学基金
日本語サロン　毎週月・土曜日
3月15日～5月15日　六甲奨学金のための第10回古本市
5月10日～7月12日　矢野文雄さん
日本語学習支援のステップアップ講座

その他行事
4月21日　2006岩国住民投票の記録映画上映会「米軍再編　岩国の選択」(協賛)
4月24日～6月26日
金恩受先生のポジャギ教室
6月2日　「蟻の兵隊」上映会
8月7日～10月2日
金恩受先生のポジャギ教室

4.13　一粒の麦奨学基金授与式

食料環境セミナー

2007.4.25
山根成人さん

4月は『種と遊んで』(現代書館)を出されたひょうごの在来種保存会代表・山根成人さん、5月は「有機農業推進法(06年12月)のできるまで、そして、これから」と題してその成立のために議員連盟事務局長として働かれた国会議員のツルネン・マルテイさんをお招きして開催しました。

6、7月のテーマは「食育」。6月には篠山市立西紀小学校の取り組みついて塚本一男さんに、7月には神戸YMCA保育園での取り組みについて同園栄養士の石田由紀さんにお話をうかがいました。いずれも先進的な実践として新聞に紹介されていました。子どものときからの「食育」は本当に大切だと思いました。

6.27　塚本一男さん

7.25　石田由紀さん

朝鮮史セミナー

センターの理事を長く務めてくださった韓晳曦さんが35年前に作られた朝鮮史の専門図書館が青丘文庫。今年その文庫が神戸市立中央図書館に移転して10年目となります。6月10日、センターと青丘文庫研究会が共催で＜記念講演会＞を開きました(於／青丘文庫)。あわせて見学会も行いました。

講演は姜在彦さんの「朝鮮史研究と青丘文庫–韓晳曦さんと青丘文庫設立のころ」と水野直樹さんの「青丘文庫所蔵資料と青丘文庫研究会」。多くの方に青丘文庫を知っていただくいい機会となりました。

2007.6.10　姜在彦さん

同　水野直樹さん

同　講演会

古本市、結果発表です

1) 期間:2007年3月15日～5月15日
2) 売上:3,209,604円(文庫、新書等100円、単行本300円、留学生価格が半額であること等を考慮して平均単価が120円とすると、約27,000冊が売れたことになります。)
3) 古本の提供者:584人(名前の残っている方のみ)
4) ボランティア:延178人(準備期間も含めて70日間、2.5人／一日)
5) 詳しい記録(すべて概算です。1箱平均70冊と考えています。)
　*いただいた本　1,150箱　80,000冊
　*売れた本　380箱　27,000冊
　*アジア図書館へ寄贈
　　580箱　40,000冊
　*残した文庫、新書　70箱　5,000冊
　*雑誌等の廃棄本　110箱　8,000冊
6) 参考:昨年の売り上げは、3,015,626円

今年も多くの方々に支えられた古本市でした。ありがとうございました。

来年も開催します。古本の回収は、08年3月1日～31日、開催は、3月15日から5月15日。引き続きご協力をよろしくお願いします。

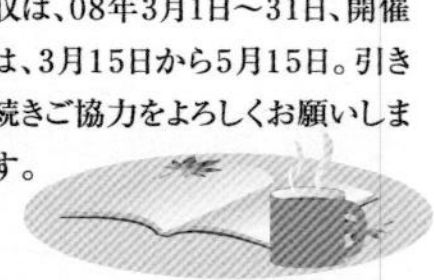

農を志す人・農に思いを寄せる人のための＜農塾＞

第15期が5月からスタートしました。第1回は開校式と保田茂さんの講義「有機農業の時代」。二次会は、近くのレストランで交流会でした。

6月は今回農塾では初めて市島町有機農業研究会の橋本慎司さんを訪ねました。脱サラで有機農業を始めた橋本さんと奥様から「都会から農村に移り住んで–新規就農のすすめ」をうかがいました。これから始めようとする人には納得、納得のお話でした。

2007.5.25　保田茂さん　　6.16　橋本慎司さん

7月は三田市で「有機農業の米づくり」をテーマに三田合鴨農法研究会の酒井清さんをたずねることになっていましたが、台風のためやむなく中止しました。9月から秋のシリーズが始まります。

「蟻の兵隊」上映会

6月2日、中国山西省で戦後、日本軍の命令により残留して国民党軍兵士として戦うことになった人々をテーマにした映画「蟻の兵隊」を開催しました。こんなことがあったのか、と考えさせられた映画です。その元日本軍兵士は日本政府を相手に裁判も提起しています。

2007年度奨学生

(1) 六甲奨学基金(月額5万円、5名)

神戸山手大学	何代興	中国
神戸YMCA日本語学校	鄭　萍	中国
神戸親和女子大学	朴美華	中国
大手前大学	田宏韜	中国
関西国際大学	宋積文	中国

(2) 一粒の麦奨学基金(月額6万円、8名)

神戸親和女子大学	蘭　桂娟	中国
流通科学大学	董　健	中国
神戸大学	張　錦華	台湾
神戸芸術工科大学	尹　性喆	韓国
園田学園女子大学	万　雪梅	中国
甲子園大学	黄　栄洙	中国
兵庫教育大学	金　龍哲	中国
甲南大学	張　羽寧	中国

(写真は4面に掲載しています)

韓国キリスト教青年グループ来訪

「生命・平和・連帯」をテーマに金在一牧師がリーダーとなって51名が来神。韓国キリスト教社会問題研究院と青年アカデミーが共催のプログラムです。5泊6日のスケジュールのうち3泊がフェリーというハードスケジュールで、8月22日神戸に来られました。センターで保田茂さんより「有機農業運動」の講義を聞き、夜は六甲苑で朝鮮語講座の学生らを交えて大交流会。翌日は、灘の朝鮮学校を訪問して歌の交歓などで大いに盛り上がりました。

2007.8.23　神戸朝鮮初中級学校

定期利用　グループ・教室のご案内

- ◆六甲トレーニングサロン　月曜日・前9～12:00　前田先生　0797-35-5588
- ◆稲美会(絵更紗)　月2回　水・土曜日・後1～5:00　稲垣先生　078-821-7078
- ◆からむい会(絵更紗)　第1・3月曜、第2・4木曜・後1～5:00　葭村先生　0797-31-1798
- ◆すぎなコーラス　月曜日・前10～12:00　連絡先・横田　078-851-5714
- ◆神戸女声合唱団　金曜日・前10～12:00　連絡先・岡邦子　078-291-0855
- ◆神戸東女声合唱団　金曜日・後2～4:00　連絡先・野口綾子　0727-77-2080
- ◆児童英語(MOMO)　木曜日・後5～10:00　小倉先生　0797-22-4270
- ◆創作アップリケ　第2・4月・金曜日・前10～12:00　柏原先生　078-821-4632
- ◆ノイエカンマーコール(混声コーラス)　土曜日・後6～9:00　連絡先:池田　078-936-0123
- ◆ヨガ体操　火曜日・前9:30～12:00　廣瀬先生　078-851-8851
- ◆アトリエ太陽の子(児童絵画)　木曜日・後1～5:00　中嶋先生　078-858-7301
- ◆六甲ボーカル　第1・3木曜日・前10～12:00　池本先生　078-861-8724
- ◆こうべこーる恵(コーラス)　火曜日・前10～12:00　連絡先・田附　0798-26-2169
- ◆前田書道教室　金曜日・後1～5:00　連絡先・前田先生　078-854-1578
- ◆ステンドグラス・アトリエとも　第2・4木曜・後1～5:00　幸坂先生　078-582-0644
- ◆全珠連会員・熊内そろばん六甲教室　火曜・後3～9:00、土曜・後1～4:00　奥野先生　078-241-1095
- ◆六甲さくら合唱団　月3回月曜・後1～5:00　連絡先・見須　078-881-7851
- ◆日本テコンドー協会神戸支部　毎週金曜日・後6～9:00　連絡先・妹尾　090-9846-8241
- ◆稽践会空手道　毎週月曜日　後4～10:00　連絡先・藤本　078-842-5669
- ◆ふらんす堂句会　原則第2土曜　後1～5:00　連絡先・山内　078-431-0039
- ◆プログレス(幼児教室)　火曜日　後1～5:00　連絡先:近藤　090-5050-1657
- ◆すずめの学校(ニューヨークタイムズ紙を読む会)　第1・3水曜日　後1～5:00　連絡先・上田　078-732-2651

お問合せやお申込は、各グループ・教室に直接ご連絡ください。

(財)神戸学生青年センター賛助金　2007.9.1～2007.11.30（敬称略・単位円）

亀井みどり	3000	金暎子	3000	柳到亨	3000	坂和優	1850	田中義信	3000	松田利彦	3000	(有)六甲苑	10000
金廣祐佳	3000	平田隆	10000	辻川敦	5000	中村由美子	3000	大高全洋	3000	高田理	3000	柴田康彦	3000
日本基督教団		徐聖寿	3000	湯口恵	3000	吉田晴美	3000	笠原芳光	5000	西浦茂	3000		
兵庫教区社会部		ペアドン	3000	今田裕子	3000	岡本真由子	3000	杉山はるみ	3000	早川良弥	5000	計 98件	
	15000	小川幹雄	3000	堀江節子	3000	西岡容子	3000	秋山和代	3000	枡田計雄	5000		417,850円
中村証二	3000	南野忠晴	3000	ろっこう医療生活		松村香奈子	3000	山田正子	10000	援助修道会名古屋		以上感謝をもって	
林祐介	3000	田邊誠	20000	協同組合	5000	玉木哲郎	1000	岩坂二規	3000	共同体	10000	領収いたしました。	
足立龍枝	3000	瀬戸口雅子	5000	鈴木裕子	3000	三輪嘉男	3000						
西脇鈴代	5000	金慶海	3000	あいおい法律事務	3000	神田栄治	3000						
平坂春雄	5000	安達和子	3000	所藤原精吾	3000	鄭早苗	5000						
宇野田陽子・		松代東亜子	5000	池田泰弘	3000	中川聡史	5000						
佐藤大介	3000	井上悦博	5000	六島純雄	3000	島京子	5000						
田原憲平	5000	西尾嘉尉	5000	伊田郁子	3000	澤村薫	3000						
鍋島浩一	3000	谷井尚子	3000	下西ユキヨ	3000	門倉和子	5000						
宮奥和司	3000	久保井規夫	3000	飛田悦子	5000	水島汐美	3000						
江菅洋一	3000	田原良次	3000	小泉洋	3000	島津恒敏	10000						
久冨伸子	3000	坪山和聖	3000	立山映子	3000	成毛典子	10000						
嶋田恭子	3000	西浦茂	3000	飯沼博一	5000	上田登美子	3000						
川崎紘平	5000	津野勝俊	3000	黒田薫	3000	金泰泳	3000						
林一子	3000	物部瑞枝	5000	秋山真澄	5000	小川文夫	3000						
井坂弘	3000	石浜みかる	1000	橋本倫子	3000	ドウレ生協	10000						
西川治郎	3000	石川康宏	10000	伊藤悦子	3000	田中和夫	5000						

賛助金ご協力のお願い

●賛助会費：
　一口 A3,000　B5,000　C10,000
※いずれも一口を単位としますが、何口でも結構です。
※送金方法
　郵便振替〈01160-6-1083 財団法人 神戸学生・青年センター〉
　　備考欄に「賛助金」とお書きください。
　銀行振込 三井住友銀行 六甲支店 0779663
　　　財団法人 神戸学生青年センター 賛助金
　　銀行振込で領収証やニュースをご希望の方は、
　　事務局までご連絡ください。

六甲奨学基金　2007.9.1～2007.11.30（敬称略・単位円）

高田公子	3000	高橋元	3000
岡田惇也	10000	田原良次	3000
林祐介	3000	林政子	3000
葛谷登	3000	鈴木香織	3000
田邊光平	3000	土本基子	5000
江菅洋一	3000	前田美江	3000
嶋田恭子	3000	飯沼博一	5000
川崎紘平	5000	古川明	3000
井上淳子	3000	中川聡史	5000
西川治郎	3000	つぶて書房	2730
中畠孝幸	10000	板倉和子	5000
井上悦博	5000	板山真由美	5000
谷井尚子	3000	上田登美子	3000
田口恵美子	3000	松田利彦	10000

枡田計雄　5000
援助修道会
名古屋共同体
　　10000
計 30件
　　133730円

毎月募金会計
48000円（千円：姜木康夫、金早苗、高仁宝、信長正義、信長たか子、藤田寿え子、飛田雄一、松岡静子、二千円：福田菊、三千円：白川豊、辻建）

古本市による協力
　　34810円

総計　216540円

以上感謝をもって
領収いたしました。

六甲奨学基金ご協力のお願い

●賛助会費：
　一口 A3,000　B5,000　C10,000
※いずれも一口を単位としますが、何口でも結構です。
※送金方法
　郵便振替〈01160-6-1083 財団法人 神戸学生・青年センター〉
　　備考欄に「奨学金」とお書きください。
　銀行振込 三井住友銀行 六甲支店 0779651
　　　財団法人 神戸学生青年センター 六甲奨学基金
　　銀行振込で領収証やニュースをご希望の方は、
　　事務局までご連絡ください。

セミナーの記録　2007.4～8

食料環境セミナー

シリーズ「環境と共生する農業」
374回9月26日　保田茂さん
総論「環境創造型農業の意味」
375回10月24日　西村いつきさん
「コウノトリが育む地域農業」
376回11月28日　堀明弘さん
「琵琶湖ー水田は魚のゆりかごー」
377回12月12日　安田利幸さん
「岩座神（いさりがみ）の棚田を守る」

現代キリスト教セミナー

シリーズ「芸術のなかのイエス
　　　＝ヨーロッパ編＝」
11月12日　笠原芳光さん
文学のなかのイエスードストエフスキー「カラマゾフの兄弟」を読むー
11月19日　小栗献さん
音楽のなかのイエスールターの賛美歌を聴くー
11月26日　栗林輝夫さん
映画のなかのイエスー「バベットの晩餐会」に隠れたイエスを観るー
12月3日　中道基夫さん
絵画のなかのイエスーフラ・アンジェリコ「受胎告知」の天使を見るー

2007.11.3求める会収穫感謝祭

農　塾

9月15日　牛尾武博さん
自給循環型農業の豊かな暮らし
10月20日　青位眞一郎さん
28年間青位流平飼養鶏にとりくんで
11月17日　渋谷冨喜男さん
有機農業の野菜づくり
12月14日　本野一郎さん
種採りの時代
12月14日（修了式）　保田茂さん

朝鮮史セミナー

9月29日　鈴木裕子さん
「『慰安婦問題』ー何が問題なのか、今こそ解決を!」
11月18日「URINARA祖国ー母のまなざし、息子の声ー」上映と講演の集い　講師：河真鮮監督　多文化と共生社会を育むワークショップ共催
12月1日映画「在日朝鮮人『慰安婦』宋神道のたたかいーオレの心は負けてないー」
講演「学生たちと学ぶ『慰安婦』問題」
講師：石川康宏さん

朝鮮語・韓国語講座

入　門	毎週水曜日	金宝英さん
初　級	毎週火曜日	高秀美さん
中　級	毎週水曜日	姜相熙さん
中級会話	毎週木曜日	朴鐘祐さん

六甲奨学基金

日本語サロン　毎週月・土曜日

その他のセミナー・行事

・「絵本をみる・きく・たべる」
　隔週木曜日全5回
10月11日　柏田紘一さん
「絵本を読んでみよう」
10月25日　中野由貴さん・柏田紘一さん「絵本とごはんを楽しもう」
11月8日　國友美香さん・柏田紘一さん「読み聞かせを楽しもう」
11月22日　柏田紘一さん
「絵本を探そう」
12月6日　中野由貴さん・柏田紘一さん「絵本で楽しむ年中行事（クリスマス）」
・東ティモールパネル展と講演会
11月5日～18日パネル展
11月17日　松野明久さん
「東ティモールの現在と今後ー人権回復と政治状況を中心にー」

2007.11.17松野明久さん

11.5～18東ティモールパネル展

・多文化と共生を育むワークショップ共催プログラム
10月6日　台湾震災復興ドキュメンタリー映画「三叉坑」上映と講演の集い　「台湾集集大地震と原住民部落の再建」講師：邵珮君さん
10月21日
ベトナムの簡単おやつをつくろう!
講師：大石キムオアンさん
11月11日
芸術交流ワークショップ・音楽会
「世界をつなぐ音楽の花束　日本からアジア、そして世界へ～中国・アジア編～」於／中華会館
・10月10日～31日
フェアトレードひょうごネットフェア
・11月28日　アジア労働者交流集会in神戸　於／三宮勤労会館（共催）
・11月30　日KOBE Mass Choir
神戸大学YMCAクリスマスゴスペルコンサート（後援）

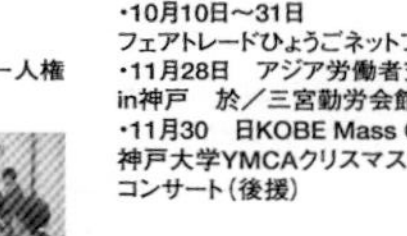

11.30神戸大学YMCA
ゴスペルコンサート

神戸学生・青年センター
センターニュース
KOBE STUDENT YOUTH CENTER NEWS No.65

No.65
発行所　(財)神戸学生・青年センター
理事長　辻　建
館　長　飛田　雄一
〒657-0064　神戸市灘区山田町3丁目1-1
TEL (078) 851-2760 FAX (078) 821-5878
Yamada-cho 3-1-1, Nada-ku
Kobe, 657-0064 Japan
E-mail info@ksyc.jp
URL http://ksyc.jp

センターの元気な常連さんたち

―最古参のすぎなコーラス、一番元気なアトリエ太陽の子―

鹿嶋節子

センターの財政は主として宿泊業と部屋貸し業によって支えられています。その「部屋貸し」の中に決まった曜日の決まった時間にご利用くださる「定期利用」があります。定期利用の申し込みをしていただきますと、センターの大きな行事があるときを除いて、1年間、決まった曜日・時間に確実にお部屋を確保していただけます。公立の会館は平等を旨としていますので、一般利用者が定期的な利用を申し込むことはできません。その点センターは私立なので、利用料金では公立施設の安さに太刀打ちできませんが、利用時間に融通を利かせる、定期利用ができるなど、公立にない便利さを「売り」にしています。

現在20組以上の定期利用グループがありますが、今回はその最古参、「すぎなコーラス」と一番元気な「アトリエ太陽の子」をご紹介します。

「すぎなコーラス」は1972年のセンター開館直後から利用してくださっています。もともと東灘区の本山第一小学校PTAの母親コーラスから出発。当時の指揮者が指導しておられた子どものコーラスグループの名前が「つくしコーラス」だったのでお母さんのコーラスは「すぎな」という名前になったそうです。現在の頌栄短大学長、阿部恩先生が指導しておられるときにセンターが完成し、当初は人数が少なかったのでスタジオを利用、その後ホールに移られました。現在、指揮者は4代目の井上敏典先生、メンバーは30人ほどで、毎週月曜日の午前中にさわやかな歌声が響きます。毎年のサロンコンサートや母親コーラス交歓会で日ごろの練習の成果を発表しておられます。センターは各国の留学生も出入する楽しい雰囲気で、交通の便もよく利用しやすいとのこと。

「アトリエ太陽の子」は創立26年。灘区、東灘区内に8ヶ所の教室を持つ、子どもの絵画／造形教室です。センターのご利用は1994年からです。御影の教室が手狭になり、六甲から通っている子どもさんも多かったことから保護者の方の紹介でセンターにこられました。当初は人数が少なかったので、館長が会議室の利用をお勧めしたようですが、「広い場所でのびのびと‥」という教室の方針でホールの利用を決められました。現在センターの教室には幼稚園の年少組から小学校の6年生まで約40人が木曜日の午後の時間帯に入れかわり立ちかわり元気に通ってきます。「アトリエ」では色の三原色、形のとらえ方など造形の基本を大切にした指導を重視、公募展にも積極的に出品されて、今年もジュニア二科展の西日本一位獲得など優秀な賞を受賞する子どもさんもたくさんおられます。また、「震災」以来、防災ポスターを描く、災害にあった国や地域と交流するなどの取り組みも継続して行い、08年1月9日からはセンターのロビーで展覧会を行

すぎなコーラス

アトリエ太陽の子

うとともに中越地震の被災者支援のためのバザーを計画しておられます（すぎなコーラスは古くからのメンバーである阿部さんと山東さんに、「アトリエ太陽の子」は主宰者の中嶋洋子先生にお話をうかがいました。ありがとうございました）。

そのほかにもコーラスグループとして**神戸女声合唱団、神戸東女声合唱団、ノイエカンマーコール、こうべこーる恵、六甲さくら合唱団、六甲ボーカル**、子供向けの教室は**そろばん、児童英語MOMO、前田書道教室、幼児教室プログレス**があり、そのほか**絵更紗のからむい会と稲美会、創作アップリケ、ステンドグラス・アトリエとも、ふらんす堂句会、健康・体育で**は**六甲トレーニングサロン、ヨガ体操、テコンドー、空手**など多彩な定期利用グループが活動しておられます。

センターではこれからも地域のみなさんに便利に使っていただける施設を目指していきたいと思っています（各定期利用グループの連絡先は3頁の表をご覧ください）。

食料環境セミナー

地球温暖化問題がより深刻な課題となるなかで、農業が見直されています。

秋のシリーズは「環境と共生する農業」をテーマに開催しています。保田茂さんからは「環境創造型農業の意味」を学びました。農業改良普及員の西村いつきさんは「コウノトリが育む地域農業」、琵琶湖でがんばる若い堀明弘さん（にぎわう農村推進室）からは「琵琶湖－水田は魚のゆりかご－」をテーマに、それぞれ非常に具体的な実践レポートうかがいました。

12月の最終回は棚田保存運動としてよく知られた「岩座神（いさりがみ）棚田」のお話を区長の安田利幸さんからうかがいます。

9.26保田茂さん　10.24西村いつきさん　11.28堀明弘さん

お年玉年賀ハガキ 653（六甲山）&65（六甲）プレゼント

下3桁が「653」を持参の方にセンターなんやかや&ロビー書店で5000円の買い物をしていただけます。有効期限、2008年8月末。
下2桁が「65」を持参の方にセンター1泊無料宿泊。電話予約ののち、そのハガキでお支払いください。有効期限08年4月末。

朝鮮史セミナー

「慰安婦」問題をテーマに今秋2回開催。鈴木裕子さんの講演会「何が問題なのか、今こそ解決を!」と、映画会「在日朝鮮人『慰安婦』宋神道のたたかい－オレの心は負けてないー」映画会では石川康宏さんが「学生たちと学ぶ『慰安婦』問題」をテーマにご講演くださいました。

2007.9.29鈴木裕子さん　12.1石川康宏さん

「絵本をみる・きく・たべる」

昨年スタートしたこのセミナー、10～12月に全5回、ことしも盛況です。去年のようなキャンセル待ち状況ではありませんが。解説あり、朗読あり、書店さんの登場あり、食事ありのセミナーです。

柏田紘一さん　トンカ書店・頓花恵さん

農を志す人・農に思いを寄せる人のための＜農塾＞

秋は3人の農民を訪ねました。牛尾武博さんは「自給循環型農業の豊かな暮らし」、青位眞一郎さんは「青位流平飼養鶏にとりくんで」、渋谷冨喜男さんからは「有機農業の野菜づくり」について学びました。

毎回天候にも恵まれ素敵なエコツーリングでした。現地で学ぶ＜農塾＞は、それぞれの農民の「哲学」を学んでいるようで、その度に新しい発見があります。

12月14日の最終回は、本野一郎さんの「種採りの時代」、つづいて保田茂さんの修了式。打ち上げもあります。

9.15牛尾武博さん　10.20青位眞一郎さん　11.17渋谷冨喜男さん

現代キリスト教セミナー

昨年度に引き続いてシリーズ「芸術のなかのイエス」がテーマで、今回はヨーロッパ編。笠原芳光さんの「『カラマゾフの兄弟』を読む」からスタートし、小栗献さんの「ルターの賛美歌を聴く」、栗林輝夫さんの「『バベットの晩餐会』に隠れたイエスを観る」、中道基夫さんの「フラ・アンジェリコ『受胎告知』の天使を見る」とヨーロッパの文学、音楽、映画、絵画からイエスに迫ります。講師の迫り方が実にさまざまで、興味がつきません。

11.12笠原芳光さん　11.19小栗献さん　11.26栗林輝夫さん　12.3中道基夫さん

多文化と共生社会を育むワークショップ

台湾震災復興ドキュメンタリー「三叉坑」上映会と邵珮君さんの「台湾集集大地震と原住民部落の再建」の講演。「ベトナムのおやつをつくる会」は大石キムオアンさんが講師に、中華会館に場所を移しては音楽会「世界をつなぐ音楽の花束」。ドキュメンタリー「URINARA祖国－母のまなざし、息子の声」上映会では河真鮮監督の心温まるお話がありました。

10.21大石キムオアンさん　11.11音楽会　11.18河真鮮さん

アジア労働者交流集会

年2回、兵庫社会労働運動センターと自立労連神戸支部と学生センターが共催で開催している。会場は三宮勤労会館。韓国民主労総の2代委員長の李甲用さんを招いての今回が19回目となる。

2007.11.28李甲用さん

定期利用
グループ・教室のご案内

◆六甲トレーニングサロン……… 月曜日・前9～12:00 前田先生 0797-35-5588
◆稲美会（絵更紗）……… 月2回 水・土曜日・後1～5:00 稲垣先生 078-821-7078
◆からむい会（絵更紗）……… 第1・3月曜、第2・4木曜・後1～5:00 薮村先生 0797-31-1798
◆すぎなコーラス……… 月曜日・前10～12:00 連絡先・横田 078-851-5714
◆神戸女声合唱団……… 金曜日・前10～12:00 連絡先・岡 邦子 078-291-0855
◆神戸東女声合唱団……… 金曜日・後2～4:00 連絡先・野口綾子 0727-77-2080
◆児童英語（MOMO）……… 木曜日・後5～10:00 小倉先生 0797-22-4270
◆創作アップリケ……… 第2・4月・金曜日・前10～12:00 柏原先生 078-821-4632
◆ノイエカンマーコール（混声コーラス）……… 土曜日・後6～9:00 連絡先：池田 078-936-0123
◆ヨガ体操……… 火曜日・前9:30～12:00 廣瀬先生 078-851-8851
◆アトリエ太陽の子（児童絵画）……… 木曜日・後1～5:00 中嶋先生 078-858-7301
◆六甲ボーカル……… 第1・3木曜日・前10～12:00 池本先生 078-861-8724
◆こうべこーる恵（コーラス）……… 火曜日・前10～12:00 連絡先・田附 0798-26-2169
◆前田書道教室……… 金曜日・後1～5:00 連絡先・前田先生 078-854-1578
◆ステンドグラス・アトリエとも……… 第2・4木曜・後1～5:00 幸坂先生 078-582-0644
◆全珠連会員・熊内そろばん六甲教室……… 火曜・後3～9:00、土曜・後1～4:00 奥野先生 078-241-1095
◆六甲さくら合唱団……… 月3回月曜・後1～5:00 連絡先・見須 078-881-7851
◆日本テコンドー協会神戸支部……… 毎週金曜日・後6～9:00 連絡先・妹尾 090-9846-8241
◆稽践会空手道……… 毎週月曜日 後4～10:00 連絡先・藤本 078-842-5669
◆ふらんす堂句会……… 原則第2土曜 後1～5:00 連絡先・山内 078-431-0039
◆プログレス（幼児教室）……… 火曜日 後1～5:00 連絡先：近藤 090-5050-1657
◆すずめの学校（ニューヨークタイムズ紙を読む会）… 第1・3水曜日 後1～5:00 連絡先・上田 078-732-2651

お問合せやお申込は、各グループ・教室に直接ご連絡ください。

神戸学生・青年センター センターニュース

KOBE STUDENT YOUTH CENTER NEWS No.66

No.66
発行所　(財)神戸学生・青年センター
理事長　辻　建
館　長　飛田　雄一
〒657-0064　神戸市灘区山田町3丁目1-1
TEL (078) 851-2760 FAX (078) 821-5878
Yamada-cho 3-1-1, Nada-ku
Kobe, 657-0064 Japan
E-mail info@ksyc.jp
U R L http://ksyc.jp

センターに泊まって、神戸フィールドワークにでかけましょう

館長　飛田雄一

フィールドワークの季節となりました。とっておきの場所を紹介しましょう。

●朝鮮ゆかりの宣教師の眠る神戸市立外国人墓地

まずは、新神戸から入門的ハイキングコースをのぼってこの墓地に。朝鮮で「裸足の医師」として活躍し、神戸で亡くなったWBスクラントン宣教師（アメリカ人、1865～1922）と在日朝鮮人教会に大きな貢献をしたLLヤング宣教師（カナダ人、1875～1950）の墓地が「B1区」にあります。墓地への入場は墓参に限られています。それぞれに「施蘭敦（シラトン）」「榮在馨（イェンジェヒョン）」という朝鮮の名前ももっている方です。フロインドリーブやモロゾフの墓地もあるからと写真をばちばちと写すことなどご法度です。

3月20日に朝鮮史セミナーで訪問し、近くの修法が原でキムチ鍋をつつく予定でしたが、悪天候のため中止となってしまいました。今秋にもリベンジを果たしたいと思います。

WBスクラントンの墓石

2007.9.17　南京街／NCC人権委員会FW

ビルの前にはホテルオークラを見上げる?とてもかわいい「美海ちゃん」像。神戸市議会が行なった非核神戸方式＝艦船は非核証明書を提出しなければ神戸港に入港できないという決議を刻んだモニュメントで、市議会決議にもかかわらず神戸市が市有地への建設を渋っているために、この私有地におかれています。

2007.7.16　「美海ちゃん」像／四国学院大学FW

●南京街、神戸華僑博物館そして「美海ちゃん」像

JR元町駅の南にあるのが南京街（なんきんまち）。神戸では中華街といわずに南京街といいますが、この名前も登録商標となっているようです。南京街と藤原紀香の結婚披露パーティで有名となったホテルオークラの間にあるのがKCCビル（緑色10階建）。その2階に神戸華僑博物館があります。大きな博物館ではありませんが、とても充実していて神戸華僑の歴史が手にとるように分かります。南京街を訪ねるなら必ず立ち寄るべきところで、事前にお願いすればガイドもしてくださいます。

かつて神戸港を見下ろしていた伊藤博文像

●伊藤博文像台座と青丘文庫

ホテルオークラといえば大倉財閥（大倉喜八郎）。神戸駅の北10分にある大倉山公園はその別荘地でした。大倉は1909年ハルビン駅で朝鮮の独立運動家安重根に射殺された伊藤博文のスポンサーで、神戸港を見渡すところ

(財)神戸学生青年センター賛助金　2007.12.1～2008.3.20（敬称略・単位円）

神戸女声合唱団 10000
瀬尾朝子 10000
無名氏 3000
三木鎌吾 5000
鈴東力 5000
厚地勉 3000
西川治郎 3000
祐村明 3000
花岡光義 3000
五十嵐広司・紀子 3000
小松裕 5000
満寿会 5000
中村英之 3000
本多紀一 5000
無名氏 3000
高光重 10000
柳寛子・禧子 3000
高阪邦子 3000
小紫富久枝 3000
岡田長保 5000
三宅三千子 3000
谷井尚子 3000
姜在彦 3000
小川幹雄 3000
木下律子 3000
大津留厚 3000
田原良次 3000
友井公一 3000
日本聖公会長
谷川正昭 25000
山田昭次 3000
金光烈 5000
田中満 3000
田中宏明 1000
六渡和香子 5000
松枝佳宏 3000
八木晃介 3000
遠山薫 3000
長志珠絵 3000
小城智子 3000
井上力 10000
飛田雄一 10000
康良樹・金恩順 3000
高秀美 3000
白方誠彌 5000
草地とし子 3000
李重華 5000
長瀬春代 3000
間明子 3000
林祐介 3000
森行雄 3000
徐龍達 5000
吉田敏子 3000
岩崎謙 5000
渡辺俊雄 5000
足立龍枝 3000
諏訪晃一 5000
玉木哲郎 1000
信長正義・たか子 10000
熊野朝子 3000
藤川理香 3000
山崎雅實 3000
尹英順 3000
都藤清美 2000
大島淡紅子 1000
徐根植 3000
梁壽龍・朴貴玉 3000
柳到亨 3000
六甲カトリック教会 30000
畑野三枝子 3000
青位眞一郎 3000
蒋点桓 5000
登尾明彦 3000
友沢秀二 3000
杉本泰郎 3000
岡部眞理子 3000
栗本敬一郎・陽子 5000
無名氏 2000
島田恒 10000
皇甫佳英 3000
船橋治 10000
小松三剛 10000
水谷俊平 30000
森田喜之 5000
西信夫 15000
木村牧子 3000
金正郁 3000
朝賀文子 3000
沼崎佳子 1000
梁愛舜 10000
宮沢之祐 3000
高田千代子 3000
西尾達 3000
宇野徹 5000
高仁宝 5000
松田素二・
市場淳子 6000
上田良子 3000
杉田哲 5000
安田めぐみ・敏郎 3000
宮川守 3000
平田典子 3000
徐正禹 3000
藤江新次 3000
明松善一 3000
辻本久夫 3000
西野千保子 3000
藤井道雄 3000
リングホーファーマンフレッド 5000
藤原精吾 3000
成毛典子 10000
李景 5000
山西伸史 5000
白築伸夫 3000
長谷川明 3000
山田正子 10000
山口瑳智子 3000
岩崎裕保 3000
永井満 3000
中山一郎 5000
株式会社エピック 3000
阿部恩 5000
ロバート圭子
ウイットマー 3000
高木甫 10000
伊吹房子 10000
孫永律 5000
在日大韓基督教
川崎教会 3000
㈱ワイドシステム
サービス 10000
井坂弘 3000
宇野田尚哉 5000
神足威信 3000
伊東恭子 3000
西村文雄 3000
中川一夫 3000
千葉宣義 5000
光森恒子 5000
樋口直人 3000
黄栄洙 3000
山下秀 3000
安田利幸 3000
尹明憲 3000
上田真佐美 5000
羽鳥敬彦 5000
神戸基督教女子
青年会 4000
教団宝塚教会 5000
金坪成和 5000
石塚健・明子 3000
白承豪 5000
高橋弥生 5000
島津恒敏 10000
日本キリスト教団
神戸多聞教会 10000
金世徳 3000
藤吉求理子 2000
岡本洋之 3000
水野浩重 3000
水木久美子 3000
丹羽和子 5000
西尾嘉尉 5000
津野勝俊 3000
辻建 100000
中勝博志 5000
満寿会 3000
教団東神戸教会 5000
足立康幸 10000
教団夙川東教会 10000
矢野淳子 5000
伊藤悦子 3000
李美鈴 10000
関西学院宗教
活動委員会 20000
林弘城 3000
鈴木道也 3000
内藤保一 5000
全芳美 3000
大谷昌子 3000
清水由美子 3000
八尾美智子 3000
齋藤洋子 3000
野村潔 5000
ｾﾝﾀｰの猫 3000
求める会 15000
金山次代 5000
木下カヨ子 3000

計180件
973000円
以上感謝をもって領収いたしました。

賛助金ご協力のお願い

●賛助会費：
一口 A3,000　B5,000　C10,000
※いずれも一口を単位としますが、何口でも結構です。
※送金方法
郵便振替〈01160-6-1083 財団法人 神戸学生・青年センター〉
備考欄に「賛助金」とお書きください。
銀行振込 三井住友銀行 六甲支店 0779663
財団法人 神戸学生青年センター 賛助金
銀行振込で領収証やニュースをご希望の方は、
事務局までご連絡ください。

六甲奨学基金　2007.12.1～2008.3.20（敬称略・単位円）

今井真理 3000
本間隆 5000
長瀬三千子 5000
西川治郎 3000
野崎充彦 10000
なんやか屋 3000
高光重 10000
谷井尚子 3000
奥野葉津紀 5000
山崎昌子 3000
水野明代 3000
葛谷登 3000
田原良次 3000
中畠孝幸 10000
藤川照子 5000
近澤淑子 5000
前田美江 3000
松下宜且 10000
長志珠絵 3000
小城智子 3000
田邊光平 3000
間明子 3000
林祐介 3000
石村真紀 5000
高橋喜久江 3000
渡辺俊雄 5000
なんやか屋 2000
藤川理香 3000
なんやか屋 2000
梅原明子 3000
岡部眞理子 3000
栗本敬一郎・陽子 5000
牛尾武博 5000
前川純一 5000
水谷俊平 30000
三上賢悦 10000
松浦弥生 3000
高仁宝 5000
大谷紫乃 3000
鍋谷美智子 3000
八尾佳子 5000
藤井道雄 5000
兼崎暉 3000
兪エイ子 3000
安田吉三郎 5000
永井満 3000
中山一郎 5000
㈱ワイドシステム
サービス 10000
清水正博 3000
黄栄洙 3000
尹明憲 3000
一ノ瀬輝博 3000
羽鳥敬彦 5000
高橋弥生 5000
岡本洋之 3000
榛木恵子 3000
中畠孝幸 30000
大槻小百合 3000
関西学院
宗教活動委員会 20000
なんやか屋 3000
梅本光恵 3000
内藤保一 5000

計63件 333000円

毎月募金会計 64000 円（千円：菱木康夫、金早苗、高仁宝、信長正義、信長たか子、藤田寿え子、飛田雄一、松岡静子、二千円：福田菊、三千円：白川豊、辻建

古本市による協力　784283 円

総計 1181283円
以上感謝をもって領収いたしました。

六甲奨学基金ご協力のお願い

●賛助会費：
一口 A3,000　B5,000　C10,000
※いずれも一口を単位としますが、何口でも結構です。
※送金方法
郵便振替〈01160-6-1083 財団法人 神戸学生・青年センター〉
備考欄に「奨学金」とお書きください。
銀行振込 三井住友銀行 六甲支店 0779651
財団法人 神戸学生青年センター 六甲奨学基金
銀行振込で領収証やニュースをご希望の方は、
事務局までご連絡ください。

セミナーの記録　2007.12～2008.3

食料環境セミナー

シリーズ「環境と共生する農業」
378回1月23日　田中淳夫さん
「割り箸はもったいない?-食卓からみた森林問題-」
379回2月27日
映画1「サルー!ハバナ　キューバ都市農業リポート」
映画2「私たちの暮らしと世界のつながり」
380回3月26日　森山まり子さん
「自然保護大国でなければ21世紀は生き残れない～クマのすむ豊かな森を次世代へ～」

朝鮮史セミナー

3月20日「神戸市立外国人墓地に朝鮮ゆかりの人物をたずねるハイキングwithキムチチゲ」（雨天のため延期）

朝鮮語・韓国語講座

入　門　毎週水曜日　金宝英さん
初　級　毎週火曜日　高秀美さん
中　級　毎週水曜日　姜相熙さん
中級会話　毎週木曜日　朴鍾祐さん

六甲奨学基金

日本語サロン　毎週月・土曜日
12月8日日本語サロン交流会
第11回古本市3月15日～5月15日

その他のセミナー・行事

・多文化と共生を育むワークショップ共催プログラム
3月7日「多文化共生社会構築のための相互理解」於・山手大学
・12月4日南京大虐殺から70年幸存者の証言を聞く会in神戸（後援）
・2月20日～26日CODEスリランカの子どもたちの絵画展（後援）

に伊藤の銅像を作りました。戦争時の金属供出でその像なくなりましたが、立派な台座は今も残っています。

公園内にあるのが神戸市立中央図書館。その特別コレクションとして「青丘文庫」があります。この文庫はセンターの理事でもあった韓晳曦さんの個人蔵書で、朝鮮史に関する日本有数の図書館となっています。

●神戸連合軍捕虜病院跡

新神戸から東に徒歩15分ほどのところ、神戸市立文書館の南にありました。そこは賀川豊彦の卒業したことでも知られる中央神学校の跡地ですが、1941年に自主閉鎖し宣教師も本国に引

中央神学校の記念碑

き上げたのち日本軍が接収し捕虜病院として使用しました。アメリカ人医師に「ついに一人の医師にして軍人、そして本当の紳士に出会った」と語らせた大橋兵次郎という軍医もそこにいました。

文書館は、池永孟さんの所蔵品を集めた南蛮美術館でしたが、神戸空襲のときに燃えかけた美術館を捕虜が消してくれたというエピソードも残っています。

■

みどころたくさんの神戸。是非、おたずねください。もちろん宿泊はセンターですよ。

参考資料:『人権歴史マップ神戸版』(2005年、ひょうご部落解放・人権研究所)、『兵庫のなかの朝鮮―歩いて知る朝鮮と日本の歴史』(2001年、明石書店)

食料環境セミナー

今年1～3月のテーマは「環境と共生する農業」。田中淳夫さんの「割り箸はもったいない?−食卓からみた森林問題−」、映画上映「サルー!ハバナ　キューバ都市農業リポート」&「私たちの暮らしと世界のつながり」(都合により「日本の公害経験～農業その光と影」の上映は延期)、そして森山まり子さん「自然保護大国でなければ21世紀は生き残れない～クマのすむ豊かな森を次世代へ～」田中さんは、割り箸を切り口に林業の問題を大きな視点から解き明かしてくださいました。森山さんの若者たちと取り組んでいる「熊森」のお話はとても感動的でした。

2008.1.23田中淳夫さん

3.26森山まり子さん

六甲奨学基金・古本市

第11回目となりました。今年は6人分の奨学金360万円を目標にしています。5月15日まで、朝9時から夜10時まで開店しています。是非おでかけください。ボランティアを大募集中です。寄付していただいた約5万冊の本を整理・分類しています。交通費は片道500円まで支給。本のすききらい、力のあるなし問いません。ボランティアをよろしくお願いします。

2008.3.15～5.15 古本市

農を志す人・農に思いを寄せる人のための<農塾>

第15期の最終回は、12月14日、本野一郎さんの「種採りの時代」と保田茂さんの修了式でした。農塾メンバーのなかから有機農業を始めた方、始める方もおられ嬉しいかぎりです。

200712.14本野一郎さん

「多文化共生社会構築のための相互理解」

多文化と共生社会を育むワークショップ(代表・山地久美子)と学生センター等共催のプログラムで、会場は山手大学。基調講演・山脇啓造さん、報告・田村太郎さん、パネルディスカッションは、中萩エルザさん、孫敏男さんら。

2008.3.7　多文化ワークショップ　山脇啓造さん

南京大虐殺幸存者証言集会

神戸・南京をむすぶ会主催、学生センター後援で毎年12月に開催している。張秀紅さんと伍正禧さんが生々しい体験をおはなしくださった。2007年は1937年の南京大虐殺から70年で、同会は8月と12月に南京へのフィールドワークも行なった。

2007.12.3　張秀紅さん　伍正禧さん

スリランカの子どもたちの絵画展

海外災害の支援活動を進めるCODEが津波被害支援活動として、子どもたちも招いて開催。

2008.2.20～2.26絵画展

防災・造形絵画展覧会

ニュース前号で紹介した元気グループ・アトリエ太陽の子が震災をテーマにした展覧会をロビーギャラリーで開いた。巨大な震災双六は大迫力でした。飛び出す絵も素敵でした。

2008.1.10～1.31　防災・造形絵画展覧会

灘チャレンジ2008

神戸大学のボランティア団体が中心となって毎年灘区で開催しています。今年は13回目、センターも支援しています。六甲奨学基金移動古本市も開いています。今年は、6月1日(日)会場は都賀川公園(灘警察南)。

TEL/FAXは078-881-4755

http://www.nadacha.net/、是非、おでかけください。(写真は昨年の灘チャレンジ)

定期利用
グループ・教室のご案内

◆六甲トレーニングサロン……月曜日・前9～12:00　前田先生　0797-35-5588
◆稲美会(絵更紗)……月2回　水・土曜日・後1～5:00　稲垣先生　078-821-7078
◆からむい会(絵更紗)……第1・3月曜、第2・4木曜・後1～5:00　陵村先生　0797-31-1798
◆すぎなコーラス……月曜日・前10～12:00　連絡先・横田　078-851-5714
◆神戸女声合唱団……金曜日・前10～12:00　連絡先・岡邦子　078-291-0855
◆神戸東女声合唱団……金曜日・後2～4:00　連絡先・野口綾子　0727-77-2080
◆児童英語(MOMO)……木曜日・後5～10:00　小倉先生　0797-22-4270
◆創作アップリケ……第2・4月・金曜日・前10～12:00　柏原先生　078-821-4632
◆ノイエカンマーコール(混声コーラス)……土曜日・後6～9:00　連絡先:池田　078-936-0123
◆ヨガ体操……火曜日・前9:30～12:00　廣瀬先生　078-851-8851
◆アトリエ太陽の子(児童絵画)……木曜日・後1～5:00　中嶋先生　078-858-7301
◆六甲ボーカル……第1・3木曜日・前10～12:00　池本先生　078-861-8724
◆こうべこーる恵(コーラス)……火曜日・前10～12:00　連絡先・田附　0798-26-2169
◆ステンドグラス・アトリエとも……第2・4木曜・後1～5:00　幸坂先生　078-582-0644
◆全珠連会員・熊内そろばん六甲教室……火曜・後3～9:00、土曜・後1～4:00　奥野先生　078-241-1095
◆六甲さくら合唱団……月3回月曜・後1～5:00　連絡先・見須　078-881-7851
◆日本テコンドー協会神戸支部……毎週金曜日・後6～9:00　連絡先・妹尾　090-9846-8241
◆稽践会空手道……毎週月曜日　後4～10:00　連絡先・藤本　078-842-5669
◆ふらんす堂句会……原則第2土曜　後1～5:00　連絡先・山内　078-431-0039
◆プログレス(幼児教室)……火曜日　後1～5:00　連絡先:近藤　090-5050-1657
◆すずめの学校(ニューヨークタイムズ紙を読む会)…第3・4水曜日　後1～5:00　連絡先・上田　078-732-2651

お問合せやお申込は、各グループ・教室に直接ご連絡ください。

神戸学生・青年センター
センターニュース
KOBE STUDENT YOUTH CENTER NEWS No.67

No.67
発行所　(財)神戸学生・青年センター
理事長　辻　建
館　長　飛田　雄一
〒657-0064　神戸市灘区山田町3丁目1-1
TEL (078) 851-2760 FAX (078) 821-5878
Yamada-cho 3-1-1, Nada-ku
Kobe, 657-0064 Japan
E-mail info@ksyc.jp
URL http://ksyc.jp

六甲のキリスト教会をたずねて

―神港教会・カトリック六甲教会・神戸雲内教会―

館長　飛田雄一（ひだ　ゆういち）

学生センターのある地域は神戸市内でのキリスト教会が多いところです。そのなかで特に近くにある3つの教会を訪ねました。

●

学生センターの西隣にあるのが日本基督（キリスト）改革派・神港教会。岩崎謙牧師はセンターの評議員としてもお働きいただいています。センターの母体であるアメリカ南長老教会とも関係が深い教会で、1906年にトアロード近くの教会からスタートし、1949年に現在の場所に移転しました。阪急六甲近辺では一番早く咲く桜の木がある教会としても知られています。阪神淡路大震災ののち1997年に新会堂を建設されました。すてきなパイプオルガンがあり、ときどき演奏会も開かれています。2000年に赴任された岩崎牧師、「キリスト教精神に基づいて神港教会と学生センターが補完しあいながら活動をできれば素晴らしい」。日曜日の礼拝は、10:30と19:00、祈祷会は水曜日19:00です。TEL851-6865

神港教会

岩崎謙牧師

●

さらに北に2.3分上がるとカトリック六甲教会があります。1948年にこの地に教会が建てられました。古い建物もゴチック風の落ち着いたたたずまいの教会でした。現在の教会は震災の年1995年に付近の雰囲気とマッチするように設計されたものです。正面左には震災モニュメント「主よ我らの家族を護りたまえ」が建てられています。夕方には素敵な鐘の音が響き、クリスマスのときには入口のモミの木がきれいに飾られます。

桜井彦孝神父と筆者

カトリック六甲教会震災モニュメント

ミサは土曜日19:00、日曜日7:00、9:00、11:00。平日は7:00。TEL851-2846

桜井彦孝神父、「六甲唯一の若者の宿泊施設として貴重。アジアの留学生への奨学金事業、交流の場としての役割に多いに期待しています」。

●

学生センターから南に5、6分、八幡交番の東にあるのが神戸雲内教会。学生センターの同系統?の日本キリスト教団の教会です。1883年に神戸教会から別れて設立されたといいますから115年の歴史です。当初は新神戸駅近くの「熊内（くもち）」に教会があり、その名前が「雲内（くもち）」に変わったようです。現在の場所には戦後移転し、阪神大震災後の1996年に今の会堂が建てられました。震災のとき古い教会の地下室を教団の障害者支援グループが拠点とし、その後学生センターに移動してからも入浴サービスなどを活発に展開されました。日曜礼拝は10:30、聖書と祈りのとき水曜日10:30、19:00、TEL841-0038

神戸雲内教会

竹内款一牧師、「学生センターはSCM協力委員会の事務局としてキリスト教界にも貢献されている。多彩な活動に大いに期待する」。

竹内款一牧師

●

三教会の先生方、それぞれに学生センターへの励ましのお言葉をありがとうございました。少々?脚色しているかもしれませんが、そのときはお許しください。同じ地域で共に活動しているものとして、また今後ともよろしくお願いします。

是非、読者のみなさまも学生センターに来られたときに、お立ち寄りください。次回は館長おすすめの夜景ポイントでも書きましょうか?

(財)神戸学生青年センター賛助金　2008.3.21～2008.8.31（敬称略・単位円）

照井八重子 3000
古座岩博子 3000
安藤隆子 3000
求める会事業部 10000
光葉啓一 3000
加納功・花枝 5000
第七藝術劇場 10000
田原良次 3000
近藤とみお・幸子 5000
澤田隆司 2000
金慶海 3000
山崎雅實 3000
松田昌克 2000
西尾康子 3000
馬屋原晋治 3000
無名氏 5000
近藤孝雄 5000
小川幹雄 3000
高田秀峰 2000
田部美知雄 3000
無名氏 3000
六島純雄 3000
㈱ワイドシステムサービス 10000
友井公一 3000
岡内克江 3000
足立龍枝 3000
金井秀樹 3000
林祐介 3000
三輪望 3000
諏訪晃一 5000
辰巳玲子 3000
神戸韓国綜合教育院 5000
坊下昭信 3000
木本直志 3000
森哲二 3000
満寿会 5000
稲田多恵子 5000
宇都宮佳果 3000
田中洋一 3000
山口元 3000
求める会センターグループ 5000
熊野朝子 3000
岡田長保・照子 5000
福島俊宏 3000
片山憲明 5000
大田美智子 3000
藤江新次 3000
江原護 5000
無名氏 3000
林一子 3000
森田豊子 3000
武藤迪子 5000
足立初代 3000
福廣勝介 3000
森一敏 5000
成毛紀子 5000
山田保 5000
久保恵三郎 3000
加輪上敏彦 5000
飛田雄一 10000
三宅美千子 3000
河島完治 3000
高木甫 5000
新居弥生 3000
平田典子 3000
鞆本道子 3000
枡田計雄 5000
石打謹也 3000
松下佳宏 3000
久保美代子 3000
西脇美代子 3000
柳到亨 3000
八木晃介 3000
山口容子 3000
橋本真佐男 3000
川崎紘平 3000
愛媛有機農産生協 3000
桂正孝 3000
大和三重 3000
澤田純三 3000
衣笠弘志 3000
山縣熙 5000
岩瀬悦子 3000
小柳玲子 3000
高見敏雄 2000
立山映子 3000
日本キリスト教団明石教会 5000
青野正明 3000
下村安男 2000
前田明 5000
村田浩一 5000
徳田暁子 3000
金坪成和 5000
鄭早苗 5000
高仁宝 5000
大前悠 3000
李明子 3000
石間三咲子 3000
松木浩子 3000
進藤京子 3000
三好陽子 3000
田中真理子 3000
阪野祐介 3000
伊東恭子 3000
一色哲 3000
柴田康彦 3000
兵庫県有機農業研究会 30000
高田理 3000
宮田一雄 100000
西信夫 20000
岩崎由紀 3000
津村富代 3000
奥西征一 3000
山崎延子 5000
木村正樹 2000
西尾達 3000
飛田雄一 10000
辻川敦 000
松代東亜子 5000
益子酵三 5000
羽下大信 5000
山本かえ子 3000
小川文夫 3000
阿部恩 5000
森木和美 3000
康玲子 3000
金世徳 3000
上野利恵子 3000
森地重博 5000
北畠冴子 3000
内藤由美子 3000
迫田けい子 3000
大倉一郎 3000
中道澄春 5000
板山眞由美 5000
川辺比呂子 5000
高田公子 5000
朝浩之 5000
平田昌司 5000
西尾嘉尉 5000
浜崎利澄 3000
樅山さち子 3000
竹村智子 3000
津野勝俊 3000
小西和治 3000
藤原幸子 3000
上田政子 10000
金世徳 3000
三木鎌吾 5000
厚地勉 3000
辻本久夫 3000
神戸女声合唱団 10000
金坪成和 5000
松本みどり 3000
湯口恵 3000
佐治孝典 5000
保田茂 3000
酒井清 5000
金恒勝 3000
川勝浩 5000
北原昭夫 5000
小林るみ子 3000
兪澄子 5000
嘉多信二 3000
すぎなコーラス 3000
瀬戸口雅子 5000
進藤昇 3000
所薫子 1000
井坂弘 3000
飛田みえ子 5000

計170件
788,000円
以上感謝をもって領収いたしました。

賛助金ご協力のお願い

●賛助会費:
一口 A3,000　B5,000　C10,000
※いずれも一口を単位としますが、何口でも結構です。
※送金方法
郵便振替〈01160-6-1083 財団法人 神戸学生・青年センター〉
備考欄に「賛助金」とお書きください。
銀行振込 三井住友銀行 六甲支店 0779663
財団法人 神戸学生青年センター 賛助金
銀行振込で領収証やニュースをご希望の方は、
事務局までご連絡ください。

六甲奨学基金　2008.3.21～2008.8.31（敬称略・単位円）

田原良次 3000
近藤とみお・幸子 5000
田邊光平 3000
西尾康子 3000
無名氏 5000
近藤洋子 5000
田部美知雄 3000
江野尻正明 3000
六島純雄 3000
㈱ワイドシステムサービス 10000
岡内克江 3000
林祐介 3000
井上淳子 3000
前田美江 3000
小野光子 5000
中西美江子 3000
瀬戸口雅子 5000
松下宜且 10000
片山憲明 5000
大島孝一 3080
葛谷登 3000
武藤迪子 5000
成毛紀子 5000
福本志津子 5000
高石留美 5000
加輪上敏彦 5000
高木甫 5000
新居弥生 3000
早稲田奉仕園 16800
枡田計雄 3000
センター奨学金 3000
募金箱 443
川崎紘平 5000
愛媛有機農産生協 3000
待田順治 3000
小柳玲子 3000
谷井尚子 3000
青野正明 3000
慎英弘 5000
高仁宝 5000
一色哲 3000
羽下大信 5000
森地重博 5000
迫田けい子 3000
中島孝幸 10000
平田昌司 5000
駒形愛子 3000
樅山さち子 3000
金世徳 3000
荒内直子 3000
なんやか屋 800
川勝浩 5000
北原昭夫 5000
神港教会 20000
鈴木香織 3000
飛田みえ子 5000

計 55件
256,123円

毎月募金会計 96,000円（千円：菱木康夫、金早苗、高仁宝、信長正義、信長たか子、藤田寿え子、飛田雄一、松岡静子、二千円：福田菊、三千円：白川豊、辻建）

古本市による協力
2,367,572円

総計 2,719,695円
以上感謝をもって領収いたしました。

六甲奨学基金ご協力のお願い

●賛助会費:
一口 A3,000　B5,000　C10,000
※いずれも一口を単位としますが、何口でも結構です。
※送金方法
郵便振替〈01160-6-1083 財団法人 神戸学生・青年センター〉
備考欄に「奨学金」とお書きください。
銀行振込 三井住友銀行 六甲支店 0779651
財団法人 神戸学生青年センター 六甲奨学基金
銀行振込で領収証やニュースをご希望の方は、
事務局までご連絡ください。

セミナーの記録　2008.4～2008.8

食料環境セミナー

381回4月23日「中国冷凍ギョーザがつきつけている食の問題」久保きよ子さん
シリーズ「地域の力-食・農・まちづくり-」
382回5月28日「地域の力-食・農・まちづくり-」大江正章さん
383回6月25日「地域の力-食・農・まちづくり-～NPOひょうご農業クラブの実践」増田大成さん
384回7月23日「地域の力-食・農・まちづくり-～はっぱで村おこし-徳島・上勝村のとりくみ」横石知二さん

朝鮮史セミナー

「韓国・大統領論」金世徳さん
1・6月11日「李承晩、尹潽善」
2・6月25日「朴正熙、崔圭夏、全斗煥、盧泰愚」
3・7月9日「金泳三、金大中、盧武鉉、そして李明博」

朝鮮語・韓国語講座

入門　毎週木曜日　金世徳さん
初級　毎週水曜日　金宝英さん
中級A　毎週火曜日　高秀美さん
中級B　毎週水曜日　姜相熙さん
上級　毎週木曜日　朴鐘祐さん

六甲奨学基金

日本語サロン　毎週月・土曜日
5月8日～7月10日
「日本語学習支援のステップアップ講座」　矢野文雄さん

その他のセミナー・行事

6月1日　芸術交流ワークショップ「世界をつなぐ音楽の花束」於・兵庫県公館　多文化と共生社会を育むワークショップ共催プログラム

6月13日～22日村山康文写真展-エイズと子どもたち～ベトナムからのメッセージ～
6月13日「ベトナム戦争とエイズ」村山康文さん

エイズ写真展　6.13～22

6月30日アジア労働者交流集会in 神戸　於・神戸市勤労会館　兵庫社会労働運動センター・自立労連神戸支部共催プログラム

イラク集会　7.11

7月11日「9条のある国がすてきだ!―名古屋イラク派兵違憲判決報告―」池住義憲さん　九条の会ひょうご、神戸YWCA共催プログラム

8月3日　「わたし8歳、カカオ畑で働きつづけて～チョコレート、児童労働わたしたちとのつながり～」岩附由香さん　フェアトレードひょうごネット共催プログラム

第11回古本市、成績発表で〜〜す

ことしも3月15日〜5月15日まで開催された六甲奨学基金古本市。目標の360万円には達しませんでしたが、3,076,585円の売り上げがありました。

本を提供してくださった方々、ボランティアの方々、買ってくださった方々、ほんとうにありがとうございました。

今回は、ダンボールでつくる本棚に目覚めました。6段組を6個つくりました。結構丈夫でした。新聞折込広告は1万枚増しの6万枚。拡大方針?の古本市です。来年の本の回収は、3/1〜31、古本市は3/15〜5/15です。よろしくお願いします。

第11回古本市　2008.4

食料環境セミナー

4月は「中国冷凍ギョーザ」をテーマに久保きよ子さん、5月からは「地域の力-食・農・まちづくり-」シリーズでまずは同名の岩波新書を出された大江正章さん、6月はNPOひょうご農業クラブの増田大成さん、7月は「はっぱで村おこし」の横石知二さん。いずれもその本で紹介されている熱い熱い講演でした。

久保きよ子さん　4.23　大江正章さん　5.28　増田大成さん　6.25　横石知二さん　7.23

日本語学習支援のステップアップ講座

センター日本語サロンのベテランボランティア・矢野文雄さんによる人気講座。今年も5〜7月に全10回で開催しました。先生も生徒も熱心な講座です。日本語サロンは月、土曜日に開催。先生も生徒も引き続き募集中です。

矢野文雄さん

朝鮮史セミナー／「韓国・大統領論」

新進気鋭の政治学者・金世徳さんが「韓国・大統領論」をテーマに全3回。1)「李承晩、尹潽善」2)「朴正熙、崔圭夏、全斗煥、盧泰愚」3)「金泳三、金大中、盧武鉉、そして李明博」でした。多くのエピソードを交えながらの楽しい講演でした。

金世徳さん　6.11

エイズとこどもたち・写真展／講演会

写真家村山さんの写真展と講演会を開催しました。ベトナム戦争がいまのベトナムのエイズ問題に繋がっていることを、かつてのベ平連青年も学びました。

村山康文さん　6.13

9条のある国がすてきだ!

このテーマで、名古屋イラク派兵違憲判決を勝ち取った池住義憲さんを招いて講演会を開きました。九条の会ひょうご、神戸YWCAと学生センターの共催プログラムです。判決時の名古屋地裁の再現で大いに盛り上がりました。

池住義憲さん　7.11

ベッドルーム　多目的ホール

宿泊・会議室ともに、ご予約は12ヵ月前より承ります
料金は税込。(　　)内の金額は学生料金です。単位:¥
キャンセルの場合は1週間前より20%、前日当日は80%ちょうだいします

■宿泊料金(税込)　チェックイン:18:00—22:30　チェックアウト:9:00

部屋名	定員	利用人数による一人当りの素泊まり料金／単位:¥			
和室A	8	2人 4,200 (3,600)	3−4人 3,400 (3,100)	5−6人 3,100 (2,800)	7−8人 2,900 (2,600)
和室B／C	各3	1人 4,200 (3,800)	2人 3,600 (3,300)	3人 2,900 (2,600)	*
和室D	12	3−4人 4,200 (3,600)	5−6人 3,400 (3,100)	7−9人 3,100 (2,800)	10−12人 2,900 (2,600)
ベッドルーム8室	各2	1人 3,600 (3,100)	2人 2,900 (2,600)	*	*

●シーツとまくらカバーをお渡しします。全室にゆかたを準備しています。ベッドメーキングは、セルフサービスでお願いします。(定員42人)

就学前のお子さまは、引率の大人一人につき一人無料
二人目からは学生料金をちょうだいします

■会場使用料(税込)
営業目的の会場使用は一般料金の倍額

部屋名	広さ	9:00−12:00	13:00−17:00	18:00−22:00
ホール	120㎡	7,000 (6,000)	8,000 (7,000)	8,000 (7,000)
会議室A 会議室D スタジオ	40㎡ 30㎡ 20㎡	3,300 (2,800)	3,800 (3,300)	3,800 (3,300)
会議室C	15㎡	2,800 (2,300)	3,300 (2,800)	3,300 (2,800)
和室A 和室D	12畳 17.5畳	3,300 (2,800)	3,800 (3,300)	この時間は利用できません
和室B／C	7.5畳	2,800 (2,300)	3,300 (2,800)	この時間は利用できません

●営業目的の会場使用は、10割増となります。
●ピアノ使用は1口1050円(スタジオ)、3150円(ホール)

ご予約は…☎078-851-2760

●阪急六甲より徒歩2分
●JR六甲道より徒歩10分
●新幹線新神戸よりタクシー15分

「カカオ畑」とフェアートレードフェア

岩附由香さん　8.2

フェアトレードひょうごネットとの共催プログラム、今年は7/22〜8/11に開催。ACE代表・岩附由香さんの講演会のテーマは、「わたし8歳、カカオ畑で働きつづけて〜チョコレート、児童労働、わたしたちとのつながり〜」。センターロビーでは、適宜フェアートレードショップを開店しています。

六甲奨学基金

阪神大震災時の被災留学生・就学生支援事業の延長線上に設けられた基金です。今年は第13期、5名の奨学生に月額5万円の奨学金を支給しています。

<2008年度の奨学生>

春日日本語学院	李　娜	中国	女
聖和大学	姜壬順	韓国	女
園田学園女子大学短期大学部	徐麗娜	中国	女
神戸東国際学院	付　欣	中国	男
姫路獨協大学	王澤光	中国	男

六甲奨学基金授与式

一粒の麦奨学基金

今年は第5期で最終年を迎えています。篤志家の寄付3100万円により2004年度から月額6万円を8名の奨学生に支給してきました。その篤志家の意思により日本が特に迷惑をかけた中国、台湾、韓国の奨学生が対象です。

<2008年度の奨学生>

関西学院大学	劉俊芳	中国	女
甲子園大学	朱志运	中国	男
甲南女子大学	李英姫	韓国	女
流通科学大学	朴繊薫	韓国	男
関西国際大学	温　禾	中国	男
神戸大学	高陳琼	中国	女
神戸市外国語大学	郭文星	中国	女
兵庫教育大学	蓮　花	中国	女

一粒の麦奨学基金授与式

まいど ばかばかしい・・・

神戸大学落語研究会の寄席がありました。

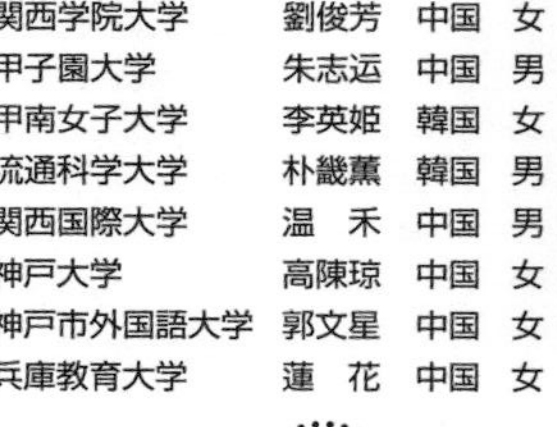

神戸大学落研2008.7.5

<神戸港 平和の碑>が完成しました

センターに事務所をおく「神戸港における戦時下朝鮮人・中国人強制連行を調査する会」(代表・安井三吉神戸大学名誉教授)が元町南京街の南「神戸華僑博物館」前に<神戸港 平和の碑>を建てました。中国から遺族も参加して除幕式が行なわれました。

〈神戸港 平和の碑〉除幕式　7.21

定期利用

グループ・教室のご案内

◆六甲トレーニングサロン……月曜日・前9〜12:00　前田先生　0797-35-5588
◆稲美会(絵更紗)……月2回　水・土曜日・後1〜5:00　稲垣先生　078-821-7078
◆からむい会(絵更紗)……第1・3月曜、第2・4木曜・後1〜5:00　蔭村先生　0797-31-1798
◆すぎなコーラス……月曜日・前10〜12:00　連絡先・横田　078-851-5714
◆神戸女声合唱団……金曜日・前10〜12:00　連絡先・岡 邦子　078-291-0855
◆神戸東女声合唱団……金曜日・後2〜4:00　連絡先・野口綾子　0727-77-2080
◆児童英語(MOMO)……木曜日・後5〜10:00　小倉先生　0797-22-4270
◆創作アップリケ……第2・4月・金曜日・前10〜12:00　柏原先生　078-821-4632
◆ノイエカンマーコール(混声コーラス)……土曜日・後6〜9:00　連絡先:池田　078-936-0123
◆ヨガ体操……火曜日・前9:30〜12:00　廣瀬先生　078-851-8851
◆アトリエ太陽の子(児童絵画)……木曜日・後1〜5:00　中嶋先生　078-858-7301
◆六甲ボーカル……第1・3木曜日・前10〜12:00　池本先生　078-861-8724
◆こうべこーる恵(コーラス)……火曜日・前10〜12:00　連絡先・田附　0798-26-2169
◆ステンドグラス・アトリエとも……第2・4木曜・後1〜5:00　幸坂先生　078-582-0644
◆全珠連会員・熊内そろばん六甲教室……火曜・後3〜9:00、土曜・後1〜4:00　奥野先生　078-241-1095
◆六甲さくら合唱団……月3回月曜・後1〜5:00　連絡先・見須　078-881-7851
◆テコンドー……毎週金曜日・後6〜9:00　連絡先・妹尾　090-9846-8241
◆稲践会空手道……毎週月曜日・後4〜10:00　連絡先・藤本　078-842-5669
◆ふらんす堂句会……原則第2土曜・後1〜5:00　連絡先・山内　078-431-0039
◆プログレス(幼児教室)……火曜日・後1〜5:00　連絡先:近藤　090-5050-1657
◆すずめの学校(ニューヨークタイムズ紙を読む会)……第3・4水曜日・後1〜5:00　連絡先・上田　078-732-2651
◆前田書道会……火曜日・前9〜夜9:00　連絡先・前田先生　078-854-1578

お問合せやお申込は、各グループ・教室に直接ご連絡ください。

神戸学生・青年センター
センターニュース
KOBE STUDENT YOUTH CENTER NEWS No.68

No.68
発行所　(財)神戸学生・青年センター
理事長　辻　建
館　長　飛田　雄一
〒657-0064　神戸市灘区山田町3丁目1-1
TEL (078) 851-2760 FAX (078) 821-5878
Yamada-cho 3-1-1, Nada-ku
Kobe, 657-0064 Japan
E-mail info@ksyc.jp
U R L http://ksyc.jp

飛田館長おすすめ・六甲の夜景スポット

館長　飛田雄一（ひだ　ゆういち）

六甲山の夜景は100万ドルの夜景として有名だ。電力会社の社長が山頂から夜景を見て、これは100万ドルに相当すると計算したことからこう呼ばれるようになった、と言われている。近年はインフレが進み1000万ドルともいわれている。

六甲の夜景スポット、いちおしは摩耶山からの夜景だ。六甲山のいくつかの展望台からの夜景と比べると、山が切り立っていて（少々オーバー）、真っ黒な山の部分が少なく目の前にパーッと夜景が広がるのだ。ただ交通の便が悪い。摩耶ケーブル下駅へのバスが、三宮および阪急六甲からでているが本数は多くない。2系統のバス停（五毛天神）から歩いて登ってもけっこうきついのである。タクシーで一番近いのは阪急王子公園駅からだろうか？

摩耶山は、南から登るドライブウェーがなく、いい登山道がたくさん残っているので私のお気に入りだ。車で摩耶山上に行くのにはセンターからは六甲山ドライブウェーまたは三宮から再度山ドライブウェー経由となる。

センターから徒歩で行ける六甲の夜景スポットもある。北に5、6分登っていくと、神戸大学手前の急坂から見る夜景もなかなかだ。更に登って神戸大学正門の西、放送大学のあたりからも夜景がよく見える。ただ最近、こんな急斜面にマンションはできないと思っていたところにどんどんとマンションができて、眺望をさえぎっているのが憎い。そのようなマンションの夜景はすごいだろうと考えるとよけい憎い。

六甲山上からの夜景は、車で行けば各展望台をはしごできる。鉢巻展望台、ケーブル山頂・天覧台、ガーデンテラスなどだ。エコ派はセンターから市バスでケーブル下駅、そしてケーブルで登るというのがいい。阪急と阪神が合併して阪神オリエンタルホテルが閉店してしまったが、このホテルのバーからの夜景は見事だった。いや残念である。六甲山ホテルからの夜景は、正直言っていまいちだ。

最後にセンターから2分の穴場を紹介する。阪急六甲駅ビルの6階にあるバー・トップシックスだ。センターご用達の六甲苑のビルである。たった6階とあなどってはいけない。このあたりはすでに標高60メートル、一方すぐ南のJR六甲道は30メートル。標高差があるので間にあるマンションもさして障害にならないのである。三宮から大阪まで100万ドル?の夜景だ。以前は高級バーで入りにくかったが最近はそうでもない。朝4時まであいている。センターにお泊りの時には門限後にも出入りできるキーをお忘れなく。

冬は夜景のきれいな季節だ。ルミナリエが終われば、ぜひ六甲夜景スポットにもお出かけいただきたい。

神戸大学への急坂で

バー・トップシックス

(財)神戸学生青年センター賛助金　2008.9.1～11.30（敬称略・単位円）

六甲苑 10000
石川鴻二 3000
ろっこう医療生活協同組合 5000
田原良次 3000
六渡和香子 5000
足立龍枝 3000
柳英数 10000
杉山博昭 3000
友井公一 3000
徐聖寿 3000
山根貞夫 2000
前田ひろ子 5000
高橋元 3000
大高全洋 3000
宮井正彌 3000
小川幹雄 3000
黄田恩珠 5000
手束光子 3000
無名氏 3000
林祐介 3000
森行雄 3000
杉本泰郎 3000
久冨伸子 3000
小林善樹 3000
山田昭次 3000
無名氏 3000
田中寛 3000
李重華 5000
林一子 3000
岡田たづ子 3000
片桐陽 5000
柳到亨 3000
成毛典子 10000
坪山和聖 3000
八木修 3000
小川政亮 3000
花木順子 3000
申英子 2000
水野雄二 5000
阿蘇敏文 3000
福田菊 5000
田原憲平 5000
大野真紀子 3000
西川幸 3000
池田恵理子 3000
田口恵美子 3000
小泉洋 3000
門倉和子 5000
永井靖二 5000
高木甫 10000
吉田敦子 3000
阿部恩 5000
落合健二 5000
河かおる 3000
石浜みかる 3000
柴田康彦 3000
畑山智明 5000
津久井進 5000
岡林信一 3000
富川直彦 3000
鈴木道也 3000
根津茂 10000
中村大蔵 3000
河島完治 3000
桝田計雄 5000
ﾜｲﾄﾞｼｽﾃﾑｻｰﾋﾞｽ 10000
西浦茂 3000
長志珠絵 3000
鈴木誠也 5000
藤江新次 3000
和田進 3000
島津恒敏 10000
山本慶政 3000
辻川敦 3000
仲南昌代 3000
呉優樹 3000
呉成樹 3000
小林まゆみ 3000
伊藤悦子 3000
魚住みち 3000
菅沼祐子 3000
柳下恵子 3000
谷井尚子 3000
光森恒子 5000
渡辺俊雄 5000
下西ユキヨ 3000
岩崎裕保 5000
上田登美子 3000
草京子 1000
板山眞由美 3000
宇野田尚哉 3000
伊東恭子 3000
尹英順 3000
山西伸史 3000
鈴東力 5000
康良樹・金恩順 3000
マイチケット
山田和生 5000
高橋弥生 5000
古知正子 10000
李月順 3000
總谷智雄 5000
西尾嘉尉 5000
窪田実美 5000
西野千保子 3000
西出郁代 3000
笠原芳光 5000
前川純一 3000
菅根信彦 5000
愼英弘 5000
門野隆弘 5000

計110件 442000円
以上感謝をもって領収いたしました。

賛助金ご協力のお願い

●賛助会費:
一口 A3,000　B5,000　C10,000
※いずれも一口を単位としますが、何口でも結構です。
※送金方法
郵便振替〈01160-6-1083 財団法人 神戸学生・青年センター〉
備考欄に「賛助金」とお書きください。
銀行振込 三井住友銀行 六甲支店 0779663
財団法人 神戸学生青年センター 賛助金
銀行振込で領収証やニュースをご希望の方は、
事務局までご連絡ください。

六甲奨学基金　2008.9.1～11.30（敬称略・単位円）

佐藤美也子 5000
田原良次 3000
中川慶子 3000
松下宜且 10000
岡崎道子 10000
田澄光平 3000
無名氏 2000
林祐介 3000
無名氏 3000
片桐陽 5000
井上淳子 3000
藤川照子 5000
葛谷登 3000
門倉和子 5000
竹前望美 3000
阿部恩 5000
三田登美子 3000
近藤芳廣 3000
津久井進 5000
武谷なおみ 5000
桝田計雄 5000
ﾜｲﾄﾞｼｽﾃﾑｻｰﾋﾞｽ 10000
徳田暁子 20000
辻川敦 2000
魚住みち 3000
山本純子 5000
谷井尚子 3000
細川敦子 1000
渡辺俊雄 5000
上田登美子 3000
板山眞由美 5000
マイチケット
山田和生 5000
高橋弥生 5000
なんやか屋 1000
窪田実美 5000
西出郁代 3000
なんやか屋 1000
なんやか屋 1000
なんやか屋 1000
前川純一 10000
山田正子 10000

計41件191000円

毎月募金会計48000円（千円:菱木康夫、金早苗、高仁宝、信長正義、信長たか子、藤田寿え子、飛田雄一、松岡静子、二千円:福田菊、三千円:白川豊、辻建）

古本市による協力 39400円

総計278400円
以上感謝をもって領収いたしました。

六甲奨学基金ご協力のお願い

●賛助会費:
一口 A3,000　B5,000　C10,000
※いずれも一口を単位としますが、何口でも結構です。
※送金方法
郵便振替〈01160-6-1083 財団法人 神戸学生・青年センター〉
備考欄に「奨学金」とお書きください。
銀行振込 三井住友銀行 六甲支店 0779651
財団法人 神戸学生青年センター 六甲奨学基金
銀行振込で領収証やニュースをご希望の方は、
事務局までご連絡ください。

セミナーの記録　2008.9～11

食料環境セミナー

385回9月24日「神戸大学NPO『ごみじゃぱん』のとりくみ」小島理沙さん
386回10月22日「松蔭中・高校『グリーンエコプロジェクト』のとりくみ」谷口理さん
387回11月26日「脱サラののち有機農業に取り組んで」大村明さん

朝鮮史セミナー

10月13日「神戸市立外国人墓地に朝鮮ゆかりの人物をたずねるハイキングwithキムチチゲ」
11月5日「済州島四・三事件」の私　金時鐘さん
11月21日「1970・兵庫/在日朝鮮人生徒の『一斉糾弾闘争』」飛田雄一さん
「『私には浅田先生がいた』その後」康玲子さん

現代キリスト教セミナー

「私のキリスト教」
11月7日「五郎兵衛は生涯未完成」露の五郎兵衛さん
「教会根問（きょうかいねどい）」露のききょうさん
11月17日「イエスはキリストにあらず」笠原芳光さん
12月1日「混沌とした戦後のなかで」佐治孝典さん
12月8日「神戸教会のルーツを探る－アメリカン・ボードの働き－」菅根信彦さん
12月15日「戦争期を生きたキリスト者の先輩から学ぶ」石浜みかるさん

笠原芳光さん 11.17

朝鮮語・韓国語講座

入　門　毎週木曜日　金世徳さん
初　級　毎週水曜日　金宝英さん
中級A　毎週火曜日　高秀美さん
中級B　毎週水曜日　姜相熙さん
上　級　毎週木曜日　朴鍾祐さん

六甲奨学基金

日本語サロン　毎週月・土曜日
10月21日～12月16日「日本語教育の文法総まとめ」中畠孝幸さん

佐治孝典さん 12.1

その他のセミナー・行事

10月17日風刺劇「学ぶ権利を取り戻すために～ある夜間中学の風景」神戸大学有志・劇団こめこめ一家
11月1日「こちまさこ出版記念講演会」
11月15日徐正敏先生講演会「韓国キリスト教の過去、現在、未来－歴史的反省と課題－」
11月16日フェアトレードひょうごネット共催プログラム「おいしいコーヒーの真実」の裏側
「おいしいコーヒーの真実」上映、辻村英之さん、神田浩史さん講演
11月5日～12月25日フェアトレードひょうごネットフェア
11月28日テナー孫正熙招請リサイタル「留学生のための音楽会」
11月29日多文化と共生社会を育むワークショップ共催プログラム　日系ブラジル人ドキュメンタリー上映会「Permanencia-ペルマネンシア　この国にとどまって」

食料環境セミナー

9月は、「神戸大学NPO『ごみじゃぱん』のとりくみ」について、同会事務局長・神戸大学大学院経済学研究科教育研究補佐員の小島理沙さん、10月は「松蔭中・高校『グリーンエコプロジェクト』のとりくみ」を同校の谷口理さんからうかがった。いずれも学生センターの近隣での取り組みで新聞紙上でも紹介されていた若者の実践的な新しい取り組みだ。11月は、センターとも関係の深い、神戸市西区で有機農業に取り組んでいる大村明さんをお迎えして「脱サラののち有機農業に取り組んで」をテーマにお話をうかがった。こんな人、あんな人、お話を聞きたい講師の希望を企画委員会におよせください。

小島理沙さん 9.24

谷口理さん 10.22

大村明さん 11.26

現代キリスト教セミナー

秋のシリーズのテーマは「私のキリスト教」。①11/7は初めて本職の落語家の登場で、露の五郎兵衛さん「五郎兵衛は生涯未完成」と露のききょうさん「教会根問(きょうかいねどい)」でした。②11/17は笠原芳光さん「イエスはキリストにあらず」、キリスト教センターとしてはドキッとするテーマでした。③12/1佐治孝典さん、ご自身の台湾での生活体験から「混沌とした戦後」につながるお話でした。

露の五郎兵衛さん 11.7

露のききょうさん 11.7

朝鮮史セミナー

1）秋はハイキングということで「神戸市立外国人墓地に朝鮮ゆかりの人物をたずねるハイキングwithキムチチゲ」。3月に雨で延期となったプログラムでした。外国人墓地には朝鮮で活動した有名な宣教師、LLヤングとWBスクラントンが葬られています。全員元気に歩いて美味しくキムチチゲもいただきました。

外国人墓地 10.13

2）11/5には金時鐘さんを講師に「『済州島四・三事件』の私」の講演会を開きました。自身が体験された事件の生々しい証言の会でした。

3）1970・兵庫／在日朝鮮人生徒の「一斉糾弾闘争」をテーマに、当時のことを書いた作品『私には浅田先生がいた』（三一書房）で在日女性文学賞を受賞した康玲子さんと飛田が話した。いまの学生センターがスタートしたのが1972年4月、そのころの話だ。いま「歴史」として振り返る必要もあるようである。

金時鐘さん 11.5

康玲子さん 11.21

講演会「韓国キリスト教の過去、現在、未来」

講師は同志社大学での留学時代にセンター朝鮮語講座の名物講師でもあった徐正敏さん。現・韓国延世大学教授で明治学院大学の交換教授として来日中に講演をお願いした。サブタイトルは「歴史的反省と課題」。率直かつ大胆にこの大きなテーマについてスケールの大きな話をしてくださった。

徐正敏さん 11.15

風刺劇「学ぶ権利を取り戻すために～ある夜間中学の風景～」

阪神大震災後、神戸大学学生が中心となってスタートさせ、いまや灘地域の大イベントとなっている「灘チャレンジ」。今年の風刺劇がとてもよかったので、センターで再演していただいた。

灘チャ風刺劇 10.17

こちまさこ出版記念講演会

『一九四五年夏−満州・七虎力の惨劇』、『一九四五年夏−はりま・相生事件を追う』を出版されたこちさんをお招きして神戸港調査する会、神戸・南京をむすぶ会と共催で講演会を開きました。本も講演も迫力がありました。

こちまさこさん 11.1

「『おいしいコーヒーの真実』の裏側」

センターロビーでフェアトレードひょうごネットフェアー開催の間に開催しました。映画、講演会、試飲会、ワークショップともり沢山のセミナーでした。

辻村英之さん 11.16

神田浩史さん 11.16

テナー孫正熙・招請リサイタル

孫正熙さん 11.28

孫さんは韓国釜山在住のオペラ歌手で国立安東大学外来教授。来日を機にセンターでリサイタルを開いてくださった。韓国歌曲「巨文島舟歌」などのほか、イタリヤオペラを聴かせてくださった。センターホールに孫さんのテナーが響きわたりました。

ドキュメンタリー「ペルマネンシア−この国にとどまって」上映会

多文化と共生社会を育むワークショップとセンターの共催映画会。ブラジル移民100周年となる今年、自身も「デカセギ」の経験があるエリオ・イシイ監督が体験に基づいて製作したドキュメンタリーを上映しました。重い内容のテーマをいい構成でつくられていました。

実践・日本語学習支援講座

六甲奨学基金運営委員・中畠孝幸さんによる全9回の講座です。受講料2万円がすべて奨学基金になる講座で、日本語教育でよく問題となる文法項目をとりあげて、総まとめのお勉強をしています。

中畠孝幸さん 10.21～12.16

定期利用

グループ・教室のご案内

◆六甲トレーニングサロン……月曜日・前9～12：00 前田先生 0797-35-5588
◆稲美会（絵更紗）……月2回 水・土曜日・後1～5：00 稲垣先生 078-821-7078
◆からむい会（絵更紗）……第1・3月曜、第2・4木曜・後1～5：00 蔭村先生 0797-31-1798
◆すぎなコーラス……月曜日・前10～12：00 連絡先・横田 078-851-5714
◆神戸女声合唱団……金曜日・前10～12：00 連絡先・岡 邦子 078-291-0855
◆神戸東女声合唱団……金曜日・後2～4：00 連絡先・野口綾子 0727-77-2080
◆児童英語（MOMO）……木曜日・後5～10：00 小倉先生 0797-22-4270
◆創作アップリケ……第2・4月・金曜日・前10～12：00 柏原先生 078-821-4632
◆ノイエカンマーコール（混声コーラス）……土曜日・後6～9：00 連絡先：池田 078-936-0123
◆ヨガ体操……火曜日・前9：30～12：00 廣瀬先生 078-851-8851
◆アトリエ太陽の子（児童絵画）……木曜日・後1～5：00 中嶋先生 078-858-7301
◆六甲ボーカル……第1・3木曜日・前10～12：00 池本先生 078-861-8724
◆こうべこーる恵（コーラス）……火曜日・前10～12：00 連絡先・田附 0798-26-2169
◆ステンドグラス・アトリエとも……第2・4木曜・後1～5：00 幸坂先生 078-582-0644
◆全珠連会員・熊内そろばん六甲教室……火曜・後3～9：00、土曜・後1～4：00 奥野先生 078-241-1095
◆六甲さくら合唱団……月3回月曜・後1～5：00 連絡先・見須 078-881-7851
◆テコンドー……毎週金曜日・後6～9：00 連絡先・妹尾 090-9846-8241
◆稲践会空手道……毎週月曜日・後4～10：00 連絡先・藤本 078-842-5669
◆ふらんす堂句会……原則第2土曜・後1～5：00 連絡先・山内 078-431-0039
◆プログレス（幼児教室）……水曜日・後1～5：00 連絡先：近藤 090-5050-1657
◆すずめの学校（ニューヨークタイムズ紙を読む会）……第1・3水曜日 後1～5：00 連絡先・上田 078-732-2651
◆前田書道会……火曜日・前9～夜9：00 連絡先・前田先生 078-854-1578
◆暮らしに役立つやさしい心理学……第3金曜日・後1～3：00 連絡先：松井 090-3055-3492

お問合せやお申込は、各グループ・教室に直接ご連絡ください。

神戸学生・青年センター
センターニュース
KOBE STUDENT YOUTH CENTER NEWS No.69

No.69
発行所　(財)神戸学生・青年センター
理事長　辻　建
館　長　飛田　雄一
〒657-0064　神戸市灘区山田町3丁目1-1
TEL(078)851-2760 FAX(078)821-5878
Yamada-cho 3-1-1, Nada-ku
Kobe, 657-0064 Japan
E-mail　info@ksyc.jp
URL　http://ksyc.jp

一粒の麦奨学基金は終了しました　六甲奨学基金は14期目にはいりました

館長　飛田雄一（ひだ　ゆういち）

一粒の麦奨学基金は2004年4月からスタートしました。これは篤志家Aさんの申し出によるもので、3000万円が寄付されました。日本が特に歴史的に多くの責任を負わなければならない中国、台湾、韓国からの留学生に支給してほしいというのがAさんのお考えでした。

それ以降、毎年、兵庫県下の大学・大学院で学ぶ8名の中国、台湾、韓国からの留学生に月額6万円を5年間支給をして、今年3月に最終の第5期が終了しました。延40名の奨学生に、総額2880万円を支給したことになります。センターではすでに1996年度から六甲奨学基金がスタートしていましたが、そのノウハウを活用して運営をしてきました。多くの奨学生から感謝の言葉が寄せられています。

●

六甲奨学基金は、阪神淡路大震災時の被災留学生・就学生支援活動の延長線上に始まりました。1300万円の基金でスタートし、毎年200万円の募金を集めて100万円を取り崩すという計画でした。取り崩し額が増大してこのままでは13年間もたないのではと始めた古本市が大当たりで無事14期目に入りました。兵庫県下のアジアからの留学生・就学生5名に月額5万円を支給しています。

●

現在開催中の古本市は12回目。初回の1998年に予想を超える147万円の売上を記録して、以後、定例化されました。昨年の売上は307万円、これまでの最高記録は2007年の320万円です。毎年本を提供してくださる方も増え、今年は売上を順調に伸ばしています。

今年、私は、ダンボール本棚作りに目覚めました。12個のミカン箱をつないだ本棚を8台、8個組みを2台、6個組を2台作りました。倉庫スペースの関係で?スチール本棚はこれ以上買えませんが、ダンボールはなんぼでもOKです。作り方はブログ（飛田雄一／ブログで検索）を参照ください。

今年の売上は好調で4月6日現在で256万円。目標の350万円に到達する可能性もでてきました。本の回収は3月末で終了しましたので、古本をご提供くださる方は来年3月までとっておいてください。古本市は5月17日まで休みなしです。是非ご来場ください。午前9時～午後10時。文庫新書児童書CDは100円、一般単行本は300円です。ボランティアは引き続き募集中です。片道500円までの交通費支給とおいしいコーヒー付です。

古本市全景

ダンボール本棚です

(財)神戸学生青年センター賛助金　2008.12.1～2009.3.31（敬称略・単位円）

佐治孝典 5000
朝賀文子 3000
長瀬春代 3000
瀬戸口雅子 5000
松枝佳宏 3000
杉山はるみ 3000
神戸女声合唱団 10000
宇都宮佳果 3000
青木一博 3000
奈良本まゆみ 3000
津野勝俊 3000
西脇鈴代 5000
井村厚 3000
小川雅由・三代子 5000
三木鎌吾 5000
厚地勉 3000
秋山眞澄 5000
八木晃介 3000
小紫富久枝 3000
金正郁 3000
栗本敬一郎・陽子 5000
八尾佳子 5000
すぎなコーラス 3000
中村英之 3000
原田光雄 5000
岩崎謙 10000
五十嵐広司・紀子 3000
中道澄春 3000
小西和治 3000
白方誠彌 5000
手東光子 3000
高光重 10000
登尾明彦 3000
石川鴻二 3000
六甲カトリック教会 30000
西川治郎 3000
花岡光義 3000
津久井進 3000
西浦茂 3000
井上力 10000
羽鳥敬彦 3000
大薮善次郎 3000
池田泰弘 3000
砂上昌一 5000
鈴木道也 3000
土肥淳子 3000
徐聖寿 3000
田原良次 3000
六島純雄 3000
稲田登 10000
保田茂 10000
服部待 3000
小松裕 5000
小川幹雄 3000
芹田希和子 10000
守一律子 3000
岡田長保 5000
金慶海 3000
全芳美 3000
藤井道雄 3000
山崎延子 5000
神田栄治 3000
島田恒 10000
永井靖二 5000
高英梨 3000
木村健二 3000
石橋英昭 3000
高木甫 10000
宮沢之祐 3000
友井公一 3000
十河韶子 2000
中山一郎 10000
韓国食品株式会社 10000
岡田惇也 10000
前田ひろ子 5000
徐正禹 3000
杉田哲 5000
倉持龍一 3000
宇野徹 5000
上田眞佐美 5000
山川美代 3000
金野南 5000
遠山薫 2000
正木峯夫 3000
満寿会 3000
林祐介 3000
信長正義・たか子 10000
谷井尚子 3000
リングホーファーマンフレッド 5000
上杉總 3000
今田裕子 3000
森地重博 5000
ロバート圭子ウイットマー 3000
岡野克子 3000
岡部眞理子 3000
多田伝三郎 5000
金慶子 3000
孫永律 3000
岡崎道子 10000
越智清光 3000
廣春夫 3000
吉川美重子 3000
足立龍枝 3000
宋連玉 3000
秋山成子 3000
永井満 3000
無名氏 3000
北田美智子 2000
高石留美 5000
中松美智子 3000
金坪成和 5000
井坂弘 3000
湯木昭八郎 5000
西信夫 5000
梁壽龍・朴貴玉 3000
吉水公一 3000
大津留厚 3000
田中義信 3000
坪野えり子 3000
柴田征雄 3000
平田典子 3000
伊東恭子 3000
梁愛舜 5000
高阪邦子 3000
西村文雄 3000
伊吹房子 10000
千葉宣義 5000
柳到亨 3000
小川政亮 3000
六渡和香子 5000
藤原精吾 3000
林伯耀 10000
原和美 3000
高見俊雄 2000
黒田薫 3000
神戸多聞教会 10000
辻本久夫 3000
枡田計雄 5000
稲田多恵子 3000
蒋点桓 3000
石塚健・明子 3000
成毛典子 10000
島津恒敏 10000
西脇美代子 3000
阪上芳男 3000
小林知子 5000
李景珉 5000
日本基督教団宝塚教会 5000
池辺幸惠 3000
神戸YWCA 5000
田中洋一 3000
岡野満 3000
間一孝 3000
枝川典子 3000
足立康幸 10000
淡路三原伝道所 3000
丸山晶子 3000
津野勝俊 3000
辻建 100000
林弘城 3000
森川展昭 3000
脇本寿 5000
梁民基 3000
中原眞澄 3000
飛田悦子 5000
兵庫県有機農業研究会 30000
関西学院宗教活動委員会 20000
小松匡位 10000
小林保 5000
神港教会 30000
薬師寺小夜子 3000
保田茂 5000
近藤武文 5000
求める会 25000
水野直樹 5000
水野浩重 3000
田添禧雄 3000
瀬戸口雅子 5000
斉藤洋子 3000
小川文夫 3000
甲南女子大学多文化コミュニケーション学科 10000
光葉啓一 3000
中勝博志 5000
外谷悦夫 3000

計184件　1,005,000円
以上感謝をもって領収いたしました。

賛助金ご協力のお願い

●賛助会費:
一口 A3,000　B5,000　C10,000
※いずれも一口を単位としますが、何口でも結構です。
※送金方法
郵便振替〈01160-6-1083 財団法人 神戸学生・青年センター〉
備考欄に「賛助金」とお書きください。
銀行振込 三井住友銀行 六甲支店 0779663
財団法人 神戸学生青年センター 賛助金
銀行振込で領収証やニュースをご希望の方は、
事務局までご連絡ください。

六甲奨学基金　2008.12.1～09.3.31（敬称略・単位円）

高田公子 3000
なんやか屋 4000
無名氏 1000
近澤淑子 5000
栗本敬一郎・陽子 5000
中畠孝幸 10000
水野明代 3000
無名氏 1349
中川一夫 3000
高光重 10000
西川治郎 3000
中川慶子 3000
津久井進 3000
小久保圀寛 3000
砂上昌一 5000
山崎昌子 3000
横山康子 3000
佐藤美也子 3000
田原良次 3000
六島純雄 3000
藤井道雄 5000
山崎延子 5000
鈴木香織 3000
中西美江子 3000
岡田惇也 10000
井上淳子 3000
林祐介 3000
谷井尚子 3000
川崎紘平 5000
森地重博 5000
葛谷登 3000
奥野葉津紀 5000
田邉光平 3000
岩坂二規 3000
古座岩博子 3000
土本基子 3000
高石留美 5000
松下宜且 10000
湯木昭八郎 5000
保田吉三郎 5000
大津留厚 3000
なんやか屋 1000
なんやか屋 2000
なんやか屋 1500
長瀬三千子 5000
枡田計雄 5000
なんやか屋 1000
加藤克子 3000
なんかや屋 1000
間一孝 3000
大槻小百合 3000
なんやか屋 3000
なんやか屋 1000
脇本寿 5000
関西学院宗教活動委員会 20000
三好千春 10000
薬師寺小夜子 3000
小野光子 5000
水野直樹 5000
柴田康彦 3000
小川文夫 5000
無名氏 1000
外谷悦夫 3000

計63件259,849円

毎月募金会計64,000円（千円:菱木康夫、金早苗、高仁宝、信長正義、信長たか子、藤田寿え子、飛田雄一、松岡静子、二千円:福田菊、三千円:白川豊、辻建）

古本市による協力 2,261,109円
総計 2,584,958円

以上感謝をもって領収いたしました。

六甲奨学基金ご協力のお願い

●賛助会費:
一口 A3,000　B5,000　C10,000
※いずれも一口を単位としますが、何口でも結構です。
※送金方法
郵便振替〈01160-6-1083 財団法人 神戸学生・青年センター〉
備考欄に「奨学金」とお書きください。
銀行振込 三井住友銀行 六甲支店 0779651
財団法人 神戸学生青年センター 六甲奨学基金
銀行振込で領収証やニュースをご希望の方は、
事務局までご連絡ください。

セミナーの記録　2008.12～2009.3

食料環境セミナー

387回12月24日「自給自足の山村に暮らして」大森あいさん
388回1月28日「六甲山とモリアオガエル―六甲山自然保護運動のとりくみ」堂馬英二さん
389回2月25日「原子力発電と私たちのくらし」中川慶子さん
390回3月25日「牛とアサガオ―県立播磨農業高校のとりくみ」松島敏春さん

朝鮮史セミナー

3月6日
「日本と朝鮮、100年の歴史をふりかえる―3・1独立運動90周年を迎えて―」姜在彦さん
3月8日
「中央アジアの朝鮮人―強制移住から70年、その歴史と現在」ゲルマン・キムさん於:青丘文庫

朝鮮語・韓国語講座

入門　毎週木曜日　金世徳さん
初級　毎週水曜日　金宝英さん
中級A　毎週火曜日　高秀美さん
中級B　毎週水曜日　姜相熙さん
上級　毎週木曜日　朴鍾祐さん

六甲奨学基金

日本語サロン　毎週月・土曜日
3月28日　日本語サロン交流会
3月14日～5月17日第12回古本市

その他のセミナー・行事

12月5日
KOBE Mass Choir―神戸大学YMCAクリスマスゴスペルコンサート
12月10日
南京大虐殺幸存者の証言を聞く会in神戸　黄恵珍さん
3月7日
多文化共生社会の構築には何が必要か～行政との協働へ向けて～於:山手大学　多文化と共生社会を育むワークショップ共催

食料環境セミナー

大森あいさん
2008.12.24

昨年12月のセミナーは最年少講師・あ～す農場（和田山町）の大森あいさん19歳で、テーマは「自給自足の山村に暮らして」。キューバ訪問の体験も含めて楽しいそして元気なお話でした。講演録のブックレットを作りました。定価320円、送料80円、希望者は80円切手5枚、400円分をお送りください。

堂馬英二さん
2009.1.28

1月は、「六甲山とモリアオガエル－六甲山自然保護運動のとりくみ」。六甲道の近くに事務所をかまえる六甲山自然保護センターを活用する会代表の堂馬英二さんが、六甲山での子どもたちも参加する自然保護運動をレポートしてくださいました。六甲山にもモリアオガエルがいるのですね。2月は、「原子力発電と私たちのくらし」をテーマに食品公害を追放し安全な食べものを求める会会員でもある中川慶子さん（原発の危険性を考える宝塚市民の会）。地震が起こったらどうなる?、オール電化は？など、多くの「なぜ」をともに考えました。3月は県立播磨農業高校がとりくんでいる「牛とアサガオ」。真夏に牛が快適に過ごすことができれば乳量も乳質も上がります。いろいろな試行錯誤を重ねアサガオを利用することになったユニークな実戦のレポートでした。研究集会で受賞した学生さんのプレゼンテーションが最高でした。もちろん松島敏春先生のお話も。

中川慶子さん　2.25

松島敏春さんと学生さん　3.25

センターのホームページがあら不思議！？

センターのホームページは、http://ksyc.jp/

ksyc は、Kobe Student Youth Center の略です。シンプルないいアドレスだと思われませんか？

そのホームページが、多言語化しました。英語、朝鮮語、スペイン語、フランス語、中国語で見ることができるようになりました。トップページのそれぞれの言語をクリックしてください。センターの総力をあげて翻訳したものです、ではなくて、インターネット上の自動翻訳機能を利用したものです。自動翻訳なので、興味深い言葉に変身しているのではないかと思います。

その変身具合を確かめるためにも、それぞれの言葉が得意な方はご覧になってチェックをよろしく。そして、友人にご紹介ください。

朝鮮史セミナー

今年は1919年の3・1独立運動から90年です。姜在彦さんから東京留学生の2・8宣言を中心にご講演いただきました。

またカザフスタンからカザフ国立大学教授ゲルマン・キムさんをお招きして「中央アジアの朝鮮人－強制移住から70年、その歴史と現在」をテーマにご講演いただきました。キムさんは1991年にも学生センターを訪問してくださったことがあり、飛田はキムさんとウトロ訪問などをしたことがあります。北海道大学スラブ研究所に客員教授として来日されたのを機に神戸に来ていただきました。青丘文庫研究会、コリアンマイノリティ研究会と学生センターの共催。会場は神戸市立中央図書館内の青丘文庫。

姜在彦さん　3.6

ゲルマン・キムさん　3.8

ゲルマン・キム二次会、「二次会ももりあがりました」

南京大虐殺証言集会

神戸・南京をむすぶ会（事務局・センター内）が毎年12月に開いている証言集会。今回は、黄恵珍さんを招いて開かれました。86歳の黄さんは、当時のご自身の体験を涙ながらに証言してくださいました。会では、毎年8月に訪中しています。今夏は、南京、ハルビンそして日本軍が建設した巨大な要塞の残る虎頭を訪ねます。毎年一名の学生の無料招待もあります。詳細は、事務局まで。

黄恵珍さん　2008.12.10

多文化と共生社会を育むワークショップ

「多文化共生社会の構築には何が必要か」をテーマに行政、NGO、学者が討論しました。学生センターも共催するプログラムです。

ワークショップ（山手大学）3.7

日本語サロン交流会

日本語サロン交流会　3.28

現在サロンは学習者48名、ボランティ45名で盛況です。月、土曜日に開いています。これまでは12月に開催していました交流会。12月は試験があったり、休暇で帰国する人が多かったりではじめて3月に開催しました。歌あり、雅楽の演奏あり、また神戸大学邦楽部の学生さんにも参加してもらって交流会も大いに盛り上がりました。

定期利用

グループ・教室のご案内

◆六甲トレーニングサロン……………… 月曜日・前9～12:00　前田先生　0797-35-5588
◆稲美会（絵更紗）……………… 月2回　水・土曜日・後1～5:00　稲垣先生　078-821-7078
◆からむい会（絵更紗）……………… 第1・3月曜、第2・4木曜・後1～5:00　薮村先生　0797-31-1798
◆すぎなコーラス……………… 月曜日・前10～12:00　連絡先・横田　078-851-5714
◆神戸女声合唱団……………… 金曜日・前10～12:00　連絡先・岡 邦子　078-291-0855
◆神戸東女声合唱団……………… 月3回金曜日・後2～4:00　連絡先・野口綾子　0727-77-2080
◆創作アップリケ……………… 第2・4月・金曜日・前10～12:00　柏原先生　078-821-4632
◆ノイエカンマーコール（混声コーラス）…… 土曜日・後6～9:00　連絡先・池田　078-936-0123
◆ヨガ体操……………… 火曜日・前9:30～12:00　廣瀬先生　078-851-8851
◆アトリエ太陽の子（児童絵画）……… 木曜日・後1～5:00　中嶋先生　078-858-7301
◆六甲ボーカル……………… 第1・3木曜日・前10～12:00　池本先生　078-861-8724
◆こうべこーる恵（コーラス）……………… 火曜日・前10～12:00　連絡先・田附　0798-26-2169
◆ステンドグラス・アトリエとも……… 第2・4木曜・後1～5:00　幸坂先生　078-582-0644
◆全珠連会員・熊内そろばん六甲教室…… 火曜・後3～9:00、土曜・後1～4:00　奥野先生　078-241-1095
◆六甲さくら合唱団……………… 第2・4月曜日　後1～5:00　連絡先・見須　078-881-7851
◆テコンドー……………… 毎週金曜日・後 6 ～9:00　連絡先・妹尾　090-9846-8241
◆稲践会空手道……………… 毎週月曜日・後4～10:00　連絡先・藤本　078-842-5669
◆ふらんす堂句会……………… 原則第2土曜・後1～5:00　連絡先・山内　078-431-0039
◆プログレス（幼児教室）……………… 水曜日・後1～5:00　連絡先:近藤　090-5050-1657
◆すずめの学校（ニューヨークタイムズ紙を読む会）… 第1・3水曜日　前9:00～12:00　連絡先・上田　078-732-2651
◆前田書道会……………… 火曜日・前9～夜9:00　連絡先・前田先生　078-854-1578

お問合せやお申込は、各グループ・教室に直接ご連絡ください。

(財)神戸学生青年センター賛助金　2009.4.1～2009.8.31(敬称略・単位円)

センターグループ 5000
宮本明香 3000
栗山有紀子 3000
田部美智雄 10000
黒住恵子 3000
三垣恭子 3000
近藤とみお・幸子 5000
野村務 3000
宮川博之 3000
片桐陽 5000
佐藤美也子 3000
永井靖二 3000
権鐘龍 3000
八木晃介 3000
石川鴻二 3000
田原良次 3000
前川純一 5000
西中瑞穂 3000
砂上昌一 5000
北原昭夫 5000
西八條敬洪 2000
姜在彦 3000
松田昌克 3000
落合健二 5000
久保美代子 3000
西信夫 5000
森哲二 3000
小川幹雄 3000
杉田哲 5000
安田利幸 3000

柏崎千佳子 3000
宋貴美子・朴慶一 3000
森田豊子 3000
友井公一 3000
宇都宮佳果 3000
巽光子 3000
川那辺康一 3000
上田政子 5000
本城智子 3000
東田寿啓 5000
古知正子 5000
飛田悦子 5000
立壁みゆき 3000
津久井進 5000
泉迪子 1000
福西由紀子 5000
柳到亨 5000
丹羽和子 3000
下西ユキヨ 3000
小川政亮 3000
小柳玲子 3000
深沢忠 3000
高田秀峰 1000
満寿会 3000
多田伝三郎 5000
稲田登 50000
太田修 5000
川那辺康一 3000
藤江新次 3000
平尾あさ子 3000
岡田長保 5000

林うた子 3000
阪上史子 3000
杉山博昭 3000
青野正明 5000
新井久子 2000
日本キリスト教団明石教会 5000
朴明子 3000
高木甫 10000
青位眞一郎 3000
近藤孝雄 5000
李美於 5000
八木修 3000
西脇美代子 3000
岡内克江 3000
ゆづるは百姓連 5000
三宅美千子 3000
和田進 3000
村田隆志 3000
酒井秀幸 3000
手束光子 3000
成毛典子 10000
辻川敦 3000
田中英雄 10000
石井知恵 3000
藤丸徹 3000
渡邉恵美子 3000
岩波真理 3000
徐小潔 3000
池田絹代 3000
吉田光子 3000

小林敬幸 3000
井上淳 3000
正木峯夫 3000
加輪上敏彦 5000
高石留美 5000
藤田ふみ子 3000
藤原精吾 3000
園田毅 3000
高仁宝 5000
山川賀世子 1000
堀江節子 3000
谷井尚子 3000
早川良彌 5000
柴田康彦 3000
藤本俊江 3000
枡田計雄 5000
張彩霞 3000
田所蛙治 3000
菊田裕洋 5000
江原護 5000
門野隆弘 5000
安福重照 3000
飛田雄一 10000
森川展昭 5000
山崎延子 5000
山根貞夫 3000
金世徳 3000
平田昌司 5000
兪澄子 5000
高橋弥生 5000
門倉和子 5000
白承豪 5000

愛媛有機農産生協 5000
石打謹也 3000
木本直志 5000
飛田みえ子 10000
足立龍枝 3000
㈱ワイドシステムサービス 10000
大谷昌子 3000
福田菊 10000
山田泉 10000
前田有加 3000
大島淡紅子 1000
長志珠絵 5000
朴炳陽 3000
中川健一 5000
山縣熙 5000

河島完治 3000
佐治孝典 5000
信長正義・たか子 10000
三木鎌吾 5000
神戸女声合唱団 10000
阿部恩 5000
都藤清美 2000
西尾嘉尉 5000
すぎなコーラス 3000
宇野田尚哉 3000
神港教会 20000
井坂弘 3000
高山映子 3000
大田美智子 3000

日本聖公会青年委員会 5000
青木弘美 3000
光森恒子 3000
岡野信子 3000
無名氏 3000
中道澄春 3000
小松裕 5000
大高全洋 3000
横山正代 3000
近藤泉 3000
瀬戸口雅子 5000

計163件
721,000円
以上感謝をもって領収いたしました。

賛助金ご協力のお願い

●賛助会費:
一口 A3,000　B5,000　C10,000
※いずれも一口を単位としますが、何口でも結構です。
※送金方法
郵便振替〈01160-6-1083 財団法人 神戸学生・青年センター〉
備考欄に「賛助金」とお書きください。
銀行振込 三井住友銀行 六甲支店 0779663
財団法人 神戸学生青年センター 賛助金
銀行振込で領収証やニュースをご希望の方は、
事務局までご連絡ください。

六甲奨学基金　2009.4.1～09.8.31(敬称略・単位円)

大田明生 5000
ギャラリーわびすけ 3000
近藤とみお・幸子 5000
佐藤美也子 3000
村上義徳 3000
田原良次 3000
前川純一 5000
砂上昌一 5000
葛谷登 3000
北原昭夫 5000
慎英弘 5000
近藤芳廣 3000
柏崎千佳子 5000
西浦茂 3000
田邉光平 3000
上田政子 5000

松下宜且 10000
中川慶子 3000
津久井進 5000
福島俊弘 12000
小柳玲子 3000
井上淳子 3000
藤野秀子 10000
山田昭次 3000
高橋元 3000
荒内直子 3000
太田修 5000
福田英俊 3000
青野正明 5000
田口恵美子 3000
近藤洋子 5000
中西美江子 3000
李美於 10000
松本功 10000

川鍋彰男 5000
兼崎暉 3000
加輪上敏彦 5000
駒形愛子 5000
高石留美 5000
高仁宝 5000
谷井尚子 3000
枡田計雄 5000
大谷紫乃 3000
田淵正一 5000
山崎延子 2000
平田昌司 5000
高橋弥生 5000
門倉和子 5000
貞松・浜田バレエ団・学園 3000
福田英俊 8000
愛媛有機農産生協 5000
飛田みえ子 10000
㈱ワイドシステムサービス 10000
三上賢悦 10000
福田菊 10000
森野秀樹 3000
中畠孝幸 10000
山本純子 5000
原田裕大 3000
鈴木香織 3000
大石恵理子 2000
近藤泉 6000
計62件312,000円

毎月募金会計80,000円(千円:菱木康夫、金早苗、高仁宝、信長正義、信長たか子、藤田寿え子、飛田雄一、松岡静子、二千円:福田菊、三千円:白川豊、辻建)
古本市による協力 1,811,381円
総計 2,123,381円

以上感謝をもって領収いたしました。

六甲奨学基金ご協力のお願い

●賛助会費:
一口 A3,000　B5,000　C10,000
※いずれも一口を単位としますが、何口でも結構です。
※送金方法
郵便振替〈01160-6-1083 財団法人 神戸学生・青年センター〉
備考欄に「奨学金」とお書きください。
銀行振込 三井住友銀行 六甲支店 0779651
財団法人 神戸学生青年センター 六甲奨学基金
銀行振込で領収証やニュースをご希望の方は、
事務局までご連絡ください。

セミナーの記録　2009.4～2009.8

食料環境セミナー

391回4月22日
「いつまでもあると思うな親と米」
槌田劭さん
392回5月27日
「菜の花除草で米をつくっています」
赤木歳通さん
393回6月24日
「兵庫のため池、兵庫の田んぼ」
池本廣希さん
394回7月22日
「田んぼに暮らすいろんな生きもの」
伊藤一幸さん

朝鮮史セミナー

6月20日
「創氏改名」から70年ー朝鮮植民地支配の<同化>と<差異化>ー
水野直樹さん

朝鮮語・韓国語講座

入　門　毎週木曜日　姜相熙さん
初　級　毎週水曜日　金世徳さん
中級A　毎週水曜日　金眞さん
中級B　毎週火曜日　高秀美さん
上　級　毎週木曜日　朴鍾祐さん

六甲奨学基金

日本語サロン　毎週月・土曜日
5月14日～7月16日
日本語学習支援のステップアップ講座
矢野文雄さん

その他のセミナー・行事

7月1日　第22回アジア労働者交流集会in神戸　於:神戸市勤労会館
7月18日「神戸で飲茶料理と中国文化を楽しもう」　林美智子さん　多文化と共生社会を育むワークショップ共催
7月23日ワークショップ「不逞社(金子文子・朴烈たち)の時代から東アジアの未来・平和の自由共同体に向けて」　韓国・自由共同体研究会共催
7月24日～25日　第4回在日朝鮮人運動史研究会・日韓合同研究会(後援)
7月25日～26日　強制動員真相究明ネットワーク・強制動員真相究明全国研究集会ー「名簿」「供託金」問題を中心としてー(後援)
8月11日　徐正敏さん　「日韓キリスト教関係史研究」の出版をお祝いする集い　講演・信長正義さん
8月25日～28日
「移住」の視点からみる韓国・済州島スタディツアー
ヒューライツ大阪共催

六甲奨学基金授与式　4.17

神戸学生・青年センター センターニュース

KOBE STUDENT YOUTH CENTER NEWS No.70

No.70
発行所　(財)神戸学生・青年センター
理事長　保田　茂
館　長　飛田　雄一
〒657-0064　神戸市灘区山田町3丁目1-1
TEL(078)851-2760 FAX(078)821-5878
Yamada-cho 3-1-1, Nada-ku
Kobe, 657-0064 Japan
E-mail info@ksyc.jp
URL http://ksyc.jp

「センターと教会との接点」
理事長辞任のご挨拶に代えて

前理事長　辻　建

辻　建

私とセンターとの関わりは、前身である「六甲学生センター」の運営委員として関わりを持った1967年から数えると41年という長い期間に亘ります。

しかし、一方では日本基督教団の牧師としての働きを持っていましたから、いずれの時も二足のわらじをはいているという関わりでした。初代館長の小池基信先生のもとで、主事の役割をになった時も、小池先生の辞任後2代目の館長を引き受けた時も、さらには河上民雄先生の後任として、理事長を務めた期間もそうでした。私の後館長の役割をになっている飛田雄一さんを始め、職員の方々の支えなしには、その働きは中途半端なものに留まったと自覚しています。

しかし現象としては二足のわらじでしたが、ふたつの領域は私のなかでは深く関わっていました。センターのセミナーの柱として継続されている朝鮮史、食品公害のちに食料環境、キリスト教の三つの視点は教会のあるべき姿を考える大事な視点となりました。アジアの中にある日本の教会のあるべき姿、その過去が負っているアジアの人々への加害性の自己吟味は避けて通れない道筋でしたし、食のあり方が歪められて人の健康や生活を脅かしている状態は、「われらの日用の糧を今日も与え給え」の祈りへの挑戦でした。センターでの学びと実践が、教会のなすべき方向を示すものでした。

「福音と世界」誌(2009年9月号)掲載の記事のなかで、池明観先生が最近の教会を評して「闘いの時代には偉大なる指導者たちがいたのですけれども、闘いが無くなるとだんだん自分の教会だけに集中していく。アジア的視点を喪失してしまった。」と嘆かれているのを目にしましたが、神戸学生青年センターはこの40年間一貫してアジアとの関わりを見つめながらその営みを続けてきました。教会とともにあるセンターの存在価値を充分に示していると思います。今後の働きをさらに期待しながら、理事長辞任の挨拶とさせて頂きます。

「市民力」を高めましょう。
理事長就任のご挨拶

新理事長　保田　茂
(神戸大学名誉教授、兵庫農漁村社会研究所代表)

保田　茂

先般、開催されました理事会におきまして、永年、理事長としてご活躍されました辻建先生がいよいよご退任されることになりました。何かとご指導を頂いたわたしども後輩としましては、寂しい限りではありましたが、固いご意思を尊重し、やむなく理事長の重責を担わせて頂くことになりました。

初代理事長は著名な河上民雄先生(元衆議院議員、東海大学名誉教授)、二代目理事長は辻建先生(元夙川東教会牧師、元日本キリスト教団副議長)で、いずれも日本のキリスト教界に大変な貢献をされてきた有名な先生方です。

それに引き換え、かなり見劣りする私が三代目理事長をお引き受けすることになり、いささか気恥ずかしい思いでおります。しかし、立派な理事ならびに評議員の皆様のお力添えを賜りながら、飛田雄一館長、鹿嶋節子氏、都築和可子氏の三人の有能な職員の皆様のお力によって、そして、何よりも、これまでにも何かとお支え下さった多くの皆様の変らぬご支援を賜りながら、伝統ある神戸学生青年センターの名を辱めないように努めて参りたいと思っています。

ご承知のように、神戸学生青年センターは社会発展の原動力である市民力を高めるため、市民の学習の場、市民の交流の場、市民の憩いの場を提供すべく誕生しました。1973年6月に始まる食料環境セミナー(以前は食品公害セミナー)をはじめ、朝鮮史セミナー、キリスト教セミナーの三本柱の学習機会の提供は、40年近いセンターの伝統的活動になっています。様々な市民交流は勿論、韓国をはじめとした国際交流もまた大切な伝統になりつつあります。

これからも、センター誕生の初心を忘れず、かつ目前に迫る現代の危機をしっかり見据え、絶えざる市民力向上に寄与すべく活動を続けていきたいと念じています。これからも、多くの皆様の変らぬご支援をお願いし、ご挨拶と致します。

古本市が記録を更新しました

ご協力いただいた六甲奨学基金第12回古本市は成功裏に終了しました。ことしは開催当初からお客様がとぎれることがなく、これまでの最高の売上を記録しました。3,968,806円です。本を提供くださったみなさま、何度もお立ち寄りくださったみなさま、本を購入してくださったみなさま、また、ボランティアにきてくださったみなさま、みなさま本当にありがとうございました。次回は来年3/15～5/16開催を予定しております。ご協力お願いいたします。

古本市の撤去作業　5.18

日本語学習ステップアップ講座

毎年開催している矢野文雄さんが講師の講座です。矢野さんは、日本語サロンボランティア教師で、元日本語学校・学修堂「インドネシア・ジャカルタ」日本支部代表、マニラ会日本語学校「フィリピン・マニラ」専任教師をされていた方です。12名の生徒が熱心に勉強されました。

矢野文雄さん　5.14～7.16

済州島フィールドワーク

ヒューライツ大阪（財団法人アジア・太平洋人権情報センター）と共催で今夏開催しました。8月25日からの3泊4日、テーマは「『移住』の歴史から見る韓国済州島」で、現地参加も含めて30名のグループでした。海女博物館、4・3平和記念館、カマオルム博物館、アルトル旧日本軍飛行場跡、済州移住民センターなどを訪問しましたが、学生センターは、4・3事件、旧日本軍施設、観光の部分が担当でした。

多くの出会いのあった充実したフィールドワークで、済州島の食事もそれぞれに最高でした。センターではこれまで、韓国の祭ツアー、歴史ツアー、北朝鮮ツアーを主催してきましたが、来年のゴールデンウイークには、「中央アジアのコリアンを訪ねる旅」を計画しています。ソウル経由でカザフスタン、ウズベキスタンを訪ねます。今年3月、約20年ぶりにカザフスタンの歴史学者ゲルマン・キムさんが来神され青丘文庫などと共催でセミナーも開催しましたが、そのキムさんに現地コーディネータをお願いして訪問する計画です。ご期待ください。

済州4・3平和記念館　8.26

食料環境セミナー

1973年6月からスタートしたこのセミナーは、8月をのぞく年11回のセミナーを継続して開催しています。通算400回ぐらい・・・。4月の「いつまでもあると思うな親と米」（槌田劭さん）から、「菜の花除草で米をつくっています」（赤木歳通さん）、「兵庫のため池、兵庫の田んぼ」（池本廣希さん）、「田んぼに暮らすいろんな生きもの」（伊藤一幸さん）と続きました。いずれも非常に実践的なお話で、身近なところから「農」を考えるヒントをあたえてくれました。

槌田劭さん　4.22　赤木歳通さん　5.27　池本廣希さん　6.24　伊藤一幸さん　7.22

朝鮮史セミナー

京都大学の水野直樹さんをお迎えして「『創氏改名』から70年－朝鮮植民地支配の〈同化〉と〈差異化〉－」をテーマに講演していただきました。難しいテーマでしたが、岩波新書で『創氏改名』を書かれた水野さんのお話は、とても分かりやすいお話でした。

水野直樹さん　6.20

ワークショップ「不逞社（金子文子・朴烈たち）の時代から－東アジアの未来・平和の自由共同体に向けて」

金子文子をご存知でしょうか。夫・朴烈とともに「大逆事件」の被告となったアナーキストです。韓国・自由共同体研究会と共催でワークショップを開催しました。

李文昌さん　7.23

日韓合同在日朝鮮人史研究会／強制動員真相究明ネットワーク研究集会

学生センター後援で、7月に開催されました。いずれも1泊2日の研究会です。両研究会の大会資料集を販売しています。希望者は、80円切手8枚（640円分）を学生センターまでお送りください。とても充実しています。

合同研究会・崔永鎬さん　7.24～25　ネットワーク集会・青柳敦子さん　7.25～26

飲茶料理と中国文化を楽しもう

センターのすぐご近所で中国料理店「小陽春」を開かれた林美智子さんを講師にひらきました。センターと多文化と共生社会を育むワークショップの共催プログラムです。料理もおしゃべりもステキな楽しい会でした。

林美智子さん　7.18

定期利用
グループ・教室のご案内

◆六甲トレーニングサロン………………… 月曜日・前9～12:00 前田先生　0797-35-5588
◆稲美会（絵更紗）………………… 月2回　水・土曜日・後1～5:00 稲垣先生　078-821-7078
◆からむい会（絵更紗）………………… 第1・3月曜、第2・4木曜・後1～5:00 薮村先生　0797-31-1798
◆すぎなコーラス………………… 月曜日・前10～12:00 連絡先・横田　078-851-5714
◆神戸女声合唱団………………… 金曜日・前10～12:00 連絡先・岡 邦子　078-291-0855
◆神戸東女声合唱団………………… 月3回金曜日・後2～4:00 連絡先・野口綾子　0727-77-2080
◆創作アップリケ………………… 第2・4月・金曜日・前10～12:00 柏原先生　078-821-4632
◆ノイエカンマーコール（混声コーラス）…… 土曜日・後6～9:00 連絡先:池田　078-936-0123
◆ヨガ体操………………… 火曜日・前9:30～12:00 廣瀬先生　078-851-8851
◆アトリエ太陽の子（児童絵画）……… 木曜日・後1～5:00 中嶋先生　078-858-7301
◆六甲ボーカル………………… 第1・3木曜日・前10～12:00 池本先生　078-861-8724
◆こうべこーる恵（コーラス）……………… 火曜日・前10～12:00 連絡先・田附　0798-26-2169
◆ステンドグラス・アトリエとも……… 第2・4木曜・後1～5:00 幸坂先生　078-582-0644
◆全珠連会員・熊内そろばん六甲教室…… 火曜・後3～9:00、土曜・後1～4:00 奥野先生　078-241-1095
◆六甲さくら合唱団………………… 第2・4月曜日　後1～5:00 連絡先・見須　078-881-7851
◆テコンドー………………… 毎週金曜日・後 6～9:00 連絡先・妹尾　090-9846-8241
◆稲践会空手道………………… 毎週月曜日・後4～10:00 連絡先・藤本　078-842-5669
◆ふらんす堂句会………………… 原則第2土曜・後1～5:00 連絡先・山内　078-431-0039
◆プログレス（幼児教室）………………… 水曜日・後1～5:00 連絡先:近藤　090-5050-1657
◆すずめの学校（ニューヨークタイムズ紙を読む会）… 第1・3水曜日　前9:00～12:00 連絡先・上田　078-732-2651
◆前田書道会………………… 火曜日・前9～夜9:00 連絡先・前田先生　078-854-1578

お問合せやお申込は、各グループ・教室に直接ご連絡ください。

(財)神戸学生青年センター賛助金　2009.9.1～2009.11.30(敬称略・単位円)

大和三重 3000　中山一郎 5000　無名氏 20000　奥西征一 2000　韓国トゥレ生協　高田理 3000　古座岩博子 3000
永松美希 5000　岡田長保 5000　門脇正宏・桜子　鈴蘭台食品公害　15000　湯口恵 3000
中松美智子 3000　鈴東力 5000　3000　セミナー 3000　西脇鈴代 5000　西尾嘉尉 5000　計87件
杉山はるみ 3000　八木晃介 3000　松下佳宏 3000　梶野玫子 3000　李重華 3000　小西ゆみ子 5000　395,000円
森行雄 3000　崔博憲 3000　金世徳 3000　新矢紗弓 3000　中竹忠浩 3000　瀬戸口雅子 5000　以上感謝をもって
辻建 10000　柳到亨 5000　片山憲明 5000　河合一岳 3000　柴田康彦 3000　白承豪 5000　領収いたしました。
小林洋次 5000　砂上昌一 3000　大谷昌子 3000　金野南 3000
馬屋原晋治 3000　六島純雄 3000　津野勝俊 3000　保田茂 5000
桂正孝 3000　宇都宮佳果 3000　鈴木道也 3000　藤江新次 3000
二宮博行 3000　石川鴻二 3000　遠山薫 3000　上田勝彦 1000
小川幹雄 3000　上田登美子 3000　大津留厚 3000　多賀健太郎 3000
西川治郎 3000　枡田計雄 5000　西村誠 3000　三木聡明 3000
西八條敬洪 1000　佐藤功行 5000　北原昭夫 5000　林弘城 3000
足立龍枝 3000　加藤由美子 3000　安藤康子 3000　森木和美 3000
田原良次 3000　徐龍達 3000　西信夫 5000　松代東亜子 5000
坪山和聖 3000　横川修 5000　今田裕子 3000　島津恒敏 3000
朴京守 1000　趙博 3000　間明子 50000　多田伝三郎 5000
小林るみ子 3000　安福重照 3000　窪田実美 5000　中村尚司 3000
久冨伸子 3000　六渡和香子 5000　井上淳 3000　小牧静江 10000

賛助金ご協力のお願い

●賛助会費:
　一口 A3,000　B5,000　C10,000
※いずれも一口を単位としますが、何口でも結構です。
※送金方法
　郵便振替〈01160-6-1083 財団法人 神戸学生・青年センター〉
　　備考欄に「賛助金」とお書きください。
　銀行振込 三井住友銀行 六甲支店 0779663
　　　財団法人 神戸学生青年センター 賛助金
　銀行振込で領収証やニュースをご希望の方は、
　事務局までご連絡ください。

六甲奨学基金　2009.9.1～2009.11.30(敬称略・単位円)

徳田暁子 20000　枡田計雄 5000　金眞 3000　毎月募金会計　総計1,389,280円
無名氏 1000000　田邉光平 3000　貞松・浜田バレエ　48,000円(千円:菱　以上感謝をもって領収いたしました。
葛谷登 3000　松下宜且 10000　団・学園 5000　木康夫、金早雪、
辻建 10000　古川明 3000　なんやか屋 1800　高仁宝、信長正
小林洋次 5000　無名氏 80000　高田公子 5000　義、信長たか子、
西川治郎 3000　門脇正宏・桜子　三田登美子 3000　藤田寿え子、飛田
田原良次 3000　3000　なんやか屋 1200　雄一、松岡静子、
田口恵美子 3000　片山憲明 5000　なんやか屋 3200　二千円:福田菊、三
蒋点桓 3000　北原昭夫 5000　徳田暁子 20000　千円:白川豊、辻
中山一郎 5000　前田美江 3000　なんやか屋 600　建)
佐藤美也子 3000　森住勝重 10000　古本市による協力
中西美江子 3000　間明子 50000　42,480円
前川純一 5000　窪田実美 5000　計 36件
上田登美子 3000　保田茂 5000　1,298,800円

六甲奨学基金ご協力のお願い

●賛助会費:
　一口 A3,000　B5,000　C10,000
※いずれも一口を単位としますが、何口でも結構です。
※送金方法
　郵便振替〈01160-6-1083 財団法人 神戸学生・青年センター〉
　　備考欄に「奨学金」とお書きください。
　銀行振込 三井住友銀行 六甲支店 0779651
　　　財団法人 神戸学生青年センター 六甲奨学基金
　銀行振込で領収証やニュースをご希望の方は、
　事務局までご連絡ください。

セミナーの記録　2009.9～2009.11

食料環境セミナー

シリーズ「農と出会い、農に生きる」
395回9月30日
「兵庫県市島町で農業を始めて」
古谷暁子さん・谷水大祐さん
396回10月28日
「脱サラ、そして有機農業」
五島隆久さん
397回11月25日
「いちごとトマト、そして、こどもを育てて」
小林剛彦さん
398回12月9日
「半農半X(エックス)のすすめ」
塩見直紀さん

五島隆久さん 10.29　小林剛彦さん 11.25

現代キリスト教セミナー

10月16日
「老いを生きる―老人施設の体験と家人の介護を通じて―」
小池基信さん

朝鮮史セミナー

11月13日　「空と風と星の詩人　尹東柱」愛沢革さん
11月20日　「青春の柳宗悦―失われんとする光化門のために」
丸山茂樹さん

朝鮮語・韓国語講座

入門　毎週木曜日　姜相熙・金知恵さん
初級　毎週水曜日　金世徳さん
中級A　毎週水曜日　金眞さん
中級B　毎週火曜日　高秀美さん
上級　毎週木曜日　朴鍾祐さん

六甲奨学基金

日本語サロン　毎週月・土曜日
10月13日～12月15日　実践・日本語学習支援講座　中畠孝幸さん・奥田純子さん・瀬口郁子さん

奥田純子さん 11.10　瀬口郁子さん 12.1

その他のセミナー・行事

9月29日　第23回アジア労働者交流集会in神戸　於:神戸市勤労会館
10月3日・11月7日　日本語ボランティア研修　斉藤明子さん
10月10日～18日　多賀健太郎絵画展
10月31日　土曜ランチサロン
「ラオスに『海外協力隊』として行ってきました」天野郡壽さん
11月17日　アジア学院講演会
「ネパールの農奴、いま、彼らの直面していること…」シャンタ・チョウドリさん、ラコー・ザチボルさん、佐久間郁さん

古本市、またよろしくお願いします

来年3月から第13回古本市が始まります。今年は日之出書房から大量の寄付をいただいたおかげで豊富な古本市となりました。396万円の売上は、新記録でした。来年は、目標を450万と高く掲げ知恵をだしあいます。アイデア、ボランティア、古本の提供などよろしくお願いします。今年はCDもよく売れました。来年もCDコーナーを充実させます。なによりもご来場、お買い上げをよろしくお願いします。期間は、2010年3月15日～5月16日。古本の回収は、3月1日～31日、本棚の大設営行事は、3月8日(月)午前10時です。よろしくお願いします。

新書・文庫の古本市は年中開催中です

これは新本のロビー書店、定価販売です

神戸学生・青年センター
センターニュース
KOBE STUDENT YOUTH CENTER NEWS No.71

No.71
発行所　(財)神戸学生・青年センター
理事長　保田　茂
館　長　飛田　雄一
〒657-0064　神戸市灘区山田町3丁目1-1
TEL(078)851-2760 FAX(078)821-5878
Yamada-cho 3-1-1, Nada-ku
Kobe, 657-0064 Japan
E-mail info@ksyc.jp
URL http://ksyc.jp

ラオスに「海外協力隊」として行ってきました

「土曜ランチサロン」が始まりました。土曜日にゲストを招いてお話をうかがったあと、みんなでお弁当をいただく会です。第1回のゲストは、天野郡壽(あまの　くにひさ)さん。神戸大学退職後にセンター日本語サロンのボランティアをされていましたが、ラオスに「海外協力隊」に行かれました。ラオスにメールを送ってお願いし、帰国後、さっそくお話をうかがいました。ラオスの話は新鮮で、風呂敷のようなラオス服の着付け教室あり、托鉢作法ありの楽しい講義でした。自薦・他薦を問いません。土曜ランチサロンのゲストをご紹介ください。愉快なランチタイムを過ごしましょう。(飛田)

神戸大学名誉教授・日本語サロンボランティア　**天野郡壽**(あまの　くにひさ)

天野さんinラオス

ラオスはベトナムとタイに挟まれた内陸国です。国は豊富な水や電気を売り物に外国資本の誘致に力を入れてきました(電力をタイに輸出している)。ところがラオスには製品を積み出す港がないのです。大河メコンは下流で滝になっているので輸送経路として使えません。もう一つの問題は人口の少ないことです。(人口:580万人、国土面積は日本の本州ぐらい)。人口が少ないことは、労働力を得るのが難しいばかりではなく生産品の内需が期待できないことを意味します。そんなわけで、近代化の進まないラオスは東南アジアの「開発の遅れた国」の一つになっているのです。

首都のビエンチャンには4階建て以上のビルは数えるほどしかありません。市民の足は単車ですが、アジアの都市独特の単車の洪水などはありません。時たま発生する交通渋滞も500mも行くと解消します。車で10分も走ったらもうそこには緑一杯の田園地帯がひろがっています。名所めぐりも半日あれば充分で、本当にナイナイづくしの街なのです。

黄色の衣を纏ったお坊さんの托鉢行列はラオスの風景です。お坊さんは朝、昼2回の食事(午後からは水以外は口にしない)はすべて托鉢でまかないます。お金儲けはもちろんのこと、生活のために野菜を植えるというような生産活動も絶対にしません。お坊さんの生活はすべて人々の寄進によって支えられているのです。毎朝早く起きて主食のもち米を蒸し托鉢のお坊さんに差し上げるのは、ラオス人には当たり前で日常生活の一部です。

ビエンチャンには約5000人のお坊さんがいます(全国では19000人)。GDPは678ドル(2007年)で、ラオスは経済的な指標からすると貧乏な国です。しかし多数のお坊さんを支えながら生活しているラオスの人々をみると、金銭的には「貧乏」かもしれないけれど、精神的には非常に豊かな日々を送っているのではないかと思えてくるのです。

10月のオークパンサー祭り(雨安居明け)にボートレースが開催されます。50人のこぎ手が一糸乱れず、2kmを全力でこぎ進みます。日ごろユックリのラオス人を大いに見直す行事なのですが、それはともかく、このレース見物のための場所を探して土手を歩いていくと、ビニールシートを敷いて見物しているグループから、ここへ座れ、食べろ、飲めと誘われます。遠慮しながら宴会に加わり、隣に座っているラオス人にこのグループとの関係を聞くと、その人もさっきここに誘われたのだそうです。

ランチサロンの天野さん　10.31

「人が暖かい」「時間が止まっている」「たった半日の滞在だったけれど心が洗われた」これはラオスにやってきた友人の感想です。外国人には「発展せずにこのままでいてほしい国」ラオスです。

多賀健太郎絵画展

学生センター主催のロビーギャラリー企画。神戸市在住の古本市ボランティア・多賀君の絵画展を開催した。関西電力「かんでんコラボ・アート」入選作品など30点を展示。色使いが鮮やかですてきだった。

絵画展2009.10.10～18

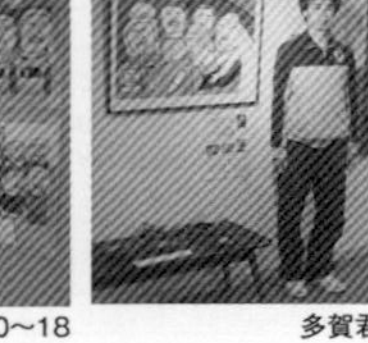
多賀君

講演会「ネパールの農奴、いま、彼らの直面していること」

アジア学院（栃木県那須）より3名のゲストを招いて講演会を開催した。アジア学院はアジアの農村指導者を招いて有機農業などの研修をしている。卒業生はアジア各地で活躍している。シャンタ・チョウドリさんのいまだに残るカースト制度の問題と彼女らの村での活動のお話は新鮮なものだった。

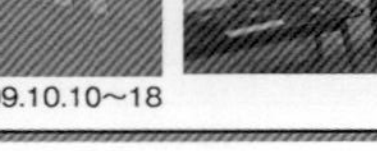
シャンタ・チョウドリさん　11.17

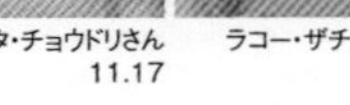
ラコー・ザチボルさん

佐久間郁さん

朝鮮史セミナー

「空と風と星の詩人　尹東柱」

尹東柱は、韓国で国民的詩人として知られており、今も彼の詩集は版を重ねている。1945年2月福岡刑務所で、27歳の若さで非業の死を遂げた。講師は、『空と風と星の詩人　尹東柱』（宋友恵著）の訳者・愛沢革さん。尹東柱の生地（中国延辺）を訪ねたスライドは旅ごころをくすぐりました。

愛沢革さん　11.13

「青春の柳宗悦－失われんとする光化門のために」

民芸運動のリーダー広く知られている柳宗悦は、朝鮮の光化門が日本によって壊されようとするときに「失われんとする一朝鮮建築のために」（1922）を発表しました。それが反響をよび光化門が破壊から救われました。伝記小説『青春の柳宗悦－失われんとする光化門のために』を書かれた丸山さんのお話は、柳宗悦への尊敬の念に満ちていました。

丸山茂樹さん　11.20

現代キリスト教セミナー

「老いを生きる－老人施設の体験と家人の介護を通して－」

学生センター初代館長の小池さんは、同志社国際高校教員ののち豊島の老人ホームの施設長をされました。いま大阪で奥様の介護もされています。「老いを生きる」ことを考えさせられるセミナーとなりました。

小池基信さん　10.16

食料環境セミナー

「農と出会い、農に生きる」

古谷さん、谷水さんは、兵庫県市島町で有機農業を始めた若い農民、五島さんは学生センター農塾卒業の新規就農者（神戸市）、小林さんは淡路でいちご中心の農業に取り組んでいる。講演テーマは「いちごとトマト、そして、こどもを育てて」。12月の同じく農塾卒業生の塩見さんは「半農半X（エックス）」を提唱している。それぞれが真摯に農業に取り組んでおられる。まさに「農と出会い、農に生きる」実践レポートでした。

古谷暁子さん、谷水大祐さん　9.30

実践・日本語学習支援講座

六甲奨学基金運営委員の3名が講師を務める全9回の講座。ひとり2万円の参加費は少々？高いがすべて六甲奨学基金の資金となるのです。講師には謝礼も交通費もお支払いしないまさにボランティア講座です。日本語の類似表現をテーマした中畠さんの講義は、＜「眠たい」と「眠りたい」はどう違う？＞など、分かりやすい例文にスッキリ。奥田さんは、＜日本語教育と日本語学習支援はちがうのだろうか？＞などを学びました。瀬口さんの講義には神戸大学の留学生も参加してくださり「多文化理解」をいろんな切り口で学びました。

留学生とその家族を中心としたセンターのボランティア日本語教室「日本語サロン」も毎週月・土曜日に開いています。マンツーマン方式で現在45カップル。受講生もボランティアも募集中です。

中畠孝幸さん　10.13

日本語ボランティア研修

兵庫県国際交流協会の日本語学習支援アドバイザー派遣事業で今年も斉藤明子先生に講義をしていただきました。1回目は「話題カードの使い方」について、2回目は実際に日本語サロンに参加している学習者にも手伝ってもらい、模擬授業をしていただきました。斎藤先生から的確なヒントをいただけるのでとても助かってます、と好評の講座でした。

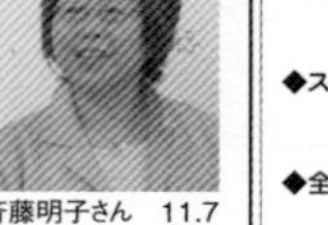
斉藤明子さん　11.7

朝鮮語講座

2009年度後期は、①入門、②初級、③中級A、④中級B、⑤上級の5クラスです。有志による自主クラスもひとつあります。それぞれ熱心に勉強を続けています。「韓国語能力検定試験」にトライするメンバーもおられます。2010年月4月新しい年度が始まります。入門クラスだけはゴールデンウイーク明けにスタートです。朝鮮語を勉強すれば韓国映画がますます面白くなります。初めての方、何回か挫折された？方、是非、来年から勉強を始めましょう。

求める会収穫感謝

正式名は、食品公害を追放し安全な食べものを求める会。センターに事務局をおく有機農産物等を扱う消費者グループです。センターを完全貸し切りで毎年開催されます。有機農産物、各種昼食、展示、餅つき、講演会（市島町有機農業研究会・橋本慎二さん）などなど盛りだくさんでした。

収穫感謝祭　11.28

定期利用

グループ・教室のご案内

◆六甲トレーニングサロン……月曜日・前9～12:00　前田先生　0797-35-5588
◆稲美会（絵更紗）……月2回　水・土曜日・後1～5:00　稲垣先生　078-821-7078
◆からむい会（絵更紗）……第1・3月曜、第2・4木曜・後1～5:00　段村先生　0797-31-1798
◆すぎなコーラス……月曜日・前10～12:00　連絡先・横田　078-851-5714
◆神戸女声合唱団……金曜日・前10～12:00　連絡先・岡 邦子　078-291-0855
◆神戸東女声合唱団……月3回金曜日・後2～4:00　連絡先・野口綾子　0727-77-2080
◆創作アップリケ……第2・4月・金曜日・前10～12:00　柏原先生　078-821-4632
◆ノイエカンマーコール（混声コーラス）……土曜日・後6～9:00　連絡先・池田　078-936-0123
◆ヨガ体操……火曜日・前9:30～12:00　廣瀬先生　078-851-8851
◆アトリエ太陽の子（児童絵画）……木曜日・後1～5:00　中嶋先生　078-858-7301
◆六甲ボーカル……第1・3木曜日・前10～12:00　池本先生　078-861-8724
◆こうべこーる恵（コーラス）……火曜日・前10～12:00　連絡先・田附　0798-26-2169
◆ステンドグラス・アトリエとも……第2・4木曜・後1～5:00　幸坂先生　078-582-0644
◆全珠連会員・熊内そろばん六甲教室……火曜・後3～9:00、土曜・後1～4:00　奥野先生　078-241-1095
◆六甲さくら合唱団……第2・4月曜日　後1～5:00　連絡先・見須　078-881-7851
◆テコンドー……毎週金曜日・後6～9:00　連絡先・妹尾　090-9846-8241
◆稲践会空手道……毎週月曜日・後4～10:00　連絡先・藤本　078-842-5669
◆ふらんす堂句会……原則第2土曜・後1～5:00　連絡先・山内　078-431-0039
◆プログレス（幼児教室）……水曜日・後1～5:00　連絡先・近藤　090-5050-1657
◆すずめの学校（ニューヨークタイムズ紙を読む会）……第1・3水曜日　前9:00～12:00　連絡先・上田　078-732-2651
◆前田書道会……火曜日・前9～夜9:00　連絡先・前田先生　078-854-1578

お問合せやお申込は、各グループ・教室に直接ご連絡ください。

神戸学生・青年センター
センターニュース
KOBE STUDENT YOUTH CENTER NEWS No.72

No.72
発行所　(財)神戸学生・青年センター
理事長　保田　茂
館　長　飛田　雄一
〒657-0064　神戸市灘区山田町3丁目1-1
TEL(078)851-2760 FAX(078)821-5878
Yamada-cho 3-1-1, Nada-ku
Kobe, 657-0064 Japan
E-mail info@ksyc.jp
URL http://ksyc.jp

阪神淡路大震災から15年がたちました

館長　飛田雄一（ひだ　ゆういち）

15年目の1月17日、今年も早朝、東遊園地にでかけました。あの時もこんな暗かったのか、この交差点では信号が消えてボランティア学生？が交通整理をしていたな、などと思い出します。

学生センターは、内部は戸棚などが倒れて大変でしたが、建物は大丈夫でした。直後にセンターでアルバイトをしていた留学生が避難してきました。彼と相談してセンターを留学生専門の避難所にすること、できるだけ早い時期に生活一時金を留学生に支給することなどを決めました。

一時金は2月1日より全壊半壊の被災証明書を持参した留学生に3万円をお渡しし、その後、就学生にもその範囲を広げました。当初、募金額より支給額が100万円ほど上回ったこともありましたが、多くの方が募金してくださり逆転現象は解消しました。あるとき久米宏のニュースステーションをみていたら「神戸学生青年センター留学生支援」のテロップが郵便振替口座とともにながれてびっくりしたこともあります。3月末まで767名に2301万円が支給され、それはすべて全国各地から送られてきた募金でまかなわれました。

センターでの留学生・就学生の避難者は、1月25日から4月11日まで、1日平均約15名、延べ1120名となりました。水・食糧・次の住居の確保など課題がありましたが、歓送迎会のパーティを度々開くなど楽しい交流の場でもありました。

支援活動が一段落したころ、日本DECというコンピュータ会社から電話がありました。「寄付の贈呈式をしたい」とのこと。「オーバーな、銀行送金だけでいいのに」などと思いましたが、「1000万円です」と聞いてびっくりした。日本DECはその贈呈式の写真を社内報に掲載しただけの謙虚な会社でした。

その1000万円と支援金の残金300万円、計1300万円を元手に始まったのが六甲奨学基金です。募金を集めつつ毎年100万円を基金から取り崩し13年間は続けようというものでした。96年度から月額5万円の奨学金を4～6名の留学生・就学生に支給し、2010年3月までに67名、総計約4000万円となります。

古本市もこの基金を維持するために98年から始まりました。第1回は予想を上回る148万円の打ち上げを記録し、その後、第5回（2002年、244万円）、第10回（2007年、320万円）と成長しています。昨年は396万円でした。

今年も多くの本が寄付され、多くのボランティア、お客さんのおかげで順調に売り上げを伸ばしています。今年はいよいよ400万円突破でしょうか？　本の回収は3月末で終了しましたが、古本市は5月16日まで開催します。文庫・新書・児童書・漫画・CDは100円、単行本は一律300円のシンプル価格です。掘り出し物もたくさんあります。開店時間は午前9時からなんと午後10時までです。是非おこしください。そして、今後とも六甲奨学基金をよろしくお願いします。

NHKにテロップが流れました

第13回古本市　2010.3.15～5.16

(財)神戸学生青年センター賛助金　2009.12.1～2010.3.31（敬称略・単位円）

西尾達 3000
高橋弥生 5000
武居玲子 3000
光森恒子 3000
すぎなコーラス 3000
金正郁 3000
原口浩一 3000
原田圭子 2000
青木一博 3000
徐根植 3000
登尾明彦 3000
稲田登 10000
柴田征雄 1000
神戸女声合唱団 10000
草地とし子 3000
松枝佳宏 3000
三木鎌吾 5000
中村英之 3000
田中宏明 500
神港教会 30000
小西和治 3000
山口元 3000
宮奥和司 2000
神戸定住外国人支援センター 3000
友井公一 3000
山田昭次 3000
徐聖寿 3000
張征峰 3000
上田眞佐美 3000
坂井永利 3000
壇上重光 5000
崔相鐵 5000
西八條敬洪 1000
矢野美智子 2000
朝賀文子 3000
岩崎謙 10000
高橋正伸 3000
佐藤宏子 3000
脇本寿 5000
吉田敏子 3000
武田多美 3000
鈴木道也 3000
井上薫 3000
立山映子 3000
田原良次 3000
四方田文夫 3000
砂上昌一 3000
全祐貴 3000
森行雄 3000
杉田哲 5000
河島完治 3000
澤田純三 3000
前田ひろ子 5000
水野広重 3000
本城智子 3000
梁壽龍・朴貴玉 3000
徐正禹 3000
西尾達 3000
宮沢之祐 3000
武藤迪子 5000
松下量子 3000
碓井みち子 5000
長瀬春代 3000
島田恒 5000
千葉宣義 5000
小川幹雄 3000
恒成和子 3000
伊藤悦子 3000
康良樹・金恩順 3000
信長正義・たか子 10000
高光重 10000
中勝博志 5000
宇野徹 5000
花岡光義 3000
西野千保子 3000
岡野清 3000
石塚健・明子 3000
田中義信 3000
川那辺康一 3000
白承豪 5000
中村尚司 3000
永井靖二 3000
坪山和聖 3000
西出郁代 5000
船橋治 10000
岡田長保・照子 5000
柳到亨 5000
落合健二 5000
植田劭 3000
細野恵久 3000
田原憲平 5000
六甲カトリック教会 30000
中山一郎 5000
服部待 3000
成毛典子 10000
小林洋次 5000
五十嵐広司・紀子 5000
小久保圀寛 3000
守一律子 3000
藤原幸子 5000
川辺比呂子 5000
岩坂二規 3000
枡田計雄 5000
島津恒敏 10000
川崎紘平 5000
㈱ワイドシステムサービス 10000
手束光子 3000
宋光祐 5000
東京聖三一教会 10000
大津留厚 3000
平山良平 3000
石本百合子 3000
梁愛舜 3000
湯木昭八郎 5000
白方誠彌 5000
高正子 5000
高仁宝 5000
津野勝俊 3000
津田義夫 3000
森地重博 10000
野村潔 5000
井上力 10000
井上みち子 5000
阿部恩 5000
田中満 3000
栗本敬一郎 3000
井坂弘 3000
島京子 3000
下村安男 5000
山西伸史 5000
和田進 3000
中川健一 5000
兼崎暉 3000
藤井道雄 3000
谷井尚子 3000
金世徳 3000
神戸YWCA 4000
在日大韓基督教川崎教会 3000
森田喜之 3000
山口徹 3000
日本ｷﾘｽﾄ教団芦屋西教会 5000
西田勝英 3000
小川政亮 3000
朴明子 3000
西村文雄 3000
名古屋聖ステパノ教会 5000
成毛典子 10000
黒田薫 3000
森哲二 3000
伊吹房子 10000
原田光雄 5000
倉持龍一 3000
ロバート圭子ウイットマー 3000
新居弥生 3000
八尾佳子 5000
服部薫 5000
田所蛙治 3000
小紫富久枝 3000
小林保 5000
飯濱玲子 10000
求める会 25000
関西学院大学宗教活動委員会 20000
辻本久夫 2000
小林美喜子 5000
李景珉 5000
丸山晶子 3000
日本基督教団宝塚教会 5000
兵庫県有機農業研究会 30000
神戸多聞教会 10000
在日大韓基督教会小倉教会 5000
羽下大信 5000
こちまさこ 3000
森川展昭 3000
林弘城 3000
田中洋一 3000
飛田雄一 10000
橋本登志子 4000
水野雄二 10000
齋藤洋子 3000
正木峯夫 3000
菅根信彦 10000
裵重度 5000
弥城正嗣 3000
近藤とみお・幸子 5000
保田茂 10000
足立康幸 10000
甲南女子大学多文化コミュニケーション 3000
長澤毅 5000
金山次代 5000
柴田康彦 3000

計190件
932,500円
以上感謝をもって領収いたしました。

賛助金ご協力のお願い

●賛助会費:
一口 A3,000　B5,000　C10,000
※いずれも一口を単位としますが、何口でも結構です。
※送金方法
郵便振替〈01160-6-1083 財団法人 神戸学生・青年センター〉
備考欄に「賛助金」とお書きください。
銀行振込 三井住友銀行 六甲支店 0779663
財団法人 神戸学生青年センター 賛助金
銀行振込で領収証やニュースをご希望の方は、
事務局までご連絡ください。

六甲奨学基金　2009.12.1～2010.3.31（敬称略・単位円）

高橋弥生 5000
岡雄 5000
中畠孝幸 10000
中村大蔵 3000
柳寛子 3000
田邉光平 3000
山崎昌子 3000
佐藤宏子 3000
脇本寿 5000
中川慶子 3000
奥野葉津紀 5000
服部素 3000
近澤淑子 5000
田原良次 3000
四方田文夫 3000
砂上昌一 3000
田口恵美子 3000
近藤芳廣 3000
武藤迪子 5000
松下量子 3000
松下宜且 10000
今井眞理 3000
大槻博司 5000
高光重 10000
中勝博志 5000
葛谷登 3000
佐藤美也子 3000
井上淳子 3000
水野明代 3000
六甲カトリック教会 20000
中山一郎 5000
小林洋次 5000
枡田計雄 5000
川崎紘平 5000
㈱ワイドシステムサービス 10000
宋光祐 5000
東京聖三一教会 20000
石本百合子 3000
湯木昭八郎 5000
高仁宝 5000
加藤克子 3000
津田義夫 3000
大谷紫乃 3000
援助修道会名古屋修道院 10000
井上力 10000
阿部恩 5000
藤井道雄 3000
木下カヨ子 5000
谷井尚子 3000
保田吉三郎 10000
大槻小百合 3000
西田勝英 3000
浜崎純子 3000
中畠孝幸 30000
新居弥生 3000
前川純一 5000
関西学院宗教活動委員会 20000
長瀬三千子 5000
安東快子 3000
安東快子 3000
小野光子 5000
近藤とみお・幸子 5000
田中ハル子 3000
瀬戸口雅子 5000
柴田康彦 3000

計65件
366,000円

毎月募金会計57,000円（千円:菱木康夫、金早雪、高仁宝、信長正義、信長たか子、藤田寿え子、飛田雄一、二千円:福田菊、三千円:白川豊、辻建）

古本市による協力 2,057,136 円

総計 2,480,136円
以上感謝をもって領収いたしました。

六甲奨学基金ご協力のお願い

●賛助会費:
一口 A3,000　B5,000　C10,000
※いずれも一口を単位としますが、何口でも結構です。
※送金方法
郵便振替〈01160-6-1083 財団法人 神戸学生・青年センター〉
備考欄に「奨学金」とお書きください。
銀行振込 三井住友銀行 六甲支店 0779651
財団法人 神戸学生青年センター 六甲奨学基金
銀行振込で領収証やニュースをご希望の方は、
事務局までご連絡ください。

セミナーの記録　2009.12～2010.3

食料環境セミナー

399回1月27日「ダム建設と環境問題」宮本博司さん
400回2月24日「手に(市民活動の)職を持とう─宝塚市の廃プラ処理政策から学ぶ─」森住明弘さん
401回3月24日「再び学んで他・自のために─神戸市のごみ処理政策から学ぶ─」森住明弘さん

六甲奨学基金

日本語サロン　毎週月・土曜日
3月6日　日本語サロン交流会
3月15日～5月16日　第13回古本市

朝鮮語・韓国語講座

入門	毎週木曜日	金知恵さん
初級	毎週水曜日	金世徳さん
中級A	毎週水曜日	金眞さん
中級B	毎週火曜日	高秀美さん
上級	毎週木曜日	朴鍾祐さん

朝鮮史セミナー

3月12日「李朝白磁のふるさとを歩く」山崎佑次さん
3月26日「戦時中・国策紙芝居のプロパガンダ的役割」鈴木常勝さん

その他のセミナー・行事

12月10日　南京大虐殺幸存者の証言を聞く会in神戸（後援）
12月11日KOBE Mass Choir神戸大学YMCA・クリスマス・ゴスペルコンサート（後援）
1月9日文化復興コンサート「祈り・夢・未来～文化復興・神戸からの願い」於／兵庫県立美術館
多文化と共生社会を育むワークショップ・兵庫県立美術館アートヒュージョン実行委員会（共催）
3月5日　長編ドキュメンタリー「花はんめ」上映会　多文化と共生社会を育むワークショップ（共催）

新しいスタッフ・朴淳用さん

2004年3月に退職し、その後、嘱託として勤務してくださっていた鹿嶋節子さんが本年3月末にやめられ、4月から朴淳用（パク・スンヨン）さんがスタッフに加わりました。神戸大学農学部で保田先生のゼミで学んだ元韓国人留学生で、センター管理人の経験もある好青年です。センター事務局は、飛田雄一、都築和可子、朴淳用の3名で、他に清掃アルバイト2名、管理人アルバイト2名、土日祝日アルバイト2名で運営しています。みなさん、今後ともよろしくお願いします。

朴淳用

新年度の六甲奨学基金・奨学生

第15期奨学生が決定しました。以下の方々です。月額5万円の奨学金が支給されます。六甲奨学基金は、兵庫県下の大学に通う留学生・就学生が対象で、大学・学院が各1名を推薦し、基金の委員会が選考にあたります。

神戸夙川学院大学	金民鎬	韓国	男
神戸YMCA学院	曹世華	中国	男
トヨタ神戸自動車大学校	郭永俠	中国	女
セイコー学院外語センター	陳錦惠	中国	女
神戸芸術工科大学	李威震	台湾	男

食料環境セミナー

1月には、話題となっているダム問題を学ぼうと宮本博司さんを講師にお願いしました。テーマは「ダム建設と環境問題」。宮本さんは、1978年に旧建設省に入り、技官として河川行政一筋に取り組まれました。国交省近畿地方整備局淀川河川事務所長として淀川水系流域委員会の立ち上げにも尽力された方で、退職後その委員会に一市民として応募され委員長に就任されました。ダム問題の深さ、大きさを学ぶことができました。

宮本博司さん　2010.1.27

2月、3月は、久しぶりにゴミ問題の専門家で現在はNPO法人大阪ごみを考える会理事長の森住明弘さんに「宝塚市の廃プラ処理政策」「神戸市のごみ処理政策」を題材に2回にわたってお話いただきました。あらためて市民運動の心得・実践方法までを学ぶ機会ともなりました。

森住明弘さん　2.24　3.24

日本語サロン・交流会

ボランティア日本語教室＝日本語サロンは、毎週月・土曜日にセンターで開いています。マンツーマン方式で（ウーマンの方が多いです）約50組が勉強しています。留学生とその家族が多いですが、その他にもいろいろな方が参加されています。一堂に会するのはこの交流会。以前は12月のクリスマス会でしたが、学生センターがキリスト教を母体にしたセンターではありますが、イスラム圏の方もおられます。そこで3月の交流会となったのです。今年はセンターで定席をもっている神戸大学落語研究会の方に特別出演をお願いしました。またスタジオで練習中のアカペラグループも賛助出演してくださりおおいに盛り上がりました。

日本語サロン交流会　3.6

アカペラG

国策紙芝居を観ました

鈴木常勝さんは、大学講師をしながらの「紙芝居師」。『戦争の時代ですよ』（2009.6、大修館書店）出版を機会に講演と公演をお願いしました。鈴木さんは国策紙芝居を戦意高揚のための単なるプロパガンダと切り捨てることなく、その神髄に迫っています。大学での日中現代史の授業で国策紙芝居を実演しながら留学生を含む若者と対話を続けているという鈴木さんの本のサブタイトルは「若者たちと見る国策紙芝居の世界」。留学生と日本人学生との対話から見えてくるものなど、興味深い話がありましたが、面白かったのはその紙芝居そのもの。国策紙芝居も面白いのです。ふむふむ。

鈴木常勝さん　3.26

朝鮮史セミナー

神戸元町で骨董品店を経営されていた山崎佑次さんが『李朝白磁のふるさとを歩く』（2009.8、洋泉社）を出されました。山崎さんは、テレビ番組、ビデオソフト制作の会社をされていましたが、その仕事の過程で「李朝白磁」に出会われ、「埋もれてしまった窯跡を訪ね歩き、欠片を拾い集めながら、眺め、手に取り、李朝時代の陶工への思いと現在の自分をかさね合わせる。還暦をすぎた骨董商の追慕と自己確認の旅」（本書の帯）に出られたという方です。本も面白かったですが、たくさんの写真を見ながらの講演も、山崎さんの人柄がにじみでるとても面白いものでした。

山崎佑次さん　3.12

「花はんめ」を上映しました

3月5日、多文化と共生社会を育むワークショップと学生センターが共催で開催しました。神奈川県川崎市に暮らす、在日一世のコリアンおばあちゃんたちの日常を記録した長篇ドキュメンタリー（100分）で、監督は『みんなありがとう』の金聖雄さん。第78回キネマ旬報映画ベスト・テン入りしている作品で文化庁支援作品。はんめたちのパワーには圧倒されます。音楽もステキです。

同じく多文化と共生社会を育むワークショップと共催で1月9日には兵庫県立美術館で「文化復興コンサート〜祈り・夢・未来〜文化復興・神戸からの願い」も開催しました。

文化復興コンサート　於／兵庫県立美術館　1.9

恒例となったゴスペルコンサート

毎年12月、センターに事務所をおく神戸大学YMCAの恒例の行事です。KOBE Mass Choir、リーダーは東神戸教会の川上盾さん。てごろな大きさのセンターホールにゴスペルの歌声が響きます。ゴスペルに編曲されたクリスマス讃美歌を聴衆と合唱するのも恒例です。スカッとします。気分爽快です。今年も12月に開催します。是非、お越しください。

ゴスペルコンサート　2009.12.11

南京大虐殺幸存者の証言を聞く会in神戸

神戸・南京をむすぶ会（代表・宮内陽子）が毎年12月に開いているもので、センターが後援しています。今年は、当時日本軍の暴行から逃れるために避難した安全区の中で1歳の弟は日本兵に踏み殺され、父は銃剣で突き殺されたという経験を持っておられる1925年生まれの楊翠英さんでした。中国では、そのような生存者のかたを「幸存者」と呼んでいます。同会は毎年8月、南京ともうひとつの地域を訪ねるフィールドワークを行っています。今年は南京と中国延辺朝鮮族自治州です。8.13〜8.20、学生2名には参加費5万円で参加できる特権があります。一般参加は20万円程度になる予定です。詳細は学生センター内、同会まで。

2009.12.10　楊翠英さん

定期利用

グループ・教室のご案内

- ◆六甲トレーニングサロン…… 月曜日・前9〜12:00　前田先生　0797-35-5588
- ◆稲美会（絵更紗）…… 月2回　水・土曜日・後1〜5:00　稲垣先生　078-821-7078
- ◆からむい会（絵更紗）…… 第1・3月曜、第2・4木曜・後1〜5:00　蔭村先生　0797-31-1798
- ◆すぎなコーラス…… 月曜日・前10〜12:00　連絡先・横田　078-851-5714
- ◆神戸女声合唱団…… 金曜日・前10〜12:00　連絡先・岡 邦子　078-291-0855
- ◆神戸東女声合唱団…… 月3回金曜日・後2〜4:00　連絡先・野口綾子　0727-77-2080
- ◆創作アップリケ…… 第2・4月・金曜日・前10〜12:00　柏原先生　078-821-4632
- ◆ノイエカンマーコール（混声コーラス）…… 土曜日・後6〜9:00　連絡先:池田　078-936-0123
- ◆ヨガ体操…… 火曜日・前9:30〜12:00　廣瀬先生　078-851-8851
- ◆アトリエ太陽の子（児童絵画）…… 木曜日・後1〜5:00　中嶋先生　078-858-7301
- ◆六甲ボーカル…… 第1・3木曜日・前10〜12:00　池本先生　078-861-8724
- ◆こうべこーる恵（コーラス）…… 火曜日・前10〜12:00　連絡先・田附　0798-26-2169
- ◆ステンドグラス・アトリエとも…… 第2・4木曜・後1〜5:00　幸坂先生　078-582-0644
- ◆全珠連会員・熊内そろばん六甲教室…… 火曜・後3〜9:00、土曜・後1〜4:00　奥野先生　078-241-1095
- ◆六甲さくら合唱団…… 第2・4月曜日　後1〜5:00　連絡先・見須　078-881-7851
- ◆テコンドー…… 毎週金曜日・後6〜9:00　連絡先・妹尾　090-9846-8241
- ◆稲銭会空手道…… 毎週月曜日・後4〜10:00　連絡先・藤本　078-842-5669
- ◆ふらんす堂句会…… 原則第2土曜・後1〜5:00　連絡先・山内　078-431-0039
- ◆プログレス（幼児教室）…… 水曜日・後1〜5:00　連絡先:近藤　090-5050-1657
- ◆すずめの学校（ニューヨークタイムズ紙を読む会）…… 第1・3水曜日　前9:00〜12:00　連絡先・上田　078-732-2651
- ◆前田書道会…… 火曜日・前9〜夜9:00　連絡先・前田先生　078-385-1650

お問合せやお申込は、各グループ・教室に直接ご連絡ください。

神戸学生・青年センター
センターニュース
KOBE STUDENT YOUTH CENTER NEWS No.73

No.73
発行所　(財)神戸学生・青年センター
理事長　保田　茂
館　長　飛田　雄一
〒657-0064　神戸市灘区山田町3丁目1-1
TEL (078) 851-2760 FAX (078) 821-5878
Yamada-cho 3-1-1, Nada-ku
Kobe, 657-0064 Japan
E-mail info@ksyc.jp
URL http://ksyc.jp

中央アジアのコリアンを訪ねる旅

館長　飛田雄一（ひだ　ゆういち）

今年のゴールデンウイーク、カザフスタン、ウズベキスタンを訪問した。メンバーは11名、学生センター主催のフィールドワークだ。案内は、カザフスタン大学のゲルマン・キムさんと奥様のザイーラさん。8泊9日の旅だった。

記念碑「ここは遠東（極東）から強制移住された高麗人たちが1937年10月9日から1938年4月10日まで穴を掘って生活した初期の定着地である」

1937年、スターリンが沿海州にいた17万人の朝鮮人を日本のスパイをする可能性があるとして、中央アジアに強制移住させたが、その子孫たちが今も中央アジアにいるのである。キムさんはその歴史研究の第1人者で、1991年にも学生センターを訪問して講演会を開いている。その後、ソ連は崩壊し、カザフスタン等、中央アジアの諸国が独立したのである。一昨年、キムさんは大原社会問題研究所と北海道大学に招聘され、1年間日本に滞在した。この機会をとらえて青丘文庫研究会、コリアンマイノリティ研究会、学生センターの共催でキムさんの講演会を開催した。そして、訪問を約束したのである。実は、1991年にも訪問を約束したが果たせず、今回その約束を20年近くたってから実現したのである。

4月30日、関空から韓国仁川経由でカザフスタン・アルマティに到着。ホテルは南に天山山脈を望める素敵なところだった。翌5月1日は、「民族統一の日」で休日、各地で様々な催しがあった。もちろんコリアンの出番も多い。キムさんが副会長を務める高麗人協会のコリアンハウスも訪問した。立派な建物で、レストラン等に賃貸しながら当地のコリアンの拠点となっている。翌5月2日、バスでアルマティから350キロ離れた「ウストベ」への旅行だ。ここは1937年、強制移住させられた朝鮮人たちが最初に降り立ったところだ。記念碑や墓地がある。一面に農地が拡がるがここは朝鮮人が開拓したとことだ。体験者のチョンさんのお話も伺った。帰路、チューリップ原産地は、カザフスタンだという話を聞き、その原種も確認した。小さいかわいらしいチューリップだった。

ウストベの記念碑の前で

4日目の5月3日、午前、国立中央博物館を見学ののちバスで山に登った。結構寒かったが、ザリーナさん持参のウオッカが美味だった。有名なスケートリンクがあった。昼食は、放牧民のパオで楽しい食事、馬乳酒、羊乳酒もまた美味。午後にはカトリック教会、ロシア正教会を訪ね、賛美歌にうっとりする。いつまでも聴いていたいすばらしいハーモニーだった。夕方には、ロープウェイでコクトベに登り、市内を一望した。

5月4日、大きなバザール等を訪問。

そして5月5日、ウズベキスタン・タシケントに移動だ。キムさん夫妻もいっしょだ。飛行機で2時間、雪の天山山脈が素敵だったのに、写真撮影は禁止だった。残念至極。ウズベキスタンはカザフスタンのように鉱物資源に恵まれていない。そのためか、古いシルクロードのイメージはウズベキスタンの方に多く残っている。アルマティの街もきれいだったが、タシケントもきれいだ。案内は、キムさんの友人の大学教授のゼミ生・ミーシャ。ヨンさまのようにハンサムなコリアンだ。英語が話せ、朝鮮語は勉強中とのこと。地下鉄に乗りたいといえば、乗せてくれた。プーシキン駅などとても素敵だった。

アルマティ、ホテルからの天山山脈の峰々

(財)神戸学生青年センター賛助金　2010.4.1-2010.8.31（敬称略・単位円）

宇野田尚哉 3000
上野利恵子 6000
森末哲朗 5000
三角美子 3000
佐野美如 3000
菊地真千子 3000
井上哲雄 3000
愛沢革 3000
明松善一・しのぶ 5000
八木修 3000
田原良次 3000
津久井進 5000
永井満 5000
日本キリスト教団
明石教会 5000
本城智子 3000
杉田哲 5000
砂上昌一 3000
西八條敬洪 2000
ゆづるは百姓連
山口勝弘 5000
尾形淳 3000
宇都宮佳果 3000
加輪上敏彦 5000
小川幹雄 3000
藤江新次 3000
尹英順 3000
杉山博昭 3000
近藤芳廣・伊津子 3000
森田豊子 3000
三輪邦子 3000
神戸定住外国人支援センター 3000
光森恒子 3000
株式会社ワイドシステムサービス 10000
高田理 3000
中山一郎 10000
近藤和雄 3000
笠原芳光 5000
井坂弘 3000
小柳玲子 3000
三宅美千子 3000
山田亀太郎 1000
北本隆之 5000
加藤光広 5000
松岡信 5000
酒井哲雄 3000
岡田惇也 5000
谷井尚子 3000
文東載 5000
石打謹也 3000
藤永壮 5000
佐藤三郎・靖子 3000
安福重照 3000
髙木甫 10000
津久井進 3000
小松匡位 10000
小林まゆみ 3000
大島淡紅子 1000
小林洋次 5000
諏訪晃一 5000
益子酵三 5000
泉紀子 1000
辻川敦 5000
山根貞夫 2000
佐藤忠治 3000
船橋治 10000
手束光子 3000
宮本牧子 3000
河上民雄 3000
北川三代子 3000
山崎佑次 3000
大平玲子 3000
前田輝美 3000
川尻豊利 3000
山本高司 3000
徐正禹 3000
六甲の野良猫 3000
小川文夫 3000
原田英美 3000
島津恒敏 10000
泉迪子 1000
中村尚司 3000
満寿会 3000
野村務 3000
平山良平 3000
枡田計雄 5000
飛田雄一 10000
福田菊 3000
郭賢鶴 5000
小林ひろこ 3000
森末哲朗 20000
門倉和子 5000
林弘城 3000
川那辺康一 3000
正木峯夫 3000
光葉啓一 3000
近藤幸子 3000
久保美代子 3000
高橋喜久江 3000
足立龍枝 3000
兵庫県有機農業研究会 30000
山本まり子 3000
南波春樹 3000
古川明 3000
山田泉 5000
大西洋司 10000
鈴木道也 3000
岡内克江 3000
宮田泰子 5000
田中英雄 10000
菊谷裕洋 5000
河島完治 3000
高田公子 5000
山田昭次 3000
西尾嘉尉 5000
窪田実美 5000
金世徳 3000
保田茂 5000
三木鎌吾 5000
津野勝俊 3000
加藤克子 3000
神戸女声合唱団 10000
すぎなコーラス 3000
神港教会 20000
小林るみ子 3000
大田美智子 3000
杉本泰郎 1000
藤石貴代 5000
飛田みえ子 5000
武藤迪子 5000
江原護 5000
藤井道雄 3000
廣津あおい 3000
吉田敏子 3000
川勝浩 5000
小山笑加 3000
浄慶耕造 10000
佐治孝典 5000

計136件
609,000円
以上感謝をもって領収いたしました。

賛助金ご協力のお願い

●賛助会費:
一口 A3,000　B5,000　C10,000
※いずれも一口を単位としますが、何口でも結構です。
※送金方法
郵便振替〈01160-6-1083 財団法人 神戸学生・青年センター〉
備考欄に「賛助金」とお書きください。
銀行振込 三井住友銀行 六甲支店 0779663
財団法人 神戸学生青年センター 賛助金
銀行振込で領収証やニュースをご希望の方は、
事務局までご連絡ください。

六甲奨学基金　2010.4.1～2010.8.31（敬称略・単位円）

瀬口郁子 10000
高石留美 5000
田原良次 3000
津久井進 5000
芹田希和子 10000
葛谷登 3000
井上淳子 3000
田口恵美子 3000
佐藤美也子 3000
砂上昌一 3000
田邉光平 3000
加輪上敏彦 5000
前川純一 5000
山田正子 10000
金眞 3000
株式会社ワイドシステムサービス 10000
愼英弘 5000
小柳玲子 3000
松岡信 5000
岡田惇也 5000
谷井尚子 3000
中西美江子 3000
兼崎暉 3000
林真紀 3000
藤永壮 5000
津久井進 3000
小林洋次 5000
枡田計雄 5000
門倉和子 5000
嶋田千恵子 10000
森住勝重 10000
森祐子 3000
松下宜且 10000
なんやか屋 5000
中畠孝幸 10000
瀬戸口雅子 5000
ｾﾝﾀｰｸﾞﾙｰﾌﾟ 5000
梅原明子 5000
駒形愛子 3000
窪田実美 5000
保田茂 5000
藤石貴代 5000
飛田みえ子 5000
武藤迪子 5000
林みち代 3000
藤井道雄 3000
川勝浩 5000

計47件239,000円

毎月募金会計73,000円（千円:菱木康夫、金早雪、高仁宝、信長正義、信長たか子、藤田寿え子、飛田雄一、二千円:福田菊、三千円:白川豊、辻建）

古本市による協力
2,175,975円

総計 2,487,975円　以上感謝をもって領収いたしました。

六甲奨学基金ご協力のお願い

●賛助会費:
一口 A3,000　B5,000　C10,000
※いずれも一口を単位としますが、何口でも結構です。
※送金方法
郵便振替〈01160-6-1083 財団法人 神戸学生・青年センター〉
備考欄に「奨学金」とお書きください。
銀行振込 三井住友銀行 六甲支店 0779651
財団法人 神戸学生青年センター 六甲奨学基金
銀行振込で領収証やニュースをご希望の方は、
事務局までご連絡ください。

セミナーの記録　2010.4～2010.8

朝鮮史セミナー

シリーズ「韓国併合」100年の年をむかえて
4月23日「1960年・韓国4月革命50年」鄭雅英さん
5月21日「1980年・韓国光州民衆抗争30年」文京洙さん
6月18日「1950年・朝鮮戦争60年」李景珉さん
7月23日「「親日派」清算問題の現在-韓国「併合」100年にあたって-」藤永壮さん

食料環境セミナー

402回4月28日
「農作物のカドミウム汚染」畑明郎さん
403回5月26日
「国産大豆での醤油作り」浄慶耕造さん
404回6月23日
「食の安全-裏側の話」渡辺宏さん
405回7月28日
「ゴミ問題を考える」浅利美鈴さん

朝鮮語・韓国語講座

入門　毎週火曜日　金世徳さん
初級　毎週木曜日　金知恵さん
中級A　毎週水曜日　金眞さん
中級B　毎週火曜日　高秀美さん
上級　毎週木曜日　朴鍾祐さん

六甲奨学基金

日本語サロン　毎週月・土曜日
3月15日～5月16日　第13回古本市
5月13日～7月15日　日本語学習支援のステップアップ講座　矢野文雄さん

その他のセミナー・行事

4月4日　AKAY支援コンサートin神戸 Child Dream Concert（後援）
6月17日　第24回アジア労働者交流集会in神戸@三宮勤労会館
6月21日～24日　高慶日ドローイング展

高塚事件20年、WAKKUN原画展

毎年7月、センターで「高塚高校校門圧死事件」で犠牲となった石田僚子さんの追悼集会が開かれている。今年は、20年の文集がだされWAKKUN（湧嶋克己）がそのイラストを担当。集会にあわせてロビーで原画展がひらかれました。

原画展のWAKKUN

5月6日、すてきなイスラム神学校を2校訪問。午後には、コリアンコルフォーズを訪ねた。いまもコルホーズ（集団農場）という名前が残っているとのことだ。訪ねたところは、沿海州のコルホーズがそのままウズベキスタンにも作られたものだ。5代目のリーダー、キムビョンファさんの博物館があり、チャン・エミリヤ・アンドレさんが朝鮮語で案内してくれた。ご主人は生後半月で強制移住されられたというチョンさんで、話がはずんでご自宅まで案内してくださり、サンチュ（野菜）もおみやげまでいただき、夕食のコリアンレストランでそれもいただいた。

アルマティフェスティバルで

そして最終日の5月7日、タシケントの韓国教育院を訪問して、キム・ジョンスク所長のお話を聞き、施設を案内していただいた。最初は「なんで日本人がこんなところにくるんだ」という凍った雰囲気だったが、だんだんと打ち解けて、意気投合した。JICAのタシケント事務所では米田所長が案内をしてくださった。またタシケントには抑留された日本人らが作ったといわれているオペラハウス、中央アジア遊牧民の歴史を壮大に描いた歴史博物館も訪ねた。

キムビョンファ博物館「この地に私は新しい祖国を探した」

帰路は、22：20タシケント空港からアシアナ航空112便で仁川に08：50予定通り到着。時差は4時間、実質6時間半だ。仁川空港でウロウロして、関空組と関東組に分かれそれぞれ無事帰った。

11名の珍道中、ゲルマン・キム夫妻には本当にお世話になった。事前のお願いは、①中央アジアのコリアンのことを知りたい、②二度と行けないと思うのでシルクロードの中央アジアも満喫したい、だった。無理なお願いにもかかわらず充分に私たちの要望にそって旅を企画してくださった。感謝感謝だ。

旅から4カ月、「二度と行けない」などと言いながら、また行ってみたい気がふつふつと湧き上がっているのである。

カラー印刷機を導入しました

愛用してきたリソグラフ、新しく同カラー印刷機をリースしました。とてもきれいです。さっそく大森あい『自給自足の山村暮らし』のカラー版を作りました。定価はそのまま320円。希望者は、送料とも80円切手5枚（400円）をお送りください。むくげの会より信長正義『東学農民戦争の遺跡地を訪ねて』（カラー版）も出版されました。希望者は、送料とも80円切手6枚（480円）をセンター内むくげの会にお送りください。センターニュースは前号よりカラーとなっていますが、これは印刷屋さんの印刷です。

『自給自足の山村暮らし』

朝鮮史セミナー

ことし2010年は1910年の「韓国併合」から100年の節目の年です。また朝鮮半島をめぐるいくつかの大きな出来事の節目の年でもありました。

＜シリーズ「韓国併合」100年の年をむかえて＞として、①1960年・韓国4月革命50年、鄭雅英さん、②1980年・韓国光州民衆抗争30年、文京洙さん、③1950年・朝鮮戦争60年、李景珉さん、④「親日派」清算問題の現在－韓国「併合」100年にあたって―、藤永壮さんを開催しました。

日本が戦後補償等の問題を解決しないまま、現在に至っていますが、日本と朝鮮半島の歴史・未来を考えるとてもいい機会となりました。

4.23　鄭雅英さん　5.21　文京洙さん　6.18　李景珉さん　7.23　藤永壮さん

食料環境セミナー

4月は、「農作物のカドミウム汚染」畑明郎さん（大阪市立大学教授）、5月は、「国産大豆での醤油作り」浄慶耕造さん（大徳醤油株式会社社長）、6月は、「『食の安全』裏側の話」渡辺宏さん（安心!?食べ物情報主宰）、そして7月は、「ゴミ問題を考える」浅利美鈴さん（京都大学環境保全センター助教）でした。浄慶耕造さんのお話は、ブックレットとして出版の予定です。

4.28　畑明郎さん　5.26　浄慶耕造さん　6.25　渡辺宏さん　7.28　浅利美鈴さん

古本市、414万円で記録更新

3.15スタートの第12回六甲奨学基金古本市、5.16に終了しました。今年はなんと、4.141.681円、過去最高の売上がありました。本を提供してくださった方々、ボランティアの方々、そして本を買ってくださったみなさまに、心よりお礼を申し上げます。残った本をアジアセンター21、新生田川共生会、エマウスの会、浙江大学日本学研究所にひきとっていただきました。来年は、本の回収が3.1～3.31、販売は、3.15～5.15です。よろしくお願いします。

6.26古本市ボランティア同窓会於／六甲苑

「（社）平和韓国」フィールドワーク

韓国から若者22名が来訪、飛田の案内で神戸市内の在日朝鮮人の足跡等を訪問しました。連合国軍捕虜病院跡（賀川豊彦の卒業した中央神学校跡）、東福寺、青丘文庫、大倉山公園伊藤博文像跡、「神戸電鉄敷設工事朝鮮人労働者の像」、「神戸港　平和の碑」、外国人墓地を訪問しました。7.21には光州の教師グループ、8.4には全南大学・金再起先生グループも来訪くださいました。

8.24　「平和韓国」のみなさんと

定期利用

グループ・教室のご案内

◆六甲トレーニングサロン……………… 月曜日・前9～12:00 前田先生　0797-35-5588
◆稲美会（絵更紗）……………… 月2回　水・土曜日・後1～5:00 稲垣先生　078-821-7078
◆からむい会（絵更紗）……………… 第1・3月曜、第2・4木曜・後1～5:00 両村先生　0797-31-1798
◆すぎなコーラス……………… 月曜日・前10～12:00 連絡先・横田　078-851-5714
◆神戸女声合唱団……………… 金曜日・前10～12:00 連絡先・岡 邦子　078-291-0855
◆神戸東女声合唱団……………… 月3回金曜日・後2～4:00 連絡先・野口綾子　0727-77-2080
◆創作アップリケ……………… 第2・4月・金曜日・前10～12:00 柏原先生　078-821-4632
◆ノイエカンマーコール（混声コーラス）…… 土曜日・後6～9:00 連絡先・池田　078-936-0123
◆ヨガ体操……………… 火曜日・前9:30～12:00 廣瀬先生　078-851-8851
◆アトリエ太陽の子（児童絵画）……… 木曜日・後1～5:00 中嶋先生　078-858-7301
◆六甲ボーカル……………… 第1・3木曜日・前10～12:00 池本先生　078-861-8724
◆こうべこーる恵（コーラス）……………… 火曜日・前10～12:00 連絡先・田附　0798-26-2169
◆ステンドグラス・アトリエとも……… 第2・4木曜・後1～5:00 幸坂先生　078-582-0644
◆全珠連会員・熊内そろばん六甲教室…… 火曜・後3～9:00、土曜・後1～4:00 奥野先生　078-241-1095
◆六甲さくら合唱団……………… 第2・4月曜日　後1～5:00 連絡先・見須　078-881-7851
◆テコンドー……………… 毎週金曜日・後6～9:00 連絡先・妹尾　090-9846-8241
◆稲銭会空手道……………… 毎週月曜日・後4～10:00 連絡先・藤本　078-842-5669
◆ふらんす堂句会……………… 原則第2土曜・後1～5:00 連絡先・山内　078-431-0039
◆プログレス（幼児教室）……………… 水曜日・後1～5:00 連絡先：近藤　090-5050-1657
◆すずめの学校（ニューヨークタイムズ紙を読む会）… 第2・4水曜日　前9:00～12:00 連絡先・上田　078-732-2651
◆前田書道会……………… 火曜日・前9～夜9:00 連絡先・前田先生　078-385-1650

お問合せやお申込は、各グループ・教室に直接ご連絡ください。

神戸学生・青年センター センターニュース

KOBE STUDENT YOUTH CENTER NEWS No.74

No.74
発行所　(財)神戸学生・青年センター
理事長　保田　茂
館　長　飛田　雄一
〒657-0064　神戸市灘区山田町3丁目1-1
TEL(078)851-2760 FAX(078)821-5878
Yamada-cho 3-1-1, Nada-ku
Kobe, 657-0064 Japan
E-mail info@ksyc.jp
URL http://ksyc.jp

動物のウンチいろいろ―食べ物がむすぶ生態系―

松本朱実（動物教材研究所pocket）

食料環境セミナー秋のシリーズ「21世紀の暮らしと環境」の3回目にお話いただいた松本朱実さんに原稿を寄せていただきました。（編集部）

松本朱実さん　11.24

約40億年前に生命が誕生して以来、様々な環境に適応・進化した生物の種類数は現在3000万以上ともいわれています。この多様な生物は互いに関わり合いを持って豊かな自然を支え、私たちの生活に恵みを与えてくれています。この「多様さ」と「関わり合い」をキーワードに、「ウンチ」を通して生物多様性の価値を探ってみましょう。

動物は生きるために「食べ物」を食べウンチをします。食性は種類により多様で、主に他の動物を食べる肉食、植物を食べる草食、そして双方を食べる雑食があります。そして消化のしくみも食性に応じて多様で、消化管を通過して排出されるウンチも様々な形状となります。肉食動物の消化管は短く、たとえばネコは体長の4倍ほどの長さです。出されるウンチには獲物の毛や骨などが混じり、強烈な臭いがします。一方、消化しにくい植物を食べる動物の消化管は長く、ヒツジは何と約25メートルもあります。さらに飲み込んだ食べ物を吐き戻して食べる反芻動物と、反芻しない動物とでは、同じ草食動物でも異なる消化吸収の構造を持ちます。前者は胃が複数の部屋に分かれ胃内に存在する無数の微生物により食べ物を発酵させ、後者は発達した盲腸や結腸で発酵させます。反芻する方が食べ物の通過時間が遅く、効率よく植物を消化でき、ウンチの中の繊維もこなれています。（写真1　反芻するキリンと反芻しないシマウマの糞を比べてください）また、2メートルもの発達した盲腸で発酵させるコアラは、赤ん坊が母親の糞を食べて微生物や栄養を補います。このように、長い歴史を経て進化した動物たちの多様な食性や消化構造を、ウンチは雄弁に語ってくれます。

<写真1>キリンとシマウマの糞

次にウンチを通した生物相互の関わり合いを見ましょう。まず同種間でのコミュニケーションとしてウンチが活躍します。テンやイタチは、林道の中央や岩の上など目立つ場所にウンチをして、これが自分の存在を示すしるしとなります。またタヌキは、複数頭が同じ場所で糞（ため糞）をおこない、共同のトイレを通して互いの情報を交換し合います。以前勤めていた多摩動物公園でも、同じ展示場にいた複数のタヌキの排泄場所は1箇所だけでした。そしてウンチはその環境にすむ生物相互をつなぐ大切な役目も持ちます。私が山で見かけたタヌキのため糞場（写真2）には、エンマコガネ（甲虫の仲間）がもぞもぞと這い回っていました。ウンチを食べる糞虫です。そして周囲にはさまざまな植物が芽吹いていました。ウンチが植物の種子を散布して肥料を供給し、森の生態系の循環に寄与しているのです。

<写真2>タヌキのため糞場

多様な生物が存在し、相互に関わり合い続いてきた歴史や地域性は、生物多様性を保全する重要な視点と考えます。食べ物のつながりを知る一助として、動物のウンチは魅力的な教材で、特に子どもたちは嬉々とした関心を寄せてくれます。身近な野鳥の糞と植物との関係、ひいては私たち日本人の消化管と食性の関係など、ウンチを通した環境教育の展開を今後も広げていきたいと思っています。（写真3、大きさがだいぶちがいますね・・）

<写真3>4種類の糞

(財)神戸学生青年センター賛助金　2010.9.1～10.11.30（敬称略・単位円）

江種敬子 3000　下西ユキヨ 3000　森哲二 3000　落合健二 5000　山田保 5000　本城智子 3000　信長正義・たか子 10000　山田和男 5000　田原良次 3000　田口恵美子 3000　李英和 3000　羽鳥敬彦 5000　三輪邦子 3000　小川幹雄 3000　遠山薫 3000　李重華 5000　東田寿啓 5000
高木甫 10000　西八條敬洪 1000　八木晃介 3000　船橋治 10000　飛田悦子 5000　安藤康子 3000　石塚健・明子 3000　寺島俊穂 3000　永井靖二 5000　森行雄 3000　小川政亮 3000　中勝博志 5000　兪澄子 5000　朴炳陽 5000　宇野田尚哉 3000　正木峯夫 3000　中村証二 3000
足立龍枝 3000　川崎紘平 3000　奥西征一 2000　関本肇 3000　野津喜美子 3000　清水竹人・さつき 3000　室田卓雄 3000　板山真由美 3000　辻川敦 5000　藤原精吾 3000　横川修 5000　李月順 3000　柳到亨 5000　水野直樹 5000　谷井尚子 3000　宋連玉 3000　保田茂 5000
洪浩秀 3000　大前敏彦 3000　栗原嘉明 3000　枡田計雄 5000　洪祥進 3000　田村みずほ 3000　神谷量平 5000　無名氏 5000　平田昌司 5000　上田登美子 3000　西村誠 5000　久冨伸子 3000　早川良弥 5000　北谷昭子 3000　西尾嘉尉 5000　讃岐田訓 3000　馬屋原晋治 3000　大津留厚 5000
加藤昌彦 3000　(株)ワイドシステムサービス 10000　相澤亮太郎 5000　島津恒敏 10000　丸子美智子 3000　柴田康彦 3000
松田昌克 2000　津野勝俊 3000　瀬戸口雅子 5000　津村富代 3000　木村秀子 3000

計80件　323,000円
以上感謝をもって領収いたしました。

賛助金ご協力のお願い

●賛助会費:
一口 A3,000　B5,000　C10,000
※いずれも一口を単位としますが、何口でも結構です。
※送金方法
郵便振替〈01160-6-1083 財団法人 神戸学生・青年センター〉
備考欄に「賛助金」とお書きください。
銀行振込 三井住友銀行 六甲支店 0779663
財団法人 神戸学生青年センター 賛助金
銀行振込で領収証やニュースをご希望の方は、事務局までご連絡ください。

六甲奨学基金　2010.9.1～10.11.30（敬称略・単位円）

徳田暁子 10000　田原良次 3000　金眞 3000　羽鳥敬彦 5000　井上力 5000　赤下多映子 3000　松下宜且 10000　細川敦子 1000　葛谷登 3000　中勝博志 3000　なんやか屋 1200　川崎紘平 5000　板山真由美 3000
三田登美子 3000　水野直樹 5000　谷井尚子 3000　保田茂 5000　枡田計雄 5000　なんやか屋 1150　平田昌司 5000　上田登美子 3000　中西美江子 3000　(株)時代社 5000　(株)ワイドシステムサービス 10000　なんやか屋 2000
なんやか屋 2000

計26件　107,350円

毎月募金会計36,000円（千円:菱木康夫、金早雪、高仁宝、信長正義、信長たか子、藤田寿えみ子、飛田雄一、二千円:福田菊、三千円:白川豊、辻建）

古本市による協力 36,150円

総計 509,352円
以上感謝をもって領収いたしました。

六甲奨学基金ご協力のお願い

●賛助会費:
一口 A3,000　B5,000　C10,000
※いずれも一口を単位としますが、何口でも結構です。
※送金方法
郵便振替〈01160-6-1083 財団法人 神戸学生・青年センター〉
備考欄に「奨学金」とお書きください。
銀行振込 三井住友銀行 六甲支店 0779651
財団法人 神戸学生青年センター 六甲奨学基金
銀行振込で領収証やニュースをご希望の方は、事務局までご連絡ください。

セミナーの記録　2010.9～2010.11

食料環境セミナー

シリーズ「21世紀の暮らしと環境－COP10（生物多様性条約締約国会議）を迎えて－」
406回9月22日
「21世紀の暮らしと環境」保田茂さん
407回10月27日
「暮らしの中の生物多様性」
戸田耿介さん
408回11月24日
「動物のウンチいろいろ－食べ物がむすぶ生態系－」　松本朱実さん
409回12月22日
「環境教育と絵本」 南家聡一郎さん

朝鮮語・韓国語講座

入門　毎週火曜日　金世徳さん
初級　毎週木曜日　金知恵さん
中級A　毎週水曜日　金眞さん
中級B　毎週火曜日　高秀美さん
上級　毎週木曜日　朴鍾祐さん

朝鮮史セミナー

10月29日「朝鮮半島の分断と私の家族」姜在彦さん
11月19日「近代日本の朝鮮侵略と伊藤博文」水野直樹さん

現代キリスト教セミナー

10月20日
「植民地・戦争・天皇制－あるキリスト者の歩んできた道」佐治孝典さん

六甲奨学基金

日本語サロン　毎週月・土曜日
10月18日
兵庫県国際交流協会・日本語学習支援アドバイザー派遣事業「リソース型生活日本語」会話教材を使ってみよう　関口明子さん
10月18日～12月13日
実践・日本語学習支援講座
中畠孝幸さん、奥田純子さん、瀬口郁子さん

その他のセミナー・行事

10月15日
「1985年花であること　聞き取り華僑2世徐翠珍的在日」神戸上映会
10月20日～26日
多賀健太郎絵画展Vol.2
10月24日　映像レポート「また、また、辺野古になるまで」・「One Shot One Kill《一撃必殺》」上映会&藤本幸久監督講演会（神戸YWCA・日本キリスト教団兵庫教区社会部&沖縄交流委員会）共催

朝鮮語講座

センターの講座は韓流ブームで勉強を始めた方々も加わって入門から上級まで5クラスに45名が学んでいます。来年度は昼のクラスもスタートします。それぞれにネイティブの人気講師が担当しています。韓国ドラマを聞きとることができればドラマの楽しみも2倍です。ぜひスタート、あるいは再スタートしましょう。

KOBE Mass Choir ゴスペルコンサート

神戸大学YMCA（学生センター内）主催の恒例のクリスマス・コンサートです。みんなで歌うプログラム、川上盾牧師のお話も好評です。

ゴスペルコンサート　12.3

現代キリスト教セミナー

長くセンターの評議員をしてくださった佐治孝典さんが、『植民地・戦争・天皇制－あるキリスト者の歩んできた道－』(2010.3、神戸女学院大学総文叢書⑧、冬弓舎) 出版されました。1928年、日本の植民地統治下の台湾・台北で生まれ、18歳でキリスト者となられた佐治さんは、会社員生活の傍ら、台湾植民地関係の研究を続けられました。これまで何回もキリスト教セミナーでご講演いただいた佐治さんですが、今回のお話は自伝的なお話でとても興味深いものでした。

『植民地・戦争・天皇制』

朝鮮史セミナー

今年は、「韓国併合」から100年の年です。今秋は、姜在彦さんから「朝鮮半島の分断と私の家族」をテーマにお話いただきました。朝日新聞 (6.30) にも紹介されましたが、現在朝鮮半島の南北と日本に分かれて暮らす三人の兄弟のお話を伺いました。南北分断がもとたらした多くのことに思いめぐらす機会をなりました。

水野直樹さんからは「近代日本の朝鮮侵略と伊藤博文」のお話を聞きました。伊藤博文は兵庫県の初代知事としても知られていますが、朝鮮を植民地とするのに指導的な役割を果たした人物でもあります。ソウルにあった「博文寺」のことなどを多くの映像、資料をもとにお話くださいました。

姜在彦さん　10.29　水野直樹さん　11.19

食料環境セミナー

名古屋で開催されたCOP10 (生物多様性条約締約国会議) にあわせて「21世紀の暮らしと環境」をテーマに4回シリーズの講演会を企画しました。センター理事長の保田茂さんから同題の講演をいただいたのち、②「暮らしの中の生物多様性」(戸田耿介さん) ③「動物のウンチいろいろ－食べ物がむすぶ生態系－」(松本朱実さん)、そして④「環境教育と絵本 (南家聡一郎さん) をうかがいます。松本さんには、本ニュースに原稿をいただきました。

保田茂さん　9.22　戸田耿介さん　10.27　松本朱実さん　11.24

ブックレット

浄慶耕造『国産大豆で、醤油づくり』

本年5月26日の大徳醤油株式会社社長・淨慶さんの講演を記録したものです。醤油づくりのお話から日本の食糧問題、地域自立のお話まで興味深い内容です。センターが最近購入したカラー印刷機で作成しています。A4、36頁、320円 (送料80円)。購入希望者は、<01160－6－1083　財団法人神戸学生青年センター>で送金、または、80円切手5枚 (400円分、送料とも) をお送りください。

大森あいさんの『自給自足の山村暮らし』も引き続き好評発売中です。定価、購入方法は同じです。

『国産大豆で、醤油づくり』

ふたつの映画会

①ドキュメンタリー「1985年花であること」／尼崎在住の金成日さんが初めて製作された映画を上映しました。(10.15) サブタイトルは、「聞き取り・華僑2世徐翠珍的在日」。金監督のお話もうかがいました。

②「また、また、辺野古になるまで」、「ONE SHOT ONE KILL－兵士になるということ―」／神戸YWCA、日本キリスト教団兵庫教区社会部＆沖縄交流委員会とセンターの共催で映画と藤本幸久監督の講演会を開きました。米国海兵隊の自己を否定させ殺人の機会とさせる訓練にはほんとうに驚きました。

藤本幸久さん　10.2

多賀健太郎絵画展

昨年につづいて2回目の絵画展です。自由奔放な大きな絵が印象的です。飛田館長の自転車仲間の大きな絵もありました。

多賀健太郎さん　10.20～26

中国浙江大学から感謝状をいただきました

阪神淡路大震災時の被災留学生・就学生支援活動の継続で誕生した「六甲奨学基金」は、本年度も5名の留学生・就学生に月額5万円の奨学金を支給している。恒例の古本市は既報のように414万円の売り上げがありましたが、今年は本の一部を浙江大学に寄付しました。神戸大学の王柯先生は浙江大学日本学研究所のお仕事もなさっていますが、同大学の日本学センターに日本語図書が少ないことから寄附の依頼がありました。古本の中から日本学研究のために3128冊を寄贈しました。近々に整理されて同大学図書館に「六甲文庫」が作られます。感謝状をいただきました。

感謝状

日本語のためのふたつの講座

①「『リソース型生活日本語』会話教材を使ってみよう」／兵庫県国際交流協会・日本語学習支援アドバイザー派遣事業として開催。講師は国際日本語普及協会・関口明子さん。センター日本語サロンのボランティアほか多くの方が受講しました。

②日本語学習支援のステップアップ講座／六甲奨学基金運営委員の中畠孝幸、奥田純子、瀬口郁子の3名の先生による恒例の講座。先生方はボランティアで9回の講座の受講料2万円はすべて基金の募金となります。来年も開催します。

関口明子さん（奥の白板前、左）　10.18

中畠孝幸さん　10.18　奥田純子さん　11.8　瀬口郁子さん　11.29

定期利用

グループ・教室のご案内

◆六甲トレーニングサロン……………… 月曜日・前9～12:00 前田先生　0797-35-5588
◆稲美会（絵更紗）……………… 月2回　水・土曜日・後1～5:00 稲垣先生　078-821-7078
◆からむい会（絵更紗）……………… 第1・3月曜、第2・4木曜・後1～5:00 蔭村先生　0797-31-1798
◆すぎなコーラス……………… 月曜日・前10～12:00 連絡先・横田　078-851-5714
◆神戸女声合唱団……………… 金曜日・前10～12:00 連絡先・岡 邦子　078-291-0855
◆神戸東女声合唱団……………… 月3回金曜日・後2～4:00 連絡先・野口綾子　0727-77-2080
◆創作アップリケ……………… 第2・4月・金曜日・前10～12:00 柏原先生　078-821-4632
◆ノイエカンマーコール（混声コーラス）……… 土曜日・後6～9:00 連絡先・池田　078-936-0123
◆ヨガ体操……………… 火曜日・前9:30～12:00 廣瀬先生　078-851-8851
◆アトリエ太陽の子（児童絵画）……… 木曜日・後1～5:00 中嶋先生　078-858-7301
◆六甲ボーカル……………… 第1・3木曜日・前10～12:00 池本先生　078-861-8724
◆こうべこーる恵（コーラス）……………… 火曜日・前10～12:00 連絡先・田附　0798-26-2169
◆ステンドグラス・アトリエとも……… 第2・4木曜・後1～5:00 幸坂先生　078-582-0644
◆全珠連会員・熊内そろばん六甲教室…… 火曜・後3～9:00、土曜・後1～4:00 奥野先生　078-241-1095
◆六甲さくら合唱団……………… 第2・4月曜日　後1～5:00 連絡先・見須　078-881-7851
◆テコンドー……………… 毎週金曜日・後6～9:00 連絡先・妹尾　090-9846-8241
◆稲践会空手道……………… 毎週月曜日・後4～10:00 連絡先・藤本　078-842-5669
◆ふらんす堂句会……………… 原則第2土曜・後1～5:00 連絡先・山内　078-431-0039
◆プログレス（幼児教室）……………… 水曜日・後1～5:00 連絡先・近藤　090-5050-1657
◆すずめの学校（ニューヨークタイムズ紙を読む会）… 第2・4水曜日　前9:00～12:00 連絡先・上田　078-732-2651
◆前田書道会……………… 火曜日・前9～夜9:00 連絡先・前田先生　078-385-1650

お問合せやお申込は、各グループ・教室に直接ご連絡ください。

2011年4月15日　神戸学生・青年センター　ニュース　第75号　(1)

神戸学生・青年センター センターニュース

KOBE STUDENT YOUTH CENTER NEWS No.75

No.75
発行所　(財)神戸学生・青年センター
理事長　保田　茂
館　長　飛田　雄一
〒657-0064　神戸市灘区山田町3丁目1-1
TEL(078)851-2760 FAX(078)821-5878
Yamada-cho 3-1-1, Nada-ku
Kobe, 657-0064 Japan
E-mail info@ksyc.jp
URL http://ksyc.jp

古本市、盛況です。

今年の六甲奨学基金奨学生は7名です
東日本大震災被災留学生・就学生支援のために100万円を送りました

館長　飛田雄一

東日本大震災に心を痛めています。被害にあわれた方々に心からお見舞い申し上げます。16年前の阪神淡路大震災のことを思い起こします。

＜写真　飛田雄一＞

当時、センターでは被災留学生・就学生支援のために生活一時金支給（3万円、767名、2301万円）、宿舎提供・斡旋などの支援活動を行いました。全国から4242万円の支援金が寄せられ、その残金1300万円から六甲奨学基金がスタートしました。毎年4～6名のアジアからの留学生・就学生に月額5万円の奨学金を支給してきました。1998年からはそのための募金活動の一環として「古本市」を3～5月に2ヶ月間開催しています。昨年は414万円を売り上げました。2011年度は7名分の奨学金420万円を目標に第14回古本市が3月15日からスタートしています。（5月15日まで）

基金の原資は阪神淡路大震災当時、被災留学生・就学生支援のために全国から寄せられた募金です。今回は、その恩返しとして、東日本大震災で被災した留学生・就学生支援のための活動を神戸の地で進めたいと思います。移住労働者と連帯する全国ネットワークが被災外国人の支援活動を継続していますが、学生センターもNGO神戸外国人救援ネットをとおして連携をもっている同ネットワークを通して古本市の売り上げから100万円を送りました。

今年の古本市の目標は420万円でしたが、東日本大震災支援の100万円を加えて目標は520万円です。ちょっと（?）無理そうですが、本のご購入をよろしくお願いします。

●

阪神大震災時、学生センターは留学生・就学生の避難所にもなりましたが、学生センターから次のステップへの移行が大きな課題でした。宿舎提供者もいたのですが、それは交通の遮断されていたときに大学に通うのが困難な地域でした。被災地であるセンター周辺の宿舎提供は非常に少ない中で、あるテレビ局と組んで留学生Aを受け入れる映像を流してもらい（ねつ造ではありません）、そのような宿舎提供を求めましたが、不調でした。

私は、避難所で生活する留学生らについては、①1カ月無料②その後は有料・安価で継続居住可の部屋、がベストだと思います。今回の東日本大震災でもそうですが、被災者が何度も引越しするのは負担が大きいのです。当時、このような呼びかけができればよかったのにと考えています。今回の被災地での支援活動の参考にしていただけば幸いです。

＜写真　古本市　2011.3.15～5.15＞

(4)　神戸学生・青年センター　ニュース　第75号　2011年4月15日

(財)神戸学生青年センター賛助金　2010.12.1-2011.3.31（敬称略・単位円）

梶原由美子 3000
田中宏明 2000
横山潤・正代 10000
神戸女声合唱団 10000
西出郁代 5000
厚地勉 3000
稲垣和子 5000
下村安男 5000
古座岩博子 3000
三木鎌吾 5000
坪山和聖 3000
すぎなコーラス 3000
八尾佳子 5000
神港教会 30000
草地とし子 3000
白方誠弥 5000
成毛典子 10000
新生田川共生会 5000
中村英之 3000
原田光雄 5000
金世徳 3000
鹿野幸枝 3000
崔鹼植 3000
松枝佳宏 3000
姜在彦 3000
白珠相 10000
青木京子 3000
町永妙子 3000
岩坂二規 3000
今井和登 3000
影山陽美 5000
門倉和子 5000
小川幹雄 3000
福原孝浩 3000
四方田文夫 3000
宇野徹 5000
長瀬春代 3000
田原良次 3000
徐聖寿 3000
梁英子 3000
足立龍枝 3000
石川鴻二 3000
ろっこう医療生活協同組合 10000
片山憲明 5000
津久井進 3000
友井公一 3000
小松裕 5000
湯木昭八郎 5000
片桐陽 10000
後藤耕二 3000
斎藤千宏 5000
康良樹・金恩順 3000
西八條敬洪 1000
戸谷亨一 10000
下川浩一郎 5000
六甲カトリック教会 50000
伊田郁子 3000
森田喜之 3000
渡辺俊雄 5000
沼崎佳子 2000
六島純雄 3000
梁壽龍・朴貴玉 3000
兵頭晴喜 5000
上田眞佐美 3000
田原憲平 5000
辻川敦 5000
石田米子 3000
上田勝彦 2000
島津恒敏 10000
辻建 5000
間一孝 3000
濱政博司 5000
河内恵子 3000
五十嵐広司・紀子 3000
登尾明彦 3000
洪祥進 3000
花岡光義 3000
宮井正彌 3000
松代東亜子 5000
神田栄治 3000
鈴東力 5000
徐正禹 3000
天野隆 5000
田口恵美子 3000
高橋弥生 5000
服部待 3000
中山一郎 10000
尾形淳 3000
新居弥生 3000
岩崎謙 10000
大島淡紅子 1000
大高全洋 3000
中村尚司 3000
山西伸史 5000
金正郁 3000
大谷隆夫 10000
新井久子 1000
西尾嘉尉 5000
中塚華奈 3000
日本基督教団芦屋西教会 5000
山崎清 3000
奈良本まゆみ 3000
山田拓路 3000
岩田将巳 3000
朝賀文子 3000
高光重 10000
牧野隆男 3000
川辺比呂子 3000
宮沢之祐 3000
砂上昌一 5000
野村潔 5000
越智清光 3000
井上みち子 5000
井上力 10000
佐藤三郎 2000
永井満 3000
小松匡位 10000
朴慶一・宋貴美子 3000
梁愛舜 3000
枡田計雄 5000
安田吉三郎 5000
在日大韓基督教川崎教会 3000
小林省三 3000
佐野修吉 3000
江原護 5000
名古屋聖ステパノ教会 3000
木下律子 3000
丸山茂樹 5000
福西由紀子 5000
井坂弘 3000
西脇鈴代 5000
西村文雄 3000
大石恵理子 2000
稲田登 20000
和田進 3000
鈴木道也 3000
高阪邦子 3000
千葉宣義 5000
赤峰美鈴 3000
太田稔 3000
在日大韓神戸教会 10000
薬師寺小夜子 3000
吉田敏子 3000
成毛典子 10000
在日大韓基督教会小倉教会 3000
小笠原正仁 3000
谷井尚子 3000
栗本敬一郎 3000
佐治孝典 5000
伊藤悦子 3000
神戸YWCA 5000
瀬戸口雅子 5000
柴田康彦 3000
岩崎裕保 5000
日本ｷﾘｽﾄ教団神戸多聞教会 10000
高田公子 10000
関西学院宗教活動委員会 20000
フェリス女学院大学大倉一郎 3000
林弘城 3000
森川展昭 3000
李景珉 5000
成毛典子 10000
無名氏 3000
在日韓人歴史資料館 3000
柳到亨 5000
南家聡一郎 3000
水野浩重 3000
湯口恵 3000
水野雄二 10000
鈴木道也 3000
森田豊子 3000
求める会 25000
齋藤洋子 3000
金山次代 5000
成毛典子 10000
鈴東力 3000
ロバート圭子ウィットマー 3000
足立康幸 10000
日本基督教団宝塚教会 5000
山田雅巳 10000
光葉啓一 3000
管根信彦 10000
板山真由美 3000
近藤冨男・幸子 5000
藤本協子 3000

計185件
938,000円
以上感謝をもって領収いたしました。

賛助金ご協力のお願い

●賛助会費:
一口 A3,000　B5,000　C10,000
※いずれも一口を単位としますが、何口でも結構です。
※送金方法
郵便振替〈01160-6-1083 財団法人 神戸学生・青年センター〉
備考欄に「賛助金」とお書きください。
銀行振込 三井住友銀行 六甲支店 0779663
財団法人 神戸学生青年センター 賛助金
銀行振込で領収証やニュースをご希望の方は、事務局までご連絡ください。

六甲奨学基金　2010.12.1～2011.3.31（敬称略・単位円）

援助修道会 20000
宗像千代子 10000
加藤克子 3000
近澤淑子 5000
金世徳 3000
なんやか屋 3000
岡崎道子 10000
煙山光伸 5000
田邉光平 3000
後藤玲子 5000
松下宜且 10000
門倉和子 5000
四方田文夫 3000
田原良次 3000
梁英子 3000
片山憲明 5000
津久井進 3000
湯木昭八郎 5000
片桐陽 10000
山崎昌子 3000
渡辺俊雄 5000
六島純雄 3000
奥野葉津紀 5000
葛谷登 3000
辻建 5000
前川純一 5000
間一孝 3000
五十嵐広司・紀子 3000
大谷紫乃 5000
森住勝重 10000
長瀬三千子 5000
井上淳子 3000
中畠孝幸 10000
高橋弥生 5000
新居弥生 3000
岡田惇也 10000
中川慶子 3000
兼崎暉 5000
高光重 10000
大津留厚 3000
土本基子 3000
砂上昌一 3000
井上力 10000
大槻小百合 3000
枡田計雄 5000
安田吉三郎 5000
なんやか屋 1350
金眞 3000
赤峰美鈴 3000
薬師寺小夜子 3000
谷井尚子 3000
関西学院宗教活動委員会 20000
水野明代 3000
徳田暁子 10000
小城智子 4000
小野光子 5000
細川敦子 1000
伊藤一幸 100000
無名氏 30000
無名氏 20000
無名氏 30000
田中仁志 10000
板山真由美 3000
近藤冨男・幸子 5000

計64件
504,350円

毎月募金会計　48,000円（千円:菱木康夫、金早雪、高仁宝、信長正義、信長たか子、藤田寿え子、飛田雄一、二千円:福田菊、三千円:白川豊）
古本市による協力　1,879,108円

総計 2,431,458円
以上感謝をもって領収いたしました。

六甲奨学基金ご協力のお願い

●賛助会費:
一口 A3,000　B5,000　C10,000
※いずれも一口を単位としますが、何口でも結構です。
※送金方法
郵便振替〈01160-6-1083 財団法人 神戸学生・青年センター〉
備考欄に「奨学金」とお書きください。
銀行振込 三井住友銀行 六甲支店 0779651
財団法人 神戸学生青年センター 六甲奨学基金
銀行振込で領収証やニュースをご希望の方は、事務局までご連絡ください。

セミナーの記録　2010.12～2011.3

食料環境セミナー

410回1月26日「TPPを読み解く―グローバリゼーションと日本農業―」松平尚也さん
411回2月23日「あぶらむ物語―人生のよき旅人たちの話」大郷博さん
412回3月23日「省エネ家電って本当に省エネ?」桑垣豊さん

現代キリスト教セミナー

2月25日「日本で活躍した初期の朝鮮人女性伝道師」呉寿恵さん

朝鮮語・韓国語講座

入門　毎週火曜日　金世徳さん
初級　毎週木曜日　金知恵さん
中級A　毎週水曜日　金眞さん
中級B　毎週火曜日　高秀美さん
上級　毎週木曜日　朴鍾祐さん

六甲奨学基金

日本語サロン　毎週月・土曜日
12月11日日本語サロン交流会
3月15日～5月15日第14回古本市

その他のセミナー・行事

12月3日神戸YMCA・KOBE Mass Choirクリスマスゴスペルコンサート（後援）
12月6日アジア労働者交流集会in神戸@三宮勤労会館
12月8日南京幸存者証言集会（後援）
1月29日「タイ料理とタイ文化を楽しもう」片山エミニチャゴンさん多文化と共生社会を育むWS共催
3月11日座談会・片岡希監督を囲んで　これからの多文化共生を考える　多文化と共生社会を育むWS共催
3月15日「世界をつなぐ音楽の花束Part5文化復興想いは伝わる…」多文化と共生社会を育むWS主催（協力）

食料環境セミナー

12月には9月からのCOP10シリーズの最終回で「環境教育と絵本」をテーマに南家聡一郎さんにご講演いただきました。

1月には「TPPを読み解く－グローバリゼーションと日本農業－」(松平尚也さん)、2月には「あぶらむ物語―人生のよき旅人たちの話」(大郷博さん)、3月には「省エネ家電って本当に省エネ？」をテーマに桑垣豊さんのお話をうかがいました。

2010.12.22
南家聡一郎さん

2011.1.26
松平尚也さん

2.23
大郷博さん

3.23
桑垣豊さん

第16回(2011年度)六甲奨学基金奨学生

今期は、古本市の売り上げが順調であろうと7名の奨学生に支給することになりました。月額5万円、返済不要です。以下の方々です。

1. 景 思 佳　女　中国　神戸女子大学大学院
2. 陳 洪 営　男　中国　神戸国際大学
3. 劉 　玉　女　中国　愛甲学院専門学校
4. 由 恵 子　女　中国　兵庫教育大学
5. 翁 木 嬌　女　中国　聖トマス大学
6. 王 亜 雄　男　中国　神戸電子専門学校
7. 翁 祖 茂　男　中国　神戸住吉国際日本語学校

現代キリスト教セミナー

「日本で活躍した初期の朝鮮人女性伝道師」をテーマに、呉寿恵さんにご講演いただきました。呉さんは、同志社大学神学部で「在日朝鮮基督教会の女性史研究」で博士号を取得されましたが、その中で日本各地の神学校名簿等の調査から「朝鮮女性伝道師」の掘り起こしをされました。その論文から表記テーマでご講演をしていただきました。

2.25　呉寿恵さん

朝鮮語講座

センターの講座は1975年から始まっています。2010年度は、夜の5クラス、2011年度は夜の4クラスと金曜日午前10時の会話クラスです。入門は5月スタートです。躊躇している場合ではありません。とにかく始めましょう。

日本語サロン交流会

ボランティア日本語教室です。これも阪神大震災のとき神戸市のセンターで日本語を勉強していたあるペアーが会場提供を依頼してきたのが始まりです。現在では毎週月土曜日に50ペアーが日本語を学んでいます。マンツーマン形式です。12月には交流会を開きました。

12.11　日本語サロン交流会

アジア労働者交流集会in神戸

これも恒例の集会で、アジアからお客様を迎えて三宮勤労会館で開催しています。今回が25回目、韓国から群山米軍基地わが土地取り戻し市民の会のユン・チョルスさんをお迎えしました。兵庫社会労働運動センター、自立労連神戸支部と学生センターが共催しています。

12.6　ユン・チョルスさん

南京大虐殺・幸存者証言集会

神戸・南京をむすぶ会(宮内陽子代表)が12月に「幸存者」(中国では幸いに生存したという意味でこの言葉をつかいます)をお迎えして証言集会を開いています。今年は郭秀蘭さん(1932.10.8生)の証言「機関銃の集団虐殺から生き延びて」でした。証言する方にはほんとうに辛いことですが、私たちは証言を真摯に聴いて歴史の教訓とし、未来に生かしていきたいと思います。

同会は、昨年夏、南京と中国朝鮮族自治州を訪問、今夏は南京と海南島を訪ねます。格安の大学生枠もあります。事務局は学生センター内。

12.8　郭秀蘭さん

多文化と共生社会を育むワークショップ

①「タイ料理とタイ文化を楽しもう」がテーマ。講師は、片山エミニチャゴンさん料理を堪能しました。お話もステキでした。

②ドキュメンタリー『中華学校の子どもたち』の監督・片岡希さんを囲んで座談会「これからの多文化共生を考える」を開きました。東日本大震災のニュースを気にしながらの集会となりました。同ワークショップ(山地久美子代表)と学生センターの共催です。

1.29　片山エミニチャゴンさん

3.11　片岡希監督

定期利用

グループ・教室のご案内

- ◆六甲トレーニングサロン……月曜日・前9~12:00　前田先生　0797-35-5588
- ◆稲美会(絵更紗)……月2回　水・土曜日・後1~5:00　稲垣先生　078-821-7078
- ◆からむい会(絵更紗)……第1・3月曜、第2・4木曜・後1~5:00　岡村先生　0797-31-1798
- ◆すぎなコーラス……月曜日・前10~12:00　連絡先・横田　078-851-5714
- ◆神戸女声合唱団……金曜日・前10~12:00　連絡先・岡 邦子　078-291-0855
- ◆神戸東女声合唱団……月3回金曜日・後2~4:00　連絡先・野口綾子　0727-77-2080
- ◆創作アップリケ……第2・4月・金曜日・前10~12:00　柏原先生　078-821-4632
- ◆ノイエカンマーコール(混声コーラス)……土曜日・後6~9:00　連絡先:池田　078-936-0123
- ◆ヨガ体操……火曜日・前9:30~12:00　廣瀬先生　078-851-8851
- ◆アトリエ太陽の子(児童絵画)……木曜日・後1~5:00　中嶋先生　078-858-7301
- ◆六甲ボーカル……第1・3木曜日・前10~12:00　池本先生　078-861-8724
- ◆こうべこーる恵(コーラス)……火曜日・前10~12:00　連絡先・田附　0798-26-2169
- ◆ステンドグラス・アトリエとも……第2・4木曜・後1~5:00　幸坂先生　078-582-0644
- ◆全珠連会員・熊内そろばん六甲教室……火曜・後3~9:00、土曜・後1~4:00　奥野先生　078-241-1095
- ◆六甲さくら合唱団……第2・4月曜日　後1~5:00　連絡先・見須　078-881-7851
- ◆テコンドー……毎週金曜日・後6~9:00　連絡先・妹尾　090-9846-8241
- ◆稲践会空手道……毎週月曜日・後4~10:00　連絡先・藤本　078-842-5669
- ◆ふらんす堂句会……原則第2土曜・後1~5:00　連絡先・山内　078-431-0039
- ◆プログレス(幼児教室)……水曜日・後1~5:00　連絡先:近藤　090-5050-1657
- ◆すずめの学校(ニューヨークタイムズ紙を読む会)……第2・4水曜日　前9:00~12:00　連絡先・上田　078-732-2651
- ◆前田書道会……火曜日・前9~夜9:00　連絡先・前田先生　078-385-1650
- ◆音楽の杜(リトミックピアノ教室)……土曜日・前9~12:00　連絡先・桂先生　078-371-8817

お問合せやお申込は、各グループ・教室に直接ご連絡ください。

神戸学生・青年センター
センターニュース
KOBE STUDENT YOUTH CENTER NEWS No.76

No.76
発行所　(財)神戸学生・青年センター
理事長　保田　茂
館　長　飛田　雄一
〒657-0064　神戸市灘区山田町3丁目1-1
TEL(078)851-2760 FAX(078)821-5878
Yamada-cho 3-1-1, Nada-ku
Kobe, 657-0064 Japan
E-mail info@ksyc.jp
URL http://ksyc.jp

都会から農村に移り住んで
－新規就農のすすめ－

市島町有機農業研究会　橋本慎司

学生センターで開催されている「農塾」が今年で第16期を迎えました。1994年から「農を志す人、農の思いを寄せる人のため」というスローガンで始まりました。3年間のお休みを経て、今年から再開されています。農塾は年8回程度行なわれており、今年は有機農業に関する講演が6回と、2回の農場見学を予定しています。

8月に行なわれた橋本慎司さんの講演をご紹介したいと思います。橋本さんは、23年前に都会から農村（丹波市）に移り住んで就農された方で、市島町有機農業研究会（出荷組合）の生産者として活動しています。（編集部）

8.26　橋本慎司さん

兵庫県丹波市市島町は、自然の中で過ごしたいという定年退職者や田舎暮らしをしてみたい若い方の新規就農者が多い地域です。市島町有機農業研究会は1975年から始まっています。33年の歴史があるので、有機農業を志す人が市島町に集まり、研修を経て農家として地域に定着していきます。私が市島町に移住したころは、新規就農者はほとんどいない状態でした。

農業を始めるには、就農の本や話を聞くのではなく、まずどこかの農場に足を運んでお手伝いをするのがよいと思います。農家の人は忙しいので話を聞きに行っただけでは本音を聞かせてもらえません。農家の方と一緒に働いて、コミュニケーションをとりながら、お話を聞くことが大切です。実際に農業を体験してみて、自分に合うかどうか、また農業をやっていけるのかを確かめたうえで、それから農業についての本を読んでみるのがいいです。そして、また農場に足を運びます。その繰り返しが就農を上手に始めるコツだと思います。

就農希望者の中には、農的生活をしたいという方がおられます。しかし、農業収入は厳しいため、きちんとした農業経営計画がなければ成り立ちません。専業農家ではなく、兼業農家として、生活を維持していくことも考えなければなりません。

農村では人口が減少しており、新規就農者を歓迎しています。新規就農者に対する農業研修生制度があり、援助制度がある地域もありますので、それらを上手に利用することも就農を成功させるのに役立つと思います。

実際に農業を始めてみても最初からうまくいくことはまれです。地元に代々からおられる農家と新規就農では土台が異なります。新規就農者が最初からいい土地に出会えて、農業がうまくいくことはほとんどないと言えます。地元の農家の方は長い時間をかけて土地を改良してきているのです。また、研修が終わり、自分で農地を持ち、農業を始めてからも疑問が出てくるでしょう。そのときは、研修先の農家に相談して、農業技術をその都度教えてもらうことがうまくいく秘訣といえます。農業は土地によって条件が異なるため、自分が就農を考えている地域の近くで研修することをおすすめします。

農業を続けるには地域とのコミュニケーションが大切ですので、バランスを取りながら積極的に地域に参加していくのがいいでしょう。

新規就農者は有機農業に関心がある人が多いですが、有機農業は自然農法、循環農法などいろいろな流儀があるので、基本的な知識は事前に知っておく必要があります。また、収穫できた農作物は出荷することになりますが、出荷先の確保が必要になってきます。きちんと契約先を見つけて、決まった金額で出荷できるところを確保することが条件のひとつとなります。

就農には配偶者と仲良く、家族の協力が何より大切です。また農村的価値観と自分の価値観とのバランスを取りながら、自然の中で生活できる幸せを感じることができたら農業生活を続けることができるのではないでしょうか。

(財)神戸学生青年センター賛助金　2011.4.1-8.31（敬称略・単位円）

阿久沢悦子 3000
センターグループ 5000
藤江新次 3000
高木甫 10000
森地重博 5000
岡崎鈴子 3000
徳田暁子 3000
保田茂 5000
大槻博司 3000
小川雅由・寺岸美代子 5000
小池ひろみ 3000
金留美子 3000
小船圭子 3000
川崎弘子 3000
倉田茉季 3000
板山眞由美 3000
光森恒子 3000
本城智子 3000
砂上昌一 5000
高橋治子 3000
西八條敬洪 2000
小川幹雄 3000
石打謹也 3000
島津恒敏 10000
呉寿恵 3000
中山一郎 5000
六島純雄 3000
平田典子 3000
澤田隆司 3000
青野正明 3000
深沢忠 3000
足立龍枝 3000
田原良次 3000
三輪邦子 3000
藤永壮 5000
落合健二 5000
田所娃治 3000
康良樹・金恩順 3000
前田美巳代 3000
森田勇真 1000
小川政亮 3000
飛田悦子 5000
松田昌克 3000
門野隆弘・里栄子 5000
森哲二 3000
松永直子 3000
白珠相 10000
横尾明親 3000
朝浩之 5000
長瀬春代 3000
杉山博昭 3000
阿久沢悦子 5000
友井公一 2000
高田秀峰 2000
横谷啓子 3000
藤井道雄 3000
加輪上敏彦 5000
三宅美千子 3000
細野恵久 1000
林静一路 3000
四方田文夫 3000
杉田哲 5000
江菅洋一 3000
深田晃二 3000
牛尾武博 3000
宇都宮佳果 3000
伊藤伸明 3000
平山良平 3000
小川文夫 3000
谷口真弓 3000
大谷友紀 3000
松田恵美子 3000
早川良弥 5000
加藤光広 3000
荻原徹・邦子 3000
岡内克江 3000
金野南 3000
日本基督教団明石教会 5000
阿部恩 5000
安福和子 3000
船橋治 10000
縄昭三 3000
前田美江 3000
田口恵美子 3000
神田栄治 3000
遠山薫 5000
小紫富久枝 3000
岡田長保 5000
谷先晴代 3000
渡辺さえ 3000
志水紀代子 10000
飛田雄一 10000
林弘城 3000
町永妙子 3000
吉田真理 5000
ワイドシステムサービス 10000
高田理 3000
野津喜美子 3000
近藤泉 3000
八木晃介 3000
柳到亨 5000
山崎延子 3000
笠原芳光 3000
六甲苑 10000
松枝佳宏 2000
高田公子 5000
兵庫県有機農業研究会 30000
金井英樹 3000
寺元耕二 5000
日本YMCA同盟東山荘 5000
藤明美 5000
キムマーガレット 3000
原田圭子 2000
谷本恵子 2000
枡田計雄 5000
後藤玲子 5000
澤隆文 3000
久保美代子 3000
宮本牧子 3000
高橋喜久江 3000
神戸YMCA 3000
瀬戸口雅子 5000
中原眞澄 3000
谷井尚子 3000
川本伸久 1000
高木甫 10000
寺島俊穂 3000
洪祥進 3000
岡部眞理子 3000
横山正代 5000
横山潤 5000
西尾嘉尉 5000
飯濱玲子 10000
鶴崎祥子 10000
小谷美智子 10000
貞松・浜田バレエ団・学園 5000
上野利恵子 3000
川崎紘平 5000
森田裕美 3000
菅沼祐子 3000
羽下大信 5000
吉田敏子 3000
三木鎌吾 5000
厚地勉 3000
羽鳥敬彦 5000
丸山晶子 5000
大倉一郎 3000
神戸女声合唱団 10000
大高全洋 3000
菊谷裕洋 5000
村上千代 3000
窪田実美 5000
飛田みえ子 5000
平田昌司 5000
小林るみ子 5000
井上淳 3000
張京花 3000
金世徳 5000
藤江新次 3000
山崎延子 3000

計160件　672,000円
以上感謝をもって領収いたしました。

賛助金ご協力のお願い

●賛助会費：
一口 A3,000　B5,000　C10,000
※いずれも一口を単位としますが、何口でも結構です。
※送金方法
郵便振替〈01160-6-1083 財団法人 神戸学生・青年センター〉
備考欄に「賛助金」とお書きください。
銀行振込 三井住友銀行 六甲支店 0779663
財団法人 神戸学生青年センター 賛助金
銀行振込で領収証やニュースをご希望の方は、事務局までご連絡ください。

六甲奨学基金　2011.4.1-8.31（敬称略・単位円）

森地重博 5000
田中ハル子 3000
徳田暁子 10000
ブイチトルン 5000
大槻博司 3000
無名氏 30000
無名氏 30000
浜本ちづ代 5000
瀬口郁子 10000
李昇燁 5000
趙恩東 10000
瀬戸口雅子 5000
冨士本真理子 3000
砂上昌一 3000
高橋治子 3000
田邉光平 3000
井上淳子 3000
蒋点桓 3000
六島純雄 3000
嶋田千恵子 10000
田原良次 3000
藤永壮 5000
河瀬敦忠 3000
藤井道雄 3000
中西美江子 3000
加輪上敏彦 5000
四方田文夫 3000
下神一子 5000
荒井とみよ 5000
葛谷登 3000
石浜みかる 1000
渡辺俊雄 10000
中川慶子 3000
福田英俊 3000
金野南 3000
阿部恩 5000
無名氏 5000
志水紀代子 40000
飛田雄一 5000
前川純一 5000
吉田真理 5000
ワイドシステムサービス 10000
松下宜且 10000
大西昌美 5000
村山俊夫 5000
西川幸 5000
山崎延子 3000
慎英弘 5000
鈴木金雪 5000
金井英樹 3000
枡田計雄 5000
後藤玲子 5000
蒐場明美 3000
谷井尚子 3000
荒内直子 3000
岡田惇也 10000
岡部眞理子 3000
武谷なおみ 5000
川崎紘平 5000
中畠孝幸 10000
佐久間肇 100000
瀬戸口雅子 5000
羽鳥敬彦 5000
窪田実美 5000
飛田みえ子 5000
平田昌司 5000
柴田康彦 3000
なんやか屋 6600
山崎延子 5000

計69件　515,600円

毎月募金会計　60,000円（千円：菱木康夫、金早雪、高仁宝、信長正義、信長たか子、藤田寿え子、飛田雄一、二千円：福田菊、三千円：白川豊）
古本市による協力　2,668,254円
ミニバザーによる協力　100,000円

総計 3,343,854円
以上感謝をもって領収いたしました。

六甲奨学基金ご協力のお願い

●賛助会費：
一口 A3,000　B5,000　C10,000
※いずれも一口を単位としますが、何口でも結構です。
※送金方法
郵便振替〈01160-6-1083 財団法人 神戸学生・青年センター〉
備考欄に「奨学金」とお書きください。
銀行振込 三井住友銀行 六甲支店 0779651
財団法人 神戸学生青年センター 六甲奨学基金
銀行振込で領収証やニュースをご希望の方は、事務局までご連絡ください。

セミナーの記録　2011.4～2011.8

食料環境セミナー
413回4月27日「TPPを読み解くII」中野剛志さん
414回5月25日「地域でがんばるおもろい農家」衣笠愛之さん
415回6月22日「ワクチンの安全性、ワクチンで防げる病気」武内一さん
416回7月27日「科学は誰のものか？ー遺伝子組み換え作物を通して」平川秀幸さん

朝鮮史セミナー
「コリア・映画の世界～検閲・抵抗・韓流への道～（全3回）」
講師：ノンフィクション作家 高賛侑（コ・チャニュウ）さん
1)6月17日「凍てつくスクリーン:1910～50年代ー「アリラン」（羅雲奎監督）ほかー」
2)7月1日「表現の自由を求めて：1960～80年代ー「風の丘を越えて」（林権澤監督）ほかー」
3)7月15日「韓流への飛躍：1990年代～現在ー「シュリ」（姜帝圭監督）ほかー」

農塾（全8回）
1)5月27日「有機農業の時代」神戸大学名誉教授・保田茂さん
2)6月24日「有機農業の技術」兵庫県農政環境部環境創造型農業専門員・西村いつきさん
3)7月22日「有機農業の特徴」神戸大学名誉教授・保田茂さん
4)8月26日「都会から農村に移り住んでー新規就農のすすめ」市島町有機農業研究会・橋本慎司さん

朝鮮語・韓国語講座
入門　毎週水曜日　金眞さん
初級　毎週火曜日　金世徳さん
中級　毎週木曜日　金知恵さん
上級　毎週木曜日　朴鍾祐さん
会話クラス　毎週金曜日午前　高秀美さん

六甲奨学基金
日本語サロン　毎週月・土曜日
3月15日～5月15日第14回古本市
5月19日～7月21日「日本語学習支援のステップアップ講座」矢野文雄さん
6月24日～25日ミニバザー

その他のセミナー・行事
4月3日「平和以外に何でもある国コンゴ」主催トモニプロジェクト（後援）
5月18日「原発震災について考える」中川慶子さん
6月23日第26回アジア労働者交流集会in神戸＠三宮勤労会館

古本市ご協力、感謝です

第14回古本市（2011.3.15～5.15）は、無事終わりました。ことしも昨年に引き続き好調で、過去最高の4,408,822円の売上がありました。ご協力に感謝します。今年は7名の奨学生420万円、東日本大震災支援100万円、計520万円の目標をたてましたが、そこまでは達しませんでした。

残った本はホームレス自立支援の会・新生田川共生会、浙江大学日本学研究所、神戸大学・竹田先生グループに差し上げ、最終的にアジアセンター21にすべてひきとっていただきました。

3.15～5.15　古本市

六甲奨学基金、2011年度奨学生です

第16期の六甲奨学基金がスタートしています。4月21日に授与式をおこないました。その記念写真です。運営委員会、奨学生が勢ぞろいしました。奨学生のお名前、所属は前号のニュースをご参照ください。

4.21　六甲奨学基金授与式

6.21　古本市ボランティア納涼会　於／六甲苑

恒例の矢野文雄さんの「日本語学習支援のステップアップ講座」も開催されました。六甲学院の佐久間さんが基金のためにミニバザーを開いてくださり、売り上げ＋募金で20万円をご寄付いただきました。

5.19～7.21　矢野文雄さん

6.24～25　ミニバザー佐久間肇さん

朝鮮史セミナー「コリア・映画の世界」

全3回のセミナーでサブタイトルは、「検閲・抵抗・韓流への道」ノンフィクション作家の高賛侑さんが自身の映画論も展開しながら、「コリア・映画の世界」を熱く語っていただきました。

6.17～7.15　高賛侑さん

食料環境セミナー

毎月第4水曜日午前10時半～12時の開催です（8月はおやすみ）。

4月は、「TPPを読み解く」（京都大学大学院工学研究科・都市社会工学専門助教：中野剛志さん）、5月は、「地域でがんばるおもろい農家」（夢工房（姫路夢前町）代表：衣笠愛之さん）、6月は「ワクチンの安全性、ワクチンで防げる病気」（仏教大学社会福祉学部（耳原総合病院小児科）教授：武内一さん）、7月は「科学は誰のものか?-遺伝子組み換え作物を通して」（大阪大学コミュニケーションデザイン・センター准教授：平川秀幸さん）でした。秋のシリーズでは原発問題をとりあげます。

4.27　中野剛志さん

5.25　衣笠愛之さん

6.22　武内一さん

7.27　平川秀幸さん

入佐明美さん講演会

センターに事務所をもつ神戸大学YMCAは年に1度、講演会とゴスペルコンサートを開いています。6月は、釜ケ崎のボランティア・ケースワーカー入佐さんのお話「地下足袋の詩～歩く生活相談室32年～」。入佐さんの人柄がにじみでたとてもいい講演会でした。今年のKOBE Mass Choir、ゴスペルコンサートは12月2日（金）19：00センターホールです。

6.11　入佐明美さん

第16期農塾が始まりました

しばらくお休みしていた「農を志す人・農に思いを寄せる人のための農塾」です（1面参照）。秋には現地でのお勉強プログラムもあります。ただいま参加者募集中です。

5.27、7.22　保田茂さん　　6.24　西村いつきさん

講演会・「原発震災」について考える

原発の危険性を考える宝塚市民の会の中川慶子さんを講師に講演会を開いて改めて「原発震災」について学びました。

5.18　中川慶子さん

脱原発 NO NUKES

定期利用

グループ・教室のご案内

◆六甲トレーニングサロン……月曜日・前9～12:00　前田先生　0797-35-5588
◆稲美会（絵更紗）……月2回　水・土曜日・後1～5:00　稲垣先生　078-821-7078
◆からむい会（絵更紗）……第1・3月曜、第2・4木曜・後1～5:00　蔭村先生　0797-31-1798
◆すぎなコーラス……月曜日・前10～12:00　連絡先・八尾　078-851-2485
◆神戸女声合唱団……金曜日・前10～12:00　連絡先・岡 邦子　078-291-0855
◆神戸東女声合唱団……月3回金曜日・後2～4:00　連絡先・野口綾子　0727-77-2080
◆創作アップリケ……第2・4月・金曜日・前10～12:00　柏原先生　078-821-4632
◆ノイエカンマーコール（混声コーラス）……土曜日・後6～9:00　連絡先・池田　078-936-0123
◆ヨガ体操……火曜日・前9:30～12:00　廣瀬先生　078-851-8851
◆アトリエ太陽の子（児童絵画）……木曜日・後1～5:00　中嶋先生　078-858-7301
◆六甲ボーカル……第1・3木曜日・前10～12:00　池本先生　078-861-8724
◆こうべこーる恵（コーラス）……火曜日・前10～12:00　連絡先・田附　0798-26-2169
◆ステンドグラス・アトリエとも……第2・4木曜・後1～5:00　幸坂先生　078-582-0644
◆全珠連会員・熊内そろばん六甲教室……火曜・後3～9:00、土曜・後1～4:00　奥野先生　078-241-1095
◆六甲さくら合唱団……第2・4月曜日　後1～5:00　連絡先・見須　078-881-7851
◆テコンドー……毎週金曜日・後6～9:00　連絡先・妹尾　090-9846-8241
◆稲践会空手道……毎週月曜日・後4～10:00　連絡先・藤本　078-842-5669
◆ふらんす堂句会……原則第2土曜・後1～5:00　連絡先・山内　078-431-0039
◆プログレス（幼児教室）……水曜日・後1～5:00　連絡先・近藤　090-5050-1657
◆すずめの学校（ニューヨークタイムズ紙を読む会）……第2・4水曜日　前9:00～12:00　連絡先・上田　078-732-2651
◆前田書道会……火曜日・前9～夜9:00　連絡先・前田先生　078-385-1650
◆音楽の杜（リトミックピアノ教室）……土曜日・前9～12:00　連絡先・桂先生　078-371-8817

お問合せやお申込は、各グループ・教室に直接ご連絡ください。

神戸学生・青年センター
センターニュース
KOBE STUDENT YOUTH CENTER NEWS No.77

No.77
発行所　(財)神戸学生・青年センター
理事長　保田　茂
館　長　飛田　雄一

〒657-0064　神戸市灘区山田町3丁目1-1
TEL(078)851-2760 FAX(078)821-5878
Yamada-cho 3-1-1, Nada-ku
Kobe, 657-0064 Japan
E-mail　info@ksyc.jp
U R L　http://ksyc.jp

それでも世界は美しい

日本キリスト教団東神戸教会牧師
神戸学生青年センター評議員　川上　盾

川上先生が主催されるゴスペルグループ・KOBE Mass Choirは毎年12月、神戸大学YMCA主催のコンサートを学生センターで開いています。学生センターの恒例のクリスマス行事となっており毎年多くの方が聴きにきてくださいます。今年は、12月2日に開催しました。本号では、川上先生にクリスマスメッセージをお願いしました。

缶コーヒーのCMにこんなセリフがあります。「本当にこの惑星はろくでもない。しかし、この惑星の朝日は美しい」。これを見て、V.フランクルの『夜と霧』の中に出てくるエピソードを思い出しました。ある日彼がナチスの強制収容所で沈みゆく夕陽を見て「なんて世界は美しいのだろう…」と感嘆した。人類が犯した最も過ちの殺伐とした世界の中にあって、それでも沈みゆく夕陽はあまりに美しい…そう感じたというのです。

今年もクリスマスの季節を迎えました。いつもならわくわくする喜びと共に迎える時期ですが、今年は心のどこかに重く沈むものを感じてしまいます。言うまでもなくそれは、今年2011年が東日本を襲った未曾有の災害が起こった年だからです。震災のあまりもの被害に私たちは言葉を失います。津波の被害から復興に向かう人々の長い道のりを想像すると、やるせなくなります。福島では目に見えない放射能によって、不安を余儀なくさせられる人々もおられます。本当にこの星の営み（地震、津波）は「ろくでもない」。原発事故に及んでは、安全を言い続けてきた人間の問題（過ち）でもあります。本当に人間という生き物も、本当に「ろくでもない」。

しかし聖書という本は、「それでも世界は美しい」そんなメッセージを語っていると思うのです。イエス・キリストが生まれた時代も、決して幸せな時代ではありませんでした。民衆はいろんな力によって押さえ込まれ、生きる希望を持ちづらい時代でした。でもそんな世界にキリスト（救い主）は来られ、人々に「それでも生きる希望」を教えられました。「あきらめてはいけない。投げ出してはいけない。確かにこの世界や人間は、ろくでもない。でもこの世界は、それでも美しいのだ。人間は捨てたもんではないのだ」と。

私たちの生きる現実にも辛いこと、悲しいことがしばしば起こります。あまりに辛く厳しい体験をすると、私たちの心は絶望を抱え、投げやりになってしまいます。でもその絶望の闇にこそ、神さまの光が注がれることを信じたいと思うのです。「このろくでもない世界」「それでも世界は美しい」。今年のクリスマス、改めてそう信じる中から、新しい歩みが生まれることを信じたいと思います。

♪赤いバラ　緑の木々　青い空　白い雲
それらを見て僕は心に思う
「何て素晴らしい世界なんだ」と。
赤ん坊の泣き声がきこえる
多くのことを　これから学ぶのだろう
僕は自分自身に向かって言う
「何て素晴らしい世界なんだ」と。
（"What a wonderful world"）

ゴスペルコンサート2011.12.2　学生センター

朝鮮語講座

後期（2011.10～2012.3）は、入門、初級、中級、上級に午前中の会話クラスがあります。みんな熱心に勉強しています。自主クラスといって有志が先生にお願いして開講しているクラスも2つあります。

初級クラス

被爆ピアノコンサート

センターホールで10.21に開きました。林琢也さん、石崎育子さん、浜本佳世子さんの演奏がすてきでした。

10.21　被爆ピアノコンサート

(財)神戸学生青年センター賛助金　2011.9.1-11.30（敬称略・単位円）

山田泉	5000
瀬戸口雅子	5000
西八條敬洪	1000
窪田実美	5000
高見敏雄	2000
鈴木道也	3000
小川幹雄	3000
加藤由美子	3000
中山一郎	5000
谷井尚子	3000
本城智子	3000
西川治郎	3000
兵頭晴喜	5000
徐正禹	3000
足立龍江	3000
藤村洋	3000
戸谷亨一・伊佐子	5000
李重華	5000
前田美巳代	3000
満寿会	3000
辻建	5000
井坂弘	3000
加輪上敏彦	10000
金仁碁	3000
信長正義・たか子	10000
天野隆	5000
田原良次	3000
三輪邦子	3000
呉宏明	3000
上田眞佐美	3000
中勝博志	5000
高木甫	10000
久冨伸子	3000
碓井みち子	3000
辻川敦	5000
高橋治子	3000
砂上昌一	5000
落合健二	5000
加藤光廣	3000
西野千保子	3000
上田律子	3000
門倉和子	5000
臼井真弓	3000
古川明	3000
林同福	5000
前野佳恵	3000
北原昭夫	5000
中村尚司	3000
遠山薫	3000
下西ユキヨ	3000
金眞	3000
山崎雅實	3000
申曽洙	5000
高橋弥生	5000
泉迪子	1000
正木峯夫	3000
大西国子	5000
上原良蔵	3000
服部素	3000
杉田哲	5000
山根貞夫	2000
尹明憲	3000
杉谷あかね	5000
前川純一	2000
小川政亮	2000
白珠相	10000
宮田剛	3000
太田修	5000
吉岡浩	3000
早川良彌	5000
丹羽和子	3000
安木恵美	3000
船橋治	10000
四方田文夫	3000
島津恒敏	10000
三好千春	10000
山下圭子	3000
髙田薫	10000
有川義雄	5000
㈱ワイドシステムサービス	10000
和田進	3000
杉本泰郎	1000
森哲二	3000
康由美	5000
細野恵久	3000
趙博	3000
大島淡紅子	1000
枡田計雄	5000
無名氏	3000
坪山和聖	3000
金世徳	5000
丸子美智子	3000
近藤和雄	3000
田渕元子	3000
洪祥進	3000
明松善一	3000
西尾嘉尉	5000
米谷収	3000
大田美智子	3000
小川丈夫	3000
近藤泉	3000
瀬戸口雅子	5000
武内一	3000

計　103件
418,000円
以上感謝をもって領収いたしました。

賛助金ご協力のお願い

●賛助会費:
一口 A3,000　B5,000　C10,000
※いずれも一口を単位としますが、何口でも結構です。
※送金方法
郵便振替〈01160-6-1083 財団法人 神戸学生・青年センター〉
備考欄に「賛助金」とお書きください。
銀行振込 三井住友銀行 六甲支店 0779663
財団法人 神戸学生青年センター 賛助金
銀行振込で領収証やニュースをご希望の方は、
事務局までご連絡ください。

六甲奨学基金　2011.9.1-11.30（敬称略・単位円）

窪田実美	5000
谷井尚子	3000
荒井とみよ	3000
松下宜且	10000
辻建	5000
田原良次	3000
中勝博志	3000
井上淳子	3000
辻川敦	5000
土本基子	3000
砂上昌一	3000
中川慶子	3000
門倉和子	5000
葛谷登	3000
金眞	3000
田邉光平	3000
高橋弥生	5000
杉谷あかね	10000
藤田安宏	3000
太田修	3000
四方田文夫	3000
㈱ワイドシステムサービス	10000
康由美	5000
枡田計雄	5000
金世徳	5000
高田公子	5000

計26件　117,000円

毎月募金会計　36,000 円（千円:菱木康夫、金早雪、高仁宝、信長正義、信長たか子、藤田寿え子、飛田雄一、二千円:福田菊、三千円:白川豊

古本市による協力44,750円

総計197,750円
以上感謝をもって領収いたしました。

六甲奨学基金ご協力のお願い

●賛助会費:
一口 A3,000　B5,000　C10,000
※いずれも一口を単位としますが、何口でも結構です。
※送金方法
郵便振替〈01160-6-1083 財団法人 神戸学生・青年センター〉
備考欄に「奨学金」とお書きください。
銀行振込 三井住友銀行 六甲支店 0779651
財団法人 神戸学生青年センター 六甲奨学基金
銀行振込で領収証やニュースをご希望の方は、
事務局までご連絡ください。

セミナーの記録　2011.9～2011.11

食料環境セミナー

シリーズ「原子力発電を考える」
417回9月28日「原発と日本の未来」吉岡斉さん
418回10月26日「原発の発電コストはほんとに安いか?」西尾漠さん
419回11月30日「脱原発のため知るべきこと」今中哲二さん
420回12月21日「子供たちに年間20ミリシーベルトは妥当か?」山内知也さん

朝鮮史セミナー

10月8日「非常事態宣言-在日朝鮮人を襲った闇1948」講師:ルポライター・金 賛 汀（キム・チャンジョン）さん
11月5日「東学思想・文化講座」講師:高麗大学教授・金 容 煇さん、都留文科大学教授　邊 英 浩さん

農塾（全8回）

5)9月23日「自給循環型農業の豊かな暮らし」牛尾武博さん
6)10月28日「兵庫県における有機農業への行政支援」兵庫県農政環境部農業改良課長・山﨑広治さん
7)11月26日「有機農業の野菜づくり」渋谷冨喜男さん
8)12月16日「種採りの時代」兵庫在来種保存会代表・山根成人さん & 修了式　保田茂さん

朝鮮語・韓国語講座

入門　毎週水曜日　金眞さん
初級　毎週火曜日　金世徳さん
中級　毎週木曜日　金知恵さん
上級　毎週木曜日　朴鍾祐さん
会話クラス　毎週金曜日午前　高秀美さん

六甲奨学基金

日本語サロン　毎週月・土曜日
10月1日兵庫県国際交流協会・日本語学習支援アドバイザー派遣事業　岸真由美さん
10月17日～12月12日実践・日本語学習支援講座　中島孝幸さん、奥田純子さん、瀬口郁子さん
12月3日日本語サロン交流会

その他のセミナー・行事

10月14日～23日多賀健太郎絵画展 Vol.3
10月21日「被爆ピアノ 響け!平和の音色」チャリティーコンサート in 灘（共催）
11月29日第27回アジア労働者交流集会in神戸@三宮勤労会館
12月2日神戸大学YMCA KOBE Mass Choir　クリスマスゴスペルコンサート（後援）

ブックレット新刊、2冊発行！

宮内陽子『生徒と学ぶ戦争と平和』、成川順『南京事件フォト紀行』を刊行しました。最新式のカラー印刷機をフル活用しています。いずれも定価560円。購入希望者は、送料とも80円切手8枚(640円)をご送付ください。好評の大森あい『自給自足の山村暮らし』、浄慶耕造『国産大豆で、醤油づくり』の続編でこのようなブックレットを順次刊行したいと思います。(後者2冊は各送料とも80円切手5枚(400円)をご送付ください。また、絶版の鄭鴻永『歌劇の街のもうひとつの歴史ー宝塚と朝鮮人』をiPadなどでご覧いただけるようPDFファイルでの販売(定価の半額?)も計画しています。

『生徒と学ぶ戦争と平和』　『南京事件フォト紀行』

実践・日本語学習支援講座2011年秋

六甲奨学基金運営委員会の先生方によるボランティア講座。ボランティアの意味は、先生方には謝礼も交通費も差し上げずに参加費2万円がそのまま募金となるものです。今年も先生方、ありがとうございます。

日本語サロンもにぎやかです。ボランティア、学習者の交流会も開催しました。

11.21 奥田純子さん　12.5 瀬口郁子さん

10.17 中島孝幸さん　12.3 日本語サロン交流会

古本市、ことしは紙袋もよろしく！

2012.3.15～5.15、第15回古本市が始まります。目標は450万円？　本の回収は、3.1～3.31、ストックがたくさんあった紙袋がなくなりました。紙袋もよろしくお願いします。文庫、新書、CDは、すきま家具職人・林榮太郎作製の専用本棚で年中発売中です。

文庫本専用本棚

多賀健太郎絵画展

恒例となった絵画展。多賀君は、須磨区在住の24歳、2008.夏、余暇の楽しみにアクリル画を開始。ハートでアート展(神戸市中央区社協主催)優秀賞受賞、かんでんコラボ・アート21(関西電力主催)入選。アウトサイダーアーティスト。CGの似顔絵シリーズも笑いを誘います。

10.14～23　絵画展

食料環境セミナー

3.11の東日本大震災、津波、そして原発事故はいまだに大きな影響を与えています。阪神淡路大震災を経験した私たちも出来る限りの支援を続けていきたいと思います。今秋のセミナーは「原子力発電を考える」をテーマに開催しました。9月、「原発と日本の未来」(九州大学大学院・比較社会文化研究院教授、吉岡斉さん)、10月、「原発の発電コストはほんとに安いか?」(原子力資料情報室共同代表・西尾漠さん)11月、「脱原発のため知るべきこと」(京都大学・原子炉実験所助教・今中哲二さん)。そして12月21日は、「子供たちに年間20ミリシーベルトは妥当か?」(神戸大学大学院海事科学研究科教授・山内知也さん)が開かれます。

9.28 吉岡斉さん　10.26 西尾漠さん　11.30 今中哲二さん

第16期・農塾

4月から始まった農塾、9月は、現地学習です。牛尾農場で、牛尾武博さんから「自給循環型農業の豊かな暮らし」について学びました。水害の被害の跡の残る農場で、「循環型農業」を実体験することができました。10月は座学での「兵庫県における有機農業への行政支援」兵庫県農政環境部農業改良課長・山崎広治さん)、11月は、また渋谷農場で、渋谷冨喜男さんから「有機農業の野菜づくり」について学びました。最終回は、12月16日、兵庫在来種保存会代表の山根成人さんから「種採りの時代」をテーマに講義を聴き、保田茂さんによる修了式、パーティと続きます。来年度の計画も練っています。またぜひご参加ください。

9.23 牛尾武博さん　10.28 山崎広治さん　11.26 渋谷冨喜男さん

朝鮮史セミナー

1948年4月、GHQ占領下の日本で唯一非常事態宣言がだされたのが「阪神教育闘争」です。金賛汀さんの近著『1948非常事態宣言—在日朝鮮人を襲った闇』(岩波書店)を学ぶセミナーを開催しました(朝日病院と共催)。

もうひとつ天道教中央総部(韓国)と共催で東学思想・文化講座を開催しました。「東学の霊性と生命平和思想」(高麗大学教授・金容煇さん)、「東学の修練体験」(都留文科大学教授・邊英浩さんのお話は、普段聴くことのできない貴重なお話でした。

10.8 金賛汀さん　11.5 金容煇さん　11.5 邊英浩さん

定期利用
グループ・教室のご案内

◆六甲トレーニングサロン……月曜日・前9～12:00　前田先生　0797-35-5588
◆稲美会(絵更紗)……月2回　水・土曜日・後1～5:00　稲垣先生　078-821-7078
◆からむい会(絵更紗)……第1・3月曜、第2・4木曜・後1～5:00　薮村先生　0797-31-1798
◆すぎなコーラス……月曜日・前10～12:00　連絡先・八尾　078-851-2485
◆神戸女声合唱団……金曜日・前10～12:00　連絡先・岡 邦子　078-291-0855
◆神戸東女声合唱団……月3回金曜日・後2～4:00　連絡先・野口綾子　0727-77-2080
◆創作アップリケ……第2・4月・金曜日・前10～12:00　柏原先生　078-821-4632
◆ノイエカンマーコール(混声コーラス)……土曜日・後6～9:00　連絡先:池田　078-936-0123
◆ヨガ体操……火曜日・前9:30～12:00　廣瀬先生　078-851-8851
◆アトリエ太陽の子(児童絵画)……木曜日・後1～5:00　中嶋先生　078-858-7301
◆六甲ボーカル……第1・3木曜日・前10～12:00　池本先生　078-861-8724
◆こうべこーる恵(コーラス)……火曜日・前10～12:00　連絡先・田附　0798-26-2169
◆ステンドグラス・アトリエとも……第2・4木曜・後1～5:00　幸坂先生　078-582-0644
◆全珠連会員・熊内そろばん六甲教室……火曜・後3～9:00、土曜・後1～4:00　奥野先生　078-241-1095
◆六甲さくら合唱団……第2・4月曜日　後1～5:00　連絡先・見須　078-881-7851
◆テコンドー……毎週金曜日・後6～9:00　連絡先・妹尾　090-9846-8241
◆稽践会空手道……毎週月曜日・後4～10:00　連絡先・藤本　078-842-5669
◆ふらんす堂句会……原則第2土曜・後1～5:00　連絡先・山内　078-431-0039
◆プログレス(幼児教室)……水曜日・後1～5:00　連絡先:近藤　090-5050-1657
◆すずめの学校(ニューヨークタイムズ紙を読む会)…第2・4水曜日　前9:00～12:00　連絡先・上田　078-732-2651
◆前田書道会……火曜日・前9～夜9:00　連絡先・前田先生　078-385-1650
◆音楽の杜(リトミックピアノ教室)……土曜日・前9～12:00　連絡先・桂先生　078-371-8817

お問合せやお申込は、各グループ・教室に直接ご連絡ください。

(財)神戸学生青年センター賛助金　2011.12.1-2012.03.31(敬称略・単位円)

神戸女声合唱団 10000
山根成人 10000
神港教会 20000
すぎなコーラス 3000
井上力 10000
井上みち子 5000
稲田登 20000
原田圭子 2000
大森悦子 3000
久家惠一 3000
水野雄二 5000
鈴東力 3000
鈴木道也 3000
長澤毅 5000
足立康幸 5000
近藤とみお・幸子 5000
求める会 15000
金山次代 5000
李景珉 10000
阿部恩 5000
福島俊弘 3000
徐根植 3000
三木鎌吾 5000
成毛典子 10000
梶原由美子 5000
溝口方子・和子 5000
厚地勉 3000
小松裕 5000
服部紊 3000
小西和治 3000
金世徳 5000
小松匡位 10000
草地とし子 3000
中村英之 3000
奥西征一 2000
田原憲平 5000
登尾明彦 3000
田中宏明 1000
島田恒 10000
六甲カトリック教会 50000
尾形淳 3000
石塚健・明子 3000
川勝浩 6000
服部待 3000
小川幹雄 3000
宮井正彌 3000
福田菊 3000
高浜三保 3000
村上隆敏 1000
足立龍枝 3000
三林寿子 3000
山本純子 5000
森行雄 3000
五十嵐広司・紀子 5000
李周鎬・陽平・由紀 5000
西八條敬洪 1000
栗本敬一郎・陽子 3000
中山一郎 5000
大谷隆夫 10000
野澤祥子 3000
横尾明親 3000
山田拓路 5000
加藤光廣 3000
田口恵美子 3000
岡田惇也 20000
高光重 10000
岸孝明 3000
辻建 5000
安福重照 3000
花岡光義 3000
町永妙子 3000
天野郡寿 5000
中西美江子 3000
出口真紀子 3000
白珠相 10000
柳下恵子 3000
中川慶子 3000
下村安男 5000
前島宗甫 3000
宮沢之祐 3000
辻川敦 3000
加納功・花枝 10000
宮本博志 3000
川那辺康一 3000
杉田哲 5000
李敬宰 3000
吉川美重子 5000
阿久沢悦子 3000
武藤迪子 5000
倉持龍一 5000
保田茂 5000
奈良本まゆみ 3000
野村潔 5000
東浦文子 3000
田原良次 3000
岩崎謙 10000
後藤耕二 3000
高田嘉敬・金美恵 5000
佐藤三郎・靖子 2000
八木晃介 3000
越智清光 3000
藤江新次 3000
古座岩博子 3000
畑野三枝子 3000
田中満 3000
江原護 5000
宇野田尚哉 3000
片桐陽 5000
佐藤三枝子 3000
藤井道雄 3000
松代東亜子 5000
高秀美 3000
神戸朝日病院 10000
前田美巳代 3000
安田吉三郎 10000
石田美代子 5000
柳到亨 5000
李重華 5000
在日大韓基督教会川崎教会 3000
藤永壮 5000
梁壽龍・朴貴玉 3000
木下律子 3000
在日大韓基督教神戸教会 20000
小川政亮 3000
梁愛舜 3000
在日大韓基督教会小倉教会 5000
谷井尚子 3000
丸山晶子 5000
鎌倉英也 3000
天野隆 3000
ロバート・圭子・ウィットマー 5000
高石留美 5000
日本キリスト教団神戸多聞教会 10000
平山良平 3000
大島淡紅子 1000
西村文雄 3000
羽鳥敬彦 5000
神戸YWCA 5000
伊藤悦子 3000
永井満 3000
朴明子 3000
木村健二 3000
石本百合子 3000
砂上昌一 5000
菅根信彦 10000
松永直子 3000
嶋田千恵子 5000
白承豪 5000
齊藤洋子 3000
中地重晴 10000
金正郁 3000
津野勝俊 3000
和田喜多郎 2000
枡田計雄 5000
細野恵久 3000
日本キリスト教団芦屋西教会 5000
山崎清 3000
小林保 5000
和田進 3000
山本常雄 3000
関西学院宗教活動委員会 20000
名古屋聖ステパノ教会 3000
おおさかピースサイクル 3000
薬師寺小夜子 3000
佐野修吉 3000
影山陽美 5000
原田光雄 5000
西脇鈴代 5000
小林美喜子 3000
舟知正 3000
石川鴻二 3000
崔博憲 3000
八木修 3000
大和三重 3000
西田勝英 3000
未澤隆 3000
井坂弘 3000
ワイドシステムサービス 10000
十花順一 3000
小野光子 10000
根津茂 3000
北原道子 5000
島津恒敏 10000
田所きつ治 3000
森田豊子 3000
水野浩重 3000
瀬戸雅子 5000

計 187件 940,000円

以上感謝をもって領収いたしました。

賛助金ご協力のお願い

●賛助会費:
一口 A3,000　B5,000　C10,000
※いずれも一口を単位としますが、何口でも結構です。
※送金方法
郵便振替 〈01160-6-1083 財団法人 神戸学生・青年センター〉
備考欄に「賛助金」とお書きください。
銀行振込 三井住友銀行 六甲支店 0779663
財団法人 神戸学生青年センター 賛助金
銀行振込で領収証やニュースをご希望の方は、
事務局までご連絡ください。

六甲奨学基金　2011.12.1～12.3.31(敬称略・単位円)

阿部恩 5000
大槻博司・大槻直子 3000
岡崎道子 10000
溝口方子・和子 5000
加藤克子 3000
金世徳 5000
近澤淑子 3000
山本純子 5000
荒井とみよ 3000
岡田惇也 20000
高光重 10000
辻建 5000
田邉光平 3000
井上淳子 3000
青木京子 3000
大谷紫乃 5000
辻川敦 3000
奥野葉津紀 5000
武藤迪子 5000
藤井秀一 3000
田原良次 3000
三田登美子 3000
片桐陽 5000
藤井道雄 3000
葛谷登 3000
牛尾武博 3000
大槻小百合 3000
石田美代子 5000
水野明代 3000
藤永壮 5000
山崎昌子 3000
谷井尚子 3000
今井眞理 3000
高石留美 5000
戸田耿介 3000
羽鳥敬彦 5000
兼崎暉 3000
石本百合子 3000
砂上昌一 3000
中畠孝幸 30000
枡田計雄 5000
関西学院遊興活動委員会 20000
薬師寺小夜子 3000
西田勝英 3000
未澤隆 3000
ワイドサービス 10000
徳目暁子 10000
根津茂 3000
高田公子 5000
板山眞由美 3000
中川一夫 10000
前田美江 3000
長瀬美千子 5000
井上力 10000
近藤冨男・幸子 5000

計55 件 302,000円

毎月募金会計 48,000 円(千円:菱木康夫、金早雪、高仁宝、信長正義、信長たか子、藤田寿え子、飛田雄一、二千円:福田菊、三千円:白川豊

古本市による協力 1,813,248円
総計2,217,774円

以上感謝をもって領収いたしました。

六甲奨学基金ご協力のお願い

●賛助会費:
一口 A3,000　B5,000　C10,000
※いずれも一口を単位としますが、何口でも結構です。
※送金方法
郵便振替 〈01160-6-1083 財団法人 神戸学生・青年センター〉
備考欄に「奨学金」とお書きください。
銀行振込 三井住友銀行 六甲支店 0779651
財団法人 神戸学生青年センター 六甲奨学基金
銀行振込で領収証やニュースをご希望の方は、
事務局までご連絡ください。

セミナーの記録　2011.12～2012.3

食料環境セミナー

シリーズ「放射能と食べもの」
421回1月25日「わが子からはじまる食べものと放射能のはなし」安田節子さん
422回2月22日「食べものを守ることがいのちをつなぐ～この国で生きていくということ～」井上保子さん
423回3月28日「脱原発・共生への道」槌田劭さん

朝鮮史セミナー

2月10日「ディアスポラを生きる詩人金時鐘」細見和之さん

朝鮮語・韓国語講座

入門　毎週水曜日　金眞さん
初級　毎週火曜日　金世徳さん
中級　毎週木曜日　金知恵さん
上級　毎週木曜日　朴鍾祐さん
会話クラス　毎週金曜日午前　林賢宜さん

六甲奨学基金

日本語サロン　毎週月・土曜日
12月3日日本語サロン交流会
3月15日～5月15日第15回古本市
12月3日日本語サロン交流会

その他のセミナー・行事

12月2日神戸大学YMCA KOBE Mass Choir クリスマスゴスペルコンサート(後援)
12月7日南京大虐殺幸存者証言集会(後援)
12月13日韓国「蔚山・全州自活センター」より来客
1月14日朝鮮語・韓国語交流会

2012.3.10
神戸大学落語研究会・定例寄席

2012.1.17
アトリエ太陽の子・震災の絵展覧会

神戸学生・青年センター
センターニュース
KOBE STUDENT YOUTH CENTER NEWS No.78

No.78
発行所　(財)神戸学生・青年センター
理事長　保田　茂
館　長　飛田　雄一
〒657-0064　神戸市灘区山田町3丁目1-1
TEL(078)851-2760 FAX(078)821-5878
Yamada-cho 3-1-1, Nada-ku
Kobe, 657-0064 Japan
E-mail info@ksyc.jp
URL http://ksyc.jp

まちづくりは人への支援からはじまる

多文化と共生社会を育むワークショップ代表　山地久美子

東日本大震災が発生した2011年3月11日は、被害状況に思いを馳せながら多文化と共生社会を育むワークショップ主催の交流会準備のため午後4時過ぎにセンターに到着し、そこではテレビに映し出された映像の数々に改めて驚愕するばかりだった。

当日は横浜を舞台にした在日華僑・華人の子供たちのドキュメンタリー『中華学校の子どもたち』の片岡希監督が既に横浜からお越しであり、複数の参加者も集まっていたので会の開催を決断した。数人の参加予定者がお越しにならなかったと記憶するが、大災害の発生を慮った行動であったと思う。

災害発生から4日後の3月15日には、阪神・淡路大震災からの復興を考える音楽会「第2回文化復興　想いは伝わる…コンサート」を神戸・北野で予定していた(主催：当ワークショップとアート・サポートセンター神戸)。各地で行事の縮小や中止がされていたこともあり、開催すべきかどうかを主催者として正直迷ったが、災害からの復興をテーマとしていたことや、一日も早い東日本大震災の復興を支援するために開催を決意した。コンサートには80名近い方が参加くださり、急きょ募った東日本大震災への浄財9万円は、いち早く被災地に駆け付けた被災地NGO協働センターに全額寄付させていただいた。今年も2月28日に開催した「第3回文化復興　神戸からの願いコンサート」には90名近く参加いただき、この一年を振り返る場となった。

神戸のまちづくりは阪神・淡路大震災からの復興がキーワードである。

私自身は1995年1月17日の阪神・淡路大震災を神戸市北区で経験している。しかし、その後米国の大学に留学したため復興の一時期は神戸のまちを離れていた。帰国から数年後、2003年頃から神戸復興塾(小森星児塾長)・神戸まちづくり研究所(小林郁雄理事長)にお声をかけていただいて神戸のまちづくりに関わるようになった。当ワークショップもまちづくり活動の一環として神戸まちづくり六甲アイランド基金の助成を受け2006年から8名のメンバーで活動を始め、キックオフの会は神戸学生青年センターで開催した。

神戸学生青年センターは何十年も前から地域づくりに取組み、阪神・淡路大震災直後には外国人支援の活動を展開している。災害後には六甲奨学基金を立ち上げ、資金捻出のために古本市を毎年開催していて昨年はその中から100万円を東日本大震災で被災した留学生・就学生支援に寄付したそうだ。今や古本市は阪急六甲の春の風物詩として定着し、初日には古本業者までもが買いにくる。人を支援しそれを継続する仕組みが多くの人の足を地域に運び、町の活性化につながる。この仕組みはまちづくりそのものではないか。

東日本大震災の被災地は復興に向けて進んでいる。人間中心の復興、そしてまちづくりが展開されることを切に願い、微力ながらそれを支援できるよう当ワークショップも尽力していきたい。

文化復興コンサート2012.2.28　神戸北野「RICORDI」

六甲奨学基金15回古本市、順調です

第15回目です。今年は2割ほど多くの本が集まり、うれしい悲鳴をあげています。週5、6回出動のボランティアが7、8名。機動力を発揮してどんどん本を入れ替えています。4月17日現在で270万円です。5.15まで開催、昨年の441万円の記録を更新できるでしょうか?5.16 10：00～撤収作業です。軽作業から重労働まで仕事たくさんです。ボランティアよろしくお願いします。

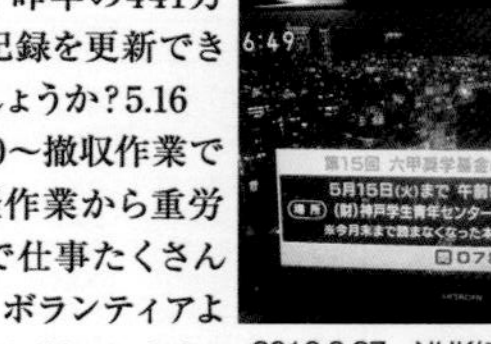

2012.3.27　NHKにテロップが流れました

朝鮮史セミナー『ディアスポラを生きる詩人 金時鐘』

大阪府立大学教授・細見和之さんの同名の本(2011.12、岩波書店)の出版を記念して講演会を開きました。詩人でもある細見さんの金時鐘論はとても興味深いものでした。

2.10 細見和之さん

ホームページ・リニューアル！

それなりに改訂をしていて、それなりに人気のある?センターのホームページ、デザインを一新しました。すっきりしました。JICAと関西NGO協議会の助成事業のお世話になりました。ぜひ、のぞいてみてください。

2012年度の奨学生(留学生・就学生)です

	学校	氏名	国	性別
❶	神戸ワールド学院	劉 焰 英	中国	女
❷	クラーク外語学院	チュオン ホン ウイ	ベトナム	男
❸	神戸松蔭女子学院大学大学院	辺 学 楠	中国	女
❹	甲南女子大学	陳 小 麗	中国	女
❺	神戸市外国語大学	Dan Zhengzhuome	中国	女
❻	関西学院大学	範 楷 焯	中国	女
❼	神戸東国際学院	ディバック クマール	ネパール	男

月額5万円、返済義務はありません。

KOBE Mass Choirゴスペルコンサート

2003年から始まった神戸大学YMCA主催のコンサート、昨年は11回目でした。川上牧師のクリスマスメッセージも人気がありまず。6月には毎年講演会も開催します。今年6月9日11：00は、神戸大学・宮下規久朗さんの講演会「西洋美術の読み方」です。

2011.12.2 ゴスペルコンサート

竹田先生の東日本支援

神戸大学農学研究科昆虫機能科学研究室(竹田真木生)・NPOこどもとむしの会が学生センター古本市の絵本33箱などを東日本大震災被災地に船で届けてくださいました。神戸大学の練習船「深江丸」で直接石巻に届けるというプロジェクトでした。

石巻港

竹内康人『戦時朝鮮人強制労働調査資料集』(1500円)の続刊を出しました

竹内さんの同書の続刊がでました。ブックレット『連行先一覧・全国地図・死亡者名簿』(2012.1、26頁、240円)と『資料集2―連行先一覧・全国地図・死亡者名簿』(2012.4、212頁、1900円)。いずれも貴重な資料集です。購入希望者は、郵便振替<01160-6-1083　財団法人神戸学生青年センター>で代金+送料(一律一冊80円)をご送金ください。

ブックレット　資料集2

食料環境セミナー「放射能と食べもの」

福島第1原発事故がいまだに終息しないなか、「放射能と食べもの」をテーマに、3回の講演会を開きました。「わが子からはじまる食べものと放射能のはなし」(安田節子さん)、「食べものを守ることがいのちをつなぐ」(井上保子さん)「脱原発・共生への道」(槌田劭さん)です。ほんとうに多くのことを考えさせてくれるセミナーでした。

2012.1.25 安田節子さん　2.22 井上保子さん　3.28 槌田劭さん

朝鮮語講座・合同パーティ

センターの朝鮮語講座は1975年スタートです。現在5クラス。久しぶりに交流のためのパーティを開きました。料理は館長自慢?のキムチチゲ。大いに食べ、大いにしゃべりました。どのクラスも途中参加可です。一度のぞいてみてください。

2012.1.14 パーティ

日本語サロン・送年パーティ

ボランティア日本語教室=日本語サロンは約50組が1：1で勉強しています。1995年の阪神淡路大震災後に神戸市の教室が使えなくなってセンターに来られた韓国人留学生が最初でした。毎年のにぎやかなパーティです。

2011.12.3 かんぱ～～い！

SCM生野・釜ケ崎現場研修

SCM(Student Christian Movement)協力委員会(委員長・李清一2012.3まで、4～野村潔)の事務所は学生センター。飛田が主事をしています。3泊4日の第34回現場研修は参加者9名、スタッフとして朴淳用が参加しました。

2012.3.1 釜ケ崎の公園で

定期利用

グループ・教室のご案内

- ◆六甲トレーニングサロン……月曜日・前9～12:00　前田先生 0797-35-5588
- ◆稲美会(絵更紗)……月1回 第4土曜日・後1～5:00　稲垣先生 078-821-7078
- ◆からむい会(絵更紗)……第1・3月曜、第2・4木曜・後1～5:00　高村先生 0797-31-1798
- ◆すずなコーラス……月曜日・前10～12:00　連絡先・八尾 078-851-2485
- ◆神戸女声合唱団……金曜日・前10～12:00　連絡先・岡 邦子 078-291-0855
- ◆神戸東女声合唱団……月3回金曜日・後2～4:00　連絡先・野口糭子 0727-77-2080
- ◆創作アップリケ……第2・4月・金曜日・前10～12:00　柏原先生 078-821-4632
- ◆ノイエカンマーコール(混声コーラス)……土曜日・後6～9:00　連絡先:池田 078-936-0123
- ◆ヨガ体操……火曜日・前9:30～12:00　廣瀬先生 078-851-8851
- ◆アトリエ太陽の子(児童絵画)……木曜日・後1～5:00　中嶋先生 078-858-7301
- ◆六甲ボーカル……第1・3木曜日・前10～12:00　池本先生 078-861-8724
- ◆こうべこーる恵(コーラス)……火曜日・前10～12:00　連絡先・田附 0798-26-2169
- ◆ステンドグラス・アトリエとも……第2・4木曜・後1～5:00　幸坂先生 078-582-0644
- ◆全珠連会員・熊内そろばん六甲教室……火曜・後3～9:00、土曜・後1～4:00　奥野先生 078-241-1095
- ◆六甲さくら合唱団……第2・4月曜日 後1～5:00　連絡先・見須 078-881-7851
- ◆テコンドー……毎週金曜日・後6～9:00　連絡先・妹尾 090-9846-8241
- ◆稲践会空手道……毎週月曜日・後4～10:00　連絡先・藤本 078-842-5669
- ◆ふらんす堂句会……原則第2土曜・後1～5:00　連絡先・山内 078-431-0039
- ◆プログレス(幼児教室)……水曜日・後1～5:00　連絡先:近藤 090-5050-1657
- ◆すずめの学校(ニューヨークタイムズ紙を読む会)……第2・4水曜日 前9:00～12:00　連絡先・上田 078-732-2651
- ◆前田書道会……火曜日・前9～夜9:00　連絡先・前田先生 078-385-1650
- ◆音楽の杜(リトミックピアノ教室)……土曜日・前9～後5:00　連絡先・桂先生 078-371-8817

お問合せやお申込は、各グループ・教室に直接ご連絡ください。

2012年9月20日　神戸学生・青年センター　ニュース　第79号　(1)

神戸学生・青年センター センターニュース

KOBE STUDENT YOUTH CENTER NEWS No.79

No.79
発行所　(財)神戸学生・青年センター
理事長　保田　茂
館　長　飛田　雄一

〒657-0064　神戸市灘区山田町3丁目1-1
TEL (078) 851-2760 FAX (078) 821-5878
Yamada-cho 3-1-1, Nada-ku
Kobe, 657-0064 Japan
E-mail info@ksyc.jp
URL http://ksyc.jp

センター、40周年を迎えました 感謝です。 そして今後ともよろしくお願いします

館長　飛田　雄一

記念礼拝、川上盾牧師、2012.9.8

「人間の営みは、いつも場所を媒介として行なわれます。思想的、政治的なものから家庭の営みにいたるまで／ですから、いつの時代でもおおよそ支配者が自らに批判的な人の集まりを弾圧するとき、それは場所の破壊、場所からの追放として現れました／自由な生の営みを願うものは、何ものからも干渉されることのない場所を獲得したいと願います。私たちのセンターは、そうした願いを実現しようとする一つのアプローチです／この園に市民共同体や文化や宗教の営みが花開くことを願っています。」

これは、センターの最初の趣旨文（1972.4）です。創立にかかわり2代目の館長・理事長でもあった辻建さん文章です。当時の心意気、雰囲気が伝わってきます。

40年前の1972年4月、新しいセンターがスタートしました（登記完了は1973.1）。前身は、1955年に米南長老教会がこの地につくった「六甲キリスト教学生センター」です。800坪の庭園のなかにすてきな洋館がありました。1966年には日本キリスト教団兵庫教区に伝道活動が委譲され、以降、米南長老教会と兵庫教区が共同で運営されていました。私も高校生時代に兵庫教区の高校生会などで何回か利用したことがあります。木がうっそうと繁ったすてきな庭がありました。

講演、曺喜夫さん

1969年11月、その建物の立て直しが進められることになり、「学生センタービル建築準備委員会」がつくられ、1970年5月には建築実行委員会となりました。同年12月に起工式が行われ、1972年4月9日には、現在の建物で開所式が開かれました。

以降センターは、40年の歩みを今日までつづけてきました。セミナーの開催、貸会議室・宿泊施設の運営、出版活動、六甲奨学基金などなどです。多くの方々に支えられていることに感謝しています。

去る9月8日、40周年の式典、講演会と懇親会をもちました。あわせて日韓の農業者・消費者交流に多大な努力をされた韓国ハンサルリム生協の故朴才一さんと曺喜夫さんに感謝状と謝礼をお送りしました。式典には、朴才一さんの奥さま（李玉蓮さん）と娘さん（朴偵我さん）、曺喜夫さん、そして交流当初からお世話いただいた金榮注さんがご出席くださいました。川上牧師の説教は、40年を振り返り、センターの使命を改めて確認させていただきました。曺さんの講演は、韓国カトリック農民会運動の歩みと合わせて日韓交流の意義を説かれた心に染みるお話でした。（いずれもホームページにアップします）

40年をひとつの節目にして、センターはこれからも、平和・人権・環境・アジアをキーワードに歩みを続けていきます。今後ともよろしくお願いします。（新聞記事にみる学生センター40年というスクラップ集を作りました。A4、24頁、ご希望の方はご連絡ください。）

「かんぱ〜〜い！」懇親会

(4)　神戸学生・青年センター　ニュース　第79号　2012年9月20日

(財)神戸学生青年センター賛助金　2012.04.01～2012.08.31（敬称略・単位円）

森住勝 5000
井原裕司 50000
石打謹也 3000
富川直彦 3000
中川憲二 3000
吉田真理 5000
竹本陽子 3000
頼末成美 3000
山田泉 10000
茂松訓子 10000
センターグループ 5000
飛田雄一 10000
八尾佳子 5000
近藤和雄 3000
武居玲子 3000
徐正島 3000
水木久美子 3000
野村務 3000
高田邦子 3000
中山一郎 5000
金太碁 5000
寺元耕二 3000
保田茂 5000
西田裕 3000
西八篠敬洪 2000
野依昭子 3000
片桐陽 5000
郭賢鶴 5000
高田治子 3000
笠原芳光 3000
鹿由美 5000
菅野真知子 5000
徐聖寿 3000
江菅洋一 3000
兵頭晴喜 5000
光葉啓一 3000
永井道子 3000
平田典子 3000
田口恵美子 3000
足立龍枝 3000
勝部尚子 3000
高田秀峰 2000
三輪くにこ 3000
杉山博昭 3000
砂上昌一 5000
田所蛙治 3000
満寿全 3000
坪野えり子 3000
寺島俊穂 3000
大西洋司 5000
上田律子 3000
北野多恵子 3000
船橋治 10000
金慶子 5000
日本キリスト教団明石教会 5000
泉紀子 1000
福西由紀子 3000
馬屋原晋治 3000
和田進 3000
加輪上敏彦 5000
荻原徹・邦子 5000
長瀬春代 3000
澤隆文 3000
谷井尚子 3000
山田昭次 3000
室田卓雄 3000
金坪成和 5000
天野隆 3000
稲垣美恵 3000
池辺幸恵 3000
荒木順子 3000
落合健二 5000
大井田孝 3000
三宅美千子 3000
永井清二 5000
永宮繭生 3000
岡内克江 3000
相澤亮太郎 10000
窪田実美 5000
小川雅由・三代子 5000
中西美江子 3000
天野郡壽 3000
杉谷あかね 5000
伊藤悦子 3000
野澤雅子 3000
辻建 5000
飛田悦子 3000
中原眞澄 3000
神田栄治 3000
枡田訂雄 5000
鈴木久美 3000
藤江新次 3000
兵庫県有機農業研究会 10000
山崎雅賓 3000
藤野秀子 5000
柴田康彦 3000
日本YMCA同盟
国際青少年センター
東山荘 5000
門倉和子 5000
川鍋彰男 5000
大西国子 5000
杉原一三 3000
丹羽和子 3000
宇都宮佳男 3000
町永妙子 3000
宇野田尚哉 3000
阪神高齢者障害者支援ネットワーク 3000
島津恒敏 10000
無名氏 1000
山田保 5000
吉田敏子 3000
谷本恵子 2000
柳到亨 5000
小笠原正仁 3000
益子酵三 5000
山本和子 3000
久保美代子 3000
武谷なおみ 5000
高橋正伸 3000
中勝博志 5000
新生田川共生会 5000
㈱ワイドシステムサービス 10000
福田菊 10000
大島淡紅子 3000
神戸東女声合唱団 10000
保田茂 5000
齋藤朝則 3000
泉迪子 2000
杉本泰郎 1000
島田恒 10000
松代東亜子 5000
加藤昌彦 3000
島京子 5000
日本基督教団宝塚教会 7000
康良樹・金恩順 3000
二時ふみ子 3000
横山節子 3000
鶴崎祥子 5000
秋山成子 3000
中村大蔵 3000
三木鎌吾 5000
瀬戸口雅子 5000
厚地勉 3000
神戸女声合唱団 10000
いのちのことば 3000
勝石貴代 5000
小林るみ子 3000
菊谷裕洋 5000
飛田みえ子 5000
大場康史 3000
羽下大信 5000
すぎなコーラス 3000
神足威信 3000
井上淳 3000
高田公子 5000
早川良彌 5000
川辺比呂子 5000

計 156件
693,000円
以上感謝をもって領収いたしました。

賛助金ご協力のお願い

●賛助会費:
一口 A3,000　B5,000　C10,000
※いずれも一口を単位としますが、何口でも結構です。
※送金方法
郵便振替〈01160-6-1083 財団法人 神戸学生・青年センター〉
備考欄に「賛助金」とお書きください。
銀行振込 三井住友銀行 六甲支店 0779663
財団法人 神戸学生青年センター 賛助金
銀行振込で領収証やニュースをご希望の方は、事務局までご連絡ください。

六甲奨学基金　2012.04.01～2012.08.31（敬称略・単位円）

森住勝重 15000
井原裕司 50000
吉田真理 5000
飛田雄一 5000
前川純一 5000
片桐陽 5000
鹿由美 5000
江菅洋一 3000
荒井とみよ 3000
砂上昌一 3000
葛谷登 3000
白珠相 10000
徐翠珍 3000
切手によるカンパ 10000
金慶子 5000
愼英弘 5000
加輪上敏彦 5000
谷井尚古 3000
崔相鐵 5000
寺崎紀子 2000
田邉光平 3000
小西ゆみ子 3000
窪田実美 5000
土本基子 3000
辻建 5000
岡崎道子 10000
枡田訂雄 5000
寺崎紀子 2000
門倉和子 5000
武谷なおみ 5000
川崎紘平 5000
中勝博志 3000
㈱ワイドシステムサービス 10000
中畠孝幸 10000
駒形愛子 3000
中村大蔵 3000
勝石貴代 5000
飛田みえ子 5000
荒内直子 3000

計 39件
243,000円

毎月募金会計 60,000円（千円:菱木康夫、金早雪、高仁宝、信長正義、信長たか子、藤田寿え子、飛田雄一、二千円:福田菊、三千円:白川豊

古本市による協力
2,244,434円
総計 2,547,434円

以上感謝をもって領収いたしました。

六甲奨学基金ご協力のお願い

●賛助会費:
一口 A3,000　B5,000　C10,000
※いずれも一口を単位としますが、何口でも結構です。
※送金方法
郵便振替〈01160-6-1083 財団法人 神戸学生・青年センター〉
備考欄に「奨学金」とお書きください。
銀行振込 三井住友銀行 六甲支店 0779651
財団法人 神戸学生青年センター 六甲奨学基金
銀行振込で領収証やニュースをご希望の方は、事務局までご連絡ください。

セミナーの記録　2012.04～2012.08

食料環境セミナー

シリーズ「原発と放射性物質による汚染」
424回4月25日「放射性物質で汚染された　がれき処理の問題点」山田耕作さん
425回5月23日「震災がれきの処理はいかにあるべきか」末田一秀さん
426回6月27日「低線量で長期被曝による健康被害」大和田幸嗣さん
427回7月25日「食卓にあがる放射能」河田昌東さん

朝鮮史セミナー

4月11日「アメリカ・コリアタウン」講演会&上映会　講師:高賛侑（コウ・チャニュウ）さん
6月14日「東学農民戦争」
一東学農民革命の跡をたずねて
講師:信長正義さん
一東学農民革命の新しい像
講師:朴孟洙さん
6月15日「北朝鮮現代史」和田春樹さん

現代キリスト教セミナー

4月28日「日韓キリスト教史」
一韓国での研究生活をを終えて-韓国キリスト教研究への新たな視角
講師:李省展（イ・ソンジョン）さん
一日韓関係からアジアへ-日韓キリスト教研究の未来への課題
講師:徐正敏（ソ・ジョンミン）さん
7月17日「神戸中央神学校の朝鮮人留学生たち」牧田吉和さん

農塾（全8回）

1）6月6日「わが国の農業と食料の行方-安全良質な食べ物づくり時代」保田茂さん
2）6月20日「有機農業の技術」兵庫県農政環境部主任環境創造型農業専門員・西村いつきさん
3）7月4日「兵庫県における有機農業への行政支援」兵庫県農政環境部農業改良課長・山崎広治さん
4）7月21日「有機農業の野菜づくり」渋谷冨喜男さん

朝鮮語・韓国語講座

入門　毎週火曜日　金眞さん
中級　毎週火曜日　金世徳さん
上級　毎週木曜日　金知恵さん
会話クラス　毎週金曜日午前　林賢宜さん

六甲奨学基金

日本語サロン　毎週月・土曜日
3月15日～5月15日第15回古本市
5月10日～7月12日「日本語学習支援のステップアップ講座」矢野文雄さん

その他のセミナー・行事

6月9日神戸大学YMCA「西洋美術の読み方」宮下期久朗（後援）
6月20日第28回アジア労働者交流集会in神戸@三宮勤労会館
7月21日古本市ボランティア納涼・会食会

6.30 合同出版記念会

朝鮮語講座
中級、金世徳さん

第17期＜農 塾＞がスタートしました

1994年に始まった「農を志す人、農に思いを寄せる人のための＜農塾＞」、第17期に入っています。10月までの全10回の講座で、農場での講座もあります。6.6は開講式ののち「わが国の農業と食料の行方-安全良質な食べ物づくりの時代」（保田茂さん）。6.20「有機農業の技術」（西村いつきささん）、7.4「兵庫県における有機農業への行政支援」（山崎広治さん）、7.21「有機農業の野菜づくり」（於／農場、渋谷冨喜男さん）、9.5「脱サラののち有機農業に取り組んで」（大村明さん）まで進んでいます。

2012.6.6 保田茂さん

6.20 西村いつきさん

9.5 大村明さん

7.4 山崎広治さん

7.21 渋谷冨喜男さん

古本市、ご協力ありがとうございました

今年16回目を開催しました。寄贈していただいた本は、約85,000冊。売上は3,958,372円となりました。昨年の記録441万には達しませんでしたが、毎年大きな成果をあげています。ボランティアは約38名、延べ527名、新聞の折り込み広告はことしも6万枚でした。本を送ってくださった方、お買い上げくださった方、お手伝いしてくださった方、ありがとうございました。残った本は大阪にあるアジア図書館のほか、今年は新生田川共生会も引き取りにきてくださいました。来年（2013年）も、3月15日（金）～5月15日（水）に開催します。本の回収は、3月1日～31日です。よろしくお願いします。

2012.3.15～5.15 よく売れています

4.19 2012年度奨学生授与式

7.21 古本市ボランティア納涼会

食料環境セミナー

福島原発事故を契機に原発問題は大きな課題として私たちに突きつけられています。4～7月、「シリーズ・原発と放射性物質による汚染」をひらきました。「放射性物質で汚染されたがれき処理の問題点」（山田耕作さん）、「震災がれきの処理はいかにあるべきか」（末田一秀さん）、「低線量で長期被曝による健康被害～チェルノブイリの教訓からフクシマを考える～」（大和田幸嗣さん）、「食卓にあがる放射能」（河田昌東さん）です。いずれも重いテーマで、私たちがどの立場でどのように支援していくのかを考えさせられました。

4.25 山田耕作さん

5.23 末田一秀さん

6.27 大和田幸嗣さん

7.25 河田昌東さん

朝鮮史セミナー

(1)4.11には「ロス暴動の真実—コリアタウンはなぜ襲われたか—」上映と講演会を開きました。講師は、ノンフィクション作家の高賛侑さん。

(2)6.14には「東学農民革命」をテーマに、「東学農民革命の跡をたずねて」（信長正義さん）、「東学農民革命の新しい像—北海道大学人骨事件から後備歩兵第19大隊長・南小四郎の東学文書まで—」（朴孟洙さん）、ふたつの講演がありました。信長さんは、大著『東学農民戦争100年』（1995全北日報、日本語版つぶて書房2007）の翻訳担当され、圓光大学（韓国）教授の朴さんは、精力的に日本で新資料を発掘されましたがその報告をいただきました。

(3)6.15には、東京から和田春樹さん（東京大学名誉教授）をお招きしました。テーマは、「北朝鮮現代史」。同名の本を岩波書店から出されたのを機会にご講演いただきました。いつも和田さんのお話はシャープです。

6.14 信長正義さん　6.14 朴孟洙さん　6.15 和田春樹さん

現代キリスト教セミナー

(1)講演会「日韓キリスト教史」を開きました。「韓国での研究生活を終えて-韓国キリスト教研究への新たな視角」（李省展さん）、「日韓関係からアジアへ-日韓キリスト教研究の未来への課題」（徐正敏さん）の二つの講演を聞いて討論しました。かつて青丘文庫で韓晳曦さんを代表にして開催されていた「日韓キリスト教史研究会」を再開することも企図しています。

(2)「神戸中央神学校の朝鮮人留学生たち」をテーマに、関連論文を書かれている改革派神学校教授・日本キリスト改革派山田教会牧師　牧田吉和さんにご講演いただきました。この神学校は賀川豊彦が卒業したこと、アジア・太平洋戦争期には連合国軍捕虜病院として使用されたことなどが知られていますが、現在の韓国では、卒業後朝鮮での宣教活動で神社参拝に反対して検挙された方が多いということも知られています。

7.17 牧田吉和さん　徐正敏さん　李省展さん

神戸大学ＹＭＣＡ講演会

毎年6月に開催の講演会、今年の講師は、神戸大学大学院人文学研究科准教授　宮下規久朗さん、テーマは、「西洋美術の読み方」です。「西洋では、レーの晩鐘をみたら聖書の世界すぐ連想する」というようなお話にみんな納得。宮下さんは、『食べる西洋美術史-「最後の晩餐」から読む』（光文社新書）という本なども書かれています。

6.7　宮下規久朗さん

定期利用

グループ・教室のご案内

◆六甲トレーニングサロン……………… 月曜日・前9～12:00 前田先生　0797-35-5588
◆稲美会（絵更紗）……………… 月1回　第4土曜日・後1～5:00 稲垣先生　078-821-7078
◆からむい会（絵更紗）……………… 第1・3月曜、第2・4木曜・後1～5:00 殿村先生　0797-31-1798
◆すぎなコーラス……………… 月曜日・前10～12:00 連絡先・八尾　078-851-2485
◆神戸女声合唱団……………… 金曜日・前10～12:00 連絡先・岡 邦子　078-291-0855
◆神戸東女声合唱団……………… 月3回金曜日・後2～4:00 連絡先・野口綾子　0727-77-2080
◆創作アップリケ……………… 第2・4月・金曜日・前10～12:00 柏原先生　078-821-4632
◆ノイエカンマーコール（混声コーラス）…… 土曜日・後6～9:00 連絡先:池田　078-936-0123
◆ヨガ体操……………… 火曜日・前9:30～12:00 廣瀬先生　078-851-8851
◆アトリエ太陽の子（児童絵画）……… 木曜日・後1～5:00 中嶋先生　078-858-7301
◆六甲ボーカル……………… 第1・3木曜日・前10～12:00 池本先生　078-861-8724
◆こうべこーる恵（コーラス）……………… 火曜日・前10～12:00 連絡先・田附　0798-26-2169
◆ステンドグラス・アトリエとも……… 第2・4木曜・後1～5:00 幸坂先生　078-582-0644
◆全珠連会員・熊内そろばん六甲教室…… 火曜・後3～9:00、土曜・後1～4:00 奥野先生　078-241-1095
◆六甲さくら合唱団……………… 第2・4月曜日　後1～5:00 連絡先・見須　078-881-7851
◆テコンドー……………… 毎週金曜日・後 6 ～9:00 連絡先・妹尾　090-9846-8241
◆稲践会空手道……………… 毎週月曜日・後4～10:00 連絡先・藤本　078-842-5669
◆ふらんす堂句会……………… 原則第2土曜・後1～5:00 連絡先・山内　078-431-0039
◆プログレス（幼児教室）……………… 水曜日・後1～5:00 連絡先:近藤　090-5050-1657
◆すずめの学校（ニューヨークタイムズ紙を読む会）… 第2・4水曜日　前9:00～12:00 連絡先・上田　078-732-2651
◆前田書道会……………… 火曜日・前9～夜9:00 連絡先・前田先生　078-385-1650
◆音楽の杜（リトミックピアノ教室）………… 土曜日・前9～後5:00 連絡先・桂先生　078-371-8817

お問合せやお申込は、各グループ・教室に直接ご連絡ください。

（財）神戸学生青年センター賛助金　2012.09.01～2012.11.30（敬称略・単位円）

朴才一家族、曺喜夫 100000
足立康幸 10000
小林美喜子20000
中道基夫 10000
鶴崎祥子 5000
足立龍枝 10000
神戸YWCA10000
渋谷冨喜男10000
大谷隆夫 5000
ろっこう医療生協 10000
井上力 10000
杉山はるみ 10000
西村いつき 10000
KCC 10000
李清一 10000
兵庫県有機農業研究会 10000
聖公会生野センター 10000
保惠三郎・恭子 10000
信長正義・たか子 10000
朴永吉・ｸﾗｰｸ語学院 10000
鹿嶋節子 10000
ひょうご部落解放・
人権研 10000
名古屋学生青年センター 10000
大野貞枝 5000
神戸教会 10000
平田昌司 5000
岩崎謙 10000
山根成人 10000
瀬戸口雅子 5000
佐治孝典 5000
小川幹雄 5000
金世徳 5000
鈴木道也 3000
米谷収 3000
蔡勝昌 3000
足立龍枝 3000
伊東恭子 3000
森行雄 3000
新井久子 1000
石塚健・明子 3000
梁英子 5000
渡辺俊雄 5000
久冨伸子 3000
井上淳子 3000
上田勝彦 2000
石元清英 5000
白佐愛子 5000
西八條敬洪 1000
今田裕子 3000
杉田哲 5000
村上隆敏 1000
李美葉 3000
片山憲明 3000
福島俊弘 3000
井坂弘 3000
満寿会 3000
落合健二 5000
小林まゆみ 3000
藤江新次 3000
田原良次 3000
徳岡宏一朗 5000
宮本博志 3000
藤田安弘 3000
西川治郎 3000
中山一郎 3000
鈴東力 5000
岡野清 3000
近藤和雄 3000
碓井みち子 3000
山本まり子 3000
朝治之 5000
中原眞澄 3000
大島淡紅子 1000
島津恒敏 10000
柏崎千佳子 5000
田口恵美子 3000
柳到亨 5000
矢倉智子 1000
枡田計雄 5000
下西ユキコ 3000
飯濱玲子 3000
武田温子 3000
砂上昌一 3000
福田英俊 3000
松永浩美 3000
金眞 5000
吉沢文寿 3000
天野隆 3000
文貞愛 3000
谷井尚子 3000
間一孝 3000
山田和彦 3000
高木甫 10000
徐正禹 3000
飛田悦子 3000
加藤光廣 3000
安田直 3000
四方田文夫 3000
八木晃介 3000
下村安男 5000
岡本典子 3000
岩崎裕保 3000
元町HDクリニック 5000
宇野田尚哉 5000
柳田朱實 3000
岡田雅宏 3000
斉藤光国 3000
永井清二 3000
橋本倫子 3000
小泉勇次郎 3000
山内小夜子 3000
二宮博行 3000
細川朱里 3000
沼崎佳子 2000
森哲二 3000
松下佳弘 2000
若島礼子 10000
木下律子 3000
ワイドシステムサービス 10000
岡田長保・照子 5000
大田美智子 3000
山本幸美 1000
物部瑞枝 3000
澤田温子 3000
伊藤一幸 3000
宇野田尚哉 3000
荻村哲朗 2000
志水紀代子10000
島田誠 3000
前田ひろ子 5000
松下量子 3000
李重華 5000
大石恵理子 3000
山口元 3000
千葉宣義 5000
高橋弥生 5000
名古屋修道院 10000
林祐介 5000
中西美江子 3000

計 139件 773,000円
以上感謝をもって領収いたしました。

※40周年のお祝い金も含みます

賛助金ご協力のお願い

●賛助会費:
一口 A3,000　B5,000　C10,000
※いずれも一口を単位としますが、何口でも結構です。
※送金方法
郵便振替〈01160-6-1083 財団法人 神戸学生・青年センター〉
備考欄に「賛助金」とお書きください。
銀行振込 三井住友銀行 六甲支店 0779663
財団法人 神戸学生青年センター 賛助金
銀行振込で領収証やニュースをご希望の方は、事務局までご連絡ください。

六甲奨学基金　2012.09.01～2012.11.30（敬称略・単位円）

平田昌司 5000
蔡勝昌 3000
松下宜且 10000
田邉光平 3000
奥村ヤオ 3000
梁英子 5000
渡辺俊雄 5000
石元清英 5000
高橋浩子 3000
片山憲明 3000
田原良次 3000
渡辺厚子 3000
土本基子 3000
前田美巳代 3000
葛谷登 3000
碓井みち子 3000
荒井とみよ 3000
中原眞澄 3000
柏崎千佳子 3000
枡田計雄 5000
砂上昌一 3000
金眞 5000
谷井尚子 3000
間一孝 3000
四方田文夫 3000
無名氏 1000000
斉藤光国 3000
山内小夜子 3000
金野南 3000
若島礼子 10000
谷総保 5000
ワイドシステムサービス 10000
前田ひろ子 5000
　5000

計 36件 1,148,000円

毎月募金会計 36,000 円（千円:菱木康夫、金早雪、高仁宝、信長正義、信長たか子、藤田寿え子、飛田雄一、二千円:福田菊、三千円:白川豊）
古本市による協力 57,580円
総計 1,241,580円
以上感謝をもって領収いたしました。

六甲奨学基金ご協力のお願い

●賛助会費:
一口 A3,000　B5,000　C10,000
※いずれも一口を単位としますが、何口でも結構です。
※送金方法
郵便振替〈01160-6-1083 財団法人 神戸学生・青年センター〉
備考欄に「奨学金」とお書きください。
銀行振込 三井住友銀行 六甲支店 0779651
財団法人 神戸学生青年センター 六甲奨学基金
銀行振込で領収証やニュースをご希望の方は、事務局までご連絡ください。

セミナーの記録　2012.09～2012.11

食料環境セミナー

シリーズ「これからの産消提携を考える」
428回9月26日「震災から提携を問う」星寛治さん
429回10月24日「台所からの世直し」若島礼子さん
430回11月28日「こだわり生協現状と有機農業」小泉佳久さん

朝鮮史セミナー

11月8日「ひょうごの古代朝鮮文化―猪名川流域から明石川流域―」寺岡洋さん（むくげの会会員）
11月22日「鉄路に響く鉄道工夫アリラン―山陰線工事と朝鮮人労働者―」徐根植さん（兵庫朝鮮関係研究会代表）
12月6日「韓流ブームの源流と神戸―神戸に足跡を残した韓国・朝鮮人芸術家たち―」高祐二さん（兵庫朝鮮関係研究会会員）

農塾（全8回）

5）9月5日「脱サラののち有機農業に取り組んで」大村明さん
6）9月19日「種採りの時代」山根成人さん
7）10月3日「人と地球にやさしい農業を目指して-農塾先輩からのおすすめ」五島隆久さん
8）10月17日「日本の未来と有機農業」&修了式　保田茂さん

朝鮮語・韓国語講座

入門　毎週火曜日　金眞さん
中級　毎週火曜日　金世徳さん
上級　毎週木曜日　禹昭娟さん

会話クラス 毎週金曜日午前　林賢宣さん

六甲奨学基金

日本語サロン　毎週月・土曜日

その他のセミナー・行事

10月15日～24日多賀健太郎絵画展 Vol.4
11月8日～15日「The Beautiful Flowers ～日韓越、60人の女子学生と辿る3ヶ国の近現代史～」フォトジャーナリスト 村山康文写真展
11月18日～25日「七十五年の記憶～幸存者の肖像～」七十五年の記憶・写真展　主催:DAYS JAPAN 関西サポーターズクラブ、後援:神戸学生青年センター、神戸・南京をむすぶ会
11月23日天皇制を考える講演会「創られた天皇制―近現代天皇政治心理史研究:戦争責任・A級戦犯・靖国神社―」裴富吉（ペ・ブキル）さん　共催:はんてんの会、神戸学生青年センター

10月13日　兵庫県国際交流協会・日本語学習支援アドバイザー派遣事業　瀬古悦世さん

11月26日　第29回アジア労働者交流集会in神戸@三宮勤労会館

神戸学生・青年センター
センターニュース
KOBE STUDENT YOUTH CENTER NEWS No.79

No.80

発行所　（財）神戸学生・青年センター
理事長　保田　茂
館　長　飛田　雄一
〒657-0064　神戸市灘区山田町3丁目1-1
TEL（078）851-2760 FAX（078）821-5878
Yamada-cho 3-1-1, Nada-ku
Kobe, 657-0064 Japan
E-mail info@ksyc.jp
URL http://ksyc.jp

朝鮮史セミナー、40年目をむかえました

―今秋、3冊の本をテーマに開催―

館長　飛田　雄一

11.8 寺岡洋さん　11.22 徐根植さん　12.6 高祐二さん

センターの朝鮮史セミナーは、1972年6月から始まっています。センターがスタートした同年4月、理事であった韓晳曦さんが翻訳出版された『朝鮮・自由のための闘い』の出版記念会が開かれそのとき、みんなで朝鮮史を勉強しようということになりスタートしたと聞いています。最初のシリーズは「朝鮮と日本―その連続と断絶をめぐって」。全6回で、井上秀雄さん、中塚明さん、それに韓晳曦さんがそれぞれ2回ずつ担当しています。当時学生だった私も聴講生として参加しました。

朝鮮史セミナーは、食料環境セミナー、キリスト教セミナーとともにセンターの3本柱のセミナーのひとつです。多士済々、多くの講師を迎えて今日まで継続しています。センター出版部の最初の本は、梶村秀樹『解放後の在日朝鮮人運動』（1980.7）ですが、これは同題のセミナーの講演録で、この本はよく売れました。セミナー開催も楽しいことですが、出版はより多くの方に届くという意味で別の楽しさがあります。その後40冊ほどの本をだしました。中には不良在庫化している本もありますが、この零細出版部はいまも続いています。

今秋の朝鮮史セミナーは、それぞれの出版社から本をだされた3名の方の講演会でした。題して「自著を語る」シリーズ。むくげの会会員でセンターの評議員でもある寺岡洋さんの本は『ひょうごの古代朝鮮文化―猪名川流域から明石川流域―』（むくげの会、2012.5）です。資料を集めて事前調査をしたのち、自転車で遺跡巡りをした成果です。セミナーには、古代史ファンも来られました。

寺岡さんの本

徐根植さんの『鉄路に響く鉄道工夫アリラン―山陰線工事と朝鮮人労働者―』は、兵庫県北部の山陰線工事に携わった朝鮮人労働者の記録です。朝鮮史セミナーでは、座学とともにフィールドワークも度々行っていますが、1989年11月その最初のフィールドワークでこの山陰線工事の現場を訪ねました。このときは、西宮甲陽園地下工場跡から当時の社町・昭和池、城崎、居組までの超ハードなフィールドワークでした。この工事には、「韓国併合」（1910）以前から朝鮮人労働者がこの地域で働いていたという事実も明らかにされています。

徐根植さんの本

高祐二さんの本は、『韓流ブームの源流と神戸―神戸に足跡を残した韓国・朝鮮人芸術家たち―』（社会評論社、2012.6）です。徐根植さんと高祐二さんはともに兵庫朝鮮関係研究会のメンバーとして、兵庫県下の朝鮮人の歴史を調査する活動をしています。高さんは、地元の新聞を丹念に調べ、戦前に朝鮮の歌姫・崔承姫が神戸で公演したことなどを記しています。本出版後に見つかった新たな資料などもセミナーでは発表していただきました。

高祐二さんの本

朝鮮史セミナーは、朝鮮の古代から現代までの歴史、文化から、映画、絵画、在日朝鮮人の歴史など多くのテーマを取り上げてきました。フィールドワークでは、韓国に「祭」ツアー、韓国で歴史を学ぶ「民草」ツアー、北朝鮮、ウズベキスタン・カザフスタンへのフィールドワークも実施しました。更に新しいテーマで継続していきたいと思います。

朝鮮史セミナー

1面で紹介したセミナーと別にもうひとつのセミナーを開催しました。テーマは、「どうして「竹島＝独島」問題は「今」起こっているか」。講師は、NHKの番組にも登場した神戸大学大学院国際協力研究科教授・木村幹さん。今回は、木村さん自身が理事長を務めるNPO法人汎太平洋フォーラムとの共催です。日本と韓国の間で「竹島＝独島」が大きな話題となっているこの時期に、問題解決のために何が大切なのかと学ぶ機会となりました。

12.4 木村幹さん

天皇制を考える講演会

裵富吉（ペ・ブキル）さんを講師にお迎えして『創られた天皇制－近現代天皇政治心理史研究：戦争責任・A級戦犯・靖国神社－』(2009.12、同時代社)のエッセンスをうかがいました。はんてんの会とセンターの共催でした。

11.23 裵富吉さん

ロビーギャラリー

多賀健太郎絵画展　Vol.4

10.15～24

◀恒例になりました多賀君の展覧会です。

写真展

「七十五年の記憶　幸存者の肖像」
主催：DAYS JAPAN、関西サポーターズクラブ
後援：神戸学生青年センター、神戸・南京をむすぶ会

11・18～25

▲ トークセッション11.25もひかられました。

フォトジャーナリスト 村山康文写真展

11.8～15

◀「The Beautiful Flowers　～日韓越、60人の女子学生と辿る3ヶ国の近現代史～」

食料環境セミナー

食料環境セミナーは、1973年6月食品公害セミナーとしてスタートしました。第1回は保田茂さんの「今なにを学び何をすればいいのか」でした。このセミナーでの安全な食べもの作る農民との出会いから共同購入運動が始まりました。いまでは有機農産物がいろんなところで買うことができますが、当時は共同購入以外にはその方法がありませんでした。その中で生まれた「食品公害を追放し安全な食べものを求める会」は今もセンターに事務所をおいて活動しています。

今回のセミナーはシリーズ「これからの産消提携を考える」。あらためて産消提携運動の原点を学び、これからの方向性を考えるセミナーとなっています。①「震災から提携を問う」(星寛治さん)、②「台所からの世直し」(若島礼子さん)③「こだわり生協の現状と有機農業」(小泉佳久さん)のお話がありました。④「産消提携の運動と流通を考える」(12.19、植村雅人さん)、⑤「これからの産消提携」(1.23、保田茂さん)と続きます。

2.26 星寛治さん

10.24 若島礼子さん

11.19 小泉佳久さん

農塾17期が終了しました

6月よりスタートした17期の農塾、後半は、⑥「種採りの時代」(山根成人さん)、⑦「人と地球にやさしい農業を目指して―農塾先輩からのおすすめ」(五島隆久さん)、⑧「日本の未来と有機農業」(保田茂さん)および修了式でした。センターでの講演、農場でも学び、いずれも楽しいものでした。講師の先生方、ありがとうございました。

9.19 山根成人さん　10.3 五島隆久さん　10.1 保田茂さん

古本市、その後

ことし3.15～6.15の第16回古本市は、すでに報告しましたように、3,959,372円の売り上げでした。昨年の421万円には及びませんでしたが、多くの方々のご協力のおかげで成功裏に終了しました。2012年度も7名の奨学生に総額420万円の奨学金を支給しています。古本市後は文庫新書だけを常設するコーナーがありましたが、ことし林栄太郎さんが文庫本用の本棚を増築してくださいました。ボランティアが継続して本の入れ替えもしてくださっているおかげでその後の売れ行きも好調です。ぜひ、お立ち寄りください。

常設の文庫新書の棚

定期利用

グループ・教室のご案内

- ◆六甲トレーニングサロン……月曜日・前9～12:00　前田先生　0797-35-5588
- ◆稲美会(絵更紗)……月1回　第4土曜日・後1～5:00　稲垣先生　078-821-7078
- ◆からむい会(絵更紗)……第1・3月曜、第2・4木曜・後1～5:00　薮村先生　0797-31-1798
- ◆すぎなコーラス……月曜日・前10～12:00　連絡先・八尾　078-851-2485
- ◆神戸女声合唱団……金曜日・前10～12:00　連絡先・岡 邦子　078-291-0855
- ◆創作アップリケ……第2・4月・金曜日・前10～12:00　柏原先生　078-821-4632
- ◆ノイエカンマーコール(混声コーラス)……土曜日・後6～9:00　連絡先:池田　078-936-0123
- ◆ヨガ体操……火曜日・前9:30～12:00　廣瀬先生　078-851-8851
- ◆アトリエ太陽の子(児童絵画)……木曜日・後1～5:00　中嶋先生　078-858-7301
- ◆六甲ボーカル……第1・3木曜日・前10～12:00　池本先生　078-861-8724
- ◆こうべこーる恵(コーラス)……火曜日・前10～12:00　連絡先・田附　0798-26-2169
- ◆ステンドグラス・アトリエとも……第2・4木曜・後1～5:00　幸坂先生　078-582-0644
- ◆全珠連会員・熊内そろばん六甲教室……火曜・後3～9:00、土曜・後1～4:00　奥野先生　078-241-1095
- ◆六甲さくら合唱団……第2・4月曜日　後1～5:00　連絡先・見須　078-881-7851
- ◆テコンドー……毎週金曜日・後6～9:00　連絡先・妹尾　090-9846-8241
- ◆稽践会空手道……毎週月曜日・後4～10:00　連絡先・藤本　078-842-5669
- ◆ふらんす堂句会……原則第2土曜・後1～5:00　連絡先・山内　078-431-0039
- ◆プログレス(幼児教室)……水曜日・後1～5:00　連絡先:近藤　090-5050-1657
- ◆すずめの学校(ニューヨークタイムズ紙を読む会)…第2・4水曜日　前9:00～12:00　連絡先・上田　078-732-2651
- ◆前田書道会……火曜日・前9～夜9:00　連絡先・前田先生　078-385-1650
- ◆音楽の杜(リトミックピアノ教室)……土曜日・前9～後5:00　連絡先・桂先生　078-371-8817

お問合せやお申込は、各グループ・教室に直接ご連絡ください。

(財)神戸学生青年センター賛助金　2012.12.01～2013.3.31(敬称略・単位円)

無名氏 10000
湯口恵 3000
すぎなコーラス 3000
梶原由美子 5000
小川文夫 3000
神戸女声合唱団 10000
神港教会 20000
横山節子 2000
稲田登 20000
井上みち子 5000
井上力 5000
神戸東女声合唱団 10000
町頭清美 2000
宮田泰子 3000
宮田茂雄 10000
宇都宮悦子 3000
多田伝三郎10000
森川展昭 3000
近藤富男・幸子 5000
求める会 15000
岡崎道子 10000
吉田敏子 3000
大高全洋 3000
厚地勉 3000
三木鎌吾 5000
梁壽龍・朴貴玉 3000
岩崎謙 10000
佐々木基文 3000
高石留美 5000
後藤耕二 3000
李周鎬・陽平・由紀 10000
田添禧雄 3000
西八條敬洪 1000
町永妙子 3000
川那辺康一 3000
小山師人 3000
杉田哲 5000
村上隆敏 1000
崔峻植 1000
兵頭晴喜 5000
徐聖寿 3000
李重華 5000
森本宮仁子 3000
高谷のぞみ 3000
辻建 5000
米谷収 3000
満寿会 3000
足立龍枝 3000
田原良次 3000
中勝博志 5000
神田栄治 3000
小川幹雄 5000
武藤迪子 5000
岡田惇也 5000
天野隆 3000
蒐場明美 3000
飛田悦子 3000
砂上昌一 3000
中村尚司 3000
岩崎隆光 5000
石田米子 3000
越智清光 3000
稲垣雅 5000
殿平善彦 3000
山西伸史 3000
五十嵐広司・紀子 3000
石川鴻二 3000
柳下恵子 3000
小松裕 5000
白承豪 5000
田中満里子 2000
六甲カトリック教会 30000
高光重 10000
島津恒敏 10000
竹田真木生 3000
榎本譲 3000
田口恵美子 3000
草地とし子 3000
徐正禹 3000
辻川敦 5000
中川正広 3000
杉本泰郎 1000
服部待 3000
安福重照 5000
横川修 10000
落合健二 5000
門倉和子 5000
保田茂 3000
水野浩重 3000
藤江新次 3000
白珠相 10000
坪山和聖 3000
大津留厚 5000
李月順 3000
小柴富久枝 3000
金仁基 3000
高浜三保 3000
奈良本まゆみ3000
田原憲平 5000
上田眞佐美 3000
中村英之 3000
康玲子 5000
井坂弘 3000
高橋喜久江 3000
福村真理子 3000
石本百合子 3000
宗像千代子10000
宮沢之祐 3000
上野利恵子 3000
山崎清 3000
全芳美 3000
ロバート・佳子 ウ
イットマー 5000
高秀美 3000
伊藤悦子 3000
在日大韓基督教
神戸教会 10000
浄慶耕造 3000
古座岩博子 3000
松枝佳宏 2000
中船美智子 3000
伊藤正子 3000
田中亜希子 3000
金恒勝 5000
赤峰美鈴 5000
丸山晶子 5000
宇野田尚哉 5000
名古屋ステパノ教会 3000
名古屋聖マルコ教会 5000
平石いづみ 3000
在日大韓基督教
会川崎教会 2000
村瀬義史 3000
徐根植 3000
西野千保子 3000
佐野二三雄 3000
枡田計雄 5000
津田義夫 3000
藤原栄子 5000
登尾明彦 3000
江原護 10000
小松匡位 10000
朝賀文子 3000
垂井美子 3000
西村文雄 3000
倉持龍一 3000
中道基夫 10000
小林保 5000
武田多美 3000
有限会社　影山
製油所 10000
李景珉 5000
谷井尚子 3000
古川文月 10000
中田作成 3000
尾形淳 3000
栗本敬一郎・陽子 3000
日本キリスト教団
神戸多聞教会 10000
在日大韓基督教
会小倉教会 5000
関西学院宗教活
動委員会 20000
日本基督教団宝
塚教会 5000
石川鴻二 3000
康良樹・金恩順 3000
富川直彦 5000
安井三吉 3000
大田明生 5000
六渡和香子 5000
神戸YWCA 5000
斉藤洋子 3000
薬師寺小夜子 3000
菅根信彦 10000
光葉啓一 3000
奥西征一 2000
石打謹也 3000
足立康幸 10000
小林郁雄 5000
フェリス女学院大学(大倉一郎) 3000
中地重晴 5000
鈴木道也 3000
大谷隆夫 10000
河瀬幸子 3000

計 177件
854,000円

以上感謝をもって領収いたしました。

賛助金ご協力のお願い

●賛助会費:
一口 A3,000　B5,000　C10,000
※いずれも一口を単位としますが、何口でも結構です。
※送金方法
郵便振替〈01160-6-1083 財団法人 神戸学生・青年センター〉
備考欄に「賛助金」とお書きください。
銀行振込 三井住友銀行 六甲支店 0779663
財団法人 神戸学生青年センター 賛助金
銀行振込で領収証やニュースをご希望の方は、事務局までご連絡ください。

六甲奨学基金　2012.12.01～2013.3.31(敬称略・単位円)

高石留美 5000
李昇燁 5000
田邉光平 3000
前川純一 5000
林みち代 3000
辻建 5000
今井眞理 3000
田原良次 3000
中勝博志 3000
近澤淑子 3000
松下宜且 10000
武藤迪子 5000
山田昭次 3000
岡田惇也 5000
小城智子 5000
三田登美子 3000
稲垣雅 5000
山崎昌子 3000
加藤克子 3000
井上淳子 3000
高光重 10000
門倉和子 5000
葛谷登 3000
徳田暁子 20000
永井満 3000
青木京子 3000
奥野葉津紀 5000
牛尾武博 3000
上野利恵子 3000
金野南 3000
水野明代 3000
大谷紫乃 5000
枡田計雄 5000
津田義夫 3000
谷井尚子 3000
大槻小百合 3000
関西学院宗教活
動委員会 20000
小野光子 10000
薬師寺小夜子 3000
河南亜都 1000
井上力 10000
宮田茂雄 10000
アズミックアート 3000
近藤富男・幸子 5000
長澤毅 5000
無名氏 10000
無名氏 30000
匿名 5000000

計 48件
5,270,000円

毎月募金会計 48,000 円(千円:菱木康夫、金早雪、高仁宝、信長正義、信長たか子、藤田寿え子、飛田雄一、二千円:福田菊、三千円:白川豊)

古本市による協力 2,035,830円
総計 7,353,830円

以上感謝をもって領収いたしました。

六甲奨学基金ご協力のお願い

●賛助会費:
一口 A3,000　B5,000　C10,000
※いずれも一口を単位としますが、何口でも結構です。
※送金方法
郵便振替〈01160-6-1083 財団法人 神戸学生・青年センター〉
備考欄に「奨学金」とお書きください。
銀行振込 三井住友銀行 六甲支店 0779651
財団法人 神戸学生青年センター 六甲奨学基金
銀行振込で領収証やニュースをご希望の方は、事務局までご連絡ください。

セミナーの記録　2012.12～2013.3

食料環境セミナー

シリーズ「これからの産消提携を考える」
431回12月19日「産消提携の運動と流通を考える」植村雅人さん
432回1月23日「これからの産消提携」保田茂さん
シリーズ「本当に大丈夫?食の安全」
433回2月27日「生鮮食品編-放射能の影響から食肉、食中毒まで」垣田達哉さん
434回3月27日「加工食品編-食品添加物からアレルギー、健康食品まで」垣田達哉さん

朝鮮史セミナー

12月4日「どうして「竹島=独島」問題は「今」起こっているか」木村幹さん
12月6日「韓流ブームの源流と神戸―神戸に足跡を残した韓国・朝鮮人芸術家たち―」高祐二さん

朝鮮語・韓国語講座

入門	毎週火曜日	金眞さん
中級	毎週火曜日	金世徳さん
上級	毎週木曜日	禹昭娟さん
会話クラス	毎週金曜日午前	林賢宜さん

六甲奨学基金

日本語サロン　毎週月・土曜日
12月8日日本語サロン交流会
3月15日～5月15日第16回古本市

その他のセミナー・行事

12月7日神戸大学YMCA KOBE Mass Choir　クリスマスゴスペルコンサート(後援)
12月12日南京大虐殺幸存者証言集会(後援)
1月25日～1月26日「東アジアキリスト教交流史研究会」第1回ワークショップin Kobe
2月11日～2月23日バングラデシュのフェアトレード展(共催)
2月17日「バングラデシュの女性のエンパワーメント」料理会(共催)
2月25日～3月3日「3・11被害地からのメッセージ～気仙沼のいま～」写真展(共催)
3月2日「つなぐ・つたえる復興ひろば」報告会&朗読・映像で綴るライブ(共催)
3月9日「台湾近現代史を見る視点-台湾は「親日」なのか、「独立」すべきなのか」酒井亨さん(共催)

神戸学生・青年センター
センターニュース
KOBE STUDENT YOUTH CENTER NEWS No.81

No.81
発行所　(財)神戸学生・青年センター
理事長　保田　茂
館　長　飛田　雄一
〒657-0064　神戸市灘区山田町3丁目1-1
TEL(078)851-2760 FAX(078)821-5878
Yamada-cho 3-1-1, Nada-ku
Kobe, 657-0064 Japan
E-mail info@ksyc.jp
URL http://ksyc.jp

「神戸 平和マップ」を作っています

小城　智子
(元神戸市立小学校教員)

小城智子さん
2012年8月、南京にて

平和教育の重要性は以前にも増して重要になっています。神戸・南京をむすぶ会(代表・宮内陽子)の会員でもある小城智子さんが、「平和マップ」作りに取り組んでいます。すでに兵庫区、長田区、中央区が完成しています。市内小学校にはサンプルを無料で配布していますが、一般に一枚250円で販売しています。各区とも南版、北版の2枚、計6枚(計1500円)が発行されています。購入希望者は、郵便振替<00930-4-145024 神戸平和マップをつくる会>にご送金ください。(送料は、同会負担、事務局は、学生センター内、代表:中田政子、飛田雄一)

イラク開戦10年を迎えました。アメリカ軍死者4488名イラク人は約17万人そのうち民間人が8割、約4千人が子どもといわれます。今も劣化ウラン弾や戦災に苦しむ人々が多いのに、アメリカは先天性異常などの被害に因果性はない、といっているそうです。一方では、国内の反戦の声に、自国民が犠牲にならない戦略爆撃など構想していると報道されています。また、日本の子どもたちは、毎日ゲーム機で敵を粉砕し、アジアの国々を“敵国”とする報道にさらされています。

1、“平和教育”を進めようとすると

学校現場では、戦争について知らせ今を考える“平和教育”が取り組まれています。小学校でも国語の読み物教材や3年生の郷土の歴史、6年生の歴史学習、小中高とも広島や長崎、沖縄への修学旅行等の場で、様々に努力されています。地域の方々や神戸空襲を記録する会の中田政子さんの授業への協力もかかせなくなっています。それでも、今では空襲や戦争の悲惨さを話してくださる方々の高齢化もあり組み立てにくくなってきました。

毎年6月にある空襲を記録する会の戦跡ウォークは、現地での体験者の話を交え、70年近く前を想像する時間を持たせてくれます。6年生と歴史ウォークをしてみると、建物の間が安全と思った自転車置き場を炎が襲い、水があればと逃げた兵庫運河で炎が川面を走る等生々しい空襲の状況を想像することができ、教室とは違う感想を得ました。また、空襲時に「最後まで火を消せ」と言われて逃げ遅れたり、夜間の電話交換手をはじめ女性がかり出され、大仏まで金属供出させた日本軍の状況等も少し見えてきます。また、川崎重工三菱重工などの工場には、学徒動員の少年少女と強制連行の朝鮮人・中国人、連合国軍捕虜の人々がいたことも知らせたいことです。

子どもたちや若い人々が自分で訪れ、身近な所に戦争があったことや、本当の戦争では何が起こっていたのかを少しでも知ることのできる手がかりがほしい、とマップ作りを考えました。

2、地図を作り始めて、気づいたこと、見つけたこと

一番身近な長田で1927-8年頃神戸電鉄の工事をした朝鮮人労働者の宿舎跡から始めました。10年程前は、住む人も少なくなりお話が聞けなかったのですが、今回は線路下のトンネル自体が2箇所ともふさがっています。自治会等に尋ねると宅地開発のため立ち退きになっていました。丸山の連合国軍捕虜収容所跡も療育センターになっていて、何の表示もありません。ただ、自治会の60周年記念誌に証言があり、当時中学生だった方にお話を聞くことができました。また、中華義荘を歩くと、入り口に中国人空襲犠牲者慰霊碑を見つけました。図書館では、上田浅一さんの「空襲と終戦直後の記録」に「2月5日番町の金楽寺も全焼した」とあり、確かめに行くと、ノートにメモがある、と見せていただきました。しかし、記録する会が頑張っている兵庫区や区役所の取り組みの進む灘区に比べ、長田は何の表示もありません。

灘区では、1941年に作られた護国神社は忠君慰霊碑があるかと見に行きましたが、「北方異民族慰霊碑」がありました。調べてみると、中野学校特務機関が樺太に作られ、現地の人々に対ソ連諜報活動をさせ、敗戦時には置き去りにし、何の補償もしていないのです。当然スパイとしてシベリア抑留され、多くの犠牲者を出したことや、国会でも取り上げられたことが分かりました。

また、今年の1月に不発弾発見のニュースがあり、現地に行くと、川西航空機の甲南工場のそばとか、神戸製鋼や小泉製麻と荷揚げの桟橋のそばだったことも分かりました。

3、これから取り組みたいこと

春休みにKFC(神戸定住外国人支援センター)の子どもたちと兵庫南部を歩きます。これからも、実際に地図を持って歩くことを呼びかけたいです。その為にも空襲などの写真と地図の紹介展ができないかな、と考えています。また、東灘区、須磨区と神戸市全体に広げて、地図を作っていきたいです。それには、被害者であると共に加害者でもあった事実を取り上げるものにしたいと考えています。今までも、空襲を記録する会、兵庫朝鮮関係研究会などの著書に記録されていることを参考にさせていただきました。しかし調べられず抜け落ちていることも多いので、教えていただきたいと思っています。

日本語サロン・交流会

六甲奨学基金の事業のひとつにボランティア日本語教室=日本語サロンがあります。毎年12月に交流会を開きます。最初はクリスマスパーティと言っていましたが、イスラムの学習者もおられるので最近は「交流会」です。もちよりの料理がたくさんです。今回は、PHD協会有志がネパールの踊りを披露してくださいました。

2012.12.8 日本語サロン交流会

《東アジアキリスト教交流史研究会》第1回ワークショップ in Kobe

李省展(恵泉女学園大学、会長)、徐正敏(明治学院大学)、原誠(同志社大学)、一色哲(甲子園大学)らの呼びかけにより発足した研究会です。初日は、セミナーで研究会、夜はびーあんで交流会、翌日はバスで神戸市外国人墓地等のフィールドワークと充実したプログラムでした。次回は、7.26～27、東京で開催されます。

1.25 会長の李省展さん

バングラデシュのフェアトレード展

one village one earthと学生センターが2.11～2.23にセンターロビーで。2.17には、講演会「バングラデシュの女性のエンパワーメント」、料理の会も開きました。

2.17 バングラデシュセミナー

六甲奨学基金　2013年度奨学生

奨学金は、月額5万円、返済不要です。以下の7名に決定しました。

	学校	氏名	国籍
❶	阪神自動車航空鉄道専門学校	チャン ヴァン ヒェン	ベトナム
❷	神戸東洋日本語学校	李　瀟　瑩	中国
❸	神戸親和女子大学	陳　玲	中国
❹	甲南大学	馬　麗　佳	中国
❺	関西国際大学	陳　峰	中国
❻	神戸大学	侯　婕	中国
❼	姫路獨協大学	侯　秀　麗	中国

神戸大学YMCA・ゴスペルコンサート

恒例となったKOBE Mass Choirのクリスマスコンサート。リーダーの川上盾牧師（東神戸教会、センター評議員）のメッセージ、「ゴスペルを体験しよう」コーナーも好評です。

2012.12.7 KOBE Mass Choir

ホール、フローリングを新調しました

センターは毎年2月初めの1週間、メンテナンス休館です。今年はホールを改装しました。きれいになったホールを見に来てください。

新装なったホールです

食料環境セミナー

12月には、「産消提携の運動と流通を考える」（植村雅人さん）、1月は、「これからの産消提携」（保田茂さん、センター理事長）が開かれました。2月からは、「本当に大丈夫?食の安全」シリーズが始まりました。2.27「生鮮食品編～放射能の影響から食肉、食中毒まで～」、3.27「加工食品編～食品添加物からアレルギー、健康食品まで～」、テレビでもおなじみの垣田達哉さんにお話いただきました。

2012.12.19 植村雅人さん

1.23 保田茂さん

2.27、3.27 垣田達哉さん

「台湾近現代史を見る視点～台湾は「親日」なのか、「独立」すべきなのか」

『台湾—したたかな隣人』(集英社新書)などの著書のある酒井亨さんを講師に、開きました。センターとしては初めてのテーマでしたが、台湾のことを多方面から考えるきっかけとなりました。NPO法人汎太平洋フォーラムと共催です。

3.9 酒井亨さん

神戸・南京をむすぶ会・証言集会

南京大虐殺幸存者・夏淑琴さんをお招きしました。「南京・香港—第16次神戸・南京をむすぶ会訪中の記録」（撮影・編集 湯本雅典、41分）も上映しました。

2012.12.12 夏淑琴さん

写真展「3・11被災地からのメッセージ～気仙沼のいま～」

東日本大震災から2年、阪神淡路大震災を経験した神戸でも様々な取り組みがなされています。センターも出来る限りの努力を続けたいと思います。2.25～3.3、宗景正さんの写真と西岡英子さんのドキュメントを展示しました。気仙沼から坂本正人さんをお招きしてのシンポジウム、玉川侑香さん、矢谷トモヨシさんのパーフォマンスもすてきでした。

2.25～3.3 宗景正さん

六甲奨学基金・古本市

第16回となりました。一昨年の441万円の記録を上回るペースで売れています。4月8日までの売り上げが2,485,436円。5.15まで続きます。時間は、9:00～22:00。文庫・新書・児童書・雑誌は100円、単行本は300円です。迷ったときはボランティアにおたずねください。5.16、撤収作業があります。この日は、特にボランティアが必要です。ぜひよろしくお願いします。片道500円までの交通費を支給します。

古本市 3.15～5.15

定期利用　グループ・教室のご案内

◆六甲トレーニングサロン……　月曜日・前9～12:00　前田先生 0797-35-5588
◆稲美会(絵更紗)……　月1回 第4土曜日・後1～5:00　稲垣先生 078-821-7078
◆からむい会(絵更紗)……　第1・3月曜、第2・4木曜・後1～5:00　薮村先生 0797-31-1798
◆すぎなコーラス……　月曜日・前10～12:00　連絡先・八尾 078-851-2485
◆神戸女声合唱団……　金曜日・前10～12:00　連絡先・岡 邦子 078-291-0855
◆創作アップリケ……　第2・4月・金曜日・前10～12:00　柏原先生 078-821-4632
◆ノイエカンマーコール(混声コーラス)……　土曜日・後6～9:00　連絡先:池田 078-936-0123
◆ヨガ体操……　火曜日・前9:30～12:00　廣瀬先生 078-851-8851
◆アトリエ太陽の子(児童絵画)……　木曜日・後1～5:00　中嶋先生 078-858-7301
◆六甲ボーカル……　第1・3木曜日・前10～12:00　池本先生 078-861-8724
◆こうべこーる恵(コーラス)……　火曜日・前10～12:00　連絡先・田附 0798-26-2169
◆ステンドグラス・アトリエとも……　第2・4木曜・後1～5:00　幸坂先生 078-582-0644
◆全珠連会員・熊内そろばん六甲教室……　火曜・後3～9:00、土曜・後1～4:00　奥野先生 078-241-1095
◆六甲さくら合唱団……　第2・4月曜日 後1～5:00　連絡先・見須 078-881-7851
◆テコンドー……　毎週金曜日・後6～9:00　連絡先・妹尾 090-9846-8241
◆稲錦会空手道……　毎週月曜日・後4～10:00　連絡先・藤本 078-842-5669
◆ふらんす堂句会……　原則第2土曜・後1～5:00　連絡先・山内 078-431-0039
◆プログレス(幼児教室)……　水曜日・後1～5:00　連絡先:近藤 090-5050-1657
◆すずめの学校(ニューヨークタイムズ紙を読む会)……　第2・4水曜日 前9:00～12:00　連絡先・上田 078-732-2651
◆前田書道会……　火曜日・前9～後5:00　連絡先・前田先生 078-385-1650
◆音楽の杜(リトミックピアノ教室)……　土曜日・前9～後5:00　連絡先・桂先生 078-371-8817

お問合せやお申込は、各グループ・教室に直接ご連絡ください。

2013年9月18日　神戸学生青年センター　ニュース　第 82 号　（1）

神戸学生青年センター センターニュース

KOBE STUDENT YOUTH CENTER NEWS No.82

No.82
発行所 （公財）神戸学生青年センター
理事長 保田 茂
館 長 飛田 雄一
〒657-0064 神戸市灘区山田町3丁目1-1
TEL(078)851-2760 FAX(078)821-5878
Yamada-cho 3-1-1, Nada-ku
Kobe, 657-0064 Japan
E-mail info@ksyc.jp
URL http://ksyc.jp

センターは8月1日より公益財団法人に移行しました ひきつづき「平和・人権・環境・アジア」を キーワードに活動をつづけます

館長 飛田 雄一

現在のセンターは、1972年4月にスタートしました。アメリカ南長老教会および日本基督教団を母体として「開かれた市民活動の場」として、それ以前の六甲キリスト教学生センターから再出発したのです。（財団の登記完了は翌73年1月8日）

当初より継続的に開催しているセミナーは、食料環境（食品公害）、朝鮮史、キリスト教をテーマとするものです。その他に、朝鮮語講座は75年から、農塾は94年から始まっています。記録をみると、東南アジアセミナー、「知りたい世界」をのぞく会、子ども考セミナー、有機農業ワークキャンプ、グリーンウェーブセミナー、森林講座や様々な映画の上映会、関西芸術座・劇団態変公演、奥村智美ピアノコンサートなども開いています。初代館長の小池基信さんは、「勉強と実践は車の両輪」と食品公害セミナーの実践編として「食品公害を追放し安全な食べものを求める会」を発足させ、求める会は現在もセンター共同事務室の拠点にして活動を続けています。またセンターは、強制動員真相究明ネットワーク、SCM（学生キリスト教運動）協力委員会など全国的なネットワークの仕事も担っています。

出版部は、梶村秀樹『解放後の朝鮮人運動』（1980.7）ののち40冊近くの本を出しています。弱小出版社としては健闘している方でしょうか。

1995年の阪神淡路大震災はセンターにとっても大きな出来事でした。当時の被災留学生・就学生支援活動の延長線上に「六甲奨学基金」が発足しました。1998年から始まったNGO業界最大規模（?）の古本市も最近では2カ月で400万円の売り上げ、それがアジアからの留学生の奨学金の原資になっています。震災前センターは、日曜祭日のアルバイトや泊りこみの管理人として留学生が働いていただけで、留学生関連のプログラムは特にありませんでした。現在は六甲奨学基金として、奨学金支給（月額5万円、7名）の他日本語ボランティア教室＝日本語サロンも開催して多くの学習者、ボランティアがかかわっています。

法改正により、従来の財団法人は、今年11月末日までに一般社団法人または公益財団法人に移行することを求められていました。もともと行政主導の財団法人の不祥事から派生したもので、学生センターのように助成金も受けず自律/自立した財団法人にとっては、とばっちりを受けた感もあります。が、多くの方々の協力をいただいて公益財団法人への移行申請を行い、8月1日より公益財団法人に移行しました。感謝しています。

移行後もセンターの活動に特段の変化はありません。引き続き開かれたセンターとして進んでいきます。今後ともよろしくお願いします。

公益財団法人 神戸学生青年センター 役員名簿

（4）　神戸学生青年センター　ニュース　第 82 号　2013年9月18日

（公財）神戸学生青年センター賛助金　2013.4.01～2013.8.31（敬称略・単位円）

岸孝明 3000
脇本寿 5000
早野美智子 5000
センターグループ 5000
河上京子、河上牧子、西村陽子 50000
水野雄二 5000
㈲六甲苑 10000
西脇鈴代 5000
羽場由紀子 3000
草谷桂子 5000
山田保 5000
西八條敬洪 2000
片桐陽 5000
川那辺康一 3000
新生田川共生会 5000
吉田方則・真理 5000
ワイドシステムサービス 10000
荒井とみよ 3000
中西美江子 3000
小川幹雄 5000
羽鳥敬彦 5000
友井公一 3000
崔相鐵 5000
古川佳子 1000
和田進 3000
小泉勇治郎 3000
米谷収 3000
津久井進 3000
山崎清 3000
深沢忠 3000
兵頭晴喜 5000
柴田康彦 3000
小笠原正仁 3000
新井久子 3000
佐野笑世 3000
三宅美千子 3000
山内小夜子 3000
渡辺俊雄 5000
吉田敏子 3000
谷井尚子 3000
ペアドン 3000
杉田哲 5000
平田典子 3000
天野隆 3000
康由美 3000
鈴木道也 3000
諏訪晃一 3000
田口恵美子 3000
辻建 5000
桂正孝 3000
日本キリスト教団明石教会 5000
岩山晴子 3000
板山眞由美 3000
四方田文夫 3000
藤江新次 3000
岡内克江 3000
加藤光廣 3000
白珠相 10000
泉迪子 2000
徐龍達 3000
ろっこう医療生活協同組合 5000
宇都宮佳果 3000
渡部昌子 3000
丸山茂樹 3000
きどのりこ 3000
東田寿啓 5000
永宮彌生 3000
寺下賢志 3000
岩田将巳 3000
宮川守 3000
長瀬春代 3000
澤田隆司 3000
杉山博昭 3000
藤井道雄 3000
山本まり子 3000
村山盛忠 5000
馬屋原晋治 3000
太平満恵 3000
荻原邦子 3000
上原良蔵 3000
佐藤三郎・靖子 2000
細野恵久 3000
小川政亮 3000
兪澄子 10000
中原真澄 3000
山縣熙 5000
満寿会 3000
岩坂二規 3000
河かおる 3000
青位眞一郎 3000
川端勝 3000
岡野清 3000
永井靖二 5000
島田誠 5000
迫田耕作 10000
加輪上敏彦 5000
飛田雄一 5000
小松徹 2000
東田寿啓 5000
木村健二 3000
砂上昌一 3000
髙田理 3000
阿部恩 10000
明松善一・しのぶ 5000
西村知加恵 3000
リングホーファーマンフレッド 5000
林同福 5000
兵庫県有機農業研究会 10000
枡田計雄 5000
原口浩一 3000
大島淡紅子 1000
鶴崎祥子 5000
川鍋彰男 5000
二宮博行 3000
斉藤日出治 3000
島津恒敏 10000
中竹忠浩 3000
厚地勉 3000
三木鎌吾 5000
呉寿恵 3000
中勝博志 5000
すぎなコーラス 3000
菊谷裕洋 5000
羽下大信 5000
石田美代子 5000
小西和治 3000
小林るみ子 5000
李重華 5000
根津茂 3000
神戸女声合唱団 10000
崔博憲 3000
町永妙子 3000
藤石貴代 5000
若島礼子 3000
田中宏明 500
柳下恵子 3000
泉紀子 1000
落合健二 5000
片山憲明 3000
嶋田恭子 5000
井坂弘 3000
上田登美子 3000
今田裕子 3000
井上淳 3000
中地重晴 5000
飛田雄一 5000

計 146件
625,500円
以上感謝をもって領収いたしました。

賛助金ご協力のお願い

●賛助会費:
一口 A3,000　B5,000　C10,000
※いずれも一口を単位としますが、何口でも結構です。
※送金方法
郵便振替〈01160-6-1083 公益財団法人 神戸学生青年センター〉
備考欄に「賛助金」とお書きください。
銀行振込 三井住友銀行 六甲支店 0779663
公益財団法人 神戸学生青年センター 賛助金
銀行振込で領収証やニュースをご希望の方は、事務局までご連絡ください。

六甲奨学基金　2012.4.01～2013.8.31（敬称略・単位円）

脇本寿 5000
瀬戸口雅子 5000
前田美江 3000
速野美智子 5000
大槻博司・直子 3000
瀬口郁子 10000
田口恵美子 3000
金野南 3000
細川敦子 1000
前田美巳代 3000
片桐陽 5000
吉田方則・真理 5000
ワイドシステムサービス 10000
羽鳥敬彦 5000
田邊光平 3000
葛谷登 3000
川崎紘平 5000
津久井進 3000
松下宜且 10000
渡辺俊雄 5000
谷井尚子 3000
井上淳子 3000
康由美 3000
辻建 5000
四方田文夫 3000
土本基子 3000
中川慶子 3000
山本まり子 5000
水野明代 3000
高橋治子 3000
徐翠珍 3000
慎英弘 5000
河瀬敦忠 3000
加輪上敏彦 5000
飛田雄一 5000
西村知加恵 3000
奥村八峰 3000
枡田計雄 5000
西條紀子 100000
中勝博志 3000
石田美代子 5000
駒形愛子 3000
藤石貴代 5000
片山憲明 3000
前田美江 3000

計 45件
283,000円

毎月募金会計 59,000 円（千円:菱木康夫、金早雪、高仁宝、信長正義、信長たか子、藤田寿え子、飛田雄一、二千円:福田菊、三千円:白川豊）
古本市による協力 2,401,882円
総計 2,743,882円
以上感謝をもって領収いたしました。

六甲奨学基金ご協力のお願い

●賛助会費:
一口 A3,000　B5,000　C10,000
※いずれも一口を単位としますが、何口でも結構です。
※送金方法
郵便振替〈01160-6-1083 公益財団法人 神戸学生青年センター〉
備考欄に「奨学金」とお書きください。
銀行振込 三井住友銀行 六甲支店 0779651
公益財団法人 神戸学生青年センター 六甲奨学基金
銀行振込で領収証やニュースをご希望の方は、事務局までご連絡ください。

セミナーの記録　2013.4～2013.8

食料環境セミナー

シリーズ「環境・食べ物のリスク問題を考える」
436回4月24日「内部被曝における空気・水・食べ物の影響と健康被害」中村聡子さん
437回5月22日「再生可能エネルギーでまちづくり～すみれ発電所第1号～」井上保子さん
438回6月26日「リスクの食べ方～食の安全・安心を考える～」岩田健太郎さん
439回7月24日「放射線・原発という科学技術を中心としたリスク問題」平川秀幸さん

朝鮮史セミナー

5月7日「李朝陶磁と陶工たち」姜健栄さん
7月17日「韓国歌謡とともに60年」朴燦鎬さん

現代キリスト教セミナー

5月8日「パレスチナ問題とキリスト教」村山盛忠さん

朝鮮語・韓国語講座

初級　毎週水曜日　朴玲実さん
中級　毎週火曜日　張京花さん
上級　毎週木曜日　禹昭娟さん
会話クラス 毎週金曜日午前　林賢宜さん

六甲奨学基金

日本語サロン　毎週月・土曜日
3月15日～5月15日第16回古本市

その他のセミナー・行事

6月8日神戸大学YMCA「聖像と偶像―宗教美術の起源」宮下期久朗さん（後援）
6月15日～16日第9回移住労働者と連帯する全国フォーラム@甲南大学
6月19日アジア労働者交流者集会in神戸@三宮勤労会館（共催）
7月6日古本市ボランティア納涼会食会
7月16日、30日 韓国 大韓イエス教長老会（統合）神戸訪問団 来館
8月20日、9月5日 韓国 社団法人ローカルフード運動本部 来館

六甲奨学基金

本年度も7名のアジアからの留学生に月額5万円を支給しています。その原資は募金と古本市の売り上げです。第16回古本市(2013.3.15～5.15)には約9万冊の古本が寄付され4,314,482円を売り上げました。ボランティアには35名、延べ439名が来てくださいました。感謝です。来年(2014年)も、3月15日(土)～5月15日(木)に開催する予定です。本の回収は、3月1日～31日です。ご協力よろしくお願いします。

4.18 奨学金授与式

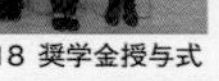

3.15～5.15 古本市

南京・台湾フィールドワーク

神戸・南京をむすぶ会(センター内)の17回目。今年8.13～20は南京・台湾でした。学生枠での参加2名(参加費5万円)を含めて総勢26名の団(団長:宮内陽子)でした。短期で南京のみ、台湾で合流など多様な形態でした。A4、92頁のフィールドワークノートが出来ています。希望者は、送料とも640円を切手でお送りください。

8.14 南京燕子磯記念碑

古本市後のロビー

ロビーにフェアートレードショップが再開し、4つのNGOが出店しています。奥に見える本棚は常設の文庫新書コーナーです。一坪書店と以前言っていたロビー書店もそれなりに(?)充実しています。小城智子さんの平和マップも全冊そろっています。

ロビー書店

フェアートレードショップ

現代キリスト教セミナー

現在的な課題でもある「パレスチナ問題とキリスト教」をテーマに日本キリスト教団教師の村山盛忠さんにご講演いただきました。村山さんの『コプト社会に暮らす』(岩波書店、1974)はよく知られていますが、昨年、これまでの論考を集大成しての『パレスチナ問題とキリスト教』(ぷねうま舎、2012.11)出版を機会に講演会を開きました。パレスチナ問題の根本を学びキリスト教との関係を大きな視点からお話いただきました。

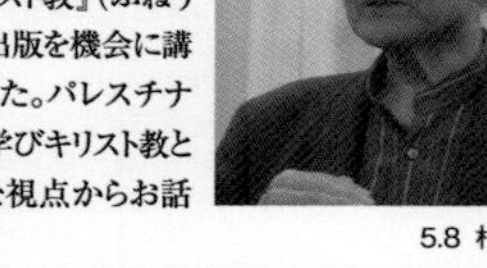
5.8 村山盛忠さん

食料環境セミナー

4～7月は、「環境・食べ物のリスク問題を考える」のシリーズ。4月「内部被曝における空気・水・食べ物の影響と健康被害」。講師は、中村聡子さん。5月は、「宝塚・再生可能エネルギーでまちづくり～すみれ発電所第1号～」。元気なNPO法人新エネルギーをすすめる宝塚の会理事の井上保子さん。6月は、「リスクの食べ方～食の安全・安心を考える～」をテーマに、神戸大学医学部附属病院感染病内科診療科長・岩田健太郎さん。明快なお話でした。7月は、「放射線・原発という科学技術を中心としたリスク問題」大阪大学コミュニケーションデザインセンター准教授の平川秀幸さん。東日本大震災、福島原発事故の記憶がまだ生々しく残っていますが、多くの課題を指摘してくださいました。

4.24 中村聡子さん　5.22 井上保子さん
6.26 岩田健太郎さん　7.24 平川秀幸さん

朝鮮史セミナー

①『李朝陶磁と陶工たち』(2012.12、朱鳥社)をだされた姜健栄さんに同題の講演をしていただきました。16世紀末の「文禄・慶長の役」で、秀吉軍によって日本の九州をはじめ中国地方へ連行されてきた朝鮮陶工たちの足跡を辿った姜さんのフィールドワークの記録です。

②朴燦鎬さんは、『韓国歌謡史1895-1945』(1987、晶文社)の著者として知られています。その後、韓国で『韓国歌謡史1』『同2』が出版されたのを機に、朴さんをお招きして「韓国歌謡とともに60年」をテーマにご講演いただきました。珍しい音源も多数ご準備くださりとても楽しいセミナーでした。

5.7 姜健栄さん　7.17 朴燦鎬さん

第9回移住労働者と連帯する全国フォーラム・神戸2013

甲南大学で490名が参加して開かれました。センターが実行委員会(共同代表:中畠孝幸、ロニー・アレキサンダー、丹羽雅雄、構成団体:NGO神戸外国人救援ネット、YMCA、YWCAなど)の事務局となりました。充実したプログラムで、特に最終日の外国人の「これが言いたい」5分間スピーチが大好評でした。資料集A4,152頁、1000円が発行されています。送料80円とも1080円。送金先＜郵便振替00980-4-282566 「2013神戸フォーラム」＞

2013神戸フォーラム 6.15～16

韓国語・朝鮮語講座

平日午後7時からの初級、中級、上級クラスのほかに、金曜日午前中の会話クラスを開講しています。学生センターの講座は、韓流ブームで受講生がどっと増えてどっと減ってという影響はありませんでした。各クラス5～10名のおちついたクラスです。途中参加も可能です。お問い合わせのうえ参観にきてください。

定期利用

グループ・教室のご案内

◆六甲トレーニングサロン……月曜日・前9～12:00　前田先生 0797-35-5588
◆からむい会(絵更紗)……第1・3月曜、第2・4木曜・後1～5:00　薮村先生 0797-31-1798
◆すぎなコーラス……月曜日・前10～12:00　連絡先・八尾 078-851-2485
◆神戸女声合唱団……金曜日・前10～12:00　連絡先・岡 邦子 078-291-0855
◆創作アップリケ……第2・4月・金曜日・前10～12:00　柏原先生 078-821-4632
◆ノイエカンマーコール(混声コーラス)……土曜日・後6～9:00　連絡先:池田 078-936-0123
◆ヨガ体操……火曜日・前9:30～12:00　廣瀬先生 078-851-8851
◆アトリエ太陽の子(児童絵画)……木曜日・後1～5:00　中嶋先生 078-858-7301
◆六甲ボーカル……第1・3木曜日・前10～12:00　池本先生 078-861-8724
◆こうべこーる恵(コーラス)……火曜日・前10～12:00　連絡先・田附 0798-26-2169
◆ステンドグラス・アトリエとも……第2・4木曜・後1～5:00　幸坂先生 078-582-0644
◆全珠連会員・熊内そろばん六甲教室……火曜・後3～9:00、土曜・後1～4:00　奥野先生 078-241-1095
◆六甲さくら合唱団……第2・4月曜日 後1～5:00　連絡先・見須 078-881-7851
◆テコンドー……毎週金曜日・後6～9:00　連絡先・妹尾 090-9846-8241
◆稗田会空手道……毎週月曜日・後4～10:00　連絡先・藤本 078-842-5669
◆ふらんす堂句会……原則第2土曜・後1～5:00　連絡先・山内 078-431-0039
◆プログレス(幼児教室)……水曜日・後1～5:00　連絡先:近藤 090-5050-1657
◆すずめの学校(ニューヨークタイムズ紙を読む会)…第2・4水曜日 前9:00～12:00　連絡先・上田 078-732-2651
◆前田書道会……火曜日・前9～後5:00　連絡先・前田先生 078-385-1650
◆音楽の杜(リトミックピアノ教室)……土曜日・前9～後5:00　連絡先・桂先生 078-371-8817
◆安富アカデミー(学習教室)……水・金曜日・後6～10:00　連絡先・安富先生 078-441-8114

お問合せやお申込は、各グループ・教室に直接ご連絡ください。

神戸学生青年センター センターニュース

KOBE STUDENT YOUTH CENTER NEWS No.83

No.83
発行所　(公財)神戸学生青年センター
理事長　保田　茂
館　長　飛田　雄一
〒657-0064　神戸市灘区山田町3丁目1-1
TEL (078) 851-2760 FAX (078) 821-5878
Yamada-cho 3-1-1, Nada-ku
Kobe, 657-0064 Japan
E-mail info@ksyc.jp
URL http://ksyc.jp

「張雨均切り絵・書道作品展」を開きました

中国「残留日本人孤児」を支援する兵庫の会　水野　浩重

11.3～11、センターロビーで開催し、多くの方に来訪いただきました。会の事務局長水野浩重さんに支援作品展のこと、支援活動のことを寄稿いただきました。

中国残留邦人やその家族には、中国で身につけた様々な技能や才能を持った方が多くいらっしゃいます。私たちはその人たちの作品を発表し、市民の皆さんに観ていただき、中国残留邦人への理解を深めていただく機会を作りたいと考えてきました。そして今回、11月3日から11日まで、神戸学生青年センターの全面的な支援をいただき、初めて「張雨均切り絵・書道作品展」を開催し、多くの皆様に中国剪紙と書の世界を楽しんでいただくことができました。同センター館長の飛田様はじめスタッフの皆様に感謝致します。

【張雨均さんのこと】

1940年ともに教師であった両親の元に中国河南省安陽で生まれる。安陽は殷朝の都で甲骨文字の発掘で知られるが、その地で子どもの頃から書道に親しむ。安陽第一高中(高校)に在学中反右派闘争が始まり、父母が「右派」と認定され失職、地方へ追放されたため高校2年でやむなく中退。生活のため知人を頼って黒龍江省牡丹江の皮革工場で革靴のデザインなどを担当し30年働く。67年同じ工場で働く中国残留孤児の長尾ますみさんと結婚。92年一家4人で来日し、93年3月より姫路市の革靴製造会社に就職するが、日本語が解らないため肉体労働に従事、2007年まで14年間勤務。剪紙は中国の伝統的民間芸術ですが、来日後趣味として始めた。

【長尾ますみさんのこと】

張雨均さんの配偶者。1942年、満洲開拓民の子どもとして黒龍江省牡丹江市郊外に生まれる。姉3人、兄一人の末っ子。父母はもちろん、姉兄そして戦後生まれた妹も日本生まれ、ますみさんだけが満州生まれ。父は動員され、敗戦後シベリアに抑留された。45年敗戦の混乱の中で、牡丹江駅付近で母親とはぐれたため、残留孤児となった。幸い心やさしい養父母の家庭で成長、中学を卒業、そして牡丹江の皮革工場で皮をなめす仕事に従事。工場内の夜学で教師を務めたことから、張雨均さんと知り合い、67年に結婚。その頃には四国高松に実母が健在であることも判明。75年に一時帰国し、初めて日本の土を踏み家族と再会、半年四国に滞在した。82年養父、90年養母死去の後、92年家族4人で永住帰国した。日本人である以上、日本語を習得して、少しでも早く「普通の日本人」になりたいと、夫婦で日本語教室に通い日本語を学習している。

【中国「残留日本人孤児」を支援する兵庫の会について】

私たちは兵庫県下に居住する中国残留孤児の皆さんを支援するために、2007年3月に会を結成しました。現在は残留孤児にとどまらず、残留婦人や2世・3世など家族を含む残留邦人を支援の対象とし、活動を展開しております。現在は、①主として残留邦人1世と2世を対象とした日本語教室の開催、②残留邦人同士、そして市民との交流会の開催、③市民への広報活動、④3世・4世向けの中国語教室の日常活動と、⑤残留邦人への支援策の改善など政治的課題に取り組んでいます。

【私たちの活動の今後の課題】

①1世の高齢化への対応、②2世特に残留婦人2世の年金問題など老後の生活の不安への対応、③残留邦人への理解が不十分なため、依然存在する社会的な偏見や差別の問題など課題は多くあります。

私たちは、中国残留邦人が日本政府の誤った国策により生み出されたことを踏まえ、二度とこのような境遇に置かれる人たちを生まない、そして異なった文化や環境で育った人びとがお互いを認め合いながら共生できる社会を作るため、また残留邦人の皆さんが「帰国して良かった」と思えるよう活動を続けてまいります。私たちの活動についてお問合せなどありましたら、078-412-2228 (事務所) または090-853-7021 (事務局水野) までお寄せ下さい。

(公財)神戸学生青年センター賛助金　2013.9.1～2013.11.30(敬称略・単位円)

洪浩秀 3000
保田茂 3000
梁英子 3000
米谷収 3000
高坂邦子 3000
元町HDクリニック 5000
西八條敬洪 1000
澤隆文 3000
上田眞佐美 3000
浜村恵子 3000
物部瑞枝 5000
田原良次 3000
松枝佳宏 3000
本城智子 3000
八木晃介 3000
荒井とみよ 3000
小泉勇治郎 3000
田添禧雄 3000
久冨伸子 3000
天野隆 3000
足立龍枝 3000
山田貴夫 5000
西川治郎 3000
春本幸子 3000
早川良彌 10000
満寿会 3000
倉持龍一 3000
井上太恵子 3000
株式会社神戸華聯旅行社 5000
武田紀美子 3000
飛田みえ子 5000
島田恒 5000
徐玉禹 3000
巽良生 3000
ひつじ書房松本功 10000
高橋治子 3000
小川幹雄 5000
佐藤功行 5000
永井靖二 5000
飛田悦子 5000
宮本博志 3000
㈱ワイドシステムサービス 10000
谷井尚子 3000
羽鳥敬彦 5000
小川雅由・寺岸三代子 5000
梶谷懐 5000
島津恒敏 10000
羽下大信 5000
影山陽美 10000
上田律子 3000
近藤和雄 3000
中道澄春 5000
森田恒一 5000
砂上昌一 3000
讃岐田訓 3000
武藤迪子 5000
落合健二 5000
宇野田尚哉 5000
福島信夫 3000
佐野二三雄 3000
赤峰美鈴 5000
藤江新次 3000
門倉和子 5000
山崎清 3000
枡田計雄 5000
山西伸史 3000
横山正代 5000
平田昌司 5000
信長正義・たか子 10000
川那辺康一 3000
鈴木誠也 3000
野澤祥子 3000
高橋正伸 3000
古川明 3000
横山節子 3000
恩田怜 3000
小川佐由理 3000
安國りさ 3000
秋月京 3000
大島淡紅子 1000
横川修 5000
下西ユキヨ 3000
辻建 5000
金孝興 3000
久保美代子 3000
下村安男 5000
大高全洋 3000
宋連玉 3000
福島俊弘 3000
石塚健・明子 3000
下村安男 5000
鄭光子 3000
大阪女学院解放教育推進部 5000
市野瀬　翠 5000
柴田康彦 3000
千葉宣義 5000
大津留厚 3000
小西ゆみ子 5000
保田茂 5000
山根成人 10000
小城智子 3000
中勝博志 5000
森哲二 3000
張京花 3000
金世徳 5000
柳到亨 5000
瀬戸口雅子 5000

計 107件　440,000円
以上感謝をもって領収いたしました。

賛助金ご協力のお願い

●賛助会費:
一口 A3,000　B5,000　C10,000
※いずれも一口を単位としますが、何口でも結構です。
※送金方法
郵便振替〈01160-6-1083 公益財団法人 神戸学生青年センター〉
備考欄に「賛助金」とお書きください。
銀行振込 三井住友銀行 六甲支店 0779663
公益財団法人 神戸学生青年センター 賛助金
銀行振込で領収証やニュースをご希望の方は、事務局までご連絡ください。

六甲奨学基金　2013.9.1～11.30(敬称略・単位円)

井上淳子 3000
松下宜且 10000
前田美巳代 3000
梁英子 3000
葛谷登 3000
中西美江子 3000
金野南 3000
田原良次 3000
援助修道会名古屋修道院 10000
飛田みえ子 5000
ギャラリーわびすけ 3000
無名氏 15000000
㈱ワイドシステムサービス 10000
谷井尚子 3000
羽鳥敬彦 5000
土本基子 3000
田邉光平 3000
石田義治 5000
森田恒一 5000
砂上昌一 3000
板山眞由美 3000
蒋点桓 3000
武藤迪子 5000
門倉和子 5000
枡田計雄 5000
平田昌司 5000
檀上重光 5000
辻建 5000
岡崎道子 5000
大津留厚 3000
小西ゆみ子 5000
小城智子 3000
中勝博志 3000
六甲苑 10000
なんやか屋 1000
金世徳 3000
なんやか屋 1000

計 37件　15,156,000円
毎月募金会計　36,000 円(千円:菱木康夫、金早雪、高仁宝、信長正義、信長たか子、藤田寿え子、飛田雄一、二千円:福田菊、三千円:白川豊)

古本市による協力　61,025円
総計 15,253,025円
以上感謝をもって領収いたしました。

六甲奨学基金ご協力のお願い

●賛助会費:
一口 A3,000　B5,000　C10,000
※いずれも一口を単位としますが、何口でも結構です。
※送金方法
郵便振替〈01160-6-1083 公益財団法人 神戸学生青年センター〉
備考欄に「奨学金」とお書きください。
銀行振込 三井住友銀行 六甲支店 0779651
公益財団法人 神戸学生青年センター 六甲奨学基金
銀行振込で領収証やニュースをご希望の方は、事務局までご連絡ください。

<センターより> 公益財団法人への寄附は「特定寄附金」として、確定申告の際には所得控除を受けることができます。所得控除の計算方法は、(①その年に支出した特定寄附金の額の合計額または②その年の総所得金額等の40%相当額の低い方)－2000円＝寄附金の控除額です。

セミナーの記録　2013.9.1～2013.11.30

食料環境セミナー

シリーズ「今、TPPを読み解くⅢ」
440回9月25日「TPPでどうなる?医療、食の安全」安田節子さん
441回10月23日「グローバル・フード・ガバナンスによる食料支配と抵抗」土佐弘之さん
442回11月27日「TPPが医療を壊す」岡林信一さん

朝鮮史セミナー

9月3日「関東大震災90年～朝鮮人虐殺事件の意味を、いま、考える～」山田昭次さん
11月1日「『空色の故郷』神戸上映会と金素栄監督を囲む会」金素栄さん

現代キリスト教セミナー

11月4日「アメリカ社会と宗教」大宮有博さん　主催：神戸学生青年センター　共催：はんてんの会

農塾(全8回)

1) 10月16日「わが国の農業と食料の行方－安全良質な食べ物づくりの時代」保田茂さん
2) 10月30日「有機農業の技術～保田ぼかしを利用した有機稲作の可能性～」西村いつきさん
3) 11月6日「都会から農村に移り住んで一新規就農のすすめ」橋本慎司さん
4) 11月16日「有機農業の野菜づくり」渋谷冨喜男さん
5) 11月20日「種採りの時代」山根成人さん
6) 11月30日「生産者と消費者の関係づくり」植田勘さん

朝鮮語・韓国語講座

初級　毎週水曜日　朴玲実さん
中級　毎週火曜日　張京花さん
上級　毎週木曜日　禹昭娟さん
会話クラス　毎週金曜日午前　林賢宜さん

六甲奨学基金

日本語サロン　毎週月・土曜日
10月12日 兵庫県国際交流協会・日本語学習支援アドバイザー派遣事業　三木由里子さん

その他のセミナー・行事

10月4日反核日韓交流会
10月5日市民救命士講習会
10月12日～21日多賀健太郎絵画展 Vol.5
10月21日「辛淑玉さんとともに考えようヘイトスピーチと人権」@こうべまちづくり会館　主催:市民社会フォーラム(共催)
10月24日～30日神戸平和マップ展
10月25日講演会「『神戸平和マップ』がつくる"平和"」小城智子さん
11月3日～11日張雨均切り絵・書道作品展　主催:中国「残留日本人孤児」を支援する兵庫の会
11月23日食品公害を追放し安全な食べ物を求める会「収穫感謝祭」
11月28日アジア労働者交流集会 in 神戸　@神戸市勤労会館

11.23 求める会・収穫感謝祭ビンゴゲーム

10.18 婦人矯風会・神戸フィールドワーク

農塾

1994年にスタートした農塾。18期を迎えています。座学と、神戸市西区の渋谷農場での見学・勉強です。講師陣は、保田茂さん、西村いつきさん、橋本慎司さん、渋谷冨喜男さん、山根成人さん、槌田劭さん、石田均さん、そして最終回にもう一度保田茂さんです。今年の農塾では、①わが国の農業と食料の行方、②有機農業の技術として有機稲作の可能性、③新規就農のすすめ、④有機農業の野菜づくりとして農場見学、⑤在来種保全・種採りの必要性、⑥生産者と消費者の信頼関係づくりについて学びました。講師の先生方、ありがとうございました。

2013.10.16 保田茂さん　10.30 西村いつきさん　11.6 橋本慎司さん　11.16 渋谷冨喜男さん　11.20 山根成人さん

市民救命士講習会

自動体外式除細動器AED、センターにもあります。使うことがない方が望ましいですが、多くの方が使い方を学ぶことは必用です。古本市ボランティアの久保さんが、市民救命士講習会の講師をされているとの情報をえて、センターでも開きました。参加人数は9人と少なめでしたが、その分みっちりと実技、質疑応答の時間をとることができ、とても充実した講習会となりました。市民救命士講習受講者に発行される修了証も先日受け取りました。

インターネット予約

センターのお泊りをインターネットで予約できるのをご存じですか？　楽天、るるぶです。近々にじゃらん、スマ宿もOKとなる予定です。もちろん、直接のお電話、大歓迎です。スタッフが丁寧に対応します。申し訳ありませんが、年末年始12.28～1.5は休館です。2.3～2.8も、館内整備のため休館です。

食料環境セミナー

秋のシリーズは、いま大きな問題となっているテーマ、「今、TPPを読み解くⅢ」です。

医療・食の安全(安田節子さん)、グローバル・フード・ガバナンスによる食料支配と抵抗(土佐弘之さん)、TPPが医療を壊す(岡林信一さん)。12月、「TPPと日本の農業」(小野雅之さん)、1月、「グローバル化2.0-、TPP賛否両極論を排す」(遠藤乾さん)と続きます。TPPの年内妥結に向けて交渉が終盤に近づいている中、今回のシリーズを通してTPPの背景にある国際政治・世界経済の動きや、TPP合意によって懸念される日本の食の安全・食料・医療・社会保障などの分野について分かりやすく学ぶことができました。

9.25 安田節子さん　10.23 土佐弘之さん　11.27 岡林信一さん

辛淑玉さん講演会「ヘイトスピーチと人権」

市民社会フォーラムと共催で開催しました。協賛は、神戸YWCA平和活動部、DAYS JAPAN関西サポーターズクラブ。いつもながら歯切れのよい辛淑玉さんのお話でした。ヘイトスピーチの深刻さとそれをなくさせるための活動を学びあった会でした。会場は、元町まちづくり会館。

10.21 辛淑玉さん

現代キリスト教セミナー

「アメリカ社会と宗教」

関学の学生時代からセンターの縁の深かった大宮有博さん(名古屋学院大学教員)を講師に開きました。9.11をアメリカで体験した講師のアメリカ社会の分析はするどいものでした。キリスト教保守グループの動き、ティーパーティとの関係、オバマ大統領分析など、多くのことを考えさせられました。

11.4 大宮有博さん

朝鮮史セミナー

9.3 山田昭次さん

①今年は1923年の関東大震災から90年です。『関東大震災時の朝鮮人虐殺とその後―虐殺の国家責任と民衆責任』(2011/9)の著書のある山田昭次さんにご講演いただきました。「ヘイトスピーチ」が大きな問題になっている今日、この事件が単に過去の事件ではない現代的な課題であることを学びました。

②1938年スターリンによって極東から中央アジアに強制移住されたコリアンのひとり・画家シンスンナムさん(当時9歳)のドキュメンタリー「空色の故郷」の上映会。監督の金素栄さんは、元神戸大学の留学生。監督を囲む会も開催しました。来年3月1日(土)にアンコール上映会があります。ぜひ、ご覧ください。

「神戸平和マップ展」

10.24～30 平和マップ展

センターニュース81号(2013.4)で紹介したマップ。灘区版完成をまってセンターでマップ展と講演会を開催しました。その後、東灘区版も完成し、長田、兵庫、中央、灘、東灘の5区、全10枚ができています。小中学校には無料配布していますが、一般には1枚250円で販売しています。希望者は代金を郵便振替<00930-4-145024　神戸平和マップをつくる会>までお送りください。(送料はつくる会負担)

多賀健太郎絵画展

今回で5回目となりました。ビッグイシュー(11/1号)でもデビュー。今回は古本市ボランティアつながりで絵画+布地作品のコラボ展となりました。開催期間中は多賀さんが会場で絵を描く姿もみられました。初日と最終日では作品数が違っていたことにみなさん気づかれましたか？

10.12～21 多賀健太郎絵画展

韓国反原発グループとの神戸交流会

主催は、脱核アジア平和のための西日本原発地域日韓市民ツアー関西集会実行委員会。玄海原発、祝島、福井で交流を続けたグループが最終日神戸に集まりました。センターホールでの報告会のあと大?キムチチゲパーティでした。センターの台所は、50名ぐらいの自炊は楽勝です。最近は携帯ガスコンロの貸し出しもしています。でもお部屋での焼き肉は、ご遠慮いただいています。

10.4 韓国反原発グループ神戸交流会

日本語サロンボランティア学習会

10.12兵庫県国際交流協会の日本語学習支援アドバイザー派遣事業のプログラムを利用して今年は聴解をテーマに学習会をしました。講師は兵庫県国際交流協会の三木由里子さん。ご紹介いただいた参考図書はセンターの書庫にもおいてあります(一部)。みなさんのぞいてみてください。

10.12 三木由里子さん

アジア労働者交流集会

アメリカの反戦団体の青年オルガナイザー(大学生)の若者・ウォルター・スモラレクさんを招いて開催。アメリカでイラク反戦などの反戦闘争で首都ワシントンDCをはじめ全国主要都市で展開しているANSWER連合のお話。とても新鮮でした。

11.28 ウォルター・スモラレクさん

定期利用

グループ・教室のご案内

◆六甲トレーニングサロン……月曜日・前9～12:00　前田先生　0797-35-5588
◆からむい会(絵更紗)……第1・3月曜、第2・4木曜・後1～5:00　葭村先生　0797-31-1798
◆すぎなコーラス……月曜日・前10～12:00　連絡先・八尾　078-851-2485
◆神戸女声合唱団……金曜日・前10～12:00　連絡先・岡 邦子　078-291-0855
◆創作アップリケ……第2・4月・金曜日・前10～12:00　柏原先生　078-821-4632
◆ノイエカンマーコール(混声コーラス)……土曜日・後6～9:00　連絡先:池田　078-936-0123
◆ヨガ体操……火曜日・前9:30～12:00　廣瀬先生　078-851-8851
◆アトリエ太陽の子(児童絵画)……木曜日・後1～5:00　中嶋先生　078-858-7301
◆六甲ボーカル……第1・3木曜日・前10～12:00　池本先生　078-861-8724
◆こうべこーる恵(コーラス)……火曜日・前10～12:00　連絡先・田附　0798-26-2169
◆ステンドグラス・アトリエとも……第2・4木曜・後1～5:00　幸坂先生　078-582-0644
◆全珠連会員・熊内そろばん六甲教室……火曜・後3～9:00、土曜・後1～4:00　奥野先生　078-241-1095
◆六甲さくら合唱団……第2・4月曜日　後1～5:00　連絡先・見須　078-881-7851
◆テコンドー……毎週金曜日・後6～9:00　連絡先・妹尾　090-9846-8241
◆稽践会空手道……毎週月曜日・後4～10:00　連絡先・藤本　078-842-5669
◆ふらんす堂句会……原則第2土曜・後1～5:00　連絡先・山内　078-431-0039
◆プログレス(幼児教室)……水曜日・後1～5:00　連絡先:近藤　090-5050-1657
◆すずめの学校(ニューヨークタイムズ紙を読む会)……第2・4水曜日　前9:00～12:00　連絡先・上田　078-732-2651
◆前田書道会……火曜日・前9～後5:00　連絡先・前田先生　078-385-1650
◆音楽の杜(リトミックピアノ教室)……土曜日・前9～後5:00　連絡先・桂先生　078-891-3419
◆安富アカデミー(学習教室)……水・金曜日・後6～10:00　連絡先・安富先生　078-441-8114
◆公文六甲書写教室……日曜日・後1～5:00　登城先生　078-779-4514

お問合せやお申込は、各グループ・教室に直接ご連絡ください。

※当センターへの寄附金は、①所得控除または②税額控除が受けることができます。賛助会費、六甲奨学基金募金の両方に適用されます。詳しくはセンターにお問い合わせください。

(公財)神戸学生青年センター賛助金　2013.12.1～2014.3.31（敬称略・単位円）

厚地勉 3,000
佐治孝典 5,000
窪田実美 5,000
髙田秀峰 2,000
稲田登 20,000
土肥淳子 1,000
鈴木房江 3,000
すぎなコーラス 3,000
熊谷泰世 10,000
島田信 3,000
小牧明子 10,000
金正郁 3,000
梶原由美子 5,000
服部待 3,000
横野朝彦 3,000
上野利恵子 3,000
中村英之 3,000
前川純一 3,000
三木鎌吾 5,000
神戸女声合唱団 10,000
八尾佳子 5,000
神港教会 20,000
竹田真木生 3,000
六甲カトリック教会 30,000
越智清光 3,000
白珠相 10,000
天野隆 3,000
金宣吉 10,000
森行雄 3,000
岩崎謙 20,000
飛田悦子 5,000
中山一郎 5,000
中村証二 3,000
村上隆敏 1,000
足立龍枝 3,000
張征峰 5,000
川勝浩 5,000
森地重博 5,000
高光重 10,000
兵頭晴喜 3,000
中川慶子 3,000
安福和子 5,000
鈴木久美 3,000
米谷収 3,000
小泉勇治郎 3,000
加藤由美子 3,000
山田和彦 1,000
辻建 5,000
村上義徳 3,000
徐聖寿 3,000
酒井哲雄 3,000
高橋喜久江 5,000
李周鎬・陽平・由紀 10,000
村瀬義史 3,000
西八條敬洪 1,000
殿平真彦 3,000
野村務 3,000
守一律子 3,000
大西洋司 5,000
渡辺俊雄 5,000
大津留厚 5,000
川辺比呂子 3,000
福田夏生 5,000
加藤光廣 3,000
小川文夫 3,000
宮沢之祐 3,000
西川幸 3,000
李重華 5,000
和田進 3,000
在日大韓基督教神戸教会 10,000
野村基之 3,000
無名氏 20,000
岡部眞理子 3,000
佐治信 5,000
片桐陽 5,000
尾形淳 3,000
西尾達 3,000
伊藤悦子 3,000
沼﨑佳子 2,000
前田ひろ子 3,000
田中満 3,000
金恒勝 3,000
三田登美子 3,000
高浜三保 3,000
萩原邦子 3,000
吉田敏子 3,000
横山正代 3,000
四方田文夫 3,000
杉山雅教 3,000
落合健二 5,000
柳到亨 5,000
神田健次 3,000
井上力 10,000
井上みち子 5,000
鈴木道也 3,000
井上淳 3,000
田中宏明 500
益子酵三 3,000
野田和人 5,000
山本俊正 3,000
在日大韓基督教会 川崎教会 3,000
藤井道雄 3,000
柏崎千佳子 5,000
山本常雄 3,000
梁壽龍・朴貴玉 3,000
庵逧由香 3,000
丸山晶子 5,000
辻川敦 5,000
ロバート圭子ウイットマー 10,000
島津恒敏 10,000
永井満 5,000
栗本敬一郎・陽子 3,000
大西国子 5,000
神戸多聞教会 10,000
名古屋聖ステパノ教会 3,000
小松匡位 10,000
枡田計雄 5,000
川崎紘平 5,000
日本基督教団 雲内教会 5,000
李正美 3,000
守一律子 3,000
山田保 5,000
六渡和香子 5,000
今田裕子 3,000
藤原栄子 5,000
勝村誠 5,000
(株)ワイドシステムサービス 10,000
兵庫県有機農業研究会 10,000
伊藤伸明 3,000
李省展 3,000
原野和雄 3,000
高槻むくげの会 5,000
大石恵理子 1,000
石打謹也 3,000
李景珉 5,000
佐藤三郎 2,000
大田美智子 3,000
高徳芳忠 3,000
日本基督教団 宝塚教会 5,000
山内小夜子 3,000
在日大韓基督教会 小倉教会 5,000
公益財団法人神戸YWCA 5,000
関西学院宗教活動委員会 18,000
岩崎謙 3,000
脇本寿 5,000
大槻博司・直子 3,000
能勢ゆき 3,000
尹明憲 3,000
飛田雄一 10,000
日本キリスト教団 摂津富田教会
大谷隆夫 10,000
奥西征一 2,000
光葉啓一 3,000
食品公害を追放し安全な食べ物を求める会 15,000
聖心侍女修道会 管区本部 5,000
石田米子 3,000
足立康幸 10,000
菅根信彦 10,000

計 157件 795,500円
以上感謝をもって領収いたしました。

賛助金ご協力のお願い

●賛助会費：一口 A3,000　B5,000　C10,000
※いずれも一口を単位としますが、何口でも結構です。
※送金方法
郵便振替〈01160-6-1083 公益財団法人 神戸学生青年センター〉
備考欄に「賛助金」とお書きください。
銀行振込 三井住友銀行 六甲支店 0779663
公益財団法人 神戸学生青年センター 賛助金

六甲奨学基金　2013.12.1～2014.3.31（敬称略・単位円）

窪田実美 5,000
なんやか屋 2,000
今井真理 3,000
なんやか屋 2,100
なんやか屋 500
福田英俊 3,000
渡部昌子 3,000
森地重博 5,000
高光重 10,000
田邉光平 3,000
崔相鐵 5,000
岩本光雄 5,000
清水康弘 10,000
近澤淑子 3,000
辻建 5,000
村上義徳 3,000
渡辺俊雄 5,000
大西洋司 5,000
加藤克子 3,000
松下宜且 10,000
森野秀樹 3,000
なんやか屋 500
無名氏 30,000
岡部眞理子 3,000
佐治信 3,000
片桐陽 5,000
大谷紫乃 5,000
水野明代 3,000
前田美巳代 3,000
山崎昌子 5,000
岡田長保 5,000
奥野葉津紀 5,000
田口恵美子 3,000
一條三子 5,000
葛谷登 3,000
藤井道雄 3,000
柏崎千佳子 5,000
坂元ひろ子 30,000
兼崎暉 3,000
山内茉莉 3,000
山田昭次 3,000
枡田計雄 5,000
徳田暁子 20,000
(株)ワイドシステムサービス 10,000
中畠孝幸 30,000
大槻小百合 3,000
前川純一 3,000
関西学院宗教活動委員会 18,000
徐翠珍 3,000
脇本寿 5,000
小野光子 10,000
近藤泉 3,265
井上淳子 3,000
石川明美 1,000
樋口和雄 3,000

計 55件 336,365円

六甲奨学基金ご協力のお願い

●賛助会費：一口 A3,000　B5,000　C10,000
※いずれも一口を単位としますが、何口でも結構です。
※送金方法
郵便振替〈01160-6-1083 公益財団法人 神戸学生青年センター〉
備考欄に「奨学金」とお書きください。
銀行振込 三井住友銀行 六甲支店 0779651
公益財団法人 神戸学生青年センター 六甲奨学基金

毎月募金会計　52,000 円（千円:菱木康夫、金早雪、高仁宝、信長正義、信長たか子、藤田寿え子、加畑和子、飛田雄一、二千円:福田菊、三千円:白川豊）
古本市による協力　1,744,766円　　総計 2,133,131円
以上感謝をもって領収いたしました。

セミナーの記録　2013.12.1～2014.3.31

食料環境セミナー

シリーズ・今、TPPを読み解くⅢ
443回12月25日「TPPと日本の農業」小野雅之さん
444回2月12日「グローバル化2.0ーTPP賛否両極論を排す」遠藤乾さん
シリーズ・再生可能エネルギーで地域再生
445回2月26日「風力発電と地域」松岡憲司さん
446回3月26日「原発地元の地域再生」と「電力市場のからくり」朴勝俊さん

朝鮮史セミナー

3月1日ドキュメンタリーフィルム「空色の故郷」アンコール上映

現代キリスト教セミナー

総題「若手研究者による東アジアキリスト教史研究」
1）2月21日「中国におけるキリスト教本色化（土着化）運動ー1920年代を中心に」徐亦猛さん
2）3月14日「日本メソヂスト教会の樺太伝道」大和泰彦さん
3）3月28日「中国朝鮮族教会の形成と現状」韓承哲さん
4）4月11日「日本聖公会の在朝日本人伝道（1880年ー1945年）」松山健作さん

農塾（全8回）

7）12月4日「兵庫県における有機農業の行政支援」石田均さん
8）12月18日「日本の未来と有機農業」保田茂さん

朝鮮語・韓国語講座

初級　毎週水曜日　朴玲実さん
中級　毎週火曜日　張京花さん
上級　毎週木曜日　禹昭娟さん
会話クラス　毎週金曜日午前　林賢宜さん

六甲奨学基金

日本語サロン　毎週月・土曜日
12月21日日本語サロン交流会
3月15日～5月15日第17回古本市

その他のセミナー・行事

12月6日神戸大学YMCA KOBE Mass Choir クリスマスゴスペルコンサート（後援）
12月10日南京大虐殺幸存者証言集会（後援）
1月18日いのちと平和を考える関西市民会議連続集会「原発メーカー訴訟の意義について」（賛同）@南YMCA
1月24日～25日東アジアキリスト教交流史研究会
2月1日自主上映会inKOBE「シェーナウの想い」～自然エネルギー社会を子どもたちに～（共催）
3月1日つなぐ・つたえる復興ひろば2014「避難者はいま～福島・コミュニティと人びとの軌跡～」（共催）
3月1日多文化と共生社会を育むワークショップ「トルコ料理とトルコ文化をたのしむ会」シェネルコヌックさん（共催）
3月1日～5日尹英順とポジャギ教室作品展

神戸学生青年センター
センターニュース
KOBE STUDENT YOUTH CENTER NEWS No.84

No.84
発行所 (公財)神戸学生青年センター
理事長 保田 茂
館 長 飛田 雄一
〒657-0064 神戸市灘区山田町3丁目1-1
TEL(078)851-2760 FAX(078)821-5878
Yamada-cho 3-1-1, Nada-ku
Kobe, 657-0064 Japan
E-mail info@ksyc.jp
URL http://ksyc.jp

古本市ボランティアから古本市ファンのみなさんへ

古本市ボランティア　柏田　紘一

3/10（月）に多くのボランティアが来てくださって本棚を設置し、3/15（土）から第17回古本市がスタートしました。初日は古本屋さんも来られ１日で30万円も売れました。5/15まで朝９時からなんと午後10時まで開いています。休みなしです。掘り出し物たくさんです。ぜひお立ちよりください。本号には古本市ベテランボランティアさんに寄稿していただきました。

阪急六甲周辺では古本市ののぼりがはためいていて春の到来を知る。今年も恒例の古本市が始まった。初日の3月15日が土曜日だったこともあり２日目もまちかねておられたように沢山ご来場いただいた。

今年で17回になった古本市は1998年にはじまった。阪神・淡路大震災に全国からよせられた支援金を被災留学生・就学生に生活一時金（3万円、767名、2,301万円）として支援。支援金4,242万円の残金1,300万円から毎年4～7名のアジアからの学生月額５万円の奨学金を支給。3月から5月の2ヶ月間の古本市はそのための募金活動のひとつである。

【約90000冊の古本】

去年は約1,285箱（1箱70冊として）の古本が全国各地から送られてくる。近くの人は車で、また徒歩・バス等でお持ちいただいた。3月いっぱいどんどん送られてくる。

神戸大学の学生さんが中心になって、ロビーに本棚が設置された。来た箱をひとまずロビーの奥の廊下に積み上げていく。それをひとつあけて大まかな分類で本棚に入れていく。ボランティアの協力が大きな力である。

【ボランティアの仕事】

ロビーに置かれた本の整理がボランティアの主な仕事だ。毎日たくさんの本が売れていく。本の欠けたところに次の本をいれていく。文庫本は大人気でぐんぐん売れていく。できるだけたくさんの本をみていただきたいので、いただいた本はできるだけ早く出すようにしている。

日本のもの、外国のものがまじりあっているができたら分けたい。今年はじめてというボランティアもいるが、近くの先輩のボランティアが全体のこと、具体的な仕事を教えている。主婦、学生、高齢者と幅広い構成である。朝9時から夜の10時まであいているのでご都合にあわせてもっとご協力くださる方がふえたら有難いと思う。

【お客様との交流】

17回にもなると毎年来られているお客さまとボランティアの会話もはずむ。この方面の本はありますかなどの話もある。ボランティアとしてそんな交流も楽しみのひとつである。古いお客様では第2回の古本市から毎年来られているお客さまもいる。一度来られた方が続いているというのも私たちの古本市を続ける意欲となる。

【去年の売り上げは4,314,482円】

17年前の第1回（1998年）は予想を上まわる1,478,493円。第3回（2000年、206万）、第9回（2006年、301万）、第13回（2010年、414万）と100万の大台を越えて順調に伸びている。毎年、古本市のはじめに飛田雄一館長が「今年は○○○万円いきましょう。」と言われる。いけるかなとボランティアで話しているうちに目標に近づいていく。

ボランティアのなかで、のぼりもあればいいなあと話していたらすぐ出来2006年から緑のすてきなのぼりが立った。本棚も少しずつ整っていった。地域の新聞折り込みも何年か前から入れており今年は6万枚入れている。たくさんの本、たくさんのお客さまがボランティアを力づけてくれる。

のぼりを新調したらこんなかわいいのが付録についてきました。

去年は約35名、延439名のボランティアが参加して「六甲奨学基金」の大きな力になっている。文庫・新書・絵本・児童書は100円、単行本300円、辞書・画集・写真集は大きくても300円、CD1枚100円という価格も昔と同じである。

ボランティアの新年は3月だ。3月から5月を活動してまた来年とがんばっている。5月15日（木）までだがぜひ古本市においでください。ボランティアも大歓迎ですのでぜひ声をかけてください。スタッフ一同心からお待ちしています。

食料環境セミナー

昨秋からのシリーズ「今、TPPを読み解くⅢ」の続きとして「TPPと日本の農業」（小野雅之さん）、「グローバル化2.0–TPP賛否両極論を排す」（遠藤乾さん、1.29を2.12に変更）が開催されました。

シリーズ「再生可能エネルギーで地域再生」を2月からスタートしました。1月「風力発電と地域」松岡憲司さん、2月「原発地元の地域再生と電力市場のからくり」朴勝俊さんでした。あと7月まで、「環境モデル都市 ゆすはら自然エネルギーによるまちづくり」、「丹波・山王自治会太陽光発電で村を元気にする」、「再生可能エネルギーとエネルギー自治」、「地域主体で、地域に役に立つ小水力発電」と続きます。

このセミナーには託児（無料）があります。必要な方は2日前までにご連絡ください。

2013.12.21 小野雅之さん

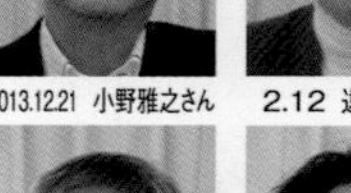
2.12 遠藤乾さん

2.26 松岡憲司さん

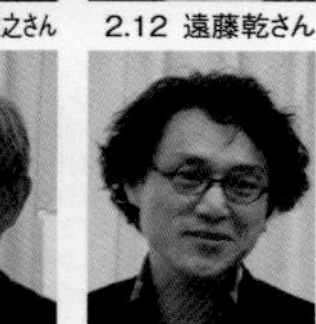
3.26 朴勝俊さん

「神戸平和マップ」

昨年10月マップ展を開催しましたが、3月には須磨区版が完成しました。これで、長田、兵庫、中央、灘、東灘、須磨の6区分、全12枚が完成しました。小中学校には無料配布していますが、一般には1枚250円で販売しています。希望者は代金を郵便振替＜00930-4-145024　神戸平和マップをつくる会＞まで（送料はつくる会負担）

六甲奨学基金　2014年度奨学生

月額5万円の奨学金を以下の7名の方々に支給します。

❶	姫路獨協大学	白富元	中国
❷	神戸夙川学院大学	NGUYEN DANG THIEN KIM	ベトナム
❸	アリスト外語学院	VU THANH PHONG	ベトナム
❹	芦屋大学	任偉凱	中国
❺	春日日本語学院	張云童	中国
❻	コミュニカ学院	アサニー ボエムプンガムボル	タイ
❼	神戸情報大学院大学	廉可鑫	中国

トルコ料理とトルコ文化をたのしむ会

多文化と共生社会を育むワークショップとセンターが共催しました。講師は、芦屋でトルコ料理店「土耳古料理サクルエブ」を経営されている セネル・コヌックさん。

3.1 セネル・コヌックさん

Study for two

神戸大学のボランティアが、センターで教科書リサイクルのための回収ショップを開設しました。回収した教科書を販売し、第3世界の子どもたちを支援する活動です。

1.28～31 Study for two

出版部の新刊予告

『殺生の文明からサリムの文明へ―ハンサリム宣言&ハンサリム宣言再読』（韓国ハンサリム研究所刊、大西秀尚訳）を6月に刊行します。ご期待ください。

現代キリスト教セミナー

シリーズ「若手研究者による東アジアキリスト教史研究」が続いています。関西学院大学神学部卒業/在学の研究者たちです。「中国におけるキリスト教本色化（土着化）運動–1920年代を中心に」徐亦猛さん、「日本メソヂスト教会の樺太伝道」大和泰彦さん、「中国朝鮮族教会の形成と現状」韓承哲さんでした。最終回が4.11「日本聖公会の在朝日本人伝道（1880年–1945年）」松山健作さんです。新しい研究の成果で、初めて聞く話がほとんどの内容です。こんなシリーズをまた開きたいと考えています。

2.21 徐亦猛さん　3.14 大和泰彦さん　3.28 韓承哲さん

朝鮮史セミナー

昨年11.1上映した映画「空色の故郷」のアンコール上映会を開催しました（3.1）。学生センターでは、カザフスタン在住のゲルマン・キム博士との交流から2010年（4.30～5.8）、「中央アジアのコリアンを訪ねる旅」を実施したことから、特別の思い入れのあるテーマです。（飛田「中央アジアのコリアンを訪ねる旅―ウズベキスタン、カザフスタン―」、『むくげ通信』240号、2010.5参照）

農塾

農塾18期の前号報告の続きです。⑦12月4日、「兵庫県における有機農業への行政支援」石田均さん、そして最終回⑧12月18日、保田先生の「日本の未来と有機農業」と修了式でした。2014年度は新しい趣向で5月からスタートします。

12.4 石田均さん　12.18 保田茂さんと懇親会

朝鮮語・韓国語講座

1975年にスタートした講座、久しぶりに全体交流パーティを開きました。自主クラス（卒業生が自主運営している）、OBOGも加わって賑やかな会となりました。講座は1昨年より入門講座を開いていませんが、夜の3クラス、午前の会話クラス、いずれも途中参加可能です。初期の兪澄子先生の娘さん朴玲実さんも講師陣のおひとりです。

1.18 交流パーティ

日本語サロン

毎週月曜日、土曜日にボランティア日本語教室を開いています。1対1の授業で、現在29ペアーまたはコンビがあります。国籍は様々、中国、フィリピン、日本などです。毎年12月は恒例の送年パーティです。料理は持ちよりで、いろんな国の料理がいただけます。

「日本語学習支援のステップアップ講座2014」（矢野文雄さん）は、5.8～7.10、全10回で開催です。ぜひご参加ください。対象は、六甲奨学基金・日本語サロンボランティア教師に参加・登録中の方、日本語ボランティア教師に関心のある方など、要するに関心のある方はどなたでもOKです。

2013.12.21 パーティ

定期利用

グループ・教室のご案内

- ◆六甲トレーニングサロン……月曜日・前9～12:00　前田先生　0797-35-5588
- ◆からむい会（絵更紗）……第1・3月曜、第2・4木曜・後1～5:00　蔭村先生　0797-31-1798
- ◆すぎなコーラス……月曜日・前10～12:00　連絡先・八尾　078-851-2485
- ◆神戸女声合唱団……金曜日・前10～12:00　連絡先・岡 邦子　078-291-0855
- ◆創作アップリケ……第2・4月・金曜日・前10～12:00　柏原先生　078-821-4632
- ◆ノイエカンマーコール（混声コーラス）……土曜日・後6～9:00　連絡先:池田　078-936-0123
- ◆ヨガ体操……火曜日・前9:30～12:00　廣瀬先生　078-851-8851
- ◆アトリエ太陽の子（児童絵画）……木曜日・後1～5:00　中嶋先生　078-858-7301
- ◆六甲ボーカル……第1・3木曜日・前10～12:00　池本先生　078-861-8724
- ◆こうべこーる恵（コーラス）……火曜日・前10～12:00　連絡先・田附　0798-26-2169
- ◆ステンドグラス・アトリエとも……第2・4木曜・後1～5:00　幸坂先生　078-582-0644
- ◆全珠連会員・熊内そろばん六甲教室……火曜・後3～9:00、土曜・後1～4:00　奥野先生　078-241-1095
- ◆六甲さくら合唱団……第2・4月曜日　後1～5:00　連絡先・見須　078-881-7851
- ◆テコンドー……毎週金曜日・後6～9:00　連絡先・妹尾　090-9846-8241
- ◆稽践会空手道……毎週月曜日・後4～10:00　連絡先・藤本　078-842-5669
- ◆プログレス（幼児教室）……水曜日・後1～5:00　連絡先:近藤　090-5050-1657
- ◆すずめの学校（ニューヨークタイムズ紙を読む会）…第2・4水曜日　前9:00～12:00　連絡先・上田　078-732-2651
- ◆前田書道会……火曜日・前9～後5:00　連絡先・前田先生　078-385-1650
- ◆音楽の杜（リトミックピアノ教室）……土曜日・前9～後5:00　連絡先・桂先生　078-891-3419
- ◆安富アカデミー（学習教室）……水・金曜日・後6～10:00　連絡先・安富先生　078-441-8114
- ◆公文六甲書写教室……日曜日・前9～後2:00　登城先生　078-779-4514

お問合せやお申込は、各グループ・教室に直接ご連絡ください。

神戸学生青年センター
センターニュース
KOBE STUDENT YOUTH CENTER NEWS No.85

No.85
発行所　(公財)神戸学生青年センター
理事長　保田　茂
館　長　飛田　雄一
〒657-0064　神戸市灘区山田町3丁目1-1
TEL(078)851-2760 FAX(078)821-5878
Yamada-cho 3-1-1, Nada-ku
Kobe, 657-0064 Japan
E-mail info@ksyc.jp
URL http://ksyc.jp

六甲奨学基金 もうすぐ20周年

六甲奨学基金運営委員長
甲南大学教授　中畠　孝幸

六甲奨学金の給付が始まってほぼ20年、奨学金を受け取ったアジアからの学生の数は通算して100名を越えた。六甲奨学基金は1995年の阪神・淡路大震災の際に寄せられた寄付金の残額1300万円を原資として創設され、兵庫県内で学ぶアジアからの留学生4～7名(年度によって人数が異なる)に1年間毎月5万円を支給してきた。1996年度の第1期生から数え、2014年度で奨学生は第19期目となり、2014年春に選抜された7名の奨学生で通算100名となった。なお、篤志家の方からの寄付により2014年度は2名の増員が実現し、正確には通算102名である。六甲奨学基金は2015年度に20周年の区切りの年を迎えるが、さらに次の100名への給付を目指して歩み出すことになる。

奨学生には毎月手渡しで奨学金が渡される。原始的ではあるが、健康に留学生活を送っているか安否確認をするには良い方法だと思う。留学生には日本で有意義な勉学の時を過ごし、日本人や日本の文化を深く知ってもらいたい。それがひいては、何十年か先の国と国との関係にとって大事なことである。

ここで、このように20年にもわたって奨学金の支給ができたわけを、やはり考えておきたい。1名に給付する金額が12ヶ月で60万円。100名に支給すれば、原資を取り崩すだけでは、もうとっくに基金は底をついているはずである。基金を支えてきたのは、一言で言って、アジアからの留学生を支援してくれる多くの人の暖かい気持ちだと言える。まずは、奨学金のための古本市。1998年に始まった奨学金のための古本市は、今や毎年400万円以上の売上げを誇る。奨学金に賛同して全国から古本を送ってくれる大勢の人がいる。もちろん古本市を企画する学生・青年センター館長飛田雄一さんのアイデアと行動力、それから、古本市の運営に当たる多くのボランティアの力があって成り立っていることである。また、2001年から2011年にかけて毎年、基金の運営委員3人が協力して「実践・日本語学習支援講座」を開催し、その受講料収入はすべて奨学金に当てられた。講師も受講者も基金を応援する気持ちで講座に集まった。基金への個人の寄付も毎月寄せられている。

六甲奨学基金では留学生とその家族を対象に「日本語サロン」というボランティア日本語教室も開設している。センターが日本語を仲立ちとした交流の場となっている。筆者の勤務先の甲南大学にも学生が開設する「あおぞら」というボランティア日本語教室があるが、その学期終了の節目ごとには、センターのホールを利用して餃子作りパーティーを行っている。広々とした厨房を備えたセンターは、粉から皮を作り大鍋で茹でる水餃子作りにはもってこいであり、文字通り日本人学生と留学生等との交流の場として定着している。

基金には、近年、大口の寄付が何件かあり、支給人数を7名かそれ以上に増やすことができている。六甲奨学基金の活動の趣旨や活動の内容が認められ賛同を受けている証拠と考えられ喜ばしいことである。金額の大小にかかわりなく基金を支えるのは多くの人の気持ちである。これからも広く寄付を呼びかけ、基金を支援してくれる心をたばねることによって六甲奨学金の支給を長く続けていくことができればと思う。

※当センターへの寄附金は、①所得控除または②税額控除が受けることができます。賛助会費、六甲奨学基金募金の両方に適用されます。詳しくはセンターにお問い合わせください。

(公財)神戸学生青年センター賛助金　2014.4.1～2014.8.31(敬称略・単位円)

岡清數 3,000
上田勝彦 1,000
(株)神戸華聯旅行社 5,000
近藤富男・幸子 5,000
和田山地の塩伝道所 3,000
瀬戸口雅子 5,000
鶴崎祥子 5,000
青野正明 3,000
河上京子 3,000
センターグループ 5,000
大倉一郎 3,000
天野隆 3,000
金野昌子 3,000
小川幹雄 5,000
寺下賢志 3,000
岡内克江 3,000
中野貞弘 3,000
大井田孝 3,000
宮本博志 3,000
早川良彌 10,000
吉田敦子 3,000
小林省三 3,000
村瀬隆三 5,000
山崎清 3,000
八木修 3,000
深沢忠 3,000
梁英子 5,000
朝井弘子 3,000
二宮博行 3,000
吉田真理・方則 5,000
田原良次 3,000
金明弘 5,000
高橋治子 3,000
長瀬春代 3,000
白珠相 10,000
今給黎眞弓 3,000
窪田実美 5,000
本城智子 5,000
柳到亨 5,000
元町HDクリニック 10,000
田中牧子 5,000
藤江新次 3,000
中松美智子 3,000
足立龍枝 3,000
金山次代 3,000
杉山博昭 3,000
中川裕之 3,000
西八條敬洪 2,000
西村文雄 3,000
無名氏 1,000
無名氏 2,000
明松善一 3,000
八木晃介 3,000
泉迪子 2,000
高木ジツ子 3,000
桂正孝 3,000
影山陽美 10,000
中山一郎 5,000
津久井進 3,000
高仁宝 5,000
辻建 5,000
中村豊 3,000
呉寿恵 3,000
柴田康彦 3,000
朴京守 1,000
大島淡紅子 1,000
兵頭春喜 3,000
谷井尚子 3,000
片山憲明 5,000
前田浩子 5,000
北谷昭子 3,000
馬屋原晋治 3,000
西村誠 10,000
梶谷懐 5,000
西脇鈴代 5,000
神田栄治 3,000
中原眞澄 3,000
大賀正行 3,000
森本宮仁子 3,000
森哲二 3,000
野村基之 3,000
藤永壮 5,000
富川直彦 3,000
三宅美千子 3,000
東田寿啓 5,000
徐聖寿 3,000
小川政亮 3,000
平田昌司 5,000
加輪上敏彦 10,000
夏目隆 10,000
枡田計雄 5,000
ひつじ書房 10,000
日本キリスト教団明石教会 5,000
島津恒敏 10,000
室田卓雄 3,000
永井靖二 3,000
上原良蔵 3,000
砂上昌一 3,000
安福和子 5,000
間一孝 3,000
神戸国際キリスト教会 3,000
迫田耕作 3,000
丹下大信 5,000
久保美代子 3,000
三木谷節子 3,000
吉沢文寿 3,000
辻川敦 3,000
中勝博志 5,000
寺本朋久 3,000
愛沢革 2,000
厚地勉 3,000
山本常雄 3,000
井坂弘 3,000
門倉和子 5,000
(有)宜昌 10,000
平田典子 3,000
佐藤忠治 3,000
柳下恵子 3,000
宇都宮佳果 3,000
高橋精巧 2,000
菊谷裕洋 5,000
林同福 3,000
早野美智子 10,000
三木鎌吾 5,000
林茂 3,000
松山在鎬 3,000
井上太恵子 5,000
野田和人 5,000
湯口恵 3,000
すぎなコーラス 5,000
久保惠三郎 3,000
島田恒 5,000
津村富代 3,000
藤田ふみ子 2,000
鈴木道也 3,000
神戸女声合唱団 10,000
小川雅由、寺岸三代子 5,000
松永浩美 3,000
小林るみ子 3,000
宇野田尚哉 5,000
張京花 3,000
金世徳 5,000
呉充功 3,000
小林保 5,000
新居弥生 7,000
石浜みかる 1,000

計 146件　588,000円
以上感謝をもって領収いたしました。

賛助金ご協力のお願い
●賛助会費：一口 A3,000　B5,000　C10,000
※いずれも一口を単位としますが、何口でも結構です。
※送金方法
郵便振替〈01160-6-1083 公益財団法人 神戸学生青年センター〉
備考欄に「賛助金」とお書きください。
銀行振込 三井住友銀行 六甲支店 0779663
公益財団法人 神戸学生青年センター 賛助金

六甲奨学基金　2014.4.1～2014.8.31(敬称略・単位円)

愼英弘 5,000
田中ハル子 3,000
近藤富男・幸子 5,000
無名氏 10,000
無名氏 10,000,000
福田英俊 2,000
吉田真理・方則 5,000
田原良次 3,000
大同敏博 5,000
田邉光平 3,000
窪田実美 5,000
井上淳子 3,000
葛谷登 3,000
辻建 5,000
高仁宝 5,000
津久井進 3,000
辰巳玲子 3,000
谷井尚子 3,000
片山憲明 5,000
前川純一 3,000
清水康弘 10,000
渡部昌子 3,000
水野明代 3,000
松下宜且 10,000
梶谷懐 5,000
藤永壮 5,000
川浪寿子 5,000
永井満 3,000
平田昌司 5,000
夏目隆 10,000
枡田計雄 5,000
砂上昌一 3,000
間一孝 2,000
荒井とみよ 3,000
無名氏 2,000
田口恵美子 3,000
中川慶子 2,000
細野恵久 3,000
河瀬敦忠 3,000
中勝博志 3,000
近澤淑子 3,000
前田美江 3,000
駒形愛子 3,000
門倉和子 5,000
青野正明 5,000
加藤克子 3,000
早野美智子 10,000
林茂 2,000
中畠孝幸 10,000
細川敦子 1,000
永野仁 1,000
崔博憲 3,000
新居弥生 3,000

計 53件　10,219,000円

六甲奨学基金ご協力のお願い
●賛助会費：一口 A3,000　B5,000　C10,000
※いずれも一口を単位としますが、何口でも結構です。
※送金方法
郵便振替〈01160-6-1083 公益財団法人 神戸学生青年センター〉
備考欄に「奨学金」とお書きください。
銀行振込 三井住友銀行 六甲支店 0779651
公益財団法人 神戸学生青年センター 六甲奨学基金

毎月募金会計　65,000 円(千円:菱木康夫、金早雪、高仁宝、信長正義、信長たか子、藤田寿え子、加畑和子、飛田雄一、二千円:福田菊、三千円:白川豊)
古本市による協力　2,309,595円　総計 12,593,595円
以上感謝をもって領収いたしました。

セミナーの記録　2014.4.1～2014.8.31

食料環境セミナー

シリーズ「再生可能エネルギーで地域再生」
447回4月23日「環境モデル都市ゆすはら自然エネルギーによるまちづくり」那須俊男さん
448回5月28日「丹波・山王自治会太陽光発電で村を元気にする」細田泰宏さん
449回6月25日「再生可能エネルギーとエネルギー自治」諸富徹さん
450回7月23日「地域主体で、地域に役に立つ小水力発電」古谷桂信さん

農　塾

5月14日「我が国の農業と食料の行方ー安全良質な食べ物づくりの時代」保田茂さん
5月24日「有機農業の野菜づくり」渋谷冨喜男さん@渋谷農場(神戸市西区)
6月21日「自給自足の山村暮らし」大森昌也さん@あーす農場(朝来市和田山町)
7月19日「都会から農村に移り住んでー新規就農のすすめ」橋本慎司さん@橋本農場(丹波市市島町)

朝鮮史セミナー

4月13日「笹の墓標」神戸上映会
7月4日「東学農民革命120年−1894～2014」中塚明さん
7月29日<出版記念講演会>講演1「韓国生命運動の現在・未来」モシムとサリム研究所理事長・朴孟洙さん　講演2「翻訳を終えて」大西秀尚さん

朝鮮語・韓国語講座

初級　毎週水曜日　朴玲実さん
中級　毎週火曜日　張京花さん
上級　毎週木曜日　禹昭娟さん
会話クラス　毎週金曜日午前　林賢宜さん

六甲奨学基金

日本語サロン　毎週月・土曜日
3月15日～5月15日 第17回古本市
5月8日～7月10日 日本語学習支援のステップアップ講座　矢野文雄さん

その他のセミナー・行事

4月25日天皇制を考える市民講座「再び戦争する神の国へ～天皇・天皇制を美化するメディア」山口正紀さん(共催)
6月8日神戸大学YMCA「西洋美術とキリスト教ーヤコブの梯子をめぐって」宮下期久朗さん(後援)
6月18日アジア労働者交流者集会in神戸@三宮勤労会館(共催)
6月26日古本市ボランティア納涼会食会
6月28日高作先生と学ぶ会1「憲法の危機と沖縄ー辺野古・普天間・高江が問う平和」(共催)
7月25日～27日金城実世界を彫る「なまぬるい奴は鬼でも喰わない」
8月30日「辛淑玉さんとともに考えよう　平和と人権ーレイシズム問題を中心に」@兵庫県保険医協会(協賛)

第17回古本市、終了しました

今年の売り上げは3,999,812円。限りなく400万円に近い金額でした。多くの方々のご協力に感謝いたします。今年は特になんども足を運んでくださるお客さまが多かったように思います。KFC神戸定住外国人支援センターと栃木のアジア学院に古本を少し寄付しました。残った古本は例年通り大阪のアジア図書館が引き取りにきてくださいました。

来年は18回目となります。回収は、2015.3.1～3.31、開催は、3.14～5.15です。今からご準備をよろしくお願いします。

ボランティアの会　古本市 3.15～5.15

食料環境セミナー

2014年2月からスタートした、今回のシリーズ「再生可能エネルギーで地域再生」では、脱原発の実現にむけて、新しいエネルギーシステム確立のための地域の取り組みについて学びました。③「環境モデル都市 ゆすはら 自然エネルギーによるまちづくり」那須俊男さん、④「丹波・山王自治会太陽光発電で村を元気にする」細田泰宏さん、⑤「再生可能エネルギーとエネルギー自治」諸富徹さん⑥「地域主体で、地域に役に立つ小水力発電」古谷桂信さんのお話があり、再生可能エネルギーによる地域のエネルギー自立などについて学びました。

那須俊男さん　細田泰宏さん　古谷桂信さん　諸富徹さん

六甲奨学基金奨学生2名追加

篤志家からの高額の寄附があり奨学生を6月より、黄雅さん（神戸国際語言学院、中国）、卓欣さん（神戸芸術工科大学、中国）を追加しました。月額5万円、返済義務なしです。2014年度の奨学生は9名となりました。（お名前はニュース前号で発表すみ）

授与式4.18　6名の奨学生と運営委員、1名欠席

『殺生の文明からサリムの文明へ』出版

モシムとサリム研究所（韓国）著・大西秀尚訳（B5、164頁、756円）です。購入希望者は、送料とも920円を、郵便振替＜01160-6-1083　公益財団法人神戸学生青年センター＞でご送金ください。本書の出版記念講演会も開催されました。モシムとサリム研究所理事長・朴孟洙さん、大西秀尚さん。

八幡明彦さんが東日本大震災のボランティア活動のなかで亡くなられました。彼が1997年にまとめた『＜未完＞年表・日本と朝鮮のキリスト教100年』を学生センターが出版しましたが、在庫切れでしたので今回復刻しました。1000円（〒82円）。購入希望者は、同郵便振替で1082円をお送りください。書名をお書きください。

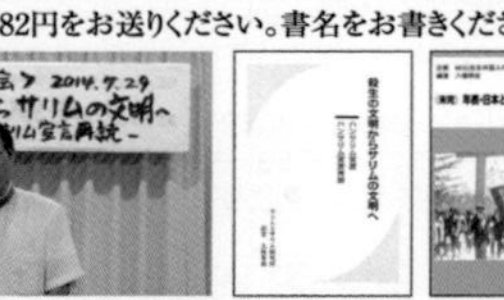

＜出版記念講演会＞朴孟洙さん 7.29　本の表紙　八幡明彦の本

「笹の墓標」上映会　4.13

日本、韓国、在日コリアンの若者たちの15年の歩みを描いた長編ドキュメンタリー映画です。①「朱鞠内」（114分）②「浅茅野」（98分）③「遺族」（109分）④「未来へ」（121分）⑤「私たち」（107分）を上映しました。 監督の影山あさ子さん、藤本幸久さんのお話も伺いました。

宿泊に…　1泊お1人様 3,240円より　グループなら 2,700円より

会議に…　ゼミ・会議・講演会に

多目的ホール、会議室4室、和室4室

宿泊・会議室ともに、ご予約は12ヵ月前より承ります
料金は税込。(　　)内の金額は学生料金です。単位:¥
キャンセルの場合は1週間前より20%、前日当日は80%ちょうだいします

■宿泊料金（税込）定員42名　チェックイン:18:00−22:30　チェックアウト:9:00

部屋名	定員/広さ	利用人数による一人あたりの素泊まり料金(単位¥)		
和室A	8名 12畳 20㎡	2−3人 4,320 (3,780)	4−6人 3,780 (3,240)	7−8人 3,240 (2,700)
和室B／C	各3名 7.5畳 12㎡	1人 4,320 (3,780)	2人 3,780 (3,240)	3人 3,240 (2,700)
和室D	12名 17.5畳 30㎡	3−6人 4,320 (3,780)	7−9人 3,780 (3,240)	10−12人 3,240 (2,700)
ベッドルーム（8室）	各2名 4㎡	1人 3,240 (2,700)	2人 2,700 (2,160)	*

（就学前のお子さま）引率の大人一人につき一人無料
※ただし布団を使われるお子様は1,080円／人、2人目からは小学生料金
（小学生のお子さま）大人料金の半額
（中学生以上のお子さま）学生料金

就学前のお子さまは、引率の大人一人につき一人無料
二人目からは学生料金をちょうだいします

■会場使用料（税込）
営業目的の会場使用は一般料金の倍額

部屋名	広さ	9:00−12:00	13:00−17:00	18:00−22:00
ホール	120㎡	7,236 (6,156)	8,208 (7,236)	8,208 (7,236)
会議室A 会議室D スタジオ	40㎡ 30㎡ 20㎡	3,348 (2,916)	3,888 (3,348)	3,888 (3,348)
会議室C	15㎡	2,916 (2,376)	3,348 (2,916)	3,348 (2,916)
和室A 和室D	12畳 17.5畳	3,348 (2,916)	3,888 (3,348)	この時間は利用できません
和室B／C	7.5畳	2,916 (2,376)	3,348 (2,916)	この時間は利用できません

●営業目的の会場使用は、10割増となります。
●ピアノ使用は1口1,080円（スタジオ）、3,240円（ホール）

ベッドルーム　多目的ホール

ご予約は…☎078-851-2760

六甲登山口　神戸学生青年センター Kobe Student Youth Center　池田泉州BK　三井住友BK　阪急六甲　至三宮　八幡神社　交番　至梅田（大阪）　山手幹線　フォレスタ　六甲口　六甲道 JR Rokkomichi Station　桜口　国道②
ホームページアドレス http://ksyc.jp

●阪急六甲より徒歩2分
●JR六甲道より徒歩10分
●新幹線新神戸よりタクシー15分

現代キリスト教セミナー

全4回のシリーズ「若手研究者による東アジアキリスト教史研究」は最終回が「日本聖公会の在朝日本人伝道（1880年−1945年）」延世大学神学部大学院博士課程・松山健作さんでした。

松山健作さん4.11

神戸大学YMCA講演会

恒例となった6月の講演会（センター後援）　。「西洋美術とキリスト教−ヤコブの梯子をめぐって−」。今年も講師は神戸大学大学院人文学研究科教授・宮下規久朗さん。目からうろこにお話しの連続でした。12月にはゴスペルコンサートを開きます。　宮下規久朗さん　6.14

日本語学習支援のステップアップ講座

日本語教授法を「話す」「読む」「聞く」「書く」の4技能の各面より研修しました。講師は、日本語サロンベテランボランティアの 矢野文雄さん。

矢野文雄さん、5.8～7.10、全10回

「高作正博先生を囲む会」

高作先生と学ぶ会と学生センターの共催でスタートしました。①「憲法の危機と沖縄−辺野古・普天間・高江が問う平和−」（6.28）、②「安倍政権の姿勢と『民意』?−沖縄・辺野古の現場で今、起こっていることと、名護市市会議員選挙を目の当たりにして−」（9.13）。先生のお話は明快で、参加者も熱心に学んでいます。継続的に進めることになっています。

高作正博さん 6.28

朝鮮史セミナー

今年は1894年の東学農民革命から120年です。「東学農民革命120年—1894−2014」をテーマに奈良女子大学名誉教授・中塚明さんにご講演いただきました。

中塚明さん　7.4

農塾第19期

5月よりスタートした今年の農塾は、2回目より現場を中心として生産者から直接農場で学び続けています。①5月14日、「わが国の農業と食料の行方-安全良質な食べ物づくりの時代」保田茂さん、②5月24日、「有機農業の野菜づくり」渋谷富喜男さん、③6月21日、「自給自足の山村暮らし」大森昌也さん、④7月19日、「都会から農村に移り住んで-新規就農のすすめ」橋本慎司さん、⑤9月13日、「生きる基本だと考えてやっています、有機農業」尾崎零さんでした。10月・11月にも生産者の農場現場で学び続けます。

保田茂さん　渋谷冨喜男さん　大森昌也さん　橋本慎司さん　尾崎零さん

「金城実　世界を彫る」展覧会

テーマは、「なまぬるい奴は鬼でも喰わない」。迫力のある彫刻がロビーにずらりと並びました。トークイベント「金城実大いに語る」も大いに盛り上がりました。

＜講演会＞7.26　7.25～27、学生センターロビー

定期利用

グループ・教室のご案内

◆六甲トレーニングサロン……　月曜日・前9～12:00　前田先生　0797-35-5588
◆からむい会（絵更紗）……　第1・3月曜、第2・4木曜・後1～5:00　稙村先生　0797-31-1798
◆すぎなコーラス……　月曜日・前10～12:00　連絡先・八尾　078-851-2485
◆神戸女声合唱団……　金曜日・前10～12:00　連絡先・岡 邦子　078-291-0855
◆創作アップリケ……　第2・4月・金曜日・前10～12:00　柏原先生　078-821-4632
◆ノイエカンマーコール（混声コーラス）……　土曜日・後6～9:00　連絡先:池田　078-936-0123
◆ヨガ体操……　火曜日・前9:30～12:00　廣瀬先生　078-851-8851
◆アトリエ太陽の子（児童絵画）……　木曜日・後1～5:00　中嶋先生　078-858-7301
◆六甲ボーカル……　第1・3木曜日・前10～12:00　池本先生　078-861-8724
◆こうべこーる恵（コーラス）……　火曜日・前10～12:00　連絡先・田附　0798-26-2169
◆ステンドグラス・アトリエとも……　第2・4木曜・後1～5:00　幸坂先生　078-582-0644
◆全珠連会員・熊内そろばん六甲教室……　火曜・後3～9:00、土曜・後1～4:00　奥野先生　078-241-1095
◆六甲さくら合唱団……　第2・4月曜日　後1～5:00　連絡先・見須　078-881-7851
◆テコンドー……　毎週金曜日・後6～9:00　連絡先・妹尾　090-9846-8241
◆稽践会空手道……　毎週月曜日・後4～10:00　連絡先・藤本　078-842-5669
◆ふらんす堂句会……　原則第2土曜・後1～5:00　連絡先・山内　078-431-0039
◆プログレス（幼児教室）……　水曜日・後1～5:00　連絡先:近藤　090-5050-1657
◆すずめの学校（ニューヨークタイムズ紙を読む会）…　第2・4水曜日　前9:00～12:00　連絡先・上田　078-732-2651
◆前田書道会……　火曜日・前9～後5:00　連絡先・前田先生　078-385-1650
◆音楽の杜（リトミックピアノ教室）……　土曜日・前9～後5:00　連絡先・桂先生　078-891-3419
◆安富アカデミー（学習教室）……　水・金曜日・後6～10:00　連絡先・安富先生　078-441-8114
◆公文六甲書写教室……　日曜日・前9～後2:00　登城先生　090-3992-2360

お問合せやお申込は、各グループ・教室に直接ご連絡ください。

2014年12月15日　神戸学生青年センター　ニュース　第86号　(1)

神戸学生青年センター センターニュース

KOBE STUDENT YOUTH CENTER NEWS No.86

No.86
発行所　(公財)神戸学生青年センター
理事長　保田　茂
館　長　飛田　雄一
〒657-0064　神戸市灘区山田町3丁目1-1
TEL(078)851-2760 FAX(078)821-5878
Yamada-cho 3-1-1, Nada-ku
Kobe, 657-0064 Japan
E-mail info@ksyc.jp
URL http://ksyc.jp

農塾と「HYS低温発酵有機資材保田ぼかし」

神戸学生青年センター　朴　淳　用

講師の牛尾さん

講師の安藤さん

今年、19期を迎えた農塾は、1回の講義と6回の現場見学で無事開催することができました。10月4日に行われた5回目の現場見学「保田ぼかし作りと農塾の先輩をたずねて」では、安藤農場の安藤晶次さんより、「保田ぼかし」の作り方と畑への施用方法を指導して頂きました。

また、6回目の現場見学は、11月8日に「自給循環型農業の豊かな暮らし」をテーマで行われました。牛尾農場の牛尾武博さんより、鶏舎において飼料の作り方から鶏のさばき方まで実演していただきました。見学後は、牛尾さんを囲んだ交流会を通じて、農業の大切さを再確認することができました。

農塾では、農業に関連する様々なテーマを取り上げていますが、農塾の立ち上げからかかわって頂いている、本センターの理事長の保田茂先生が近年力を入れている「保田ぼかし」を今回の農塾で初めて実演することが出来ました。

農業を営む上で大切な農業資材として広く利用されている「ぼかし」は、伝統的な有機質肥料で生育障害を避ける先人の知恵として昔から作られてきたと言われています。鶏糞や魚粕のような肥効の強い有機質材料を土など混ぜ、発酵させて肥効を和らげ(散らす、ぼかす)、生育障害を招かないように工夫した有機質肥料を意味しています。その製法は、鶏糞や魚粕などの有機質材料を土、米ぬか、雑草などと混ぜ、積み重ね、温度が高くなれば切り返しをして温度を管理し好気性発酵(高温発酵)させたものが主流です。

今回ご紹介する、「HYS低温発酵有機資材保田ぼかし」は、「天地有機」(天地に機あり、つまり、大自然には自然を壊さないで、うまく循環させる仕組みがあり、法則があるとの意味)の考え方に沿って、材料・配合割合(米ぬか6、油かす3、魚粉2、有機石灰1、水2)を工夫し、実践を繰り返して開発されたものです。「保田ぼかし」は、乳酸発酵(低温発酵)した有機質資材で、乳酸菌を中心とした多種類の有効微生物の補給効果があり、また化学肥料のように特定の肥料成分が即効的に効くのではなく、農産物が必要とする必修元素が含まれ、しかもゆっくり、優しく効くところに特徴があります。施用量は控えめにして畝を割ってミルフィーユ状に施用します。

今回の農塾の参加者からは、実際に保田ぼかしを自分自身で作ることによって、作り方はもちろんのこと、畑への施用方法などを学ぶことができ、有意義な勉強会になったという意見が寄せられました。家庭菜園や農業に関心がある方も多いと思いますが、皆さんも「保田ぼかし」を実践してみたらいかがでしょうか。

▶畝を割って堆肥を投入した後、保田ぼかしを施用

◀片面ずつ畝を戻し堆肥、保田ぼかし、谷の土が層状になるように封じ込める

(4)　神戸学生青年センター　ニュース　第86号　2014年12月15日

※当センターへの寄附金は、①所得控除または②税額控除が受けることができます。賛助会費、六甲奨学基金募金の両方に適用されます。詳しくはセンターにお問い合わせください。

(公財)神戸学生青年センター賛助金　2014.9.1～2014.11.30(敬称略・単位円)

河野敬 10,000　恩田怜 3,000　柏崎千佳子 5,000　田中義信 3,000　西田勝英 3,000　山田昭次 3,000　高木ジツ子 3,000　長瀬春代 3,000　松田道子 3,000　片山憲明 3,000　渡辺厚子 3,000　小川幹雄 5,000　宮川守 3,000　はやしやまクリニック 3,000　希望の家 10,000　飛田みえ子 5,000　山崎清 3,000
足立龍枝 3,000　小泉勇治郎 3,000　武藤迪子 5,000　徐正禹 3,000　西川治郎 3,000　宗像千代子 5,000　本城智子 3,000　西八條敬洪 2,000　高橋元 3,000　福島俊弘 3,000　高橋治子 3,000　大津留厚 5,000　日下大器 3,000　谷井尚子 3,000　元正章 3,000　宮本博志 3,000　田原良次 3,000
樋口直人 5,000　川崎紘平 5,000　山根貞夫 3,000　藤江新次 3,000　杉田年章 3,000　小川政亮 3,000　落合健二 5,000　齋藤洋子 3,000　朴成必 3,000　李月順 3,000　小田諭 5,000　久冨伸子 3,000　能勢りか 3,000　辻川敦 3,000　寺本朗久 3,000　丸山茂樹 3,000　岡野清 3,000
大島淡紅子 1,000　榛美政恵 3,000　物部瑞枝 3,000　石塚健・明子 3,000　高仁宝 5,000　中川正広 2,000　近藤和雄 5,000　満寿会 3,000　飛田悦子 3,000　相澤亮太郎 10,000　岡田長保 5,000　安福和子 5,000　辻建 5,000　山名行夫 3,100　島津恒敏 10,000　寺島俊穂 3,000　高浜三保 3,000
枡田計雄 5,000　迫田耕作 3,000　松井美和 3,000　保田茂 5,000　(株)ワイドシステム サービス 10,000
李周鎬・陽平・由紀 5,000　保田公子 3,000　天野隆 3,000　島田誠 5,000　北山秀俊 3,000

計 77件　300,100円　以上感謝をもって領収いたしました。

賛助金ご協力のお願い
●賛助会費：一口 A3,000　B5,000　C10,000
※いずれも一口を単位としますが、何口でも結構です。
※送金方法
郵便振替〈01160-6-1083 公益財団法人 神戸学生青年センター〉
備考欄に「賛助金」とお書きください。
銀行振込 三井住友銀行 六甲支店 0779663
公益財団法人 神戸学生青年センター 賛助金

六甲奨学基金　2014.9.1～2014.11.30(敬称略・単位円)

柏崎千佳子 5,000　西田勝英 3,000　片山憲明 3,000　飛田みえ子 5,000　武藤迪子 5,000　川浪寿子 3,000　渡部昌子 3,000　大槻博司 3,000　松下宜且 10,000　無名氏 10,000
井上淳子 3,000　谷井尚子 3,000　前川純一 5,000　廣島由美子 5,000　田原良次 3,000　中川慶子 3,000　荒井とみよ 3,000　園田毅 3,000　天野郡寿 3,000　なんやか屋 510
丸山茂樹 3,000　田口恵美子 3,000　高仁宝 5,000　野津喜美子 3,000　辻建 5,000　無名氏 3,000　枡田計雄 5,000　(株)ワイドシステム サービス 10,000　木島澄子 3,000
援助修道会名古屋修道院 10,000　崔相鐵 5,000　岡田惇也 20,000

計 32件　156,510円

六甲奨学基金ご協力のお願い
●賛助会費：一口 A3,000　B5,000　C10,000
※いずれも一口を単位としますが、何口でも結構です。
※送金方法
郵便振替〈01160-6-1083 公益財団法人 神戸学生青年センター〉
備考欄に「奨学金」とお書きください。
銀行振込 三井住友銀行 六甲支店 0779651
公益財団法人 神戸学生青年センター 六甲奨学基金

毎月募金合計 39,000円(千円:菱木康夫、金早雪、高仁宝、信長正義、信長たか子、藤田寿え子、加畑和子、飛田雄一、二千円:福田菊、三千円:白川豊)
古本市による協力 68,410円　総計 263,920円
以上感謝をもって領収いたしました。

セミナーの記録　2014.9.1～2014.12.10

食料環境セミナー

シリーズ「サプリメントの嘘、本当」
451回9月24日「健康食品で元気はつらつ!って本当??」福澤彰子さん
452回10月22日「グルコサミンはひざに効かない－元気に老いる食の法則－」山本啓一さん
453回11月26日「体にいい食べ物はなぜコロコロと変わるのか」畑中三応子さん
454回12月10日「サプリメントの実力」篠塚和正さん

農　塾

9月13日「生きる基本だと考えてやっています、有機農業」尾崎零さん@尾崎農場(大阪府豊能郡能勢町)
10月11日「保田ぼかし作りと農塾の先輩をたずねて」安藤晶次さん@安藤農場(神戸市西区)
11月8日「自給循環型農業の豊かな暮らし」牛尾武博さん@牛尾農場(神崎郡市川町)

朝鮮史セミナー

11月14日「北方部隊の朝鮮人兵士－日本軍に動員された植民地の若者たち」北原道子さん

朝鮮語・韓国語講座

初級　毎週水曜日　朴玲実さん
中級　毎週火曜日　張京花さん
上級　毎週木曜日　禹昭娟さん
会話クラス　毎週金曜日午前　林賢宜さん

韓国料理教室

11月12日、29日(チャプチェ・じゃがいものチヂミ)林賢宜さん
12月6日、10日(トック入りスープ餃子・エビとカニ缶と貝柱のチヂミ)林賢宜さん

六甲奨学基金

日本語サロン　毎週月・土曜日

その他のセミナー・行事

9月13日高作先生と学ぶ会「安倍政権の姿勢と『民意?』」高作正博さん(共催)
9月21日AWEPの20年とフェアトレード(後援)
10月11日介護予防カフェ「六甲カフェ」
10月12日「空財布」ちいさなコンサート(後援)
10月18日土曜ランチサロン「オカリナコンサート」飛田雄一さん
10月18日高作先生と学ぶ会「名ばかり民主主義の国－私たちに希望はあるのか?」高作正博さん(共催)
10月26日「今こそ日朝国交正常化を!」@神戸まちづくり会館(賛同)
11月6日～16日多賀健太郎展vol.6
11月8日介護予防カフェ「六甲カフェ」
11月15日土曜ランチサロン「ソウルの歩き方」足立龍枝さん
11月16日、17日神戸・日本軍「慰安婦」パネル展@こうべまちづくり会館(共催)
11月18日講演会「いま、あらためて『慰安婦』問題を考えるために」藤永壮さん(共催)
11月21日「再び戦争する神の国へ 安倍首相はなぜ靖国参拝するのか」菱木政晴さん(共催)
12月2日第33回アジア労働者交流集会in神戸@神戸市勤労会館(共催)
12月5日神戸大学YMCA「神戸マスクワイア・クリスマスゴスペルコンサート」(後援)
12月6日高作先生と学ぶ会「特定秘密保護法」高作正博さん(共催)
12月9日映画会「ジョン・ラーベ～南京のシンドラー～」(後援)

AWEP 9・21 20周年と展示

ロビーのクリスマス販売

多賀健太郎展VOL.6 11・6～16

林賢宜さん韓国料理教室

センター朝鮮語講座会話クラスの林賢宜さんは料理の先生でもあります。プロを対象にした教室を六甲道で開かれていました。新装なった喫茶会議室で料理教室がスタートしました。メニューは、①チャプチェ・じゃがいものヂョン、②トック入りスープ餃子・エビとカニ缶と貝柱のヂョン。もちろん会食会付きです。林さんの会話クラスは1月9日からスタートします。全10回、金曜日午前10時から12時。

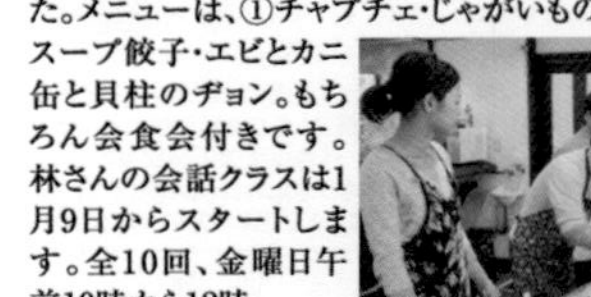

林賢宜さん 11.29

天皇制を考える市民講座

「再び戦争する神の国へ－安倍首相はなぜ靖国参拝するのか」をテーマに宗教学者で安倍靖国参拝違憲訴訟事務局長でもある菱木政晴さんの講演がありました。（センターとはんてんの会の共催）

菱木政晴さん 11.21

高作正博先生と学ぶ会

センターと「高作先生と学ぶ会」の共催で連続学習会を開いています。③「安倍政権の姿勢と『民意?』」、④「名ばかり民主主義の国－私たちに希望はあるのか?」、⑤「特定秘密保護法」高作正博さん。憲法の基本と現在の課題を学ぶいい勉強会となっています。来年1月までを第1期とします。

高作正博さん 11.8

鄭鴻永『歌劇の街のもうひとつの歴史　一宝塚と朝鮮人』増刷

1997年1月初版800部、2月に2刷800部を発行しましたが、近年品切れとなっていました。今回、要望に応えて増刷しました。購入希望者は、1994＋送料164=2108円を郵便振替<01160-6-1083　公益財団法人神戸学生青年センター>でご送金ください。折り返し送本します。

鄭鴻永さんの本

講演会「いま、あらためて『慰安婦』問題を考えるために」

こうべまちづくり会館でのパネル展につづいてセンターも共催して講演会をひらきました。講師は、藤永壯さん。歴史をひも解きながら現在的な課題をご講演くださいました。

藤永壯さん 11.18

朝鮮史セミナー

長年の研究成果として『北方部隊の朝鮮人兵士～日本軍に動員された植民地の若者たち』を出版された北原道子さんをお招きして同名のセミナーを開催しました。日本軍に動員されたのは日本人だけではなく植民地支配下の朝鮮人、台湾人も動員されたのです。

北原道子さん 11.14

六甲介護予防カフェ

毎月第2土曜日、朝10時～12時、喫茶会議室でOPENしています。地域の皆様で、色々な問題（防災コミュニティーの事、老後の生活の事、趣味の事、高齢化による健康と病気予防の事、神戸市の将来の事等）話していただければと思います。神戸市のプログラムです。ワンコイン100円でNESTLE　COFFEEのバリスタマシーンで、コーヒーやカフェオレを提供します。

介護予防カフェ 11.8

土曜ランチサロン

10月から喫茶会議室で始まりました。毎月第3土曜日。11:30～12:00のミニプログラムでその後持参弁当でのランチです。10/18飛田館長のオカリナ、11/15足立龍枝さんの「ソウルの歩き方」でした。自薦他薦でのスピーカを募集中です。謝礼5000円、弁当付です。

足立龍枝さん 11.15

食料環境セミナー

サプリメントをテーマに全4回開催しました。①　福澤彰子さん「健康食品で元気はつらつ！って本当？？」②　山本啓一さん「グルコサミンはひざに効かない－元気に老いる食の法則－」③畑中三応子さん「体にいい食べ物はなぜコロコロと変わるのか」④飯塚和正さん「サプリメントの実力」。ほんとにサプリメントはブームのようで、本も沢山でています。テレビでもよくみますが、これに頼るのはよくないようです。

福澤彰子さん 9.24

山本啓一さん 10.22

畑中三応子さん 11.26

飯塚和正さん 12.10

アジア労働者交流集会、キム・ヨンテさん、12.2

平和マップ、ロビー書店で発売中

定期利用

グループ・教室のご案内

◆六甲トレーニングサロン…… 月曜日・前9～12:00　前田先生　0797-35-5588
◆からむい会（絵更紗）…… 第1・3月曜、第2・4木曜・後1～5:00　蔭村先生　0797-31-1798
◆すぎなコーラス…… 月曜日・前10～12:00　連絡先・八尾　078-851-2485
◆神戸女声合唱団…… 金曜日・前10～12:00　連絡先・岡 邦子　078-291-0855
◆創作アップリケ…… 第2・4月・金曜日・前10～12:00　柏原先生　078-821-4632
◆ノイエカンマーコール（混声コーラス）…… 土曜日・後6～9:00　連絡先:池田　078-936-0123
◆ヨガ体操…… 火曜日・前9:30～12:00　廣瀬先生　078-851-8851
◆アトリエ太陽の子（児童絵画）…… 木曜日・後1～5:00　中嶋先生　078-858-7301
◆六甲ボーカル…… 第1・3木曜日・前10～12:00　池本先生　078-861-8724
◆こうべこーる恵（コーラス）…… 火曜日・前10～12:00　連絡先・田附　0798-26-2169
◆ステンドグラス・アトリエとも…… 第2・4木曜・後1～5:00　幸坂先生　078-582-0644
◆全珠連会員・熊内そろばん六甲教室…… 火曜・後3～9:00、土曜・後1～4:00　奥野先生　078-241-1095
◆六甲さくら合唱団…… 第2・4月曜日　後1～5:00　連絡先・見須　078-881-7851
◆テコンドー…… 毎週金曜日・後 6 ～9:00　連絡先・妹尾　090-9846-8241
◆稽践会空手道…… 毎週月曜日・後4～10:00　連絡先・藤本　078-842-5669
◆プログレス（幼児教室）…… 水曜日・後1～5:00　連絡先:近藤　090-5050-1657
◆すずめの学校（ニューヨークタイムズ紙を読む会）… 第2・4水曜日　前9:00～12:00　連絡先・上田　078-732-2651
◆前田書道会…… 火曜日・前9～後5:00　連絡先・前田先生　078-385-1650
◆音楽の杜（リトミックピアノ教室）…… 土曜日・前9～後5:00　連絡先・桂先生　078-891-3419
◆安富アカデミー（学習教室）…… 水・金曜日・後6～10:00　連絡先・安富先生　078-441-8114
◆公文六甲書写教室…… 日曜日・前9～後2:00　登城先生　090-3992-2360

お問合せやお申込は、各グループ・教室に直接ご連絡ください。

※当センターへの寄附金は、①所得控除または②税額控除が受けることができます。賛助会費、六甲奨学基金募金の両方に適用されます。詳しくはセンターにお問い合わせください。

(公財)神戸学生青年センター賛助金　2014.12.1～2015.3.31（敬称略・単位円）

大薮善次郎 5,000
小川文夫 3,000
福山義浩 3,000
中勝博志 5,000
田中宏明 500
三木鎌吾 5,000
佐治信 5,000
稲田登 20,000
神戸女声合唱団 10,000
すぎなコーラス 3,000
今井眞理 3,000
李重華 5,000
木下律子 3,000
カトリック聖ヨハネ病院修道会聖ヨゼフ修道 3,000
鄭燦珪 20,000
下村安男・幸子 5,000
厚地勉 3,000
川勝浩 5,000
越智清光 3,000
金世徳 5,000
中村英之 3,000
松代東亜子 3,000
大田美智子 3,000
井上太恵子 5,000
南波春樹 3,000
服部良一 5,000
兵頭晴喜 3,000
川辺比呂子 3,000
中舩美智子 3,000
早野美智子 10,000
加藤光廣 3,000
片山憲明 3,000
足立龍枝 3,000
小松裕 10,000
小松匡位 10,000
祐村明 3,000
松本祥子 3,000
門倉和子 5,000
横川修 5,000
大津留厚 5,000
徐龍達 3,000
服部待 3,000
根津茂 3,000
渡辺俊雄 5,000
(有)影山製油所 10,000
小川幹雄 5,000
森哲二 3,000
髙田秀峰 2,000
中塚明 5,000
宮沢之祐 3,000
山﨑清 3,000
田原良次 3,000
権鐘龍 3,000
辻川敦 3,000
福田夏生 3,000
西八條敬洪 2,000
井坂弘 3,000
岩崎謙 20,000
恒成和子 3,000
藤井道雄 3,000
登尾明彦 3,000
今給黎真弓 3,000
八尾佳子 10,000
中川健作 3,000
中川裕之 3,000
村上隆敏 1,000
安福和子 5,000
徐聖寿 3,000
村田浩一・由美子 5,000
松永浩美 3,000
草地とし子 3,000
中道澄春 3,000
高光重 10,000
白承豪 5,000
尾形厚 3,000
田原憲平 5,000
森行雄 3,000
飛田悦子 5,000
梁壽龍・朴貴玉 3,000
福西由紀子 3,000
松枝佳宏 3,000
宇野田尚哉 5,000
無名氏 3,000
島田恒 10,000
千葉宣義 5,000
柳到亨 5,000
奈良本まゆみ 3,000
森地重博 5,000
吉田敏子 3,000
山田昭次 3,000
石田米子 3,000
金野昌子 3,000
鈴木道也 3,000
砂上昌一 3,000
ゆづるは百姓連 5,000
山本常雄 3,000
若島礼子 3,000
はやしやまクリニック
希望の家 10,000
井上みち子 5,000
井上力 10,000
大島淡紅子 1,000
リングホーファー・マンフレッド 5,000
谷井尚子 3,000
鈴木誠也 3,000
藤江新次 3,000
鹿野幸枝 3,000
和田進 3,000
保田茂 3,000
外谷悦夫 3,000
辻本久夫 2,000
明松善一・しのぶ 5,000
高祐二 3,000
㈱ひつじ書房松本功 10,000
辻建 5,000
神港教会 10,000
中山一郎 5,000
酢屋善元 2,000
水谷俊平 25,000
康玲子 5,000
佐藤三郎・晴子 2,000
山本啓一 5,000
瓜生隆宏 3,000
白珠相 10,000
村瀬義史 3,000
西松由美子 3,000
前田ひろ子 5,000
丸山晶子 5,000
岡部眞理子 3,000
日本キリスト教団神戸雲内教会 5,000
椿﨑みちよ 5,000
萩原邦子 3,000
金正郁 3,000
島津恒敏 10,000
松田昌克 3,000
蔣点桓 3,000
羽下大信 5,000
西村文雄 3,000
無名氏 10,000
枡田計雄 5,000
山下裕・昌子 5,000
丹羽和子 3,000
五十嵐広司・紀子 3,000
名古屋聖ステパノ教会 3,000
石本百合子 3,000
六渡和香子 5,000
信長たか子 3,000
信長正義 3,000
神戸南京をむすぶ会 10,000
真相究明ネットワーク 10,000
神戸多聞教会 10,000
藤原栄子 5,000
水野浩重 3,000
李景珉 5,000
石田美代子 10,000
薬師寺小夜子 3,000
神戸YWCA 5,000
日本基督教団宝塚教会 3,000
日本基督教団神戸栄光教会 5,000
高槻むくげの会 5,000
関西学院宗教活動委員会 10,000
田中満 3,000
小川政亮 3,000
森木和美 3,000
天野郡寿 3,000
石打謹也 3,000
加納功・花枝 10,000
ムン青ヒョン 3,000
リングホーファー・マンフレッド 5,000
飯濱玲子 10,000
石元清英 10,000
山内小夜子 3,000
兵庫教区女性会神戸地区Cブロック 20,000
山下裕 10,000
南波春樹・陽子 3,000
足立康幸 10,000
金慶子 5,000
楠利明 3,000
食品公害を追放し安全な食べ物を求める会 15,000
中道基夫 20,000
梶原由美子 5,000
近藤とみお・幸子 5,000
光葉啓一 3,000
聖心侍女修道会管区本部 5,000
大谷隆夫 10,000
杉山雅教 3,000

計 185件　946,500円
以上感謝をもって領収いたしました。

賛助金ご協力のお願い

●賛助会費：一口 A3,000　B5,000　C10,000
※いずれも一口を単位としますが、何口でも結構です。
※送金方法
郵便振替〈01160-6-1083 公益財団法人 神戸学生青年センター〉
備考欄に「賛助金」とお書きください。
銀行振込 三井住友銀行 六甲支店 0779663
公益財団法人 神戸学生青年センター 賛助金

六甲奨学基金　2014.12.1～2015.3.31（敬称略・単位円）

林みち代 3,000
葛谷登 3,000
今井眞理 3,000
金宣吉 10,000
門野隆弘 5,000
金世徳 5,000
松代東亜子 3,000
大同敏博 5,000
早野美智子 10,000
片山憲明 3,000
門倉和子 5,000
福田英俊 3,000
葛谷登 3,000
渡辺俊雄 5,000
田原良次 3,000
井上淳子 3,000
松下宜且 10,000
水野明代 3,000
高光重 10,000
前川純一 5,000
坂元ひろ子 10,000
高秀美 3,000
山﨑昌子 5,000
岩本光雄 5,000
森地重博 5,000
大谷紫乃 5,000
奥野葉津紀 5,000
砂上昌一 3,000
谷井尚子 3,000
外谷悦夫 3,000
辻建 5,000
水谷俊平 25,000
梅原明子 3,000
三宅宏司 3,000
田口恵美子 3,000
枡田計雄 5,000
石本百合子 3,000
大槻小百合 3,000
石田美代子 10,000
薬師寺小夜子 3,000
関西学院宗教活動委員会 18,000
板山眞由美 3,000
前田美巳代 3,000
小野光子 10,000
無名氏 5,000
近藤とみお・幸子 5,000
田中ハル子 3,000

計 47件　257,000円

六甲奨学基金ご協力のお願い

●賛助会費：一口 A3,000　B5,000　C10,000
※いずれも一口を単位としますが、何口でも結構です。
※送金方法
郵便振替〈01160-6-1083 公益財団法人 神戸学生青年センター〉
備考欄に「奨学金」とお書きください。
銀行振込 三井住友銀行 六甲支店 0779651
公益財団法人 神戸学生青年センター 六甲奨学基金

毎月募金会計　52,000円（千円:菱木康夫、金早雪、高仁宝、信長正義、信長たか子、藤田寿え子、加畑和子、飛田雄一、二千円:福田菊、三千円:白川豊）
古本市による協力　1,619,428円　　総計 1,928,428円
以上感謝をもって領収いたしました。

セミナーの記録　2014.12.11～2015.3.31

六甲奨学基金

日本語サロン　毎週月・土曜日
12月13日六甲奨学基金20年記念の会
3月14日～5月15日第18回古本市

土曜ランチサロン

12月20日「ウガンダの歩き方」フィオナ・ナガイさん
1月17日「中国・福建省の歩き方」鄭宇龍さん
2月21日「マニラの歩き方」天野郡寿さん
3月28日「中国・紹興の歩き方」任偉凱さん

朝鮮語・韓国語講座

初級　毎週水曜日　朴玲実さん
中級　毎週火曜日　張京花さん
上級　毎週木曜日　禹昭娟さん
会話クラス　毎週金曜日午前　林賢宜さん

韓国料理教室

林賢宜さん
1月22日サムジャン（焼肉とともに）/カクトゥギ（大根キムチ）
2月26日ユッケジャン/ヨングンチョン（れんこんのチョン）
3月7日クジョルパン/トランクッ（里芋のスープ）

食料環境セミナー

シリーズ・これからの農業を考える
455回1月28日「国際家族農業年と人びとの食料主権」関根佳恵さん
456回2月25日「農業を買い支える仕組み・コーヒーのフェアトレードとコメの産消提携」辻村英之さん
457回3月25日「生産者と消費者の交流を通じて、共に創る産直」斎藤文子さん

朝鮮史セミナー

連続講座「日韓歴史認識問題とは何か」木村幹さん
1) 2月13日「第一次歴史教科書問題とその発展過程」
2) 2月27日「従軍慰安婦問題の発展過程とその言説」
3) 3月13日「ナショナル・ポピュリズムの時代における歴史認識問題」
3月14日「クロンビ、風が吹く」上映会&監督（チョ・ソンボン）トーク

神戸学生青年センター センターニュース

KOBE STUDENT YOUTH CENTER NEWS No.87

No.87
発行所（公財）神戸学生青年センター
理事長　保田　茂
館　長　飛田　雄一
〒657-0064 神戸市灘区山田町3丁目1-1
TEL (078) 851-2760 FAX (078) 821-5878
Yamada-cho 3-1-1, Nada-ku
Kobe, 657-0064 Japan
E-mail info@ksyc.jp
URL http://ksyc.jp

朝鮮・韓国語講座40年

元講師、センター評議員
アジア映画社役員　兪　澄　子

センターでは1972年6月から始まった朝鮮史セミナーに続いて、1975年から朝鮮語講座がスタートしました。兪澄子さんは初期の講師のおひとりです。90年代に再び講師をお願いしています。現在の初級講師・朴玲実さんは兪さんの娘さんです。兪先生が指導してくださった学芸会のときには小さなお子さんで、いっしょに楽しんでくださいました。（飛田）

今はどの書店をのぞいても韓国語教材が盛り沢山で、選ぶのに一苦労する。まるでスーパーの漬物コーナーのキムチさながらに、ありとあらゆる種類の教材が並んでいるからだ。韓国ドラマも朝からテレビで見られるようになった。

神戸学生青年センターで『朝鮮語講座』(当時はこういう名称だった）が開講された40年前、書店で購入できる教材はおそらく大學書林の『朝鮮語四週間』と『朝鮮語辞典』だけだったのではないだろうか。

1975年、韓国留学を終えて神戸に戻り、たまたま『朝鮮史セミナー』に参加したのが私の神戸学生青年センターとの初めての出会いだった。そこで「むくげの会」のメンバーと知り合って、『朝鮮語講座』を開講してもらったのが、昨日のように思い出される。NHKでハングル講座が始まったのが1984年。その9年前にすでに開講していたことになる。

最初の生徒は「むくげの会」のメンバーが中心だった。神戸には、韓国民団以外で韓国・朝鮮語を学べる教室が他に無かったからだろうか、クラスは熱心な受講生に恵まれ盛況だった。私も韓国の生きた言葉を伝えるための教材作り（時には雑談の花を咲かせた）に精を出した。年を重ねるほどに初級、中級、上級とクラスも増え、皆で猛練習した学芸会も楽しい思い出のひとつだ。教室は在日韓国・朝鮮人のみならず、韓国・朝鮮への関心、好意的な思いから言葉を学ぶために集った様々な職業や経歴をもつ方々との楽しい出会いの場だった。「韓国映画を日本で劇場公開するのは無理」と言われながら、韓国映画を日本に紹介するために苦労していた私には励みにもなった。

ソウルオリンピック (1988) やFIFAワールドカップ共催 (2002) を経て、韓流ブームが盛り上がり…この10年でメディアも大きく変わった。ビデオからDVD、ネット配信にとって代わり、自動翻訳が普及して言葉の壁は低くなりつつある。しかし、言葉を学ぶ「心」と「出会い」の大切さは今も昔も変わらない、と思う。

▲第6回朝鮮語講座学芸会

▲2015年度中級クラススタート

◀学芸会の名演技

KOBE Mass Choirゴスペルコンサート

恒例行事となりました。神戸大学YMCA主催です。家族づれ、お子さん赤ちゃんが多い楽しいコンサートです。毎回、リーダーでセンター評議員の川上盾さんがクリスマスメッセージをしてくださっていましたが、今回は、東神戸教会に赴任された横山順一さんがメッセージをしてくださいました。ゴスペル風讃美歌をみんなで唄うコーナーも人気です。今年は、12月4日です。是非お越しください。

横山順一牧師　2014.12.5

竹内康人・増補改訂版を発行しました

『戦時朝鮮人強制労働調査資料集・増補改訂版—連行先一覧・全国地図・死亡者名簿—』(2015.1、B5、268頁、2000円)2007年に同氏編著の本が品切れとなっていました。この度、増補改訂版を出版しました。※購入希望者は、<01160-6-1083 公益財団法人神戸学生青年センター>で、送料(164円)とも2324円をご送金ください。『戦時朝鮮人強制労働調査資料集2—名簿・未払い金・動員数・遺骨・過去清算—』(2012.4、1900円)の在庫もありますのでよろしくお願いします。

竹内康人資料集 増補改訂版

朝鮮語講座

1面記事にもあるようにセンターの朝鮮語講座は40年の歴史があり、現在は講座の名前を「朝鮮語・韓国語講座」として行っています。後期(2014.10～2015.3)は、火曜日の中級クラスを張先生、水曜日の初級クラスを朴先生(兪さんの娘さん)、木曜日の上級クラスを禹先生、いずれも夜7時～9時で、金曜日の昼会話クラスは林先生が担当しています。先生はみんな女性の先生で、各クラスの受講生のレベルに合わせて熱心に指導しています。いつも、家族的な雰囲気で楽しめる朝鮮語・韓国語講座の授業に参加してみませんか?2015年度も同じ時間で、同じ先生が担当しています。

六甲奨学基金　2014年度は9名の留学生に支給しました

中国 Hさん　この一年間、本当にお世話になりました。飛田館長、ほかのスタッフに感謝の気持ちを表したいと思います。「ありがとうございました!」奨学金のおかげで、生活費も学費も賄っています。今月で最後ですが、またいただけるように頑張ります。また、大学を卒業して、就職ができたら、ぜひ恩返しをさせていただきたいです。／**中国 Rさん**　一年間本当にはやいです。おかげさまで、無事大学院卒業しました。この一年間は大変でした。8か月ずっと日本の就職しています。大学院の研究と修士論文も精一杯でやりました。六甲奨学基金がなければ、自分は今より何倍以上つらい生活になるでしょう。これからも、日本の社会人としてこつこと努力し、立派な技術者になります。一年間で、本当に世話になりました。ありがとうございました。／**ベトナム Vさん**　一番よかったのは六甲奨学基金をもらますので日本でかんたんになります。アリスト外語学院で先生からよく手伝いことがあります。それは日本の文化がどんどんわかります。ともだちと一生懸命頑張ります。(紙面の都合により他の方の感想文は省略しました)

林賢宜さん韓国料理教室

林賢宜さん　2015.1.22

センター朝鮮語講座会話クラスの林賢宜さんは料理の先生でもあります。とても丁寧に教えてもらえるいい雰囲気の料理教室です。4月以降も毎月開催予定です。ご参加お待ちしています。

林榮太郎さんのケーキ教室

センター専属の家具職人で文庫本用本棚等を製作してくださっている林さんを講師に迎えた教室です。「シフォンケーキ」と「ベイクドチーズケーキ」を作りました。もちろん完成後は茶話会です。好評につき秋にまた新しいケーキを作っていただきます。

できました! 2.26

宿泊に…　1泊お1人様 3,240円より グループなら 2,700円より

宿泊・会議室ともに、ご予約は12ヵ月前より承ります
料金は税込。(　　)内の金額は学生料金です。単位:¥
キャンセルの場合は1週間前より20%、前日当日は80%ちょうだいします

■宿泊料金(税込)定員42名　チェックイン:18:00－22:30　チェックアウト:9:00

部屋名	定員/広さ	利用人数による一人あたりの素泊まり料金(単位¥)		
和室A	8名 12畳 20㎡	2-3人 4,320 (3,780)	4-6人 3,780 (3,240)	7-8人 3,240 (2,700)
和室B／C	各3名 7.5畳 12㎡	1人 4,320 (3,780)	2人 3,780 (3,240)	3人 3,240 (2,700)
和室D	12名 17.5畳 30㎡	3-6人 4,320 (3,780)	7-9人 3,780 (3,240)	10-12人 3,240 (2,700)
ベッドルーム(8室)	各2名 4㎡	1人 3,240 (2,700)	2人 2,700 (2,160)	*

(就学前のお子さま) 引率の大人一人につき一人無料
※ただし布団を使われるお子様は1,080円／人、2人目からは小学生料金
(小学生のお子さま) 大人料金の半額
(中学生以上のお子さま) 学生料金

会議に…　ゼミ・会議・講演会に

就学前のお子さまは、引率の大人一人につき一人無料
二人目からは学生料金をちょうだいします

■会場使用料(税込)
営業目的の会場使用は一般料金の倍額

部屋名	広さ	9:00-12:00	13:00-17:00	18:00-22:00
ホール	120㎡	7,236 (6,156)	8,208 (7,236)	8,208 (7,236)
会議室A 会議室D スタジオ	40㎡ 30㎡ 20㎡	3,348 (2,916)	3,888 (3,348)	3,888 (3,348)
サロン室	33㎡	3,348 (2,916)	3,888 (3,348)	この時間は利用できません
会議室C	15㎡	2,916 (2,376)	3,348 (2,916)	3,348 (2,916)
和室A 和室D	12畳 17.5畳	3,348 (2,916)	3,888 (3,348)	この時間は利用できません
和室B／C	7.5畳	2,916 (2,376)	3,348 (2,916)	この時間は利用できません

●営業目的の会場使用は、10割増となります。
●ピアノ使用は1口1,080円(スタジオ)、3,240円(ホール)

ベッドルーム　多目的ホール

ご予約は…☎078-851-2760

神戸学生青年センター Kobe Student Youth Center
ホームページアドレス http://ksyc.jp

●阪急六甲より徒歩2分
●JR六甲道より徒歩10分
●新幹線新神戸よりタクシー15分

食料環境セミナー

1～3月は「これからの農業を考える」シリーズ。日本の農業は戦後から一貫して「大きいことはいいことだ」路線で進んできましたが、それでよかったのでしょうか?「国際家族農業年と人びとの食料主権」(関根佳恵さん)、「農業を買い支える仕組み-コーヒーのフェアトレードとコメの産消提携」(辻村英之さん)、「生産者と消費者の交流を通じて、共に創る産直」(斎藤文子さん)のお話をうかがいました。いずれも実践的なお話でした。

関根佳恵さん 1.22

辻村英之さん 2.25

斎藤文子さん 3.25

朝鮮史セミナー

神戸大学大学院国際協力研究科教授・木村幹さんの連続講座「日韓歴史認識問題とは何か」を開催しました。2014.10ミネルヴァ書房から出版された同名の本の内容を全3回でご講演いただきました。①第一次歴史教科書問題とその発展過程、②従軍慰安婦問題の発展過程とその言説、③ナショナル・ポピュリズムの時代における歴史認識問題です。豊富なデータに基づいた分析は多くの示唆を与えてくれました。

木村幹さん 2.27

多文化と共生社会を育むワークショップ

新しく始まった「お茶会シリーズ」の第1弾「モロッコのお茶会」を2月28日に開催しました。講師はジャズーリ・ムスタファさん。民族衣装がとても格好よく、楽しいお話と、おいしいお菓子&お茶にあっという間の1時間半でした。お茶会第2弾はエジプトです。みなさんのご参加お待ちしております。

ジャズーリ・ムスタファさん 2.28

土曜ランチサロン

フィオナ・ナガイさん 2014.12.20

鄭宇龍さん 1.17

天野郡寿さん 2.21

任偉凱さん 3.28

「クロンビ、風が吹く」神戸上映会

チョ・ソンボン監督 3.14

高作正博先生と学ぶ会

高作正博さん 1.16

定期利用

グループ・教室のご案内

◆六甲トレーニングサロン……月曜日・前9～12:00　前田先生　0797-35-5588
◆からむい会(絵更紗)……第1・3月曜、第2・4木曜・後1～5:00　筏村先生　0797-31-1798
◆すぎなコーラス……月曜日・前10～12:00　連絡先・八尾　078-851-2485
◆神戸女声合唱団……金曜日・前10～12:00　連絡先・岡 邦子　078-291-0855
◆創作アップリケ……第2・4月・金曜日・前10～12:00　柏原先生　078-821-4632
◆ノイエカンマーコール(混声コーラス)……土曜日・後6～9:00　連絡先・池田　078-936-0123
◆ヨガ体操……火曜日・前9:30～12:00　廣瀬先生　078-851-8851
◆アトリエ太陽の子(児童絵画)……木曜日・後1～5:00　中嶋先生　078-858-7301
◆六甲ボーカル……第1・3木曜日・前10～12:00　池本先生　078-861-8724
◆こうべこーる恵(コーラス)……火曜日・前10～12:00　連絡先・田附　0798-26-2169
◆ステンドグラス・アトリエとも……第2・4木曜・後1～5:00　幸坂先生　078-582-0644
◆全珠連会員・熊内そろばん六甲教室……火曜・後3～9:00、土曜・後1～4:00　奥野先生　078-241-1095
◆六甲さくら合唱団……第2・4月曜日　後1～5:00　連絡先・見須　078-881-7851
◆テコンドー……毎週金曜日・後6～9:00　連絡先・妹尾　090-9846-8241
◆稲践会空手道……毎週月曜日・後4～10:00　連絡先・藤本　078-842-5669
◆すずめの学校(ニューヨークタイムズ紙を読む会)……第2・4水曜日　前9:00～12:00　連絡先・上田　078-732-2651
◆前田書道会……火曜日・前9～後5:00　連絡先・前田先生　078-385-1650
◆音楽の杜(リトミックピアノ教室)……土曜日・前9～後5:00　連絡先・桂先生　078-891-3419
◆安富アカデミー(学習教室)……水・金曜日・後6～10:00　連絡先・安富先生　078-441-8114
◆公文六甲書写教室……日曜日・前9～後2:00　登城先生　090-3992-2360

お問合せやお申込は、各グループ・教室に直接ご連絡ください。

2015年9月15日　神戸学生青年センター　ニュース　第88号　(1)

神戸学生青年センター センターニュース

KOBE STUDENT YOUTH CENTER NEWS No.88

No.88
発行所 (公財)神戸学生青年センター
理事長 保田 茂
館 長 飛田 雄一
〒657-0064 神戸市灘区山田町3丁目1-1
TEL(078)851-2760 FAX(078)821-5878
Yamada-cho 3-1-1, Nada-ku
Kobe, 657-0064 Japan
E-mail info@ksyc.jp
URL http://ksyc.jp

2015年夏の短期韓国語手話講座を振りかえって

手話は手の知性、心に平和を 韓国語手話

アンダンテ相永

編集部より／7月より8月にかけて全5回の韓国語手話講座を開きました。9月3日には番外編として韓国映画「ホームランが聞こえた夏」上映会も開催しました。実話に基づいた韓国のろう学校野球部の奮闘記です。秋には継続の講座を開講します。（H）

社会には様々なマイノリティーが存在する。その中でも社会的に言語弱者の立場とされる言語話者が「ろうあ者：手話」であり、数としてもっとも言語話者の片隅に置かれているマイノリティーは、韓国語の手話である。

手話は非音声言語であり無声言語である。音声言語である朝鮮語・韓国語に関しては、街中の書店にいけば、数えきれないほど多様な辞書と参考書がある。日本語手話に関しても、相当な活字資料及び手話辞典がある。しかし、同じ言語レベルで、手と体の表現を主に駆使する手話であっても、韓国語の手話に関する書籍類は、現在日本ではオン・オフラインでも入手困難である。それだけ韓国語の手話は稀有で、日本では、社会文化的にまだまだ認識されてない未開拓分野で言っても過言ではない。

日本社会も少しずつ市民運動や人権意識の向上と共に、社会的な弱者に対する認識と政策レベルのロジックも成熟してきているようにみえる。例えば私学ではあるが、東京や関西の一部の大学では、正規の講座として言語講座又は一般選択及び福祉科目の一部選択としてカテゴリー化されているのが、「日本手話・日本語手話」・「英語手話・アメリカ手話」などである。しかし、韓国語の手話に関しては、残念ながら現在の日本の高等教育機関では、著者が勤務している学校以外の大学レベルでは無いに等しい。

歴史ある神戸学生青年センターで、短期講座として「韓国語手話」を開講するのは、非常に勇気が必要な作業であり、なにより同センター関係者の多大なご協力と理解があってこそ可能なことであった。

当初この講座を企画した私は、主に在日の特に総連系学校出身の若い世代のろうあのヒトを対象として短期講座に参加してもらい、自分の言語アイデンティティーの形成に、少しでも役に立てばという思惑だった。ところがいざ韓国語手話講座が開講されると、初めに心配していた人数が大幅に増え、最終的に18人も集まることになった。3人以上集まらないと開講しないというマジノ線を抱えた故の喜ばしい受講者数だった。残念ながら在日のろうあ者又は若い世代はあまりいなかったものの、受講者たちの講座に対する熱情と誠実な授業態度には、頭が下がるものがあった。教える立場としては大変教え甲斐を感じ、結果として今年の夏は、神戸学生青年センターで、この講座で当初掲げた「手話は手の知性、心に平和」というスローガンの通り、受講者と共に一体となって言葉と心に平和を感じる講座であった。このような場と機会を提供して下さった、神戸学生青年センター関係者に感謝したい。

手話講座風景

(4)　神戸学生青年センター　ニュース　第88号　2015年9月15日

※当センターへの寄附金は、①所得控除または②税額控除が受けることができます。賛助会費、六甲奨学基金募金の両方に適用されます。詳しくはセンターにお問い合わせください。

(公財)神戸学生青年センター賛助金　2015.4.1〜2015.8.31（敬称略・単位円）

伊藤悦子	3,000
原口浩一	5,000
神戸キリスト教書店	
藤本	10,000
呉寿恵	3,000
清水康子	3,000
吉沢文寿	3,000
瀬戸口雅子	3,000
西墻勲	3,000
大西国子・智子	5,000
上原良蔵	3,000
鈴東力	5,000
高橋精巧	3,000
西八條敬洪	2,000
山名行夫	3,000
鶴崎祥子	5,000
梁英子	5,000
米谷収	3,000
森哲二	3,000
寺下賢志	3,000
打田茉莉	3,000
森田豊子	3,000
満寿会	3,000
金野昌子	3,000
小泉勇治郎	3,000
兵庫県有機農業研究会	10,000
田原良次	3,000
馬屋原晋治	3,000
新居弥生	3,000
村上韶三	3,000
遠藤紀子	3,000
小川幹雄	5,000
辻川敦	3,000
西尾嘉尉	5,000
吉田方則	5,000
小川雅由・寺岸三代子	5,000
柳到亨	5,000
四方田文夫	3,000
桂正孝	3,000
宇都宮佳果	3,000
足立龍枝	3,000
荒川純太郎	3,000
清水康弘	10,000
金井英樹	3,000
上田眞佐美	3,000
三宅美千子	3,000
中道澄春	3,000
久保美代子	3,000
福島俊弘	3,000
元正章	3,000
八木晃介	3,000
早川良彌	10,000
水野雄二	5,000
(有)影山製油所	10,000
川崎紘平	5,000
安井三吉	2,000
田添禧雄	3,000
加輪上敏彦	10,000
兵頭晴喜	3,000
辻建	5,000
杉山博昭	3,000
きどのりこ	3,000
金山次代	3,000
白珠相	10,000
平田昌司	5,000
岡内よしえ	5,000
崔博憲	3,000
元町HDクリニック	5,000
岸孝明	3,000
高橋治子	3,000
脇本寿	5,000
福西由紀子	3,000
落合健二	5,000
小松徹	3,000
花岡光義	3,000
天野隆	3,000
藤江新次	3,000
近藤泉	3,000
中川慎二	3,000
大月良子	3,000
窪田実美	5,000
センターグループ	5,000
久保惠三郎	3,000
杉田年章	3,000
東田寿啓	5,000
砂上昌一	3,000
川鍋彰男	3,000
片山憲明	3,000
松田薫	3,000
河野敬	10,000
枡田計雄	5,000
葉針灸科	10,000
神田栄治	3,000
飛田雄一	5,000
泉迪子	2,000
富川直彦	3,000
河瀬敦忠	3,000
日本キリスト教団明石教会	4,000
洪春子	3,000
宮川守	3,000
木下律子	3,000
横田頼子	3,000
朴京守	1,000
山本常雄	3,000
西脇鈴代	5,000
佐野二三雄	2,000
山内小夜子	3,000
萩原邦子	3,000
服部隆志	3,000
上田勝彦	1,000
迫田耕作	3,000
遠山薫	3,000
中川裕之	3,000
恩田怜	3,000
東晃司	3,000
杉山精一	3,000
厚地勉	3,000
尹英順	5,000
井坂弘	3,000
保田茂	5,000
太田修	10,000
佐治孝典	5,000
島田誠	5,000
野田和人	5,000
井上薫	3,000
三木鎌吾	5,000
無名氏	20,000
西尾達	5,000
金宣吉	3,000
大津俊雄	3,000
(福)光朔会	3,000
飛田みえ子	5,000
浮田由子	3,000
宇野田尚哉	5,000
古座岩博子	3,000
すぎなコーラス	3,000
今田裕子	3,000
神戸女声合唱団	10,000
無名氏	3,000
長沢秀	40,000
小林るみ子	3,000
林同福	5,000
八尾佳子	5,000
田中宏明	500
梁相鎭	3,000
ゆづるは百姓連	5,000
横山潤・正代	3,000

計 146件　631,500円
以上感謝をもって領収いたしました。

賛助金ご協力のお願い

●賛助会費：一口 A3,000　B5,000　C10,000
※いずれも一口を単位としますが、何口でも結構です。
※送金方法
郵便振替〈01160-6-1083 公益財団法人 神戸学生青年センター〉
備考欄に「賛助金」とお書きください。
銀行振込 三井住友銀行 六甲支店 0779663
公益財団法人 神戸学生青年センター 賛助金

六甲奨学基金　2015.4.1〜2015.8.31（敬称略・単位円）

慎英弘	5,000
箱田徹	7,000
前田美江	3,000
瀬戸口雅子	3,000
大西国子・智子	5,000
丸山定之	30,000
中西美江子	3,000
梁英子	5,000
井上淳子	3,000
松下宜且	10,000
田原良次	3,000
新居弥生	3,000
吉田方則	5,000
金井英樹	3,000
田口恵美子	3,000
無名氏	10,000
兼崎暉	3,000
加輪上敏彦	3,000
辻建	5,000
葛谷登	3,000
徳田暁子	20,000
白珠相	10,000
平田昌司	5,000
脇本寿	5,000
水野明代	3,000
土本基子	3,000
中川慎二	3,000
窪田実美	5,000
石原務	5,000
三田登美子	3,000
片山憲明	3,000
枡田計雄	5,000
山内典子	3,000
李昇燁	5,000
中川一夫	3,000
横山潤子	5,000
大角邦夫	3,000
無名氏	2,000
牛尾武博	3,000
加藤克子	3,000
近澤淑子	3,000
菊谷裕洋	5,000
中畠孝幸	10,000
飛田みえ子	5,000

計 44件　235,000円

毎月募金会計　65,000円（千円:菱木康夫、金早雪、高仁宝、信長正義、信長たか子、藤田寿え子、加畑和子、飛田雄一、二千円:福田菊、三千円:白川豊）
古本市による協力　2,287,218円　　総計 2,587,218円
以上感謝をもって領収いたしました。

六甲奨学基金ご協力のお願い

●賛助会費：一口 A3,000　B5,000　C10,000
※いずれも一口を単位としますが、何口でも結構です。
※送金方法
郵便振替〈01160-6-1083 公益財団法人 神戸学生青年センター〉
備考欄に「奨学金」とお書きください。
銀行振込 三井住友銀行 六甲支店 0779651
公益財団法人 神戸学生青年センター 六甲奨学基金

セミナーの記録　2015.4.1〜2015.8.31

六甲奨学基金

日本語サロン　毎週月・土曜日
3月15日〜5月15日第18回古本市

食料環境セミナー

シリーズ「若い人の農業実践から」
458回4月22日「百姓6年生」太田光宣さん
459回5月27日「丹波で育む有機ブルーベリーと野菜、そして家族」古谷暁子さん
460回6月24日「持続可能な農業のこれから—坂ノ途中の実践から—」小野邦彦さん
461回7月22日「NPO法人Peace&Natureの取り組み」バハラム・イナンルーさん

現代キリスト教セミナー

7月1日「韓国キリスト教の特徴」梁明洙さん

朝鮮史セミナー

6月18日「日韓条約から50年ー植民地支配・戦争責任は解決済みか」太田修さん
7月29日「戦後70年と在日朝鮮人」水野直樹さん

朝鮮語・韓国語講座

初級	毎週水曜日	朴玲実さん
中級	毎週火曜日	張京花さん
上級	毎週木曜日	禹昭娟さん
会話クラス	毎週金曜日午前	林賢宜さん

林賢宜さんの韓国料理教室

4月4日、9日さば缶の韓国風味付と蒸しキャベツ包み/明太子入り韓国風茶碗蒸し/鶏卵湯
5月30日五色ナムルのからしソース和え/豆もやしご飯
6月6日、11日参鶏湯/さきいかの韓国風味付
7月4日ビビン冷麺/えごま粉とえごま油の和え物

土曜ランチサロン

4月18日「ウランバートル&フフホトの歩き方」フフデルゲルさん
5月16日「六甲山の歩き方」浅野晴良さん
6月20日「アフリカ・ブルンジの歩き方」森口雄太さん
7月18日「東アフリカ・マラウイの歩き方」伊藤一幸さん

その他のセミナー・行事

4月25日多文化と共生社会を育むワークショップ「エジプトのお茶会」藤原ジーナさん（共催）
4月29日「これでいいのか安倍政権ー集団的自衛権・基地・改憲ー」服部良一さん（共催）
5月20日〜29日村山康文写真展「サイゴン陥落から40年〜それぞれのベトナム戦争〜」
5月24日「ベトナム反戦運動とべ平連神戸」西信夫さん、「ベトナム戦争終結から40年、今、人びとは何を想う」村山康文さん
5月30日「立憲主義から遠ざかる日本ー安全保障法制の批判的検討」高作正博さん（共催）
6月6日神戸大学YMCA「『最後の晩餐』と食の美術」宮下期久朗さん（後援）
6月17日アジア労働者交流者集会in神戸@三宮勤労会館（共催）
6月27日「宗教・移民・ライシテー シャルリー・エブド事件を考える」高作正博さん（共催）
7月25日「政治日程化する改憲論ー『慣れさせられる』主権者?」高作正博さん（共催）
7月28日〜29日「日本の歴史歪曲を許さない!全国大学生行動」特別企画展示会「記憶、保存、そして継承〜日本の歴史歪曲に反対する」（後援）
7月30日多文化と共生社会を育むワークショップ「日本のお茶会」伊東貴子さん（共催）

第18回古本市、無事終了　375万円でした

約65000冊の本を全国から寄付していただき、延べ470名のボランティアにお手伝いをいただきました。みなさまご協力をありがとうございました。来年も3/1～31まで古本市開催のため本を集めます。どうぞよろしくお願いいたします。

古本市 3.14～5.17

2015年度の六甲奨学基金・奨学生

今年度の奨学生は10名、一番多い人数です。大口の募金をくださった方があり3名増としました。総額600万円となります。センターは公益財団法人となり寄附金から①所得控除または②税額控除を受けることができます。募金もよろしくお願いします。

2015年度授与式 4.24

林賢宜さん韓国料理教室

毎回美味しい家庭料理を学べる講座ですが、特に6月の参鶏湯は大人気でした。10月からは月1回、土曜日に開講します。体が温まりそうなメニュー中心です。お料理が得意でない方もぜひどうぞ。楽しい時間を過ごしましょう。

韓国料理(参鶏湯)

朝鮮語講座

前期(2015年4月～9月)朝鮮語・韓国語講座は、火曜日の中級クラスを張先生、水曜日の初級クラスを朴先生、木曜日の上級クラスを禹先生、いずれも夜7時～9時で、金曜日の昼会話クラス(10時～12時)は林先生が担当していました。後期(2015年10月～2016年3月)にも、引き続き同じ時間に、同じ先生に担当して頂きます。少人数で受講生のレベルに合わせて熱心に指導していますので、一度見学してみてください。

神戸大学YMCA講演会

センター内に事務室があります。実は現役の学生がいないのですが、OBOGの理事会が6月の講演会と12月のゴスペルコンサートを開いています。神戸大学・宮下規久朗さんの講演会<「最後の晩餐」と「食」の美術>も好評でした。来年も、6/11宮下さんに決まりました。

宮下規久朗さん6.6

現代キリスト教セミナー

日本に来られた　梁明洙さん(梨花女子大学神学大学院教授)を招いて開催しました。テーマは、「韓国キリスト教の特徴」。「人文主義と結合した真の宗教性のための神学を発展させるべき」と結ばれました。

梁明洙さん7.1

村山康文写真展「サイゴン陥落から40年」

写真展と講演会を開きました。講演会では村山さんの「ベトナム戦争終結から40年、今、人びとは何を想う」とともに元べ平連神戸の西信夫さんに「ベトナム反戦運動とベ平連神戸」の講演をしていただきました。その後西さんは、「安保法案反対！市民の集い」を立ち上げ街頭活動をされています。

村山康文さん5.24　西信夫さん5.24

朝鮮史セミナー

「戦後70年、日韓条約50年」をテーマに二つの講演会を開きました。「日韓条約から50年－植民地支配・戦争責任は解決済みか」太田修さんと「戦後70年と在日朝鮮人」水野直樹さんです。新しい気づきのあったセミナーでした。

太田修さん6.18

水野直樹さん7.29

宿泊に…　1泊お1人様 3,240円より　グループなら 2,700円より

会議に…　ゼミ・会議・講演会に　多目的ホール、会議室5室、和室4室

宿泊・会議室ともに、ご予約は12ヵ月前より承ります
料金は税込。(　　)内の金額は学生料金です。単位:¥
キャンセルの場合は1週間前より20%、前日当日は80%ちょうだいします

■宿泊料金(税込)定員42名　チェックイン:18:00－22:30　チェックアウト:9:00

部屋名	定員／広さ	利用人数による一人あたりの素泊まり料金(単位¥)		
和室A	8名 12畳 20㎡	2-3人 4,320 (3,780)	4-6人 3,780 (3,240)	7-8人 3,240 (2,700)
和室B／C	各3名 7.5畳 12㎡	1人 4,320 (3,780)	2人 3,780 (3,240)	3人 3,240 (2,700)
和室D	12名 17.5畳 30㎡	3-6人 4,320 (3,780)	7-9人 3,780 (3,240)	10-12人 3,240 (2,700)
ベッドルーム(8室)	各2名 4㎡	1人 3,240 (2,700)	2人 2,700 (2,160)	*

(就学前のお子さま)引率の大人一人につき一人無料
※ただし布団を使われるお子様は1,080円／人、2人目からは小学生料金
(小学生のお子さま)大人料金の半額
(中学生以上のお子さま)学生料金

就学前のお子さまは、引率の大人一人につき一人無料
二人目からは学生料金をちょうだいします

■会場使用料(税込)
営業目的の会場使用は一般料金の倍額

部屋名	広さ	9:00-12:00	13:00-17:00	18:00-22:00
ホール	120㎡	7,236 (6,156)	8,208 (7,236)	8,208 (7,236)
会議室A 会議室D スタジオ	40㎡ 30㎡ 20㎡	3,348 (2,916)	3,888 (3,348)	3,888 (3,348)
サロン室	33㎡	3,348 (2,916)	3,888 (3,348)	この時間は利用できません
会議室C	15㎡	2,916 (2,376)	3,348 (2,916)	3,348 (2,916)
和室A 和室D	12畳 17.5畳	3,348 (2,916)	3,888 (3,348)	この時間は利用できません
和室B／C	7.5畳	2,916 (2,376)	3,348 (2,916)	この時間は利用できません

●営業目的の会場使用は、10割増となります。
●ピアノ使用は1口1,080円(スタジオ)、3,240円(ホール)

ベッドルーム　多目的ホール

ご予約は…☎078-851-2760

神戸学生青年センター Kobe Student Youth Center
六甲登山口　池田泉州BK　三井住友BK　阪急六甲　至三宮　八幡神社　交番　至梅田(大阪)　山手幹線　フォレスタ　六甲口　六甲道　桜口　国道②
ホームページアドレス http://ksyc.jp

●阪急六甲より徒歩2分
●JR六甲道より徒歩10分
●新幹線新神戸よりタクシー15分

食料環境セミナー

4月～7月はシリーズ「若い人の農業実践から」で開催しました。農業を志す人が増え、脱サラした若者の就農や、Uターン・Iターン現象が増えています。食の安全・環境を守り続けるため、次世代農業に注目し、難しい問題を抱えながらも就農し、地域に定着した若手農家の方・有機農作物の流通事業を起こした若い方に、その視点・方法・アイディア等をお話し頂きました。「百姓6年生」太田光宣さん、「丹波で育む有機ブルーベリーと野菜、そして家族」古谷暁子さん、「持続可能な農業のこれから－坂ノ途中の実践から－」小野邦彦さん、7月には「自給自足の山村暮らし、その後」大森あいさんの予定でしたが、急遽、講師の事情により「NPO法人Peace & Natureの取り組み」についてBahram Enanloo(バハラム イナンル)さんより平和と環境の大切さを伝えるための活動についてお話し頂きました。

太田光宣さん4.22　古谷暁子さん5.27　小野邦彦さん6.24　バハラムさん

農塾、千刈キャンプ

今年の農塾は、6月20日～21日の1泊2日間で関西学院大学千刈キャンプ場にて開催しました。講義は池本廣希先生から「有機農業の現代的意義について」と「播磨のため池、その歴史と役割について」お話し頂きました。実践講座として竹炭焼き体験を行いましたが、体験用窯の利用が半年ぶりの炭焼き使用で、午後3時前に火を起こし、窯を閉めたのが翌朝午前4時30分ごろ…！と、関西学院大学千刈キャンプの益田博さんには大変お世話になりました。でも、姫ホタルもたくさんみれてとってもすてきな時間でした。池本先生・益田さん本当にありがとうございました。

窯に竹をいれます　池本廣希さん 6.20

土曜ランチサロン

毎月第3土曜のランチタイムに開催しています。4月フフデルゲルさん「ウランバートル&フフホトの歩き方」、5月浅野晴良さん「六甲山の歩き方」、6月・7月はアフリカが続きました。6月森口雄太さん「ブルンジの歩き方」、7月伊藤一幸さん「マラウイの歩き方」。いずれの回も10人くらいの参加者と一緒にお弁当を食べながら歓談しています。自薦他薦問いません。お話くださる方募集中！

フフデルゲルさん4.18　浅野晴良さん5.16　森口雄太さん6.20　伊藤一幸さん7.18

多文化と共生社会を育むワークショップ

昨年度から始まったお茶会シリーズ第2弾「エジプトのお茶会」を4/25に開催しました。講師は北野のエジプトの料理&地中海料理Dining Bar Jinaオーナーシェフの藤原ジーナさん。第3弾「日本のお茶会」を7/30に開催しました。講師は新長田にある日本茶カフェ彩茶のオーナーの伊東貴子さん。毎回人気のお茶会シリーズです。今度はどこのお茶会になるでしょう？

藤原ジーナさん4.25　伊東貴子さん7.30

高作正博先生と学ぶ会

昨年から始まった勉強会の第2ラウンドが始まりました。「立憲主義から遠ざかる日本－安全保障法制の批判的検討」5/30、「宗教・移民・ライシテ－シャルリー・エブド事件を考える」6/27、「政治日程化する改憲論－『慣れさせられる』主権者？」7/25でした。憲法9条が踏みにじられ集団的自衛権が容認されようとしているこの時代に重要な勉強の機会になっています。質疑応答の活発な会です。

高作正博さん7.25

定期利用

グループ・教室のご案内

- ◆六甲トレーニングサロン……月曜日・前9～12:00　前田先生　0797-35-5588
- ◆からむい会(絵更紗)……第1・3月曜、第2・4木曜・後1～5:00　藺村先生　0797-31-1798
- ◆すぎなコーラス……月曜日・前10～12:00　連絡先・八尾　078-851-2485
- ◆神戸女声合唱団……金曜日・前10～12:00　連絡先・岡 邦子　078-291-0855
- ◆創作アップリケ……第2・4月・金曜日・前10～12:00　柏原先生　078-821-4632
- ◆ノイエカンマーコール(混声コーラス)……土曜日・後6～9:00　連絡先:池田　078-936-0123
- ◆ヨガ体操……火曜日・前9:30～12:00　廣瀬先生　078-851-8851
- ◆アトリエ太陽の子(児童絵画)……木曜日・後1～5:00　中嶋先生　078-858-7301
- ◆六甲ボーカル……第1・3木曜日・前10～12:00　池本先生　078-861-8724
- ◆こうべこーる恵(コーラス)……火曜日・前10～12:00　連絡先・田附　0798-26-2169
- ◆ステンドグラス・アトリエとも……第2・4木曜・後1～5:00　幸坂先生　078-582-0644
- ◆全珠連会員・熊内そろばん六甲教室……火曜・後3～9:00、土曜・後1～4:00　奥野先生　078-241-1095
- ◆六甲さくら合唱団……第2・4月曜日　後1～5:00　連絡先・見須　078-881-7851
- ◆テコンドー……毎週金曜日・後6～9:00　連絡先・妹尾　090-9846-8241
- ◆稽践会空手道……毎週月曜日・後4～10:00　連絡先・藤本　078-842-5669
- ◆すずめの学校(ニューヨークタイムズ紙を読む会)…第2・4水曜日　前9:00～12:00　連絡先・上田　078-732-2651
- ◆前田書道会……火曜日・前9～後5:00　連絡先・前田先生　078-385-1650
- ◆音楽の杜(リトミックピアノ教室)……土曜日・前9～後5:00　連絡先・桂先生　078-891-3419
- ◆安富アカデミー(学習教室)……水・金曜日・後6～10:00　連絡先・安富先生　078-441-8114
- ◆公文六甲書写教室……日曜日・前9～後2:00　登城先生　090-3992-2360

お問合せやお申込は、各グループ・教室に直接ご連絡ください。

2015年12月15日　神戸学生青年センター　ニュース　第 89 号　(1)

神戸学生青年センター センターニュース

KOBE STUDENT YOUTH CENTER NEWS No.89

No.89
発行所　(公財)神戸学生青年センター
理事長　保田　茂
館　長　飛田　雄一
〒657-0064　神戸市灘区山田町3丁目1-1
TEL (078) 851-2760 FAX (078) 821-5878
Yamada-cho 3-1-1, Nada-ku
Kobe, 657-0064 Japan
E-mail info@ksyc.jp
U R L http://ksyc.jp

「安保法」廃案をめざして！

高作先生と学ぶ会世話人
小　谷　美智子

2014年6月から高作先生と学ぶ会がスタートしました。同会と学生センターの共催プログラムです。高作先生の講演は毎回よく準備された分かりやすい講演です。講演後の質疑応答も盛り上がります。高作先生と学ぶ会世話人の小谷美智子さんに原稿を書いていただきました。　（編集部）

2015年9月19日、前例のない長い延長国会を数日残した参議院の特別委員会そして本会議も安倍政権は数の力で「安保法」を成立させました。採決を前に持たれた国会公聴会で、シールズの奥田君が議員の一人ひとりの良心に切々と訴えかけました。この法案の是非については、議員自身の良心に問うて判断してほしいと。しかし、彼の願いに答えた議員は一人も存在しませんでした。私は無性に悲しくなりました。党利党略でがんじがらめに縛られて、与党議員の苦悩がみえないのです。

今回の安保法は、10の法案を内包していました。従来のＰＫＯ法の改定・自衛隊法の改定・武力攻撃事態対処法改定等など現行法から踏み込んで更にできる範囲が拡大されたのではないかと心配です。重要な問題を孕むその一つひとつがこの延長国会で十分に審議され私たちの腑に落ちたでしょうか。私の知る限りでは、国会審議は見るにも聞くにも堪えるものではありませんでした。安倍首相の強弁は、さらさら野党議員の質問に誠実に答えるものではなく、テレビを消したい衝動にかられるばかり。これでは、“安倍政治を許さない”モードになったことは当然の成り行きだと思います。

安倍さんは“戦後レジュームからの脱却”を掲げて首相になった人だから、あの15年戦争を反省しない。しかし私たちは違う。日本国憲法は、戦前の議会が民主的に軍隊を統制することに失敗した経験を踏まえて、軍隊を持たない、軍事力はみとめないということを第9条に結実させたのではないのでしょうか。

昨年の7月1日、集団的自衛権が閣議決定されました。本来なら憲法「改正」を経なければできない内容です。昨年末の選挙で多数を取った勢いに乗じ、通常国会にだした安保法案に、国会の周辺は言うに及ばず、日本各地で多くの国民が反対の声を上げているのを無視して、安倍さんが4月にアメリカでしてきた約束を優先して成立させてしまったのです。

昨年の12月に成立した「特定秘密保護法」が猶予期間を経て、本格的に施行されます。

このような状況の中でも、私たちは諦めるわけにはゆきません。

日本が戦争できる国になるかどうかが一番大きな問題です。安倍政権が本気で憲法改定に臨む日は、状況によっては来年の参議院選後の案外近い時期かもしれません。その日に備えましょう。私たちにできることは何なのか共に考えましょう。

「高作先生と学ぶ会」第2ラウンドのとりは、1月16日(土) 14時から学生センターホールで行います。テーマは「安保法制定後の民主主義―市民運動の課題」と決まりました。

2013年10月関西大学千里キャンパスで行われた「9条国際会議」で、高作先生の基調講演をお聞きした私は、いつか先生を囲んで勉強会が持てたらいいな…と夢みました。それがラッキーなことに、学生センターとの共催というこの上ない形で実現し、今日に至っています。

今の状況で、特効薬はすぐには見つからないかもしれません。寒い時期ですがお出かけください。先生を囲んで語り合いませんか。

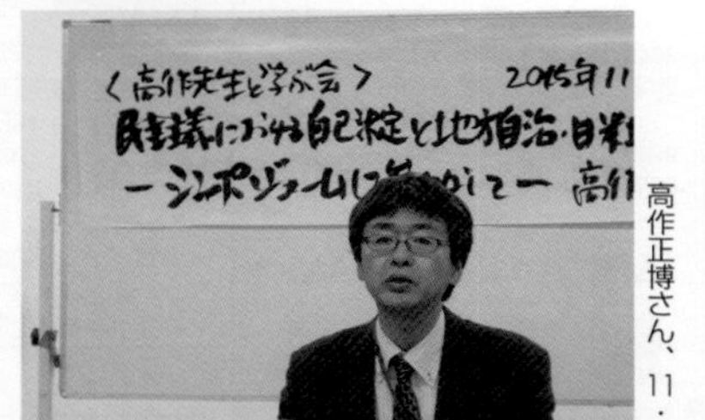

高作正博さん、11・27

(4)　神戸学生青年センター　ニュース　第 89 号　2015年12月15日

※当センターへの寄附金は、①所得控除または②税額控除が受けることができます。賛助会費、六甲奨学基金募金の両方に適用されます。詳しくはセンターにお問い合わせください。

(公財)神戸学生青年センター賛助金　2015.9.1～2015.11.31（敬称略・単位円）

瀬戸口雅子	3,000	中道澄春	3,000	森行雄	3,000	姫野明美	3,000	柴田康彦	3,000	佐治信	5,000	林みち代	2,000
中勝博志	5,000	小泉勇治郎	3,000	高木ジツ子	3,000	門倉和子	5,000	飛田雄一	10,000	小林保	5,000		
花井裕	5,000	西八條敬洪	2,000	辻川敦	3,000	松枝佳宏	3,000	石田米子	3,000	姫野操子	3,000	計 83件	
井上淳	3,000	朴京守	1,000	金正郁	3,000	落合健二	5,000	川浪寿子	3,000	林弘城	10,000		335,000円
李重華	5,000	村上敬子	1,000	尹明憲	3,000	高橋治子	3,000	大阪女学院解放教育		寺沢京子	3,000	以上感謝をもって	
山根貞夫	3,000	澤隆文	3,000	森哲二	3,000	清水康弘	5,000	推進部上山	5,000	阿部恩	5,000	領収いたしました。	
教区播州地区アジ		上田眞佐美	3,000	枡田計雄	5,000	高浜三保	3,000	迫田耕作	10,000	杉田年章	3,000		
アサンデー集会		山﨑清	3,000	永井靖二	5,000	森本滋代	3,000						
	16,000	長瀬春代	3,000	和田進	3,000	葉宜苑	10,000						
中船美智子	3,000	河上京子	3,000	尼川洋子	3,000	萩原邦子	3,000						
足立龍江	3,000	河瀬敦忠	2,000	浅田将之	10,000	黒田睦子	3,000						
中川裕之	3,000	久冨伸子	3,000	島津恒敏	10,000	米倉澄子	3,000						
加藤光廣	3,000	林祐介	3,000	金野昌子	3,000	藤江新次	3,000						
空野佳弘	3,000	武藤迪子	5,000	柳到亨	5,000	山本俊正	5,000						
田原良次	3,000	谷井尚子	3,000	安福和子	5,000	間一孝	3,000						
永宮彌生	3,000	渡部昌子	3,000	米谷収	3,000	神戸国際キリスト教会							
徐正禹	3,000	浅間智子	3,000	前川純一	3,000	岩村義雄	3,000						
山田昭次	5,000	中田作成	3,000	中山一郎	5,000	辻建	5,000						

賛助金ご協力のお願い

●賛助会費：一口 A3,000　B5,000　C10,000
※いずれも一口を単位としますが、何口でも結構です。
※送金方法
郵便振替〈01160-6-1083 公益財団法人 神戸学生青年センター〉
備考欄に「賛助金」とお書きください。
銀行振込 三井住友銀行 六甲支店 0779663
公益財団法人 神戸学生青年センター 賛助金

六甲奨学基金　2015.9.1～2015.11.31（敬称略・単位円）

瀬戸口雅子	3,000	前田美巳代	3,000	田口恵美子	3,000	間一孝	3,000
田原良次	3,000	武藤迪子	5,000	松下宜且	10,000	辻建	5,000
葛谷登	3,000	谷井尚子	3,000	米谷収	3,000	柴田康彦	3,000
援助修道会名古屋		尹明憲	3,000	門倉和子	5,000	細川敦子	1,000
修道院	10,000	枡田計雄	5,000	崔相鐵	5,000	林みち代	3,000
井上淳子	3,000	永井靖二	5,000	山名行夫	3,000	計 22件	90,000円

毎月募金会計 39,000 円（千円:菱木康夫、金早雪、高仁宝、信長正義、信長たか子、藤田寿え子、加畑和子、飛田雄一、二千円:福田菊、三千円:白川豊）
古本市による協力 74,895円　　総計 203,895円　以上感謝をもって領収いたしました。

六甲奨学基金ご協力のお願い

●賛助会費：一口 A3,000　B5,000　C10,000
※いずれも一口を単位としますが、何口でも結構です。
※送金方法
郵便振替〈01160-6-1083 公益財団法人 神戸学生青年センター〉
備考欄に「奨学金」とお書きください。
銀行振込 三井住友銀行 六甲支店 0779651
公益財団法人 神戸学生青年センター 六甲奨学基金

セミナーの記録　2015.9.1～2015.12.10

六甲奨学基金

日本語サロン　毎週月・土曜日

食料環境セミナー

シリーズ「変わっていく、子供たちをとりまく環境」
462回9月30日「子どもの貧困、負の連鎖を止めるために」徳丸ゆき子さん
463回10月28日「スマホ時代の大人が知っておきたいこと」竹内和雄さん
464回11月25日「親と子どものための食物アレルギー　予防から治療まで」伊藤節子さん

現代キリスト教セミナー

11月11日「高齢者・野宿者・外国人とともに ― カトリック社会活動神戸センターの活動―」山野真実子さん
12月9日「釜ヶ崎の日雇い労働者とともに ― 釜ヶ崎キリスト教協友会の活動―」大谷隆夫さん

朝鮮史セミナー

11月13日「キム・ホンソンという生き方―在日コリアンとして、障がい者として―」金洪仙さん

朝鮮語・韓国語講座

初級　毎週水曜日　朴玲実さん
中級　毎週火曜日　張京花さん
上級　毎週木曜日　禹昭娟さん
会話クラス　毎週金曜日午前　林賢宜さん

林賢宜さんの韓国料理教室

9月5日　三色煎・砂ずりの韓国風味付け
10月3日　韓国みそ鍋・じゃがいもと青唐辛子炒め
10月31日　韓国の海苔巻(キムパ)・じゃがいものスープ
12月5日　とうふチョンゴル・レンコンの韓国風煮物

土曜ランチサロン

9月19日「キューバ・ハバナの歩き方」鹿嶋節子さん
10月17日「韓国・プサンの歩き方」本田芳孝さん
11月21日「セルビア・ベオグラードの歩き方」ニニッチ・スラヴィツァさん

その他のセミナー・行事

9月3日「ホームランが聞こえた夏」上映会
9月26日高作先生と学ぶ会「日の丸・君が代の戦後と現在」高作正博さん(共催)
10月7日卓球1
10月17日神戸YWCA Peace Bridge「よみがえる最前線～神戸と核と日米同盟」坪井兵輔さん(共催)
10月19日～1月25日「韓国語手話講座」アンダンテ・サンヨンさん(全10回)
10月25日高作先生と学ぶ会「『マイナンバー制度』とプライバシー」高作正博さん(共催)
11月1日～8日多賀健太郎展vol.7
11月4日卓球2
11月9日兵庫県国際交流協会日本語学習支援アドバイザー派遣事業「日本語ボランティアの指導法を振り返る」斎藤明子さん
11月9日～15日「日韓の海女―暮らしと生業」写真展
11月14日「済州の海女(チャムス)の“生”に学ぶ」伊地知紀子さん(共催)
11月16日林榮太郎さんのケーキ教室「リンゴジャムのパウンドケーキ」
11月27日高作先生と学ぶ会「民主主義における自己決定と地方自治・日米地位協定―シンポジュームに参加して―」高作正博さん(共催)
11月28日求める会収穫感謝祭
11月30日第35回アジア労働者交流集会in神戸@神戸市勤労会館(共催)
12月2日卓球3
12月4日神戸大学YMCA「神戸マスクワイア・クリスマスゴスペルコンサート」(後援)
12月7日林榮太郎さんのケーキ教室「かぼちゃのプリン」

韓国語手話講座

第2期が開かれています。講師は、ニュース前号に原稿を書いてくださったアンダンテ・サンヨンさん。韓国で聾唖の兄弟の通訳をしていたそうです。おそらく日本で初めての講座で注目され、遠方で残念ながら参加できないというメールもいただきました。

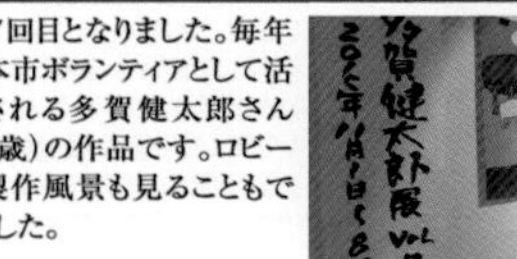
韓国語手話講座、10.26

多賀健太郎絵画展

7回目となりました。毎年古本市ボランティアとして活躍される多賀健太郎さん(28歳)の作品です。ロビーで製作風景も見ることもできました。

多賀健太郎絵画展 11.1～8

高作先生と学ぶ会

「日の丸・君が代の戦後と現在」、「『マイナンバー制度』とプライバシー」、「民主主義における自己決定と地方自治・日、位協定－シンポジュームに参加して」、「国と沖縄県との裁判～代執行と抗告訴訟のゆくえ～」と勉強会が続いています。　（1面参照）

林榮太郎さんのケーキ教室

第2弾の今秋は「リンゴジャムのパウンドケーキ」と「かぼちゃのプリン」を」作りました。林榮太郎さんは隙間家具作製の名手でもあります。ロビー奥の文庫本専用本棚も林さんの作品です。お茶の会では話がはずみます。

かぼちゃのプリン 12.7

できました リンゴジャムのパウンドケーキ 11.16

「日韓の海女ー暮らしと生業」

写真展と講演会を開きました。講師は大阪市立大学文学部教授の伊地知紀子さん。研究で済州島に滞在し、海女の仕事も経験されました。「海女」を通して古代から現代にいたる日本と朝鮮半島との文化の交流を学びました。

海女写真展

朝鮮語・韓国語講座

1975年からスタートしたセンターの講座です。現在、初級、中級、上級と午前開催の会話クラスがあり、35名が学んでいます。入門講座は開講していませんが、各クラスは途中参加が可能です。ぜひ、ご参加ください。

卓球しませんか?

センターには卓球台があります。朝鮮語講座のあとなどに卓球大会が開かれていました。10月から本格的に(?)復活しました。第1水曜、午後6時半から8時半です。汗を流したあとは有志のビールの会です。参加費300円、月に1回、卓球で汗を流しましょう。

楽しくやっています

朝鮮史セミナー

在日韓国人2世のキム・ホンソンさんは、中学1年夏休みに両手切断事故にあいました。朝鮮人子ども会指導員などをへて、大阪国際大学等で非常勤講師をされています。著書『キム・ホンソンという生き方―在日コリアンとして、障がい者として―』が大きな話題となっています。キムさんの元気なお話に元気をいただきました。

金洪仙さん、11.13

現代キリスト教セミナー

阪神淡路大震災後に高齢者・野宿者・外国人の支援に取り組んでいるカトリック社会活動神戸センターの山野真実子さんのお話を伺いました。もうすぐ震災21年を迎えますが、まだまだ課題が残っています。そして、釜ケ崎で活動を続けている大谷隆夫さんから不況下の現状と課題、そして釜ケ崎キリスト教協友会の活動を学びました。

山野真実子さん、11.11

大谷隆夫さん、12.9

食料環境セミナー

9月～12月はシリーズ「変わっていく、子供たちをとりまく環境」で開催しています。

9月は「子どもの貧困、負の連鎖を止めるために」徳丸ゆき子さんで、日本の子供の6人に1人が貧困状態にあり、物質的・金銭的欠如だけの問題ではなく、人間としての可能性を奪われる、子供期の貧困経験がその後、成長に負の影響を及ぼしやすく、社会にとっても重大な問題であることを話して頂きました。10月は「スマホ時代の大人が知っておきたいこと」竹内和雄さんで、スマートフォンをめぐるトラブルの低年齢化がエスカレートしており、LINEによるいじめ、過度の依存など、親の知らないところで問題が深刻化しています。この「便利過ぎる」道具とどう付き合っていくべきかについて一緒に考える有意義なお話しでした。11月は「親と子どものための食物アレルギー－予防から治療まで－」伊藤節子さんで、食物アレルギーについて、アレルギーが起きる原理とその治療や予防、食事のとり方などについて、アレルギーそのものを理解するためのお話を伺いました。

徳丸ゆき子さん、9.30　竹内和雄さん、10.28　伊藤節子さん、11.25

土曜ランチサロン

毎月第3土曜日に開催しています。昨年10月にOPENしてから1年がたちました。テーマによって参加される方の顔ぶれがかわりますが、ゲストのお話を聞いた後は、毎回10名くらいの参加者と一緒にお弁当を食べながら歓談します。今後も長く続けていきたいとの思いから、2016年からは参加費をいただくことにいたしました。お話をしてくださる方を随時募集しています。

9月「キューバ・ハバナの歩き方」鹿嶋節子さん、10月「韓国・プサンの歩き方」本田芳孝さん、11月「セルビア・ベオグラードの歩き方」ニッチ・スラヴィツァさんにお話をしていただきました。

鹿嶋節子さん、9.19　本田芳孝さん、10.17　ニッチ・スラヴィツァさん、11.21

「よみがえる最前線～神戸と核と日米同盟」

神戸YWCAピースブリッジと共催でテレビドキュメンタリー上映と講演会を開きました。神戸港は、朝鮮戦争やベトナム戦争では核を搭載した空母が寄港しました。しかし、40年前の議会決議による「非核神戸方式」により、その後米艦船は入港していません。今後の神戸、日本の未来を考えるための大切な勉強会となりました。

10.17

林賢宜さんの韓国料理教室

今シーズンは、三色煎、砂ずりの韓国風味付、韓国みそ鍋、ジャガイモと青唐辛子炒め、韓国の海苔巻(キムパ)、じゃがいものスープ、とうふチョンゴル、レンコンの韓国風煮物を学びました。いずれの回も盛況で、にぎやかな雰囲気で学んでいます。いつもの食卓に一品追加できそうなものばかりです。1月からも料理教室続きます。みなさまのご参加をお待ちしております。

キムパとスープ

できました

定期利用

グループ・教室のご案内

◆六甲トレーニングサロン…………………
月曜日・前9～12:00
前田先生　0797-35-5588

◆からむい会（絵更紗）…………………
第1・3月曜、第2・4木曜・後1～5:00
蔭村先生　0797-31-1798

◆すぎなコーラス…………………
月曜日・前10～12:00
連絡先・八尾　078-851-2485

◆神戸女声合唱団…………………
金曜日・前10～12:00
連絡先・岡 邦子　078-291-0855

◆創作アップリケ…………………
第2・4月・金曜日・前10～12:00
柏原先生　078-821-4632

◆ノイエカンマーコール（混声コーラス）……
土曜日・後6～9:00
連絡先:池田　078-936-0123

◆ヨガ体操…………………
火曜日・前9:30～12:00
廣瀬先生　078-851-8851

◆アトリエ太陽の子（児童絵画）………
木曜日・後1～5:00
中嶋先生　078-858-7301

◆六甲ボーカル…………………
第1・3木曜日・前10～12:00
池本先生　078-861-8724

◆こうべこーる恵（コーラス）…………………
火曜日・前10～12:00
連絡先・田附　0798-26-2169

◆ステンドグラス・アトリエとも………
第2・4木曜・後1～5:00
幸坂先生　078-582-0644

◆全珠連会員・熊内そろばん六甲教室……
火曜・後3～9:00、土曜・後1～4:00
奥野先生　078-241-1095

◆テコンドー…………………
毎週金曜日・後6～9:00
連絡先・妹尾　090-9846-8241

◆稽践会空手道…………………
毎週月曜日・後4～10:00
連絡先・藤本　078-842-5669

◆すずめの学校（ニューヨークタイムズ紙を読む会）…
第2・4水曜日　前9:00～12:00
連絡先・上田　078-732-2651

◆前田書道会…………………
火曜日・前9～後5:00
連絡先・前田先生　078-385-1650

◆音楽の杜（リトミックピアノ教室）…………
土曜日・前9～後5:00
連絡先・桂先生　078-891-3419

◆公文六甲書写教室…………………
日曜日・前9～後2:00
登城先生　090-3992-2360

お問合せやお申込は、各グループ・教室に直接ご連絡ください。

神戸学生青年センター
センターニュース
KOBE STUDENT YOUTH CENTER NEWS No.90

No.90
発行所　(公財)神戸学生青年センター
理事長　保田　茂
館　長　飛田　雄一
〒657-0064　神戸市灘区山田町3丁目1-1
TEL (078) 851-2760 FAX (078) 821-5878
Yamada-cho 3-1-1, Nada-ku
Kobe, 657-0064 Japan
E-mail info@ksyc.jp
URL http://ksyc.jp

いきいきサロン健康講座

地域のリビングルームを目指して

センターの喫茶店は、「エバ」からスタートしました。「ビンゴ」のあとセンターのサロン室として料理教室などに利用されてきました。昨年、「居空間RoCoCo」が来てくださいました。火曜～金曜日、活発に様々な活動をされています。レポートお願いしました。土曜～月曜は従来通りサロン室としてご利用いただけます。（編集部）

2015年9月から、私たち居空間RoCoCo（いくうかん　ろここ）は、神戸学生青年センター、サロン室をお借りして活動しています。

移転してまだ半年ですが、産声をあげたのは7年前のことです。そもそも創設のきっかけは2009年2月、阪急六甲駅以北に地域住民の異世代交流の場として、いつでもどなたでも気軽に集える家庭の居間のような場所を作ろうとスタートしました。メンバーは子どもたちが通っていた高羽小学校のＰＴＡ読書部OB4名とその友人2名で、立ち上げました。現在は1名増え、スタッフ7名ボランティア7名で運営しています。

活動の内容は

いきいきサロン

歌を歌ったり、絵や文字を描いたり、ウエルスダーツ、ノルディックウォーク、初心者のためのパソコン教室や囲碁教室など、健康寿命を伸ばして認知症予防に役立つことを取り入れながらいつまでも元気で過ごせるプログラムを実施。毎月お送りするプログラムの中から、お好きなものに参加して頂けます。

いきいきカフェ

食を通じてコミュニケーションを図る目的で、毎週ランチをワンコインで提供。一人暮らしの高齢者の方には大勢の人と食事をする楽しさを、親の介護や孫の世話に忙しい中高年世代には情報交換や互いに話すことでの癒しの場を。センターに移ってきてからは、ランチの食材に「求める会」の有機栽培の野菜を使わせていただき身体に良い食事づくりを心がけています。

その他のイベント

手作り味噌、干支の羽子板、花のアレンジメントなど季節のイベント、RoCoCoの講師や地域で活躍されている方のコンサートや健康講座、教養講座など生活を豊かにしてくれるイベントを実施。クリスマスには、クリスマス・フェアーを開催し、手作りの手芸品や食品を販売します。会員になって頂くと購入は勿論の事、出品もして頂けます。例年、多くの会員さんの作品が所せましと会場に並びます。

ボランティア活動

地域の皆さまとがん患者さんのためのタオル帽子作りをしています。出来あがった帽子は神戸中央病院にお送りし、たくさんのがん患者に喜んでいただいてます。

以前の活動場所に比べて、当サロン室は、道路に面して階段もなく、高齢者が安心して参加でき、お部屋も明るく、活動の様子が往来される近隣の皆さまからご覧いただくことができます。部屋はカウンターで仕切られていてランチやお茶を配膳しやすく、スタッフとして働く側から見ても多くの利点があります。活動の幅が広がりセンターを利用させていただけることを嬉しく思っています。昨年9月に移転してから、新たに「おやじカフェ」と「カレーカフェ」をスタートさせました。

地域の皆様のお役に立ちたいと立ち上げたRoCoCoですが、7年間試行錯誤でやってきた末、気がつけば我々スタッフが折に触れ、皆さまに励まされ、力づけて頂いてきたように思われます。このように恵まれた場所をお借りして活動出来るようになった上は8年目に向けて、センターで活動されているグループの皆さまと連携しながら、地域の課題を見つけて、より多くの仲間を増やし、より居心地の良い『地域のリビング』作りに励んで行きたい所存です。

皆さまのより一層のご協力をお願い致します。私たちの活動をご理解いただき、ご尽力くださった、館長さんや、監事の皆さん、センターのスタッフの皆さんにこの場を借りてお礼申し上げます。

▲ Rococo羽子板イベント

カフェランチ▼

※当センターへの寄附金は、①所得控除または②税額控除が受けることができます。賛助会費、六甲奨学基金募金の両方に適用されます。詳しくはセンターにお問い合わせください。

(公財)神戸学生青年センター賛助金　2015.12.1～2016.3.31（敬称略・単位円）

片山憲明 3,000
服部待 3,000
李周鎬・陽平・由紀 5,000
岩崎謙 10,000
すぎなコーラス 3,000
上野利恵子 3,000
住友千代子 2,000
中村英之 3,000
若島礼子 3,000
三木鎌吾 5,000
稲田登 20,000
神戸女声合唱団 10,000
五十嵐広司・紀子 3,000
瀬戸口雅子 5,000
梶原由美子 5,000
羽下大信 5,000
中村証二 3,000
川勝浩 5,000
厚地勉 3,000
無名氏 10,000
川辺比呂子 3,000
山下昌子 3,000
山下裕 3,000
坂井永利 3,000
小川幹雄 5,000
高橋弥生 5,000
白珠相 10,000
柏崎千佳子 5,000
寺本躬久 3,000
森哲二 3,000
片桐陽 5,000
西田裕 3,000
西八條敬洪 2,000
加輪上敏彦 5,000
林祐介 3,000
蒋点桓 3,000
本條忠應 3,000
金野昌子 5,000
児玉主恵 20,000
武藤迪子 5,000
足立龍枝 3,000
宮沢之祐 3,000
倉持龍一 3,000
安堂和夫 5,000
谷井尚子 3,000
殿平真彦 3,000
小泉勇治郎 3,000
越智清光 3,000
登尾明彦 3,000
田中義信 3,000
齋藤洋子 3,000
藤井とも子 50,000
大津留厚 3,000
東浦文子 3,000
高田秀峰 2,000
水野雄二 5,000
中塚明 3,000
徐聖寿 3,000
鹿野幸枝 3,000
小松匡位 10,000
門倉和子 5,000
大槻直子 3,000
ひつじ書房松本功 10,000
田中満 3,000
久野綾子 3,000
高木ジツ子 3,000
尾形淳 3,000
中川慎二 5,000
水谷俊平 25,000
斎藤光国 3,000
田添禧雄 3,000
吉田敏子 3,000
下西ユキヨ 3,000
枡田計雄 5,000
岩田将巳 3,000
千葉宣義 5,000
高光重 10,000
頌栄短期大学宗教部 3,500
北村良子 3,000
猪八戒 3,000
朴京守 1,000
鈴木道也 3,000
井上力 10,000
井上みち子 5,000
加藤由美子 3,000
梶谷懐 5,000
ロバート圭子ウイットマー 10,000
根津茂 3,000
小川政亮 3,000
徐正禹 3,000
太田稔 3,000
熊谷泰世 10,000
八木晃介 3,000
村瀬義史 3,000
亀田彩子 3,000
中道澄春 3,000
田原憲平 5,000
島田恒 10,000
田中宏明 1,000
米澤隆 10,000
宋連玉 3,000
藤江新次 3,000
蒔田由紀子 3,000
上田勝彦 2,000
下村安男・幸子 5,000
山西伸史 3,000
藤井道雄 3,000
岡部眞理子 3,000
平田典子 3,000
丸山晶子 5,000
保田茂 5,000
特定非営利活動法人福祉ネット星が丘 3,000
姫野眞美 3,000
大谷隆夫 20,000
井坂弘 3,000
加藤光廣 3,000
大島淡紅子 1,000
康由美 3,000
奈良本まゆみ 3,000
在日大韓基督教会川崎教会 3,000
杉谷あかね 5,000
沼崎佳子 3,000
藤原精吾 3,000
天野隆 3,000
島津恒敏 10,000
名古屋聖ステパノ教会 3,000
柳到亨 5,000
兵庫県有機農業研究会HOAS 10,000
梁壽龍・朴貴玉 3,000
佐野二三雄 3,000
松代東亜子 3,000
西村文雄 3,000
李景珉 5,000
安福和子 5,000
宇野田尚哉 5,000
無名氏 20,000
橋本倫子 3,000
池田瑞枝 5,000
関西学院宗教活動委員会 10,000
藤原栄子 5,000
小林直哉 5,000
神港教会 10,000
栗本敬一郎・陽子 3,000
日本基督教団宝塚教会 3,000
窪田実美 5,000
呉充功 3,000
神戸雲内教会 5,000
神戸多聞教会 10,000
中川正広 2,000
山内小夜子 3,000
無名氏 170,401
無名氏 106,496
六渡和香子 5,000
福島俊弘 3,000
信長正義 3,000
信長たか子 3,000
在日大韓基督教会
小倉教会 5,000
辻建 5,000
飛田雄一 10,000
菅根信彦 10,000
中原眞澄 3,000
牧野悦、原野直美 50,000
光葉啓一 3,000
足立康幸 10,000
河瀬幸子 3,000
杉田年章 3,000
波戸雅幸 10,000
山本常雄 3,000
石打謹也 3,000
高作先生と学ぶ会 4,000

計 170件　1,178,397円
以上感謝をもって領収いたしました。

賛助金ご協力のお願い

●賛助会費：一口 A3,000　B5,000　C10,000
※いずれも一口を単位としますが、何口でも結構です。
※送金方法
郵便振替〈01160-6-1083 公益財団法人 神戸学生青年センター〉
備考欄に「賛助金」とお書きください。
銀行振込 三井住友銀行 六甲支店 0779663
公益財団法人 神戸学生青年センター 賛助金

六甲奨学基金　2015.12.1～2016.3.31（敬称略・単位円）

片山憲明 3,000
金亨妹 10,000
岩崎謙 10,000
無名氏 560
若島礼子 3,000
今井眞理 5,000
荒内直子 3,000
高橋弥生 5,000
柏崎千佳子 5,000
福田英俊 3,000
山崎昌子 5,000
片桐陽 5,000
加輪上敏彦 5,000
無名氏 100,000
児玉主恵 10,000
中西美江子 3,000
武藤迪子 5,000
谷井尚子 3,000
加藤克子 3,000
葛谷登 5,000
門倉和子 5,000
大槻博司 5,000
ひつじ書房松本功 10,000
中川慎二 5,000
水谷俊平 25,000
坂元ひろ子 5,000
中畠孝幸 10,000
奥野葉津紀 5,000
高光重 10,000
今村直 3,000
枡田計雄 5,000
水野明代 3,000
田口恵美子 3,000
武谷なおみ 5,000
青木京子 3,000
由良佐知子 3,000
岩本光雄 6,000
前田美巳代 3,000
兪漢子 3,000
松下宜且 10,000
康由美 3,000
岡本典子 3,000
荒井とみよ 3,000
松下宜且 10,000
大槻小百合 3,000
関西学院宗教活動委員会 18,000
窪田実実 5,000
なんやか屋 500
松下宜且 10,000
小野光子 10,000
辻建 5,000
なんやか屋 1,200
瀬口郁子 10,000
石川明美 1,000
河瀬幸子 3,000
松下宜且 10,000
波戸雅幸 5,000
石原務 10,000

計 58件　429,260円

六甲奨学基金ご協力のお願い

●賛助会費：一口 A3,000　B5,000　C10,000
※いずれも一口を単位としますが、何口でも結構です。
※送金方法
郵便振替〈01160-6-1083 公益財団法人 神戸学生青年センター〉
備考欄に「奨学金」とお書きください。
銀行振込 三井住友銀行 六甲支店 0779651
公益財団法人 神戸学生青年センター 六甲奨学基金

毎月募金会計　52,000 円（千円:菱木康夫、金早雪、高仁宝、信長正義、信長たか子、藤田寿え子、加畑和子、飛田雄一、二千円:福田菊、三千円:白川豊）
古本市による協力　1,718,431円　　総計 2,199,691円
以上感謝をもって領収いたしました。

セミナーの記録　2015.12.1～2016.3.31

農塾

12月13日「たんばのはたけ太田光宣農場見学」太田光宣

六甲奨学基金

日本語サロン　毎週月・土曜日
12月19日日本語サロン交流会
3月15日～5月15日第19回古本市

韓国料理教室

林賢宜さん
1月30日たらこ入りチゲ（アルタン）/かぼちゃの五米詰め（タンホク）
3月14日ききょうの根の生菜（トラジ生菜）/ごぼうのヂョン（チヂミ）

朝鮮語・韓国語講座

初級　毎週水曜日　朴玲実さん
中級　毎週火曜日　張京花さん
上級　毎週木曜日　禹昭娟さん
会話クラス　毎週金曜日午前　林賢宜さん

韓国語手話講座

10月19日～2月15日（全10回）
アンダンテ　サンヨンさん

食料環境セミナー

465回12月16日「和食の魅力と、次世代に継承することの意義」的場輝佳さん
466回1月27日「自由化だ、電気を選ぼう!」朴勝俊さん
467回2月24日「食品ロースとフードバンク活動」浅葉めぐみさん
468回3月23日「東日本大震災から5年、福島の今」荒木田岳さん

土曜ランチサロン

12月19日「アテネとエーゲ海の島の歩き方」矢萩桃骨さん
1月16日「ベトナム・ホーチミンの歩き方―お正月―」Nguyen Dang Thien Kimさん
2月20日「台湾の歩き方―お茶日記―」宮田健一さん
3月19日「韓国の歩き方―お正月の風景―」丁經凡さん

その他のセミナー・行事

12月4日神戸大学YMCA「神戸マスクワイア・クリスマスゴスペルコンサート」（後援）
12月7日ケーキ教室「かぼちゃのプリン」林榮太郎さん
12月11日神戸南京をむすぶ会「笠原十九司さん講演会」笠原十九司さん（後援）
12月19日高作先生と学ぶ会「国と沖縄県との裁判―代執行と抗告訴訟の行方―」高作正博さん（共催）
1月16日高作先生と学ぶ会「安保法制定後の民主主義―市民運動の課題―」高作正博さん（共催）
1月25日外国人とのコミュニケーションのための「やさしい日本語」福井武司さん
1月25日「日本と原発4年後」上映会
3月18日神戸YWCAピースブリッジ「生きにくい社会の構造―安保、TPP、そして食」藤原辰史さん（共催）

六甲奨学基金・古本市

ことしで第19回。今年の多くの提供者、お客様、ボランティアに支えられ盛況です。4月4日までに約67500冊の本が寄せられ、185万円を売り上げています。文庫新書児童書100円、単行本300円。平均130円と推定すると14230冊売れたことになります。2016年度の奨学生は7名、目標は420万円です。本を買いに来てくださ〜〜い。5.15まで9:00〜22:00、休みなしです。ボランティア募集中!!

KOBE Mass Choirゴスペルコンサート

毎年恒例の神戸大学YMCA主催のコンサートです。小さい子どもがたくさん参加するとてもいい雰囲気のコンサートです。今年は、12月9日に決まりました。神戸大学YMCAは、6月には宮下規久朗先生の講演会も開いています。今年は、6月11日(土)11:00〜12:30、テーマは、「マグダラのマリアの美術－悪女から聖女へ」、参加費無料です。この日は終了後に近くのレストランで神戸大学YMCAの同窓会が開かれます。

ゴスペルコンサート 15.12.4

外国人とのコミュニケーションのための「やさしい日本語」講座

福井武司さん(神戸YWCA学院日本語コース副主任講師)を講師に開催しました。外国人とコミュニケーションを図るためにその国の言葉を学ぶのも大切ですが、この「やさしい日本語」がもっと大切だと思いました。後半は、留学生にも来ていただいて実践編もありました。目からうろこの講座でした。

映画「日本と原発 4年後」上映会

1月25日(月)兵庫教区被災者生活支援・長田センター等と共催で開催しました。

韓国・朝鮮語講座

引き続き4クラスに29人が勉強しています。講座は1975年から始まり、今期より41年目にはいります。5月14日(土)午後6時から記念パーティを開きます。ゲスト歌手は、むくげの会会員で神戸韓国領事館カラオケ大会優勝の大和泰彦さん。コンサートとキムチチゲで盛り上がります。参加費1500円。歴代の先生方、生徒さんたち、是非ご参加ください。

高作先生と学ぶ会

1月16日、「安保法制定後の民主主義－市民運動の課題－」をテーマにひらかれました。2月以降自主勉強会を開きましたが、5月から先生を迎えての勉強会再開です。

韓国語手話講座

2月に2015年度の講座を終了しました。2016年度にも継続します。新しく参加する方には、補講でカバーするような体制でのぞみます。おそらく日本唯一の市民講座です。韓国ろうあ者と交流がしたい方、韓国ろうあ者の観光案内をしたい方など、ぜひ参加ください。

神戸・南京をむすぶ会講演会

笠原十九司さんを招いて「海軍の日中戦争―アジア太平洋戦争への自滅のシナリオ―」を開催しました。同会(センター内)は、毎年夏に南京ともう1か所を訪問しています。今夏は20回目の訪中です。8.13〜20、南京と拉孟を訪問します。拉孟は、中国の南西部、日本軍の「拉孟作戦」が知られています。

笠原十九司さん 15.12.11

食料環境セミナー

12月は「和食の魅力と、次世代に継承することの意義」的場輝佳さんで、食育の現場で、ユネスコ無形文化財に登録された和食は私たちが生まれ育ったふるさとの料理で、栄養バランスに優れた健康的な食生活を可能にすることを再確認させて頂きました。1月は「自由化だ、電気を選ぼう!」朴勝俊さんで、4月から始まる電力市場自由化に向けて、消費者がどのように電力会社を選ぶのが可能か、電力市場自由化によって何が変わるかについて海外の事例を加えって説明して頂きました。2月は「食品ロースとフードバンク活動」浅葉めぐみさんで、まだ美味しく食べられるのに、廃棄されている食品を引き取り、いろいろな理由でその日の食べ物にも困っている人達や支援を必要とする人たちを支える福祉施設や団体に無償で分配する活動や「食のセーフティネット」としての活動についてお話を伺いました。3月は「東日本大震災から5年、福島の今」荒木田岳さんで、原発事故から5年が過ぎた現在、福島の様子として「地元の声」が取捨選択・特権化される問題や、脱原発と脱被ばくの微妙な差異などについてお話し頂き、一緒に考える時間を頂きました。

的場輝佳さん 15.12.16　朴勝俊さん 1.27　浅葉めぐみさん 2.24　荒木田岳さん 3.23

土曜ランチサロン

12月「アテネとエーゲ海の島の歩き方」矢萩桃骨さん、1月「ホーチミンの歩き方(お正月)」Nguyen Dang Thien Kimさん、2月「台湾の歩き方(お茶日記)」宮田健一さん、3月「韓国の歩き方(お正月の風景)」丁經凡さんにお話していただきました。12月は講師自作の懐かしいアナログスライドを使ってのお話、ちょうど旧正月の時期だったので、1月と3月はお正月の過ごし方を聞くことができました。2月はおいしい台湾茶をいただきながらの会となりました。お話のあとのお弁当を食べながらの歓談タイムもいろんな話がとびかって楽しいです。みなさんのご参加お待ちしています。

矢萩桃骨さん 15.12.19　Nguyen Dang Thien Kimさん 1.16　宮田健一さん 2.20　丁經凡さん 3.19

林賢宜さんの韓国料理教室

林賢宜さんの料理教室は2年目に突入。毎回おなかいっぱいになって終了?します。林賢宜先生の丁寧な説明と豊富なレシピが魅力の教室で、春以降も継続します。次回のメニューはなんでしょう?気になられた方はチラシをご覧ください。ご参加お待ちしています。

林賢宜さん教室風景 1.30　メニュー全体 3.14

定期利用

グループ・教室のご案内

◆六甲トレーニングサロン……………… 月曜日・前9〜12:00 前田先生 0797-35-5588

◆からむい会(絵更紗)……………… 第1・3月曜、第2・4木曜・後1〜5:00 蔭村先生 0797-31-1798

◆すぎなコーラス……………… 月曜日・前10〜12:00 連絡先・八尾 078-851-2485

◆神戸女声合唱団……………… 金曜日・前10〜12:00 連絡先・岡 邦子 078-291-0855

◆創作アップリケ……………… 第2・4月・金曜日・前10〜12:00 柏原先生 078-821-4632

◆ノイエカンマーコール(混声コーラス)…… 土曜日・後6〜9:00 連絡先:池田 078-936-0123

◆ヨガ体操……………… 火曜日・前9:30〜12:00 廣瀬先生 078-851-8851

◆アトリエ太陽の子(児童絵画)……… 木曜日・後1〜5:00 中嶋先生 078-858-7301

◆六甲ボーカル……………… 第1・3木曜日・前10〜12:00 池本先生 078-861-8724

◆こうべこーる恵(コーラス)……… 火曜日・前10〜12:00 連絡先・田附 0798-26-2169

◆ステンドグラス・アトリエとも……… 第2・4木曜・後1〜5:00 幸坂先生 078-582-0644

◆全珠連会員・熊内そろばん六甲教室…… 火曜・後3〜9:00、土曜・後1〜4:00 奥野先生 078-241-1095

◆テコンドー……………… 毎週金曜日・後6〜9:00 連絡先・妹尾 090-9846-8241

◆稽践会空手道……………… 毎週月曜日・後4〜10:00 連絡先・藤本 078-842-5669

◆すずめの学校(ニューヨークタイムズ紙を読む会)… 第2・4水曜日 前9:00〜12:00 連絡先・前田 078-802-4068

◆前田書道会……………… 火曜日・前9〜後5:00 連絡先・前田先生 078-385-1650

◆音楽の杜(リトミックピアノ教室)………… 土曜日・前9〜後5:00 連絡先・桂先生 078-891-3419

◆公文六甲書写教室……………… 日曜日・前9〜後2:00 登城先生 090-3992-2360

◆Rokko kids English Club……… 木・金 幼稚園クラス・親子クラス LaurenceDrew先生 連絡先・山本 070-5509-4403

お問合せやお申込は、各グループ・教室に直接ご連絡ください。

神戸学生青年センター
センターニュース
KOBE STUDENT YOUTH CENTER NEWS No.91

No.91
発行所　(公財)神戸学生青年センター
理事長　保田　茂
館　長　飛田　雄一

〒657-0064　神戸市灘区山田町3丁目1-1
TEL(078)851-2760 FAX(078)821-5878
Yamada-cho 3-1-1, Nada-ku
Kobe, 657-0064 Japan
E-mail info@ksyc.jp
URL http://ksyc.jp

学生センターでのさまざまな出会い

センター管理人
大　森　照　輝
（関西学院大学神学部大学院在学中）

去年の10月より管理人としてセンターで寝泊まりをしている、わたくし大森照輝と申します。思いがけない原稿依頼に若干の戸惑いもありますが、せっかくの機会ですので、センターに「寄生」するに至った経緯を少し書かせていただこうかと思います。

＊

わたしは現在、関西学院大学大学院で神学を学んでいます。神学というとあまり聞きなれない言葉なので、何を学ぶところなのかイメージが湧かないかと思います。主な卒業生の進路をご紹介すると、牧師や聖書科の教員、あるいはキリスト教関係の病院チャプレンや社会福祉関連などの分野で活躍されている方が多いかと思います。

わたし自身はといえば、決断するのに13年の月日を費やしましたが、卒業後の進路として牧師になることを志しています。ちょうど今年度が卒業の年にあたるので修士論文を執筆しなければならないのですが、これがなかなか…。本当に卒業できるのかどうか、もしかすると来年の4月になってもセンターに住んでいるかもしれません。その時はどうぞよろしくお願いします。

高校を卒業するまでは、ずっと京都に住んでいました。太秦は有名なのでみなさん知っておられると思いますが、その他にも北野白梅町や競技場で有名な西京極など幾つかの地域を転々としました。現在、実家は西京極にあります（5人兄弟の長男です）。

ちなみに、さらに出身を遡ると両親ともに在日の家系にあたりまして、わたしは3世（2.5世？）になります。韓国の故郷は慶尚南道にある南海（ナメ）という地域なのですが、まだ実際に訪れたことはありません。わたしたちの家系は許という名字なのですが、一説によれば、もともとのルーツは河南省の許昌という地域にいた許族というのがこの姓の発祥だと耳にしたことがあります。本当か嘘かよく分からないんですが（もしご存知の方がおられれば教えて欲しいです）、いつか自分のルーツを辿る旅をしてみたいなとひそやかな夢を持っています。

＊

さきほど、進路を決めるのに13年かかったと記しましたが、そこらへんのことをちょっと書きたいと思います。

大学は現在と同様、関学の神学部に在籍していました。普通、大学というのは4年で卒業ということになっていますが、わたしの場合、卒業するのに7年もかかってしまったんですね。というのも、2006年から2008年にかけて2年間休学をしていまして、休学中になにをしていたかというと、長崎県は佐世保市にあるLOGKITというハンバーガー屋さんで修行をしていました。佐世保での修行生活は1ヶ月ぐらいだったかな？修行といっても大したものではありませんが、佐世保のお店で技術を学んだあと、京都駅ビルに新しくできたフランチャイズ店で2年間正社員として働きました。

当時大学の学びにあまり魅力を感じなかったことと、あと父の病気というのも相俟って、正直大学を辞めようと考えていました。ですが、両親や周りの説得もあり、また休学期間中の経験が功を奏しまして、もう一度復学してみたいという思いに至り大学に戻りました。幸い父も快復し、その後1年間留年をしてしまいましたが、無事卒業することができました。本当に自分のことを思ってくれている人の声というのはすごく大切ですね。復学に際して、そのことを強く感じさせられました。

大学卒業後は、院に進むか就職するかで悩んでいたのですが、優柔不断な性格もありまして、あまりにもぎりぎりまで悩んでしまい、結局就職活動もせず院にも進まず、空手で京都の実家に戻りました。ですが運よく、たまたま近くにあったニトリで働かせていただくようになり、そこで2年間「お、値段以上♪」な商品を陳列したり販促したりしていました。その後も、転職しようかどうかなど考えていたんですが、なんとまぁ30歳を目前にして大学院に戻ってきたという始末になりまして…。いやはや、人生いろいろありますな～。

＊

最近ではようやく持病のモラトリアム症候群も影を潜めまして、再度社会に出ていく準備が整いつつあるかなぁといった感じです。お陰様でセンターでの生活はすごく充実していて、まるで背中に羽が生えているかのように日中韓を飛び回っておられる飛田館長をはじめ、都築さん、パクさん、黒田さん、丁さん、またいつも親しく接してくださる利用者のみなさまにお世話になりながら、楽しい日々を過ごさせていただいています。

特に人との交流という点では、このセンターはほんとに多種多様な方々が利用されているので、もう出会いの宝庫というか。わたし神戸に住むのは初めてだったので全く知り合いがいなかったのですが、ここに住み始めて名前を覚えきれないぐらいの人と出会わせてもらいました。容量が足りてないぐらいです。

そんなこんなでこの一年間はあっという間に過ぎてしまい、卒業まで残すところあと僅かの期間しか残っていませんが、これまでにお知り合いになった方、これからまた新たにお会いする方も含め、今後ともどうぞ宜しくお願いします。

※当センターへの寄附金は、①所得控除または②税額控除が受けることができます。賛助会費、六甲奨学基金募金の両方に適用されます。詳しくはセンターにお問い合わせください。

(公財)神戸学生青年センター賛助金　2016.4.1～2016.8.31（敬称略・単位円）

久保惠三郎 3,000
中村証二 3,000
伊藤清美 3,000
飛田雄一 10,000
板山眞由美 3,000
中勝博志 5,000
根津茂 3,000
吉田方則・真理 5,000
無名氏 3,000
田所蛙治 3,000
都藤清美 2,000
前川純一 5,000
石本百合子 3,000
中松美智子 3,000
林祐介 3,000
山根貞夫 2,000
菊池桃子 3,000
長瀬春代 3,000
瓜生隆宏 3,000
山崎清 3,000
安井三吉 3,000
杉山博昭 3,000
中井太郎 3,000
田原良次 3,000
中山一郎 5,000
鶴崎祥子 5,000
元正章 3,000
西八條敬洪 2,000
登尾明彦 3,000
中道澄春 2,000
米谷収 3,000
岡内克江 3,000
井上太惠子 3,000
相澤亮太郎 10,000
金野昌子 5,000
兵頭晴喜 3,000
橋本倫子 3,000
中村順子 3,000
鈴木誠也 3,000
森地重博 5,000
梶谷懐 5,000
木下律子 3,000
株式会社三原組 10,000
徐龍達 3,000
佐野信三 3,000
呉寿恵 3,000
島津恒敏 5,000
中村大蔵 3,000
李英相 3,000
大田美智子 3,000
武藤迪子 5,000
高正子 5,000
平田昌司 5,000
伊藤悦子 3,000
加輪上敏彦 5,000
嘉本伊都子 3,000
センターグループ 5,000
島村敬子 3,000,000
泉迪子 2,000
馬屋原晋治 3,000
河野敬 10,000
宇都宮佳果 3,000
趙博 3,000
柳到亨 5,000
有限会社影山製油所 10,000
徐正禹 3,000
谷井尚子 3,000
朴京守 1,000
荒川純太郎 3,000
原田紀敏 5,000
枡田計雄 5,000
二宮博行 3,000
照井八重子 3,000
川崎紘平 3,000
野澤祥子 3,000
山田保 10,000
四方田文夫 3,000
源じゅんこ 3,000
前田ひろ子 3,000
藤村洋 3,000
近藤富男・幸子 5,000
森田豊子 5,000
足立龍枝 3,000
藤江新次 3,000
大高全洋 3,000
片山憲明 3,000
木村健二 3,000
山口朝子 3,000
中野貞弘 3,000
飛田悦子 5,000
原野和雄・直美 5,000
若田晴子 3,000
中道基夫 10,000
大島淡紅子 1,000
兪正根 3,000
加藤由美子 3,520
坂口えみり 3,000
西脇鈴代 5,000
永井満 2,000
青野正明 3,000
NGO自敬寺
服部隆志 3,000
手束光子 3,000
丸山茂樹 3,000
吉沢文寿 3,000
久保美代子 3,000
薬師寺小夜子 3,000
朝浩之 5,000
黒田薫 3,000
金山次代 3,000
永宮彌生 3,000
砂上昌一 3,000
明石教会 4,000
無名氏 2,000
(有)宜昌 10,000
元町HDクリニック
申曽洙 5,000
韓国ドゥレ生協 10,000
金平雄 2,000
市橋泰子 3,000
辻川敦 3,000
寺下賢志 3,000
高作先生と学ぶ会 4,000
栢下芳郎 3,000
松田道子 3,000
張京花 3,000
金世徳 3,000
酢屋善元 3,000
無名氏 500,000
森田勇真 1,000
全芳美 10,000
岩崎謙 20,000
室田卓雄 3,000
保田茂 5,000
山本常雄 3,000
野々村耀 5,000
巽良生 3,000
菊谷裕洋 5,000
三木鎌吾 5,000
すぎなコーラス 3,000
小田諭 3,000
古川文月 20,000
小林るみ子 3,000
不思議なクニの憲法 1,660
小笠原正仁 3,000
崔博憲 3,000
宇野田尚哉 5,000
神戸女声合唱団 10,000
八尾佳子 5,000
プルンクム高校 20,000
今田裕子 3,000
神戸栄光教会
野田和人 5,000
田中宏明 500
金俊行 50,000
細野恵久 3,000
東晃司 3,000
田添禧雄 3,000
横川修 10,000
迫田耕作 3,000

計 157件
4,193,680円
以上感謝をもって領収いたしました。

賛助金ご協力のお願い

●賛助会費：一口 A3,000　B5,000　C10,000
※いずれも一口を単位としますが、何口でも結構です。
※送金方法
郵便振替〈01160-6-1083 公益財団法人 神戸学生青年センター〉
備考欄に「賛助金」とお書きください。
銀行振込 三井住友銀行 六甲支店 0779663
公益財団法人 神戸学生青年センター 賛助金

六甲奨学基金　2016.4.1～2016.8.31（敬称略・単位円）

田中ハル子 3,000
愼英弘 10,000
飛田雄一 10,000
吉田方則・真理 5,000
無名氏 3,000
前川純一 5,000
石本百合子 3,000
中川慶子 3,000
井上淳子 3,000
田原良次 3,000
前田美巳代 3,000
牛尾武博 5,000
森地重博 5,000
無名氏 5,000
武藤迪子 5,000
高橋治子 3,000
山名行夫 3,000
高木ジツ子 3,000
平田昌司 5,000
中川一夫 3,000
加輪上敏彦 5,000
嘉本伊都子 3,000
田口恵美子 3,000
谷井尚子 3,000
原田紀敏 5,000
枡田計雄 5,000
渡部昌子 3,000
水野明代 3,000
山田保 3,000
四方田文夫 3,000
大谷紫乃 5,000
近藤富男・幸子 5,000
片山憲明 3,000
葉宜苑 10,000
松下宜且 10,000
無名氏 10,000
李昇燁 10,000
薬師寺小夜子 3,000
長瀬三千子 3,000
なんやか屋 700
松下宜且 10,000
徐翠珍 3,000
三田登美子 3,000
無名氏 3,000
金世徳 3,000
駒形愛子 3,000
無名氏 500,000
今井眞理 3,000
松下宜且 10,000
近澤淑子 3,000
松下宜且 10,000
兼崎暉 5,000
林みち代 5,000
松下宜且 10,000

計 54件
754,700円

六甲奨学基金ご協力のお願い

●賛助会費：一口 A3,000　B5,000　C10,000
※いずれも一口を単位としますが、何口でも結構です。
※送金方法
郵便振替〈01160-6-1083 公益財団法人 神戸学生青年センター〉
備考欄に「奨学金」とお書きください。
銀行振込 三井住友銀行 六甲支店 0779651
公益財団法人 神戸学生青年センター 六甲奨学基金

毎月募金合計 65,000円（千円:菱木康夫、金早雪、高仁宝、信長正義、信長たか子、藤田寿え子、加畑和子、飛田雄一、二千円:福田菊、三千円:白川豊）
古本市による協力 2,443,829円　総計 3,263,529円
以上感謝をもって領収いたしました。

セミナーの記録　2016.4.1～2016.8.31

食料環境セミナー

469回4月27日「資本主義から農本主義者へ」宇根豊さん
470回5月25日「家庭でできるエネルギーの選び方・作り方」鈴木靖文さん
471回6月22日「温暖化を防ぐ快適省エネ生活」鈴木靖文さん
472回7月27日「生物多様性とヒトの健康を脅かす農薬」岡田幹治さん

朝鮮史セミナー

5月20日記録作家林えいだいドキュメンタリー映画「抗いの記」上映会
6月10日「ハンセン病元患者家族として一国家賠償訴訟を訴えて一」黄光男さん
6月21日「アリラン2003」上映と講演の会　李喆雨さん

現代キリスト教セミナー

7月8日「現代社会におけるキリスト教の役割」白波瀬達也さん

朝鮮語・韓国語講座

初級　毎週水曜日　朴玲実さん
中級　毎週火曜日　張京花さん
上級　毎週木曜日　安在善さん
会話クラス　毎週金曜日午前　林賢宜さん

韓国語手話講座

4月25日～7月11日（全10回）
アンダンテ・サンヨンさん

林賢宜さんの韓国料理教室

4月2日 はるさめのチャプチェ他
5月7日 ニラチヂミ他
6月4日 ビビンバ他

7月2日 うずら卵とスネ肉の煮込み他

近藤貴水さんの自然農・有機栽培で作られた素材を使って作る料理教室

4月30日 卵をつかわないオムライス他
5月28日 厚揚げの梅南蛮漬け他
6月25日 大麦麺のとんこつ風ベジラーメン他
7月23日 野菜たっぷりトマトカレー他

六甲奨学基金

日本語サロン　毎週月・土曜日
3月15日～5月15日第19回古本市

土曜ランチサロン

4月16日「中央セルビアの歩き方」ヴェーリコ・ナースティッチさん
5月21日「イギリス・湖水地方の歩き方ーピーターラビットの世界ー」市橋泰子さん
6月18日「ミクロネシアの歩き方ーミクロネシアの平和って？ー」野村麻裕さん

7月16日「中国・青州の歩き方」賈新光さん

その他のセミナー・行事

5月14日多文化と共生社会を育むワークショップ「韓国のお茶会」な・すんじゃさん（共催）
5月28日「二院制の意義と機能」高作正博さん（共催）
6月11日神戸大学YMCA「マグダラのマリアの美術」宮下規久朗さん（後援）
6月9日～15日RoCoCo活動パネル展/いきいきコンサート
6月25日「報道の自由と放送制度の問題点」高作正博さん（共催）
7月2日～3日高作先生と学ぶ会「不思議なクニの憲法」上映会（共催）
7月10日「ホームランが聞こえた夏」上映会
7月23日「選挙結果を受けて」高作正博さん（共催）

六甲奨学基金・2016年度奨学生

2016年度は、7名のアジアからの留学生に奨学金を支給しています。返済不要、月額5万円、総額420万円です。今年の古本市、420万円を目標に掲げましたが、392万円でした。

古本市 3.15～5.15　授与式、奨学生と運営委員 4.25

朝鮮語・韓国語講座42年目のパーティ＆大和泰彦さんミニコンサート

みなでキムチチゲを食べ、大和さんのステキな歌を聴きました。朝鮮語講座の生徒や自主クラスの方々、卒業生の先輩もたくさん参加していただき楽しい時間をすごすことができました。

後期の講座も、10月にスタートします。

大和泰彦さん 5.14

展覧会ふたつ

①栗須久美子「藍と古裂れのキルト展」

小品から畳1畳を越える大作まで、さまざまな作品がロビーをうめつくしました。来館されるお客様がみなじっくりとご覧になっているのが印象的でした。

藍と古裂れのキルト展 6.18～24

②川部真稔「境界を描く」展

若者に人気のイラストです。参加型イベント「顔を描いてみよう」もあり、「アゴは小さく描いた方がかっこいい」などなど、にぎやかなワークショップでした。

川部真稔さん 8.21～28

現代キリスト教セミナー

「現代社会におけるキリスト教の役割ー移住労働者・ホームレス支援の活動からー」をテーマに、白波瀬達也さん（関西学院大学社会学部准教授）にご講演いただいた。それぞれの団体の活動を、宗教性の強弱、行政との距離の遠近（?）などから事例研究および分析がとても新鮮でした。

白波瀬達也さん 7.8

高作先生と学ぶ会

第3ラウンドが5月から始まりました。高作正博先生は関西大学教授、憲法がご専門です。

「二院制の意義と機能ー参議院不要論を考える」「報道の自由と放送制度の問題点」「選挙結果を受けてー今後の政治日程?!そして私たちにできること」と7月まで3回開かれました。9月以降も続きます。学校で学ぶことのできなかった憲法の連続講義をみんなで聞いています。

高作正博さん 7.23

「不思議なクニの憲法」上映会

ドキュメンタリー映画「不思議なクニの憲法」の上映会を開きました。高作先生と学ぶ会と学生センターの共催でした。いま、「憲法」がまさに問われています。映画会のあと意見交換会をもちました。

多文化と共生社会を育むワークショップ

お茶会シリーズ第4弾「韓国のお茶会」を5/14に開催しました。講師は京都在住のな・すんじゃさん。韓国の伝統菓子シルトッは自然な甘さがあり美味でした。お茶のお話だけでなく、韓国料理の特徴などもお話いただき、楽しい会になりました。

な・すんじゃさん 5.14

食料環境セミナー

4月は宇根豊さんから、農本主義は「農こそが、社会を土台で支えている」という主張であることや、過疎の村や耕作放棄地をこれ以上増やさない、天地自然の共同体の風景を守るためにも農本主義の考え方の大切さについて説明していただきました。

5月・6月は鈴木靖文さんより、「家庭でできるエネルギーの選び方・作り方」と「温暖化を防ぐ快適省エネ生活」というテーマで、電気の選び方に加えて、「かしこい使い方」を合わせて考えるとより効果的であることや、毎日の生活の中で具体的にどうすれば省エネ生活が実現できるかについて幅広く説明していただきました。

7月は岡田幹治さんより、「生物多様性とヒトの健康を脅かす農業・ネオニコチノイド系農薬を例に-」で、ネオニコチノイド系農薬の特徴や生態系と人の健康への影響、世界の動きや日本の行政の対応について分かりやすく説明していただきました。

宇根豊さん　鈴木靖文さん　岡田幹治さん

土曜ランチサロン

毎月第3土曜11時から開催しています。参加費100円（9月～/学生無料）です。9月からも続きます。話してみようかな?と思われる方、お待ちしています。

ヴェーリコ・ナースティッチさん 4.16　市橋泰子さん 5.21　賓新光さん 7.16

朝鮮史セミナー

①「ハンセン病元患者家族として－国家賠償訴訟を訴えて－」講師は、兵庫在日外国人人権協会事務局長の黄光男さん。（ファン・ガンナム）さん。自身の母親が愛生園に収容されたため、孤児院で暮らすことになった。昨年提訴されたハンセン病元患者家族の集団訴訟原告団の副団長もつとめている。静かな語り口だが、元患者家族の苦しみが伝わってきた。ご自身が作詞作曲された「閉じこめられた生命」も歌ってくださった。

②記録作家　林えいだい、ドキュメンタリー映画「抗いの記」の上映会を開催。朝鮮人強制連行研究の先駆者の調査にかける信念、生きざまが記録されていた。

③「アリラン2003」上映会

伝説の名画（1926年作羅雲奎"アリラン"）をご存じでしょうか?今回の上映はそのリメイク版です。李喆雨さん（在日文芸クラブ「アリラン友の会」代表）の講演会とあわせて開催されました。

黄光男さん 6.10　李喆雨さん 6.21

料理教室

自然農・有機栽培で作られた素材を使って作る料理教室全4回を開催しました。講師は「むすび食堂」の近藤貴水さん。マクロビオティックのお話を交えつつ、日々の食事の大切さを学ぶ講座でした。秋には乳製品・卵を使わないマフィン作り講座を予定しています。ぜひご参加ください。

近藤貴水さん 4・30

定期利用

グループ・教室のご案内

- ◆六甲トレーニングサロン……月曜日・前9～12:00　前田先生 0797-35-5588
- ◆からむい会（絵更紗）……第1・3月曜、第2・4木曜・後1～5:00　薮村先生 0797-31-1798
- ◆すぎなコーラス……月曜日・前10～12:00　連絡先・八尾 078-851-2485
- ◆神戸女声合唱団……金曜日・前10～12:00　連絡先・岡 邦子 078-291-0855
- ◆創作アップリケ……第2・4月・金曜日・前10～12:00　柏原先生 078-821-4632
- ◆ノイエカンマーコール（混声コーラス）……土曜日・後6～9:00　連絡先:池田 078-936-0123
- ◆ヨガ体操……火曜日・前9:30～12:00　廣瀬先生 078-851-8851
- ◆アトリエ太陽の子（児童絵画）……木曜日・後1～5:00　中嶋先生 078-858-7301
- ◆六甲ボーカル……第1・3木曜日・前10～12:00　池本先生 078-861-8724
- ◆こうべこーる恵（コーラス）……火曜日・前10～12:00　連絡先・田附 0798-26-2169
- ◆ステンドグラス・アトリエとも……第2・4木曜・後1～5:00　幸坂先生 078-582-0644
- ◆全珠連会員・熊内そろばん六甲教室……火曜・後3～9:00、土曜・後1～4:00　奥野先生 078-241-1095
- ◆テコンドー……毎週金曜日・後6～9:00　連絡先・妹尾 090-9846-8241
- ◆稽践会空手道……毎週月曜日・後4～10:00　連絡先・藤本 078-842-5669
- ◆すずめの学校（ニューヨークタイムズ紙を読む会）…第2・4水曜日 前9:00～12:00　連絡先・前田 078-802-4068
- ◆前田書道会……火曜日・前9～後5:00　連絡先・前田先生 078-385-1650
- ◆音楽の杜（リトミックピアノ教室）……土曜日・前9～後5:00　連絡先・桂先生 078-891-3419
- ◆公文六甲書写教室……日曜日・前9～後2:00　登城先生 090-3992-2360
- ◆Rokko kids English Club……木・金 幼稚園クラス・親子クラス　LaurenceDrew先生　連絡先・山本 070-5509-4403

お問合せやお申込は、各グループ・教室に直接ご連絡ください。

※当センターへの寄附金は、①所得控除または②税額控除が受けることができます。賛助会費、六甲奨学基金募金の両方に適用されます。詳しくはセンターにお問い合わせください。

(公財)神戸学生青年センター賛助金　2016.9.1〜11.30(敬称略・単位円)

島田誠	3,000	朴京守	1,000	梁勝則	10,000	小泉勇治郎	3,000
飛田みえ子	5,000	無名氏	500,000	小松道子	1,000	白珠相	10,000
天野純代	3,000	瀬戸口雅子	5,000	山田昭次	5,000	原田紀敏	5,000
鈴木道也	3,000	小山帥人	3,000	田原良次	3,000	牛尾武博	3,000
足立龍枝	3,000	石田米子	3,000	渡辺俊雄	5,000	枡田計雄	5,000
萩原邦子	3,000	林祐介	3,000	八木晃介	3,000	中勝博志	5,000
藤江新次	3,000	神戸国際キリスト教会		金野昌子	3,000	小西信一郎	3,000
兵頭晴喜	3,000	岩村義雄	3,000	永井靖二	3,000	柳到亨	5,000
上田眞佐美	3,000	佐々木基文	3,000	森行雄	3,000	島津恒敏	10,000
西八條敬洪	2,000	中道澄春	2,000	徐正禹	3,000	神田瑞穂	3,000
徐聖寿	3,000	門倉和子	5,000	福島俊弘	5,000	大石恵理子	3,000
尼川洋子	3,000	上田律子	2,000	井坂弘	3,000	島田恒	5,000
中塚明	3,000	久冨伸子	3,000	朴成必	3,000	片山憲明	3,000
谷井尚子	3,000	無名氏	3,000	高橋治子	3,000	小川文夫	3,000
宮本博志	3,000	岡野清	3,000	樺田和也	3,000	田原憲平	5,000
杉田年章	3,000	武田悦子	3,000	山本俊正	5,000	前川純一	5,000
安福和子	5,000	高石留美	3,000	早川良彌	10,000	宗像千代子	10,000

三宅洋介	3,000	小川雅由・寺岸三代子	5,000
辻建	5,000	有田憲一郎	3,000
高作先生と学ぶ会	4,000	横山正代	2,000
横野朝彦	3,000		
砂上昌一	3,000		

計 75件　784,000円
以上感謝をもって領収いたしました。

賛助金ご協力のお願い
●賛助会費：一口 A3,000　B5,000　C10,000
※いずれも一口を単位としますが、何口でも結構です。
※送金方法
郵便振替〈01160-6-1083 公益財団法人 神戸学生青年センター〉
備考欄に「賛助金」とお書きください。
銀行振込 三井住友銀行 六甲支店 0779663
公益財団法人 神戸学生青年センター 賛助金

六甲奨学基金　2016.9.1〜11.30(敬称略・単位円)

高本桂子	10,000	無名氏	5,000	板山眞由美	3,000	辻建	5,000
飛田みえ子	5,000	田原良次	3,000	水野明代	3,000	江本弘子	3,000
谷井尚子	3,000	渡辺俊雄	5,000	山名行夫	3,000	松下宜且	10,000
門野隆弘	5,000	李相垺	10,000	片山憲明	3,000	細川敦子	1,000
楢原賢一郎	3,000	樺田和也	3,000	荒内直子	3,000		
前田美巳代	3,000	原田紀敏	5,000	松下宜且	10,000		
河瀬敦忠	3,000	大島薫	10,000	前川純一	5,000		
田口恵美子	3,000	枡田計雄	5,000	岡﨑道子	10,000		
大田明生	3,000						
井上淳子	3,000						
松下宜且	10,000						
門倉和子	5,000						
小城智子	3,000						
高石留美	3,000						

計 34件　167,000円

毎月募金会計 39,000 円(千円:菱木康夫、金早雪、高仁宝、信長正義、信長たか子、藤田寿え子、加畑和子、飛田雄一、二千円:福田菊、三千円:白川豊)
古本市による協力 69,030円　　総計 275,030円
以上感謝をもって領収いたしました。

六甲奨学基金ご協力のお願い
●賛助会費：一口 A3,000　B5,000　C10,000
※いずれも一口を単位としますが、何口でも結構です。
※送金方法
郵便振替〈01160-6-1083 公益財団法人 神戸学生青年センター〉
備考欄に「奨学金」とお書きください。
銀行振込 三井住友銀行 六甲支店 0779651
公益財団法人 神戸学生青年センター 六甲奨学基金

セミナーの記録　2016.9.1〜11.30

食料環境セミナー

473回9月28日「科学とニセ科学、マイナスイオンから水素水まで」菊池誠さん
474回10月26日「限界集落の再生の取り組みについて－宍粟市一宮町千町－」増田大成さん
475回11月30日「日本型アグロエコロジーをどう考えるか?－Agroecologyと歩んだ三十三年間から」日鷹一雅さん

朝鮮語・韓国語講座

初級　毎週水曜日　朴玲実さん
中級　毎週火曜日　張京花さん
上級　毎週木曜日　安在善さん
会話クラス　毎週金曜日午前　林賢宜さん

韓国語手話講座

10月17日〜12月19日
アンダンテ・サンヨンさん

林賢宜さんの韓国料理教室

9月3日(キュウリの水キムチ・鶏肉と野菜の煮込み)
10月1日(豚肉と酢漬け大根の和え物・あさり入りほうれん草の味噌汁)
11月5日(牛肉と4種の野菜の串焼き・牛肉入り大根のスープ)

現代キリスト教セミナー

10月8日「エキュメニカル運動との出会い－アジアで女性キリスト者が『神学する』ことをめぐって－」藤原佐和子さん
11月25日「信頼とはなにか?」有田憲一郎さん

農　塾

9月23日「農場見学」太田光宣さん・高橋麻美さん・岸下正純さん

六甲奨学基金

日本語サロン　毎週月・土曜日

土曜ランチサロン

9月17日「インドの歩き方」マラ・パンディさん
10月15日「パリのの歩き方〜クールジャパン」フィリップ・キンさん
11月19日「インドネシア・アンボン島第2次世界大戦中の父の足跡をたずねて」玉川侑香さん

その他のセミナー・行事

9月10日高作先生と学ぶ会「『思想犯』取締りの危険は回避されるか－『共謀罪』から『テロ等組織犯罪準備罪』へ?」－高作正博さん(共催)
10月1日兵庫在日外国人人権協会「在日朝鮮人とハンセン病問題」金貴粉さん(後援)
10月2日第59回ちいさなコンサート(後援)
10月13日NPO法人汎太平洋フォーラム「竹島問題と日韓両国の市民社会」アレクサンダー・ブフさん(共催)
10月15日〜23日多賀健太郎展vol.8
10月24日「秋のマフィン祭り」近藤貴水さん
10月22日高作先生と学ぶ会「安倍政権と改憲論の問題性－辺野古・高江・普天間をつなぐ立憲主義の回路－」高作正博さん(共催)
11月7日兵庫県国際交流協会日本語学習支援アドバイザー派遣事業「中上級者のコミュニケーション力を伸ばす実践的な指導」辻村文子さん
11月12日高作先生と学ぶ会「『国民統合』の再検討－『制度』と『人権』の均衡を回復する－」高作正博さん(共催)
11月26日求める会収穫感謝祭

朝鮮語・韓国語講座

今期の朝鮮語・韓国語講座が10月からスタートしております。火曜日の中級クラスを張先生、水曜日の初級クラスを朴先生、木曜日の上級クラスを安先生、いずれも夜7時〜9時まで授業を行っております。金曜日の昼会話クラスは林先生が担当しています。各クラスともに少人数のためいつでも見学が可能です。家族のように温かな雰囲気で楽しく勉強しているセンターの朝鮮語・韓国語講座に参加してみませんか?2017年4月から、久しぶりに入門クラスの開講も予定しております。皆様のご参加お待ちしております。

多賀健太郎絵画展Vol.8

8回目となる絵画展。ロビーの真ん中では多賀さんの製作も続きます。

多賀健太郎絵画展 10.15〜23

神戸学生青年センター センターニュース

KOBE STUDENT YOUTH CENTER NEWS No.92

No.92
発行所 (公財)神戸学生青年センター
理事長 保田 茂
館 長 飛田 雄一

〒657-0064 神戸市灘区山田町3丁目1-1
TEL(078)851-2760 FAX(078)821-5878
Yamada-cho 3-1-1, Nada-ku
Kobe, 657-0064 Japan
E-mail info@ksyc.jp
URL http://ksyc.jp

SCM現場研修と関わらせていただいて

関西労働者伝道委員会　専任者
大谷隆夫

関西労働者伝道委員会の専任者として、釜ヶ崎を中心とした働きを始めたのが、1992年ですが、その時から、釜ヶ崎の現場スタッフとして、SCM現場研修のお手伝いを続けています。SCM現場研修以外にも、釜ヶ崎キリスト教協友会主催の「夏期セミナー」や「越冬セミナー」のお手伝いも続けて来たのですが、すでに、「夏期セミナー」や「越冬セミナー」は行われなくなったので、最近の10年間、釜ヶ崎の現場研修で、継続してお手伝いしているのは、SCM現場研修だけということになります。

＊

釜ヶ崎に関わらず、どこの現場でも共通した課題は、現場での活動は長く続けて行けば行くほど、どうしてもマンネリズム(形式主義)に陥りがちになるということではないでしょうか。例えば、野宿を余儀なくされている状況などは、現場で日常的に接していると、あまり問題に感じないようについつい思ったりするのですが、SCM現場研修生でないと語れない、野宿という状況に対する純粋な言葉を聞く時や、野宿を余儀なくされている当事者の生き様に改めて出会う時に、そういった意識を常に問い直されるわけです。こういった現場の活動内容を絶えず問い直す場、自分自身が現場と関わる姿勢を絶えず問い直す場が、SCM現場研修であるということを、改めて痛感しています。SCM現場研修と関わるようになった最初の頃は、現場研修に時間を割くよりは、現場での活動にもっと時間を割きたいと思った事もありましたが、今は、関西労働者伝道委員会の専任者として釜ヶ崎を中心とした働きを続けて行く上で、SCM現場研修との関わりは、必要不可欠のものとなっていると言っても過言ではありません。

＊

考えて見れば、現場研修というものは、それを行ったからと言って、現場の状況が急激に改善されるというような、特効薬のようなものではなく、現場を改善して行く草花を咲かせるための、種をまく作業のようなものだと思います。そういった意味では、地道で気長な取り組みと言えます。まいた種が、いつ草花に成り変わるのかは定かではありません。しかしながら、大事な事は、まいた種がいつかは草花に成り変わるということを信じつつ、とにかく続けて行くという事だと思います。これからも、釜ヶ崎での働きを続けて行く限り、SCM現場研修に関わらせていただけたらと思っています。

第38回SCM現場研修(2016.3)「感想文集」ができています(A4、23頁)。石田あや(神戸女学院大学)、齊藤朋恵(立命館大学)、小川すみれ(北星学園大学)、澤田和奈(関西学院大学)、大下優奈(関西学院大学)、谷垣萌(関西学院大学)、金大賢(関西学院大学)、清水晃平(立命館大学)、鍋谷美子(スタッフ、神戸YWCA夜回り準備会)、パナジー サラフィーナ(スタッフ、関西学院大学)それに写真帖。希望者には無料でお送りします。SCM協力委員会(神戸学生青年センター内)までお申し込みください。

高作先生と学ぶ会

高作正博さんは、憲法が専門の関西大学の教授で、新聞等でも積極的に発言をされています。「思想犯」取締りの危険は回避されるか―「共謀罪」から「テロ等組織犯罪準備罪」へ?―(9月)、安倍政権と改憲論の問題性―辺野古・高江・普天間をつなぐ立憲主義の回路―(10月)、「国民統合」の再検討―「制度」と「人権」の均衡を回復する―(11月)、民主主義と代表制―「不信の時代」の政治をどう生きるか―(12月)と充実した勉強会が続いています。

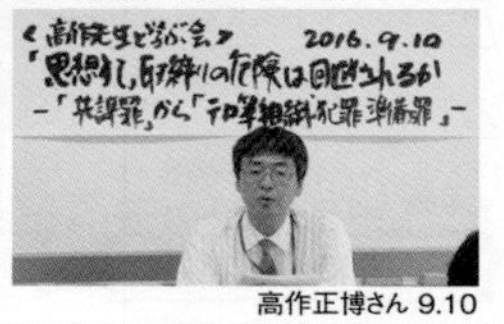

高作正博さん 9.10

土曜ランチサロン

毎月第3土曜11時から開催しています。参加費100円(学生無料)です。参加者同士の交流もできます。楽しいお話満載です。ぜひお越し下さい。お話してくださる方も引き続き募集しています。

マラ・パンディさん 9.17　フィリップ・キンさん 10.15　玉川侑香さん 11.19

日本語サロンボランティア勉強会

兵庫県国際交流協会の日本語講師辻村文子先生にお越しいただき、「中上級者のコミュニケーション力を伸ばす実践的な指導」を学びました。現在日本語サロンでは約40組のペアが活動中です。この中の3名の学生さんたちにご協力いただいて模擬授業を体験しました。

授業風景 11.7

林賢宜さんの韓国料理教室

林賢宜さんの料理教室の日はお昼ごろになるといい香りがただよってきて、とても食欲をそそられます。1月はリクエストの多かったカクトゥギ(大根キムチ)を、4月はキムパップを作ります。みなさんのご参加お待ちしています。

韓国料理3品 9.3

秋のマフィン祭り

乳製品・卵をつかわないマフィン作り講座を開催しました。講師は「むすび食堂」の近藤貴水さん。参加者のみなさんで中にいれる具材を決め、美味しいマフィンができあがりました。焼きあがった後はマクロビオティックのお話を聞きながら楽しいティータイムとなりました。

近藤貴水さんみなさん 10.24

韓国語手話講座

アンダンテ・サンヨンさんによる講座。「あなたの両手とからだと顔で、韓国語手話を覚えませんか?」がキャッチフレーズだ。韓国生まれサンヨンさんは、聾の兄弟の「通訳」もしていた。日本で聾のコリアンのことが常に気になっているという。日本ではセンターだけという講座、継続しています。

「在日朝鮮人とハンセン病問題」

兵庫在日外国人人権協会のセミナーが、センターも後援して開かれました。講師は、金貴粉さん。国立ハンセン病資料館で学芸員として働かれています。ハンセン病のことを体系的にお話しくださいました。在日総合雑誌『抗路』に関連の文章を書かれています。

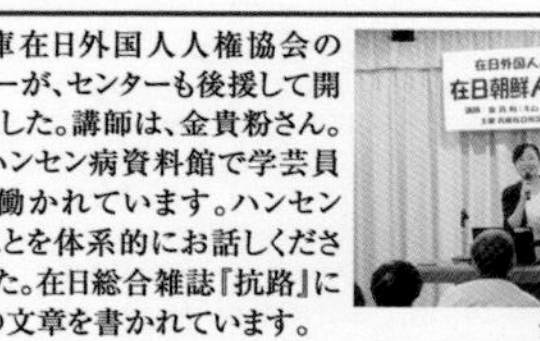

金貴粉さん 10.1

現代キリスト教セミナー

不定期に開催しているセミナーです。「エキュメニカル運動との出会い―アジアで女性キリスト者が『神学する』ことをめぐって―」をテーマに藤原佐和子さん(東北学院大学文学部専任講師)から、講演を聞きました。学生センターのセミナーには初登場の若い研究者です。アメリカ南長老教会と日本キリスト教団を母体に設立されたセンターは、1面のSCM現場研修にもあるように、キリスト教を背景にした諸活動にもかかわっています。

もうひとつ、有田憲一郎さんを講師に「信頼とはなにか?」をテーマに開催。脳性麻痺の有田さんを関西学院大学のジェフリーメンセンエディーク准教授が毎年この時期に関西学院大学に講演に招いている。ジェフリーさんは元仙台学生センタースタッフで飛田とは古くからの元同業者つながり。今回、センター管理人の大森照輝が関学で有田さんの授業を受けたことをきっかけに実現した。ワークショップもあり、わいわいがやがやの楽しいセミナーでした。

藤原佐和子さん 10.8　有田憲一郎さん 11.25

食料環境セミナー

9月は菊池誠先生より「科学とニセ科学、マイナスイオンから水素水まで」というテーマで、最近話題になっている水素水を中心に、ニセ科学の実例を説明していただきました。菊池先生は「『この水を飲んだら健康になります、長生きします』とか、水ごときに期待するものとしては大きすぎると思いませんか? 普段飲む水が体を劇的に変えてしまうようなものだったら、かえって困ります。簡単に手に入る、安価なものにとてつもない効果が、というのはどちらかというと、そうだったらいいのになという期待でとどめるべきではありませんか。」等々分かりやすく説明していただきました。

10月は、増田大成先生より「限界集落の再生の取り組みについて-宍粟市一宮町千町-」というテーマで、都市への人口流出の勢いが止まらず、限界集落が増え続けている今日、宍粟市一宮町を中心に、農村と都市の人的、文化的交流の促進事業・安全な農産物づくりの推進事業などをおこし、千町を通した観点から日本の食・農・村の問題に向かい合い、限界集落再生の実践に取り組んでこられたお話を伺いました。

11月は、日鷹一雅先生より「日本型アグロエコロジーをどう考えるか?-Agroecologyと歩んだ三十三年間から」というテーマでお話を伺いました。経済発展優先で進み続けた社会情勢により農業においても工業型農業が推進されてきました。このような状況を克服するための動きとして、食・農を守り里山・里海の生態系保全をめざすアグロエコロジー運動が生まれたことを学びました。日本のアグロエコロジーとして、「農業の生態学」とは一次生産の基盤であり、「たべものの生態学」とは食を基本とし、「農山漁村の生態学」とはムラをテリトリーとし、存地に潜む技能を研究し、持続的な暮らしに活かす総合科学であることを学びました。

菊池誠さん 9.28　増田大成さん 10.26　日鷹一雅さん 11.30

農塾第21期

今回21期目を迎えた農塾では、9月23日に今年百姓6年目の太田光宣さんと自然栽培で頑張っている新規就農者たちをたずねました。先に、太田さんの農場を訪問し、今年の稲作の状況を聞き、原木椎茸栽培の現場を案内していただきました。その後、「奥丹波里山工房」に場所を移し、奥丹波の里山で農産物の加工に取り組んでいる岸下正純さんと自然栽培で作物をつくっている「うむ農園」の高橋麻美さんからも新規就農者としての農村生活の楽しさや農業の大切さについてお話を伺いました。

定期利用
グループ・教室のご案内

◆六甲トレーニングサロン……月曜日・前9～12:00　前田先生 0797-35-5588
◆からむい会(絵更紗)……第1・3月曜、第2・4木曜・後1～5:00　葭村先生 0797-31-1798
◆すぎなコーラス……月曜日・前10～12:00　連絡先・八尾 078-851-2485
◆神戸女声合唱団……金曜日・前10～12:00　連絡先・岡 邦子 078-291-0855
◆創作アップリケ……第2・4月・金曜日・前10～12:00　柏原先生 078-821-4632
◆ノイエカンマーコール(混声コーラス)……土曜日・後6～9:00　連絡先:池田 078-936-0123
◆ヨガ体操……火曜日・前9:30～12:00　廣瀬先生 078-851-8851
◆アトリエ太陽の子(児童絵画)……木曜日・後1～5:00　中嶋先生 078-858-7301
◆六甲ボーカル……第1・3木曜日・前10～12:00　池本先生 078-861-8724
◆こうべこーる恵(コーラス)……火曜日・前10～12:00　連絡先・田附 0798-26-2169
◆ステンドグラス・アトリエとも……第2・4木曜・後1～5:00　幸坂先生 078-582-0644
◆全珠連会員・熊内そろばん六甲教室……火曜・後3～9:00、土曜・後1～4:00　奥野先生 078-241-1095
◆テコンドー……毎週金曜日・後6～9:00　連絡先・妹尾 090-9846-8241
◆稂践会空手道……毎週月曜日・後4～10:00　連絡先・藤本 078-842-5669
◆すずめの学校(ニューヨークタイムズ紙を読む会)……第2・4水曜日 前9:00～12:00　連絡先・前田 078-802-4068
◆前田書道会……火曜日・前9～後5:00　連絡先・前田先生 078-385-1650
◆音楽の杜(リトミックピアノ教室)……土曜日・前9～後5:00　連絡先・桂先生 078-891-3419
◆公文六甲書写教室……日曜日・前9～後2:00　登城先生 090-3992-2360
◆Rokko kids English Club……木・金 幼稚園クラス・親子クラス　LaurenceDrew先生　連絡先・山本 070-5509-4403

お問合せやお申込は、各グループ・教室に直接ご連絡ください。

神戸学生青年センター
センターニュース
KOBE STUDENT YOUTH CENTER NEWS No.93

No.93
発行所　(公財)神戸学生青年センター
理事長　保田　茂
館　長　飛田　雄一
〒657-0064　神戸市灘区山田町3丁目1-1
TEL (078) 851-2760 FAX (078) 821-5878
Yamada-cho 3-1-1, Nada-ku
Kobe, 657-0064 Japan
E-mail　info@ksyc.jp
U R L　http://ksyc.jp

人・モノ・心をつなぐ古本市

神戸学生青年センター　館長
飛　田　雄　一
（ひだ　ゆういち　hida@ksyc.jp）

古本市、3.15～5.15

阪神淡路大震災の年、留学生支援活動が終了したころ、日本DEC（コンピュータ会社）社長室から電話がありました。「外国人を支援した学生センターに寄付をしたい」とのことでした。1000万円とのこと。びっくりしました。生活一時金3万円（総額2301万円）の支給は終了していますよと伝えると、使途はご自由にとのことでした。

そして、その1000万円と支援金残高300万円とあわせて1300万円の六甲奨学基金がスタートしたのです。毎年5名の留学生に5万円を支給すると総額300万円、毎年、1300万円より100万円を取り崩し200万円の募金をあつめれば13年間支給できると考えたのです。

が、募金の200万円がうまくいきません。1300万円の原資の減少スピードが加速しました。予定の13年は到底もちそうにありません。そこで、古本市が始まったのです。

それを決定づけたのは平田哲牧師のひとこと、「友人が高槻（?）で古本屋を始めてダンボール1箱2000円程度で買い取ってくれる」というのです。これで残った古本の行き先が決まったということで、1998年3月、第1回がスタートしました。私たちの予想を越えて147万円の売り上げがありました。が、終了後その古本屋に電話をするとすでに倒産していました。やむなく古紙回収業者に3トン分9000円で引き取ってもらいました。お金はこちらが支払うのです。もったいない、もったいない。

翌年からはアジア図書館（大阪）にガソリン代1万円を支払うので取りに来てと頼むと引き受けてくださり、その後ずっと取りに来ていただいています。ありがたいことです。ほかに韓国・中国の図書館にまとまった量を贈呈したこともありますし、毎年のように近所の日本語教室に古本市の終盤に自由に選んでいただく形で贈呈しています。

第2回（1999年）は192万円、第3回は206万円と順調に売り上げを伸ばし、東日本大震災の2011年には支援金100万円を送ろうと頑張って440万円を売り上げました。これが最高記録です。19回（2016年）までの累計は5440万円となります。先日、本を持ってきてくれた友人が「チリヤマ」ですね、本は塵ではありませんがほんとに山となっています。

本を整理する人、売る人、はたきをかける人、本を寄付する人、買う人、はたまた翌年その本を寄付する人、様々な人々に支えられて古本市が続いています。今年の目標は7名分の奨学金420万円です。ぜひ、古本市にお出かけください。（5月15日まで、朝9時～午後10時、休みなし）

小山力也『古本屋ツアー・イン・京阪神』（2016・10、本の雑誌社）
神戸のトップにセンターの古本市が紹介されています。

※当センターへの寄附金は、①所得控除または②税額控除が受けることができます。賛助会費、六甲奨学基金募金の両方に適用されます。詳しくはセンターにお問い合わせください。

(公財)神戸学生青年センター賛助金　2016.12.1～2017.3.31（敬称略・単位円）

吉田敏子 3,000
高光重 10,000
阿部恩 5,000
藤井とも子 10,000
神戸女声合唱団 10,000
稲田登 20,000
三木鎌吾 5,000
金慶子 3,000
八尾佳子 5,000
八尾佳子 3,000
五十嵐広司・紀子 3,000
中村英之 3,000
李周鎬・陽平・由紀 5,000
佐治信 5,000
太田稔 3,000
西村誠 5,000
足立龍枝 3,000
川辺比呂子 3,000
林みち代 2,000
西八條敬洪 2,000
岩本光弘 5,000
梶原由美子 5,000
徐正禹 3,000
横山正代 2,000
小沼恵子 3,000
梶谷懐 5,000
枡田計雄 5,000
南波春樹 3,000
尹英順 3,000
山田昭次 3,000
佐藤忠治 3,000
髙田秀峰 2,000
梁壽龍・朴貴玉 3,000
田原良次 3,000
山﨑清 3,000
本城智子 1,000
上野利恵子 3,000
学校法人兵庫朝鮮学園 5,000
芹野俊郎 3,000
小川幹雄 3,000
李英相 3,000
中塚明 3,000
武藤迪子 5,000
明松善一 3,000
谷井尚子 3,000
柳到亨 5,000
髙岡育子 5,000
伊藤悦子 3,000
森哲二 3,000
石塚健・明子 3,000
島津恒敏 10,000
井坂弘 3,000
梅崎浩二 3,000
中川慶子 3,000
村田浩一 5,000
朴京守 1,000
梁英子 5,000
加輪上敏彦 10,000
金野昌子 3,000
ロバート圭子ウイットマー 5,000
服部待 3,000
八尾佳子 10,000
大島淡紅子 1,000
住友千代子 2,000
石田義治 5,000
中川慎二 5,000
保田茂 5,000
永井靖二 5,000
飛田悦子 5,000
川浪寿子 3,000
川崎紘平 3,000
白珠相 10,000
林祐介 3,000
はやしやまクリニック
希望の家 10,000
水谷俊平 25,000
宮沢之祐 3,000
山西伸史 3,000
四方田文夫 3,000
尾形淳 3,000
丹羽和子 5,000
井上みち子 5,000
井上力 10,000
杉山雅教 3,000
柳下恵子 3,000
上田眞佐美 3,000
岡部眞理子 3,000
高浜三保 3,000
金正郁 3,000
登尾明彦 3,000
名古屋聖ステパノ教会 3,000
長岡基浩 1,000
久野綾子 10,000
鈴木道也 3,000
越智清光 3,000
山内小夜子 3,000
原田光雄 5,000
中山一郎 5,000
千葉宣義 5,000
小松匡位 10,000
森本章子 3,000
宇野田尚哉 5,000
野田和人 5,000
林賢宜 5,000
落合健二 5,000
武田多美 3,000
田中宏明 1,000
手束光子 3,000
大津留厚 3,000
在日大韓基督教会川崎教会 2,000
杉田年章 3,000
村上韶三 3,000
上内鏡子 2,000
桂正孝 3,000
徳永五郎 3,000
鶴崎祥子 5,000
永井満・美和子 3,000
日本キリスト教団神戸雲内教会 5,000
村瀬義史 3,000
松代東亜子 3,000
奈良本まゆみ 3,000
無名氏 3,000
西村文雄 3,000
新井久子 3,000
加藤光廣 5,000
酒井哲雄 3,000
貞松融 5,000
荻原邦子 3,000
丸山晶子 5,000
原田紀敏 5,000
高作先生と学ぶ会 4,000
小川仁美 1,000
藤田道雄 3,000
山本常雄 3,000
在日大韓基督教会 20,000
藤原栄子 5,000
島田恒 5,000
関西学院大学宗教活動委員会 15,000
八尾佳子 10,000
日本基督教団宝塚教会 3,000
神港教会 10,000
大谷隆夫 10,000
高祐二 3,000
光葉啓一 3,000
窪田実美 5,000
むくげの会 10,000
足立康幸 10,000
藤江新次 3,000
信長たか子 3,000
信長正義 3,000
食品公害を追放し安全な食べ物を求める会 30,000
下村安男 5,000
日本基督教団神戸多聞教会 10,000
張征峰 5,000
上田勝彦 1,000
西垣勲 3,000

計 155件 743,000円
以上感謝をもって領収いたしました。

賛助金ご協力のお願い

●賛助会費：一口 A3,000　B5,000　C10,000
※いずれも一口を単位としますが、何口でも結構です。
※送金方法
郵便振替〈01160-6-1083 公益財団法人 神戸学生青年センター〉
備考欄に「賛助金」とお書きください。
銀行振込 三井住友銀行 六甲支店 0779663
公益財団法人 神戸学生青年センター 賛助金

六甲奨学基金　2016.12.1～2017.3.31（敬称略・単位円）

高光重 10,000
松井美知 3,000
加藤克子 3,000
北村良子 3,000
なんやか屋 500
林みち代 3,000
山﨑昌子 3,000
森野秀樹 3,000
枡田計雄 5,000
田原良次 3,000
奥野葉津紀 5,000
無名氏 5,000
前田文代 3,000
今井眞理 5,000
荒井とみよ 3,000
武藤迪子 5,000
土本基子 3,000
谷井縄子 3,000
大槻博司 5,000
中島孝幸 10,000
前川純一 5,000
大谷紫乃 5,000
梁英子 5,000
崔相鐵 10,000
中川慎二 5,000
水谷俊平 25,000
四方田文夫 3,000
松下宜且 10,000
岩本光雄 8,000
乾眞理子 5,000
兼崎暉 3,000
原田紀敏 5,000
小川仁美 3,000
松下宜且 10,000
大槻小百合 3,000
関西学院大学宗教活動委員会 15,000
葉景行 10,000
なんやか屋 1,000
松下宜且 10,000
KECJL 200,000
窪田実美 5,000
石川明美 1,000
三好千春 10,000
葉宜苑 10,000
無名氏 50,000
河瀬幸子 3,000

計 46件 503,500円

六甲奨学基金ご協力のお願い

●賛助会費：一口 A3,000　B5,000　C10,000
※いずれも一口を単位としますが、何口でも結構です。
※送金方法
郵便振替〈01160-6-1083 公益財団法人 神戸学生青年センター〉
備考欄に「奨学金」とお書きください。
銀行振込 三井住友銀行 六甲支店 0779651
公益財団法人 神戸学生青年センター 六甲奨学基金

毎月募金会計　65,000円（千円:菱木康夫、金早雪、高仁宝、信長正義、信長たか子、藤田寿え子、加畑和子、飛田雄一、二千円:福田菊、三千円:白川豊）
古本市による協力 1,670,308円　総計 2,238,808円　以上感謝をもって領収いたしました。

セミナーの記録　2016.12.1～2017.3.31

食料環境セミナー

476回12月21日「廃炉に向けて…美浜町の自立のために」松下照幸さん
477回1月25日「電力自由化の"トリセツ"」加志村拓さん
478回2月25日「遺伝子組み換えの安全性を問う─映画「遺伝子組み換えルーレット」～私たちの生命のギャンブル～」印鑰智哉さん（NPO法人兵庫県有機農業研究会主催）
479回3月22日「日本人が知らない漁業の大問題」佐野雅昭さん

朝鮮史セミナー

著者が語るシリーズ全3回
1月19日「金達寿とその時代─文学・古代史・国家─」廣瀬陽一さん
2月9日「われ、大統領を撃てり─在日韓国人青年・文世光と朴正煕狙撃事件─」高祐二さん
2月23日「安重根と東洋平和論」勝村誠さん

朝鮮語・韓国語講座

初級　毎週水曜日　朴玲実さん
中級　毎週火曜日　張京花さん
上級　毎週木曜日　安在善さん
会話クラス 毎週金曜日午前　林賢宜さん

林賢宜さんの韓国料理教室

1月7日キノコ入りチョンゴル・カクトゥギ
2月4日そうめん入りタコ炒め・かぼちゃ粥

土曜ランチサロン

12月17日「ネパールの歩き方」Ayush Neupaneさん
1月21日「セネガルの歩き方─セネガル流イスラム文化─」オンバダ香織さん
2月18日「コスタリカの歩き方 プーラ・ビーダ!幸せな人々」池上智恵子さん
3月18日「バルト海沿岸の歩き方～消えた東プロシア地方を訪ねて～」山下昌子さん

六甲奨学基金

日本語サロン　毎週月・土曜日
12月17日日本語サロン交流会
3月15日～5月15日第20回古本市

その他のセミナー・行事

12月9日神戸大学YMCA「神戸マスクワイア・クリスマスゴスペルコンサート」（後援）
12月11日神戸南京をむすぶ会「世界記憶遺産と南京大虐殺─中国の平和への取り組み─」朱成山さん（後援）
12月13日アジア労働者交流集会in神戸@神戸市勤労会館（共催）
12月17日高作先生と学ぶ会「『民主主義と代表制』『不信の時代』の政治をどう生きるか」高作正博さん（共催）
1月8、9、11日沖縄に想いを馳せる会「高江─森が泣いている」「いのちの森　高江」上映会（共催）
1月7～22日沖縄に想いを馳せる会巡回写真展「辺野古はいま」（共催）
1月28日高作先生と学ぶ会「『平和主義』と『安全保障』の距離─アメリカ大統領選挙後の日米安保を問う─」高作正博さん（共催）
1月28日東北アジアの平和をつくる「日朝関係─制裁と対立からの脱却」康宗憲さん（協力）
3月25日多文化と共生社会を育むワークショップ「ベトナムのお茶とお菓子を楽しむ会」大石キムオアンさん（共催）

「東アジアの平和をつくる」

康宗憲さんを講師に全3回の連続公演会。3回目が学生センターで開かれました。対話で平和を!日朝関係を考える神戸ネットワークとKOBEピースネットが主催、学生センターが協力です。この会のテーマは、「日朝関係―制裁と対立からの脱却」、大切な問題提起がありました。

康宗憲さん 1.28

林賢宜さんの韓国料理教室

とても人気の講座で、毎回たのしく料理を学びます。林賢宜さんのお料理はおいしいだけでなく見ても美味しい。

家庭料理からおもてなし料理まで、いろんなメニューを学べます。お見逃しなく。

キノコ入りチョンゴル・カクトゥギ 1.7

講演会「世界記憶遺産と南京大虐殺」

神戸・南京をむすぶ会(代表・宮内陽子、学生センター内)は、8月に訪中、12月に講演会(証言集会)を開催しています。昨年は前侵華日軍南京大屠殺遇難同胞紀念館館長・朱成山さんの講演会を開きました。今年8月には南京・徐州への21回目の訪中を行います。

朱成山さん 12.11

朝鮮語・韓国語講座

2016年度をもちまして火曜日の張京花先生の中級クラスを終了することになりました。長い間張先生ありがとうございました。

4月12日水曜日から2017年度前期講座を新しくスタートしております。今年度には、久しぶりに入門クラスや文字から復習する初級クラスも開講予定です。皆様のご参加お待ちしております。

神戸大学ＹＭＣＡ　ゴスペルコンサート

ゴスペルは、アフロ・アメリカン(アフリカ系アメリカ人)の苦難の歴史の中から生まれたものです。12月はKOBE Mass Choirによるセンターでの恒例のコンサートです。子どもの声が飛び交う家族的な雰囲気で、東神戸教会・横山順一牧師のクリスマスメッセージもすてきでした。同YMCAは、毎年6月に宮下規久朗さんの講演会、12月にゴスペルコンサートを開いています。

KOBE Mass Choir 2016.12.9

多文化と共生社会を育むワークショップ

お茶会シリーズ第5弾「ベトナムのお茶会」を開催しました。講師は大石キムオアンさん。ベトナムの結婚式に食べられるお菓子Banh Phu The(夫婦のケーキ)を作り、ベトナムの結婚式にまつわるお話をたっぷりとしていただきました。

大石キムオアンさん 3.25

Study for two

教科書をリサイクルして途上国の子どもたちの支援をしているグループです。古本市の時期に学生センターで教科書回収をしています。神戸大学支部のテーマは、「世界中に勉強の機会を運ぶ港、神戸」。今年もたくさん集まってたくさん売れますように。

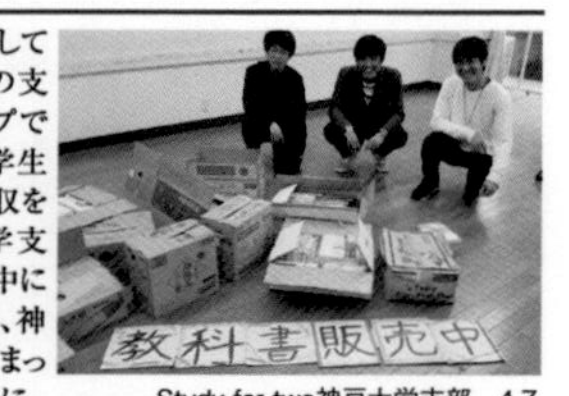

Study for two神戸大学支部 4.7

宿泊に…　1泊お1人様 3,240円より グループなら 2,700円より

会議に…　ゼミ・会議・講演会に

ベッドルーム　多目的ホール

宿泊・会議室ともに、ご予約は12ヵ月前より承ります
料金は税込。(　　)内の金額は学生料金です。単位:¥
キャンセルの場合は1週間前より20%、前日当日は80%ちょうだいします

■宿泊料金(税込)定員42名　チェックイン:18:00–22:30　チェックアウト:9:00

部屋名	定員/広さ	利用人数による一人あたりの素泊まり料金(単位¥)		
和室A	8名 12畳 20㎡	2-3人 4,320 (3,780)	4-6人 3,780 (3,240)	7-8人 3,240 (2,700)
和室B/C	各3名 7.5畳 12㎡	1人 4,320 (3,780)	2人 3,780 (3,240)	3人 3,240 (2,700)
和室D	12名 17.5畳 30㎡	3-6人 4,320 (3,780)	7-9人 3,780 (3,240)	10-12人 3,240 (2,700)
ベッドルーム (8室)	各2名 4㎡	1人 3,240 (2,700)	2人 2,700 (2,160)	*

(就学前のお子さま)引率の大人一人につき一人無料
※ただし布団を使われるお子様は1,080円/人、2人目からは小学生料金
(小学生のお子さま)大人料金の半額
(中学生以上のお子さま)学生料金

就学前のお子さまは、引率の大人一人につき一人無料
二人目からは学生料金をちょうだいします

■会場使用料(税込)
営業目的の会場使用は一般料金の倍額

部屋名	広さ	9:00-12:00	13:00-17:00	18:00-22:00
ホール	120㎡	7,236 (6,156)	8,208 (7,236)	8,208 (7,236)
会議室A 会議室D スタジオ	40㎡ 30㎡ 20㎡	3,348 (2,916)	3,888 (3,348)	3,888 (3,348)
サロン室	33㎡	3,348 (2,916)	3,888 (3,348)	3,888 (3,348)
会議室C	15㎡	2,916 (2,376)	3,348 (2,916)	3,348 (2,916)
和室A 和室D	12畳 17.5畳	3,348 (2,916)	3,888 (3,348)	この時間は利用できません
和室B/C	7.5畳	2,916 (2,376)	3,348 (2,916)	この時間は利用できません

●営業目的の会場使用は、10割増となります。
●ピアノ使用は1口1,080円(スタジオ)、3,240円(ホール)

ご予約は…☎078-851-2760

●阪急六甲より徒歩2分
●JR六甲道より徒歩10分
●新幹線新神戸よりタクシー15分

朝鮮史セミナー

注目すべき3冊の本が出版された2016年。その本をテーマに、「著者が語るシリーズ」を開催しました。①「金達寿とその時代―文学・古代史・国家―」(図書出版クレイン)廣瀬陽一さん、②「われ、大統領を撃てり―在日韓国人青年・文世光と朴正熙狙撃事件―」(花伝社)高祐二さん、③「安重根と東洋平和論」(編著・李泰鎮+安重根ハルピン学会、監訳・勝村誠+安重根東洋平和論研究会)(日本評論社)勝村誠さん。講演を聞いて本を読んだような気持になりましたが、やはり読むことにしました。

廣瀬陽一さん 1.19　高祐二さん 2.9　勝村誠さん 2.23

食料環境セミナー

12月は松下照幸さんより「廃炉に向けて…美浜町の自立のために」というテーマで、原発に頼らず美浜町が自立するために行っているいろんな活動についてお話していただきました。1月は加志村拓さんより「電力自由化の"トリセツ"」というテーマで、2016年4月以降電力自由化によって一般市民がどのような基準でどのような電力会社を選んでいるかを詳しくお話していただきました。2月はNPO法人兵庫県有機農業研究会と共催で、久しぶりに映画の上映会として「遺伝子組み換えの安全性を問う～映画『遺伝子組み換えルーレット』～私たちの生命のギャンブル～」を開催しました。上映後は、この映画の日本語版の翻訳監修者でもある印鑰智哉さんの講演と世界の食料、農業事情に詳しい平賀緑さんとの対談も行いました。3月は佐野雅昭さんより「日本人が知らない漁業の大問題」というテーマで、日本の漁業に今何が起こっているかについて近海漁業の重要性を中心にお話していただきました。

松下照幸さん 12.21　加志村拓さん 1.25　印鑰智哉さん 2.25　佐野雅昭さん 3.22

土曜ランチサロン

毎月第3土曜11時～、いろいろな国のお話がきける会です。参加費100円(学生無料)。とてもアットホームな会です。参加者同士の交流もしていただけます。ぜひお越し下さい。9月～ランチサロンはお引越し。第1土曜日、15時～16時半のティータイムに移動します。お間違いございませんようお願いいたします!!詳細はチラシをご覧ください。

Ayushu Neupaneさん 12.17　オンバダ香織さん 1.21　池上智恵子さん 2.18　山下昌子さん 3.18

高作先生と学ぶ会

11月の「『国民統合』の再検討」に引き続いて、12.17「民主主義と代表制『不信の時代』の政治をどう生きるか」、1.28「『平和主義』と『安全保障』の距離―アメリカ大統領選挙後の日米安保を問う―」。5月から、新シリーズ「基地建設反対運動と人権から」、「通常国会における改憲論議」、「安保法制定後の憲法問題」いずれも仮題、と続きます。

高作正博さん 12.17

定期利用
グループ・教室のご案内

◆六甲トレーニングサロン……… 月曜日・前9～12:00　前田先生 0797-35-5588
◆からむい会(絵更紗)……… 第1・3月曜、第2・4木曜・後1～5:00　霞村先生 0797-31-1798
◆すぎなコーラス……… 月曜日・前10～12:00　連絡先・八尾 078-851-2485
◆神戸女声合唱団……… 金曜日・前10～12:00　連絡先・岡 邦子 078-291-0855
◆創作アップリケ……… 第2・4月・金曜日・前10～12:00　柏原先生 078-821-4632
◆ノイエカンマーコール(混声コーラス)……… 土曜日・後6～9:00　連絡先:池田 078-936-0123
◆ヨガ体操……… 火曜日・前9:30～12:00　廣瀬先生 078-851-8851
◆アトリエ太陽の子(児童絵画)……… 木曜日・後1～5:00　中嶋先生 078-858-7301
◆六甲ボーカル……… 第1・3木曜日・前10～12:00　池本先生 078-861-8724
◆こうべこーる恵(コーラス)……… 火曜日・前10～12:00　連絡先・田附 0798-26-2169
◆ステンドグラス・アトリエとも……… 第2・4木曜・後1～5:00　幸坂先生 078-582-0644
◆全珠連会員・熊内そろばん六甲教室……… 火曜・後3～9:00、土曜・後1～4:00　奥野先生 078-241-1095
◆テコンドー……… 毎週金曜日・後6～9:00　連絡先・妹尾 090-9846-8241
◆稽践会空手道……… 毎週月曜日・後4～10:00　連絡先・藤本 078-842-5669
◆すずめの学校(ニューヨークタイムズ紙を読む会)……… 第2・4水曜日 前9:00～12:00　連絡先・前田 078-802-4068
◆前田書道会……… 火曜日・前9～後5:00　連絡先・前田先生 078-385-1650
◆音楽の杜(リトミックピアノ教室)……… 土曜日・前9～後5:00　連絡先・桂先生 078-891-3419
◆公文六甲書写教室……… 日曜日・前9～後2:00　登城先生 090-3992-2360
◆Rokko kids English Club……… 木・金 幼稚園クラス・親子クラス　LaurenceDrew先生　連絡先・山本 070-5509-4403

お問合せやお申込は、各グループ・教室に直接ご連絡ください。

神戸学生青年センター
センターニュース
KOBE STUDENT YOUTH CENTER NEWS No.94

No.94
発行所　(公財)神戸学生青年センター
理事長　保田　茂
館　長　飛田　雄一

〒657-0064　神戸市灘区山田町3丁目1-1
TEL (078) 851-2760 FAX (078) 821-5878
Yamada-cho 3-1-1, Nada-ku
Kobe, 657-0064 Japan
E-mail info@ksyc.jp
URL http://ksyc.jp

「KOBEインターンセンター」は、こんなことをしています

はい、がんばってます。左が山崎清治さん

センターの２階に会議室があります。以前、六甲カウンセリング研究所（井上敏明所長）が入っていたスペースです。センター入口のサロン室の北側、マンション管理人室の隣です。2016年1月よりそこにNPO法人生涯学習サポート兵庫（理事長・山崎清治さん）が入っています。学生センターとはHYOGON（ひょうご市民活動協議会）でつながっています。そこを拠点に活動する「KOBEインターンセンター」から原稿をいただきました。

私たちKOBEインターンセンターは、2016年6月に、神戸学生青年センターの「会議室E」をお借りして立ち上げ、大学生向けに『はたらく』や『キャリア』をキーワードにした様々なイベントを企画しています。

現在は、学生の皆さんが気軽に立ち寄れるよう、カフェスペースとしても利用できるようになっており、無料でドリンクの提供、Wi-Fiに接続していただける、自習やミーティングスペースとして活用いただいています。

インターンセンター長の山崎（NPO法人生涯学習サポート兵庫・理事長）が、これまで青少年育成事業を展開しながら培ってきたノウハウを元にし、独自の社会人基礎力育成プログラムを行い、一人でも多くの若者に社会に出るために必要なチカラを身に付けて欲しい、大きな価値を得て欲しいと考え、プロジェクトリーダーの鶴巻、コーディネーターの荒井、そしてインターン生の藤田（甲南女子大学3回生）の4名で運営をしています。

近年、主流になっている数日間の短期的なインターンシップ（見学や体験という要素が強い）ではなく、受入企業の事業革新を目的としてプロジェクトを組み、学生も本気で企業に関わるプログラム【長期実践型インターンシップ／KOBEインターン】。

「もっと成長したい」「今の悩みを解決するヒントが欲しい」と思っている学生の皆さんに、様々な現場で働く神戸の大人から、人生経験や、何を大事にして生きているのかリレー形式で聞いていく【KOBEキャリアリレー】。

他にも、就職活動を目前に控えた学生向けの宿泊型セミナー【自己分析キャンプ】や、コーディネーターによる個別のキャリア相談など、活動の場を拡げています。

長期実践型インターンシップをコーディネートする団体（CD団体）は、全国各地にあるものの、兵庫県内には私たちKOBEインターンセンターのみ。

年々、長期実践型のインターンシップが就職活動の一環としてだけでなく、社会人基礎力の構築、地域創生への意識付けや起業家精神の掘り起こしと、様々なチカラを発揮できる挑戦の場として評価されてきている中、この長期実践型インターンシップのコーディネートをメインに、学生と企業や地域社会、大人と繋がる【しくみ作り】を行っています。

＊

今後は、学生の皆さんにもっと私たちKOBEインターンセンターのことを知ってもらい、イベントに参加、関わってもらうことで、より学生が求める居場所づくりを進めていくこと、また企業の皆さまとの情報交換を通して、長期実践型のインターンシップだけでなく、何かお役に立てることはないか模索しながら活動を続けていきたいと思っています。

こんな感じで話し合っています

※当センターへの寄附金は、①所得控除または②税額控除が受けることができます。賛助会費、六甲奨学基金募金の両方に適用されます。詳しくはセンターにお問い合わせください。

(公財)神戸学生青年センター賛助金　2017.4.1〜8.31（敬称略・単位円）

韓国ハンサルリム来訪団 100,000
若山晴子 3,000
井上賀津子 3,000
元山正美 3,000
小西ひとみ 3,000
福田信 3,000
松永清美 3,000
六渡和香子 5,000
篠崎ひろみ 3,000
鈴東力 3,000
足立龍枝 3,000
永宮彌生 4,000
宮本博志 3,000
河野敬 10,000
山田昭次 3,000
河島完治 3,000
本城智子 3,000
兵頭晴喜 3,000
林祐介 3,000
森田豊子 5,000
田原良次 3,000
枡田計雄 5,000
山崎清 3,000
瓜生隆宏 3,000
吉田方則・真理 5,000
杉山博昭 3,000
小川幹雄 3,000
寺下賢志 3,000
藤原精吾 3,000
宇都宮佳果 3,000
砂上昌一 3,000
山口勝弘 5,000
水野雄二 5,000
久冨伸子 10,000
西八條敬洪 2,000
金野昌子 3,000
森哲二 3,000
柴田康彦 3,000
神田榮治 3,000
宮川守 3,000
小林保 5,000
橋本倫子 3,000
髙石留美 10,000
朴京守 1,000
梁英子 10,000
小泉勇治郎 3,000
加輪上敏彦 10,000
永井靖二 5,000
原田紀敏 5,000
山中速人 5,000
兪渶子 5,000
島津恒敏 10,000
久保惠三郎 3,000
伊藤伸明 3,000
林賢宜 5,000
長瀬春代 3,000
白珠相 10,000
中勝博志 5,000
上田眞佐美 3,000
金山次代 3,000
辻建 5,000
谷井尚子 3,000
巽良生 3,000
山田泉 10,000
有限会社影山製油所 10,000
中山一郎 5,000
片桐陽 10,000
石打謹也 3,000
田原憲平 3,000
岩村義雄 3,000
無名氏 3,000
中川裕之 3,000
芹野俊郎 3,000
山本俊正 3,000
中村大蔵 3,000
前川純一 5,000
(特非)兵庫県有機農業研究会HOAS 10,000
洪浩秀 3,000
学校法人兵庫朝鮮学園 5,000
杉田年章・典子 5,000
柳到亨 5,000
永井満 2,000
山本幸美 2,000
井坂弘 3,000
センターグループ 5,000
金井英樹 3,000
西脇鈴代 5,000
岡崎勝彦 3,000
岡田長保 5,000
落合健二 5,000
小柴富久枝 3,000
藤江新次 3,000
蒔田由紀子 3,000
木村健二 3,000
居空間RoCoCo 5,000
徐正禹 3,000
辻川敦 3,000
久保美代子 3,000
呉寿恵 3,000
原野和雄・直美 3,000
大田美智子 6,000
福島俊弘 3,000
小無啓司 3,000
西尾達 3,000
木村正樹 3,000
天野隆 3,000
泉迪子 2,000
岡内克江 3,000
無名氏 5,000
林弘城 13,000
西松由美子 3,000
山内小夜子 3,000
高作先生と学ぶ会 4,000
中村真理子 3,000
保田茂 3,000
大島淡紅子 1,000
石田米子 3,000
若島礼子 3,000
杉谷あかね 3,000
細野恵久 3,000
平田昌司 5,000
ドゥレ生協連合会 10,000
福原孝浩 3,000
島田誠 5,000
長岡基浩 1,000
千葉光代 2,000
飛田悦子 5,000
小山惠子 3,000
田添禧雄 3,000
黒田薫 3,000
阿部恩 5,000
藤田ふみ子 5,000
岸孝明 3,000
東根順子 3,000
三木錬吾 5,000
小田諭 3,000
野澤祥子 3,000
恩田怜 3,000
米谷収 3,000
髙德芳忠 3,000
根津茂 3,000
門倉和子 25,000
菊谷裕洋 5,000
小島崇文 3,000
松永浩美 3,000
丹下大信 5,000
崔博憲 3,000
高仁宝 5,000
高橋弥生 5,000
神戸女声合唱団 10,000
すぎなコーラス 3,000
小林るみ子 3,000
沼崎佳子 3,000
田中宏明 1,000
聖ヨゼフ修道院 2,000

計 156件 746,000円
以上感謝をもって領収いたしました。

賛助金ご協力のお願い
●賛助会費：一口 A3,000　B5,000　C10,000
※いずれも一口を単位としますが、何口でも結構です。
※送金方法
郵便振替〈01160-6-1083 公益財団法人 神戸学生青年センター〉
備考欄に「賛助金」とお書きください。
銀行振込 三井住友銀行 六甲支店 0779663
公益財団法人 神戸学生青年センター 賛助金

六甲奨学基金　2017.4.1〜8.31（敬称略・単位円）

外山緑 10,000
松下宜且 10,000
愼英弘 5,000
薬師寺小夜子 5,000
田口恵美子 3,000
田原良次 3,000
枡田計雄 5,000
吉田方則・真理 5,000
井上淳子 3,000
前田文代 3,000
高橋治子 3,000
髙石留美 10,000
中西美江子 3,000
加輪上敏彦 3,000
武富瑞夫 5,000
梅原明子 3,000
牛尾武博 3,000
原田紀敏 5,000
山中速人 5,000
宗像千代子 10,000
辻建 5,000
谷井尚子 3,000
安岡幸子 5,000
前川純一 10,000
無名氏 5,000
山名行夫 3,000
金井英樹 3,000
塩谷惇子 3,000
石原務 20,000
渡部昌子 3,000
無名氏 10,000
杉谷あかね 3,000
無名氏 3,000
平田昌司 5,000
松下宜且 10,000
三田登美子 3,000
森田博一 5,000
中畠孝幸 10,000
藤田ふみ子 5,000
大石恵理子 3,000
加藤克子 3,000
駒形愛子 3,000
中川慶子 3,000
近澤淑子 3,000
松下宜且 10,000
天野郡寿 3,000
根津茂 3,000
門倉和子 25,000
小森淳子 3,000
岡崎道子 10,000
高仁宝 5,000
髙橋弥生 5,000
松下宜且 10,000
関西日英協会婦人部 50,000
門野隆弘 3,000
松下宜且 10,000

計 56件 368,000円

六甲奨学基金ご協力のお願い
●賛助会費：一口 A3,000　B5,000　C10,000
※いずれも一口を単位としますが、何口でも結構です。
※送金方法
郵便振替〈01160-6-1083 公益財団法人 神戸学生青年センター〉
備考欄に「奨学金」とお書きください。
銀行振込 三井住友銀行 六甲支店 0779651
公益財団法人 神戸学生青年センター 六甲奨学基金

毎月募金会計　52,000円（千円:菱木康夫、金早雪、高仁宝、信長正義、信長たか子、藤田寿え子、加畑和子、飛田雄一、二千円:福田菊、三千円:白川豊）
古本市による協力 1,956,120円　総計 2,376,120円
以上感謝をもって領収いたしました。

セミナーの記録　2017.4.1〜8.31

食料環境セミナー
シリーズ「地域に希望を―これまでの農業、これからの農業―」
480回4月26日「地域が支える食と農〜顧客からサポーターへ〜」光岡大介さん
481回5月24日「沈黙の春から夏へ」牛尾武博さん
482回6月28日「有機農業が目指してきたもの、目指すもの」保田茂さん
483回7月26日「菜の花から生まれた新しい流れ『愛東』の今、そしてこれから」増田隆さん

朝鮮語・韓国語講座
実践会話　毎週水曜日　朴玲実さん
上級　毎週木曜日　安在善さん
初級　毎週金曜日午前　朴玲実さん
会話クラス　毎週金曜日午前　林賢宜さん

朝鮮史セミナー
6月23日「東学農民革命」神戸上映会
6月29日「ハンセン病回復者のコリアンの実相―ハンセン病問題の内に見られる韓国・朝鮮人回復者―」福原孝浩さん

林賢宜さんの韓国料理教室
4月1日キムバップ（のり巻き）・じゃがいものスープ
5月6日純とうふチゲ（スンドゥブ）・うずらの卵入り油揚げのきんちゃく煮
6月3日茹で豚・ポサム
7月1日サバ缶の韓国風味付の蒸しキャベツ包み・キュウリのソン

現代キリスト教セミナー
「東アジアの平和と和解―キリスト教・NGO・市民社会の役割―」
6月8日「東アジアの平和と和解―日本の教会のアジア認識と取り組み―」山本俊正さん
6月22日「平和の課題とキリスト教における宣教論の新たな展開―世界教会協議会（WCC）の取り組みを中心に―」村瀬義史さん

六甲奨学基金
日本語サロン　毎週月・土曜日
3月15日〜5月15日第20回古本市

土曜ランチサロン
4月15日「ハワイの歩き方〜私の留学日記」川部純巳さん
5月20日「北タイの歩き方〜チェンライを中心に〜」上野政志さん
6月17日「日本の歩き方〜日本語とスペイン語の潮目にて」バレンスエラ・エドさん
7月15日「ジンバブエの歩き方〜ハラレ滞在記」石野祥子さん

その他のセミナー・行事
5月20日「基地建設反対運動と人権から」高作正博さん（共催）
5月28日ミャンマー関西「ミャンマー民主化の現状とその課題」（共催）
6月10日神戸大学YMCA「聖母マリアと美術」宮下規久朗さん（後援）
6月17日「2017年通常国会における改憲論議」高作正博さん（共催）
6月21日第38回アジア労働者交流集会in神戸@神戸市勤労会館（共催）
7月15日「安保法制定後の憲法問題」高作正博さん（共催）
7月30日KOBEピースiネット・東北アジアの平和を作る「歴史認識と日中関係」矢吹晋さん（協賛）

2017年度六甲奨学基金奨学生＆古本市

2017年度の奨学生は以下のとおりです。みなさん元気に勉強を続けられています。

❶	愛甲学院専門学校	ガマゲラダンパラガマゲラッキーンドラセナラダンパラ	スリランカ
❷	関西学院大学	張　子　蔵	台湾
❸	兵庫教育大学	劉　玉　珍	中国
❹	兵庫県立大学	胡　書　豪	中国
❺	神戸YMCA学院専門学校	徐　艺　丹	中国
❻	神戸大学	金　　蓓	中国
❼	アジアンインターナショナルセンター	VU THUONG QUYEN	ベトナム

古本市は20回目でした。売上は、347万円、約6.3万冊ご寄付いただき、約2.9万冊販売しました。ボランティアは延べ494名、残った本は、他のボランティア団体に寄付し、アジア図書館が引き取りにきてくださいました。ご協力くださったみなさま、ありがとうございました。来年も3/1～3/31古本回収、3/15～5/15古本市です。ご協力をよろしくお願いします。

授与式、奨学生と運営委員 4.21

ミャンマー集会

講演会「ミャンマー民主化の現状とその課題」。ミャンマー関西と学生センターの共催で開催されました。初めて聞く話がとても多い講演会でした。聞いてみなければ分からないものです。

ミャンマー集会 5.28

現代キリスト教セミナー

山本俊正編著・関西学院大学キリスト教と文化研究センター編『東アジアの平和と和解―キリスト教・NGO・市民社会の役割―』(関西学院大学出版部、2017/3)出版されました。執筆者の山本俊正さんに「東アジアの平和と和解」、村瀬義史さんに「平和の課題とキリスト教における宣教論の新たな展開」をテーマにご講演いただきました。

山本俊正さん 6.8　村瀬義史さん 6.22

朝鮮語講座

2017年4月から水曜日の夜初級クラスは、実践会話として授業を行っています。10月から新しいテキストを使い、K-POPも一緒に学ぶなど多様な韓国語を勉強しています。10月からスタートする入門クラスも募集しております。その他、木曜日の上級クラス、金曜日の昼会話・初級クラスもあります。皆さまのご参加お待ちしております。

高作先生と学ぶ会

「基地建設反対運動と人権から」、「通常国会における改憲論議」、「安保法制定後の憲法問題」をテーマに5-7月に3回の勉強会を開催しました。センターと高作先生と学ぶ会の共催プログラムです。毎回、講演後の質疑応答、さらにワイン酒場「ぴーあん」での懇親会まで先生を囲んでの熱心な勉強会が続きます。

高作正博さん 5.20

快晴の摩耶山

わたしにもちょうだい!

宿泊に… 1泊お1人様3,240円より グループなら2,700円より

会議に… ゼミ・会議・講演会に

多目的ホール、会議室5室、和室4室

ベッドルーム

多目的ホール

宿泊・会議室ともに、ご予約は12ヵ月前より承ります
料金は税込。(　　)内の金額は学生料金です。単位:¥
キャンセルの場合は前日50%、当日80%ちょうだいします

■宿泊料金(税込)定員42名　チェックイン:18:00－22:00　チェックアウト:9:00

部屋名	定員/広さ	利用人数による一人あたりの素泊まり料金(単位¥)		
和室A	8名 12畳 20㎡	2-3人 4,320 (3,780)	4-6人 3,780 (3,240)	7-8人 3,240 (2,700)
和室B／C	各3名 7.5畳 12㎡	1人 4,320 (3,780)	2人 3,780 (3,240)	3人 3,240 (2,700)
和室D	12名 17.5畳 30㎡	3-6人 4,320 (3,780)	7-9人 3,780 (3,240)	10-12人 3,240 (2,700)
ベッドルーム (8室)	各2名 4㎡	1人 3,240 (2,700)	2人 2,700 (2,160)	*

(就学前のお子さま) 引率の大人一人につき一人無料
※ただし布団を使われるお子様は1,080円／人、2人目からは小学生料金
(小学生のお子さま) 大人料金の半額
(中学生以上のお子さま) 学生料金

就学前のお子さまは、引率の大人一人につき一人無料
二人目からは学生料金をちょうだいします

■会場使用料(税込)
営業目的の会場使用は一般料金の倍額

部屋名	広さ	9:00-12:00	13:00-17:00	18:00-22:00
ホール	120㎡	7,236 (6,156)	8,208 (7,236)	8,208 (7,236)
会議室A 会議室D スタジオ	40㎡ 30㎡ 20㎡	3,348 (2,916)	3,888 (3,348)	3,888 (3,348)
サロン室	33㎡	3,348 (2,916)	3,888 (3,348)	3,888 (3,348)
会議室C	15㎡	2,916 (2,376)	3,348 (2,916)	3,348 (2,916)
和室A 和室D	12畳 17.5畳	3,348 (2,916)	3,888 (3,348)	この時間は利用できません
和室B／C	7.5畳	2,916 (2,376)	3,348 (2,916)	この時間は利用できません

●営業目的の会場使用は、10割増となります。
●ピアノ使用は1口1,080円(スタジオ)、3,240円(ホール)

ご予約は…☎078-851-2760

●阪急六甲より徒歩2分
●JR六甲道より徒歩10分
●新幹線新神戸よりタクシー15分

食料環境セミナー

2017年4月～7月まで「地域に希望を-これまでの農業、これからの農業-」という4回シリーズでセミナーを行いました。

4月は光岡大介さんより「地域が支える食と農～顧客からサポーターへ～」というテーマで、食べものの作り手たちが紡ぐ食づくりの物語を食材と一緒に自宅へ届ける、情報誌「兵庫食べる通信(2015年7月から)」を通じた新しい取組みについてお話して頂きました。

5月は牛尾武博さんより「沈黙の春から夏へ」というテーマで、15年間毎日強いストレスを受けていた一般会社を辞め、農業に転業し、働く喜びの35年間の有機農業生活から感じた多様な経験について生態系の生き物の変化を中心にお話して頂きました。

6月は保田茂さんより「有機農業が目指してきたもの、目指すもの」というテーマで、今までの有機農業の歩みについて反省し、これから有機農業が目指すものとして、保田先生が退官後、自らの立ち上げた有機農業学校や保田ぼかしなどから得られた知恵についてお話して頂きました。

7月は増田隆さんより「菜の花から生まれた新しい流れ「愛東」の今、そしてこれから」というテーマで、菜の花エコプロジェクトの取り組み経過として、琵琶湖の水質保全活動として始めた「石けん使用運動」、廃食油のリサイクル運動としての燃料化への取り組み、これらの運動を通して食とエネルギーの地産地消や地域づくりへの展開についてお話して頂きました。

光岡大介さん 4.26　牛尾武博さん 5.24　保田茂さん 6.28　増田隆さん 7.26

土曜ランチサロン

4月「ハワイの歩き方」川部純巳さん、5月「北タイの歩き方」上野政志さん、6月「日本の歩き方」バレンスエラ・エドさん、7月「ジンバブエの歩き方」石野祥子さんにお話していただきました。お話を聞くたびに行きたい国が増えていきます。みなさんも気になる国をチェックして聞きにきてください!秋からは参加費無料、開催は第1土曜15時からに変更です。お待ちしています。

川部純巳さん 4.15　上野政志さん 5.20　バレンスエラ・エドさん 6.17　石野祥子さん 7.15

林賢宜さんの韓国料理教室

4月はもう一度学びたい!との声が多かったキムパップを作りました。新しく学ぶメニューがほとんどですが、たまにみなさんの声にお応えして2度目の登場となるメニューもあります。秋からのメニューも素敵です。毎月第1土曜日開催。詳細はチラシをご覧ください。

茹で豚・ポサム 6.3

朝鮮史セミナー

①島根で活動を続ける福原孝浩さんをお迎えして「ハンセン病回復者のコリアンの実相―ハンセン病問題の内に見られる韓国・朝鮮人回復者―」のお話を伺いました。最近ハンセン病元家族の裁判などで注目を集めています。

② 前田憲二監督作品「東学農民革命」神戸上映会

前田監督の作品は以前にもセンターでも上映したことがありますが、今回も重厚な作品です。上映の機会が少ないのでセンターでも自主上映会を開きました。

福原孝浩さん 6.29

定期利用

グループ・教室のご案内

◆六甲トレーニングサロン……………… 月曜日・前9～12:00　前田先生 0797-35-5588
◆からむい会(絵更紗)……………… 第1・3月曜、第2・4木曜・後1～5:00　西村先生 0797-31-1798
◆すぎなコーラス……………… 月曜日・前10～12:00　連絡先・八尾 078-851-2485
◆神戸女声合唱団……………… 金曜日・前10～12:00　連絡先・岡 邦子 078-291-0855
◆創作アップリケ……………… 第2・4月・金曜日・前10～12:00　第1・3火曜日・前9～後5:00　柏原先生 078-821-4632
◆ノイエカンマーコール(混声コーラス)…… 土曜日・後6～9:00　連絡先:池田 078-936-0123
◆ヨガ体操……………… 火曜日・前9:30～12:00　廣瀬先生 078-851-8851
◆アトリエ太陽の子(児童絵画)……… 木曜日・後1～5:00　中嶋先生 078-858-7301
◆六甲ボーカル……………… 第1・3木曜日・前10～12:00　池本先生 078-861-8724
◆こうべこーる恵(コーラス)……………… 火曜日・前10～12:00　連絡先・田附 0798-26-2169
◆ステンドグラス・アトリエとも……… 第2・4木曜・後1～5:00　幸坂先生 078-582-0644
◆全珠連会員・熊内そろばん六甲教室…… 火曜・後3～9:00、土曜・後1～4:00　奥野先生 078-241-1095
◆テコンドー……………… 毎週金曜日・後6～9:00　連絡先・妹尾 090-9846-8241
◆稽践会空手道……………… 毎週月曜日・後4～10:00　連絡先・藤本 078-842-5669
◆すずめの学校(ニューヨークタイムズ紙を読む会)… 第2・4水曜日 前9:00～12:00　連絡先・前田 078-802-4068
◆前田書道会……………… 火曜日・前9～後5:00　連絡先・前田先生 078-385-1650
◆音楽の杜(リトミックピアノ教室)………… 土曜日・前9～後5:00　連絡先・桂先生 078-891-3419
◆Rokko kids English Club……… 木・金 幼稚園クラス・親子クラス　LaurenceDrew先生　連絡先・山本 070-5509-4403

お問合せやお申込は、各グループ・教室に直接ご連絡ください。

※当センターへの寄附金は、①所得控除または②税額控除が受けることができます。賛助会費、六甲奨学基金募金の両方に適用されます。詳しくはセンターにお問い合わせください。

(公財)神戸学生青年センター賛助金　2017.9.1～11.31(敬称略・単位円)

岩﨑裕保 1,500
小川雅由・寺岸三代子 5,000
飛田みえ子 5,000
足立龍枝 3,000
大西國子・智子 10,000
田中英雄 5,000
中裕美智子 3,000
田原良次 3,000
坂井永利 3,000
兵頭晴喜 3,000
井坂弘 3,000
森行雄 3,000
中山一郎 5,000
趙博 3,000
前川純一 10,000
早川良彌 5,000
志水記代子 20,000
畑明郎 3,000
中塚明 3,000
徐聖寿 3,000
白珠相 10,000
中川裕之 3,000
藤原精吾 3,000
山口朝子 3,000
西八條敬洪 2,000
鈴木道也 3,000
南波春樹 3,000
石本百合子 3,000
明石教会 3,000
砂上昌一 3,000
金平雄 2,000
髙橋喜久江 5,000
島津恒敏 10,000
安田吉三郎 10,000
横川修 5,000
原和美 3,000
西村誠 5,000
金野昌子 3,000
下西ユキヨ 3,000
朴京守 1,000
山田保 5,000
鈴木厚正 3,000
申曽洙 5,000
丸山茂樹 3,000
徐正禹 3,000
吉川眞喜子 3,000
八木晃介 3,000
垂井美子 3,000
大月良子 3,000
原田紀敏 5,000
四方田文夫 3,000
辻建 5,000
枡田計雄 5,000
永井靖二 5,000
高作先生と学ぶ会 4,000
谷井尚子 3,000
巽良生 3,000
飛田悦子 3,000
大槻博司 3,000
高仁宝 5,000
李圭燮 5,000
古座岩博子 3,000
中道澄春 1,000
中勝博志 5,000
石田梨己 3,000
小前理沙 3,000
福島俊弘 5,000
林賢宜 5,000
上田眞佐美 3,000
河瀬敦忠 2,000
ほほえみ歯科 3,000
貞松融 5,000
康由美 3,000
金孝源 3,000
金孝泉 3,000
藤尾周作 3,000
加輪上敏彦 10,000
乾眞理子 5,000
岡野清 3,000
山本陽子 3,000
山本響 3,000
楊心来 3,000
松岡真理子 3,000
佐藤秀根 3,000
今田裕子 3,000
横野朝彦 3,000
松本幸子 5,000
寺島俊穂 3,000
森哲二 3,000
松下量子 3,000
八尾佳子 1,000
岩坂二規 3,000
林祐介 3,000
東浦文子 3,000
寺本躬久 3,000
日下大器 3,000
藤江新次 3,000
馬屋原晋治 3,000

計 98件　387,500円
以上感謝をもって領収いたしました。

賛助金ご協力のお願い

●賛助会費：一口 A3,000　B5,000　C10,000
※いずれも一口を単位としますが、何口でも結構です。
※送金方法
郵便振替〈01160-6-1083 公益財団法人 神戸学生青年センター〉
備考欄に「賛助金」とお書きください。
銀行振込 三井住友銀行 六甲支店 0779663
公益財団法人 神戸学生青年センター 賛助金

六甲奨学基金　2017.9.1～11.31(敬称略・単位円)

由良佐知子 3,000
灘チャレンジ実行委員会 1,200
飛田みえ子 5,000
田原良次 3,000
大島董 10,000
葛谷登 5,000
志水記代子 10,000
小森悦子 3,000
井上淳子 3,000
山田昭次 3,000
山名行夫 3,000
石本百合子 3,000
徐翠珍 3,000
岡﨑道子 5,000
土本基子 3,000
松下宜且 10,000
安田吉三郎 10,000
横川修 5,000
木下洋子 3,000
林みち代 5,000
山田保 3,000
垂井美子 3,000
原田紀敏 5,000
四方田文夫 3,000
辻建 5,000
枡田計雄 5,000
田口恵美子 3,000
谷井尚子 3,000
大槻博司 3,000
高仁宝 5,000
李圭燮 5,000
中西美江子 3,000
荒井とみよ 3,000
福島俊弘 5,000
中村順子 3,000
康由美 3,000
松下宜且 10,000
髙橋治子 3,000
乾眞理子 5,000
一般財団法人相塚福南奨学財団李相埰 10,000
駒形愛子 3,000
内田玲子 3,000
加藤克子 3,000

計 43件　193,200円

六甲奨学基金ご協力のお願い

●賛助会費：一口 A3,000　B5,000　C10,000
※いずれも一口を単位としますが、何口でも結構です。
※送金方法
郵便振替〈01160-6-1083 公益財団法人 神戸学生青年センター〉
備考欄に「奨学金」とお書きください。
銀行振込 三井住友銀行 六甲支店 0779651
公益財団法人 神戸学生青年センター 六甲奨学基金

毎月募金会計　36,000円(千円:菱木康夫、金早雪、高仁宝、信長正義、信長たか子、加畑和子、飛田雄一、二千円:福田菊、三千円:白川豊)　古本市による協力 54,650円
総計 283,850円　以上感謝をもって領収いたしました。

セミナーの記録　2017.9.1～12.10

食料環境セミナー

シリーズ「格差社会におかれた子どもの健康と教育」
484回9月27日「子どもの健康格差～口から見える貧困～」足立了平さん
485回10月25日「子どもの心に届く支援を～社会の課題としての共有と発信を～」西川日奈子さん
486回11月22日「子どもの貧困と学校給食」鷹咲子さん

第22期農塾

11月26日「農場見学&ピザ作り」太田光宣さん

林賢宜さんの韓国料理教室

9月2日(肉円煎・キュウリのキムチ)
10月7日(豚肉と青唐辛子とえのき巻き・干し明太魚のスープ)
11月4日(イカ入りコチュジャンチゲ・豆腐煮)

現代キリスト教セミナー

「日本の差別社会と宣教師たち」小柳伸顕さん
11月14日「被差別部落とB.ゲーンズ宣教師」
11月28日「アイヌ民族とJ.バチラー宣教師」
12月12日「釜ヶ崎の愛徳姉妹会」

六甲奨学基金

日本語サロン　毎週月・土曜日

土曜ティーサロン

9月2日「モンゴルの歩き方」今中成吉さん
10月7日「モロッコの歩き方」竹下葉月さん
11月4日「インドの歩き方」プリティカ・ダスワニーさん

朝鮮語・韓国語講座

実践会話	毎週水曜日	朴玲実さん
上級	毎週木曜日	安在善さん
入門	毎週金曜日	文雅炫さん
初級	毎週金曜日午前	朴玲実さん
会話	毎週金曜日午前	林賢宜さん

朝鮮史セミナー

9月16日「異なる世界」上映会&制作トーク
「韓国映画の世界」(全2回)兪澄子さん
11月2日「活動写真の活上映1903年から全盛期1960年代、斜陽の時代1970年代—「アリラン」1926年、「自由万歳」1945年、「馬鹿たちの行進」1975年—」
11月16日「維新体制の崩壊1979年、日本に紹介された韓国映画、そして韓国映画界の大転換と新たな課題」
11月25日「帝国日本と朝鮮野球—憧憬とナショナリズムの隘路」小野容照さん

その他のセミナー・行事

9月29日神戸の石炭火力発電を考える会「神戸製鋼が建設予定の石炭火力発電所を考える市民学習会」(共催)
9月30日高作先生と学ぶ会「2017年衆議院解散・総選挙で考えておくべき論点—解散権の制約と自衛権明記の改憲論—」高作正博さん(共催)
10月2日～15日村山康文写真展「追憶のベトナム～取材20年の現場から～」(共催)
10月3日劇団石ひとり芝居「在日バイタルチェック」
10月8日空財布・ちいさなコンサート(後援)
10月21日～11月5日多賀健太郎展Vol.9
10月25日高作先生と学ぶ会「投票日前日の論点整理—「改憲論」への対応と対抗」高作正博さん(共催)
11月11日兵庫県国際交流協会日本語学習支援アドバイザー派遣事業「日本語のリズム・イントネーション・アクセントについて—日本語らしく聞こえる音声指導のために—」服部和子さん
11月11日高作先生と学ぶ会「沖縄・辺野古訴訟の展開—2017年衆議院選挙の結果も踏まえて—」高作正博さん(共催)
11月17日はんてんの会「共謀罪と大逆事件」永嶋靖久さん(共催)
11月25日求める会収穫感謝祭
11月29日第39回アジア労働者交流集会in神戸@神戸市勤労会館(共催)

多賀健太郎展 Vol.9

10月21日～11月5日多賀健太郎展Vol.9を開催しました。毎年春の古本市で活躍くださる多賀さんの絵画展です。会期中は毎日ロビーで絵を描く多賀さんの姿に出会えました。

多賀健太郎展 10.21～11.5

神戸学生青年センター
センターニュース
KOBE STUDENT YOUTH CENTER NEWS No.95

No.95
発行所 (公財)神戸学生青年センター
理事長 保田 茂
館 長 飛田 雄一
〒657-0064 神戸市灘区山田町3丁目1-1
TEL(078)851-2760 FAX(078)821-5878
Yamada-cho 3-1-1, Nada-ku
Kobe, 657-0064 Japan
E-mail info@ksyc.jp
URL http://ksyc.jp

「韓国映画の世界」を終えて

11月2日と16日、2回にわたって兪澄子さんから「韓国映画の世界」をテーマにご講演いただきました。1950年生まれの兪さんは、兵庫県立神戸高校卒業後、韓国に留学。1975年2月ソウル大学校文理科大学卒業し、1977年から2000年まで学生センター朝鮮語講座講師をしてくださいました。1988年有限会社アジア映画社設立に参加され、韓国映画のほか、香港映画、台湾映画、インド映画、イラン映画を日本に配給。字幕翻訳に『達磨はなぜ東に行ったのか』他、訳書に『自由へのスパイラルダンス』(洪信子著　フィルムアート社)があります。

兪(ゆ)　澄子(じんじゃ)

あらためて年表を見て驚いた。日清戦争(1894)後も混乱が続き、日露戦争(1904)勃発の年である。初めて活動写真(映画)が上映されたのは。電話や電車と同様に大きな衝撃をもって迎えられ、映画館も開設されていく。そして日本の植民地時代、1920年代以降に作られた多くの無声映画や1935年以後のトーキー(発声)映画の数々、1945年8月15日の民族解放以後、資材の乏しい中で作られた多くの映画。そのほとんどは朝鮮戦争により焼失し、多くの資料も失われて、今は韓国にほとんど何も残っていない。

何より残念なのは、全国津々浦々で上映され、主題歌が歌い継がれている伝説の名画『アリラン』(監督・脚本・主演：羅雲奎(ナウンギュ))ですら観ることができないことだ。

「眠くなったり、あくびの出ない作品を作らなければならない。そのためには風刺とユーモアがなければならない。洋画の大作を見慣れた目に貧弱な感じを与えないようにするためには、人を大勢出演させなければならない…」と、農民の豊年祭りのシーンを撮るために羅雲奎監督は500人のエキストラを募ったという。そして寒さしのぎと景気づけにマッコリをふるまったのが…エキストラたちが飲むマッコリ1杯が2杯になり…ついには酔っぱらって現場は修羅場と化して、勝手に踊り歌い、寝転がる始末。監督の怒鳴り声に耳を貸す者は誰もいなくなり、団成社の社員を動員してどうにか撮影を終えることができたのだが、結果的には500人もの酔っぱらいの中で撮影したのが予想外の効果を生んだという。このシーンを観たいと思うのは私だけだろうか。手錠をかけられた主人公を見送りながら、観客も一緒に「アリラン」を涙で合唱したというラストシーンもさることながら。

『アリラン』は脚本を日本人に偽装した替え玉作戦で検閲をすり抜けたという逸話が有名だが、日本の植民地時代に映画法(検閲)とたたかい続けた歴史は解放後も同じだ。とりわけ1970年代の映画界は維新憲法により表現の自由が大きな制約を受けて作品の質が落ちる一方、テレビの普及によって観客の劇場離れに拍車がかかった時期だったのだ。

1970年3月から1975年3月までソウルにいて、観る映画、観る映画つまらなくて…噂を聞いて劇場に行くと上映禁止！で…私も韓国映画離れしていた。映画のみならず演劇も歌も…日本では考えられない言論弾圧の怖さを体感できたのが唯一の留学土産だった。だから『風吹く良き日』(1980)を観たときの喜びは計り知れない。維新政権崩壊(1979年末)が韓国映画の突破口を開いたという嬉しい実感が韓国映画を日本に紹介したい…という私の心の扉を開いたのだと思う。

1926年上映の映画「アリラン」の1シーン、羅雲奎

現代キリスト教セミナー「日本の差別社会と宣教師たち」

小柳伸顕さんの全3回の講演会11/14「被差別部落とB.ゲーンズ宣教師」、11/28「アイヌ民族とJ.バチラー宣教師」12/12「釜ケ崎の愛徳姉妹会」です。日本のキリスト者のとりくまなかったテーマに取り組んだ宣教師の足跡をたどります。その功罪もともに学ぶことになります。

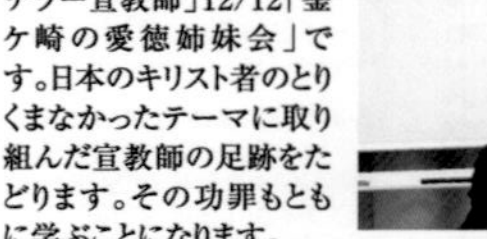

小柳伸顕さん 11.14

高作先生と学ぶ会

9/30「2017年衆議院解散・総選挙で考えておくべき論点一解散権の制約と自衛権明記の改憲論」、10/21「投票日前日の論点整理―「改憲論」への対応と対抗」、11/11「沖縄・辺野古訴訟の展開―2017年衆議院選挙の結果も踏まえて―」と続きました。激動の時代をともに考えることができました。今期（第4ラウンド）は、12/16、1/20まで開催します。

高作正博さん 9.30

講演会「共謀罪と大逆事件」

大逆事件（1910年）では「共謀」したとして東京の「平民社」グループのほか神奈川、信州、紀州、熊本、高知、福井、岡山などで不当な逮捕が行われました。永嶋弁護士の高知、岡山等を訪ねて調査された報告は、貴重なものでした。

永嶋靖久弁護士 11.17

兵庫県国際交流協会

兵庫県国際交流協会日本語学習支援アドバイザー派遣事業による研修会「日本語のリズム・イントネーション・アクセントについて一日本語らしく聞こえる音声指導のために―」を開催しました。講師は服部和子さん。日頃意識せずに話している日本語の音声について学び、たくさんの気づきがありました。

服部和子さん 11.11

市民学習会「神戸製鋼が建設予定の石炭火力発電所を考える」

神戸の石炭火力発電を考える会と共催で開催しました。神戸製鋼が計画している2基の大きな火力発電所を問う集会です。

石炭火力発電所を考える集会 9.29

朝鮮史セミナー

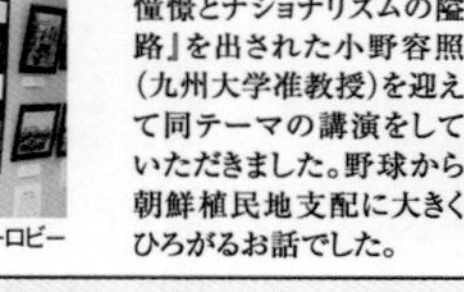

1）映画会「異なる世界」
日本初公開の台湾・沖縄・韓国をつなぐ"88日間の自転車平和紀行ドキュメンタリー映画"です。すてきな雰囲気の映画で、監督、企画、翻訳3名とのトークショーも

2）「韓国映画の世界」兪澄子さん、1面をご覧ください。

3）中央公論新社から『帝国日本と朝鮮野球―憧憬とナショナリズムの隘路』を出された小野容照（九州大学准教授）を迎えて同テーマの講演をしていただきました。野球から朝鮮植民地支配に大きくひろがるお話でした。

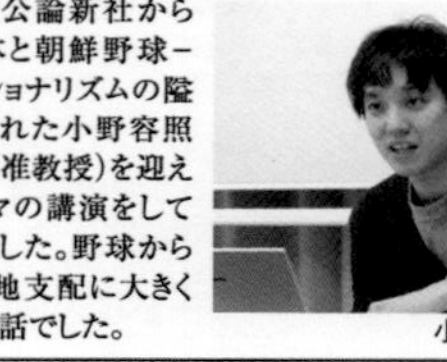

小野容照さん 11.25

10月2日～15日村山康文写真展「追憶のベトナム～取材20年の現場から～」

ベトナムで取材を続けるフォトジャーナリスト村山康文さん。1998年に報道写真家の石川文洋氏に出会い、ベトナムに魅せられたといいます。その後、渡航を重ね、主にベトナムの社会問題をカメラとペンで追いかけています。20年の記録の写真展でした。

村山康文さん 10.16 センターロビー

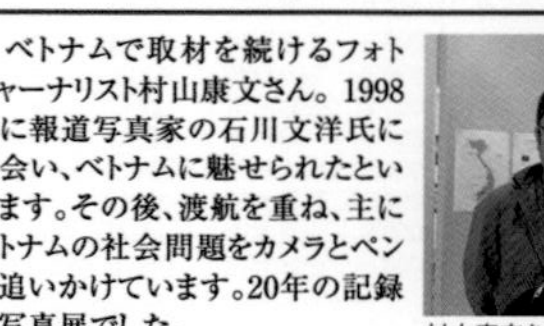

宿泊・会議室ともに、ご予約は12ヵ月前より承ります
料金は税込。(　　)内の金額は学生料金です。単位:¥
キャンセルの場合は前日50%、当日80%ちょうだいします

■宿泊料金（税込）定員42名　チェックイン:18:00−22:00　チェックアウト:9:00

部屋名	定員/広さ	利用人数による一人あたりの素泊まり料金(単位¥)		
和室A	8名 12畳 20㎡	2−3人 4,320 (3,780)	4−6人 3,780 (3,240)	7−8人 3,240 (2,700)
和室B／C	各3名 7.5畳 12㎡	1人 4,320 (3,780)	2人 3,780 (3,240)	3人 3,240 (2,700)
和室D	12名 17.5畳 30㎡	3−6人 4,320 (3,780)	7−9人 3,780 (3,240)	10−12人 3,240 (2,700)
ベッドルーム（8室）	各2名 4㎡	1人 3,240 (2,700)	2人 2,700 (2,160)	*

（就学前のお子さま）引率の大人一人につき一人無料
※ただし布団を使われるお子様は1,080円／人、2人目からは小学生料金
（小学生のお子さま）大人料金の半額
（中学生以上のお子さま）学生料金

就学前のお子さまは、引率の大人一人につき一人無料
二人目からは学生料金をちょうだいします

■会場使用料（税込）
営業目的の会場使用は一般料金の倍額

部屋名	広さ	9:00−12:00	13:00−17:00	18:00−22:00
ホール	120㎡	7,236 (6,156)	8,208 (7,236)	8,208 (7,236)
会議室A 会議室D スタジオ	40㎡ 30㎡ 20㎡	3,348 (2,916)	3,888 (3,348)	3,888 (3,348)
サロン室	33㎡	3,348 (2,916)	3,888 (3,348)	3,888 (3,348)
会議室C	15㎡	2,916 (2,376)	3,348 (2,916)	3,348 (2,916)
和室A 和室D	12畳 17.5畳	3,348 (2,916)	3,888 (3,348)	この時間は利用できません
和室B／C	7.5畳	2,916 (2,376)	3,348 (2,916)	この時間は利用できません

●営業目的の会場使用は、10割増となります。
●ピアノ使用は1口1,080円（スタジオ）、3,240円（ホール）

ベッドルーム

多目的ホール

ご予約は…☎078-851-2760

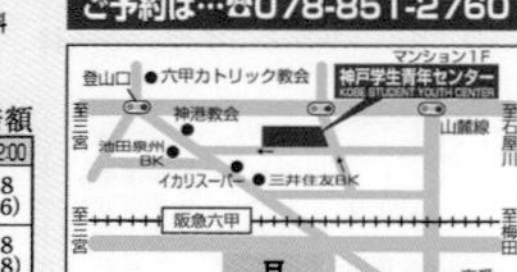

●阪急六甲より徒歩2分
●JR六甲道より徒歩10分
●新幹線新神戸よりタクシー15分

食料環境セミナー

2017年9月～12月にかけて「格差社会におかれた子どもの健康と教育」という4回シリーズでセミナーを行っております。

9月は足立了平さんより「子どもの健康格差-口から見える貧困」というテーマで、健康寿命の延伸のためにも歯を残すことの大切さを教えて頂きました。その上で、小・中・高校生の口腔崩壊の実態と家庭状況との関係から、健康格差を減らすためには社会保障の拡充が何より必要であることを教えて頂きました。

足立了平さん 9.27　西川日奈子さん 10.25　鳫咲子さん 11.22

10月は西川日奈子さんより「子どもの心に届く支援を～社会の課題としての共有と発信～」というテーマで、長年NPO法人西淀川子どもセンターを中心に行ってきた活動についてお話して頂きました。子どもセンターの目標である「子ども本人がしんどいとき困ったときに駆けこめる場を地域に根づかせるための「子ども支援」事業、「いっしょに喜びあう関係性と場面」を増やすこと」を実現するための様々な活動についてお話して頂きました。

11月は鳫咲子(がんさきこ)さんより「子どもの貧困と学校給食」というテーマで、学校給食の歴史から、調理方法・中学校の給食実施実態・給食費の会計方法等給食をめぐる様々な問題について分かりやすく説明して頂きました。給食費未納問題より、解決方法として就学援助制度の利用や給食費無料化の必要性についても教えて頂きました。

土曜ティーサロン

9月「モンゴルの歩き方」今中成吉さん、10月「モロッコの歩き方」竹下葉月さん、11月「インドの歩き方」プリティカ・ダスワニーさんにお話していただきました。

今中成吉さん 9.2　竹下葉月さん 10.7　プリティカ・ダスワニーさん 11.4

12月、1月はお休みです。次回は2月第一土曜の15時～16時です。みなさんお楽しみに!!

農塾

今回22期目を迎えた農塾では11月26日に、百姓10年目をむかえた太田光宣さんの農場を訪ねて、太田さんの小麦と椎茸を使ってピザを作りました。今回は何より美味しいピザをたくさん頂いた事が思い出に残る農塾でした。太田さん毎年色々と準備していただき誠にありがとうございます。

朝鮮語・韓国語講座

2017年10月より、金曜日の夜に入門クラスがスタートしております。小学生・中学生・高校生・社会人までいろんな人々が参加しています。現在、ハングルの文字発音を習っています。関心のある方、ぜひ一度見学してみませんか?水曜日の実践会話、木曜日の上級クラス、金曜日の昼会話・初級クラスもあります。皆さまのご参加お待ちしております。

林賢宜さんの韓国料理教室

自分ではなかなか使わない食材が含まれていたりして、うれしいビックリ!!にであえる教室です。冬から春にかけてのメニューも美味しそうなものが並びます。みなさまのご参加をお待ちしています。

キュウリのキムチ 9.2　豆腐煮 11.4

定期利用

グループ・教室のご案内

◆六甲トレーニングサロン……月曜日・前9～12:00　前田先生 0797-35-5588
◆からむい会（絵更紗）……第1・3月曜、第2・4木曜・後1～5:00　龍村先生 0797-31-1798
◆すぎなコーラス……月曜日・前10～12:00　連絡先・八尾 078-851-2485
◆神戸女声合唱団……金曜日・前10～12:00　連絡先・岡 邦子 078-291-0855
◆創作アップリケ……第2・4月・金曜日・前10～12:00　第1・3火曜日・前9～後5:00　柏原先生 078-821-4632
◆ノイエカンマーコール（混声コーラス）……土曜日・後6～9:00　連絡先・池田 078-936-0123
◆ヨガ体操……火曜日・前9:30～12:00　廣瀬先生 078-851-8851
◆アトリエ太陽の子（児童絵画）……木曜日・後1～5:00　中嶋先生 078-858-7301
◆六甲ボーカル……第1・3木曜日・前10～12:00　池本先生 078-861-8724
◆こうべこーる恵（コーラス）……火曜日・前10～12:00　連絡先・田附 0798-26-2169
◆ステンドグラス・アトリエとも……第2・4木曜・後1～5:00　幸坂先生 078-582-0644
◆全珠連会員・熊内そろばん六甲教室……火曜・後3～9:00、土曜・後1～4:00　奥野先生 078-241-1095
◆テコンドー……毎週金曜日・後6～9:00　連絡先・妹尾 090-9846-8241
◆稽践会空手道……毎週月曜日・後4～10:00　連絡先・藤本 078-842-5669
◆すずめの学校（ニューヨークタイムズ紙を読む会）……第2・4水曜日　前9:00～12:00　連絡先・前田 078-802-4068
◆前田書道会……火曜日・前9～後5:00　連絡先・前田先生 078-385-1650
◆音楽の杜（リトミックピアノ教室）……土曜日・前9～後5:00　連絡先・桂先生 078-891-3419
◆Rokko kids English Club……木・金 幼稚園クラス・親子クラス　LaurenceDrew先生　連絡先・山本 070-5509-4403
◆イースト神戸トーストマスターズクラブ　英語スピーチクラブ……第4土曜日　後1:30～4:00　連絡先・名古谷 0797-83-2710

お問合せやお申込は、各グループ・教室に直接ご連絡ください。

神戸学生青年センター
センターニュース
KOBE STUDENT YOUTH CENTER NEWS No.96

No.96
発行所　(公財)神戸学生青年センター
理事長　保田　茂
館　長　飛田　雄一

〒657-0064　神戸市灘区山田町3丁目1-1
TEL(078)851-2760 FAX(078)821-5878
Yamada-cho 3-1-1, Nada-ku
Kobe, 657-0064 Japan
E-mail　info@ksyc.jp
URL　http://ksyc.jp

神港教会の子どものための取り組み

日本キリスト改革派神港教会牧師
神戸学生青年センター理事　岩崎　謙

センターの西に隣接している教会が日本キリスト改革派神港教会です。牧師さんは岩崎謙さん、センターの理事をしてくださっています。1995年の阪神淡路大震災のとき、別の教会で牧会をされていましたが、センターを訪問してくださいました。今回、巻頭言に投稿をお願いしました。

神戸学生青年センターと隣り合わせの教会で牧師をしています岩崎と申します。

当教会では、日曜日に子ども（未就学児と小学生）のための聖書学校と中高生のためのジュニア礼拝を行っています。教会行事としては、クリスマスに大きな舞台を設置し、子どもたちが中心となった主イエスの誕生劇を行っています。また、彼らのための楽しい集会を年に何回か行っています。今年は1月に蒜山高原に雪遊びに行き、3月にはスケートに行きました。

土曜日（14時～16時）に児童絵本を集めた「こひつじ文庫」（蔵書約4000冊）をオープンしています。今年30周年を迎えます。当教会員に児童教育の専門家（頌栄短期大学教授）がおられました。その方はご自分で絵本を書くほど絵本好きで、当教会は毎年予算を組み、その方の目利きで、良書を集めて参りました。絵本だけなら、公的な図書館以上の蔵書と自負しています。

同じく毎週土曜日14～16時に、近隣の小・中学生を対象に、居場所スペースとして「まきば」を開いています。楽しみながら子どものペースで学べる場・安心してすごせる場として教会を開放し、教会員が必要なサポートをしています。工作・宿題・すごろく・百人一首などなど……"楽習支援"です。

また、幾人かの中高生は、昨年夏、同じ教派の近隣の教会と合同で、韓国に行きました。イエス様を信じている者は、国が違っても、仲良くなれることを体験することができました。教会では、私たちを愛してくださった神さまへの感謝を、隣人を愛することを通して表す、ことなどを子どもたちに教えています。

2月25日には、当教会オルガンアドバイザーである鈴木雅明氏のオルガンリサイタルが行われ、約500名が集いました。当教会には、美しいパイプオルガンがあり、音楽関係者も何人かいます。その方々のリードにより、子どものためのコンサートを二年に一度行っています。また、当教会には、小オルガンがあります。大オルガンと同じガルニエ社のパイプオルガンです。いずれ大オルガンを弾けるようになることを目標に、小オルガンを用いてのオルガン教室を教会の子どもたちを対象に行っています。指の動きを習う以前に、自然な音の響きを子どもたちに味わってもらいたいと願い、小オルガンは導入されました。

子どもたちの文学的音楽的な感性が豊かになり、神と人への愛が増し加わるように、また、神戸学生青年センターのお働きが祝され、さらに豊かに用いられますように、とお祈り申し上げます。

▲こひつじ文庫　▼子どものためのコンサート

※当センターへの寄附金は、①所得控除または②税額控除が受けることができます。賛助会費、六甲奨学基金募金の両方に適用されます。詳しくはセンターにお問い合わせください。

(公財)神戸学生青年センター賛助金　2017.12.1～2018.3.31（敬称略・単位円）

横田悦子 3,000
すぎなコーラス 3,000
中村樹玲 3,000
米澤隆 30,000
川辺比呂子 3,000
佐治信 5,000
近藤泉 3,000
髙岡育子 5,000
金正郁 3,000
聖ヨゼフ修道院 1,000
太田稔 3,000
山下昌子 5,000
五十嵐広司・紀子 3,000
中村英之 3,000
岩崎謙 20,000
神戸女声合唱団 10,000
無名氏 2,000
小川文夫 3,000
宋富子 3,000
兵頭晴喜 3,000
吉田敏子 3,000
三木鎌吾 5,000
梶原久美子 5,000
千葉宣義 5,000
徐聖寿 3,000
下村安男・幸子 5,000
水野雄二 5,000
山本常雄 3,000
早川良彌 5,000
高光重 10,000
樋口和雄 3,000
寺本淑子 3,000
三宅美千子 3,000
守一律子 3,000
細野恵久 3,000
髙田秀峰 2,000
足立龍枝 3,000
青木京子 3,000
山﨑清 3,000
林祐介 3,000
大槻博司 3,000
杉田年章・典子 5,000
藤井秀一 3,000
岡田長保 5,000
李周鎬・陽平・由紀 5,000
加輪上敏彦 10,000
山田昭次 3,000
原田紀敏 5,000
金桂仙 3,000
石塚明子・健 5,000
大同敏博 3,000
井坂弘 3,000
大道基子 3,000
宇都宮佳果 3,000
西八條敬洪 2,000
山西伸史 3,000
鈴木道也 3,000
竹国友康・景子 5,000
藤原純一 3,000
上田眞佐美 3,000
南波春樹 3,000
津久井進 3,000
張征峰 3,000
林みち代 3,000
大高全洋 3,000
瀬戸口雅子 3,000
今中成吉 10,000
ろっこう医療生活協同組合 5,000
田中満 3,000
満寿会 3,000
影山陽美 10,000
長瀬春代 3,000
菅根信彦 10,000
藤井とも子 10,000
吉澤文寿 3,000
片桐陽 5,000
小松匡位 10,000
福井禮子 5,000
前田文代 3,000
田中宏明 1,000
金野昌子 3,000
中川正広 3,000
宗田瑛子 1,000
長岡基浩 1,000
河瀬敦忠 3,000
島田恒 10,000
大津留厚 3,000
谷井尚子 3,000
名古屋聖ステパノ教会 3,000
宮沢之祐 3,000
武田多美 3,000
島津恒敏 10,000
在日大韓基督教会神戸教会 10,000
はやしやまクリニック希望の家 10,000
尾形淳 3,000
服部待 3,000
井上薫 3,000
前川純一 10,000
鹿野幸枝 3,000
西垣勲 3,000
倉持龍一 3,000
藤井道雄 3,000
井上力 10,000
井上みち子 5,000
石塚久則 1,000
辻川敦 5,000
室田卓雄 3,000
丸山茂樹 3,000
宇野田尚哉 5,000
久保恵三郎 3,000
巽光子 3,000
奈良本まゆみ 3,000
武藤迪子 5,000
西松由美子 3,000
勝村誠 3,000
朴京守 1,000
枡田計雄 5,000
金山次代 3,000
梁壽龍・朴貴玉 3,000
康由美 3,000
神戸多聞教会 10,000
西村文雄 3,000
橋本倫子 3,000
保田茂 5,000
高作先生と学ぶ会 4,000
東谷光博 3,000
佐野二三雄 3,000
在日大韓基督教会小倉教会 3,000
むくげの会 10,000
ロブ&圭子ウィットマー 3,000
中道基夫 10,000
稲田登 20,000
日本キリスト教団神戸雲内教会 5,000
丸山晶子 5,000
井上淳 3,000
草地とし子 3,000
上野利恵子 3,000
安福和子 5,000
荒川純太郎 3,000
堀内京子 10,000
木村正樹 3,000
荒金敦 3,000
神港教会 10,000
藤原栄子 5,000
関西学院宗教活動委員会 15,000
飛田雄一 10,000
中道澄春 2,000
荒金千花子 3,000
脇本寿 5,000
薬師寺小夜子 3,000
李月順 3,000
二宮博行 3,000
村瀬義史 3,000
日本基督教団宝塚教会 2,500
高槻むくげの会 10,000
光葉啓一 3,000
窪田実実 5,000
南波春樹 2,000
信長正義・たか子 6,000
高祐二 3,000
鬼一徳子 3,000
岡部眞理子 3,000
都藤清美 2,000
呉充功 3,000
恩田怜 5,000
窪田実実 5,000
松本義郎 10,000
吉川真喜子 3,000
食品公害を追放し安全な食べ物を求める会 15,000
足立康幸 10,000
乾眞理子 5,000
藤吉求理子 2,000
浅間智子 1,000

計 173件　813,500円
以上感謝をもって領収いたしました。

賛助金ご協力のお願い

●賛助会費：一口 A3,000　B5,000　C10,000
※いずれも一口を単位としますが、何口でも結構です。
※送金方法
郵便振替〈01160-6-1083 公益財団法人 神戸学生青年センター〉
備考欄に「賛助金」とお書きください。
銀行振込 三井住友銀行 六甲支店 0779663
公益財団法人 神戸学生青年センター 賛助金

六甲奨学基金　2017.12.1～2018.3.31（敬称略・単位円）

北村良子 3,000
森野秀樹 5,000
小牧明子 5,000
今井眞理 10,000
中畠孝幸 10,000
紙徳真理子 3,000
高光重 10,000
山﨑昌子 3,000
青木京子 3,000
中川慶子 3,000
大槻博司 3,000
原田紀敏 5,000
石東直子 3,000
三木洋美 3,000
崔相鐵 5,000
水谷俊平 50,000
奥野葉津紀 5,000
無名氏 5,000
田口恵美子 3,000
後藤玲子 10,000
谷井尚子 3,000
岩本光雄 8,000
渡辺厚子 3,000
荒内直子 3,000
井上力 10,000
牛尾武博 3,000
三宅宏司 3,000
武藤迪子 5,000
枡田計雄 5,000
康由美 3,000
佐藤朝子 5,000
兼崎暉 3,000
松下宜且 20,000
大槻小百合 3,000
大谷紫乃 5,000
中村順子 3,000
関西学院宗教活動委員会 15,000
脇本寿 5,000
松下宜且 10,000
薬師寺小夜子 3,000
高槻むくげの会 10,000
窪田実実 5,000
小野光子 10,000
愼英弘 5,000
窪田実実 5,000
KECJL 20,000
細川敦子 3,000
松下宜且 10,000

計 48件　333,000円

毎月募金会計　48,000円（千円:菱木康夫、金早雪、高仁宝、信長正義、信長たか子、加畑和子、飛田雄一、二千円:福田菊、三千円:白川豊）　古本市による協力 1,579,539円
総計 1,960,539円　以上感謝をもって領収いたしました。

六甲奨学基金ご協力のお願い

●賛助会費：一口 A3,000　B5,000　C10,000
※いずれも一口を単位としますが、何口でも結構です。
※送金方法
郵便振替〈01160-6-1083 公益財団法人 神戸学生青年センター〉
備考欄に「奨学金」とお書きください。
銀行振込 三井住友銀行 六甲支店 0779651
公益財団法人 神戸学生青年センター 六甲奨学基金

セミナーの記録　2017.12.1～2018.3.31

食料環境セミナー

487回12月20日「女性と子どもたちに笑顔を取り戻すためのWACCA(わっか)の活動」茂木美知子さん
488回1月24日「テレビでは教えてくれない食品表示のウソ？ホント！」垣田達哉さん
489回2月28日「若者たちの食卓―食写真から見える日常―」長谷川智子さん
490回3月28日「子どもの健康と食育」山下陽子さん

朝鮮語・韓国語講座

実践会話　毎週水曜日　朴玲実さん
上級　毎週木曜日　安在善さん
入門　毎週金曜日　文雅炫さん
初級　毎週金曜日午前　朴玲実さん
会話　毎週金曜日午前　林賢宜さん

朝鮮史セミナー

「ジェンダーから見る植民地主義」全2回講座　宋連玉さん
2月27日「植民地主義と女性表象」
3月13日「植民地主義とセクシュアルティ」

林賢宜さんの韓国料理教室

2月3日しろ菜の韓国みそ炒め・海鮮入り炊き込みごはん
3月3日チェンバンククス(ひやむぎの韓国風混ぜ麺)・プゴッチム(すけそうだらの蒸しもの)

六甲奨学基金

日本語サロン　毎週月・土曜日
1月27日日本語サロン交流会
3月15日～5月15日第21回古本市

土曜ランチサロン

2月3日「アフガニスタンの歩き方～防弾車の窓越しに見える風景」長田守さん
3月3日「スリランカの歩き方」ガマゲラダンパラ　ガマゲラッキーンドラセナラダンパラさん

その他のセミナー・行事

12月7日神戸南京をむすぶ会「父の証しした記憶とたどって」山本敏雄さん(後援)
12月8日神戸大学YMCA「神戸マスクワイア・クリスマスゴスペルコンサート」(後援)
12月16日高作先生と学ぶ会「憲法改正国民投票と表現の自由」高作正博さん(共催)
12月17日ミャンマー関西「ミャンマーロヒンギャ問題とは何か」(共催)
12月24日「南京大虐殺80年の今 米国ドキュメンタリー『南京』を観る」(共催)
1月20日高作先生と学ぶ会「安倍政権の過去・現在・未来」高作正博さん(共催)
2月17日多文化と共生社会を育むワークショップ「ペルーのお茶とお菓子を楽しむ会」大城ロクサナ・アジベさん(共催)
3月24日多文化と共生社会を育むワークショップ「災害時～電気、ガス、水が無い～あなたはどうしますか？美味しい食事を作りましょう！」坂本佳奈さん(共催)

六甲奨学基金2017年度は7名の留学生に支給しました

Aさん　一年間本当にありがとうございました。奨学金を研究費に使っていただき、学習や生活に大変助かりました。これから日本で仕事をし始めて、日中交流に力になりたいと思います。

Bさん　奨学金は私の生活に助かりました。この一年間で頑張って大学に合格しました。これから大学でも頑張りたいと思っています。本当にありがとうございました。

Cさん　二年生の一年間奨学金をもらったおかげでアルバイトの時間を減らして就職活動を始まりそれで良い会社がみつけて就職することができました。日本での学校生活の中で私のターニングポイントはこの奨学金でした。本当にありがとうございます。

神戸大学YMCAゴスペルコンサート2017.12.8

第21回古本市 3/15～5.15

もう一冊の出版

『日韓市民による世界遺産ガイドブック「明治産業革命遺産」と強制労働』が昨年11月に発行されました。強制動員真相究明ネットワーク（センター内）と民族問題研究所（韓国）の共同編集／発行です。その冊子が好評で在庫がなくなりましたので、1月にセンター出版部から第2刷をだしました。ISBN978-4-906460-49-6これも送料センター負担500円で販売します。おなじく上記郵便振替、前金でご送金ください。書名もお忘れなく。

2冊のブックレット

高作先生と学ぶ会

12/16「憲法改正国民投票と表現の自由」、1/20「安倍政権の過去・現在・未来―5年間で失われたもの」。2017年度のシリーズはこれで終了です。6/17の「2017通常国会における改憲論議―転換点としての5月3日」の講演録が出版されました。センター出版部、2018.1、A5版、60頁、500円。発売中です。希望者には送料センター負担でお送りします。前金で、郵便振替＜01160-6-1083　公益財団法人神戸学生青年センター＞まで。

高作正博さん 12.16

林賢宜さんの韓国料理教室

毎月第1土曜はとても美味しい香りが事務所に届きます。いつも使っている食材の韓国風味付を学ぶと、レパートリーが倍増?献立を考えるのが楽しくなりそうです。

チェンバンククス・プゴッチム 3.3

朝鮮語・韓国語講座

2018年3月末で、木曜日の上級クラスを担当して頂いた安在善先生が辞任されることになりました。安先生長い間ありがとうございました。4月からは新しい先生が上級クラスを担当することになります。皆さまのご参加お待ちしております。

会議に…
ゼミ・会議・講演会に
多目的ホール、会議室5室、和室4室

ベッドルーム　多目的ホール

ご予約は…☎078-851-2760

宿泊・会議室ともに、ご予約は12ヵ月前より承ります
料金は税込。(　　)内の金額は学生料金です。単位:¥
キャンセルの場合は前日50%、当日80%ちょうだいします

■宿泊料金（税込）定員42名　チェックイン:18:00−22:00　チェックアウト:9:00

部屋名	定員/広さ	利用人数による一人あたりの素泊まり料金(単位¥)		
和室A	8名 12畳 20㎡	2−3人 4,320 (3,780)	4−6人 3,780 (3,240)	7−8人 3,240 (2,700)
和室B／C	各3名 7.5畳 12㎡	1人 4,320 (3,780)	2人 3,780 (3,240)	3人 3,240 (2,700)
和室D	12名 17.5畳 30㎡	3−6人 4,320 (3,780)	7−9人 3,780 (3,240)	10−12人 3,240 (2,700)
ベッドルーム (8室)	各2名 4㎡	1人 3,240 (2,700)	2人 2,700 (2,160)	*

（就学前のお子さま）引率の大人一人につき一人無料
※ただし布団を使われるお子様は1,080円／人、2人目からは小学生料金
（小学生のお子さま）大人料金の半額
（中学生以上のお子さま）学生料金

就学前のお子さまは、引率の大人一人につき一人無料
二人目からは学生料金をちょうだいします

■会場使用料（税込）
営業目的の会場使用は一般料金の倍額

部屋名	広さ	9:00−12:00	13:00−17:00	18:00−22:00
ホール	120㎡	7,236 (6,156)	8,208 (7,236)	8,208 (7,236)
会議室A 会議室D スタジオ	40㎡ 30㎡ 20㎡	3,348 (2,916)	3,888 (3,348)	3,888 (3,348)
サロン室	33㎡	3,348 (2,916)	3,888 (3,348)	3,888 (3,348)
会議室C	15㎡	2,916 (2,376)	3,348 (2,916)	3,348 (2,916)
和室A 和室D	12畳 17.5畳	3,348 (2,916)	3,888 (3,348)	この時間は利用できません
和室B／C	7.5畳	2,916 (2,376)	3,348 (2,916)	この時間は利用できません

●営業目的の会場使用は、10割増となります。
●ピアノ使用は1口1,080円（スタジオ）、3,240円（ホール）

●阪急六甲より徒歩2分
●JR六甲道より徒歩10分
●新幹線新神戸よりタクシー15分

食料環境セミナー

2017年12月はシリーズ「格差社会におかれた子どもの健康と教育」の最終回として茂木美知子さんより「女性と子どもたちに笑顔を取り戻すためのWACCA(わっか)の活動」というテーマで、WACCAの皆様の活動についてお話して頂きました。皆さんが活動している長田区はひとり親世帯の割合が多く、貧困率も高いので、女性が安心・自信を取り戻し、元気になれる居場所づくり活動と子どもたちが夢を実現できるような生き方を選ぶための学習支援事業などについて教えて頂きました。

2018年1月は垣田達哉さんより「テレビでは教えてくれない食品表示のウソ?ホント!」というテーマで、テレビでは言えないことをたくさん教えて頂きました。食品表示法施行によって添加物が一目でわかるようになったことも初めて分かりました。貴重なお話しありがとうございました。

2018年2月は長谷川智子さんより「若者たちの食卓-食写真から見える日常」というテーマで、中学生・大学生の若者の食卓と、幼児をもつ母親の家庭での食事写真を比較しながらお話して頂きました。食写真を通じて家族の食文化の変化や若者たちの食事に関する意識変化などについて分かりやすく教えて頂きました。ひとりの食事が増えていることや食器を使わない食卓写真には驚きました。

2018年3月は山下陽子さんより「子どもの健康と食育」というテーマで、食育教育が必要になった背景と食育研究会での取り組みについてお話しして頂きました。以前は、各家庭や地域で日々の暮らしの中で当たり前に伝えられてきた食文化について、小学生親子を対象に体験型学習として、つくって(育てる・調理)、食べて、伝え合うことを中心とした食育プログラム内容について分かりやすく教えて頂きました。

茂木美知子さん 12.20　垣田達哉さん 1.24　長谷川智子さん 2.28　山下陽子さん 3.28

朝鮮史セミナー

2/27と3/13の2回にわたって「ジェンダーから見る植民地主義」をテーマに青山学院大学名誉教授／文化センターアリラン館長の宋連玉(ソン・ヨンオク)さんにご講演いただきました。宋さんはかつてセンターの朝鮮語講座の先生でもありました。『脱帝国のフェミニズムを求めて』(有志舎、2009)などの本を書かれています。多くのスライドを示しながら多面的に植民地主義がもたらした「女性表象」「セクシュアルティ」について語ってくださいました。是非この内容を新書にまとめてほしいという要望が受講者からもありました。宋さん、ぜひ、よろしくお願いします。

宋連玉さん 2.27

土曜ティーサロン

ゲストのお話30分、お茶とお菓子をいただきながら歓談&質疑応答タイム30分のプログラムです。定員15名、毎回和気あいあいとした雰囲気で交流をしています。2月「アフガニスタンの歩き方～防弾車の窓越しに見える風景」元JICA専門家の長田守さん、3月「スリランカの歩き方」六甲奨学基金奨学生のガマゲ　ラダンパラ　ガマゲラッキーンドラセナ　ラダンパラさんにお話していただきました。5月、8月はお休みです。「〇〇に行ってきました!」「わたしの出身地〇〇を紹介します!」などなど、お話してくださる方を募集中。お問い合わせお待ちしています。

長田守さん 2.3　ラッキーンさん 3.3

多文化と共生社会を育むワークショップ

お茶会シリーズ第6弾「ペルーのお茶会」を開催しました。講師は大城ロクサナ・アジベさん。お祝いの時に食べるというパネトンケーキとシナモン、クローブの入ったペルーの紅茶をいただきながら、ペルーのお話をたっぷりとうかがいました。

サカモトキッチンスタジオの坂本佳奈さんに防災食作りのヒントと防災時の備えについて教えていただきました。「防災を楽しむ」「防災贅沢」のキーワードが印象的でした。防災といっても身構える必要はなく、日頃から防災を意識することが必要だということを学びました。

大城ロクサナ・アジベさん 2.17　坂本佳奈さん 3.24

定期利用
グループ・教室のご案内

◆六甲トレーニングサロン……月曜日・前9～12:00　前田先生 0797-35-5588
◆からむい会(絵更紗)……第1・3月曜、第2・4木曜・後1～5:00　葭村先生 0797-31-1798
◆すぎなコーラス……月曜日・前10～12:00　連絡先・八尾 078-851-2485
◆神戸女声合唱団……金曜日・前10～12:00　連絡先・岡 邦子 078-291-0855
◆創作アップリケ……第2・4月・金曜日・前10～12:00　第1・3火曜日・前9～後5:00　柏原先生 078-821-4632
◆ノイエカンマーコール(混声コーラス)……土曜日・後6～9:00　連絡先:池田 078-936-0123
◆ヨガ体操……火曜日・前9:30～12:00　廣瀬先生 078-851-8851
◆アトリエ太陽の子(児童絵画)……木曜日・後1～5:00　中嶋先生 078-858-7301
◆六甲ボーカル……第1・3木曜日・前10～12:00　池本先生 078-861-8724
◆こうべこーる恵(コーラス)……火曜日・前10～12:00　連絡先・田附 0798-26-2169
◆ステンドグラス・アトリエとも……第2・4木曜・後1～5:00　幸坂先生 078-582-0644
◆全珠連会員・熊内そろばん六甲教室……火曜・後3～9:00、土曜・後1～4:00　奥野先生 078-241-1095
◆テコンドー……毎週金曜日・後6～9:00　連絡先・妹尾 090-9846-8241
◆稽践会空手道……毎週月曜日・後4～10:00　連絡先・藤本 078-842-5669
◆すずめの学校(ニューヨークタイムズ紙を読む会)……第2・4水曜日　前10:00～12:00　連絡先・桑原 0798-74-4512
◆前田書道会……火曜日・前9～後5:00　連絡先・前田先生 078-385-1650
◆音楽の杜(リトミックピアノ教室)……土曜日・前9～後5:00　連絡先・桂先生 078-891-3419
◆Rokko kids English Club……木・金 幼稚園クラス・親子クラス　LaurenceDrew先生　連絡先・山本 070-5509-4403
◆イースト神戸トーストマスターズクラブ　英語スピーチクラブ……第4土曜日　後1:30～4:00　連絡先・名古谷 0797-83-2710

お問合せやお申込は、各グループ・教室に直接ご連絡ください。

神戸学生青年センター
センターニュース
KOBE STUDENT YOUTH CENTER NEWS No.97

No.97
発行所　(公財)神戸学生青年センター
理事長　保田　茂
館　長　飛田　雄一
〒657-0064　神戸市灘区山田町3丁目1-1
TEL(078)851-2760 FAX(078)821-5878
Yamada-cho 3-1-1, Nada-ku
Kobe, 657-0064 Japan
E-mail info@ksyc.jp
URL http://ksyc.jp

「六甲山専門学校」を開いています

六甲山専門学校校長　前田　康男

神戸学生青年センターは六甲登山の拠点でもあります。遠くから来られて全山縦走のために宿泊され、朝早くでかけるグループもあります。六甲にはすてきなハイキングコースがたくさんあり、私たちを楽しませてくれます。有馬温泉に下ってひと風呂あびるというコースも人気があります。今回、神戸学生青年センターで六甲山専門学校を開いている前田康男さんに原稿をお願いしました。

六甲山専門学校は2016年４月に創設以来、今夏で２年半を迎えた。この学校は神戸のすぐ背後にある六甲連山という素晴らしい自然財産、歴史財産にもっと関心を持って欲しい、もっと歩いて欲しいという思いから、六甲山大好きの３人で立ち上げた六甲山の学びの場である。

その３人とは，阪急六甲のアウトドアショップ「白馬堂Rokko」の店主で「山と高原地図・六甲摩耶」の著者・浅野晴良氏、六甲山のハイキング本や自然観察本の著者でフリーライター・根岸真理さん、六甲山歴史資料収集家・前田康男、である。

学校と名前はついているが法人格を持った正式の学校でもないし、校舎があるわけでもない。六甲山に関わりのある方に講師を依頼し、毎月１回金曜の夜に授業を実施、教室としては、創立以来、センターにお世話になっている。

センターは、当校の事務局からも近く、夜10時まで利用でき、しかも飲食物の持ち込み可なので、金曜夜の授業には非常にありがたい。

講師は六甲山上の施設で働いておられる方や、六甲山上に住んでおられた方等にお願してきたが、長年一つの事に打ち込んでこられた方のお話には感銘を受ける言葉が必ずある。

最初の授業は14名からスタートし、１年後には平均20名の受講生、２年目には平均40名と順調に拡大してきた。そのうちリピーターが約８割を占めている。

この２年間を振り返って感じるのは、世の中には隠れた六甲山ファンが意外に多い事、外部の団体や組織との連携活動が増えてきた事である。今後も他団体とのコラボ活動を続けていくと共に、六甲山ファンをさらに増やすべくスタッフ一同頑張っていきたいと思っている。

そして今まで我々に活動の場を提供し、側面から支えて下さったのがセンターであり、この場を借りて改めてお礼申し上げたい。

授業風景

校外実習・徳川道

※当センターへの寄附金は、①所得控除または②税額控除が受けることができます。賛助会費、六甲奨学基金募金の両方に適用されます。詳しくはセンターにお問い合わせください。

(公財)神戸学生青年センター賛助金　2018.4.1～2018.8.31(敬称略・単位円)

大谷隆夫 10,000
藤本俊江 5,000
板山眞由美 3,000
鈴東力 3,000
河野敬 10,000
金恩順 2,000
センターグループ 5,000
今井恵一 5,000
片山憲明 3,000
山田昭次 3,000
鈴木誠也 3,000
谷井尚子 3,000
池上智恵子 3,000
尹英順 3,000
無名氏 3,000
徐聖寿 3,000
松浦一郎 3,000
八木晃介 3,000
林祐介 3,000
杉田年章・典子 5,000
砂上昌一 3,000
溝口和子 5,000
本城智子 3,000
中道澄春 2,000
梁英子 10,000
神田栄治 3,000
田原良次 3,000
福島俊弘 3,000
学校法人兵庫朝鮮学園 3,000
兵頭晴喜 3,000
寺下賢志 3,000
今中成吉 10,000
純昭三 5,000
西八條敬洪 2,000
泰圓澄美智子 5,000
中勝博志 5,000
森田豊子 5,000
鄭雄男 3,000
文箭祥人 5,000
島津恒敏 10,000
高橋治子 3,000
徐正禹 3,000
福地ゆうは 3,000
尼川洋子 3,000
安井三吉 3,000
田中ハル子 3,000
山名行夫 3,000
小森悦子 3,000
中村大蔵 3,000
前田文代 3,000
蒔田由紀子 3,000
大津留厚 3,000
横山正代 3,000
石田米子 3,000
村上韶三 3,000
木下洋子 3,000
杉山博昭 3,000
山本俊正 3,000
長岡基浩 1,000
米谷収 3,000
青木京子 4,000
高石留美 5,000
枡田計雄 5,000
和田進 3,000
森行雄 3,000
文京洙 5,000
原田紀敏 5,000
上田眞佐美 3,000
木村健二 3,000
西村誠 5,000
山根はるみ 3,000
李美葉 3,000
金野昌子 3,000
飛田悦子 3,000
阪上史子 3,000
久保恵三郎 3,000
山口元 3,000
泉迪子 2,000
田中章子 3,000
新居弥生 7,000
野津加代子 1,000
加輪上敏彦 10,000
手束光子 3,000
青野正明 3,000
永井満 3,000
申曾洙 5,000
無名氏 10,000
小林保 5,000
蔡秋雄・蔡曙伍 3,000
石塚久則 1,000
岩坂二規 3,000
岡内克江 5,000
池本明代 3,000
正木峯夫 3,000
志水紀代子 5,000
西脇鈴代 5,000
四方田文夫 3,000
山田則子 10,000
間一孝 3,000
小林直哉 10,000
岡崎勝彦 3,000
金平雄 1,000
無名氏 2,000
島田誠 10,000
林同福 5,000
平田昌司 5,000
松枝佳宏 3,000
石打謹也 3,000
横川修 10,000
藤江新次 3,000
飛田雄一 10,000
永原清史 5,000
保田茂 3,000
倉持龍一 3,000
古川文月 6,000
ゆずるは百姓連山口勝弘 5,000
高作先生と学ぶ会 4,000
伊東輝 3,000
洪浩秀 3,000
荒金サチ子 10,000
日本キリスト教団明石教会 3,000
榊原恵美子 3,000
栢下芳郎 3,000
津村富代 2,000
大田美智子 3,000
伊藤悦子 3,000
河瀬敦忠 3,000
松山典子 3,000
原野和雄・直美 3,000
高橋真澄 3,000
菊谷裕洋 5,000
細野恵久 3,000
宇野田尚哉 5,000
藤原純一 3,000
林みち代 3,000
松田薫 3,000
早川良彌 5,000
天野隆 3,000
松田道子 3,000
兵庫県有機農業研究会HOAS 10,000
椿崎みちよ 3,000
西垣勲 3,000
無名氏 3,000
無名氏 500,000
神谷重幸 3,000
三木鋒吾 5,000
すぎなコーラス 3,000
舘野皙 5,000
寺島俊穂 3,000
乾眞理子 5,000
大島淡紅子 1,000
神戸女声合唱団 10,000
田中宏明 1,000
日本基督教団兵庫教区社会部 10,200
柏崎千佳子 5,000
迫田耕作 3,000
恩田怜 3,000
小川雅由・寺岸三代子 5,000
宗像千代子 10,000
飛田みえ子 5,000
根津茂 3,000
髙徳芳忠 3,000

計 162件
1,159,200円
以上感謝をもって領収いたしました。

賛助金ご協力のお願い

●賛助会費：一口 A3,000　B5,000　C10,000
※いずれも一口を単位としますが、何口でも結構です。
※送金方法
郵便振替〈01160-6-1083 公益財団法人 神戸学生青年センター〉
備考欄に「賛助金」とお書きください。
銀行振込 三井住友銀行 六甲支店 0779663
公益財団法人 神戸学生青年センター 賛助金

六甲奨学基金　2018.4.1～2018.8.31(敬称略・単位円)

三好千春 10,000
葉宜苑 10,000
板山眞由美 3,000
徳田暁子 20,000
片山憲明 3,000
谷井尚子 3,000
溝口和子 5,000
梁英子 10,000
田原良次 3,000
葛谷登 5,000
鄭雄男 3,000
Gわびすけ 3,000
森本萌子 3,000
中村大蔵 3,000
井上淳子 3,000
髙石留美 5,000
枡田計雄 5,000
原田紀敏 5,000
田口恵美子 3,000
松下宜且 10,000
新居弥生 3,000
加輪上敏彦 5,000
青野正明 3,000
志水紀代子 5,000
四方田文夫 3,000
山田則子 10,000
間一孝 3,000
平田昌司 5,000
柴田康彦 3,000
福田英俊 5,000
内田玲子 3,000
井上淳子 1,000
サチパッチワークキルト 37,786
関西日英協会婦人部 50,000
荒井とみよ 3,000
林みち代 3,000
松田薫 3,000
松下宜且 10,000
今井眞理 10,000
灘チャレンジ実行委員会 2,500
近澤淑子 3,000
門野隆弘 5,000
小柳伸顕 3,000
飛田みえ子 5,000

計 44件
299,286円

毎月募金会計　60,000 円(千円:菱木康夫、金早雪、高仁宝、信長正義、信長たか子、加畑和子、飛田雄一、二千円:福田菊、三千円:白川豊)　古本市による協力 1,977,689円
総計 2,336,975円　以上感謝をもって領収いたしました。

六甲奨学基金ご協力のお願い

●賛助会費：一口 A3,000　B5,000　C10,000
※いずれも一口を単位としますが、何口でも結構です。
※送金方法
郵便振替〈01160-6-1083 公益財団法人 神戸学生青年センター〉
備考欄に「奨学金」とお書きください。
銀行振込 三井住友銀行 六甲支店 0779651
公益財団法人 神戸学生青年センター 六甲奨学基金

セミナーの記録　2018.4.1～2018.8.31

食料環境セミナー

シリーズ「放射能汚染から8年目へと向かう～放射能を学び、福島の今を知る～」
491回4月25日「測定から見える放射能汚染」安東克明さん
492回5月23日「放射能って何?」三原翠さん
493回6月27日「原発事故を生きる私たち」千葉由美さん
494回7月25日「福島から母子避難7年『避難の権利』と憲法～国連人権委員会で世界に伝えた母たちの願い・子どもたちを被ばくから守って!～」森松明希子さん

朝鮮語・韓国語講座

実践会話　毎週水曜日　朴玲実さん
上級　毎週木曜日　尹智香さん
入門　毎週金曜日　文雅炫さん
初級　毎週金曜日午前　朴玲実さん
会話　毎週金曜日午前　林賢宜さん

朝鮮史セミナー

「1948年の済州四・三、神戸四・二四」
1、4月24日「済州島四・三事件─武装蜂起から70年：問題解決の到達点と課題─」文京洙さん
2、4月26日「四・二四阪神教育闘争の証言─なぜドキュメンタリー映画を撮るのか─」高賛侑さん

六甲奨学基金

日本語サロン　毎週月・土曜日
3月15日～5月15日第21回古本市

土曜ランチサロン

4月7日「ミャンマーの歩き方～ちょっぴりロヒンギャの話～」猶原信男さん
6月2日「台湾の歩き方」余旻軒さん

林賢宜さんの韓国料理教室

4月7日アルタン(助子のチゲ)・鶏肉の酢がらしソース和え
6月2日味付き豚足・青菜の水キムチ
7月7日キムチクッ(キムチのスープ)・じゃことしし唐の炒め

その他のセミナー・行事

4月1日幸徳秋水を語る神戸のつどい実行委員会「幸徳秋水を語る神戸のつどい」
4月27日天皇制を考える市民講座「立憲主義と象徴天皇制」中北龍太郎さん
5月17日～31日アジア女性自立プロジェクト「アジアの布と女性の手仕事展」
5月18日「『米軍基地爆音訴訟の現在』を知る」高作正博さん(共催)
6月2日神戸大学YMCA「『最後の晩餐』と「食」の美術」宮下規久朗さん(後援)
6月2日～4日KOBE SACHI PATCH WORK QUILT 荒金サチ子個展～針と友に
6月15日「『押しつけ憲法論』と日本国憲法の正当性」高作正博さん(共催)
6月27日第40回アジア労働者交流集会in神戸@神戸市勤労会館(共催)
7月20日「公権力によるプライバシー情報の収集・集積と共謀罪社会」高作正博さん(共催)

アジアの布と女性の手仕事展 5.17

7月26日神戸・南京をむすぶ会「荒井とみよさん・講演会」(後援)

第21回古本市

寄贈していただいた本は、約5万5千冊。売上は3,410,916円となりました。本を送ってくださった方、お買い上げくださった方、お手伝いしてくださった方、たくさんのご協力あっての結果です。ご協力いただきましてありがとうございました。次回は2019年3月15日～5月15日です。ひきつづきご協力をお願い申し上げます。

古本市 3/15～5.15

高作先生と学ぶ会

勉強会が続いています。5/18、「『米軍基地爆音訴訟の現在』を知る」6/15、「『押しつけ憲法論』と日本国憲法の正当性」、7/20、「公権力によるプライバシー情報の収集・集積と共謀罪社会」。講演後の質疑応答、意見交換も活発です。

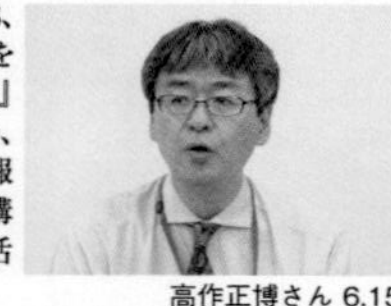

高作正博さん 6.15

幸徳秋水を語る神戸のつどい

幸徳秋水を顕彰する会事務局長・前四万十市長の田中全さんをお招きして開かれました。実行委員会主催で、飛田も「大逆事件と神戸多聞教会」をテーマにお話しさせていただきました。

田中全さん 4.1

六甲奨学基金2018年度奨学生

	氏名	国	学校
❶	施 圣 煌	中 国	大手前大学
❷	NGUYEN NGOC QUANG	ベトナム	芦屋大学
❸	VUONG THU HA	ベトナム	神戸医療福祉大学
❹	DOAN VIET ANH	ベトナム	アリスト外語学院
❺	SYAHIRA BINTI LAMAZNUN	マレーシア	姫路獨協大学
❻	KUO PO YEN	台 湾	コミュニカ学院
❼	侯 莉	中 国	神戸東洋日本語学院

本年度も7名の留学生に奨学金を支給しています。返済不要です。

授与式、奨学生と運営委員 4.13

林賢宜さんの韓国料理教室

毎月第1土曜に開催している林賢宜さんの韓国料理教室です。韓国語学習中の方の参加あり、韓国が大好き!という方の参加あり、毎回楽しい交流＆美味しいお料理が魅力の料理教室です。どなたでもご参加いただけます。

秋からのメニューはチラシをご覧ください。

青菜の水キムチ 6.2

朝鮮語・韓国語講座

学生センターの朝鮮語・韓国語講座は、水曜日実践会話、木曜日上級クラス、金曜日昼初級、会話クラス、夜の入門クラスで五つのクラスで開設されています。10月2週目から新しく後期の授業が始まります。関心のある方はぜひ一度見学してみませんか?皆様のご参加お待ちしております。

宿泊に… 1泊お1人様 3,240円より グループなら 2,700円より

会議に… ゼミ・会議・講演会に

ベッドルーム　多目的ホール

宿泊・会議室ともに、ご予約は12ヵ月前より承ります
料金は税込。(　　)内の金額は学生料金です。単位:¥
キャンセルの場合は前日50%、当日80%ちょうだいします

■宿泊料金(税込)定員42名　チェックイン:18:00－22:00　チェックアウト:9:00

部屋名	定員/広さ	利用人数による一人あたりの素泊まり料金(単位¥)		
和室A	8名 12畳 20㎡	2－3人 4,320 (3,780)	4－6人 3,780 (3,240)	7－8人 3,240 (2,700)
和室B／C	各3名 7.5畳 12㎡	1人 4,320 (3,780)	2人 3,780 (3,240)	3人 3,240 (2,700)
和室D	12名 17.5畳 30㎡	3－6人 4,320 (3,780)	7－9人 3,780 (3,240)	10－12人 3,240 (2,700)
ベッドルーム (8室)	各2名 4㎡	1人 3,240 (2,700)	2人 2,700 (2,160)	*

(就学前のお子さま) 引率の大人一人につき一人無料
※ただし布団を使われるお子様は1,080円／人、2人目からは小学生料金
(小学生のお子さま) 大人料金の半額
(中学生以上のお子さま) 学生料金

就学前のお子さまは、引率の大人一人につき一人無料
二人目からは学生料金をちょうだいします

■会場使用料(税込)
営業目的の会場使用は一般料金の倍額

部屋名	広さ	9:00-12:00	13:00-17:00	18:00-22:00
ホール	120㎡	7,236 (6,156)	8,208 (7,236)	8,208 (7,236)
会議室A 会議室D スタジオ	40㎡ 30㎡ 20㎡	3,348 (2,916)	3,888 (3,348)	3,888 (3,348)
サロン室	33㎡	3,348 (2,916)	3,888 (3,348)	3,888 (3,348)
会議室C	15㎡	2,916 (2,376)	3,348 (2,916)	3,348 (2,916)
和室A 和室D	12畳 17.5畳	3,348 (2,916)	3,888 (3,348)	この時間は利用できません
和室B／C	7.5畳	2,916 (2,376)	3,348 (2,916)	この時間は利用できません

●営業目的の会場使用は、10割増となります。
●ピアノ使用は1口1,080円 (スタジオ)、3,240円 (ホール)

ご予約は…☎078-851-2760

●阪急六甲より徒歩2分
●JR六甲道より徒歩10分
●新幹線新神戸よりタクシー15分

食料環境セミナー

2018年4月～7月にかけて「放射能汚染から8年目へと向かう～放射能を学び、福島の今を知る～」という4回シリーズでセミナーを行いました。

4月は、安東克明さんより「測定から見える放射能汚染」というテーマで、阪神・市民放射能測定所の活動について紹介して頂きました。関西地域を中心に流通されている食品、汚染地で使用した衣類、肥料、土壌などを対象に測定を続けています。関西で流通されている食品はほぼ安全であるが、ホームセンターで販売されている家庭菜園用の培養土からは時々セシウムが検出されているので注意する必要があることも説明して頂きました。

5月は三原翠さんより「放射能って何?」というテーマでお話して頂きました。放射能は原子核が壊れ他の元素に変わる現象であり、放射能から出る線が放射線でアルファ線、ベータ線、ガンマー線があり、原爆や原発で出来た人工放射能は少量でたくさんの放射線を出しています。人工放射能が、体の中に入ると大きなエネルギーを持つベータ線やアルファ線によって周りの細胞の構造を破壊すること・DNAへの影響など人体への様々な影響について分かりやすく説明して頂きました。

6月は千葉由美さんより「原発事故後を生きる私たち～大切なものを見つめて～」というテーマで、いわきの初期被曝を追及するママの会を中心に行っている活動についてお話して頂きました。大切な子どもを守るため、被曝を防ぐため、目に見えない汚染の実態を調べ続けることが必要と思い、除染作業が一通り終わり・汚染調査はもう必要ないと言われている今も、子どもの環境の放射線量測定を続けている皆様の活動を通じて原発事故は過去ものではなく現在も続いていることを再確認して頂きました。

7月は森松明希子さんより「福島から母子避難7年『避難の権利』と憲法～国連人権委員会で世界に伝えた母たちの願い・子どもたちを被ばくから守って!～」というテーマでお話して頂きました。福島県郡山市から大阪に避難生活中の森松さんは今年3月に国連人権理事会で原発事故の避難者を代表して演説を行いました。演説内容を一部紹介すると「放射能から逃れ、健康を享受することは基本的原則です。日本の憲法は『全世界の国民が、ひとしく恐怖と欠乏から免れ平和のうちに生存する権利』と書かれています。しかし、日本政府は市民をまもるための施策は、ほとんど実施してきませんでした」のように、東日本大震災避難者の現状について説明して頂きました。

安東克明さん 4.25　三原翠さん 5.23　千葉由美さん6.27　森松明希子さん 7.25

朝鮮史セミナー

センター開設(1972年4月)後すぐにスタートしたのが朝鮮史セミナー、同年6月に「朝鮮と日本－その連続と断絶をめぐって－」のシリーズ(全6回)が始まりました。講師は、井上秀雄さん、韓皙曦さん、中塚明さんでした。文京洙さんに「済州島四・三事件—武装蜂起から70年:問題解決の到達点と課題—」、高賛侑さんに「四・二四阪神教育闘争の証言—なぜドキュメンタリー映画を撮るのか—」をテーマにお話しいただきました。いずれも1948年の大きな出来事で、その70周年の節目の年です。

文京洙さん 4.24　高賛侑さん 4.26

土曜ティーサロン

ゲストの出身地、最近行ってきたところなどのお話を聞く楽しい会です。4月「ミャンマーの歩き方～ちょっぴりロヒンギャの話」ミャンマー関西代表の猶原信男さん、6月「台湾の歩き方」日本語サロン学習者の余旻軒さんにお話していただきました。7月に予定していた「ウズベキスタンの歩き方」浦野俊夫さんの回は大雨のため2019年3月2日に延期です。秋からも続きます。毎月第1土曜日の3時～4時開催しています。みなさんのご参加お待ちしております。

猶原信男さん 4.7　余旻軒さん 6.2

定期利用
グループ・教室のご案内

◆六甲トレーニングサロン……………… 月曜日・前9～12:00 前田先生 0797-35-5588
◆からむい会(絵更紗)……………… 第1・3月曜、第2・4木曜・後1～5:00 薮村先生 0797-31-1798
◆すぎなコーラス……………… 月曜日・前10～12:00 連絡先・大谷 078-861-0338
◆神戸女声合唱団……………… 金曜日・前10～12:00 連絡先・岡 邦子 078-291-0855
◆創作アップリケ……………… 第2・4月・金曜日・前10～12:00 第1・3火曜日・前9～後5:00 柏原先生 078-821-4632
◆ノイエカンマーコール(混声コーラス)…… 土曜日・後6～9:00 連絡先:池田 078-936-0123
◆ヨガ体操……………… 火曜日・前9:30～12:00 廣瀬先生 078-851-8851
◆アトリエ太陽の子(児童絵画)……… 木曜日・後1～5:00 中嶋先生 078-858-7301
◆六甲ボーカル……………… 第1・3木曜日・前10～12:00 池本先生 078-861-8724
◆こうべこーる恵(コーラス)……………… 火曜日・前10～12:00 連絡先・田附 0798-26-2169
◆ステンドグラス・アトリエとも……… 第2・4木曜・後1～5:00 幸坂先生 078-582-0644
◆全珠連会員・熊内そろばん六甲教室…… 火曜・後3～9:00、土曜・後1～4:00 奥野先生 078-241-1095
◆テコンドー……………… 毎週金曜日・後 6 ～9:00 連絡先・妹尾 090-9846-8241
◆稲岡会空手道……………… 毎週月曜日・後4～10:00 連絡先・藤本 078-842-5669
◆すずめの学校(ニューヨークタイムズ紙を読む会)… 第2・4水曜日 前10:00～12:00 連絡先・桑原 0798-74-4512
◆前田書道会……………… 火曜日・前9～後5:00 連絡先・前田先生 078-385-1650
◆音楽の杜(リトミックピアノ教室)……… 土曜日・前9～後5:00 連絡先・桂先生 078-891-3419
◆Rokko kids English Club……… 木・金 幼稚園クラス・親子クラス LaurenceDrew先生 連絡先・山本 070-5509-4403
◆イースト神戸トーストマスターズクラブ 英語スピーチクラブ……………… 第4土曜日 後1:30～4:00 連絡先・名古谷 0797-83-2710

お問合せやお申込は、各グループ・教室に直接ご連絡ください。

神戸学生青年センター
センターニュース
KOBE STUDENT YOUTH CENTER NEWS No.98

No.98
発行所　(公財)神戸学生青年センター
理事長　保田　茂
館　長　飛田　雄一

〒657-0064　神戸市灘区山田町3丁目1-1
TEL(078)851-2760 FAX(078)821-5878
Yamada-cho 3-1-1, Nada-ku
Kobe, 657-0064 Japan
E-mail info@ksyc.jp
URL http://ksyc.jp

六甲奨学基金に兵庫県社会賞をいただきました

平成30年度 兵庫県文化賞・科学賞・スポーツ賞・社会賞 贈呈式

授賞式 11.8、後列右から4人目が鶴瓶さん、左から4人目が飛田。

古本市を開催して原資を確保し、アジアからの留学生に奨学金を支給していることが評価されました。

六甲奨学基金は阪神淡路大震災（1995.1.17）時の被災留学生支援活動がきっかけにスタートしたものです。当時センターは留学生らの避難所となり4月11日まで延べ1120名が宿泊しました。宿泊業をしているセンターですから学校の避難所より快適だったと思います。物資の斡旋もしました。自転車48台、オートバイ20台、テレビ9台、洗濯機8台、冷蔵庫3台という記録が残っています。

国内外から多くの募金をいただいて被災留学生に生活一時金3万円の支給もしました。計767名、2301万円です。この事業が一段落したころ日本DECという会社から1000万円の寄付がありました。

このお金と募金残高300万円、計1300万円を原資としてスタートしたのが六甲奨学基金です。毎年5名の留学生に月額5万円で計300万円。原資を100万円取り崩し200万円の募金を集めれば13年間維持できると考えたのです。

が、募金が思うように集まりませんでした。13年はおろか5～6年で破綻してしまいそうでした。そこで古本市が1997年から始まったのです。2018年度まで4名から10名の留学生、計133名に奨学金を支給することができました。総売り上げは6678万円となります。古本市が成功していなければすでに六甲奨学基金はなくなっていたことでしょう。

11月8日、授賞式があり当日都合のつかなかった基金の中畠孝幸委員長の代わりに飛田が出席しました。文化賞、スポーツ賞、社会賞は兵庫県の表彰としては最高級のものとのことです。今回受賞の有名人は、鶴瓶さんと多田修平さん（陸上100M、関西学院大学）。取材もその二人に集中しましたが、私も記念写真にちゃんと（？）おさまっています。

来年3月15日から5月15日まで第22回古本市が開かれます。本の回収は3月1日から31日です。今からご準備をよろしくお願いします。

鶴瓶さんら県文化賞
関学・多田さんら特別選手賞

文化やスポーツなどの分野で活躍する県ゆかりの人を表彰する今年度の県文化賞・科学賞・スポーツ賞・社会賞の贈呈式が8日、神戸市中央区の県公館であった。文化賞を受賞した落語家の笑福亭鶴瓶さん(66)ら15人、1団体に賞状と記念品が贈られた。

また、今夏にジャカルタであったアジア競技大会の陸上男子400㍍リレーで1位になった関西学院大4年の多田修平さん(22)ら県に関係する同大会の金メダリスト14人には、スポーツ賞特別選手賞が贈られた。

来春から伊丹市に拠点のある住友電工陸上競技部に所属することが決まっている多田さんは、「再来年の東京五輪では100㍍で9秒8台を出してメダルをとり、県に恩返しができれば」と話した。（川田惇史）

各賞の受賞者は次のみなさん。（敬称略）

【県文化賞】市野元和（陶芸家）篠山市▽岩松了（劇作家・演出家）横浜市青葉区▽笑福亭鶴瓶（落語家）西宮市▽正井公華（創作紙工芸作家）神戸市西区▽吉見敏治（洋画家）神戸市長田区

【県科学賞】芦田均（神戸大大学院農学研究科教授）神戸市東灘区▽川月眞弘（県立大大学院工学研究科教授）姫路市▽橋本秀樹（関西学院大理工学部教授）西宮市

【県スポーツ賞】天羽生昇（県弓道連盟理事長）明石市▽小山友一（元県体育指導委員会長）朝来市▽増田和茂（県障害者スポーツ協会障害者スポーツ推進専門員）明石市▽松本学（整形外科医）神戸市灘区

【県社会賞】大石由紀子（Oishiサポートセンター代表）神戸市北区▽加納多惠子（元県社会福祉協議会副会長）芦屋市▽坂本津留代（井吹台連合自治会長）神戸市西区▽神戸学生青年センター・六甲奨学基金運営委員会、神戸市灘区

【県スポーツ賞特別選手賞】石川恭子（ソフトボール）▽岩渕真奈（サッカー）▽國武愛美（同）▽鮫島彩（同）▽中島依美（同）▽増矢理花（同）▽三宅史織（同）▽北島隆三（馬術）▽黒木茜（同）▽小西杏奈（競泳）▽白井瑞稀（同）▽溝畑樹蘭（同）▽多田修平（陸上）▽吉岡美帆（セーリング）

賞状を受け取り笑顔を見せる笑福亭鶴瓶さん＝神戸市中央区

朝日新聞2018.11.9

※当センターへの寄附金は、①所得控除または②税額控除が受けることができます。賛助会費、六甲奨学基金募金の両方に適用されます。詳しくはセンターにお問い合わせください。

(公財)神戸学生青年センター賛助金　2018.9.1～2018.11.31（敬称略・単位円）

橋本豊美	3,000	原田紀敏	5,000	林賢宜	5,000	井原裕司	50,000	小島崇文	3,000	中本良昭	3,000	計 92件
大津俊雄	3,000	田中満	3,000	上田眞佐美	3,000	新居弥生	7,000	照井八重子	5,000	須藤玲子	5,000	3,449,000円
崔博憲	3,000	浅野直美	5,000	長岡基浩	1,000	福島俊弘	3,000	乾眞理子	10,000	佐治信	5,000	以上感謝をもって
田原良次	3,000	井坂弘	3,000	島津恒敏	10,000	徐龍達	3,000	高浜三保	3,000	無名氏	3,000,000	領収いたしました。
鶴崎祥子	5,000	丹羽和子	3,000	柳到亨	5,000	Empathy Seeds		田中英雄	10,000	三木錬吾	5,000	
片桐陽	5,000	久保美代子	3,000	鈴東力	3,000		10,000	上田直樹	3,000	巽光子	3,000	
徐聖寿	3,000	高橋治子	3,000	下西ユキヨ	3,000	石塚明子・健	3,000	天野隆	3,000	安聖民	3,000	
坪谷令子	1,000	山本常雄	3,000	藤尾周作	3,000	文箭祥人	5,000	侯莉	3,000	岡野清	3,000	
山崎清	3,000	影山陽美	5,000	加納花枝	3,000	土屋千尋	3,000	朴京守	1,000	吉沢文寿	3,000	
吉田方則・真理		四方田文夫	3,000	金泰洪	50,000	前川純一	5,000					
	5,000	鈴木久美	3,000	川崎紘平	5,000	飛田悦子	3,000					
長瀬春代	3,000	足立龍枝	3,000	辻建	5,000	伊藤真里子	3,000					
橋本倫子	3,000	中松美智子	3,000	宮田泰子	3,000	高作先生と学ぶ会						
中塚明	3,000	中川裕之	3,000	文青ヒョン	3,000		4,000					
杉田年章・典子		窪田実美	5,000	枡田計雄	5,000	安福和子	5,000					
	5,000	李圭燮	5,000	(株)ワイドシステム		大林テル	3,000					
中山一郎	5,000	谷井尚子	3,000	サービス	10,000	山口元	3,000					
中道澄春	1,000	西八條敬洪	2,000	宇野雅美	3,000	吉田敏子	3,000					
神戸国際キリスト教会		手束光子	3,000	林祐介	3,000	田添禧雄	3,000					
岩村義雄	3,000	金野昌子	3,000	野入直美	3,000	中川慎二	10,000					

賛助金ご協力のお願い
●賛助会費：一口 A3,000　B5,000　C10,000
※いずれも一口を単位としますが、何口でも結構です。
※送金方法
郵便振替〈01160-6-1083 公益財団法人 神戸学生青年センター〉
備考欄に「賛助金」とお書きください。
銀行振込 三井住友銀行 六甲支店 0779663
公益財団法人 神戸学生青年センター 賛助金

六甲奨学基金　2018.9.1～2018.11.31（敬称略・単位円）

無名氏	5,000	谷井尚子	3,000	松下宜且	10,000
田原良次	3,000	崔相鐵	5,000	三田登美子	3,000
片桐陽	5,000	中畠孝幸	10,000	田口恵美子	3,000
吉田方則・真理		井上淳子	3,000	侯莉	3,000
	5,000	荒井とみよ	3,000	一居明子	3,000
松下宜且	10,000	兵頭春喜	3,000	加藤克子	3,000
萩ルイ子	3,000	辻建	5,000	須藤玲子	5,000
原田紀敏	5,000	枡田計雄	5,000	津田義夫	3,000
無名氏	5,000	井原裕司	50,000	計 33件	
四方田文夫	3,000	新居弥生	3,000		193,000円
篠原かおる	3,000	前川純一	5,000		
窪田実美	5,000	山名行夫	3,000		
李圭燮	5,000	濱田麻矢	5,000		

毎月募金会計 36,000 円（千円:菱木康夫、金早雪、高仁宝、信長正義、信長たか子、加畑和子、飛田雄一、二千円:福田菊、三千円:白川豊）　古本市による協力 49,520円
総計 278,520円　以上感謝をもって領収いたしました。

六甲奨学基金ご協力のお願い
●賛助会費：一口 A3,000　B5,000　C10,000
※いずれも一口を単位としますが、何口でも結構です。
※送金方法
郵便振替〈01160-6-1083 公益財団法人 神戸学生青年センター〉
備考欄に「奨学金」とお書きください。
銀行振込 三井住友銀行 六甲支店 0779651
公益財団法人 神戸学生青年センター 六甲奨学基金

セミナーの記録　2018.9.1～2018.11.31

食料環境セミナー
495回9月26日「ゲノム編集ー食や農に及ぼす影響を考える」天笠啓祐さん
496回10月24日「最大未利用資源昆虫の活用」竹田真木生さん
497回11月28日「種子法廃止で遺伝子組み換え生産が始まる!?」安田節子さん

林賢宜さんの韓国料理教室
9月1日　タッカルビ・れんこんチヂミ
10月6日　なすとささみの冷菜・小豆のおかゆ

土曜ティーサロン
9月1日「カリブ海の歴史ある国ードミニカ共和国で得たもの」竹田ゆり子さん
10月6日「イランの歩き方ー首都テヘランの日常とイスラムー」Nahid Mirzakhaliliさん

朝鮮語・韓国語講座
実践会話　毎週水曜日　朴玲実さん
上級　毎週木曜日　尹智香さん
夜初級　毎週金曜日　文雅炫さん
昼初級　毎週金曜日午前　朴玲実さん
会話　毎週金曜日午前　林賢宜さん

現代キリスト教セミナー
「在日大韓キリスト教教会の歴史ー1908～2008ー（全2回）」李清一さん
10月25日「解放前の歴史ー1908～1945」
11月1日「解放後の歴史ー1945～2008」

六甲奨学基金
日本語サロン　毎週月・土曜日

その他のセミナー・行事
9月3日兵庫県国際交流協会日本語学習支援アドバイザー派遣事業「日本語ボランティアとして知っておきたいこと」岡田亜矢子さん
9月21日高作先生と学ぶ会「改憲勢力が狙う家族制度ー「LGBT」「生産性」発言の背後にあるもの」高作正博さん（共催）
9月29日神戸・南京をむすぶ会「満洲農業開拓民「東亜農業のショウウィンドウ」建設の結末」（後援）
10月19日高作先生と学ぶ会「「個人の尊重」と幸福追求権ー強制不妊手術の憲法問題」高作正博さん（共催）
11月6日～15日多賀健太郎展Vol.10
11月16日大韓赤十字社講演会「南北・東北アジア平和共同体構築のための宗教者の役割」朴庚緒さん@日本キリスト教団東梅田教会（後援）
11月17日求める会収穫感謝祭
11月18日韓国ドキュメンタリー映画「共犯者たち」上映&トーク@あすてっぷKOBE（協賛）
11月23日はんてんの会「「明治産業革命遺産」と強制労働「明治150年」賛美反対」中田光信さん（後援）
11月29日第41回アジア労働者交流集会in神戸@神戸市勤労会館（共催）
11月30日「世界から見た日本を語る-メディア-ジェンダー-貧困」藤田早苗さん（賛同）

天皇制を考える市民講座

講師は中田光信さん、強制動員真相究明ネットワーク（学生センター内）の事務局長です。軍艦島等を「明治産業革命遺産」とすることが話題となっています。日本政府は、遺産は1910年までのものとして申請しましたが、ユネスコからはその後の朝鮮人らの「強制労働」とも関連する歴史についても明示するように勧告されています。

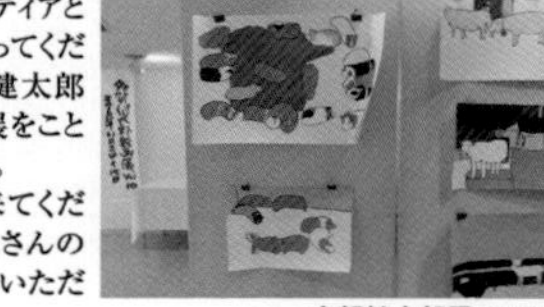

中田光信さん 11.23

多賀健太郎展Vol.10

古本市ボランティアとして毎年かかわってくださっている多賀健太郎さんによる絵画展をことしも開催しました。期間中見に来てくださった方からたくさんの方のメッセージをいただきました。

多賀健太郎展 11.6－15

現代キリスト教セミナー

講師の李清一さんはKCC(在日韓国基督教会館)の名誉館長。神戸学生青年センターとも初代館長の小池基信さんの時代から関係が深い。センターが事務局を引き受けているSCM協力委員会の代表もされていた。今回は李さんか書かれた『在日大韓基督教会―宣教100年史(1908～2008)』(2015.12、かんよう出版)の内容をお話しいただいた。全2回で、お話しいただいた。①解放前の歴史―1908～1945、解放後の歴史―1945～2008。詳細なレジメ、資料をご希望の方にはメールでお送りします。ご連絡ください。

李清一さん 11.1

藤田早苗さん講演会

イギリス在住の藤田さんは国際人権法のスペシャリスト。国連の人権機関に携わり日本の秘密保護法、共謀罪などの問題点を世界に訴えている。神戸大学講演会を開いた学生らも加わって実行委員会がつくられ実現しました。テーマは「世界から見た日本を語る」、130名が参加した元気のでる集会でした。

藤田早苗さん 11.30

朝鮮語・韓国語講座

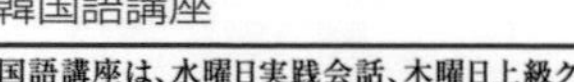

朝鮮語・韓国語講座は、水曜日実践会話、木曜日上級クラス、金曜日昼初級、会話クラス、夜の初級クラスと五つのクラスで開設されています。来年5月には新たに火曜日の夜に入門クラスを開講する予定です。皆様のご関心とご参加お待ちしております。

高作先生と学ぶ会

関西大学の高作正博先生を講師に熱心な勉強会が続いています。9月に「改憲勢力が狙う家族制度―「LGBT」「生産性」発言の背後にあるもの」、10月は「個人の尊重」と幸福追求権―強制不妊手術の憲法問題」。11月は別掲 藤田早苗さん講演会に合流しました。今年度はあと12月21日と1月25日です。時々の情勢にあわせてテーマが決められます。来年4月から次のシリーズが始まりますが、また開催日を土曜にもどります。

高作正博さん 9.21

日本語ボランティア研修会

兵庫県国際交流協会日本語学習支援アドバイザー派遣事業による研修会を9/3に開催しました。テーマは「地域と外国人住民をつなぐ日本語支援ボランティアとして知っておきたいこと」。講師は岡田亜矢子さん。参加型の研修会で、参加者同士の交流もでき、異文化理解を学ぶよい機会となりました。

岡田亜矢子さん 9.3

今井良一さん講演会

神戸・南京をむすぶ会(センター内)は毎年中国を訪問し、時々に講演会を開催しています。農業史研究の延長線上に「満洲農業開拓民」を研究された今井さんをお呼びして講演会を開催しました。今井さんの出された本の題「満洲農業開拓民―「東亜農業のショウウィンドウ」建設の結末」がそのまま講演会のテーマでした。(写真は今年の南京)

むすぶ会南京追悼集会 8.15

宿泊に…　1泊お1人様 3,240円より　グループなら 2,700円より

会議に…　ゼミ・会議・講演会に

宿泊・会議室ともに、ご予約は12ヵ月前より承ります
料金は税込。(　　)内の金額は学生料金です。単位:¥
キャンセルの場合は前日50%、当日80%ちょうだいします

■宿泊料金(税込)定員42名　チェックイン:18:00－22:00　チェックアウト:9:00

部屋名	定員/広さ	利用人数による一人あたりの素泊まり料金(単位¥)		
和室A	8名 12畳 20㎡	2-3人 4,320 (3,780)	4-6人 3,780 (3,240)	7-8人 3,240 (2,700)
和室B/C	各3名 7.5畳 12㎡	1人 4,320 (3,780)	2人 3,780 (3,240)	3人 3,240 (2,700)
和室D	12名 17.5畳 30㎡	3-6人 4,320 (3,780)	7-9人 3,780 (3,240)	10-12人 3,240 (2,700)
ベッドルーム(8室)	各2名 4㎡	1人 3,240 (2,700)	2人 2,700 (2,160)	*

(就学前のお子さま)引率の大人一人につき一人無料
※ただし布団を使われるお子様は1,080円/人、2人目からは小学生料金
(小学生のお子さま)大人料金の半額
(中学生以上のお子さま)学生料金

就学前のお子さまは、引率の大人一人につき一人無料
二人目からは学生料金をちょうだいします

■会場使用料(税込)
営業目的の会場使用は一般料金の倍額

部屋名	広さ	9:00-12:00	13:00-17:00	18:00-22:00
ホール	120㎡	7,236 (6,156)	8,208 (7,236)	8,208 (7,236)
会議室A 会議室D スタジオ	40㎡ 30㎡ 20㎡	3,348 (2,916)	3,888 (3,348)	3,888 (3,348)
サロン室	33㎡	3,348 (2,916)	3,888 (3,348)	3,888 (3,348)
会議室C	15㎡	2,916 (2,376)	3,348 (2,916)	3,348 (2,916)
和室A 和室D	12畳 17.5畳	3,348 (2,916)	3,888 (3,348)	この時間は利用できません
和室B/C	7.5畳	2,916 (2,376)	3,348 (2,916)	この時間は利用できません

●営業目的の会場使用は、10割増となります。
●ピアノ使用は1口1,080円(スタジオ)、3,240円(ホール)

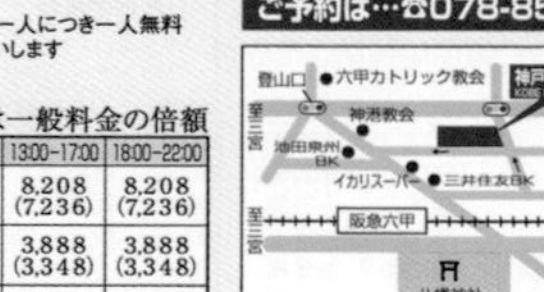
ベッドルーム　多目的ホール

ご予約は…☎078-851-2760

●阪急六甲より徒歩2分
●JR六甲道より徒歩10分
●新幹線新神戸よりタクシー15分

食料環境セミナー

9月は、遺伝子組み換え食品いらない!キャンペーンの代表天笠啓祐先生より「ゲノム編集-食や農に及ぼす影響を考える」というテーマで、遺伝子組み換えとゲノム編集の相違点やゲノム操作による問題点について説明して頂きました。ゲノム編集は、ゲノムDNAを切断する酵素を用いて、目的の遺伝子を壊して働かなくしたり、そこに別の遺伝子を加えたりすることによって、遺伝情報を高精度に改変できる技術で、2010年以降、遺伝子治療や農畜産物の育種など、様々な分野での応用を目指して研究が急速に進められていますが、結果としては、遺伝子ドライブ技術は種の絶滅をもたらし、生態系の破壊につながる危険性が大きいことを説明して頂きました。

10月は神戸大学の名誉教授竹田真木生先生より「最大未利用資源昆虫の活用」というテーマで世界各国の「昆虫食」がどのような状況にあるかをいろんな事例とともに説明して頂きました。昆虫食の必要性の背景には、人口増加を支えるタンパク質資源の確保には限界があり、畜産の拡大は地球にとっても負担が大きく、温暖化や乱獲で漁業資源も枯渇されているところにあります。昆虫食は生産にかかるコスト(餌、水、空間)が低いだけでなく、温室ガスの排出も少ないメリットをもっていることがわかりました。多くの国で昆虫食の実践が行われており、日本でも人または家畜の飼育源として昆虫の有用性は注目されていることを説明して頂きました。ご講演の最後にはコオロギを利用して作ったクッキーなどを試食させて頂き、とっても美味しく頂きました。ありがとうございました。

11月は食政策センター・ビジョン21　の代表安田節子先生より「種子法廃止で遺伝子組み換え生産が始まる!?」というテーマで、戦後日本の食料安全保障の土台を支える法律であった主要農作物種子法(種子法)が2018年3月に廃止された経緯と廃止によって発生する問題についてお話して頂きました。米、麦、大豆の種子の生産や普及を都道府県に義務づけてきた種子法が廃止されたことは、種子を公的に守る政策が放棄されたことを意味し、種子が多国籍企業によって独占され、食の安全が脅かされることにもつながってしまうことをわかりやすく説明して頂きました。

天笠啓祐さん 9.26　竹田真木生さん 10.24　安田節子さん 11.28

土曜ティーサロン

お茶を飲みながらゲストの出身地や行ってきた場所にまつわるお話を聞いています。9月「カリブ海の歴史ある国～ドミニカ共和国で得たもの」JICA兵庫シニアOV会の竹田ゆり子さん、10月「イランの歩き方～首都テヘランの日常とイスラム」語学講師のナヒド・ミルザッハリリさんにお話していただきました。毎月第1土曜日の3～4時に開催しており、12月のみ15日に予定しています。みなさんのご参加お待ちしております。それからお話してくださる方も大募集中です。

竹田ゆり子さん 9.1　ナヒドさん 10.6

林賢宜さんの韓国料理教室

9月は鶏カルビとれんこんチヂミ、10月はなすとささみの冷菜と小豆のおかゆを作りました。小豆のおかゆは韓国では冬至に食べるもので、見た目はお汁粉と似ていますが甘さはありません。少し手間はかかりますが、その分とても上品でおいしい小豆のおかゆができあがりました。

タッカルビ 9.1　なすとささみの冷菜・小豆のおかゆ 10.6

定期利用
グループ・教室のご案内

◆六甲トレーニングサロン……………… 月曜日・前9～12:00　前田先生　0797-35-5588
◆からむい会(絵更紗)……………… 第1・3月曜、第2・4木曜・後1～5:00　陸村先生　0797-31-1798
◆すぎなコーラス……………… 月曜日・前10～12:00　連絡先・大谷　078-861-0338
◆神戸女声合唱団……………… 金曜日・前10～12:00　連絡先・岡 邦子　078-291-0855
◆創作アップリケ……………… 第2・4月・金曜日・前10～12:00　第1・3火曜日・前9～後5:00　柏原先生　078-821-4632
◆ノイエカンマーコール(混声コーラス)…… 土曜日・後6～9:00　連絡先:池田　078-936-0123
◆ヨガ体操……………… 火曜日・前9:30～12:00　廣瀬先生　078-851-8851
◆アトリエ太陽の子(児童絵画)……… 木曜日・後1～5:00　中嶋先生　078-858-7301
◆六甲ボーカル……………… 第1・3木曜日・前10～12:00　池本先生　078-861-8724
◆こうべこーる恵(コーラス)……………… 火曜日・前10～12:00　連絡先・田附　0798-26-2169
◆ステンドグラス・アトリエとも……… 第2・4木曜・後1～5:00　幸坂先生　078-582-0644
◆全珠連会員・熊内そろばん六甲教室…… 火曜・後3～9:00、土曜・後1～4:00　奥野先生　078-241-1095
◆テコンドー……………… 毎週金曜日・後6～9:00　連絡先・妹尾　090-9846-8241
◆稽践会空手道……………… 毎週月曜日・後4～10:00　連絡先・藤本　078-842-5669
◆すずめの学校(ニューヨークタイムズ紙を読む会)… 第2・4水曜日　前10:00～12:00　連絡先・桑原　0798-74-4512
◆前田書道会……………… 火曜日・前9～後5:00　連絡先・前田先生　078-385-1650
◆音楽の杜(リトミックピアノ教室)………… 土曜日・前9～後5:00　連絡先・桂先生　078-891-3419
◆Rokko kids English Club……… 木・金 幼稚園クラス・親子クラス　LaurenceDrew先生　連絡先・山本　070-5509-4403
◆イースト神戸トーストマスターズクラブ　英語スピーチクラブ……………… 第4土曜日　後1:30～4:00　連絡先・名古谷　0797-83-2710

お問合せやお申込は、各グループ・教室に直接ご連絡ください。

2019年4月15日　神戸学生青年センター　ニュース　第99号　(1)

神戸学生青年センター

センターニュース

KOBE STUDENT YOUTH CENTER NEWS No.99

No.99
発行所　(公財)神戸学生青年センター
理事長　保田　茂
館　長　飛田　雄一
〒657-0064　神戸市灘区山田町3丁目1-1
TEL(078)851-2760 FAX(078)821-5878
Yamada-cho 3-1-1, Nada-ku
Kobe, 657-0064 Japan
E-mail info@ksyc.jp
URL http://ksyc.jp

2019年3月16日(土)

食料環境セミナー　第500回記念講演

「日本の食料・農業・農村の未来」

保田　茂　先生

食料環境セミナーは、神戸学生青年センターの3本柱の一つとして、1973年6月に始まり、46年間毎月1回開かれ、2019年3月で記念すべき500回目を迎えることになりました。このセミナーは、保田先生が最初に提唱されました。保田先生は現在、兵庫農漁村社会研究所所長であり、神戸学生青年センターの理事長です。講演録を作成します。

1970年代は、水俣病、PCB、母乳から農薬の検出など食の安全が問われる時代でしたので、73年6月に食品公害セミナーの第1回目の講演会として「今なにをどう食べるか」をテーマに話しました。その後、3回目に「タマゴ生産の実情」というテーマで原勘太郎さんより話を聞き、卵の共同購入が始まり、74年4月に消費者団体「食品公害を追放し安全な食べ物を求める会」が誕生し、75年3月市島町有機農業研究会の発足をきっかけに米や野菜の共同購入も可能になりました。センターを中心として学びの場所から意識が養われ、行動力が生まれそして有機農業という形に農業が姿を変える運動を進めてきました。それから、46年目を迎えこの半世紀時代はかわり、食の安全・安心という言葉が定着しましたが、私は今も有機農業運動を実践しているつもりです。

今日のテーマですが、日本の農村・農業・食料には未来がないと思っています。なぜなら、これから20年後、日本の未来は超高齢社会、総人口の減少、仕事の減少と給料が減る時代を迎えることになります。即ち、安全・良質な食べ物を確保しなければ食料を海外に依存できない時代を迎えることになります。

日本の農村・農業・食料の未来のために如何すべきかを色んな統計を用いて説明します。20年後、240万の高齢者を120万の若者が支える時代になり、35歳の夫婦が4人の高齢者を養うことになりますので、若者に負担をかけないことが何より重要です。そのためには元気で大根やキャベツぐらいは自ら生産できる生産力を保つ高齢者になる必要があります。健康であることは安全・良質な食べ物を正しく食べることから始まります。

産業の経済発展は永遠続けることができない、特に工業という産業は継続発展が難しいと思います。成熟社会は必ず若者の失業率を高めますが、国は借金によって仕事を増やそうとしています。しかし、非正規労働者が中心になっています。工業製品は一回購入すると次に買うのはおよそ10年後ではありませんか?しかし、死ぬまで買い続けるものがあります。食べ物は死ぬまで買いますので農業という産業に若者を増やすべきではないかと思います。

日本の農業の実態ですが、農業用土地が減少しています。即ち、農業生産が減っていることを意味します。田んぼの面積が半分まで減りました。農家数も半分になり、高齢化も進んでいます。農家の所得は主食作物を中心として経営が成り立ちますが日本の農業経営は採算が合わない、減反政策によって米が作れないので農業経営が成り立たない状態が続いていました。最近、村に入った若者は野菜栽培を中心に頑張っていますが米が作れないことには農業所得を安定させることが難しいと思います。今の状況下では米の値段が安すぎるので生産できません。しかし、都市の人々は何を食べていますか?今の日本人の7割が朝パンを食べているようです。輸入品である小麦製品を食べたがるので、若者の生活を安定させることが難しいと思います。

このような状況を変えるためには、私たちが出来ることを暮らしの中で実践すればいいのです。若者が作った農産物が売れるような構造を作り、田んぼを守り、村を活性化させるような暮らしの実践が出来れば日本の食料・農業・農村の未来は明るくなると思います。

(4)　神戸学生青年センター　ニュース　第99号　2019年4月15日

※当センターへの寄附金は、①所得控除または②税額控除が受けることができます。賛助会費、六甲奨学基金募金の両方に適用されます。詳しくはセンターにお問い合わせください。

(公財)神戸学生青年センター賛助金　2018.12.1～2019.3.31(敬称略・単位円)

早川良彌 5,000
髙岡育子 5,000
岩崎謙 20,000
すぎなコーラス 3,000
川辺比呂子 3,000
李重華 5,000
五十嵐広司・紀子 3,000
島田誠 5,000
太田稔 5,000
二宮博行 3,000
今中成吉 10,000
中村英之 3,000
藤井とも子 10,000
林祐介 3,000
神戸女声合唱団 10,000
高光重 10,000
影山陽美 5,000
徐聖寿 3,000
是枝洋 30,000
森哲二 3,000
梁壽龍・朴貴玉 3,000
上田眞佐美 3,000
渡辺俊雄 5,000
白珠相 10,000
大同敏博 5,000
権鐘龍 3,000
朴京守 1,000
辻本久夫 2,000
呉宏明 3,000
馬屋原晋治 3,000
田原良次 3,000
亀田彩子 3,000
山本俊正 3,000
小田諭 3,000
永井靖二 5,000
小川幹雄 3,000
山崎清 3,000
松浦一郎 3,000
立川さき 5,000
高谷のぞみ 5,000
大槻博司 3,000
金野昌子 3,000
砂上昌一 3,000
西八條敬洪 2,000
高仁宝 5,000
大津留厚 3,000
朝井弘子 3,000
山田昭次 3,000
宇野田尚哉 5,000
長岡基浩 1,000
中道澄春 2,000
酢屋善元 2,000
川浪寿子 3,000
足立龍枝 3,000
山名行夫 3,000
片桐元 3,000
中勝博志 5,000
姫路有機野菜の会 3,000
松代東亜子 3,000
松下洋一 3,000
梶原由美子 5,000
枡田計雄 5,000
稲田登 20,000
服部待 3,000
張征峰 3,000
南波春樹・陽子 3,000
藤江新次 3,000
金山次代 3,000
宮沢之祐 3,000
奥西征一 3,000
李周鎬・陽平・由紀 5,000
梅崎浩二 3,000
菅根信彦 10,000
金恒勝 3,000
島津恒敏 10,000
井上みち子 5,000
井上力 10,000
西出郁代 5,000
原和美 3,000
岡部眞理子 3,000
岡崎勝彦 3,000
登尾明彦 3,000
前田ひろ子 3,000
井上薫 3,000
尾形淳 3,000
髙橋弥生 5,000
小松匡位 10,000
八木晃介 3,000
信長正義・たか子 6,000
金正郁 3,000
飯塚和彦 3,000
森地重博 5,000
小西ゆみ子 3,000
加藤明 5,000
松田道子 2,000
梶谷懐 5,000
藤井道雄 3,000
越智清光 3,000
日本基督教団神戸多聞教会 10,000
杉田年章・典子 5,000
奈良本まゆみ 3,000
佐野二三雄 3,000
武藤迪子 5,000
加島宏 5,000
在日大韓基督教会川崎教会 2,000
髙橋治子 3,000
久野綾子 5,000
瀬尾朝子 10,000
斎藤洋子 5,000
在日大韓基督教会神戸教会 10,000
谷井尚子 3,000
柳田和香 3,000
田中宏明 3,000
日本基督教団神戸雲内教会 5,000
菊谷愛子 3,000
西村文雄 3,000
児玉主恵 5,000
千葉宣義 5,000
在日大韓基督教会小倉教会 3,000
田原憲平 3,000
手東光子 3,000
倉持龍一 3,000
中村順子 3,000
中川正広 3,000
丸山晶子 5,000
近藤泉 3,000
井上淳 3,000
上野利恵子 3,000
荒川純太郎・奈津江 3,000
根津茂 3,000
武田多美 3,000
井坂弘 3,000
関西学院宗教活動委員会 15,000
兵庫県有機農業研究会HOAS 10,000
宝塚教会 2,500
西尾達 3,000
田中章子 3,000
島田恒 5,000
林弘城 10,000
福原孝浩 3,000
藤原栄子 5,000
玉岡昇治 3,000
浦野俊夫 5,000
今田裕子 3,000
藤吉求理子 2,000
吉川真喜子 3,000
食品公害を追放し安全な食べ物を求める会 15,000
東田寿啓 3,000
大津俊雄 2,000
無名氏 10
保田茂 10,000
下村安男 3,000
中村真理子 3,000
光葉啓一 3,000

計 154件　709,510円
以上感謝をもって領収いたしました。

前号のお名前に間違いがございました。
誤：須藤玲子
正：後藤玲子
誠に申し訳ございませんでした。

賛助金ご協力のお願い

●賛助会費：一口 A3,000　B5,000　C10,000
※いずれも一口を単位としますが、何口でも結構です。
※送金方法
郵便振替〈01160-6-1083 公益財団法人 神戸学生青年センター〉
備考欄に「賛助金」とお書きください。
銀行振込 三井住友銀行 六甲支店 0779663
公益財団法人 神戸学生青年センター 賛助金

六甲奨学基金　2018.12.1～2019.3.31(敬称略・単位円)

李重華 5000
青木京子 5000
高光重 10000
渡辺俊雄 5000
中畠孝幸 10000
田原良次 3000
北村良子 3000
山崎昌子 3000
内田玲子 3000
大槻博司 5000
高仁宝 5000
紙徳真理子 3000
無名氏 5000
前田美江 3000
井上淳子 3000
林みち代 3000
三宅宏司 3000
大谷紫乃 5000
相福園奨学財団 李相垛 10000
松下洋一 3000
枡田計雄 5000
荒内直子 3000
笠原あき子 3000
水谷俊平 50000
奥野葉津紀 5000
井上力 10000
前田ひろ子 3000
髙橋弥生 5000
飯塚和彦 2000
森地重博 5000
小西ゆみ子 5000
岩本光雄 10000
杉本佑一 3000
武藤迪子 5000
谷井尚子 3000
河瀬敦忠 3000
田口恵美子 3000
松下宣且 10000
松下宣且 10000
大槻小百合 3000
谷合佳代子 3000
根津茂 3000
関西学院宗教活動委員会 15000
梅原明子 3000
今井眞理 10000
松下宣且 10000
天使 2000
小野光子 10000
楢原賢一郎 3000
愼英弘 5000
三好千春 10000
天使 2000
長澤毅 5000

計 54件　322,000円

毎月募金会計　47,000円(千円:菱木康夫、金早雪、高仁宝、信長正義、信長たか子、加畑和子、飛田雄一、二千円:福田菊、三千円:白川豊)　古本市による協力 1,366,249円
総計 1,735,249円　以上感謝をもって領収いたしました。
前号のお名前に間違いがございました。誠に申し訳ございませんでした。
誤：須藤玲子　正：後藤玲子

六甲奨学基金ご協力のお願い

●賛助会費：一口 A3,000　B5,000　C10,000
※いずれも一口を単位としますが、何口でも結構です。
※送金方法
郵便振替〈01160-6-1083 公益財団法人 神戸学生青年センター〉
備考欄に「奨学金」とお書きください。
銀行振込 三井住友銀行 六甲支店 0779651
公益財団法人 神戸学生青年センター 六甲奨学基金

セミナーの記録　2018.12.1～2019.3.31

食料環境セミナー

498回1月23日「『資本主義的食料システム』を考える～大豆を伝統食から工業原料に、植物油をエネルギーから食材に変えた政治経済史」平賀緑さん
499回2月17日NPO法人兵庫県有機農業研究会主催　ドキュメンタリー映画「種子―みんなのもの?それとも企業の所有物?」上映会&講演会「種の現状と課題と対策」印鑰智哉さん(共催)
500回3月16日第500回記念講演会「日本の食料・農業・農村の未来」保田茂さん

朝鮮史セミナー

2月27日「日本の朝鮮植民地支配と朝鮮の民族運動　三一独立運動100周年にあたって」水野直樹さん

朝鮮語・韓国語講座

実践会話　毎週水曜日　朴玲実さん
上級　毎週木曜日　尹智香さん
夜初級　毎週金曜日　文雅炫さん
昼初級　毎週金曜日午前　朴玲実さん
昼会話　毎週金曜日午前　林賢宜さん

林賢宜さんの韓国料理教室

12月15日白菜入りチヂミ・ニンニク入り鶏肉炒め
2月2日トッマンドゥ(ギョウザ入りトック)・コチュジャン入りチヂミ
3月2日干し大根とセリのチョコチュジャン和え・豚ミンチととうふの一口焼き

六甲奨学基金

日本語サロン　毎週月・土曜日
1月26日日本語サロン交流会
3月15日～5月15日第22回古本市

土曜ランチサロン

12月15日「ノルウェーの歩き方&ドイツの歩き方」Maria Simonsenさん&Elizabeth Kirschさん
2月2日「船で世界一周」安藤真子さん
3月2日「ウズベキスタンの歩き方」浦野俊夫さん

その他のセミナー・行事

12月3日神戸南京をむすぶ会「『廠窖(しょうこう)事件』(中国)をご存知ですか?」上田雅美さん・宮内陽子さん(後援)
12月14日神戸大学YMCA「神戸マスクワイア・クリスマスゴスペルコンサート」(後援)
12月21日高作先生と学ぶ会「不起立訴訟の現在」高作正博さん(共催)
1月11日～14日星野文昭さんを取り戻す会・兵庫「星野文昭&暁子絵と詩展」
1月25日高作先生と学ぶ会「地位協定の比較研究」高作正博さん(共催)

第22回 六甲奨学基金のための
古本市
2019年
3月15日(金)～5月15日(水)
連日9:00～22:00開催

六甲奨学基金2018年度は 7名の留学生に支給しました

Aさん:奨学金のおかげで勉強の時間もありました。JLPTのN2合格ができました。ありがとうございました。

Bさん:この一年間、六甲奨学金のおかげで、生活面では順調だったので、授業や研究に集中することができました。また、毎月奨学金を取るために神戸に行かないといけないので、ついでにこの機会を使って神戸市内にいる友達に会えるのでよかったと思います。

Cさん:一年前、奨学金を受けることができまして本当に助かりました。思い出して、その期間には、学校の勉強が難しいこと、バイトで疲れること、日本語の勉強する時間がないこと、将来の道や仕事がわからないこと、家族の寂しいことなど、沢山の苦労の中で奨学金をうけられることのおかげで、生活費と学費の負担が軽くなって、その苦労もほとんど解けることになりました。

Dさん:この奨学金のおかげで自分の理想の大学に進学するために、全力で勉強することができました。本当にありがとうございました。今後も、感謝の気持ちを胸に、努力を積み重ねていきます。

Eさん:みんなの努力によって奨学金を続けていくことができます。これは素晴らしいことと思います。ここで六甲奨学基金のために努力した皆様を心から感謝いたします。本当にありがとうございます。

ゴスペルコンサート

恒例となっているKOBE Mass Choirのゴスペルコンサートです。1998年3月結成。日本基督教団東神戸教会を拠点に活動を展開しています。2014年4月から佐々木咲野加さんをリーダーとして、30代～70代の個性あふれるメンバーとともに第二期目の活動に入っています。

ゴスペルコンサート 2018.12.14

第22回六甲奨学基金のための古本市開催中!!

今年もみなさまからたくさんの本を寄贈していただきました。心よりお礼申し上げます。4/7現在、売り上げは約170万円。GWに向けて本の入れ替えをしていきますので、みなさま何度でもお越しください。~5/15まで休みなし、朝9時~夜10時までOPENしています。お待ちしております。

朝鮮史セミナー

今年は1919年の朝鮮三一独立運動から100年を迎えました。学生センターでは「日本の朝鮮植民地支配と朝鮮の民族運動」をテーマに講演会を開きました。講師は京都大学名誉教授水野直樹先生。三一運動を現在の視点から問い直す講座となりました。先生の朝鮮史セミナーの講演録に、『天皇制と朝鮮』(朴慶植ほか、1989年、品切)、『朝鮮近現代史における金日成』(和田春樹、1996年)があります。また他にセンター出版部は『3・1独立運動と堤岩里教会事件』(信長正義訳、1998年)を出しています。

水野直樹さん 2.27

星野文昭&暁子　絵と詩展

1971年11月、「沖縄返還協定」批准反対の渋谷デモで一人の警察官が死亡した事件で無期懲役が確定して獄中44年。星野文昭さんをとり戻す会兵庫の主催で絵と詩展が開かれました。「はだしのゲン」上映会もありました。

星野文昭&暁子 絵と詩展 1.11-14

辻建先生が亡くなられました

去る3月17日、心不全で亡くなられました。86歳でした。葬儀が3月20日、先生が牧会されていた日本キリスト教団大島教会(山口県周防大島)で行われました。飛田と信長たか子さん(監事)が告別式に参列しました。先生は、1972年のセンター設立に尽力され、1977.12~1991.3にセンターの館長として2002.5~2009.5は理事長として働いてくださいました。心のこもった告別式でした。飛田が追悼文を『むくげ通信』に書いています。ネット検索してお読みいただければ幸いです。

辻建先生と飛田 2月17日訪問した時

宿泊に…　1泊お1人様 3,240円より グループなら 2,700円より

会議に…　ゼミ・会議・講演会に　多目的ホール、会議室5室、和室4室

宿泊・会議室ともに、ご予約は12ヵ月前より承ります
料金は税込。(　　)内の金額は学生料金です。単位:¥
キャンセルの場合は前日50%、当日80%ちょうだいします

■宿泊料金(税込)定員42名　チェックイン:18:00−22:00　チェックアウト:9:00

部屋名	定員/広さ	利用人数による一人あたりの素泊まり料金(単位¥)		
和室A	8名 12畳 20㎡	2-3人 4,320 (3,780)	4-6人 3,780 (3,240)	7-8人 3,240 (2,700)
和室B/C	各3名 7.5畳 12㎡	1人 4,320 (3,780)	2人 3,780 (3,240)	3人 3,240 (2,700)
和室D	12名 17.5畳 30㎡	3-6人 4,320 (3,780)	7-9人 3,780 (3,240)	10-12人 3,240 (2,700)
ベッドルーム(8室)	各2名 4㎡	1人 3,240 (2,700)	2人 2,700 (2,160)	*

(就学前のお子さま)引率の大人一人につき一人無料
※ただし布団を使われるお子様は1,080円/人、2人目からは小学生料金
(小学生のお子さま)大人料金の半額
(中学生以上のお子さま)学生料金

就学前のお子さまは、引率の大人一人につき一人無料
二人目からは学生料金をちょうだいします

■会場使用料(税込)
営業目的の会場使用は一般料金の倍額

部屋名	広さ	9:00-12:00	13:00-17:00	18:00-22:00
ホール	120㎡	7,236 (6,156)	8,208 (7,236)	8,208 (7,236)
会議室A 会議室D スタジオ	40㎡ 30㎡ 20㎡	3,348 (2,916)	3,888 (3,348)	3,888 (3,348)
サロン室	33㎡	3,348 (2,916)	3,888 (3,348)	3,888 (3,348)
会議室C	15㎡	2,916 (2,376)	3,348 (2,916)	3,348 (2,916)
和室A 和室D	12畳 17.5畳	3,348 (2,916)	3,888 (3,348)	この時間は利用できません
和室B/C	7.5畳	2,916 (2,376)	3,348 (2,916)	この時間は利用できません

●営業目的の会場使用は、10割増となります。
●ピアノ使用は1口1,080円(スタジオ)、3,240円(ホール)

ベッドルーム　多目的ホール

ご予約は…☎078-851-2760

神戸学生青年センター KOBE STUDENT YOUTH CENTER　マンション1F　登山口　六甲カトリック教会　神港教会　池田泉州BK　イカリスーパー　三井住友BK　山麓線　至三宮　至石屋川　阪急六甲　至梅田　八幡神社　交番　六甲口　山手幹線　COOP　灘図書館 フォレスタ　JR六甲道　至神戸　至大阪　至2号線

●阪急六甲より徒歩2分
●JR六甲道より徒歩10分
●新幹線新神戸よりタクシー15分

食料環境セミナー

1月は、平賀緑先生より『資本主義的食料システム』を考える～大豆を伝統食から工業原料に、植物油をエネルギーから食材に変えた政治経済史～というテーマでお話していただきました。食べ物が自分で育て、料理して食べるものから買うものになった歴史的背景と、売るために作られるものを経済学では「商品」と呼び「商品」は利潤を出すために作って売るもの、そういう食料システムを資本主義的食料システムと呼ぶことを日本の大豆と油を例として説明して頂きました。

2月はNPO法人兵庫県有機農業研究会と共催で「種子-みんなのもの?それとも企業の所有物?-」の上映会の後、日本の種を守る会事務局アドバイザー印鑰智哉先生より「種を守って有機農業を広げよう。自由なタネなしに自由な社会は作れない。」というテーマでお話していただきました。

人類は進歩を遂げる一方大きなものを失っているが、その対象として土・種、土壌が傷つき失われることによって人の腸も傷つくことについて説明して頂きました。

3月は保田茂先生より「日本の食料・農業・農村の未来」というテーマでお話していただきました。日本の農業の未来のために主食であるご飯を食べる必要があることを説明していただきました。フランス人の主食はフランスパン、ドイツ人の主食はドイツパンであり、イギリス人の主食はイギリスパンであることをもう一度聞かせていただきました。また、県内の幼稚園や保育園でご飯塾を実施していることや9ヶ所で有機農業学校を開催し、今も積極的に有機農業運動を実践していることを教えて頂きました。

平賀緑さん 1.23　印鑰智哉さん 2.17　保田茂さん 3.16

土曜ティーサロン

お茶を飲んでお菓子を食べながら、ゲストの行ってきた場所や出身地にまつわる海外の楽しいお話を聞いています。昨年12月は「ノルウェー&ドイツの歩き方」葺合高校留学生のマリアさんとエリザベスさん、今年2月は「ピースボートで行く地球一周の船旅」神戸大学大学院2年生の安藤真子さん、3月には「ウズベキスタンの歩き方」JICAシニアOV会の浦野俊夫さんにお話していただきました。毎月第1土曜日の3~4時に開催しており、参加費は無料ですので皆さんのご参加お待ちしております。お話してくださる方も募集中です。

マリアさんとエリザベスさん 18.12.15

安藤真子さん 2.2

浦野俊夫さん 3.2

林賢宜さんの韓国料理教室

毎回人気の韓国料理講座です。チヂミは日本でもおなじみの韓国料理のひとつですが、その中でも今回は白菜入りチヂミとコチュジャン入りチヂミを学びました。4月以降も毎月第一土曜に開催します。気になるメニューはありましたか?ご参加お待ちしています。

コチュジャン入りチヂミとギョウザ入りトック 2.2

朝鮮語・韓国語講座

2019年4月より朝鮮語・韓国語講座の水曜日実践会話クラスを「楽しく話そう韓国語(初級2)」に、金曜日の昼初級クラスを「話してみよう韓国語(初級1)」に、金曜日の昼会話クラスを「応用クラス」にクラス名を変更することになりました。その他に、木曜日夜の上級クラス、金曜日夜の初級クラスも開講されています。5月には新たに火曜日の夜に入門クラスを開講する予定です。皆様のご参加をお待ちしております。

定期利用

グループ・教室のご案内

◆六甲トレーニングサロン……………… 月曜日・前9~12:00 前田先生　0797-35-5588
◆からむい会(絵更紗)……………… 第1・3月曜、第2・4木曜・後1~5:00 連絡先・小塚　078-731-3694
◆すぎなコーラス……………… 月曜日・前10~12:00 連絡先・大谷　078-861-0338
◆神戸女声合唱団……………… 金曜日・前10~12:00 連絡先・岡 邦子　078-291-0855
◆創作アップリケ……………… 第2・4月・金曜日・前10~12:00 第1・3火曜日・前9~後5:00 柏原先生　078-821-4632
◆ノイエカンマーコール(混声コーラス)…… 土曜日・後6~9:00 連絡先・西山:080-5704-5406
◆ヨガ体操……………… 火曜日・前9:30~12:00 廣瀬先生　078-851-8851
◆アトリエ太陽の子(児童絵画)……… 木曜日・後1~5:00 中嶋先生　078-858-7301
◆六甲ボーカル……………… 第1・3木曜日・前10~12:00 池本先生　078-861-8724
◆こうべこーる恵(コーラス)……………… 火曜日・前10~12:00 連絡先・田附　0798-26-2169
◆ステンドグラス・アトリエとも……… 第2・4木曜・後1~5:00 幸坂先生　078-582-0644
◆全珠連会員・熊内そろばん六甲教室…… 火曜・後3~9:00、土曜・後1~4:00 奥野先生　078-241-1095
◆テコンドー……………… 毎週金曜日・後6~9:00 連絡先・妹尾　090-9846-8241
◆稽践会空手道……………… 毎週月曜日・後4~10:00 連絡先・藤本　078-842-5669
◆すずめの学校(ニューヨークタイムズ紙を読む会)… 第2・4水曜日　前10:00~12:00 連絡先・桑原　0798-74-4512
◆前田書道会……………… 火曜日・前9~後5:00 連絡先・前田先生　078-385-1650
◆音楽の杜(リトミックピアノ教室)……… 土曜日・前9~後5:00 連絡先・桂先生　078-891-3419
◆Rokko kids English Club……… 木・金 幼稚園クラス・親子クラス LaurenceDrew先生 連絡先・山本　070-5509-4403
◆イースト神戸トーストマスターズクラブ 英語スピーチクラブ……………… 第4土曜日　後1:30~4:00 連絡先・山下　090-8365-9118
◆公文阪急六甲書写教室……………… 日曜日・前9~後5:00 連絡先・白髪先生　080-3822-9137

お問合せやお申込は、各グループ・教室に直接ご連絡ください。

※当センターへの寄附金は、①所得控除または②税額控除が受けることができます。賛助会費、六甲奨学基金募金の両方に適用されます。詳しくはセンターにお問い合わせください。

(公財)神戸学生青年センター賛助金　2019.4.1～2019.8.31（敬称略・単位円）

西脇鈴代 5,000
田所蛙治 3,000
無名氏 1,000
柳到亨 5,000
藤沢純夫 3,000
尼川洋子 3,000
南梨華 3,000
呉淑子 3,000
横田寿子 3,000
神港教会 10,000
センターグループ 5,000
松山典子 3,000
田所蛙治 3,000
明松善一 3,000
李月順 3,000
小城智子 3,000
池上智恵子 3,000
徐聖寿 3,000
田原良次 3,000
杉山博昭 3,000
学校法人兵庫朝鮮学園 3,000
木下洋子 3,000
山﨑清 3,000
林祐介 3,000
西八條敬洪 2,000
四方田文夫 3,000
髙橋治子 3,000
金野昌子 3,000
長岡基浩 1,000
足立龍枝 3,000
畑明郎 3,000
中勝博志 5,000
尹英順 3,000
兵頭晴喜 3,000
泉迪子 2,000
丸山弘子 30,000
河野敬 10,000
小川幹雄 3,000
辻本久夫 2,000
井坂弘 3,000
本城智子 3,000
島津恒敏 10,000
小若順一 10,000
中村大蔵 3,000
宇都宮佳果 3,000
大賀正行 3,000
梁英子 10,000
武藤迪子 5,000
原田紀敏 3,000
森哲二 3,000
寺下賢志 3,000
谷井尚子 3,000
宇野田尚哉 5,000
鶴崎祥子 5,000
上田眞佐美 3,000
大津留厚 3,000
杉山雅教 3,000
八木晃介 3,000
木村篤子 3,000
泰園澄美智子 5,000
北山秀俊 3,000
藤江新次 3,000
石田光子 3,000
猶原信男 3,000
勝部尚子 3,000
髙石留美 3,000
蒔田由紀子 3,000
栢下芳郎 3,000
中村真理子 3,000
中裕美智子 3,000
加輪上敏彦 10,000
蔡秋雄・蔡曙伍 3,000
平坂春雄 5,000
足立康幸 10,000
森行雄 3,000
洪浩秀 3,000
飛田雄一 10,000
石塚明子・健 3,000
飛田悦子 3,000
康由美 3,000
岡内克江 5,000
中川裕之 3,000
森田豊子 5,000
中山一郎 5,000
福島俊弘 3,000
志水紀代子 5,000
林同福 5,000
中里好郎 3,000
枡田計雄 5,000
片桐元 2,000
石打謹也 3,000
青野正明 3,000
西村誠 5,000
鈴東力 3,000
長瀬春代 3,000
吉田方則・真理 5,000
坂口美紀 3,000
中村順子 3,000
無名氏 30,000
原野和雄・直美 5,000
髙正子 5,000
崔博憲 3,000
金井英樹 3,000
神田榮治 3,000
日本キリスト教団明石教会 3,000
小川雅由・三代子 5,000
中村静恵 3,000
影山陽美 5,000
乾眞理子 5,000
保田茂 5,000
山口勝弘 5,000
脇本寿 10,000
三宅康雄 1,000
村瀬義史 3,000
今中成吉 10,000
平田昌司 5,000
全芳美 5,000
横川修 5,000
瀬戸口雅子 3,000
三木鎌吾 5,000
藤井和子 2,000
三宅洋介 3,000
中川慎二 3,000
早川良彌 5,000
菊谷裕洋 5,000
無名氏 3,000
藤田ふみ子 5,000
大槻博司 3,000
横山節子 3,000
大月良子 3,000
南波春樹 3,000
野入直美 3,000
北山定春 3,000
迫田耕作 3,000
中島淳 10,000
木村健二 3,000
神戸女声合唱団 10,000
田中宏明 3,000
中村尚司 3,000
飛田みえ子 5,000
泉紀子 3,000
無名氏 1,000,000

計 142件 1,614,000円
以上感謝をもって領収いたしました。

賛助金ご協力のお願い
●賛助会費：一口 A3,000　B5,000　C10,000
※いずれも一口を単位としますが、何口でも結構です。
※送金方法
郵便振替〈01160-6-1083 公益財団法人 神戸学生青年センター〉
備考欄に「賛助金」とお書きください。
銀行振込 三井住友銀行 六甲支店 0779663
公益財団法人 神戸学生青年センター 賛助金

六甲奨学基金　2019.4.1～2019.8.31（敬称略・単位円）

田中ハル子 2,000
無名氏 10,000
小城智子 3,000
西松由美子 3,000
田原良次 3,000
井上淳子 3,000
森野秀樹 3,000
四方田文夫 3,000
梁英子 10,000
武藤迪子 5,000
無名氏 5,000
原田紀敏 3,000
徐翠珍 3,000
谷井尚子 3,000
松下宜且 10,000
大島董 5,000
篠原かおる 3,000
髙石留美 3,000
加輪上敏彦 3,000
康由美 3,000
志水紀代子 5,000
枡田計雄 5,000
青野正明 3,000
吉田方則・真理 5,000
田口恵美子 3,000
加藤克子 3,000
松下宜且 10,000
宗像千代子 10,000
土本基子 3,000
平田昌司 5,000
中川慎二 3,000
松下宜且 10,000
近澤淑子 3,000
無名氏 180,000
大槻博司 3,000
門野隆弘 5,000
松下宜且 10,000
李俊憲 3,000
関西日英協会婦人部 50,000
飛田みえ子 5,000
李俊憲 3,000

計 42件 413,000円

毎月募金会計 60,000 円（千円:菱木康夫、金早雪、高仁宝、信長正義、信長たか子、加畑和子、飛田雄一、二千円:福田菊、三千円:白川豊）
古本市による協力 2,089,330円　総計 2,562,330円　以上感謝をもって領収いたしました。

六甲奨学基金ご協力のお願い
●賛助会費：一口 A3,000　B5,000　C10,000
※いずれも一口を単位としますが、何口でも結構です。
※送金方法
郵便振替〈01160-6-1083 公益財団法人 神戸学生青年センター〉
備考欄に「奨学金」とお書きください。
銀行振込 三井住友銀行 六甲支店 0779651
公益財団法人 神戸学生青年センター 六甲奨学基金

セミナーの記録　2019.4.1～2019.8.31

食料環境セミナー

シリーズ「日本の食料の未来のために」
501回4月24日「食べられる野草を知ろう一食料危機を前にして一」槌田劭さん
502回5月22日「海外の有機農業事情ーアメリカのCSAとフランスのAMAPー」近藤和美さん
503回6月26日「Bio creatorsのCSAへの取り組み」大皿一寿さん
504回7月24日「有機オーガニックとSDGs」福井佑実子さん

朝鮮語・韓国語講座

楽しく話そう初級2　毎週水曜日　朴玲実さん
夜上級　毎週木曜日　尹智香さん
夜初級　毎週金曜日　文雅炫さん
話してみよう初級1　毎週金曜日午前　朴玲実さん
応　用　毎週金曜日午前　林賢宜さん

林賢宜さんの韓国料理教室

4月6日裂きイカの和え物・豚肉とニンニクの芽炒め
6月1日野菜たっぷり豚肉の焼肉・大根の生菜
7月6日海産物入りネギのジョン・きゅうりの生菜

朝鮮史セミナー

「兵庫・コリアンの歴史の一断面ー三宮、新湊川、武庫川ー」
6月14日「三宮ー闇市からの復興」村上しほりさん
6月28日「新湊川のコリアンスラム」本岡拓哉さん
7月12日「武庫川河川敷のコリアンスラムー1961年の強制代執行ー」孫敏男さん

韓国語手話・春

5月24日～6月21日全3回
アンダンテサンヨンさん

土曜ランチサロン

4月6日「ロシア・サハリンの歩き方」大和泰彦さん
6月1日「コスタリカの歩き方～憲法が息づく国から～」八木和美さん
7月6日「バヌアツの歩き方～JICAボランティアの目を通して～」尾崎博さん

六甲奨学基金

日本語サロン　毎週月・土曜日
3月15日～5月15日第22回古本市

その他のセミナー・行事

4月26日太田修さん講演会「いま問われる植民地統治『徴用工』韓国大法院判決をめぐって」
5月11日高作先生と学ぶ会「明日からに向けて!!」自主勉強会（共催）
5月20日～6月21日アジア女性自立プロジェクト「アジアの女性の布と小物の物語」
5月20日～6月20日ロシナンテ社協賛解放出版社本の展示販売展
6月8日神戸大学YMCA「追悼と美術」宮下規久朗さん（後援）
6月8日高作先生と学ぶ会「解題『米軍基地問題の基層と表層』」高作正博さん（共催）
6月27日第42回アジア労働者交流集会in神戸@神戸市勤労会館（共催）
6月30日神戸芝居カーニバル実行委員会「河東けい・ひとり語り　母ー多喜二の母ー」（協力）
7月13日高作先生と学ぶ会「憲法と条約の人権保障システム」高作正博さん（共催）
8月4日映画「女を修理する男」上映会+トーク・杉山精一さん（共催）
8月18日～27日「宋神道さんを心に刻む」写真展と講演・映画（協賛）

新しいスタッフ
大和泰彦さん

この4月から学生センターの職員として加わりました。関西学院大学大学院神学研究科卒業で、大学に入って間もない頃から朝鮮史セミナーやキリスト教セミナー、むくげの会、南京をむすぶ会等でセンターに出入りしていました。「まだ30代前半の青年です。センターがこれまで手掛けた活動と理念を次の時代へ橋渡し出来るよう努力したいと思います。」他にも様々な一面があるようなので、みなさん是非声を掛けてみてください。末永くよろしくお願いします。

神戸学生青年センター センターニュース
KOBE STUDENT YOUTH CENTER NEWS No.100

No.100
発行所　(公財)神戸学生青年センター
理事長　飛田　雄一
館　長　朴　淳用
〒657-0064　神戸市灘区山田町3丁目1-1
TEL(078)851-2760 FAX(078)821-5878
Yamada-cho 3-1-1, Nada-ku
Kobe, 657-0064 Japan
E-mail info@ksyc.jp
URL http://ksyc.jp

理事長を退任します　保田　茂

この度、理事長を引退させて頂くことになりました。2005年から14年間、皆様には大変お世話になりました。心から感謝申し上げます。私が神戸学生青年センターに足を踏み入れることになったきっかけは、1972年秋に開催されました第二期婦人生活講座の「食品公害のはなし」(講師：宮本豊子氏)と題する講座に参加したことでした。

講座終了後、館長の小池基信先生にご挨拶をするため館長室にお邪魔し、食品公害の問題についていろいろとお話をしまして、嬉しいことに、この問題をセンターの課題として継続的に取り上げて頂くこととなり、その結果、1973年6月から毎月「食品公害セミナー」(現在は食料環境セミナーと改称)を開催して頂くことになったのでした。

このセミナーの企画を担当させて頂くこととなり、以来、センターは私の大事な活動拠点となりました。1973年11月には「兵庫県有機農業研究会」の設立、1974年4月には「食品公害を追放し安全な食べものを求める会」の設立と、センターが期待する市民活動の輪が次第に広がり、小池館長には大変喜んで頂きました。ほぼ毎日、センターに出入りするうち、センターの評議員、理事とセンターの運営にも関わることとなり、先代の辻建先生の引退を受け、2005年に理事長を仰せつかったのでした。振り返ってみれば、47年もの長きにわたり、センターにお世話になったことになります。後任には飛田雄一氏が理事長となり、私の最後の留学生であった朴淳用氏が館長を担ってくれることになりました。新しいセンターの完成を待って引退をと思っていましたが、それも新理事長にお任せすることになりました。皆様には今後も変わらぬご支援をセンターにお寄せくださいますようよろしくお願いいたします。長い間、本当に有難うございました。

館長を退任し理事長に就任します　飛田　雄一

保田先生のあとをついで理事長に就任しました。保田先生は、河上民雄理事長、辻建理事長のあと2005年より理事長の仕事を担ってくださいました。感謝しています。

私は1978年に主事として働き始め、1991年に館長となりました。この間の一番の出来事は、やはり1995年の阪神淡路大震災であったと思います。そのとき、多くの方々に支えられて学生センターは被災地で留学生の支援活動等を展開することができました。六甲奨学基金という「レガシー」も残っています。

実は、これからのセンターに大きな仕事が待っています。それは、老朽化したマンションの建て替えにともなう、センターの移転そして新センターの建設です。近く正式発表の予定ですが、みなさまに更なるご支援をお願いしなければなりません。理事長の責任に大なるものがあると自覚しています。今後ともよろしくお願いします。

館長に就任します　朴　淳用

この度、神戸学生青年センターの館長に就任することになりました朴淳用（パクスンヨン）と申します。大きな変革期を迎えているこの時期に館長の職に就くことにその責務の重さを痛感しております。

1998年前理事長保田先生の研究室に留学生として来日し、最初に神戸学生青年センターに挨拶に尋ねたことはいまだに覚えております。それ以来韓国との交流やセンターの集会に参加するようになり、前館長の飛田さんにお声がけいただき2010年よりスタッフとして勤務しておりました。センターでの経験は甚だ微力ではございますが、神戸学生青年センターの伝統と精神を守るため全力を尽くす所存でございます。何卒ご支援とご指導を賜りますようお願い申し上げます。

六甲奨学基金2019年度の奨学生

①	HU SHUAI	中国	関西国際大学
②	VU THI THANH THUY	ベトナム	神戸国際語言学院
③	TRAN VAN HOA	ベトナム	専門学校トヨタ神戸自動車大学校
④	斯琴必力格	中国	神戸YMCA学院専門学校
⑤	江　玉	中国	神戸学院大学
⑥	ANGGIE CYNTHIA LESTARI	インドネシア	神戸芸術工科大学

4.12、2019年度の授与式と会食会が開かれました。奨学生は毎月10日以降にセンターに奨学金を受け取りにくることと、この会への参加だけが必要なことなのです。

奨学生と基金運営委員会　4.12

高作先生と学ぶ会

最初の5.11は、先生の学会出席のために自主講座「明日からに向けて!!」。私はこの自主講座という言葉の響きがここちよい世代(?)。以降、6.8『米軍基地問題の基層と表層』、これは高作正博先生が関西大学出版から出された本のエッセンスをうかがいました。7.13は、「憲法と条約の人権保障システム」。今回のシリーズは来年1月まで続きます。

高作正博『米軍基地問題の基層と表層』

朝鮮語・韓国語講座

学生センターの朝鮮語・韓国語講座は、水曜日夜「楽しく話そう韓国語(初級2)」、木曜日夜「上級」、金曜日午前「話してみよう韓国語(初級1)」、「応用クラス」、夜に「初級」で五つのクラスで開設されています。10月2週目から新しく後期の授業が始まります。また、新たに火曜日の夜に「入門クラス」を開講する予定です。関心のある方はぜひ一度見学してみませんか?皆様のご参加お待ちしております。

韓国語手話講座

2015年に日本で初めてスタートしたこの講座。講師は、韓国出身のアンダンテ・サンヨンさん、兄がろうあ者であることから手話を学びました。在日社会でろうあ者はどのように暮らしているのだろうかと気をもんでいて、彼/彼女らにつながる可能性を求めての開講です。

中断していた講座を、全3回の講座として再スタートしました。日本語手話も習ったことのない私も受講しました。新しい言葉ですから、なかなか覚えられませんが、なんとか終了しました。秋の講座に継続します。「手話劇」をしようという話もありますが、私はびびっています。(H)

「アンニョンハシムニカ」6.7

飛田雄一『阪神淡路大震災、そのとき、外国人は?』(2019.7、センター出版部、B5、58頁、定価410円+税)

来年は大震災から25年となります。当時、自然災害としての震災は「等しく」ありましたが、外国人ゆえの困難なことがらもありました。当時の支援活動/問題点を記録し、起ってほしくありませんが、将来の災害において取り残される外国人が生まれないために発行しました。(注文は、送料とも574円を4面にある郵便振替口座に送金ください。82円切手7枚でもOKです。)

『阪神淡路大震災、そのとき、外国人は?』

林賢宜さんの韓国料理教室

毎月第1土曜に開催している林賢宜さんの韓国料理教室です。生菜とは火を使わないで生のまま野菜を酢などで和えたもの。春は大根ときゅうりの生菜を学びました。12月はキムチ作りを予定しています。みなさん、持ち帰り用の袋を用意して参加してくださいね。

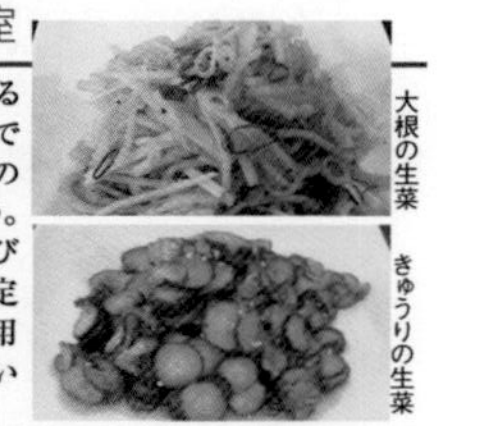
大根の生菜　きゅうりの生菜

食料環境セミナー

4月は槌田劭先生より、食の商品化によって食品公害が広がり、資源と環境には限りがあることを認識し、いつか直面することになる食の貧困に備えるための野草の利用方法を教えて頂きました。たんぽぽ・ぺんぺん草・ふき・ヨモギなど先生が直接取った野草を見せて頂き調理方法・食べ方も教えて頂きました。

5月は近藤和美先生より、CSAは地域支援型農業と訳されるアメリカ版提携であり、小規模農家を支援し健康や環境に良い地域で生産された農産物の消費を通じて地域経済を発展させ、コミュニティーを再生させるための運動である。フランスのAMAPも消費者が組織をつくり生産者と契約し家族農業の支援を揚げる社会運動であることを教えて頂きました。

槌田劭さん 4.24　近藤和美さん5.22

大皿一寿さん 6.26　福井佑実子さん 7.24

6月は大皿一寿さんと谷下恵次さんより、ビオ・クリエイターズは神戸市西区の農家グループで6名の農家が一緒にCSA(地域が支える農業)という形で野菜の販売をしている団体で、特徴としては野菜代金の先払い・野菜パック・ピックアップステーションまで消費者が受け取りに直接行く必要があることを教えて頂きました。

7月は福井佑実子さんより、SDGsは持続可能な開発目標を意味しますが、持続可能な開発は将来の世代がそのニーズを充足する能力を損なわずに現世代のニーズを充足する開発と定義し、持続可能な開発を達成するためには、経済成長・社会的包摂・環境保護という3つの主要素を調和させることが不可欠であることをわかりやすく説明して頂きました。

土曜ティーサロン

お茶とお菓子を頂きながら、ゲストの行ってきた場所や出身地にまつわる楽しいお話を聞いています。4月は「ロシア・サハリンの歩き方」学生センター職員の大和泰彦さん、6月は「コスタリカの歩き方～憲法が息づく国から」西宮市の八木和美さん、7月は「バヌアツの歩き方～～JICAボランティアの目を通して」JICAシニアOV会の尾崎博さんがお話し下さいました。毎月第1土曜日の3～4時に開催、参加費無料です。皆さんの御参加、お話して下さる方もお待ちしております。

大和泰彦さん 4.6

八木和美さん 6.1

尾崎博さん 7.6

朝鮮史セミナー

「兵庫・コリアンの歴史の一断面—三宮、新湊川、武庫川—」をテーマに全3回開かれました。①「三宮一闇市からの復興」村上しほりさん、②「新湊川のコリアンスラム」本岡拓哉さん、③「武庫川河川敷のコリアンスラム—1961年の強制代執行—」孫敏男さん。兵庫の私たちがよく知る場所の歴史を興味深く聞くことができました。

村上しほりさん 6.14　本岡拓哉さん 6.28　孫敏男さん 7.12

ドキュメンタリー映画「血筋」神戸上映会

中国の歴史に翻弄されながら生き延びた朝鮮族の家族を通して見る、中国朝鮮民族自治州・延吉の「今」を描いたドキュメンタリー映画。監督・主演の角田龍一さんを招いて開催しました。角田さんのこの作品は、今年のカナザワ映画祭の自主映画コンペティション「期待の新人監督」のグランプリに選ばれました。おめでとうございます。配給会社も決まり全国で見ることができると思います。ぜひ、ご覧ください。

定期利用
グループ・教室のご案内

◆六甲トレーニングサロン……月曜日・前9～12:00　前田先生　0797-35-5588
◆からむい会(絵更紗)……第1・3月曜、第2・4木曜・後1～5:00　連絡先・小塚　078-731-3694
◆すぎなコーラス……月曜日・前10～12:00　連絡先・大谷　078-861-0338
◆神戸女声合唱団……金曜日・前10～12:00　連絡先・岡 邦子　078-291-0855
◆創作アップリケ……第2・4月・金曜日・前10～12:00　第1・3火曜日・前9～後5:00　柏原先生　078-821-4632
◆ノイエカンマーコール(混声コーラス)……土曜日・後6～9:00　連絡先・西山:080-5704-5406
◆ヨガ体操……火曜日・前9:30～12:00　廣瀬先生　078-851-8851
◆アトリエ太陽の子(児童絵画)……木曜日・後1～5:00　中嶋先生　078-858-7301
◆六甲ボーカル……第1・3木曜日・前10～12:00　池本先生　078-861-8724
◆こうべこーる恵(コーラス)……火曜日・前10～12:00　連絡先・田附　0798-26-2169
◆ステンドグラス・アトリエとも……第2・4木曜・後1～5:00　幸坂先生　078-582-0644
◆全珠連会員・熊内そろばん六甲教室……火曜・後3～9:00、土曜・後1～4:00　奥野先生　078-241-1095
◆テコンドー……毎週金曜日・後6～9:00　連絡先・妹尾　090-9846-8241
◆稽践会空手道……毎週月曜日・後4～10:00　連絡先・藤本　078-842-5669
◆すずめの学校(ニューヨークタイムズ紙を読む会)……第2・4水曜日　前10:00～12:00　連絡先・桑原　0798-74-4512
◆前田書道会……火曜日・前9～後5:00　連絡先・前田先生　078-385-1650
◆音楽の杜(リトミックピアノ教室)……土曜日・前9～後5:00　連絡先・桂先生　078-891-3419
◆Rokko kids English Club……木・金 幼稚園クラス・親子クラス　LaurenceDrew先生　連絡先・山本　070-5509-4403
◆イースト神戸トーストマスターズクラブ　英語スピーチクラブ……第4土曜日　後1:30～4:00　連絡先・山下　090-8365-9118
◆謡曲勉強会……第3日曜日　後1～5:00　連絡先・村田　078-806-8243
◆神戸フィラデルフィア教会　聖書の会……日曜日・前10:30～12:00　連絡先・松田　080-2522-9863

お問合せやお申込は、各グループ・教室に直接ご連絡ください。

神戸学生青年センター
センターニュース
KOBE STUDENT YOUTH CENTER NEWS No.101

No.101
発行所　(公財)神戸学生青年センター
理事長　飛田　雄一
館　長　朴　淳　用

〒657-0064　神戸市灘区山田町3丁目1-1
TEL (078) 851-2760 FAX (078) 821-5878
Yamada-cho 3-1-1, Nada-ku
Kobe, 657-0064 Japan
E-mail info@ksyc.jp
U R L http://ksyc.jp

日中戦争への旅
―加害の歴史・被害の歴史―

神戸・南京をむすぶ会代表
宮内陽子

宮内陽子さんは、神戸・南京をむすぶ会の代表で訪中団の団長です。この度『日中戦争への旅―加害の歴史・被害の歴史―』（2019.12、合同出版、1600円+税）を出版されました。その活動を振り返る原稿をお願いしました。本書は送料とも1600円で発売中です。郵便振替<00930-6-310874 神戸・南京をむすぶ会>でご送金ください。12月20日には宮内さんの講演会（センター18：30～）、出版記念会（ぴーあん20：00～）があります。問い合わせはセンター内同会まで。（飛田）

「神戸南京をむすぶ会」（以下「むすぶ会」）は、1996年に「丸木位里・俊とニューヨークの中国人画家たちが描いた南京1937絵画展」を開催した実行委員が、一度南京に行ってみようと思い立ってつくった市民団体で、神戸学生青年センターに事務所を置かせていただいています。今年で23回目となる旅（第9回から兵庫県在日外国人教育研究協議会との共催）を重ねています。

「むすぶ会」の旅はおおむね8月15日を挟む一週間です。15日には南京大屠殺遇難同胞紀念館（以下紀念館）で追悼式典に参加します。この式典は、かつて「アジア・太平洋地域の戦争犠牲者に思いを馳せ、心に刻む会」が行っていた追悼行事の流れを汲んでいます。紀念館では、高齢の幸存者（中国では虐殺からかろうじて生き残り、生き抜いてきた人々を尊敬の気持ちを込めてこう呼びます）が暑い中を来られて、私たちのために思い出すのも辛い事件の記憶を語ってくださいます。貴重な証言を直接お聞きできることを有り難く、また申し訳ないと感じます。その後市民に交じって紀念館を参観します。館内には写真、映像、模型などにより、南京事件に至る道のり、虐殺をはじめ街並み・生活の破壊、性暴力、物資や文化財の略奪など事件の全体像を展示しています。また、市民を守った国際安全区の活動も紹介しています。15日の前後には、虐殺や埋葬の場に建てられた追悼碑を巡り、犠牲者に黙とうを捧げます。

南京訪問のあと年替わりで、日本軍の侵略、植民地支配の跡地も訪問しています。北はロシアとの国境近くの虎頭要塞、南は海南島、東は台湾、西は雲南まで、そして大きな戦闘の場だけでなく、小さな村を襲い民衆をも巻き込んだ、中南京、小南京と呼ばれる出来事を学び、日本軍の加害行為が人々の心身をいかに傷つけたか、生活を破壊したかを心に刻みます。日本人が訪れるのは初めて、という場所もあります。また侵略、戦争が終わった後も続く沢山の苦難と、日本の戦争責任を問う闘いについても学びます。

旅を続ける中で同時に侵略した側のこと、遠い故郷を離れ、補給も受けずに「死ぬより辛い」といわれた行軍を続け、戦友の死を目の当たりにし、残虐な行為に手を染め、そして戦死しても遺体も収容されなかった日本軍兵士のことも思うに至りました。

加害、被害が何層にも重なりあう戦争の実相に触れ、何があっても戦争をしてはならない、という戦争、戦場体験者の思いに少しでも近づくことを目指しています。この貴重な旅の経験を一人でも多くの方々と分かち合いたいと考え、毎年報告会を開き、報告集を出しています。またこのたび9年間の旅を「日中戦争への旅―加害の歴史・被害の歴史」にまとめて出版しました。12月20日には神戸学生青年センターで、この本についての報告会を開きます。ぜひお越しください。

「むすぶ会」は来年の旅も計画中です。学生枠を設け、若い人の参加も呼び掛けています。皆さんの参加をお待ちします。

写真／宮内陽子さん、2019.8.15南京

※当センターへの寄附金は、①所得控除または②税額控除が受けることができます。賛助会費、六甲奨学基金募金の両方に適用されます。詳しくはセンターにお問い合わせください。

(公財)神戸学生青年センター賛助金　2019.9.1～2019.11.30（敬称略・単位円）

すぎなコーラス 3,000
田添禧雄 3,000
はんてんの会 10,000
柏崎千佳子 5,000
花岡光義 3,000
女を修理する男上映実行委員会at神戸 12,500
小笠原正仁 3,000
足立龍枝 3,000
田原良次 3,000
中勝博志 5,000
坂井永利 3,000
伊藤悦子 3,000
朴善丙 5,000
神谷重章 3,000
西八條敬洪 2,000
中道澄春 1,000
片桐陽 10,000
森下慧岳 5,000
宮本博志 3,000
石塚久則 1,000
徐聖寿 3,000
水野雄二 5,000
荻原邦子 5,000
中塚明 3,000
下西ユキヨ 3,000
髙石留美 7,000
兵頭晴喜 3,000
林祐介 3,000
原田紀敏 5,000
李圭燮 5,000
小林直哉 10,000
井坂弘 3,000
柳到亨 5,000
山脇喜子 3,000
藤原純一 3,000
上田眞佐美 3,000
石塚明子・健 3,000
島津恒敏 10,000
髙橋治子 3,000
梶谷懐 5,000
枡田計雄 5,000
金野昌子 3,000
永井靖二 3,000
岩村義雄 3,000
森行雄 3,000
松田素二 3,000
長岡基浩 1,000
林賢宜 5,000
大津洋子・敏雄 3,000
新井久子 3,000
梁勝則 10,000
四方田文夫 3,000
安聖民 3,000
三原翠 5,000
杉田年章・杉田典子 5,000
藤江新次 3,000
森哲二 3,000
朴京守 1,000
福島俊弘 3,000
松永浩美 3,000
中山一郎 3,000
今中成吉 10,000
今井眞理 5,000
李美於 3,000
谷井尚子 3,000
間一孝 3,000
原和美 3,000
藤原精吾 5,000
小川文夫 2,000
横山正代 1,000
日下大器 3,000
勝村誠 5,000
藤永壯 3,000
砂上昌一 3,000
加輪上俊彦 10,000
飛田雄一 10,000
宇野雅美 3,000
後藤玲子 5,000
大森悦子 3,000
信長正義・信長たか子 6,000
加納花枝 5,000
小若順一 10,000
井出朗子 3,000
山本美幸 3,000
武藤迪子 5,000
飯塚和彦 3,000
梁壽龍 3,000
岡野清 5,000
河瀬敦忠 2,000
植村満 10,000
稲田登 20,000
乾眞理子 5,000
大石恵理子 2,000
田中宏明 3,000

計 94件 415,500円
以上感謝をもって領収いたしました。

賛助金ご協力のお願い
●賛助会費：一口 A3,000　B5,000　C10,000
※いずれも一口を単位としますが、何口でも結構です。
※送金方法
郵便振替〈01160-6-1083 公益財団法人 神戸学生青年センター〉
備考欄に「賛助金」とお書きください。
銀行振込 三井住友銀行 六甲支店 0779663
公益財団法人 神戸学生青年センター 賛助金

六甲奨学基金　2019.9.1～2019.11.30（敬称略・単位円）

柏崎千佳子 5,000
田原良次 3,000
三木洋美 5,000
崔相鐵 5,000
井上淳子 3,000
三宅宏司 3,000
田口恵美子 3,000
中島孝幸 10,000
髙石留美 3,000
林みち代 5,000
原田紀敏 5,000
無名氏 5,000
李圭燮 5,000
紙徳真理子 3,000
枡田計雄 5,000
松田素二 3,000
松下宜且 10,000
一居誠 10,000
李俊憲 3,000
山名行夫 3,000
中山一郎 2,000
今井眞理 10,000
谷井尚子 3,000
間一孝 3,000
萩ルイ子 3,000
岩城定雄 10,000
後藤玲子 5,000
松下宜且 10,000
李俊憲 3,000
岩本光雄 10,000
武藤迪子 5,000
玉岡昇治 5,000
若島礼子 3,000
松下宜且 10,000
李俊憲 3,000

計 35件 182,000円
毎月募金会計 36,000 円（千円:菱木康夫、金早雪、高仁宝、信長正義、信長たか子、加畑和子、飛田雄一、二千円:福田菊、三千円:白川豊）
古本市による協力 46,698円　総計 264,698円　以上感謝をもって領収いたしました。

六甲奨学基金ご協力のお願い
●賛助会費：一口 A3,000　B5,000　C10,000
※いずれも一口を単位としますが、何口でも結構です。
※送金方法
郵便振替〈01160-6-1083 公益財団法人 神戸学生青年センター〉
備考欄に「奨学金」とお書きください。
銀行振込 三井住友銀行 六甲支店 0779651
公益財団法人 神戸学生青年センター 六甲奨学基金

セミナーの記録　2019.9.1～2019.11.30

食料環境セミナー
505回9月25日「水道民営化で水はどうなるのか」橋本淳司さん
506回10月23日「有機農業で未来を拓く―身土不二（地元のものを食べて健康に）で自然と共に生きよう―」大崎正治さん
507回11月27日「神鋼石炭火力発電の増設計画と神戸市域の大気汚染を考える」菊井順一さん

朝鮮語・韓国語講座
楽しく話そう初級2　毎週水曜日　朴玲実さん
夜上級　毎週木曜日　尹智香さん
夜初級　毎週金曜日　文雅炫さん
話してみよう初級1　毎週金曜日午前　朴玲実さん
応　用　毎週金曜日午前　林賢宜さん

韓国語手話・秋
11月1日～22日全3回
アンダンテサンヨンさん

林賢宜さんの韓国料理教室
9月7日どんぐりムク・タッケジャン
10月5日なすとささみの冷菜・えごまの葉っぱのしょうゆ漬け
11月2日韓国風おからのチゲ・クラゲのからし和え

六甲奨学基金
日本語サロン　毎週月・土曜日

現代キリスト教セミナー
11月14日「オリンピックとカジノ万博は現代のバベルの塔か?―科学技術とプロテスタンティズムの倫理―」塚原東吾さん

朝鮮史セミナー
10月4日「韓国歴史ドラマの再発見―可視化される身分と白丁―」朝治武さん

土曜ティーサロン
9月7日「イスラエルとエジプトの歩き方～世界72ケ国1人旅～」篠塚義春さん
10月5日「ジョージア（グルジア）の歩き方」野村麻裕さん
11月2日「中国・四川省の歩き方～四川省・川劇・変面～」江玉さん

その他のセミナー・行事
9月1日ミャンマー関西「ミャンマー民主化への道―民主活動家のお話と映画―」（共催）
9月21日高作先生と学ぶ会「2019年参議院選後の政治と社会」高作正博さん（共催）
10月19日カトリック社会活動神戸センター「冤罪はいまも‥私はわらじがぬがれない」古川泰龍の足跡を辿る講演と展示（後援）
10月26日高作先生と学ぶ会「公共施設における表現の自由「表現の不自由展」を念頭に置いて」高作正博さん（共催）
11月16日求める会収穫感謝祭
11月30日高作先生と学ぶ会「憲法53条と臨時国会の召集義務　岡山・沖縄・東京で提訴された裁判がテーマ」高作正博さん（共催）

小さな古本市（常設古本市）

学生センターロビーの片隅&廊下には作り付け本棚があり、一年中、文庫と新書を販売しています。学生センターに来られた時にはのぞいてみてください。掘り出し物があるかも??第23回六甲奨学基金のための古本市開催に向けて2020年2月15日より本を集めます。

ご協力お願いいたします。

現代キリスト教セミナー

神戸大学教授・塚原東吾さんの講座「オリンピックとカジノ万博は現代のバベルの塔か?―科学技術とプロテスタンティズムの倫理―」。塚原さんが『福音と世界』2019年8月号に同名の論文に「これらのメガイベントは、ノアの洪水に対してきわめて脆弱な場に建てられるバベルの塔(なう)ではなかろうか。だとしたら、これもバルト的な「危機」ととらえられていいのではなかろうか」と書かれています。科学史・科学哲学が専門の先生から科学史そのものも学ぶことができました。

塚原東吾さん 11.14

朝鮮史セミナー

『韓国歴史ドラマの再発見―可視化される身分と白丁―』(解放出版社)を出版された大阪人権博物館館長・朝治武さんを講師に開催しました。歴史ドラマをほとんど観た、という講師の話は専門の部落史との関連もふくめて含蓄の深いものでした。

朝治　武さん 9.11

陶芸教室atelier【es】の作陶展「華」

学生センターロビーギャラリーで陶芸教室atelier【es】の作陶展「華」が開催されました。食器、花器、オブジェなど、みなさんの力作がたくさん並び、とても華やかな4日間でした。

作陶展 11.7－10

林賢宜さんの韓国料理教室

9月はどんぐりムク・タッケジャン、10月はなすとささみの冷菜・えごまの葉っぱのしょうゆ漬け、11月は韓国風おからのチゲ・クラゲのからし和えを学びました。どんぐりムクとは、どんぐりの粉を寒天で固めた伝統料理です。林賢宜先生の教室では幅広い韓国料理を学べます。材料費が上がっているため、次回から参加費を少し値上げさせていただきます。ご協力お願いいたします。

どんぐりムク 9.7

高作先生と学ぶ会

「2019年参議院選後の政治と社会」(9月)、「公共施設における表現の自由「表現の不自由展」を念頭に置いて」(10月)、「憲法53条と臨時国会の召集義務」(11月)と勉強会が開かれました。高作先生は『米軍基地問題の基層と表層』(2019.2、関西大学出版部)で、安全保障、沖縄米軍基地問題を論じられています。学ぶ会のブックレット『2017年通常国会における改憲論議―転換点としての5月3日―』(2018.1、センター出版部、600円)

高作正博さん 9.21

森風社の木工製品

食料環境セミナー

9月はアクアスフィア・水教育研究所の代表橋本淳司さんより、生きる上で欠かせない水という資源をどう捉えるべきなのか、公共の福祉を侵害する経済論理、世界における水道の再公営化の動きなどについて教えて頂きました。国内では昨年12月に改正水道法が成立し、これまで各自治体が担ってきた水道事業の供給責任、施設の所有権は維持しながらも、その運営権を民間企業に売却する「コンセッション方式」が選択できるようになったことによって、料金の高騰、水質の悪化、災害対応の懸念、さらには命に直結するインフラを海外企業に掌握されるリスク、採算が取れなければ冷酷に撤退されるリスクなどについて説明して頂きました。

10月は國學院大學名誉教授の大崎正治さんより、「有機農業で未来を拓く一身土不二で自然とともに生きよう」というテーマでお話して頂きました。有機農業の意味と意義、身土不二＝地産地消であり、有機農業から未来を設計するには、現代社会がおこした危機には5つの間違った固定観念があること、またその内容について丁寧に説明して頂きました。現代の人類史的危機を解決するには、有機農業の意義と可能性は、環境や農業だけでなく、工業やサービス業などの他産業を含めた多様な視点と、さらには経済面以外の人間関係や社会文化の領域に及んで追求していく必要があることを教えて頂きました。

11月は神戸の石炭火力発電を考える会の菊井順一さんより、神戸市灘区で運転中の2基の大型石炭火力発電所に加えて、新たに2基の巨大な石炭火力発電所(65万KW×2基=130万KW)の建設が計画され2022年以降は4基になる予定で、この巨大な石炭火力発電所から、大量のCO_2(約690万トン)だけでなく、硫黄酸化物、窒素酸化物、ばいじんなどの大気汚染物質も長期にわたって排出されていることを説明して頂きました。今、神戸で増設が進められる巨大石炭火力発電所から排出されるこれら大気汚染物質によって、将来、神戸市域の大気環境にどのような影響があるのか、どのようなリスクが考えられるのか、近時、課題となっているPM2.5にも着目し、過去から現在に至る大気汚染の推移を振り返りながら一緒に考えてみる時間を頂きました。

橋本淳司さん 9.25　大崎正治さん 10.23　菊井順一さん 11.27

土曜ティーサロン

午後のひと時、お茶とお菓子を頂きながら、海外の楽しいお話を聞いています。9月は「イスラエルとエジプトの歩き方～世界72ヶ国1人旅」大阪女学院高校教員の篠塚義春さん、10月は「ジョージア(グルジア)の歩き方」神戸市の野村麻裕さん、11月は「中国・四川省の歩き方～四川省・川劇・変面」六甲奨学基金奨学生で変面継承者の江玉さんがお話して下さいました。毎月第1土曜日午後3～4時に開催、参加費無料ですので皆さんの御参加お待ちしております。

篠塚義春さん　江玉さん

韓国語手話講座

11月に全3回の講座を開講しました。受講生は4名、日本語手話通訳ができる人も。私はまったくの手話初心者で韓国語が一応できるので参加しました。「手話は言語だ」というあたりまえのことを認識できました。卒業イベントで手話劇をしようという提案もありましたが、自信のない私が足をひっぱってしまいました。来年5月ごろに全5回の講座を開催する予定です。(H)

날씨가 어때요?
「天気はどうですか?」

朝鮮語・韓国語講座

学生センターの朝鮮語・韓国語講座では、2020年春から火曜日に新たに「入門クラス」を開講する予定です。関心のある方はぜひ一度見学してみませんか?現在開設されている水曜日夜「楽しく話そう韓国語(初級2)」、木曜日夜「上級」、金曜日午前「話してみよう韓国語(初級1)」、「応用クラス」、金曜日夜「初級」も楽しく勉強しています。関心のある方はぜひ一度参加してみてください。

定期利用

グループ・教室のご案内

◆六甲トレーニングサロン……………… 月曜日・前9～12:00　前田先生　0797-35-5588
◆からむい会(絵更紗)……………… 第1・3月曜、第2・4木曜・後1～5:00　連絡先・小塚　078-731-3694
◆すぎなコーラス……………… 月曜日・前10～12:00　連絡先・大谷　078-861-0338
◆神戸女声合唱団……………… 金曜日・前10～12:00　連絡先・岡 邦子　078-291-0855
◆創作アップリケ……………… 第2・4月・金曜日・前10～12:00　第1・3火曜日・前9～後5:00　柏原先生　078-821-4632
◆ノイエカンマーコール(混声コーラス)…… 土曜日・後6～9:00　連絡先・西山:080-5704-5406
◆ヨガ体操……………… 火曜日・前9:30～12:00　廣瀬先生　078-851-8851
◆アトリエ太陽の子(児童絵画)……… 木曜日・後1～5:00　中嶋先生　078-858-7301
◆六甲ボーカル……………… 第1・3木曜日・前10～12:00　池本先生　078-861-8724
◆こうべこーる恵(コーラス)……………… 火曜日・前10～12:00　連絡先・田附　0798-26-2169
◆ステンドグラス・アトリエとも……… 第2・4木曜・後1～5:00　幸坂先生　078-582-0644
◆全珠連会員・熊内そろばん六甲教室…… 火曜・後3～9:00、土曜・後1～4:00　奥野先生　078-241-1095
◆テコンドー……………… 毎週金曜日・後6～9:00　連絡先・妹尾　090-9846-8241
◆稽践会空手道……………… 毎週月曜日・後4～10:00　連絡先・藤本　078-842-5669
◆すずめの学校(ニューヨークタイムズ紙を読む会)… 第2・4水曜日　前10:00～12:00　連絡先・桑原　0798-74-4512
◆前田書道会……………… 火曜日・前9～後5:00　連絡先・前田先生　078-385-1650
◆音楽の杜(リトミックピアノ教室)………… 土曜日・前9～後5:00　連絡先・桂先生　078-891-3419
◆Rokko kids English Club……… 木・金 幼稚園クラス・親子クラス　LaurenceDrew先生　連絡先・山本　070-5509-4403
◆イースト神戸トーストマスターズクラブ 英語スピーチクラブ……………… 第4土曜日　後1:30～4:00　連絡先・山下　090-8365-9118
◆謡曲勉強会………… 第3日曜日　後1～5:00　連絡先・村田　078-806-8243
◆神戸フィラデルフィア教会　聖書の会…… 日曜日・前10:30～12:00　連絡先・松田　080-2522-9863
◆神戸いのりのとき合唱団………… 月3回土曜日・後6～9:00　連絡先・松本　090-3923-0794

お問合せやお申込は、各グループ・教室に直接ご連絡ください。

神戸学生青年センター センターニュース

KOBE STUDENT YOUTH CENTER NEWS No.102

No.102
発行所 (公財)神戸学生青年センター
理事長 飛田 雄一
館 長 朴 淳 用
〒657-0064 神戸市灘区山田町3丁目1-1
TEL(078)851-2760 FAX(078)821-5878
Yamada-cho 3-1-1, Nada-ku
Kobe, 657-0064 Japan
E-mail info@ksyc.jp
URL http://ksyc.jp

2021年1月より新しいセンターがスタートします
宿泊事業は、ストップします
2022年4月に留学生寮をスタートします
1000万円募金をよろしくお願いします

理事長　飛田　雄一
館　長　朴　淳　用

古本市5.17まで

現在の学生センターは1972年4月にスタートしました。出発は、1955年です。アメリカ南長老教会がここにあった洋館を購入して「六甲キリスト教学生センター」としました。1966年には長老教会が日本キリスト教団兵庫教区に伝道活動を委譲して共同的な運営がなされました。

そして1969年11月、「学生センタービル建築準備委員会」が設置され、1972年4月に財団法人神戸学生・青年センターの活動が始まります。(法人登記完了は1973年1月)当時土地以外に財産がないことから、約70戸の借地権付きマンションを建設し、等価交方式でセンターの1階部分および1階の駐車場、管理人室、4階8階のマンション4戸を取得しました。

1995年1月の阪神淡路大震災にも耐えた建物ですが、建築後45年以上たち、マンションの区分所有者から建て替え案が示されました。何回かの協議を重ねてセンターも建て替えに賛成することになりました。震災に耐えたとはいえ、1981年の耐震基準以前の当マンションは、将来予想される南海沖地震のことを考えると大きな不安材料です。

ふたつの選択肢がありました。2〜3年間、仮営業の場所を確保して現在の場所に新しくできる建物内に新センターをつくる案、または近隣に別の土地を購入してセンター単独の建物をつくる案です。いろんな条件を研究した結果、センターは後者（移転案）を選択しました。

土地購入のために奔走しましたが、適当な土地を見つけることができませんでした。近隣の土地は住宅専用地域が多く、宿泊、貸会議室の運営ができる土地がなかったのです。今年の初めに近隣に有力な賃貸物件に移転する目途がつきました。最終契約がまだなので具体的な発表は後日となりますが、現在の場所から近くの2か所の賃貸物件です。2か所での営業は不便ではありますが、ホール、スタジオ、会議室など現在のスペースは確保できています。ただ、宿泊事業については終了とさせていただきます。

2020年12月末まで現在のセンターで営業を行い、来年1月から新センターでの営業となります。貸スペースとしては、現在と同様のスペースを確保して、引き続き「出会いの場」としてご利用いただけます。主催セミナーも引き続き開催します。奨学金支給・日本語サロンの六甲奨学基金も事業を継続します。センターの一番のイベントとなっている「古本市」については、現在の規模での開催は難しいですが、継続を考えています。

土地購入および新会館建設のかわりに賃貸物件に移転することから生じた資金でセンターは、2022年4月に留学生寮をスタートさせることになりました。その計画についても具体的なプランを後日発表したいと考えています。

移転というセンターの歴史的大転換を迎えますが、これを機に設備等の充実をはかりたいと思います。新しい中古（？）ピアノ2台購入200万、ホール、スタジオ防音工事250万、机椅子等備品220万、マイク等設備80万、引越しおよび関連イベント250万です。募金にご協力をよろしくお願いします。

財団設立50年（2022年4月）に向かってセンターは新しい歩みを始めます。更にいっそうのご支援をお願いいたします。

※当センターへの寄附金は、①所得控除または②税額控除が受けることができます。賛助会費、六甲奨学基金募金の両方に適用されます。詳しくはセンターにお問い合わせください。

(公財)神戸学生青年センター賛助金　2019.12.1〜2020.3.31(敬称略・単位円)

髙岡育子 5,000
佐治信 5,000
太田稔 3,000
中村英之 3,000
小西ゆみ子 5,000
大賀正行 3,000
ロバート・圭子・ウイットマー 5,000
金正郁 3,000
李周鎬・陽平・由紀 5,000
五十嵐広司・紀子 3,000
大同敏博 5,000
学生YMCA 1,418
徐聖寿 3,000
林みち代 2,000
岩崎謙 20,000
すぎなコーラス 3,000
小川幹雄 3,000
田原良次 3,000
橋本倫子 3,000
住友千代子 2,000
横尾明親 3,000
無名氏 2,000
厚地勉 3,000
金世德 10,000
早川良彌 5,000
高光重 10,000
三木鎌吾 5,000
島田誠 10,000
中船美智子 3,000
足立龍枝 3,000
梶谷懐 5,000
下西ユキヨ 10,000
和住香織 3,000
石元清英 5,000
金山次代 3,000
金野昌子 3,000
原田紀敏 5,000
今中成吉 10,000
西八條敬洪 2,000
亀田彩子 3,000
小西和浩 3,000
伊東輝 3,000
蔡秋雄・蔡曙伍 3,000
井坂弘 3,000
木下律子 3,000
田中満 3,000
中道澄春 3,000
松下洋一 3,000
中川正広 3,000
神戸女声合唱団 10,000
渡辺俊雄 5,000
張征峰 3,000
川辺比呂子 3,000
岡部眞理子 3,000
中村順子 3,000
新井久子 3,000
藤井とも子 10,000
吉田敏子 3,000
八木晃介 3,000
林祐介 3,000
島田恒 5,000
松田素二 3,000
松田薫 5,000
山口昇 5,000
柳到亨 5,000
在日大韓基督教会神戸教会 10,000
森行雄 3,000
呉寿恵 3,000
三宅康雄 3,000
安井三吉 1,000
沼崎佳子 3,000
高祐二 3,000
朴京守 1,000
池見宏子 3,000
高仁宝 5,000
宮沢之祐 3,000
白珠相 10,000
樋口文 3,000
井上力 10,000
井上みち子 5,000
奥田さが子 3,000
南波春樹 3,000
内野茂晴(梶原由美子) 3,000
内田玲子 3,000
長岡基浩 1,000
服部待 3,000
中川裕之 3,000
山下裕 3,000
山下昌子 3,000
谷井尚子 3,000
室田卓雄 3,000
米倉澄子 3,000
尾形淳 3,000
藤江新次 3,000
恩田怜 3,000
久野綾子 5,000
早川和佳子 5,000
保田茂 5,000
髙見敏雄 2,000
枡田計雄 5,000
殿平善彦 5,000
全芳美 10,000
石本百合子 5,000
栗田道子 1,000
白井よし子 5,000
石塚明子・健 3,000
原田光雄 5,000
中川望 5,000
日本基督教団神戸雲内教会 5,000
西村文雄 3,000
奈良本まゆみ 3,000
日本基督教団神戸多聞教会 5,000
丸山晶子 5,000
宇野田尚哉 5,000
下村安男 3,000
伊藤伸明 3,000
小西信一郎 3,000
森田豊子 5,000
杉田年章・典子 5,000
高槻むくげの会 10,000
おおさかピースサイクル小田諭 3,000
上野利恵子 3,000
日本基督教団宝塚教会 3,000
康由美 3,000
荒川純太郎・奈津江 5,000
村瀬義史 3,000
日本基督教団神戸栄光教会 10,000
関西学院大学宗教活動委員会 30,000
山田保 5,000
梁壽龍・朴貴玉 3,000
岩崎裕保 1,000
根津茂 3,000
藤原栄子 5,000
小林直哉 10,000
島津恒敏 10,000
岩崎隆光 3,000
尼川洋子 3,000
光葉啓一 3,000
山西伸史 3,000
小松匡位 10,000
兵庫県有機農業研究会HOAS 10,000
坂本和美 3,000
食品公害を追放し安全な食べ物を求める会 15,000
岡村直子 3,000
石打謹也 3,000
服部待 5,000

計 146件 670,418円
以上感謝をもって領収いたしました。

賛助金ご協力のお願い

●賛助会費：一口 A3,000　B5,000　C10,000
※いずれも一口を単位としますが、何口でも結構です。
※送金方法
郵便振替〈01160-6-1083 公益財団法人 神戸学生青年センター〉
備考欄に「賛助金」とお書きください。
銀行振込 三井住友銀行 六甲支店 0779663
公益財団法人 神戸学生青年センター 賛助金

六甲奨学基金　2019.12.1〜2020.3.31(敬称略・単位円)

小西ゆみ子 5,000
林みち代 3,000
田原良次 3,000
金世德 10,000
高光重 10,000
北村良子 3,000
原田紀敏 5,000
山﨑昌子 2,000
髙橋治子 3,000
井上淳子 3,000
木下律子 3,000
四方田文夫 3,000
渡辺俊雄 5,000
葛谷登 5,000
田口恵美子 3,000
松田素二 3,000
奥野葉津紀 5,000
水谷俊平 10,000
李俊憲 3,000
李俊憲 3,000
兼崎暉 3,000
高仁宝 5,000
井上力 10,000
大谷紫乃 5,000
矢野美智子 10,000
谷井尚子 3,000
枡田計雄 5,000
中川望 5,000
荒井とみよ 3,000
李俊憲 3,000
大槻小百合 3,000
康由美 3,000
松下宜且 10,000
関西学院大学宗教活動委員会 15,000
薬師寺小夜子 5,000
李俊憲 3,000
松下宜且 10,000
篠原かおる 3,000
根津茂 3,000
今井眞理 10,000
丸山定之・弘子 30,000
李俊憲 3,000
松下宜且 10,000

計 43件 250,000円
毎月募金合計 44,000円(千円:菱木康夫、金早雪、高仁宝、信長正義、信長たか子、飛田雄一、二千円:福田菊、三千円:白川豊)
古本市による協力 1,385,221円　総計 1,679,221円　以上感謝をもって領収いたしました。

六甲奨学基金ご協力のお願い

●賛助会費：一口 A3,000　B5,000　C10,000
※いずれも一口を単位としますが、何口でも結構です。
※送金方法
郵便振替〈01160-6-1083 公益財団法人 神戸学生青年センター〉
備考欄に「奨学金」とお書きください。
銀行振込 三井住友銀行 六甲支店 0779651
公益財団法人 神戸学生青年センター 六甲奨学基金

セミナーの記録　2019.12.1〜2020.3.31

食料環境セミナー

508回2020年1月22日「東遊園地ファーマーズマーケットから広がる新たな農的つながり」小泉亜由美さん
509回2020年2月26日「未来のために知っておきたい、海とプラスチックの話」原田禎夫さん

朝鮮語・韓国語講座

楽しく話そう初級2　毎週水曜日　朴玲実さん
夜上級　毎週木曜日　尹智香さん
夜初級　毎週金曜日　文雅炫さん
話してみよう初級1　毎週金曜日午前　朴玲実さん
応　用　毎週金曜日午前　林賢宜さん

林賢宜さんの韓国料理教室

12月7日白菜のキムチ・大根のキムチ
2月1日さばと大根の韓国風煮つけ・牛ミンチ詰めのヂョン
2月29日助子入りコチュジャンチゲ・エビ入り韓国カボチャの蒸し物

土曜ランチサロン

2019年12月7日「ドイツの歩き方」ソフィア・リベラさん、アナ・クリムスさん
2020年2月1日「イラクの歩き方〜クリスマスのエルビル・スレイマニヤ・郊外地を歩く〜」細野佑樹さん
2020年3月7日「メキシコの歩き方〜メキシコ西海岸で暮らして〜」辻明男さん

六甲奨学基金

日本語サロン　毎週月・土曜日
1月18日日本語サロン交流会
3月15日〜5月15日第23回古本市

その他のセミナー・行事

12月6日神戸大学YMCA「神戸マスクワイア・クリスマスゴスペルコンサート」(後援)
12月13日韓国映画：소리없는 파이팅『글로브』=日本では「ホームランが聞こえた夏」上映会
12月20日神戸・南京をむすぶ会 宮内陽子さん、講演会&出版記念会(後援)
12月21日高作先生と学ぶ会「天皇の代替わりと憲法問題」高作正博さん(共催)
1月12日〜18日神戸大学メディア研<パネル写真展>#知らなかった震災25年
1月15日「戦争取材と自己責任」刊行記念 安田純平+藤原亮司トークライブ(共催)
1月18日高作先生と学ぶ会「今、改めて、『戦後補償』を問う」高作正博さん(共催)
2月1日大逆事件を明らかにする兵庫の会「100年の谺 大逆事件は生きている」上映会

韓国映画「ホームランが聞こえた夏」

韓国語手話講座の特別編として開催しました。追放された著名なプロ野球選手が義務として聾学校の野球監督となります。いやいやのスタートでしたが、次第に心を通わせて大会にのぞむ心温まる映画です。

12・13

六甲奨学基金

2019年度は6名の留学生に支給しました。

Aさん:毎月とりに来るときはとてもうれしくて、同時にもっと頑張ろうと思っていました。これからもこの姿勢でやっていきたいと思っています。本当にお世話になりました。Bさん:学校の授業も集中できて、よい作品ができたと思います。奨学金のおかげでいろいろな活動もできてとても助かりました。Cさん:奨学金のおかげでアルバイトを減らして勉強する時間を増やしました。これからも頑張って夢を実現するよう勉強していきます。

林賢宜さんの韓国料理教室

人気のキムチ講座を開催。カクトゥギ(大根キムチ)と白菜キムチの2つを学びました。

つけたその日は試食ができないので、即席キムチ=キムチのドレッシング和えも一緒に作って美味しくいただきました。

白菜キムチ 12.7

大根キムチ 12.7

「戦争取材と自己責任」トークライブ@神戸実行委員会主催

「戦争取材と自己責任」刊行記念トークライブ"紛争地で生きる人々と私たちの社会"を開催しました。参加者は100名を越え、著者である安田純平さん、藤原亮司さんのお話はかなり白熱したものとなりました。

「戦争取材と自己責任」トークライブ 1.15

第23回六甲奨学基金のための古本市開催

今年も3月14日〜5月17日の予定で古本市開催しています。今年は約6万冊の本をみなさまから寄贈していただきました。ご協力いただきましたみなさま、本当にありがとうございます。現在は、新型コロナウィルス対策として窓を開け放して営業しています。お近くに来られることがございましたらぜひ、お立ち寄りください。

古本市 3.14

六甲奨学基金日本語サロン交流会

今回はボランティア交流会になりました。いつもは顔を合わせることがないボランティアさん同士の交流の場となりました。まだボランティアを始めて間がない方がベテランボランティアさんに「こういうケースだけど、どうするといいでしょう?」と相談される姿があり、また今後もこういう機会をもつのもいいなと思いました。日本語サロンは毎週月曜・土曜9-17時に開催しています。興味を持たれた方は一度お問い合わせください。

日本語サロン交流会 1.18

ロビーギャラリー

神戸大学メディア研による<パネル写真展>「#知らなかった震災25年」が学生センターロビーで1/12〜18開催されました。「もう25年になるんやね。」「あの頃の話をしようと思ってきてみたわ。」など、たくさんの方が来場されました。

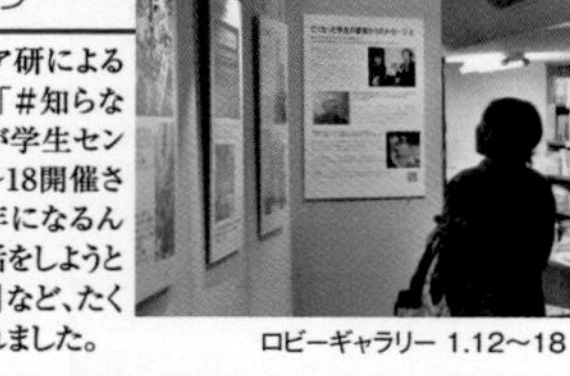

ロビーギャラリー 1.12〜18

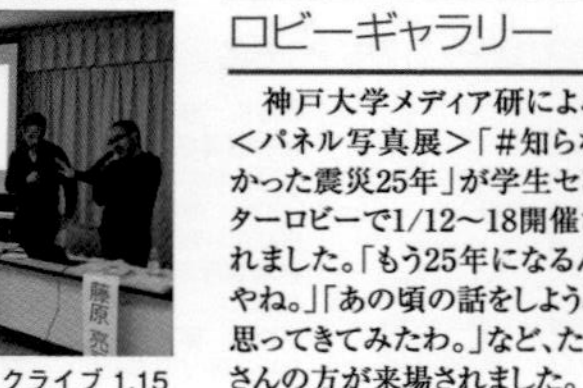

食料環境セミナー

1月は一般社団法人 KOBE FARMERS MARKET の理事 小泉亜由美さんより、「東遊園地ファーマーズマーケットから広がる新たな農的つながり」というテーマでお話して頂きました。2015年神戸市の社会実験として始まった東遊園地活性化事業であるファーマーズマーケットは、2016年より毎週・通年開催されるようになりました。毎週土曜日に定期的にファーマーズマーケットが開催されることによって、次世代のために「農」が真ん中の場所を都心につくることが可能になって、「農」が遠い世界のものではなく、「農という生業」が近い未来を担う若者に選択肢として提供されていることにもつながっていることについて皆さまの様々な活動を通じて教えて頂きました。

2月は大阪商業大学公共学部の准教授原田禎夫さんより、「未来のために知っておきたい、海とプラスチックの話」というテーマでお話して頂きました。海のプラスチック汚染問題に関して、海の生き物への深刻な影響・人間の健康問題にも影響があること・2050年には魚よりプラスチックの方が多くなる可能性もあり、これからのほとんどは陸から川を通じて流れ出した生活ごみが原因であることを様々なデータや映像をつかって説明して頂きました。深刻なプラスチック問題を解決するために原田先生がかかわっている「特定非営利活動法人プロジェクト保津川」の活動についても紹介して頂きました。川や海のプラスチックごみを減らすために私たちが身近なところで実践できるものは何だろうかについて丁寧に説明して頂きました。

小泉亜由美さん 1.22　原田禎夫さん 2.26

土曜ティーサロン

午後のひと時、お茶とお菓子を頂きながら、多彩な講師を囲んで海外の楽しく学べるお話を聞いています。昨年12月は「ドイツの歩き方」神戸市立葺合高校留学生のソフィア・リベラさんとアナ・クリムスさん、2月は「イラクの歩き方〜クリスマスのエルビル・スレイマニヤ・郊外地を歩く」写真家の細野佑樹さん、3月は「メキシコの歩き方〜メキシコ西海岸で暮らして」JICAシニアOV会の辻明男さんがお話して下さいました。第1土曜日の午後3〜4時に開催、参加費無料。皆さんの御参加お待ちしております。

ソフィア・リベラさん、アナ・クリムスさん 19.12.7　細野佑樹さん 2.1　辻明男さん 3.7

神戸大学YMCAゴスペルコンサート

恒例のコンサートです。KOBE Mass Choirの心あたたまる歌声です。東神戸教会横山牧師のメッセージのテーマは「こんな夜更けに、イエスかよ」。

ゴスペルコンサート 12.6

神戸・南京をむすぶ会「出版記念講演会」

むすぶ会の代表であり、訪中団の団長である宮内陽子さんが「日中戦争への旅−加害の歴史・被害の歴史」(2019.12、合同出版、1600円+税)を出版されました。フィールドワークを振り返るいい機会となりました。送料とも、1600円で販売しています。郵便振替<00930-6-310874　神戸・南京をむすぶ会>

宮内陽子さん講演会 12.20

高作先生と学ぶ会

12月21日、「天皇の代替わりと憲法問題」、1月18日「今、改めて『戦後補償』を問う」と続きました。毎回、新しいテーマに高作正博先生が周到なレジメを作り講義をしてくださいます。憲法が基本です。

高作正博さん講演会 12.21

朝鮮語・韓国語講座

学生センターの朝鮮語・韓国語講座では、火曜日の夜に久しぶりに「入門クラス」を開講します。少人数で授業を行っていますのでぜひ一度見学してみませんか?

関心のある方はぜひ一度参加してみてください。他のクラスも開講は5月から変更となります。

定期利用

グループ・教室のご案内

◆六甲トレーニングサロン……月曜日・前9〜12:00　前田先生 0797-35-5588
◆からむい会(絵更紗)……第1・3月曜、第2・4木曜・後1〜5:00　連絡先・小塚 078-731-3694
◆すぎなコーラス……月曜日・前10〜12:00　連絡先・大谷 078-861-0338
◆神戸女声合唱団……金曜日・前10〜12:00　連絡先・岡 邦子 078-291-0855
◆創作アップリケ……第2・4月・金曜日・前10〜12:00　第1・3火曜日・前9〜後5:00　柏原先生 078-821-4632
◆ノイエカンマーコール(混声コーラス)……土曜日・後6〜9:00　連絡先・西山:080-5704-5406
◆ヨガ体操……火曜日・前9:30〜12:00　廣瀬先生 078-851-8851
◆アトリエ太陽の子(児童絵画)……木曜日・後1〜5:00　中嶋先生 078-858-7301
◆六甲ボーカル……第1・3木曜日・前10〜12:00　池本先生 078-861-8724
◆こうべこーる恵(コーラス)……火曜日・前10〜12:00　連絡先・田附 0798-26-2169
◆ステンドグラス・アトリエとも……第2・4木曜・後1〜5:00　幸坂先生 078-582-0644
◆全珠連会員・熊内そろばん六甲教室……火曜・後3〜9:00、土曜・後1〜4:00　奥野先生 078-241-1095
◆テコンドー……毎週金曜日・後6〜9:00　連絡先・妹尾 090-9846-8241
◆稽践会空手道……毎週月曜日・後4〜10:00　連絡先・藤本 078-842-5669
◆すずめの学校(ニューヨークタイムズ紙を読む会)……第2・4水曜日　前10:00〜12:00　連絡先・三田 090-6607-7410
◆前田書道会……火曜日・前9〜後5:00　連絡先・前田先生 078-385-1650
◆音楽の杜(リトミックピアノ教室)……土曜日・前9〜後5:00　連絡先・桂先生 078-891-3419
◆Rokko kids English Club……木・金 幼稚園クラス・親子クラス　LaurenceDrew先生　連絡先・山本 070-5509-4403
◆イースト神戸トーストマスターズクラブ 英語スピーチクラブ……第4土曜日　後1:30〜4:00　連絡先・山下 090-8365-9118
◆崑曲勉強会……第3日曜日　後1〜5:00　連絡先・村田 078-806-8243
◆神戸フィラデルフィア教会　聖書の会……日曜日・前10:30〜12:00　連絡先・松田 080-2522-9863
◆神戸いのりのとき合唱団……月3回土曜日・後6〜9:00　連絡先・林 090-2116-7290

お問合せやお申込は、各グループ・教室に直接ご連絡ください。

2020年9月15日　神戸学生青年センター　ニュース　第103号　(1)

神戸学生青年センター センターニュース

KOBE STUDENT YOUTH CENTER NEWS No.103

No.103
発行所 (公財)神戸学生青年センター
理事長 飛田 雄一
館 長 朴 淳 用
〒657-0064 神戸市灘区山田町3丁目1-1
TEL(078)851-2760 FAX(078)821-5878
Yamada-cho 3-1-1, Nada-ku
Kobe, 657-0064 Japan
E-mail info@ksyc.jp
URL https://ksyc.jp

新センターに期待するもの

神戸大学名誉教授、六甲奨学基金運営委員
瀬口 郁子

阪神淡路大震災時、神戸大学留学生センターで働かれていた瀬口先生と学生センターは被災留学生支援のために連携して活動を行いました。六甲奨学基金設立後には運営委員としてお働きいただいています。今回、当時を振り返りつつ、今後のセンターへのご提言をいただきました。
（センター理事長・飛田 雄一）

2021年にはセンターが移転、2022年以降には留学生寮もスタートするというビッグなニュースに驚き、喜んだのは昨年のことでした。「神戸学生青年センター」との最初の出会いと言えば、25年前の阪神大震災直後の情景が思い浮かびます。地域住民として学生生活を送っていた多くの留学生も物理的・心理的に甚大な被害を受け、外国籍であるが故の複雑な問題も多々みられました。その時、被災学生にとって安心・安全な場所の一つとして「神戸学生青年センター」があったのです。あそこに行けば、母語や同じ環境で繋がる「仲間」に会える！という親しみの感じられる「場」としてのセンターの役割は非常に大きなものでした。直後からの同センターの多様な支援活動も被災学生の知恵と協力を得て行われ、その意識は今につながっているものがあると思われます。「ボランティア元年」、「多文化共生」といった社会のうねりもあの震災がきっかけで日常化したキーワードとなりました。

さて、今年に入ってから世界を襲うパンデミックの脅威が続いています。当たり前と思われた移動と人々が集う自由が奪われ、3密を避けて自粛を強いられる今、ICTによるコミュニケーションも日常化しつつあります。一瞬にして国を超えて繋がるオンラインシステムで海外を行き来して見聞を広げ、従来と異なる方法で交流して楽しく集うことも可能なことがわかりました。

唯、コロナ後の生活形態は？人々の意識は？ヴァーチャルなのかリアルなのか、その併用なのかわかりませんが、新たなシステムを駆使して世界がどのように変化してくのか興味のあるところです。

同センターでは、国籍の異なる人々や文化にも出会えます。人は自分と異なる人や文化と出会うことによって初めて自分が何者なのかに気付き、自己を再認識できるようになります。益々多様化する社会の中にあっては、同じ国、民族同士であっても人それぞれ違う背景があり、それを改めて認識するところに異文化理解のスタート地点があります。ヴァーチャルで相手や相手文化を知ることはできても、理解を深めて心を通わせるにはやはり生身の感覚、アナログでの出会いの「場」が欠かせないでしょう。震災直後、留学生たちが三々五々戻ってきた、センターの親しみを感じる「場」は長年培われてきた伝統文化としても貴重です。

新センターに期待するものとしては、そのような「場」を引き継いでいただくことはもちろんのこと、地域の方々のみならず、国を超えて神戸に集う留学生のみなさんの知恵と協力態勢を強い味方にしてみんなで新たな「場」を育てる・・・願わくば、ICTをうまく活用して国内外に緩やかなネットワークを築いていってほしいと期待しています。

(4)　神戸学生青年センター　ニュース　第103号　2020年9月15日

※当センターへの寄附金は、①所得控除または②税額控除が受けることができます。賛助会費、六甲奨学基金募金の両方に適用されます。詳しくはセンターにお問い合わせください。

(公財)神戸学生青年センター賛助金　2020.4.1〜8.31（敬称略・単位円）

権香淑 5,000
日本聖公会川口基督教会 10,000
松山典子 3,000
小谷美智子 5,000
砂上昌一 3,000
西脇鈴代 5,000
後藤玲子 5,000
杉田年章・杉田典子 20,000
吉田敦子 3,000
今中成吉 10,000
菊谷真理子 5,000
足立龍枝 3,000
徐聖壽 3,000
石東直子 5,000
上田眞佐美 3,000
大月ルリ子 5,000
片山憲明 3,000
森崎生子 5,000
中村英之 10,000
兵頭晴喜 3,000
南波春樹 5,000
澤隆文 3,000
全芳美 10,000
飛田悦子 3,000
田原良次 13,000
森田勇真 1,000
林祐介 3,000
樋口直人 3,000
尹英順 5,000
藤吉求理子 3,000
高仁宝 5,000
北原道子・倉持光雄 3,000
中塚明 10,000
岩村義雄 3,000
保田茂 30,000
中道澄春 2,000
横山篤夫 5,000
松本幸雄 5,000
八木晃介 3,000
長瀬春代 3,000
石塚久則 1,000
山崎清 3,000
李圭燮 5,000
杉山博昭 3,000
石田米子 3,000
大槻博司 3,000
河瀬敦忠 2,000
岸孝明 3,000
援助修道会名古屋修道院 5,000
崔相鐵 5,000
無名氏 5,000
中勝博志 5,000
明松善一 5,000
吉田方則・真理 5,000
東根順子 5,000
森地重博 5,000
福西由紀子 3,000
安田節子 5,000
内田俊秀 5,000
西八條敬洪 2,000
中村大蔵 3,000
井坂弘 3,000
横谷啓子 3,000
金山次代 3,000
丸山茂樹 3,000
本城智子 3,000
森田喜之 3,000
鶴崎祥子 5,000
東浦文子 3,000
河野敬 10,000
寺下賢志 3,000
蒔田由紀子 3,000
平岡尚子 7,000
西松由美子 3,000
谷井尚子 3,000
西谷利文 3,000
宇野雅美 2,000
洪浩秀 3,000
枡田計雄 15,000
辻本久夫 3,000
岡内克江 5,000
荒木正子 3,000
原口浩一 5,000
小川雅由・三代子 10,000
近藤富男・幸子 10,000
池田正宏 3,000
田口重彦 2,000
森行雄 3,000
明々工業株式会社 5,000
樋口和雄 3,000
所薫子 3,000
金世徳 5,000
徐龍達 3,000
藤井和子 2,000
福島俊弘 3,000
加輪上敏彦 10,000
愼英弘 10,000
髙橋治子 3,000
五十嵐広司・紀子 5,000
佐野二三雄 3,000
森哲二 3,000
後藤裕己 5,000
横川修 5,000
櫻井秀一 3,000
柳到亨 5,000
島津恒敏 10,000
永井靖二 5,000
宇野田尚哉 5,000
水野直樹 3,000
山田泉 10,000
森田豊子 10,000
伊藤悦子 3,000
片桐陽 10,000
原田紀敏 5,000
泉迪子 2,000
山内小夜子 3,000
金恒勝 3,000
四方田文夫 3,000
乾眞理子 5,000
山内佐太郎 3,000
立川さき 3,000
福間公子 10,000
川浪寿子 3,000
金野昌子 3,000
菅根信彦 10,000
姜昌仁 5,000
山脇喜子 3,000
石塚明子・健 3,000
井上力 10,000
井口廣子 3,000
平田昌司 5,000
吉澤惠次 3,000
米倉澄子 3,000
三宅洋介 3,000
角三外弘 3,000
津田義夫 3,000
桂正孝 3,000
畑明郎 3,000
南波春樹・陽子 20,000
全芳美 10,000
舘野晳 5,000
川勝浩 5,000
田所蛙治 3,000
恩田怜 3,000
林同福 5,000
万本光恵 3,000
原野和雄・直美 5,000
勝村誠 3,000
活動家集団思想運動 10,000
三木鎌吾 5,000
今田裕子 3,000
天野隆 3,000
牛尾武博 3,000
呉河穏 3,000
小城智子 3,000
堀内稔 50,000
岡清数 2,000
藤尾周作 5,000
李重華 20,000
松田道子 10,000
日本キリスト教団明石教会 2,000
上田直樹 3,000
山本俊正 3,000
小林るみ子 3,000
玉岡昇治 10,000
乾眞理子 5,000
高祐二 3,000
無名氏 1,000,000
柴田康彦 50,000
井上由紀子 5,000
すぎなコーラス 3,000
美川圭 3,000
三宅川泰子 10,000
垂井美子 5,000
金泰洪 50,000
鹿野幸枝 3,000
大津洋子 3,000
徐根植 50,000
田添禧雄 3,000
長岡基浩 10,000
白井進 3,000
山口勝弘 5,000
前田恵子 5,000
蔡秋雄・蔡曙伍 3,000
木下律子 3,000
井上深要子 10,000
柏崎千佳子 5,000
飛田みえ子 10,000
川崎紘平 5,000
保坂英治 20,000
和住香織 3,000
瀬口郁子 50,000
計 193件 2,195,000円
以上感謝をもって領収いたしました。

賛助金ご協力のお願い

●賛助会費：一口 A3,000　B5,000　C10,000
※いずれも一口を単位としますが、何口でも結構です。
※送金方法
郵便振替〈01160-6-1083 公益財団法人 神戸学生青年センター〉
備考欄に「賛助金」とお書きください。
銀行振込 三井住友銀行 六甲支店 0779663
公益財団法人 神戸学生青年センター 賛助金

六甲奨学基金　2020.4.1〜8.31（敬称略・単位円）

美川圭 3,000
中西美江子 3,000
後藤玲子 5,000
廣島由美子 3,000
菊谷真理子 5,000
石東直子 5,000
片山憲明 3,000
森崎生子 5,000
全芳美 10,000
田原良次 3,000
樋口直人 3,000
高仁宝 5,000
北原道子・倉持光雄 3,000
前田美江 3,000
李圭燮 5,000
Gわびすけ 3,000
大槻博司 3,000
吉田方則・真理 5,000
森地重博 5,000
折口晴夫 3,000
葛谷登 5,000
内田俊秀 5,000
李俊憲 3,000
岩本光雄 10,000
平岡尚子 3,000
谷井尚子 3,000
小西ゆみ子 10,000
枡田計雄 5,000
松下宜且 10,000
明々工業株式会社 5,000
金世徳 5,000
加輪上敏彦 5,000
井上淳子 3,000
横川修 5,000
水野直樹 3,000
原田紀敏 5,000
福間公子 5,000
平田昌司 5,000
李俊憲 3,000
森野秀樹 10,000
松下宜且 10,000
津田義夫 5,000
田口恵美子 3,000
全芳美 10,000
髙田英子 3,000
趙恩東 10,000
大和田幸嗣 5,000
大須賀丕出子 50,000
川勝浩 5,000
菰口康晃 3,000
加藤克子 3,000
中畠孝幸 10,000
中村真理子 3,000
近澤淑子 5,000
夏見則行 10,000
近藤泉 5,000
牛尾武博 3,000
小城智子 7,000
金昇虎 1,500
松下宜且 10,000
李重華 20,000
李俊憲 3,000
玉岡昇治 5,000
大石恵理子 3,000
菊谷裕洋 5,000
神田健次 10,000
垂井美子 5,000
李俊憲 3,000
三林寿子 5,000
松下宜且 10,000
長岡麻里子 10,000
柏崎千佳子 5,000
無名氏 10,000
飛田みえ子 10,000
李俊憲 3,000
瀬口郁子 5,000
無名氏 200,000
計 81件 664,500円

毎月募金会計 55,000円
（千円:菱木康夫、金早雪、高仁宝、信長正義、信長たか子、飛田雄一、二千円:福田菊、三千円:白川豊）
古本市による協力 1,969,181円
総計 2,688,681円
以上感謝をもって領収いたしました。

六甲奨学基金ご協力のお願い

●賛助会費：一口 A3,000　B5,000　C10,000
※いずれも一口を単位としますが、何口でも結構です。
※送金方法
郵便振替〈01160-6-1083 公益財団法人 神戸学生青年センター〉
備考欄に「奨学金」とお書きください。
銀行振込 三井住友銀行 六甲支店 0779651
公益財団法人 神戸学生青年センター 六甲奨学基金

セミナーの記録　2020.4.1〜8.31

食料環境セミナー

予定のプログラムは延期

朝鮮史セミナー

予定のプログラムは延期

朝鮮語・韓国語講座

夜入門　毎週火曜日　尹智香さん
楽しく話そう初級2　毎週水曜日　朴玲実さん
夜上級　毎週木曜日　尹智香さん
夜中級1　毎週金曜日　文雅炫さん
話してみよう初級1　毎週金曜日午前　朴玲実さん
応　用　毎週金曜日午前　林賢宜さん

林賢宜さんの韓国料理教室

4月4日干し明太魚焼き・春キャベツのキムチ
6月6日とびこ入りビビンバ・ししとうと魚ムッ（平天）炒め
7月4日すじ肉入りの韓国みそクッ・かぼちゃ入りえごま巻き

土曜ランチサロン

4月4日「ウガンダの歩き方〜フレンドリーな学生たちとともに〜」石坂守さん
6月、7月予定のプログラムは延期

六甲奨学基金

日本語サロン
毎週月・土曜日（6月から再開）
第23回古本市
3月14日〜8月31日（期間延長）

その他のセミナー・行事

6月20日高作先生と学ぶ会「新型コロナウイルス問題から学ぶべきもの」高作正博さん（共催）
7月25日高作先生と学ぶ会「自衛隊の海外派兵と改憲論」高作正博さん（共催）

朝鮮語・韓国語講座　入門クラス

新しい学生センターにむけて

前号センターニュースで「新センター」について、以下のように提案しました。

●2021年1月より新しいセンターがスタートします(以下、変更あり)
●宿泊事業は、ストップします
●2022年4月に留学生寮をスタートします
●1000万円募金をよろしくお願いします。

この提案に変更はありません。ただ、コロナの影響で新センターのスタートが、3カ月遅れて2021年4月からとなりました。現在のセンターは、2021年3月まで今まで通りに会場も宿泊もご利用いただけます。

思い出のたくさんつまったセンターです。右記のように感謝およびお別れの会を開きます。あわせて、新センターの「内覧会」も開きます。詳しい案内をセンターニュース12月号でいたします。ぜひ、おこし下さい。

理事長　飛田雄一、　館長　朴淳用

お別れの会
日時：2021年3月13日（土）
午後2時
会場：（現在の）神戸学生青年センター

六甲奨学基金2020年度の奨学生

❶	HOANG VAN NGHIA	ベトナム	阪神自動車航空鉄道専門学校
❷	KIM RATANA	カンボジア	神戸国際大学
❸	NGUYEN THI NGOC HUYEN	ベトナム	流通科学大学
❹	TRAN MINH QUANG	ベトナム	ICT専門学校
❺	于　琳	中国	神戸山手大学
❻	SAW ZAW LINN	ミャンマー	神戸電子専門学校

2020年度の授与式と食事会を4.10に予定しておりましたが、新型コロナウイルスの影響で開催できませんでしたが、今年度の奨学生のうち5名が奨学金の受け取りにくることができましたので集合写真を撮影しました。5、6月は振込にしましたが、7月以降は毎月一回センターに奨学金を受け取りにこられています。

2020年度奨学生　4.10

土曜ティーサロン

お茶とお菓子を食べながら、多彩な講師による楽しく学べる海外のお話を聞くひとときです。4月は「ウガンダの歩き方～フレンドリーな学生たちとともに」JICAシニアOV会の石坂守さんがお話して下さいました。5月と6月は残念ながら延期となってしまいましたが、それぞれ10月3日と11月7日に行う予定にしております。ティーサロンは第1土曜日の午後3～4時に開催、参加費無料です。どうぞお越し下さい。

石坂守さん 4.4

朝鮮語・韓国語講座

神戸学生青年センターの朝鮮語・韓国語講座は、コロナウイルスの感染拡大に伴い、4月・5月は休講となり、6月から講座を再開しております。

6月3日から火曜日の夜に久しぶりに「入門クラス」を開講しました。現在、小学生2名と大人2名の4人で授業を行っています。ハングル文字を習い、発音の練習を繰り返しながら熱心に学んでいます。韓国語に関心のある方、基礎からもう一度学びたい方はぜひ一度見学してみませんか？

現在開講されている水曜日夜「楽しく話そう韓国語（初級2）」、木曜日夜「上級」、金曜日午前「話してみよう韓国語（初級1）」、金曜日夜「中級1」も楽しく勉強しています。金曜日の午前「応用クラス」では、参加者の皆さんが準備した作文や先生が用意する韓国の文学作品などを通して韓国語がもっと身近に使えるように頑張っています。関心のある方はぜひ一度参加してみてください。いずれのクラスも後期の開講は10月からとなっております。

古本市にご協力ありがとうございました

今回の古本市は期間を8月末まで延長して開催しました。寄付していただいた本は約63000冊、ボランティアは延べ298名の方にお手伝いいただきました。みなさまにご協力いただいたおかげで売上は325万円となりました。現在の場所で開催する最後の古本市を無事に終えることができ、ほっとしております。今年は尼崎のボランティア団体に児童書を中心に10箱寄付しました。最終的に残った本は、大阪のアジア図書館に引き取りにきていただきました。次回の古本市は学生センター移転の時期と重なるため、これまでと違った形（時期・内容とも）での開催となる予定です。詳細が決まりましたらまたお知らせをいたします。引き続きご協力をお願いいたします。本を寄付してくださったみなさま、本をお買い求めくださったみなさま、ご協力ありがとうございました。

林賢宜さんの韓国料理教室

毎月第1土曜に開催している林賢宜さんの韓国料理教室です。みなさんマスク着用で参加いただいております。秋からの講座では新メニューが続々と登場します。お楽しみに。

干し明太魚焼き・春キャベツのキムチ 4.4　とびこ入りビビンバ・ししとうと平天炒め 6.6　すじ肉入り韓国みそクッ かぼちゃ入りえごま巻き 7.4

コロナ自粛エッセイ（その二）
極私的 阪神淡路大震災の記録
飛田雄一

コロナのもと、自粛が求められている今日この頃です。が、コロナ自粛に抵抗して、こんなものを書きました。実は、コロナ自粛エッセイが4冊あって、これはその3冊目です。他は同じ「極私的」シリーズで、①ベ平連神戸事件顛末の記、③「コリア・コリアンをめぐる市民運動」の記録、④南京への旅・ツアコンの記です。A5版、縦書き、20～30頁の冊子です。「ゆうさんの自転車／オカリナ・ブログ」に全文を貼りつけていますが、印刷版をご希望のかたには無料でお送りしています。飛田までご連絡ください。以下、その「はしり」の部分です。ご笑覧ください。

●一

その朝、私は、ねぼけていた。火曜日で私の休みの日、前日、むくげの会淡路での一泊二日合宿から帰ってきたのだ。だいぶ遅かった。

まだ、明石海峡大橋はできていなかった。フェリーだった。その工事中の明石海峡大橋は地震で橋脚が一メートル?ずれたという。設計を修正してその後無事完成している。

神戸は地震がないところとして有名だった。一九九〇年ごろか、東京に出張中に地震があった。震度四ぐらいだったと思う。私は大騒ぎしたが、東京の人は平然としていた。

一九九五年一月一七日早朝午前五時四六分、地震がきた。ちょうど、数日前にテレビでみた怪獣映画を、その瞬間にみた。アメリカの砂漠に大きなタコ?の怪獣がきた。地下にもぐりこんで住んだ怪獣だ。パニックだ。地上に動くものがあると、足?を伸ばして捕まえ地下にひきずりこむ。住民たちは屋根にのぼり、動かないようにじっとしている。が、少し動いたとき、足がのびてきてやられるのである。

地震で揺れたとき、私はまさにその場面だった。怪獣の足が私の体に巻きつき、私を地下にひっぱったのだ。私の足が地面に引き込まれる。砂漠だから砂地で、するっとはいる。もう少しで頭が砂のなかに沈んでしまうというときに目がさめた。二、三〇秒間ゆれた間にこんな夢を見たのだ。地震はちょうど、私の寝ている方向にゆれたようだ。それで足から地面に吸い込まれるように思ったのだろう。

これまで経験したことのない大きな地震だ。外震源地はここだ、この鶴甲団地だと思った。はまだ暗い。連れあい、娘は無事だ。物もそんなに落ちてないようだ。ふとんの中でしばらくじっとしていた。

明るくなって、神戸学生青年センターに降りていくことにした。私の住む団地から歩いて三〇分ほどくだると阪急六甲駅、センターはその近くだ。

センターに着いた。あたりのブロック塀は、ことごとく倒れている。　（以下、略）

定期利用

グループ・教室のご案内

◆からむい会（絵更紗）……第1・3月曜、第2・4木曜・後1～5:00　連絡先・小塚　078-731-3694
◆すぎなコーラス……月曜日・前10～12:00　連絡先・大谷　078-861-0338
◆神戸女声合唱団……金曜日・前10～12:00　連絡先・岡 邦子　078-291-0855
◆創作アップリケ……第2・4月・金曜日・前10～12:00　第1・3火曜日・前9～後5:00　柏原先生　078-821-4632
◆ノイエカンマーコール（混声コーラス）……土曜日・後6～9:00　連絡先・西山:080-5704-5406
◆ヨガ体操……火曜日・前9:30～12:00　廣瀬先生　078-851-8851
◆アトリエ太陽の子（児童絵画）……木曜日・後1～5:00　中嶋先生　078-858-7301
◆こうべこーる恵（コーラス）……火曜日・前10～12:00　連絡先・田附　0798-26-2169
◆ステンドグラス・アトリエとも……第2・4木曜・後1～5:00　幸坂先生　078-582-0644
◆全珠連会員・熊内そろばん六甲教室……火曜・後3～9:00、土曜・後1～4:00　奥野先生　078-241-1095
◆テコンドーアカデミー武哲館道場……毎週金曜日・後6～9:00　連絡先・妹尾　070-1046-1575
◆稽践会空手道……毎週月曜日・後4～10:00　連絡先・藤本　078-842-5669
◆すずめの学校（ニューヨークタイムズ紙を読む会）……第2・4水曜日　前10:00～12:00　連絡先・三田　090-6607-7410
◆前田書道会……火曜日・前9～後5:00　連絡先・前田先生　078-385-1650
◆音楽の杜（リトミックピアノ教室）……土曜日・前9～後5:00　連絡先・桂先生　078-891-3419
◆Rokko kids English Club……木・金 幼稚園クラス・親子クラス　連絡先・山本　078-585-9328
◆イースト神戸トーストマスターズクラブ　英語スピーチクラブ……第4土曜日　後1:30～4:00　連絡先・山下　090-8365-9118
◆謡曲勉強会……第3日曜日　後1～5:00　連絡先・村田　078-806-8243
◆神戸フィラデルフィア教会　聖書の会……日曜日・前10:30～12:00　連絡先・松田　080-2522-9863
◆神戸いのりのとき合唱団……月3回土曜日・後6～9:00　連絡先・林　090-2116-7290

お問合せやお申込は、各グループ・教室に直接ご連絡ください。

神戸学生青年センター センターニュース

KOBE STUDENT YOUTH CENTER NEWS No.104

No.104
発行所 (公財)神戸学生青年センター
理事長 飛田 雄一
館 長 朴 淳 用
〒657-0064 神戸市灘区山田町3丁目1-1
TEL(078)851-2760 FAX(078)821-5878
Yamada-cho 3-1-1, Nada-ku
Kobe, 657-0064 Japan
E-mailinfo@ksyc.jp
U R L https://ksyc.jp

来年4月、センターは新しい場所からスタートします 更に阪急六甲駅から近くなります

理事長 飛田雄一　館 長 朴 淳用

●阪急六甲駅前の2か所に移ります。

①ウエスト100（本館）駅から西へ100メートル、南側。4階建てのビルです。本部、ホール、スタジオ、会議室などが入ります。（三宮行きホーム西部分の南のビルです）

②ノース10、駅から北へ10メートル。駅前ビルの4階です。会議室3室です。（みなと銀行のATM、複数の医院が入っているビルです）

宿泊事業は中止しますが、従来と同じようにホール、スタジオ、会議室等を確保しました。引き続きご利用ください。1時間単位の使用となり、割安でご利用いただけます。詳細は、お問い合わせください。

●2021年度に賃貸マンションを、2022年度に留学生寮を購入します。

当初、センターは新しい土地を確保して新センターを建設する計画でしたが、土地確保が不可能となり賃貸物件に移転します。それによって生じた資金で、賃貸用のマンションおよび留学生寮を購入します。それにより六甲奨学基金の永続的な発展を目指すとともにセンターとしての長期的な財政基盤をきずくことができると考えます。

●現センターでの最後の古本市を開きます。
2021.2.20～3.21

六甲奨学基金は1995年の阪神淡路大震災時の被災留学生支援活動を契機にスタートしました。本年度は6名の奨学生に月額5万円の奨学金を支給しています。支給額は延べ145名、総額8,465万円となりますが、そのうち7,577万円が古本市の売り上げによって達成されたことになります。来年の古本市は、2月20日～3月21日、本の回収は2月1日～28日です。ご協力をよろしくお願いします。

●お別れ会＆新センター内覧会
3月13日（土）10:00～16:00

コロナ禍の3密をさけるため式典・パーティは行いません。「オープンデイ」としますので、ぜひお越しください。お茶とお菓子を準備しています。スタッフ一同でお待ちしています。また、新センターを適宜ご案内いたします。

●移転募金1000万円をお願いします。

移転にともない多くの経費が必要です。そのうち、ピアノ2台（中古のグランドとアップライト）200万円、ホール・スタジオの防音等工事費250万円、机椅子等備品費220万円、マイク等設備80万円、移転および関連イベント費用250万円、合計1000万円の募金をお願いしています。送付先は、郵便振替<01160－6－1083　公益財団法人神戸学生青年センター>です。ご協力をよろしくお願いします。

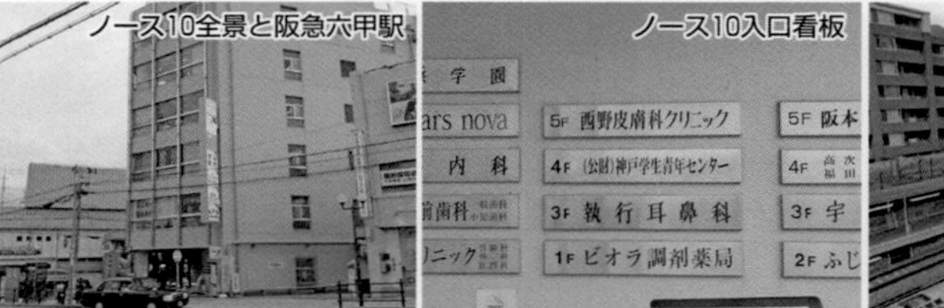
ノース10全景と阪急六甲駅　ノース10入口看板　ウエスト100屋上より

※当センターへの寄附金は、①所得控除または②税額控除が受けることができます。賛助会費、六甲奨学基金募金の両方に適用されます。詳しくはセンターにお問い合わせください。

(公財)神戸学生青年センター賛助金　2020.9.1～11.30（敬称略・単位円）

林賢宜 5,000
林みち代 3,000
田中義信 3,000
宗像千代子 10,000
姫路ゆうき野菜の会 3,000
足立龍枝 3,000
徐聖寿 3,000
中道澄春 1,000
藤江新次 3,000
中裕美智子 3,000
三輪邦子 5,000
森﨑生子 5,000
平山良平 3,000
田原良次 3,000
亀田彩子 3,000
鈴東力 5,000
守野ゆり子 5,000
北川順子 3,000
山口政紀 100,000
菊谷真理子 5,000
藤原純一 3,000
林祐介 3,000
花岡光義 5,000
宇野田尚哉 5,000
井坂弘 3,000
安田吉三郎 10,000
金慶子 3,000
梁英子 10,000
永井靖二 5,000
尼川洋子 3,000
髙石留美 3,000
吉川和江 10,000
兵頭晴喜 3,000
趙博 3,000
神田榮治 3,000
白珠相 10,000
西八條敬洪 2,000
片桐陽 10,000
ろっこう医療生活協同組合 5,000
李憲治 10,000
吉田敏子 3,000
小西信一郎 10,000
片桐元 2,000
辻田之子 3,000
申曾洙 5,000
島津恒敏 10,000
岡野清 5,000
金野昌子 3,000
大西智子 5,000
信長正義・たか子 100,000
信長正義・たか子 6,000
中村順子 3,000
池田正宏 3,000
弓削みどり 3,000
高橋弥生 5,000
原田紀敏 5,000
辻本久夫 3,000
空野佳弘 3,000
柳到亨 5,000
渡辺俊雄 5,000
青野正明 3,000
阿部恩 5,000
根津茂 3,000
本城智子 3,000
倉持龍一 3,000
福島俊弘 3,000
志水紀代子 10,000
大村益夫 3,000
岡部真理子 3,000
荻原敏 10,000
石田米子 3,000
谷井尚子 3,000
島田誠 10,000
酢屋善元 2,000
村田浩一・由美子 5,000
金井英樹 3,000
松永浩美 3,000
一居誠・明子 5,000
服部隆志 3,000
井上淳子 3,000
中由美子 5,000
中勝博志 5,000
枡田計雄 5,000
間一孝 3,000
下西ユキヨ 10,000
吉沢文寿 3,000
長岡基浩 1,000
西信夫 5,000
赤峰美鈴 3,000
高仁宝 5,000
池田瑞枝 3,000
無名氏 5,000
梶谷懐 5,000
無名氏 3,000
西威子 10,000
無名氏 250,000
今中成吉 10,000
新井久子 3,000
辻本道子 3,000
大和三重 3,000
神港教会 10,000
河野敬 40,000
福井禮子 3,000
関西学院大学学生
YMCA 10,000
細野恵久 3,000
原和美 3,000
砂上昌一 3,000
二宮博行 3,000
早川良彌 10,000
小島崇文 3,000
伊地知紀子 3,000
天野隆 3,000
永井靖二 3,000
島田信一 5,000
板山眞由美 3,000
戸田智恵子 10,000
無名氏 50,000
和住香織 3,000
小林直哉 10,000
野津加代子 1,000
河瀬敦忠 3,000
センターグループ 5,000
服部芳子 3,000
水野明代 2,000
無名氏 200,000
平沼慶子 3,000
平沼裕妃 3,000
平沼知優 3,000
野依昭子 3,000
安福和子 5,000
大和泰彦 3,000
保田茂 3,000

計 132件 1,304,000円
以上感謝をもって領収いたしました。

賛助金ご協力のお願い

●賛助会費：一口 A3,000　B5,000　C10,000
※いずれも一口を単位としますが、何口でも結構です。
※送金方法
郵便振替〈01160-6-1083 公益財団法人 神戸学生青年センター〉
備考欄に「賛助金」とお書きください。
銀行振込 三井住友銀行 六甲支店 0779663
公益財団法人 神戸学生青年センター 賛助金

六甲奨学基金　2020.9.1～11.30（敬称略・単位円）

道本真貴子 1,500
林みち代 3,000
谷縫保 20,000
森﨑生子 5,000
牛尾武博 3,000
住友千代子 3,000
田原良次 3,000
松下宣且 10,000
菊谷真理子 5,000
関西日英協会婦人部 50,000
安田吉三郎 10,000
高橋治子 3,000
梁英子 10,000
髙石留美 5,000
無名氏 3,000
李俊憲 3,000
小牧明子 10,000
高橋弥生 5,000
原田紀敏 5,000
渡辺俊雄 5,000
青野正明 3,000
根津茂 3,000
萩ルイ子 5,000
北谷昭子 3,000
寺島順子 3,000
内田玲子 5,000
志水紀代子 10,000
明々工業株式会社 10,000
福田英俊 10,000
川浪敏子 10,000
上内大育 3,000
谷井尚子 3,000
荒井とみよ 3,000
一居誠・明子 5,000
楢原賢一郎 3,000
田口恵美子 3,000
枡田計雄 5,000
間一孝 3,000
高仁宝 5,000
無名氏 5,000
小川健三 10,000
松下宣且 10,000
李俊憲 3,000
岩本光雄 10,000
飛田雄一 10,000
和住香織 3,000
水野明代 3,000
無名氏 3,000
李俊憲 3,000
竹中百合子 10,000
岡﨑道子 10,000

計 51件 330,500円

毎月募金会計 33,000円
（千円:菱木康夫、金早雪、高仁宝、信長正義、信長たか子、飛田雄一、二千円:福田英俊、三千円:白川豊）

古本市による協力 103,518円　総計 467,018円
以上感謝をもって領収いたしました。

六甲奨学基金ご協力のお願い

●賛助会費：一口 A3,000　B5,000　C10,000
※いずれも一口を単位としますが、何口でも結構です。
※送金方法
郵便振替〈01160-6-1083 公益財団法人 神戸学生青年センター〉
備考欄に「奨学金」とお書きください。
銀行振込 三井住友銀行 六甲支店 0779651
公益財団法人 神戸学生青年センター 六甲奨学基金

セミナーの記録　2020.9.1～11.30

食料環境セミナー

510回9月23日「新型コロナウイルスの影響を正確につかもう!」守田敏也さん
511回10月28日「生きる力を育む眠育のススメ」前田勉さん
512回11月25日「あなたの知らないゴミの世界～徳島県上勝町の挑戦～」藤井園苗さん

朝鮮史セミナー

10月30日「朝鮮戦争と日本」西村秀樹さん

朝鮮語・韓国語講座

夜入門　毎週火曜日　尹智香さん
楽しく話そう初級2　毎週水曜日　朴玲実さん
夜上級　毎週木曜日　尹智香さん
夜中級　毎週金曜日　文雅炫さん
話してみよう初級1　毎週金曜日午前　朴玲実さん
応　用　毎週金曜日午前　林賢宜さん

林賢宜さんの韓国料理教室

9月5日牛肉入りプッオックッ・宮廷トッポギ
10月3日ゆず風味のスペアリブ焼き・青唐辛子入りのじゃがいも炒め
11月7日そうめん入りいかの炒め・さつまいも団子

六甲奨学基金

日本語サロン　毎週月・土曜日

土曜ティーサロン

9月5日「ポルトガルの歩き方」山本紀子さん
10月3日「韓国・ソウルの歩き方」金省延さん
11月7日「ベトナムの歩き方」小林憲明さん

その他のセミナー・行事

9月26日高作先生と学ぶ会「『アフター・アベ』『ウィズ・コロナ』の民主主義」
高作正博さん（共催）
10月24日～11月4日ムートーム一主催「世界で一枚だけの刺しゅう布展」
10月31日「大逆事件を明らかにする兵庫の会」立ち上げ集会・講演会
11月14日～24日「おんなたちの手づくり市」
11月17日「戦争の持つもう一つの暴力『復員日本兵の心的外傷後ストレス障害』＝PTSDを考える」黒井秋夫さん（実行委員会主催）
11月28日高作先生と学ぶ会「敵基地攻撃能力の保有と憲法論」高作正博さん（共催）

高作先生と学ぶ会

2017年よりスタートした会です。高作正博先生は、関西大学法学部教授、「憲法学」が専門です。『米軍基地問題の基層と表層』（関西大学出版部　2019）などの本を書かれています。今期、コロナ禍で5月は、延期となりましたが、6月20日、「コロナウイルス問題から学ぶべきもの」、7月25日、「自衛隊派遣の海外派兵と改憲論」、9月15日、「アフター・アベ」「ウイズ・コロナ」の民主主義、11月28日、「敵基地攻撃能力の保有と憲法論」と熱心な勉強会が続いています。

高作正博さん 9.26

ロビーギャラリー

学生センターロビーギャラリーで「世界で一枚だけの刺しゅう布展」10/24～11/4が開催されました。北タイの山岳民族ヤオ族の伝統刺しゅうの展覧会で、たくさんの刺しゅう布がならびました。同じ図柄でも糸の色が違うと趣きがかわり、細かく素敵な刺しゅう布に見とれてしまいました。

11/14～11/24「おんな5人の手づくり市」の作品がロビーギャラリーに並びました。ボジャギ、裂き織り、器、アート・クラフト、古布小物、いずれもあたたかみのある作品で、ロビーが華やかに彩られた10日間でした。

10/24−11.4 刺しゅう布展

11/14−24 おんな5人の手づくり市

大逆事件を明らかにする兵庫の会

10月31日、センターで「立ち上げ集会」が開かれました(代表世話人:津野公男、稲村知、飛田雄一)。記念講演は、山泉進さん(大逆事件の真実を明らかにする会事務局長、明治大学名誉教授)、「大逆事件と今後の運動—地方から国会へ—」でした。飛田は、最近、「大逆事件、そして神戸」という文章をむくげ通信に書きました。小松丑治の奥様が神戸多聞教会の会員であり、当時の今泉真幸牧師が小松夫妻の世話をよくされていたのです。当時としてはとても勇気のいることであったと思います。飛田も胸をはっては言えませんが同教会の会員なのです。

記念講演、山泉進さん 10.31

朝鮮史セミナー「朝鮮戦争と日本」

コロナ禍のため5月に予定していたセミナーが10月の開催となりました。朝鮮戦争(1950年6月～1953年7月27日)は現在の朝鮮半島に大きく深刻な影響を残しています。逆に日本は「朝鮮戦争特需」によって戦後の発展がもたらされたという面があります。朝鮮戦争勃発から70年を迎えた今年、あらためて「朝鮮戦争と日本」を考えるセミナーとなりました。西村秀樹さんは、毎日放送記者として、平和と人権に深い関心を持ち、日本軍性奴隷(いわゆる従軍慰安婦)で日本軍関与を示す公文書をアメリカ国内で発見し内閣官房長官談話発表のきっかけを作るニュースなどを放映しました。現在は、近畿大学人権問題研究所客員教授です。

西村秀樹さん 10.30

林賢宜さんの韓国料理教室

9月は牛肉入りプッオックッ・宮廷トッポギ、10月はゆず風味のスペアリブ焼き・青唐辛子入りじゃがいも炒め、11月はそうめん入りいか炒め・さつまいも団子を学びました。林賢宜先生の教室では幅広い韓国料理を学べます。

2月、3月も開催の予定です。ご参加お待ちしております。

11.7のメニュー

戦争のもつもう一つの暴力
「復員日本兵の心的外傷後ストレス障害」=PTSDを考える

神戸学生青年センター、神戸・南京をむすぶ会、兵庫天皇制連続講座、ふぇみん兵庫の共催で開きました。講師の黒井秋夫さんは、父の暴力がかつて軍人として中国大陸に赴いた父の「心の傷」に由来することに気づきます。そして、PTSDの復員日本兵と暮らした家族が語り合う会を結成して、活動されています。

黒井秋夫さん講演会 11.23

食料環境セミナー

2020年9月より食料環境セミナーを再開しております。9月はフリーライターの守田敏也さんより「新型コロナウイルスの影響を正確につかもう!」というテーマでお話して頂きました。新型コロナウイルスの影響が日々広がっている現状をどのように捉えるか?それから、あふれている情報をどのようにとったらいいのか?と、今後の展望について様々な資料と世界各国の対応を事例として説明して頂きました。集団免疫とワクチンが一つのゴールとされていますが、科学主義から脱却し、人間の生物的な力を取り戻すのが何より重要であることを説明して頂きました。

10月はNPO法人里豊夢わかさの理事長前田勉さんより、「生きる力を育む眠育のススメ」というテーマでお話して頂きました。現代社会を生きる子供は大人によって間違った睡眠習慣をもつようになり、その結果として夜ふかしは発達・不登校・若年性認知症などの原因につながるのを様々な資料を用いて説明して頂きました。親が正しい睡眠知識を持ち、子どもの体の中に規則正しい睡眠時計が形成出来るようにしてあげるのが何より大切な責務であることを教えて頂きました。

11月は上勝町ゼロ・ウェイスト推進員の藤井園苗さんより、「あなたの知らないゴミの世界～徳島県上勝町の挑戦～」というテーマでお話して頂きました。徳島県上勝町の地理的状況や生活状況などの基本的な説明から始め、日本のごみの最終処分方法として焼却や埋めるための土地の現状なども説明して頂きました。その上で、上勝町が進めているゼロ・ウェイストの考え方や方針(地域主導、低コスト、低環境負荷、最新の技術に頼らない)について具体的事例を用いて説明して頂きました。

守田敏也さん 9.23　前田勉さん 10.28　藤井園苗さん 11.25

土曜ティーサロン

お茶とお菓子を食べながら、多彩な講師による海外の楽しく少し学べるお話を聞いて歓談するひとときです。9月は「ポルトガルの歩き方」山本紀子さん(兵庫県外教)、10月は「韓国・ソウルの歩き方」金省延さん(宣教師)、11月は「ベトナムの歩き方」小林憲明さん(JICAシニアOV会)がお話をして下さいました。参加費は無料。第1土曜日に開催中(1月・5月・8月は休み)。次回は2021年2月6日の予定ですが、来年から1時間早くなり、午後2〜3時の開催に変更させていただきます。皆さんどうぞお越しください。

9月 山本紀子さん　10月 金省延さん　11月 小林憲明さん

農塾

今回23期目を迎えた農塾では、月1回(基本第1週土曜日午後)生産者が登場して農業の道を選んだ理由、農業を通じて得られた喜びや地域で行っている活動などについてお話して頂いています。月1回の開催として1名の生産者が自分の農場から収穫した農産物を農塾の開催日に販売しておりま す。販売時には野菜の食べ方や調理方法も教えて頂いています。

11月7日1回目の開催日にはナチュラリズムファームの大皿さんよりお話して頂きました。2021年1月は第3土曜日16日に開催予定です。皆様の関心とご参加お待ちしております。

大皿一寿さん 11.7　販売農産物

朝鮮語・韓国語講座

神戸学生青年センターの朝鮮語・韓国語講座は、コロナウイルスの感染拡大に伴い、4月・5月は休講となり、6月以降講座を再開しております。後期は10月から開講し現在授業を予定通りに行っております。

火曜日の夜は久しぶりに「入門クラス」を開講しております。韓国語に関心のある方、基礎からもう一度学びたい方はぜひ一度見学してみませんか?水曜日夜「楽しく話そう韓国語(初級2)」、木曜日夜「上級」、金曜日午前「話してみよう韓国語(初級1)」、「応用クラス」、金曜日夜「中級1」も楽しく勉強しています。関心のある方はぜひ一度参加してみてください。

定期利用
グループ・教室のご案内

◆からむい会(絵更紗)……………… 第1・3月曜、第2・4木曜・後1～5:00 連絡先・小塚 078-731-3694

◆すぎなコーラス……………… 月曜日・前10～12:00 連絡先・大谷 078-861-0338

◆神戸女声合唱団……………… 金曜日・前10～12:00 連絡先・岡 邦子 078-291-0855

◆創作アップリケ……………… 第2・4月・金曜日・前10～12:00 第1・3火曜日・前9～後5:00 柏原先生 078-821-4632

◆ノイエカンマーコール(混声コーラス)…… 土曜日・後6～9:00 連絡先・西山:080-5704-5406

◆ヨガ体操……………… 火曜日・前9:30～12:00 廣瀬先生 078-851-8851

◆アトリエ太陽の子(児童絵画)……… 木曜日・後1～5:00 中嶋先生 078-858-7301

◆こうべこーる恵(コーラス)……………… 火曜日・前10～12:00 連絡先・田附 0798-26-2169

◆ステンドグラス・アトリエとも……… 第2・4木曜・後1～5:00 幸坂先生 078-582-0644

◆全珠連会員・熊内そろばん六甲教室…… 火曜・後3～9:00、土曜・後1～4:00 奥野先生 078-241-1095

◆テコンドーアカデミー武哲館道場…… 毎週金曜日・後6～9:00 連絡先・妹尾 070-1046-1575

◆稽践会空手道……………… 毎週月曜日・後4～10:00 連絡先・藤本 078-842-5669

◆すずめの学校(ニューヨークタイムズ紙を読む会)… 第2・4水曜日 前10:00～12:00 連絡先・三田 090-6607-7410

◆前田書道会……………… 火曜日・前9～後5:00 連絡先・前田先生 078-385-1650

◆音楽の杜(リトミックピアノ教室)………… 土曜日・前9～後5:00 連絡先・桂先生 078-891-3419

◆Rokko kids English Club……… 木・金 幼稚園クラス・親子クラス 連絡先・山本 078-585-9328

◆イースト神戸トーストマスターズクラブ 英語スピーチクラブ……………… 第4土曜日 後1:30～4:00 連絡先・山下 090-8365-9118

◆崑曲勉強会………… 第3日曜日 後1～5:00 連絡先・村田 078-806-8243

◆神戸フィラデルフィア教会 聖書の会…… 日曜日・前10:30～12:00 連絡先・松田 080-2522-9863

◆神戸いのりのとき合唱団………… 月3回土曜日・後6～9:00 連絡先・林 090-2116-7290

お問合せやお申込は、各グループ・教室に直接ご連絡ください。

神戸学生青年センター
センターニュース
KOBE STUDENT YOUTH CENTER NEWS No.105

No.105
発行所　(公財)神戸学生青年センター
理事長　飛田　雄一
館　長　朴　淳　用
〒657-0064　神戸市灘区山田町3丁目1-1
TEL (078) 851-2760 FAX (078) 821-5878
Yamada-cho 3-1-1, Nada-ku
Kobe, 657-0064 Japan
E-mail : info@ksyc.jp
URL https://ksyc.jp

5月6日(木)　新センターがオープンします

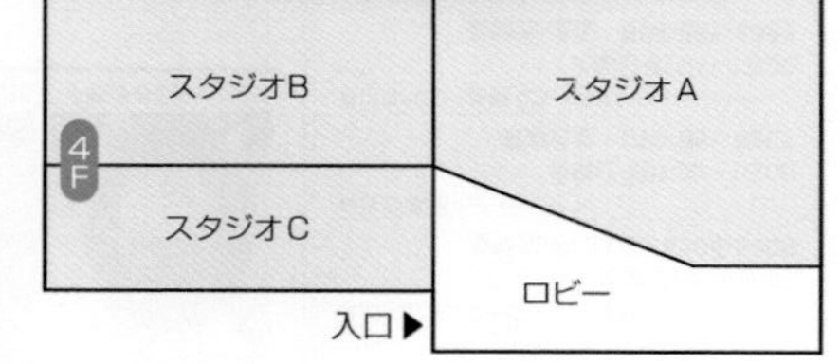

3月末移転の予定でしたが、コロナ下でスケジュールが遅れて、5月6日にオープンとなりました。学生センターのマンションが老朽化にともなって建て替えることになったためです。1972年建設のマンションですから、築後約50年、やむをえないことです。センターは権利を売却して転出することになったのです。新センターは仮営業のものではなく、未来永劫(?)のものです。

ウエスト100は、阪急六甲駅より西へ100M、ノース10は同駅より北へ10Mの意味です。いずれも賃貸物件ですが、内部は4600万円かけて改装した新品(?)です。ホール、スタジオ、会議室計8室、共同事務所などです。

センター本部は、ウエスト100の3階です。エレベータがないのが残念ですが、よろしくお願いします。(宿泊事業はいたしません)

【ウエスト100(本館)部屋割り図】

4F：共同事務室、会議室B、和室
3F：トイレ＆給湯、事務室、ロビー
2F：トイレ＆給湯、ホール
1F：トイレ、サロン室、会議室A

【ノース10 部屋割り図】

4F：スタジオB、スタジオA、スタジオC、ロビー、入口▶

収益物件としてのマンション、そして留学生寮を購入します

賃貸物件への移転にともない、売却益で本年度および来年度にマンション、留学生寮を購入します。留学生にとって住居は現在も大きな問題ですが、その一助になることを願っています。そして、マンション、留学生寮の運営によって、センターは長期的に安定した活動ができるようになります。

センターは新しい場所でも、「平和・人権・環境・アジア」をキーワードに、「開かれた出会いの場」として引き続き活動をすすめてまいります。今後ともご支援をよろしくお願いします。

※当センターへの寄附金は、①所得控除または②税額控除が受けることができます。賛助会費、六甲奨学基金募金の両方に適用されます。詳しくはセンターにお問い合わせください。

(公財)神戸学生青年センター賛助金&移転募金　2020.12.1〜2021.3.31(敬称略・単位円)

田原憲平 3,000
横山節子 10,000
神戸女声合唱団 10,000
石川亮太 3,000
高岡育子 5,000
神戸大学YMCA 1,000,000
中村証二 3,000
中村英之 3,000
李善恵 5,000
金正郁 5,000
稲田登 20,000
林みち代 3,000
五十嵐広司・紀子 3,000
中島孝幸 30,000
李周鎬・陽平・由紀 3,000
すぎなコーラス 3,000
ロバート・圭子・ウイットマー 5,000
森地重博 5,000
朝浩之 3,000
厚地勉 3,000
三木鎌吾 5,000
太田稔 5,000
田中宏明 1,000
大野康彦 50,000
西村秀樹 20,000
藤田ふみ子 3,000
吉田敏子 3,000
中山一郎 5,000
石川吉紀 100,000
松浦一郎 3,000
今村直 2,000
福原孝浩 3,000
松田薫 10,000
中道澄春 1,000
川邊比呂子 10,000
井上薫 10,000
三宅宏司 3,000
宇野雅美 3,000
天野隆 10,000
奈良本まゆみ 10,000
小山帥人 10,000
高田秀峰 4,000
覚張敏子 2,000
岡野清 10,000
寺岡洋 10,000
樋口和雄 3,000
山崎清 6,000
田原良次 13,000
中村順子 3,000
金成日 5,000
田中牧子 5,000
福田夏生 10,000
石塚久則 3,000
趙博 5,000
藤井裕行 3,000
大津留厚 10,000
上田眞佐美 3,000
石川玲子 10,000
池上智恵子 3,000
宇都宮悦子 3,000
足立龍枝 3,000
枡田計雄 5,000
安井三吉 10,000
大西智子 5,000
武藤迪子 40,000
小林直哉 100,000
林伯耀 10,000
松下洋一 3,000
吉田俊弘 10,000
梶本孝治 5,000
木下洋子 10,000
阪上史子 3,000
小若順一 10,000
落合健二 5,000
下村安男・幸子 5,000
田中満 3,000
和田進 3,000
髙橋治子 3,000
金野昌子 3,000
岩崎謙 20,000
六渡和香子 5,000
野々村燿 100,000
下西ユキヨ 3,000
川口祥子 3,000
和住香織 3,000
谷中照枝 6,000
児玉主惠 5,000
無名氏 1,000
尼川洋子 5,000
青木京子 5,000
宇田川規夫 5,000
中原真澄 3,000
菊地真千子 3,000
西八條敬洪 2,000
在日大韓基督教会神戸教会 10,000
大西洋助 3,000
今中成吉 10,000
徐聖寿 13,000
岸村浩司 5,000
寺尾光身 3,000
谷井尚子 3,000
高祐二 10,000
荒木正子 10,000
高光重 10,000
林榮太郎 5,000
天野郡寿 10,000
平石いづみ 3,000
岡内克江 5,000
川鍋彰男 3,000
白方誠彌 10,000
梶原由美子 3,000
水野直樹 10,000
丸山茂樹 3,000
安田節子 10,000
藤本俊江 3,000
宮沢之祐 3,000
田渕正一 20,000
大槻博司 5,000
佐治信 5,000
樋口文 7,000
四方田文夫 3,000
小寺収 100,000
中道基夫 10,000
張征峰 3,000
笠原あき子 5,000
蒐場明美 3,000
高仁宝 5,000
柏田紘一・靖枝 10,000
尾形淳 3,000
金纓 5,000
白方誠彌 10,000
保田茂 30,000
宇野田尚哉 10,000
田中宏明 10,000
難波幸矢 2,000
山本俊正 3,000
藤江新次 3,000
藤井とも子 10,000
山本常雄 3,000
林祐介 3,000
森哲二 3,000
長瀬春代 3,000
辻本久夫 2,000
菊谷真理子 10,000
上内鏡子 3,000
原田紀敏 5,000
岸桂子 10,000
水谷俊平 10,000
増田智里 10,000
根津茂 10,000
志賀眞知子 10,000
脇本寿 5,000
無名氏 5,000
長谷川里江 3,000
寺嶋英介 10,000
シネピピア 10,000
石塚明子・健 3,000
児玉紘子 3,000
大谷紫乃 5,000
横川修 10,000
飯島隆輔 3,000
和田春樹 30,000
浅野洋子 3,000
羽下大信 5,000
中川正広 3,000
横山正代 3,000
松永浩美 3,000
藤岡正雄 10,000
西谷利文 3,000
小川文夫 3,000
横道みさを 5,000
小林明 5,000
申曽洙 10,000
井上みち子 5,000
井上力 10,000
井上力 50,000
西出郁代 10,000
赤峰美鈴 3,000
草地とし子 3,000
杉田あゆみ 5,000
野副達司 10,000
森井慶子 10,000
太田稔 10,000
牛尾武博 5,000
山川清・雅代 10,000
坪山和聖 5,000
小紫富久枝 3,000
館山英夫 3,000
大森悦子 3,000
井上真二 10,000
荻原敏 3,000
近澤淑子 10,000
本條忠應 5,000
森田喜之 5,000
小林憲昭 5,000
門脇桜子 3,000
岡部眞理子 10,000
大同敏博 5,000
門永秀次 5,000
門永三枝子 5,000
西尾達 3,000
伊東輝 3,000
平岡かほる 5,000
神戸YMCA 50,000
内海愛子 10,000
槌田劭 10,000
労働者共闘 2,000
松本功 10,000
西村文雄 3,000
日本基督教団東神戸教会 5,000
青木静夫 3,000
西脇鈴代 5,000
朴京守 1,000
寺沢京子 3,000
森本章子 3,000
兵庫県有機農業研究会HOAS 10,000
江菅洋一 3,000
佐野二三雄 3,000
藤原栄子 5,000
在日大韓基督教会小倉教会 3,000
森行雄 3,000
尾崎零 5,000
蔡秋雄・蔡曙伍 3,000
関西学院宗教活動委員会 19,350
早川良彌 10,000
無名氏 10,000
上田眞佐美 30,000
三宅川泰子 10,000
藤井道雄 33,000
荒川純太郎・奈津江 5,000
梁壽龍・朴貴玉 3,000
黒木雅子 5,000
山西伸史 3,000
尹英順 3,000
横谷啓子 3,000
日本経済大学神戸三宮キャンパス後援会 10,000
六渡和香子 10,000
茂松訓子 10,000
大島淡紅子 3,000
早野美智子 10,000
村瀬義史 3,000
島津恒敏 10,000
小野光子 10,000
中村証二 3,000
江口祐二 3,000
近藤富男・幸子 5,000
竹村陽子 3,000
桑田万里 3,000
長岡基浩 1,000
藤岡みどり 3,000
雲内教会 5,000
道富淵悦子 3,000
西松由美子 3,000
柴田富士子 100,000
原田紀敏 30,000
郭賢鶴 3,000
小林順子 3,000
丸山晶子 5,000
藤尾周作 5,000
日本キリスト教団神戸多聞教会 5,000
石東直子 3,000
森木和美 100,000
安田節子 10,000
松本義郎 10,000
渡辺俊雄 10,000
中川健一 10,000
中川加代子 10,000
鈴東力 10,000
足立龍枝 100,000
山名行夫 3,000
千葉宣義 5,000
吉田敬子 2,000
久保美代子 3,000
明里悦子 5,000
小川雅由・寺岸三代子 5,000
梁英子 30,000
六甲学童保育所どんぐりクラブ 10,000
坪谷令子 1,000
杉田年章 5,000
竹田美沙子・雅博 5,000
康由美 3,000
加納花枝 5,000
山下昌子 50,000
鹿嶋節子 50,000
水本信子 10,000
戸谷伊佐子 5,000
新井幸雄 10,000
山崎昌子 2,000
センターグループ 20,000
佐藤之彦 10,000
無名氏 30,000
食品公害を追放し安全な食べ物を求める会 323,000
猪飼孝子 3,000
今田裕子 5,000
山内小夜子 3,000
林賢宜 5,000
杉山雅教 3,000
光葉啓一 3,000
食品公害を追放し安全な食べ物を求める会 2,000
大西節子 10,000
足立康幸 5,000

計 301件　4,176,350円

2020年4月からの累計 626件　7,675,350円

以上感謝をもって領収いたしました。

賛助金ご協力のお願い

●賛助会費：一口 A3,000　B5,000　C10,000
※いずれも一口を単位としますが、何口でも結構です。
※送金方法
郵便振替〈01160-6-1083 公益財団法人 神戸学生青年センター〉
備考欄に「賛助金」とお書きください。
銀行振込 三井住友銀行 六甲支店 0779663
公益財団法人 神戸学生青年センター 賛助金

六甲奨学基金　2020.12.1〜2021.3.31(敬称略・単位円)

夏見則行 10,000
高岡茂一郎 5,000
齋藤敦子 50,000
北村良子 5,000
森地重博 5,000
今村直 3,000
田原良次 3,000
荒井とみよ 3,000
枡田計雄 5,000
武藤迪子 10,000
松下洋一 3,000
和住香織 3,000
万本光恵 3,000
青木京子 5,000
大西洋助 2,000
谷井尚子 3,000
高光重 10,000
児島恵子 3,000
山崎昌子 5,000
梶原由美子 5,000
土本基子 3,000
大槻博司 5,000
樋口文 3,000
高仁宝 5,000
奥野葉津紀 5,000
李俊憲 3,000
菊谷真理子 10,000
荒内直子 3,000
原田紀敏 5,000
志賀眞知子 10,000
脇本寿 3,000
三田登美子 3,000
梅原明子 3,000
大谷紫乃 5,000
浅野洋子 3,000
掛橋寛和 3,000
花井裕 3,000
VUONG THU HA 5,000
井上力 20,000
篠原かおる 3,000
蓑崎暉 3,000
薬師寺小夜子 5,000
山崎住夫 3,000
井上和歌 5,000
田口恵美子 3,000
李俊憲 3,000
若島礼子 3,000
関西学院宗教活動委員会 9,675
藤本紀子 5,000
竹沢泰子 10,000
近藤富男・幸子 5,000
大槻小百合 3,000
石東直子 3,000
李俊憲 3,000
李俊憲 3,000
葉宜苑 10,000
吉田敬子 3,000
康由美 3,000
竹内裕子 3,000
李俊憲 3,000

計 60件　334,675円

六甲奨学基金ご協力のお願い

●賛助会費：一口 A3,000　B5,000　C10,000
※いずれも一口を単位としますが、何口でも結構です。
※送金方法
郵便振替〈01160-6-1083 公益財団法人 神戸学生青年センター〉
備考欄に「奨学金」とお書きください。
銀行振込 三井住友銀行 六甲支店 0779651
公益財団法人 神戸学生青年センター 六甲奨学基金

毎月募金会計 44,000 円
(千円:菱木康夫、金早雪、高仁宝、信長正義、信長たか子、飛田雄一、二千円:福田菊、三千円:白川豊)
古本市による協力 1,973,599 円　総計 2,352,274 円
以上感謝をもって領収いたしました。

六甲奨学基金
2020年度は6名の留学生に支給しました

Aさん:コロナで生活大変影響を受けましたが、色んな方から手伝っていただき感謝いっぱいの一年間でした。こういうときもあったよとゆうことを覚えてこれからもがんばっていきたいと思います。Bさん:コロナでアルバイトが無くなり、学費や生活費に困りました。奨学金を得て、学費などに安心して勉強に集中できました。六甲奨学金をサポートしてくださった方々にいつも心から感謝しております。Cさん:過去1年間はコロナウィルスのために困難な年でした。生活は非常に困難です。でも奨学金のおかげでとても私を大いに助けてくれたり、気分が良くなりました。奨学金なしでどうしたらいいのかわからない。外国人を助けてくれてありがとうございました。

第24回六甲奨学基金のための古本市開催

今年はGW期間中に移転を控えているためいつもより1ヶ月時期を早めて2月20日～4月11日に開催しました。期間中、約5万8千冊の本をみなさまから寄贈していただき、4月7日現在で2,143,449円の売り上げとなっています。ご協力いただきましたみなさま、本当にありがとうございます。新センターではこれまでの広さはとれないため古本市をどのように開催できるか思案中です。また決まりましたらご案内をいたします。引き続きご協力をよろしくお願いいたします。

2.20 古本市

運営委員会

運営委員長を務めてくださった中畠孝幸さん(甲南大学)の退職にともない、新しい委員長に梁英子弁護士が就任されました。新たに関西学院大学の岩坂二規さんに加わっていただきました。中畠さん、ありがとうございました。岩坂さん、よろしくお願いします。他の運営委員は次の方々です。引き続きよろしくお願いします。

- 奥田　純子（コミュニカ学院学院長）
- 松田　道子（神戸YMCA学院専門学校校長）
- 小林　致広（神戸市外国語大学名誉教授）
- 瀬口　郁子（神戸大学名誉教授）
- 後藤　玲子（弁護士）
- 飛田　雄一（神戸学生青年センター理事長）

六甲奨学基金

2021年度の奨学生は以下の方々です。月額5万円が支給されます。

	氏名	国	学校
❶	POUDEL SAJAL	ネパール	愛甲学院専門学校
❷	趙正宇	中国	甲南大学
❸	KHUN ZAW ONE	ミャンマー	神戸住吉国際日本語学校
❹	SUN MENG	中国	神戸親和女子大学
❺	潘越	中国	神戸大学
❻	NGUYEN VAN TUYEN	ベトナム	専門学校アートカレッジ神戸

林賢宜さんの韓国料理教室

どのメニューも食べたくなるものばかり。12月はスジョンガ(干し柿入りしょうが湯)・豚肉の焼肉野菜添え。2月は白菜入りチヂミ・カキ入り豆腐チゲ。3月はチーズタッカルビ・かぼちゃの五穀米詰めを学びました。新センターもキッチン付きの部屋を作りましたので、また秋から料理教室を再開したいと考えています。ご参加お待ちしています。

3.6 メニュー

エッセイを書きました

昨年、「コロナ自粛エッセイ」を書きました。アマゾンでも買えますが、飛田書店(?)でも発売中です。送料込1600円、飛田(hida@ksyc.jp)まで。郵便振替を同封して送ります。(飛田)

2月13日 毎日新聞

食料環境セミナー

1月はむくげの会の会員である近藤富男さんより「韓国の学校給食と有機農業－『ソウル市親環境無償給食成果白書』を読む－」というテーマでお話して頂きました。韓国の学校給食導入背景からソウル市親環境無償給食の意味や食材調達システムや基準、ソウル市親環境食生活教育体験学習内容などについて詳しく説明して頂きました。

2月は食政策センター・ビジョン21 の代表安田節子さんより、「食べものが劣化する日本－命をつむぐ種子と安心な食を次世代へ－」というテーマでお話して頂きました。食の安全が後退した背景には米国の農産物市場のターゲットになり、安全規制が緩和・撤廃され続けていることについて食品添加物指定の増大、牛肉輸入増大、狂牛病規制撤廃、遺伝子組み換え作物、種子法廃止、ゲノム編集推進の問題、農薬汚染問題などを通じて詳しく教えて頂きました。

3月は神戸大学英語講師、さよなら原発神戸アクション共同世話人の小橋かおるさんより、「福島第一原発事故から10年～放射性汚染土の拡散を止めるために～」というテーマでお話して頂きました。現在でも原発構内では、100Bq/kg以上の放射性物質は低レベル放射性廃棄物として厳重保管されているにもかかわらず、福島県内の除染から発生した放射性汚染土は8000Bq/kg以下ならば安易な再利用が許されたり、福島県外では放射性物質の濃度の上限を定めず、30cmの覆土を行っただけで埋め立て処分が可能であることを説明して頂きました。このような状況を変えるために、環境基本法の法整備を求め、特措法を放射能汚染防止法に変える必要性があることを教えて頂きました。

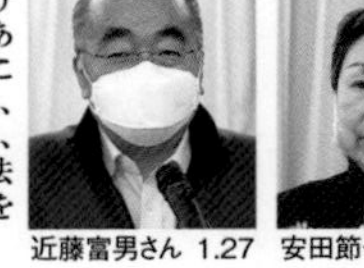

近藤富男さん 1.27　安田節子さん 2.24　小橋かおるさん 3.24

農塾

2020年第23期目を迎えた農塾では、月1回(基本第1週土曜日午後)生産者が登場して農業の道を選んだ理由、農業を通じて得られた喜びや地域で行っている活動などについてお話して頂いています。月1回の開催として1名の生産者が自分の農場から収穫した農産物を農塾の開催日に販売しております。販売時には野菜の食べ方や調理方法も教えて頂いています。

今回は神戸市西区で頑張っている生産者で、12月は丸山倫寛さん、1月は石野武さん、2月は長田江美子さん、3月には浅川元子さんよりお話を聞かせて頂きました。生産者のみなさん農塾にてお話を聞かせて頂きありがとうございました。

丸山倫寛さん 12.5　石野武さん 1.16　長田江美子さん 2.6　浅川元子さん 3.6

土曜ティーサロン

多彩な講師による海外の楽しく、ちょっと学べるお話を聞いて、お茶を飲みながら歓談するひとときです。12月は「フランス・パリの歩き方～パリ発祥の哲学カフェを訪ねて」野村麻裕さん(神戸市在住)、2月は「パラグアイの歩き方」権藤早千葉さん(JICAシニアOV会・日本語サロンボランティア)、3月は「ベルギーの歩き方」岡本悠希さんとヴェルマンデル・ヨアヒムさん(アントウェルペン在住)がお話して下さいました。第1土曜日の午後2～3時に開催(1月・5月・8月は休み)、参加費は無料です。皆さんの御参加をお待ちしております。

権藤早千葉さん 2.6　岡本悠希さん、ヴェルマンデル・ヨアヒムさん 3.6

朝鮮語・韓国語講座

神戸学生青年センターの朝鮮語・韓国語講座は、2021年度前期授業を4月の2週目から開講しております。

火曜日の夜「初級1クラス」、水曜日夜「中級1クラス」、木曜日夜「上級クラス」、金曜日午前「応用クラス」、金曜日の午後「初級2クラス」、金曜日夜「中級2クラス」でみなさん楽しく勉強しています。韓国語に関心のある方はぜひ一度見学してみませんか?

定期利用
グループ・教室のご案内

◆からむい会（絵更紗）……………… 第1・3月曜、第2・4木曜・後1～5:00　連絡先・小塚　078-731-3694

◆すぎなコーラス……………… 月曜日・前10～12:00　連絡先・大谷　078-861-0338

◆神戸女声合唱団……………… 金曜日・前10～12:00　連絡先・谷山　078-783-8665

◆創作アップリケ……………… 第2・4月・金曜日・前10～12:00　第1・3火曜日・前9～後5:00　柏原先生　078-821-4632

◆ノイエカンマーコール（混声コーラス）…… 土曜日・後6～9:00　連絡先・西山:080-5704-5406

◆ヨガ体操……………… 火曜日・前9:30～12:00　廣瀬先生　078-851-8851

◆こうべこーる恵（コーラス）……………… 火曜日・前10～12:00　連絡先・金山　078-851-6487

◆全珠連会員・熊内そろばん六甲教室…… 火曜・後3～9:00、土曜・後1～4:00　奥野先生　078-241-1095

◆テコンドーアカデミー武哲館道場…… 毎週金曜日・後6～9:00　連絡先・妹尾　070-1046-1575

◆稽践会空手道……………… 毎週月曜日・後4～10:00　連絡先・藤本　078-842-5669

◆すずめの学校（ニューヨークタイムズ紙を読む会）… 第2・4金曜日　前10:00～12:00　連絡先・三田　090-7092-6903

◆前田書道会……………… 火曜日・前9～後5:00　連絡先・前田先生　078-385-1650

◆音楽の杜（リトミックピアノ教室）………… 土曜日・前9～後5:00　連絡先・桂先生　078-891-3419

◆Rokko kids English Club……… 木・金 幼稚園クラス・親子クラス　連絡先・山本　078-585-9328

◆イースト神戸トーストマスターズクラブ　英語スピーチクラブ……………… 第4土曜日　後1:30～4:00　連絡先・上原　080-8536-6088

◆崑曲勉強会……………… 第3日曜日　後1～5:00　連絡先・村田　078-806-8243

◆神戸フィラデルフィア教会　聖書の会…… 日曜日・前10:30～12:00　連絡先・松田　080-2522-9863

◆神戸いのりのとき合唱団……………… 月3回土曜日・後6～9:00　連絡先・林　090-2116-7290

お問合せやお申込は、各グループ・教室に直接ご連絡ください。

※当センターへの寄附金は、①所得控除または②税額控除が受けることができます。賛助会費、六甲奨学基金募金の両方に適用されます。詳しくはセンターにお問い合わせください。

(公財)神戸学生青年センター賛助金　2021.4.1～8.31(敬称略・単位円)

食品公害を追放し安全な食べ物を求める会 15,000
上野利恵子 5,000
石打謹也 3,000
溝口和子 15,000
権香淑 5,000
山本常雄 3,000
松代東亜子 5,000
安田靖子 3,000
居空間ROCOCO 50,000
二宮博行 3,000
田中義信 3,000
岩村義雄 3,000
武田多美 3,000
徐聖壽 3,000
森末哲朗 10,000
吉田眞理 5,000
兵頭晴喜 3,000
アトリエとも幸坂友子 10,000
田原良次 3,000
井上由紀子 5,000
足立龍枝 3,000
永井靖二 3,000
岸孝明 3,000
林同福 5,000
金明弘 10,000
中田政子 3,000
水野雄二 5,000
中裕美智子 3,000
西谷利文 3,000
大津留厚 5,000
森田豊子 5,000
志水紀代子 5,000
田中牧子 5,000
原田紀敏 5,000
藤原精吾 3,000
小野澄江 10,000
北田美智子 3,000
杉山博昭 3,000
中塚華奈 10,000
吉田啓子 5,000
難波幸矢 2,000
金野昌子 3,000
西八條敬洪 2,000
伊藤伸明 3,000
大津俊雄 3,000
石元清英 5,000
山脇喜子 3,000
石浜みかる 1,000
高橋治子 3,000
松田素二 5,000
伊庭善子 3,000
谷井尚子 3,000
今給黎真弓 3,000
横野朝彦 3,000
北原道子・倉持光雄・大原雄 50,000
小野田弘之 500
小谷美智子 20,000
大谷隆夫 10,000
久野綾子 20,000
大槻博司 8,000
石塚明子・健 3,000
和住香織 3,000
楠本耕之 1,000
中山一郎 5,000
島津恒敏 10,000
大月良子 3,000
山本幸美 3,000
小西ゆみ子 5,000
殿平善彦 3,000
畑明郎 3,000
栗田道子 1,000
無名氏 3,000
中川望 5,000
岡内克江 5,000
酢屋善元 2,000
松田薫 5,000
宇野雅美 2,000
濱田麻矢 5,000
蒔田由紀子 3,000
中村順子 3,000
尼川洋子 3,000
今中成吉 10,000
中勝博志 5,000
鈴木香織 5,000
田添禧雄 3,000
乾眞理子 5,000
望月慶子 5,000
大賀正行 3,000
森崎生子 5,000
万本光恵 3,000
全芳美 10,000
石塚久則 3,000
室田貞雄 3,000
柴田富士子 10,000
河野美佐恵 3,000
四方田文夫 3,000
勝村誠 3,000
権鐘龍 3,000
小田諭 3,000
リングホーファー・マンフレッド 5,000
河野敬 10,000
新社会党灘総支部 10,000
神田榮治 3,000
枡田計雄 5,000
山本伸也 30,000
一居誠・明子 5,000
林弘城 20,000
日本キリスト教団明石教会 2,000
蔡秋雄・蔡曙伍 3,000
柳到亨 5,000
木村篤子 3,000
三宅美千子 3,000
太田修 3,000
㈲ピアノ技研 100,000
今井眞理 10,000
荻原敏 3,000
坪谷令子・井上幸子・伴沙葉 20,000
呉寿恵 3,000
手束光子 3,000
平田昌司 5,000
平山良平 3,000
保田茂 10,000
南波春樹 3,000
片桐元 3,000
金井英樹 3,000
城間和文 3,000
飯塚和彦 3,000
NGO自敬寺 3,000
森本章子 3,000
村上正治 10,000
三木鎌吾 5,000
横川修 10,000
福西由紀子 3,000
金山次代 3,000
八木晃介 3,000
山田泉 10,000
朴栄子 3,000
長岡基浩 1,000
藤原純一 3,000
無名氏 100,000
佐藤稔 5,000
西定春 10,000
葉芳子 20,000
西田勝英 5,000
杉田年章・杉田典子 10,000
松山典子 3,000
陳螢美 5,000
井上淳 3,000
泉迪子 2,000
本城智子 3,000
岡田幹治 10,000
柳下恵子 3,000
原野和雄・直美 5,000
宇野田尚哉 10,000
中川正広 5,000
松田道子 3,000
崔博憲 3,000
中川慎二 3,000
田中義信 10,000
桂正孝 5,000
加輪上敏彦 10,000
中道基夫 10,000
坪谷令子 3,000
井上幸子 3,000
すぎなコーラス 3,000
鶴崎祥子 5,000
桂摩喜 3,000
玉岡昇治 10,000
公庄れい 5,000
杉原輝明 3,000
小林るみ子 3,000
田添禧雄 3,000
森行雄 3,000
田中宏明 1,000
中村由美子 3,000
菊谷裕洋 5,000
池田瑞枝 5,000
木下洋子 3,000
柏崎千佳子 5,000
片桐陽 10,000
在日大韓基督教会 20,000

計 181件 1,238,500円
以上感謝をもって領収いたしました。

賛助金ご協力のお願い

●賛助会費：一口 A3,000　B5,000　C10,000
※いずれも一口を単位としますが、何口でも結構です。
※送金方法
郵便振替〈01160-6-1083 公益財団法人 神戸学生青年センター〉
備考欄に「賛助金」とお書きください。
銀行振込 三井住友銀行 六甲支店 0779663
公益財団法人 神戸学生青年センター 賛助金

六甲奨学基金　2021.4.1～8.31(敬称略・単位円)

溝口和子 5,000
吉田眞理 5,000
田原良次 3,000
中田政子 3,000
梶谷懐 5,000
志水紀代子 5,000
原田紀敏 5,000
吉田啓子 5,000
伊庭善子 3,000
谷井尚子 3,000
大谷隆夫 10,000
大槻博司 8,000
和住香織 3,000
加藤克子 3,000
小西ゆみ子 5,000
紙徳真理子 3,000
中川望 5,000
李俊憲 3,000
藤本紀子 5,000
門野隆弘 5,000
岩坂二規 5,000
森崎生子 5,000
全芳美 10,000
中畠孝幸 10,000
枡田計雄 5,000
一居誠・明子 5,000
趙恩東 10,000
今井眞理 10,000
前田美江 3,000
平田昌司 5,000
後藤玲子 10,000
李俊憲 3,000
西田勝英 5,000
近澤淑子 3,000
細野恵久 3,000
藤田ふみ子 5,000
李俊憲 3,000
李俊憲 3,000
牧野隆男 3,000
中川慎二 5,000
田口恵美子 3,000
加輪上敏彦 5,000
鶴崎祥子 5,000
李俊憲 3,000
大石恵理子 3,000
玉岡昇治 5,000
源じゅんこ 5,000
猪原賢一郎 3,000
李俊憲 3,000
柏崎千佳子 5,000
片桐陽 10,000

計 51件 253,000円

六甲奨学基金ご協力のお願い

●賛助会費：一口 A3,000　B5,000　C10,000
※いずれも一口を単位としますが、何口でも結構です。
※送金方法
郵便振替〈01160-6-1083 公益財団法人 神戸学生青年センター〉
備考欄に「奨学金」とお書きください。
銀行振込 三井住友銀行 六甲支店 0779651
公益財団法人 神戸学生青年センター 六甲奨学基金

毎月募金会計 51,000 円
(千円:菱木康夫、金早雪、高仁宝、信長正義、信長たか子、飛田雄一、二千円:福田菊、三千円:白川豊)
古本市による協力 426,581 円　総計 730,581 円　以上感謝をもって領収いたしました。

セミナーの記録　2021.4.1～8.31

食料環境セミナー

5月26日新センター開館記念「コロナ時代と私たちの暮らし」保田茂さん
6月23日新センター開館記念「新型コロナのワクチン、接種しますか?」岡田幹治さん
7月28日「食べるとはどういうことか」藤原辰史さん

朝鮮語・韓国語講座

夜初級1　毎週火曜日　尹智香さん
夜中級1　毎週水曜日　朴玲実さん
夜上級　毎週木曜日　尹智香さん
夜中級2　毎週金曜日　鄭京淑さん
昼初級2　毎週金曜日　朴玲実さん
応　用　毎週金曜日午前　林賢宜さん

第24期農塾

生産者のお話と農産物の販売
4月3日中野信吾さん
6月5日荒木武夫さん
7月3日池野創人さん
8月7日橋本慎司さん

ろっこうおーがにっく市

くらしの中のおーがにっく(共催)
5月22日～毎週土曜日野菜他の販売と交流会

土曜ランチサロン

4月3日「東アジアの各都市を訪ね歩いて～土曜サロンのこれから～」大和泰彦さん(学生センター職員)
6月5日「エクアドルの歩き方」笠井嘉枝さん(JICAシニアOV会)
7月3日「ウガンダの歩き方～初めてのアフリカ」川並浩司さん(JICAシニアOV会)

林賢宜さんの韓国料理教室

4月3日大豆のチヂミ・野菜とオムッ(平天)のチャプチェ

六甲奨学基金

日本語サロン　毎週月・土曜日
2月20日～4月11日　第24回古本市

その他のセミナー・行事

5月6日新センター開館記念　5・6鳥井一平さん講演会実行委員会主催・鳥井一平さん講演会「コロナ禍の『移民』と入管法改悪」(協賛)
6月20日ミャンマークーデター抗議西日本実行委員会「ミャンマークーデター抗議セミナー・ミャンマー人が話します!」(共催)
6月29日～7月2日新センター開館記念　神戸学生青年センター所蔵16ミリフィルム上映会

ろっこうおーがにっく市 5.22

神戸学生青年センター センターニュース

KOBE STUDENT YOUTH CENTER NEWS No.106

No.106
発行所　(公財)神戸学生青年センター
理事長　飛田　雄一
館　長　朴　淳　用
〒657-0051　神戸市灘区八幡町4-9-22
TEL(078)891-3018 FAX(078)891-3019
Yahata-cho 4-9-22, Nada-ku
Kobe, 657-0051 Japan
E-mail：info@ksyc.jp
URL https://ksyc.jp

六甲奨学基金 26歳

梁　英子
弁護士
六甲奨学基金運営委員長

学生時代は、セミナーやサークルで神戸学生青年センターに通い、震災の年に六甲住民となってからは学童クラブなどの地域活動でもお世話になってきました。2004年以降、センターを拠点とする留学生支援の基金運営に参加させて頂くようになり、このたびは前任の中畠運営委員長の後任として、六甲奨学基金の中継役を努めさせて頂くことになりました。

六甲奨学基金は、26期目を迎えています。地元だけでなく全国から寄せられた古本と、多数のボランティアの皆様の支えをもって、古本市で原資を補ってきました。

これまで151名のアジアからの学生に月額5万円の奨学金を給付しています。

この基金の特徴は、留学生だけでなく専門学校に通う就学生も応募できることです。これまでに毎年春の授与式で出会ってきた奨学生達は、物静かな人も多弁な人も皆、例外なく生き生きとしたオーラがあり、「日本」を吸収する意欲にあふれていました。年齢層は幅広く、日本語は流暢な人から片言の人まで、国籍は中国・韓国・台湾・ベトナム・ネパール・タイ・インドネシア・バングラデッシュ・ミャンマーと多彩です。勉強される分野は、語学・工学・技術・経済・教育・芸術・観光・医療と、多岐にわたります。いつも奨学生を励ますつもりが、こちらの方がよほど元気づけられてきました。

しかし、昨春の25期以降、コロナウィルス感染拡大が奨学生との関わりに深い影を落としています。25期授与式は中止、運営委員は奨学生に会うことが叶いませんでした。

代わりに中畠前委員長から奨学生に宛てた手紙が渡され、そこには「世界中に新型コロナウィルスが拡がっていて、日本で生活している留学生のみなさんは特に不安が大きいと思います。国の家族の方々は心配していませんか。」との書き出しで始まり、そして奨学金の歴史をわかりやすく説明し、使い道が自由であること、「これから1年間、健康な留学生活を送り、日本をよく知り、色々なものを吸収して有意義な留学生活を送ってほしい、不便な生活が続くでしょうが我慢しながら自分の目標の実現に向けて進んでいってください」とやさしい日本語で書かれていました。

センターでは、奨学生と顔の見える関係でありたいと願い、毎月手渡ししていた奨学金支給がコロナ対策のため振込になりました。

今春の26期授与式もまた中止でしたが、奨学基金に関わる全ての人々が昨春の中畠前委員長の手紙と何ら変わらぬ気持を抱いていると思います。

1995年の阪神淡路大震災を契機に留学生・就学生支援がセンターの活動の柱の一つに加わりました。当時と同じく災害下で学生が苦境に立たされる今、奨学基金の継続はより重要です。引き続き皆様からのお心を基金に束ね、新しくなったセンターが持ち前の企画力で次の新しい古本市のかたちを生み、ひいては新しい留学生寮の構想も花咲かせられますよう、中継バトンを握りつつ応援したいと思います。

第24回六甲奨学基金のための古本市 ご協力ありがとうございました

今回は新センターへ移転前の最後の古本市となりました。引越をGW期間中と決めたため、いつもより開始も終了も1ケ月早くして開催しました(2/20～4/11)。寄付していただいた本は約59000冊、ボランティアは延べ140名の方にお手伝いいただきました。みなさまにご協力いただいたおかげで売上は233万円となりました。最終的に残った本は、大阪のアジア図書館に引き取りにきていただきました。本を寄付してくださったみなさま、本をお買い求めくださったみなさま、ご協力ありがとうございました。次回の古本市開催に関しては次号のセンターニュースのチラシでご案内を予定しています。

林賢宜さんの韓国料理教室

4/3に開催しました。メニューは大豆のチヂミと野菜とオムッ(平天)のチャプチェの二品。

5月からしばらく講座がお休みとなるため、みなさん名残惜しんでおられました。10月から本館(ウエスト100)1Fのサロン室で韓国料理教室再開です。これまで参加くださっていたみなさんお待たせしました。もちろん新しく参加くださる方も大歓迎です。

大豆のチヂミ 4・3

野菜とオムッ(平天)のチャプチェ 4・3

ミャンマークーデター抗議セミナー

「ミャンマークーデター抗議西日本実行委員会」が在日ミャンマー人を招いてひらかれました。映像の上映がありました。なぜ軍政に反対するのか、切実な訴えがありました。その後、「ミャンマーの人々とつながる会」が設立され、賛同を募っています。年一口5千円。郵便振替口座「多文化共生と地域福祉の会 00990-5-324971」代表:中村大蔵、事務局長:飛田信男。

集会後に学生センターの前で 6.20

神戸学生青年センター所蔵 16ミリフィルム上映会

新センター開設記念プログラムとして、大々的に開催する予定したが、コロナ下、こじんまりと実施しました。センターがスタートしたのは、1972年、その後しばらくは16ミリの時代でした。センターにはその16ミリフィルムがあります。購入したもの、寄贈されたものなどです。16ミリ映写機もあります。

フィルムは、1)汚れなき土にまけ(岩波映画)、2)一億人の経済－有機農業と消費、3)食品の安全性を追及する－ふえる輸入食品のなかで、4)歴史ドキュメントフィルム「江戸時代の朝鮮通信使」(1979年映像文化社)、5)イルム…なまえ－朴秋子さんの本名宣言(1983年映像文化社)、6)古代からの歴史に見る－日本列島と朝鮮半島(1984年 東映映画)。久しぶりの映写機にトラブルがあり神戸映画資料館の安井さんに助けていただきました。ありがとうございました。再上映を期待する声があがっています?

映写機

移住労働者と連帯する全国ネットワーク・鳥井一平さん講演会

鳥井さんは、NHK仕事の流儀などでマスコミにも登場されてますが、アメリカ国務省から2013年度の"Trafficking in Persons Report Heroes(人身売買と闘うヒーロー)"に選ばれています。『国家と移民 外国人労働者と日本の未来 (集英社新書)』発行にあわせて出版記念講演会を開催しました。残念ながらZOOM開催となりました。鳥井さんは神戸大学卒業で大学の仲間らが主催しました。コロナが収束すれば、出版記念パーティを開催したいものです。

鳥井一平さんの本

朝鮮語・韓国語講座

神戸学生青年センターの朝鮮語・韓国語講座は、2021年度後期授業を10月の2週目(12日、火曜日)から開講する予定です。金曜日夜「中級2クラス」は廃止になり水曜日夜「中級クラス」に統合されます。火曜日の夜「初級1クラス」、木曜日夜「上級クラス」、金曜日午前「応用クラス」、金曜日の午後「初級2クラス」は引き続き開講予定です。韓国語に関心のある方はぜひ一度見学してみてください。

食料環境セミナー(移転記念講演会)

新センターで移転記念講演として5月は神戸大学名誉教授であり、食料環境セミナーの1回目(1973年6月)の講演者でもいらっしゃる保田茂さんより「コロナ時代と私たちの暮らし」というテーマでお話して頂きました。学生センターの食料環境セミナーの経緯と有機農産物共同購入運動の歴史も踏まえながら新型コロナウイルス感染病の世界的な流行によってえられた教訓として食文化の維持、自然系との付き合い方などについて説明して頂きました。

保田先生これからも学生センターの食料環境セミナーのこと何卒宜しくお願い致します。

6月にも移転記念講演として元朝日新聞論説委員の岡田幹治さんより、「新型コロナのワクチン、接種しますか?」というテーマでお話して頂きました。新型コロナのワクチンを接種するか、しないか判断するための基本的な情報から免疫の力を得る方法や維持するためにはどのような生活が必要かについて詳しく説明して頂きました。新型コロナウイルスは世界中に広がっており、外出自粛や営業時間短縮などの効果も薄く、いつ感染者になってもおかしくないので、感染したら「数日を乗り切れば免疫ができる」と考えるべきであることを教えて頂きました。2時間以上の長い講演会でしたが参加者のみなさんの質問にも丁寧に回答して頂きありがとうございました。その後、7月21日に心不全で急逝されたという訃報に耳を疑うことになりました。心から哀悼の意を表します。

7月は京都大学人文科学研究所の准教授、藤原辰史さんより「食べるとはどういうことか」というテーマでお話して頂きました。藤原先生の著書名でもありますが、三つの質問を参加者の皆様と一緒に考えながら講演を進めていただきました。1)今まで食べた中で最も美味しかったもの2)どこまでが、「食べる」ことなのか3)食べることの未来はどうなるのか、でした。食べるとは、生きものの死骸を食べることで、例外は塩のみという説明は食べるということについてもう一度原点から考え直す時間になりました。忙しい中、講演のため時間を頂きありがとうございました。

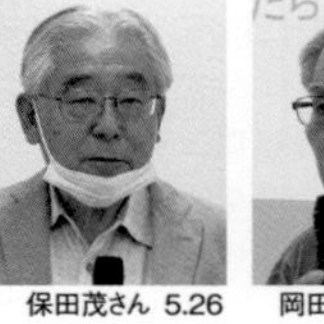
保田茂さん 5.26

岡田幹治さん 6.23

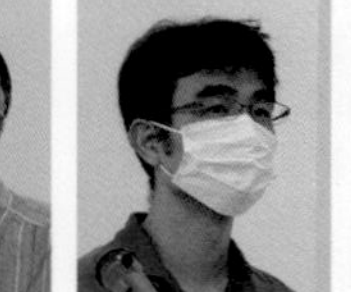
藤原辰史さん 7.28

農塾

2021年第24期目を迎えた農塾では、月1回(基本第1週土曜日午後)生産者が登場して農業の道を選んだ理由、農業を通じて得られた喜びや地域で行っている活動などについてお話して頂いています。月1回の開催として1名の生産者が自分の農場から収穫した農産物を農塾の開催日に販売しております。販売時には野菜の食べ方や調理方法も教えて頂いています。

4月は旧センターにて最後の開催として神戸市西区で自然農を実践している中野信吾さん、6月は新センター最初の開催としていちじま丹波太郎の荒木武夫さん、7月は野菜とコメ作りを中心としている池野創人さん、8月には橋本慎司さんより大学卒業後コープこうべの職員になり、その後有機農業生産者の道を選び今日に至るまでのお話を聞かせて頂きました。生産者のみなさん農塾にてお話を聞かせて頂きありがとうございました。

中野信吾さん 4.3　荒木武夫さん 6.5

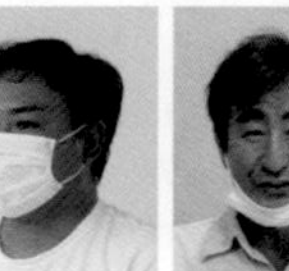
池野創人さん 7.3　橋本慎司さん 8.7

土曜ティーサロン

月に一度、海外の楽しく学べるお話を聞いて、歓談する時間です。旧センター最後となった4月は「東アジアの各都市を訪ね歩いて～土曜サロンのこれから」大和泰彦さん(土曜サロン主催者)、新センターで最初の6月は「エクアドルの歩き方」笠井嘉枝さん(JICAシニアOV会)、7月は「ウガンダの歩き方～初めてのアフリカ」川並浩司さん(JICAシニアOV会)がお話して下さいました。第1土曜日の午後2～3時に1階の会議室Aで開催(1月・5月・8月は休み)、参加費は無料。簡単な飲み物とお菓子を準備しております。コロナ禍が続き、今は海外へ出ること自体が夢のような話になっていますが、ぜひ気分転換にお越し下さい。お待ちしております。

大和泰彦さん 4.3　笠井嘉枝さん 6.5　川並浩司さん 7.3

定期利用

グループ・教室のご案内

- からむい会(絵更紗)　第2・4木曜日・後0～4:00　連絡先・小塚　078-731-3694
- すぎなコーラス　月曜日・前10～12:00　連絡先・大谷　078-861-0338
- 神戸女声合唱団　金曜日・前10～12:00　連絡先・谷山　078-783-8665
- 創作アップリケ　第2・4月、金曜日・前10～12:00　第2・4金曜日・後1～3:00　柏原先生　078-821-4632
- ノイエカンマーコール(混声コーラス)　土曜日・後5～9:00　連絡先・西山:080-5704-5406
- ヨガ体操　火曜日・前10:00～12:00　廣瀬先生　078-851-8851
- こうべこーる恵(コーラス)　第3・4火曜日・前10～12:00　連絡先・金山　078-851-6487
- 全珠連会員・熊内そろばん六甲教室　月・後3～6:00、火・後3～8:00、土・後2～5:00　奥野先生　078-241-1095
- テコンドーアカデミー武哲館道場　毎週金曜日・後7～9:00　妹尾先生　070-1046-1575
- 実践空手道場稽践会　毎週月曜日・後4～9:00　藤本先生　078-842-5669
- すずめの学校(ニューヨークタイムズ紙を読む会)　第2・4金曜日　前10:00～12:00　連絡先・三田　090-7092-6903
- 前田書道会　第1・3火曜日・前9～後3:00　前田先生　078-385-1650
- 音楽の杜(リトミックピアノ教室)　土曜日・前9～後5:00　桂先生　078-891-3419
- Rokko kids English Club　木・金 幼稚園クラス・親子クラス　山本先生　078-585-9328
- 東神戸トーストマスターズクラブ　第4土曜日　後1～5:00　連絡先・村田　090-6065-4951
- 謡曲勉強会　第3日曜日　後1～5:00　連絡先・村田　078-806-8243
- 神戸フィラデルフィア教会　聖書の会　日曜日・前10～後1:00　連絡先・工藤　090-8199-2791
- 神戸いのりのとき合唱団　月3回土曜日・後6～9:00　連絡先・林　090-2116-7290
- 公文阪急六甲駅前書写教室　水曜日・後3～7:00、土曜日・前10～後1:00　高田先生　080-4485-7877
- 居空間RoCoCo　火・水・木　連絡先　070-5346-6550
- あんだんてKOBE　第2・4日曜日・後1:30～2:30　連絡先　078-203-3625
- 親子で手しごと「いいねっこ」　第2土曜日・前9時～12時　連絡先・桑田　090-7755-0807

お問合せやお申込は、各グループ・教室に直接ご連絡ください。

2021年12月15日　神戸学生青年センター　ニュース　第 107 号　(1)

神戸学生青年センター センターニュース

KOBE STUDENT YOUTH CENTER NEWS No.107

No.107
発行所　(公財)神戸学生青年センター
理事長　飛田　雄一
館　長　朴　淳　用
〒657-0051　神戸市灘区八幡町4-9-22
TEL(078)891-3018 FAX(078)891-3019
Yahata-cho 4-9-22, Nada-ku
Kobe, 657-0051 Japan
E-mail：info@ksyc.jp
U R L https://ksyc.jp

収穫感謝祭

求める会48年を終えて

信長たか子

学生センター監事
食品公害を追放し安全な食べ物を求める会会員

神戸学生青年センターには初期の頃からセミナーの三本柱が置かれています。「現代キリスト教セミナー」「朝鮮史セミナー」「食料環境セミナー」です。私はこの中の朝鮮史セミナーからできた「朝鮮語講座」と食料環境セミナーから生まれた「食品公害を追放し、安全な食べ物を求める会」（以下、求める会）に参加させてもらってきました。日々頑張っている間に、何と、もう50年に手が届くほどの年月が過ぎました。この度は求める会のことを少し書かせていただきます。

求める会の運動は一言でいうと生産者と消費者が「提携」をしてお互いに信頼関係を持ち続けることです。それは農薬や化学肥料、食品添加物を減らし、その為に生じる生産者側の労力に消費者は協力または寄り添い、時には共に働いて、できたものを食べ続けることです。生産者はそのことで来年もまた続けられるのです。このことが少なくとも世直し運動の一環になってきたと思っています。

会は、1974年４月に始まり、今私たちは食卓の殆どの材料を会で共同購入しています。この運動を始めた頃は、有機という言葉もなく、どこにも手本がない中で、次々と起こる難題を自分たちで解決するしかありませんでした。今思うと、これらを乗り越えられたのは、参加者のお互いの善意と惜しみない労力、それぞれのやる気、智恵の出し合いなどでした。そしてなお、この運動が必要であるという社会的意義を持ち合わせることでした。センターが毎月行ってきている食料環境セミナーでは食料環境を中心に、原発、医療、教育、子育ての問題など多岐にわたる学習をすることで、運動継続の大切さを学び、なお重要なエネルギーとなりました。このセミナーは、この11月で521回になります。まさに運動と学習は車の両輪であったのです。

求める会は産みの親のセンターに事務所を置かせてもらい、生産者のいう「農業は毎年１年生」であるために、今も当初とあまり変らない苦労が付きまとう中で事務担当の人たちは苦労半分、楽しみ半分の仕事をしています。この事務所の場がなかったら求める会は存在し続けることは難しかったでしょう。

求める会は来年３月で幕を閉じます。決して食料環境がよくなったからではありませんし、解決の難しい問題もまた出てきています。しかし、48年間の運動の中で有機農業という名前を世に広め、「提携」という言葉は世界のあちこちで使われるようになり、第一世代はそれなりに大きな仕事を成し遂げました。今、有機農業をめざす若い人たちがあちこちに現れて、自分たちなりの広がりを見せています。今後第一世代は個々にまた任意にこれらの運動にかかわっていきたいと思っています。これからの有機農業にかかわる人たちも形態はどんな形であったとしても消費者との「提携」が基礎にあることを大切にしていってほしいと願っています。

(4)　神戸学生青年センター　ニュース　第 107 号　2021年12月15日

※当センターへの寄附金は、①所得控除または②税額控除が受けることができます。賛助会費、六甲奨学基金募金の両方に適用されます。詳しくはセンターにお問い合わせください。

(公財)神戸学生青年センター賛助金　2021.9.1～11.30（敬称略・単位円）

林みち代 3,000
内田正博 10,000
山田勝弘 5,000
蔡秋雄・蔡曙伍 3,000
山川雅代 5,000
中村豊 3,000
中村大蔵 3,000
松井京子 3,000
兵頭晴喜 3,000
足立龍枝 3,000
全芳美 40,000
長瀬春代 3,000
森田豊子 5,000
中村証二 3,000
枡田計雄 5,000
砂上昌一 3,000
西八條敬洪 2,000
中道澄春 1,000
橘覺雄 10,000
徐聖壽 3,000
飛田みえ子 5,000
橋本倫子 3,000
田原良次 3,000
和住香織 3,000
住友直幹・千代子 3,000
伊庭善子 3,000
丸山茂樹 3,000
岡野清 5,000
石塚久則 3,000
ダイオキシン関西ネット 3,000
志水紀代子 5,000
田口重彦 1,000
林榮太郎 3,000
申曽洙 5,000
宇野雅美 2,000
片桐元 3,000
中川望 5,000
藤原精吾 3,000
洪浩秀 3,000
福島俊弘 3,000
岩坂二規 3,000
李圭燮 5,000
髙橋治子 3,000
竹前望美 3,000
上田眞佐美 3,000
原田紀敏 5,000
藤井英映 3,000
河瀬敦忠 3,000
今中成吉 10,000
中村由美子 3,000
林賢宜 5,000
長岡基浩 1,000
荻原敏 3,000
金野昌子 3,000
朴京守 1,000
間一孝 3,000
吉田敏子 3,000
倉持龍一 3,000
平岡尚子 3,000
米倉澄子 3,000
川崎紘平 5,000
酢屋善元 2,000
西原斗司男 3,000
深田圭子 3,000
大和泰彦 30,000
崔春子 3,000
根津茂 3,000
小林保 5,000
石田米子 3,000
相川康子 3,000
谷井尚子 3,000
弓削みどり 3,000
丹羽和子 3,000
原和美 3,000
金恒勝 3,000
中勝博志 5,000
前川契子 3,000
藤本俊江 3,000
福村真理子 2,500
保田茂 10,000
松田聖一 3,000
青野正明 3,000
高橋靖 3,000
中村順子 3,000
小林直哉 5,000
岡部眞理子 5,000
天野隆 3,000
下村安男 5,000
佐治信 5,000
宗像千代子 10,000
津野勝俊 3,000
下西ユキヨ 10,000
東根順子 5,000
曺金時江 2,000
石塚明子・健 3,000
保坂英治 20,000
三木鎌吾 5,000

計 97件
443,500円

以上感謝をもって領収いたしました。

賛助金ご協力のお願い

●賛助会費：一口 A3,000　B5,000　C10,000
※いずれも一口を単位としますが、何口でも結構です。
※送金方法
郵便振替〈01160-6-1083 公益財団法人 神戸学生青年センター〉
備考欄に「賛助金」とお書きください。
銀行振込 三井住友銀行 六甲支店 0779663
公益財団法人 神戸学生青年センター 賛助金

六甲奨学基金　2021.9.1～11.30（敬称略・単位円）

田村真紀 10,000
全芳美 10,000
枡田計雄 5,000
森野泰子 5,000
森野秀樹 5,000
飛田みえ子 5,000
田原良次 3,000
和住香織 3,000
兼崎暉 3,000
細川敦子 3,000
谷綛保 5,000
土本基子 3,000
西村裕美・誠 10,000
志水紀代子 5,000
中川望 5,000
天野郡寿 3,000
徐翠珍 3,000
手束光子 3,000
李圭燮 5,000
美木陽子 5,000
無名氏 5,000
原田紀敏 5,000
李俊憲 3,000
桂正孝 3,000
間一孝 3,000
森田博一 10,000
平岡尚子 3,000
荒内直子 3,000
嶋田千恵子 10,000
梶谷懐 5,000
戸田耿介 5,000
谷井尚子 3,000
岩本光雄 15,000
川浪寿子 3,000
松田聖一 3,000
青野正明 3,000
細野恵久 3,000
李俊憲 3,000
田口恵美子 3,000
山本則夫 5,000
曺金時江 3,000
李俊憲 3,000

計 51件
201,000円

六甲奨学基金ご協力のお願い

●賛助会費：一口 A3,000　B5,000　C10,000
※いずれも一口を単位としますが、何口でも結構です。
※送金方法
郵便振替〈01160-6-1083 公益財団法人 神戸学生青年センター〉
備考欄に「奨学金」とお書きください。
銀行振込 三井住友銀行 六甲支店 0779651
公益財団法人 神戸学生青年センター 六甲奨学基金

毎月募金会計 27,000 円
（千円:菱木康夫、金早雪、高仁宝、信長正義、信長たか子、飛田雄一、三千円:白川豊）
古本市による協力 23,990 円　総計 251,990 円　以上感謝をもって領収いたしました。

セミナーの記録　2021.9.1～11.30

食料環境セミナー

シリーズ「新しい食と農の在り方をめざすアグロエコロジー」
9月22日「海の幸、山の恵みで健康寿命は延ばせる―世界の長寿食から学ぶ“賢食術”とは」家森幸男さん（Zoom）
10月27日「なぜアグロエコロジーなのか」小林舞さん
11月24日「アグロエコロジーと私たち:食べる側の視点から」池上甲一さん

第24期農塾

生産者のお話と農産物の販売
9月4日高木力さん
10月2日山野太郎さん
11月6日上野元久さん

ろっこうおーがにっく市

非営利団体くらしの中のおーがにっく（共催）
毎週土曜日10時～13時野菜他の販売と交流会

朝鮮語・韓国語講座

夜初級1　毎週火曜日　尹智香さん
夜中級1　毎週水曜日　朴玲実さん
夜上級　毎週木曜日　尹智香さん
夜中級2　毎週金曜日　鄭京淑さん
昼初級2　毎週金曜日　朴玲実さん
応　用　毎週金曜日午前　林賢宜さん
10月～夜中級1（水）と夜中級2（金）開講見合わせ

林賢宜さんの韓国料理教室

10月2日牛肉の辛味スープ・えのきのチョン
11月6日牡蠣ごはん・豆腐の豚キムチのせ

六甲奨学基金

日本語サロン　毎週月・土曜日

土曜ランチサロン

9月4日「中東の歩き方～中東を知ると世界が見える」樋野伸二郎さん
10月2日「アフリカの歩き方～アフリカと国際協力NGO活動　アジスアベバ、ナイロビ、キンシャサの事例を中心に」深尾幸市さん
11月6日「イランの歩き方」細野佑樹さん

その他のセミナー・行事

11月10日天皇制を考える市民講座「日本の中国侵略」宮内陽子さん（神戸・南京をむすぶ会代表）はんてんの会主催

クリスマス飾り受付

クリスマスリース

RoCoCoクリスマスフェア

新センター会議室Aのピアノ

本館1F会議室Aには澤田雅弘様の奥様のピアノが入っています。今井ピアノ様のもとへ澤田様より、奥様の使っておられたピアノを公共の施設で使ってもらえるところに寄贈したいというお申し出があり、今井ピアノ様を通じて学生センターにやってきました。コーラスの練習などですでにご利用いただいておりますが、ぜひみなさん使ってみてください。

会議室Aグランドピアノ

林賢宜さんの韓国料理教室

5月に引越をしてからしばらくお休みをしていましたが、10月から再開しています。10月は牛肉の辛味スープとえのきのチョン、11月は牡蠣ごはんと豆腐の豚キムチのせを学びました。本館1Fの明るいサロン室で開催しています。ご参加お待ちしております。

エノキのチョン・牛肉の辛味スープ 10.2

サロン室

豆腐の豚キムチのせ 11.6

ろっこうおーがにっく市
毎週土曜日、午前10時～午後1時で開催中

有機農業や自然農法で頑張っている新規就農生産者が直接、野菜や色んな農産物をはこび消費者のみなさんと交流も含め、販売しております。農産物に限らず、パン・お菓子・お弁当なども販売しております。みなさま、一度立ち寄って、生産者のみなさんと交流して頂けませんか?何卒宜しくお願い致します。

朝鮮語・韓国語講座

神戸学生青年センターの朝鮮語・韓国語講座は、2021年度後期授業を10月の2週目(12日、火曜日)から開講しております。しかし、今期は水曜日と金曜日の夜中級クラス1･2の開講ができませんでした。現在、火曜日夜「初級1クラス」、木曜日夜「上級クラス」、金曜日午前「応用クラス」、金曜日午後「初級2クラス」が開講されています。2022年前期に水曜日夜の中級クラスと金曜日夜の入門クラスをもう一度募集する予定です。韓国語に関心のある方はぜひ一度見学してみてください。

クリスマスフェアー開催中

学生センターロビーでクリスマスフェアを開催しています(～12/26)。お近くにお越しの際はぜひお立ち寄りください。

土曜ティーサロン

第1土曜日の午後に開催中の土曜ティーサロン。9月は「中東の歩き方～中東を知ると世界が見える」樋野伸二郎さん(アラブ首長国連邦ラッセルカイマ王国財務大臣特別顧問)、10月は「アフリカと国際協力NGO～アジスアベバ・ナイロビ・キンシャサの事例を中心に」深尾幸市さん(NPO法人顧問)、11月は「イランの歩き方～超インスタ映えのイランで過ごした冬休み」細野佑樹さん(写真家)がお話して下さいました。いずれも日本の新聞やテレビからは正しい情報が伝わりにくい地域の貴重なお話でした。楽しく学べるひと時をありがとうございました。土曜サロンは毎月第1土曜日の午後2～3時にウエスト100の会議室Aで開催(1月・5月・8月は休み)、参加費は無料。簡単なお菓子と飲み物を準備してお待ちしております。ぜひお越し下さい。

土曜サロン9月 樋野伸二郎さん　土曜サロン10月 深尾幸市さん　土曜サロン11月 細野佑樹さん

食料環境セミナー

初めてオンラインで開催された9月の食料環境セミナーは、武庫川女子大学国際健康開発研究所所長であり、公益財団法人兵庫県健財団会長の家森幸男さんより「海の幸、山の恵みで健康寿命は延ばせる—世界の長寿食から学ぶ"賢食術"とは」というテーマで京都より家森先生に映像でご講演して頂きました。日本が世界的に長寿国となった理由として、大豆や魚の両方を食べているので、心筋梗塞などによる死亡率が少ないことが要因であるのを色んな側面から説明して頂きました。日本の伝統的な食材である「ま･ご･は･や･さ･し･い」まは豆、ごはゴマ、ははワカメ(海藻)、やは野菜、さは魚、しはシイタケ、いは芋をバランスよく食べることで、健康寿命を伸ばせることを説明して頂きました。

10月は京都大学経済学研究科の研究員、小林舞さんより、「なぜアグロエコロジーなのか」というテーマでお話して頂きました。アグロエコロジーの定義として、伝統知と科学知に基づいた超学際的なアプローチであり、目的は、生産性が高く、生物学的に多様で、かつレジリエントな小規模農業システムを設計・管理することであり、アグロエコロジーに基づいた農業システムの特徴は、経済的に採算がとれ、社会的に公平であり、文化的に多様性であり、環境に過重な負荷をかけないことであるのを多様性・ネットワーキング・主権の三つのキーワードを通じて詳しく説明して頂きました。

11月は近畿大学名誉教授で、西日本アグロエコロジー協会の共同代表の池上甲一さんより「アグロエコロジーと私たち:食べる側の視点から」というテーマでお話して頂きました。アグロエコロジーというのは、食の運動を支えるビジョンかつ実践であり、科学と実践と社会運動の3つが結びついたものとして、人びとによる食農システムの変革運動で食の持つ社会とのつながりを取り戻すための運動であることを説明して頂きました。畜産物が食卓に届くまでの過程を丁寧に事例として取りあげ、現代の食生活について考察し、アグロエコロジー的な畜産のあり方について一緒に考える時間を頂きました。忙しい中、講演のため時間を頂いた講師のみなさまに感謝申し上げます。ありがとうございました。

家森幸男さん 9.22　小林舞さん 10.27　池上甲一さん 11.24

農塾

2021年第24期目を迎えた農塾では、月1回(基本第1週土曜日午後)生産者が登場して農業の道を選んだ理由、農業を通じて得られた喜びや地域で行っている活動などについてお話して頂いています。月1回の開催として1名の生産者が自分の農場から収穫した農産物を農塾の開催日に販売しております。販売時には野菜の食べ方や調理方法も教えて頂いています。

9月は丹波市で豆とコメを中心に有機農業を行っている高木力さんよりお話して頂きました。高木さんの豆を利用してつくった「とうふ」はすごく美味しかったです。10月はyamsaiの山野太郎さん、11月はジェイ農園の上野元久さんより畑で過ごす一日や、農作物の生産のためにしている色んな工夫などを紹介して頂きました。生産者のみなさん農塾にてお話を聞かせて頂きありがとうございました。

高木力さん 9.4　山野太郎さん 10.2　上野元久さん 11.6

定期利用
グループ・教室のご案内

- ◆からむい会(絵更紗)　第2･4木曜日･後0～4:00　連絡先･小塚　078-731-3694
- ◆すぎなコーラス　月曜日･前10～12:00　連絡先･大谷　078-861-0338
- ◆神戸女声合唱団　金曜日･前10～12:30　連絡先･谷山　078-783-8665
- ◆創作アップリケ　第2･4月･金曜日･前10～12:00　第2･4金曜日･後1～3:00　柏原先生　078-821-4632
- ◆ノイエカンマーコール(混声コーラス)　土曜日･後5～9:00　連絡先･西山:080-5704-5406
- ◆ヨガ体操　火曜日･前10:00～12:00　廣瀬先生　078-851-8851
- ◆こうべこーる恵(コーラス)　第3･4火曜日･前10～12:00　連絡先･金山　078-851-6487
- ◆全珠連会員･熊内そろばん六甲教室　月･後3～6:00、火･後3～8:00、土･後2～5:00　奥野先生　078-241-1095
- ◆テコンドーアカデミー武哲館道場　毎週金曜日･後7～9:00　妹尾先生　070-1046-1575
- ◆実践空手道場羅践会　毎週月曜日･後4～9:00　藤本先生　078-842-5669
- ◆すずめの学校(ニューヨークタイムズ紙を読む会)　第2･4金曜日　前10:00～12:00　連絡先･三田　090-7092-6903
- ◆前田書道会　第1･3火曜日･前9～後3:00　前田先生　078-385-1650
- ◆音楽の杜(リトミックピアノ教室)　土曜日･前9～後5:00　桂先生　078-891-3419
- ◆Rokko kids English Club　木･金 幼稚園クラス･親子クラス　山本先生　078-585-9328
- ◆東神戸トーストマスターズクラブ　第4土曜日　後1～5:00　連絡先･村田　090-6065-4951
- ◆邦曲勉強会　第3日曜日　後1～5:00　連絡先･村田　078-806-8243
- ◆神戸フィラデルフィア教会　聖書の会　日曜日･前10～後1:00　連絡先･工藤　090-8199-2791
- ◆公文阪急六甲駅前書写教室　水曜日･後3～7:00、土曜日･前10～後1:00　高田先生　080-4485-7877
- ◆居空間RoCoCo　火･水･木　連絡先　070-5346-6550
- ◆あんだんてKOBE　第2･4日曜日･後1:30～2:30　連絡先　078-203-3625
- ◆親子で手しごと「いいねっこ」　第2土曜日･前9時～12時　連絡先･桑田　090-7755-0807

お問合せやお申込は、各グループ・教室に直接ご連絡ください。

※当センターへの寄附金は、①所得控除または②税額控除が受けることができます。賛助会費、六甲奨学基金募金の両方に適用されます。詳しくはセンターにお問い合わせください。

(公財)神戸学生青年センター賛助金　2021.12.1〜2022.3.25(敬称略・単位円)

夏見則行 5,000
稲田登 20,000
小島崇文 3,000
神戸女声合唱団 10,000
吉澤克子 5,000
田中宏明 3,000
石川亮太 5,000
梶原由美子 5,000
髙岡育子 5,000
五十嵐広司・紀子 5,000
金正郁 5,000
すぎなコーラス 3,000
川辺比呂子 5,000
花岡光義 3,000
大同敏博 5,000
吉田敏子 3,000
ロバート・圭子・ウイットマー 5,000
宇野田尚哉 5,000
殿平善彦 3,000
徐聖壽 3,000
金野昌子 3,000
吉川美重子 5,000
窪田実美 10,000
無名氏 5,000
田中章子 3,000
手束光子 3,000
山口昇 5,000
髙橋弥生 5,000
永井靖二 3,000
林祐介 3,000
岡崎勝彦 5,000
根津茂 3,000
西八條敬洪 2,000
藤原精吾 3,000
山﨑清 3,000
小西信一郎 3,000
与茂田正 5,000
木下洋子 3,000
中村英之 3,000
宮沢之祐 3,000
きどのりこ 3,000
藤井とも子 10,000
枡田計雄 5,000
田中満 3,000
無名氏 2,000
山本俊正 3,000
津田義夫 5,000
樋口文 3,000
樋口雄一 3,000
森地重博 5,000
田原良次 3,000
飛田悦子 10,000
三田登美子 3,000
三宅川泰子 5,000
朝浩之 3,000
野依昭子 10,000
谷井尚子 3,000
片桐陽 5,000
松本功 10,000
山名行夫 3,000
阿部恩 3,000
権鐘龍 3,000
足立龍枝 3,000
佐藤稔 3,000
李周鎬・陽平・由紀 3,000
河瀬敦忠 3,000
厚地勉 3,000
門脇桜子 5,000
髙見敏雄 3,000
小川文夫 3,000
小笠原正仁 3,000
張征峰 3,000
高光重 10,000
島田恒 5,000
長岡基浩 1,000
上内大育 3,000
中松美智子 3,000
大西国子・智子 5,000
兵庫県有機農業研究会 10,000
辻本久夫 2,000
田添禧雄 3,000
菊谷愛子 3,000
近藤とみお・幸子 5,000
井原裕司 100,000
掛橋寛和 3,000
武田多美 3,000
在日大韓基督教会神戸教会 20,000
松田薫 5,000
鄭雄男 3,000
水野直樹 3,000
岩崎謙 20,000
若島礼子 5,000
横川修 5,000
自敬寺 5,000
石川吉紀 10,000
小川健三 3,000
李敬司 5,000
吉川博美 10,000
井上力 10,000
井上みち子 5,000
上田眞佐美 3,000
亀田彩子 3,000
太田稔 5,000
西谷利文 3,000
佐野修吉 3,000
小西和治 3,000
全芳美 10,000
松井慶慎 3,000
西山安子 3,000
大津留厚 5,000
奈良本まゆみ 3,000
中村証二 3,000
南波春樹 3,000
島津恒敏 10,000
康由美 3,000
後藤玲子 10,000
尾形厚 3,000
日本基督教団神戸栄光教会 10,000
高祐二 3,000
今井眞理 3,000
草地とし子 3,000
原田光雄 15,000
勝部尚子 3,000
今中成吉 10,000
中山一郎 3,000
王柯 10,000
小林順子 3,000
蔡秋雄・蔡曙伍 3,000
西村文雄 3,000
高龍弘 3,000
荒川純太郎・奈津江 5,000
西脇鈴代 5,000
飛田雄一 10,000
日本キリスト教団神戸多聞教会 5,000
関西学院大学宗教活動委員会 24,600
柳到亨 5,000
どんぐり倶楽部 3,000
在日大韓基督教会小倉教会 3,000
小宮純子 10,000
西垣斐夫 3,000
山瀬一美 3,000
求める会高砂G 5,000
乾眞理子 10,000
松永浩美 3,000
丸山晶子 5,000
一瀬千鶴子 3,000
横山節子 3,000
食品公害を追放し安全な食べ物を求める会 15,000
大野京子 1,000
西原斗司夫 3,000
藤井道雄 3,000
天野隆 3,000
岡内克江 5,000
加輪上敏彦 10,000
保田茂 10,000
藤石貴代 5,000
原田紀敏 5,000
吉沢文寿 3,000
菅根信彦 10,000
鈴東力 5,000
小川雅由 5,000
白井進 3,000
上野利恵子 3,000
センターグループ 74,488
大谷隆夫 10,000
横山正代 3,000

計 166件 1,014,088円

以上感謝をもって領収いたしました。

賛助金ご協力のお願い

●賛助会費：一口 A3,000　B5,000　C10,000
※いずれも一口を単位としますが、何口でも結構です。
※送金方法
郵便振替〈01160-6-1083 公益財団法人 神戸学生青年センター〉
備考欄に「賛助金」とお書きください。
銀行振込 三井住友銀行 六甲支店 0779663
公益財団法人 神戸学生青年センター 賛助金

六甲奨学基金　2021.12.1〜2022.3.25(敬称略・単位円)

吉澤克子 5,000
林みち代 3,000
髙岡茂一郎 5,000
奥田さが子 5,000
中道澄春 1,000
崔相鐵 10,000
吉川美重子 5,000
全芳美 600,000
無名氏 5,000
藤岡みどり 10,000
髙橋弥生 5,000
根津茂 3,000
今村直 3,000
枡田計雄 5,000
津田義夫 5,000
荒井とみよ 3,000
森地重博 5,000
田原良次 3,000
黒木雅子 5,000
朝浩之 3,000
谷井尚子 3,000
片桐陽 5,000
奥野葉津紀 5,000
髙橋治子 3,000
福島俊弘 3,000
門脇桜子 5,000
李俊憲 3,000
大谷紫乃 5,000
高光重 10,000
土本基子 3,000
井上淳子 3,000
近藤とみお・幸子 5,000
掛橋寛和 2,000
鄭雄男 3,000
若島礼子 5,000
吉川博美 10,000
井上力 10,000
美川圭 5,000
真嶋克成 3,000
小野光子 10,000
康由美 3,000
後藤玲子 10,000
今井眞理 10,000
薬師寺小夜子 5,000
牛尾武博 5,000
李俊憲 3,000
西松由美子 3,000
関西学院大学宗教活動委員会 12,300
大槻小百合 3,000
加輪上敏彦 5,000
李俊憲 3,000
藤石貴代 5,000
原田紀敏 5,000
山崎往夫 3,000
無名氏 10,000
李俊憲 3,000

計 56件 878,300円

六甲奨学基金ご協力のお願い

●賛助会費：一口 A3,000　B5,000　C10,000
※いずれも一口を単位としますが、何口でも結構です。
※送金方法
郵便振替〈01160-6-1083 公益財団法人 神戸学生青年センター〉
備考欄に「奨学金」とお書きください。
銀行振込 三井住友銀行 六甲支店 0779651
公益財団法人 神戸学生青年センター 六甲奨学基金

毎月募金会計 36,000 円
(千円：菱木康夫、金早雪、高仁宝、信長正義、信長たか子、飛田雄一、三千円：白川豊)
古本市による協力 720,600 円　総計 1,634,900 円
以上感謝をもって領収いたしました。

セミナーの記録　2021.12.1〜2022.3.31

食料環境セミナー

※土曜開催
522回1月15日「アグロエコロジーによる農業のすすめ―地球温暖化対策をふまえて」橋本慎司さん
523回2月19日「排除の論理から共存の論理へ―持続可能な農業を求めて」松澤政満さん
524回3月19日「低温殺菌牛乳の現状と未来」吉田拓洋さん

朝鮮語・韓国語講座

夜入門　毎週火曜日　尹智香さん
夜上級　毎週木曜日　尹智香さん
話してみよう初級1
　毎週金曜日午後　朴玲実さん
応　用
　毎週金曜日午前　林賢宜さん

第24期農塾

生産者のお話と農産物の販売
12月4日大日野卓也さん
1月8日森末哲朗さん
2月5日末利公一さん
3月5日太田光宣さん

ろっこうおーがにっく市

非営利団体くらしの中のおーがにっく(共催)
毎週土曜日10時〜13時
　野菜他の販売と交流会

林賢宜さんの韓国料理教室

12月18日トック入りスープ餃子・干し大根のコチュジャン和え
2月5日キムチ トッ ジョンゴル・牛肉ともやしの酢入りナムル
3月5日牛肉とねぎの串刺しチョン・里芋のスープ

六甲奨学基金

日本語サロン　毎週月・土曜日
1月22日〜古本市(常設)開催

土曜ランチサロン

12月4日「アルゼンチンの歩き方」桑原しんいちさん
2月12日「中国内モンゴル自治区の歩き方」孫萌さん
3月5日「タンザニアの歩き方」津村樹理さん

その他のセミナー・行事

12月3日〜6日RoCoCoクリスマスフェア
1月8日「ドキュメント人間 大都会の海女」「五輪で変貌〜大阪のアジアタウン鶴橋はいま」康浩郎監督作品上映会+トーク(康浩郎監督×伊地知紀子さん)
1月14日「いま、新疆ウイグル自治区(東トルキスタン)でなにが起こっているのか」王柯さん
1月15日高作先生と学ぶ会「岸田政権と改憲問題」高作正博さん(共催)
1月21日「ウイグル問題の歴史と構造」王柯さん
1月22日「帰還船第一船1959」康浩郎監督作品上映会+写真展+トーク(康浩郎監督×飛田雄一さん)
3月12日高作先生と学ぶ会「民主主義の危機と再生」高作正博さん(共催)

神戸学生青年センター
センターニュース
KOBE STUDENT YOUTH CENTER NEWS No.108

No.108
発行所 (公財)神戸学生青年センター
理事長 飛田 雄一
館 長 朴 淳 用
〒657-0051 神戸市灘区八幡町4-9-22
TEL(078)891-3018 FAX(078)891-3019
Yahata-cho 4-9-22, Nada-ku
Kobe, 657-0051 Japan
E-mail：info@ksyc.jp
U R L https://ksyc.jp

50周年を迎えた学生センター、次の50年に向かって歩みます

理事長　飛田　雄一

1965年頃の六甲キリスト教学生センター

▲正門

庭園および建物▼

写真提供／J・マグルーダー氏

50年前の1972年4月、学生センターの開所式が開かれました。それから半世紀を歩んできたことになります。更にさかのぼること17年、1955年に米国南長老教会が「六甲キリスト教学生センター」を設立しました。森の中に宣教師館がある、そんな雰囲気のセンターを覚えておられる方もおられると思います。そこで1960年代に日本基督教団兵庫教区の高校生会が開かれていて、私も参加したことがあります。マグルーダ宣教師が住まわれており、別棟に会議室と宿泊室がありました。すでに管理人として働いていた登佐さんに騒いで叱られた記憶があります。

そのキリスト教センターは、1966年から南長老教会と日本基督教団兵庫教区が共同運営することになります。そして1969年11月に、「学生センタービル建築準備委員会」が設置され、1972年の開所式にいたります。

「人間の営みは、いつも場所を媒介として行なわれます。思想的、政治的なものから家庭の営みにいたるまで。／ですから、いつの時代でもおおよそ支配者が自らに批判的な人の集まりを弾圧するとき、それは場所の破壊、場所からの追放として現れました。／自由な生の営みを願うものは、何ものからも干渉されることのない場所を獲得したいと願います。私たちのセンターは、そうした願いを実現しようとする一つのアプローチです。／この園に市民共同体や文化や宗教の営みが花開くことを願っています。」

これは、準備委員会の辻建牧師が最初のリーフレットに書かれた文章です。センターはまさにその「場所」を提供してきたと思います。そこで様々な「出会い」がありました。「人と人」「人とテーマ」「テーマとテーマ」の出会いです。キャッチフレーズとして使用している「平和・人権・環境・アジア」が出会っています。これは、「平和・人権・環境をアジアの視点から守る」といいかえてもいいかもしれません。

戦後50年の1995年、センターは23年目の年に阪神淡路大震災に見舞われました。これは出会いたくなかった出会いでした。しかしセンターという「場所」を生かしてボランティア活動展開し、留学生支援活動からは六甲奨学基金が生まれて今に続いています。古本市という大規模な(?)イベントまで生まれました。

今回の50周年、コロナ下で大きな行事は開けませんが、対面とZOOMで、下記のような式典／記念講演会開催したいと思います。

昨年5月にセンターは移転し、新しい場所で活動しています。新しいセンターで次の50年への歩みをはじめました。本館(ウエスト100)、分館(ノース10)の2か所です。100、10は、それぞれ阪急六甲駅からの距離(M)です。旧センターより、更に「駅近」になっています。ぜひ、お訪ねください。

これからの50年、だれもなにがあるか分かりません。でも、「場所」がありつづけ、そこに出会いがあり続けることは、まちがいのないことだと思います。みなさんとともに歩めることを願っています。今後ともよろしくお願いします。

センター50周年式典／記念講演会

5月28日(土) 午後2時
センターホール&ZOOM
司式・菅根信彦牧師
記念講演・李清一牧師(KCC名誉館長)
Zoomで参加希望のかたはinfo@ksyc.jpへメールをお願いします

2022年度の六甲奨学基金奨学生は6名に決定しました

当初2022年度は5名の奨学生に支給する予定でしたが、全芳美さんより60万円(1名分)の寄付をいただきましたので1名追加し、6名の支給となりました。全芳美さん、ありがとうございました。

六甲奨学基金のための古本市開催

3.26 古本市

1月中旬に古本市会場設営(本館3Fロビー)をしました。これまでのようにいただいた本をおいておける場所が少ないため、いただく本の種類を限らせていただいていますが、みなさんのご協力のおかげで約70万円の売上となっています(開催～3月25日まで)。ロビーに並んでいる本は約1万冊。古本市は常設開催です。朝9時～夜9時まで。駅近ですのでぜひお近くにお越しの際はお立ち寄りください。引き続きご協力をよろしくお願いいたします。

高作先生と学ぶ会

コロナのためしばらく休んでいましたが、対面で再開しました。1月15日は、「岸田政権と改憲問題」。憲法勉強会の原点に帰って日本国憲法を改めて学び、論議しました。旧安倍政権に比べてソフトな雰囲気をみせている(?)岸田政権を改憲問題に焦点をあてた講演でした。「学ぶ会」は参加者との質疑応答／意見交換が盛んな勉強会です。3月12日は、「民主主義の危機と再生」がテーマでしたが、ロシアのウクライナ侵攻を中心課題とした講演／質疑応答となりました。4月以降、学生センター主催のプログラムに移行します。「学ぶ会」はセミナーの運営委員会として存続することになります。引き続き委員を募集中です。

1.15　高作先生と学ぶ会

朝鮮語・韓国語講座

神戸学生青年センターの朝鮮語・韓国語講座は、2022年度前期授業を4月の2週目(12日、火曜日)から開講します。しかし、今期の開講予定であった水曜日と金曜日の夜中級1・入門は開講が難しい状況であります。現在、火曜日夜「初級1クラス」、木曜日夜「上級クラス」、金曜日午前「応用クラス」、金曜日午後「初級2クラス」が開講されています。2022年後期に水曜日夜の中級クラスと金曜日夜の入門クラスをもう一度募集する予定です。韓国語に関心のある方はぜひ一度見学してみてください。

六甲奨学基金2021年度は6名の留学生に支給しました

Aさん:コロナの影響でいろいろなことに困りましたが、みなさんのおかげでもう一年勉強して、今、日本の会社で就職しました。何よりありがとうございました。Bさん:コロナのせいでことしは勉強は大変でした。でも一生懸命頑張るのでJLPTのN3に合格しました。奨学金をもらったのでとてもよかったです。ほんとに心からありがとうございました。Cさん:奨学金のご支援をいただきまして誠に感謝しております。また応援してくれている方々がいると知ったことで安心感が得られ、これからもっと頑張っていこうと思えるようになりました。様々な人に出会って、様々な世界観と触れることができています。大変お世話になりました。

林賢宜さんの韓国料理教室

旧センターよりも少し広くなったサロン室。そのおかげで参加いただける人数も少し増えています。12月はトック入りスープ餃子・干し大根のコチュジャン和え、2月はキムチトッジョンゴル・牛肉ともやしの酢入りナムル、3月は牛肉とネギの串刺しチョン・里芋のスープを教えていただきました。

林賢宜さんの料理教室は韓国文化のお話もたくさん聞けてとても楽しみにしています、という参加者の方の声もよく聞きます。5月はお休みですが、6月以降の教室にぜひ、ご参加お待ちしています。

3.5 牛肉とネギの串刺しチョン・里芋のスープ

王柯先生講演会「ウイグル問題の歴史と構造」

1956年生まれの王柯先生は、少年時代に新疆ウイグル自治区カシュガルで過ごした体験のある漢族の中国人。1996年からの神戸大学教員で、昨年3月に退職され名誉教授・客員教授となられました。『多民族国家 中国』(岩波新書)などの著書が知られています。1月14日は、「いま、新疆ウイグル自治区(東トルキスタン)でなにが起こっているのか」、1月21日は、「ウイグル問題の歴史と構造」がテーマでした。豊富なデータを示しながらその「歴史と構造」を明らかにしてくださいました。

1.14 王柯先生講演会

会議に…ゼミ・会議・講演会に
ご予約は12か月前より ☎078-891-3018

会議室A(本館ウエスト100)　スタジオB(ノース10)

会場利用料金(1時間ごと)

■ウエスト100(本館)

部屋名	定員数	広さ	料金(一般)	料金(学生)
ホール(2F)	60名	90㎡	2,200円	1,760円
会議室A(1F)	36名	60㎡	1,650円	1,320円
サロン室(1F)	20名	40㎡	1,650円	1,320円
会議室B(4F)	18名	25㎡	1,100円	880円
和室(4F)	12名	20㎡	1,100円	880円

※ホール:グランドピアノ3,300円／回
会議室A:グランドピアノ2,200円／回
プロジェクター2,200円、マイク550円／本

■ノース10(北館)

部屋名	定員数	広さ	料金(一般)	料金(学生)
スタジオA	24名	35㎡	1,650円	1,320円
スタジオB	24名	30㎡	1,375円	1,100円
スタジオC	12名	20㎡	1,100円	880円

※スタジオA:アップライトピアノ1,100円／回、プロジェクター2,200円

* 準備、あとかたづけを含め、すべて利用時間内に行ってください。
* キャンセルをされる場合は必ずご連絡をお願いいたします。
* 連絡なく利用されなかった場合は利用料の100%、当日キャンセル80%、前日のキャンセル50%、前々日までのキャンセル無料です。
* 営業目的の会場利用は一般料金の倍額となります。
* 当館には駐車場がございません。ご了承ください。

事務所はウエスト100(本館)

ウエスト100　〒657-0051 神戸市灘区八幡町4丁目9-22
ノース10　〒657-0065 神戸市灘区宮山町3丁目3-1 六甲駅前ビル4F
●阪急六甲より徒歩1分
●JR六甲道より徒歩10分

食料環境セミナー

1.15 橋本淳司さん　2.19 松沢政満さん　3.19 吉田拓洋さん

2021年10月から続いているアグロエコロジーに関する勉強会の3回目として、1月の食料環境セミナーは、西日本アグロエコロジー協会の共同代表の橋本淳司さんより、「アグロエコロジーによる農業のすすめ―地球温暖化対策をふまえて」というテーマでお話して頂きました。食糧生産にかかる温室効果ガスの排出量の説明、生産から消費までの温室効果ガス排出量の比較とその内、畜産関連の排出量が一番多いことなどについてデータを用いて説明して頂きました。

2月は愛知県新城市の福津農園の松沢政満さんより、「排除の論理から共存の論理へ―持続可能な農業を求めて」というテーマでお話して頂きました。福津農園の季節別風景や畑の写真もたくさん見せて頂きながら、松沢さんが排除の論理に基づく農業から共存の論理に基づく持続可能な農業への道のりについて説明して頂きました。豊かな生物多様性の自然環境と地域文化の中で、白鮭、食べる人、地域の住民が、明るい未来を確信し、楽しく暮らせる社会の実現こそが共存の論理に基づく持続可能な農業であることを教えて頂きました。

3月は丹波乳業の代表取締役で、酪農生産者の吉田拓洋さんより「低温殺菌牛乳の現状と未来」というテーマでお話して頂きました。乳牛の一生や、一般的な牛乳の生産・流通と低温殺菌牛乳の特徴を教えて頂き、その違いを分かりやすく説明して頂きました。現在の4名の酪農生産者で低温殺菌牛乳を守っていくための課題についても説明して頂きました。

忙しい中、講演のため時間を頂いた講師のみなさまに感謝申し上げます。ありがとうございました。

土曜ティーサロン

12.4　2.12　3.5
アルゼンチン 桑原しんいちさん　内モンゴル自治区 孫萌さん　タンザニア 津村樹理さん

多彩な講師による海外の楽しく少し学べるお話を聞く土曜ティーサロン。2021年12月は「アルゼンチンの歩き方」桑原しんいちさん(フォルクローレ・ギタリスト)、2022年2月は「中国・内モンゴル自治区の歩き方」孫萌さん(神戸親和女子大学大学院、六甲奨学基金奨学生)、3月は「タンザニアの歩き方～じゅり先生とちょっぴりJICA裏話」津村樹理さん(大阪YMCA、元青年海外協力隊)がお話して下さいました。2月と3月はまん延防止措置実施中だったため、飲食の提供は出来ませんでしたが、多くの方々の参加がありました。土曜サロンは毎月第1土曜日の午後2～3時にウエスト100の会議室Aで開催(1月・5月・8月は休み)、参加費は無料。たくさんのお越しをお待ちしております。お話して下さる講師も自薦・他薦問わず募集中ですので、2022年度もよろしくお願いします。

農塾

12.4 大日野卓也さん　1.8 森末哲朗さん　2.5 末利公一さん　3.5 太田光宣さん

2022年第25期目を迎えた農塾では、月1回(基本第1週土曜日午後)生産者が登場して農業の道を選んだ理由、農業を通じて得られた喜びや地域で行っている活動などについてお話して頂いています。月1回の開催として1名の生産者が自分の農場から収穫した農産物を農塾の開催日に販売しております。販売時には野菜の食べ方や調理方法も教えて頂いています。

12月は尼崎市で自然農法を選択し百姓をめざして野菜作りしている大日野卓也さんよりお話して頂きました。1月は学童保育所どんぐりクラブの森末哲朗さんより、長年子供たちと一緒に行っている畑での土曜日の過ごし方を教えて頂きました。2月はめぐり農場の末利公一さんより、大学卒業後農業への道のりや農業を通じて感じた楽しみについてお話して頂きました。3月は丹波の百姓太田光宣さんより色んな写真を通じて、日常生活で生産者が何をしているかを教えて頂きました。

稲作農家の大変さや丹波地域の水害時のボランティア仲間による励ましや生きがいなどについても教えて頂きました。

生産者のみなさん農塾にてお話を聞かせて頂きありがとうございました。

康浩郎監督作品上映会＋写真展

1.8　康浩郎監督と伊地知紀子さん

1月8日は、「ドキュメント人間／大都会の海女(1965)」「五輪で変貌～大阪のアジアタウン鶴橋はいま(1989)」を上映。トークセッションには、康浩郎監督と伊地知紀子さんが登場しました。1月22日は、ドキュメンタリーのラッシュフィルム「帰還船[第一船]1959」」。音声のない作品ですが、午後の上映会では監督自らが「弁士」をつとめてくださいました。トークセッションは、監督と学生センターの飛田が登壇。両プログラムとも写真展も開催しました。旧センターではロビーで写真展を開催することがありましたが、今回はホールと廊下・階段もフルに活用してのすてきな雰囲気の写真展となりました。

定期利用
グループ・教室のご案内

◆からむい会(絵更紗)　第2・4木曜日・後1～4:00　連絡先・小塚　078-731-3694
◆すぎなコーラス　月曜日・前10～12:00　連絡先・大谷　078-861-0338
◆神戸女声合唱団　金曜日・前10～12:30　連絡先・谷山　078-783-8665
◆創作アップリケ　第2・4月・金曜日・前10～12:00　第2・4金曜日・後1～3:00　柏原先生　078-821-4632
◆ノイエカンマーコール(混声コーラス)　土曜日・後5～9:00　連絡先・西山:080-5704-5406
◆ヨガ体操　火曜日・前10:00～12:00　廣瀬先生　078-851-8851
◆こうべこーる恵(コーラス)　第3・4火曜日・前10～12:00　連絡先・金山　078-851-6487
◆全珠連会員・熊内そろばん六甲教室　月・後3～6:00、火・後3～8:00、土・後2～5:00　奥野先生　078-241-1095
◆テコンドーアカデミー武哲館道場　毎週金曜日・後7～9:00　妹尾先生　070-1046-1575
◆実践空手道場錬誠会　毎週月曜日・後4～9:00　藤本先生　078-842-5669
◆すずめの学校(ニューヨークタイムズ紙を読む会)　第2・4金曜日　前10:00～12:00　連絡先・三田　090-7092-6903
◆前田書道会　第1・3火曜日・前9～後3:00　前田先生　078-385-1650
◆音楽の杜(リトミックピアノ教室)　土曜日・前9～後5:00　桂先生　078-891-3419
◆Rokko kids English Club　木・金 幼稚園クラス・親子クラス　山本先生　078-585-9328
◆東神戸トーストマスターズクラブ　第4土曜日　後1～5:00　連絡先・村田　090-6065-4951
◆崑曲勉強会　第3日曜日　後1～5:00　連絡先・村田　078-806-8243
◆神戸フィラデルフィア教会　聖書の会　日曜日・前10～後1:00　連絡先　078-871-9192
◆公文阪急六甲駅前書写教室　水曜日・後4:30～8:00、土曜日・前9～後1:00　高田先生　080-4485-7877
◆居空間RoCoCo　火・水・木　連絡先　070-5346-6550
◆あんだんてKOBE　第2・4日曜日・後1:30～2:30　連絡先　078-203-3625
◆親子で手しごと『いいねっこ』　第2土曜日・前9時～12時

お問合せやお申込は、各グループ・教室に直接ご連絡ください。

神戸学生青年センター

センターニュース

KOBE STUDENT YOUTH CENTER NEWS No.109

No.109
発行所　(公財)神戸学生青年センター
理事長　飛田　雄一
館　長　朴　淳　用
〒657-0051　神戸市灘区八幡町4-9-22
TEL (078) 891-3018 FAX (078) 891-3019
Yahata-cho 4-9-22, Nada-ku
Kobe, 657-0051 Japan
E-mail : info@ksyc.jp
URL https://ksyc.jp

「六甲ウィメンズハウス」を つくることが決まりました。

館長　朴　淳　用

令和4年度、国土交通省住まい環境整備モデル事業に公益財団法人神戸学生青年センターが代表提案者として参加した、「困難を抱える女性が安心して暮らせる六甲ウィメンズハウス事業（事業名称）」が採択されました。

上記の六甲ウィメンズハウス事業とは、神戸学生青年センターの新しい事業として女子学生寮の建設事業が含まれた女子のための住まい空間提供事業です。

神戸学生センターは、昨年（2021年）旧センターより新センターへ移転し、2022年には設立50周年を迎えます。これからの50年の事業計画を考えるにあたり、2020年より激変した社会情勢下で、今後、センターは何をすべきか、何をしなければならないか、その結果としてセンターが存続し続けられるかについて、スタッフとともに悩み悩んで来ました。その結果、2021年よりこれからのセンター活動について、一つ目に、学生支援事業として学生寮の建設を提案することになりました。

偶然でしょうか？折よく、2021年夏、認定NPO法人女性と子ども支援センターウィメンズネット・こうべの代表理事正井禮子様（本事業の共同提案者）よりご提案いただき、鶴甲団地にある、コープこうべ旧女子寮（4階建ての2階～4階の部分）の再利用計画に参加することとなりました。2021年秋に国土交通省所管補助金交付事業である、「住まい環境整備モデル事業の事業育成型」に選定されました。2022年3月から4月にかけて建物の予備調査や入居想定者に対するニーズ把握調査などを実施しており、その結果を5月にまとめて報告し、6月には本審査のための計画書を提出しておりました。6月に提出した事業者提案型事業である、「困難を抱える女性が安心して暮らせる六甲ウィメンズハウス事業」に対する結果を8月24日（水）に頂きました。

総工事費用1億8千万円+消費税、その内、119,999千円を補助金として頂き、残りの、8千万円を神戸学生青年センターとウィメンズネット・こうべが負担します。2024年春の開館を目標として建設を進める予定です。神戸学生青年センターの新しい事業である「六甲ウィメンズハウス」に皆さま、ご協力のほど宜しくお願い致します。

＊

国土交通省住宅局のウェブサイトにおいて、令和4年度住まい環境整備モデル事業の選定事業名の一覧表等が公表されております。

【国土交通省ウェブサイト】
https://www.mlit.go.jp/report/press/house07_hh_000251.html

コープこうべ、コープ鶴甲　外観

六甲ウィメンズハウス　所在地周辺

※当センターへの寄附金は、①所得控除または②税額控除が受けることができます。賛助会費、六甲奨学基金募金の両方に適用されます。詳しくはセンターにお問い合わせください。

(公財)神戸学生青年センター賛助金　2022.3.26～2022.8.25（敬称略・単位円）

和住香織 3,000　光葉啓一 3,000　井上淳 3,000　南里知樹 5,000　酢屋善元 2,000　酒井美里 3,000　ろっこう医療生活協同組合 10,000　茂松訓子 10,000　岸村浩司 5,000　嶋田恭子 3,000　李圭燮 5,000　伊奈垣圭映 3,000　藤原精吾 3,000　岩村義雄 3,000　四方田文夫 3,000　片桐陽 5,000　安井三吉 3,000　加島宏 5,000　楢原信男 3,000　濱森健陽 3,000　富田翔 3,000　川崎紘平 5,000　藤原純一 3,000　木下洋子 3,000　近藤幸子 20,000　田原良次 3,000　西原斗司男 3,000　岸孝明 3,000　尼川洋子 3,000　志水紀代子 10,000　杉山博昭 3,000　徐聖壽 3,000　伊藤伸明 3,000　大黒澄枝 3,000

金山次代 3,000　野津加代子 1,000　特定非営利活動法人福祉ネット星が丘 3,000　河野敬 10,000　高石留美 3,000　山﨑清 3,000　松浦一郎 5,000　吉田方則・真理 5,000　神谷重章 3,000　山田貴夫 5,000　石塚久則 3,000　高仁宝 5,000　金野昌子 3,000　西八條敬洪 2,000　上田眞佐美 3,000　趙博 3,000　きどのりこ 3,000　山西伸史 3,000　中塚明 5,000　竹前望美 3,000　西村裕美・誠 5,000　兵頭晴喜 3,000　八木晃介 3,000　井村厚 3,000　福島俊弘 5,000　寺下賢志 3,000　鶴崎祥子 5,000　島津恒敏 10,000　畑明郎 3,000　石東直子 5,000　蒔田由紀子 3,000　新居弥生 5,000

畑崎依子 3,000　田原憲平 5,000　徐龍達 3,000　森崎生子 3,000　おーまきちまき 5,000　辻本久夫 2,000　原田紀敏 3,000　中道澄春 1,000　無名氏 5,000　森田豊子 5,000　児玉主惠 5,000　服部芳子 3,000　西尾達 3,000　丹羽和子 3,000　小林直哉 3,000　ろっこう医療生活協同組合 5,000　田中牧子 5,000　洪浩秀 3,000　林祐介 3,000　下村安男 3,000　石井宏 10,000　林弘城 10,000　小田論 3,000　中川慎二 3,000　山本常雄 3,000　金明弘 5,000　無名氏 3,000　三宅川泰子 5,000　岡部眞理子 5,000　岩崎信彦 3,000　石打謹也 3,000　大月良子 3,000　阪上史子 3,000

今中成吉 10,000　永井靖二 5,000　中野貞弘 3,000　安田靖子 3,000　林同福 5,000　高正子 5,000　谷井尚子 3,000　枡田計雄 5,000　中村由美子 3,000　和住香織 3,000　藤本俊江 3,000　平澤敏哲 2,380　岡野満 5,000　北田美智子 3,000　保田茂 10,000　長岡基浩 1,000　無名氏 3,000　中勝博志 5,000　松田聖一 3,000　山田泉 10,000　若山晴子 3,000　本城智子 3,000　保坂英治 30,000　水野雄二 5,000　河かおる 3,000　李清一・呉寿惠 3,000　手東光子 3,000　石塚明子・健 3,000　李善惠 3,000　崔博憲 3,000　水間美宏 3,000　梶谷懐 5,000　森田勇真 1,000　正木峯夫 3,000

泉迪子 2,000　梁壽龍・朴貴玉 3,000　林政子 3,000　武田多美 3,000　千葉光代 3,000　山西伸史 3,000　柳下恵子 3,000　恩田怜 10,000　松山典子 3,000　谷口美保子 3,000　高祐二 3,000　岩田亮二 1,000　一居誠・明子 5,000　小紫富久枝 3,000　日本キリスト教団明石教会 1,500　宇野田尚哉 5,000　服部隆志 3,000　新井久子 2,000　今田裕子 3,000　室田卓雄 3,000　公益財団法人早稲田奉仕園 10,000

原野和雄・直美 5,000　李清一・呉寿恵 10,000　聖和共働福祉会 10,000　野依昭子 3,000　太田修 3,000　西谷利文 3,000　上田直樹 3,000　井上由紀子 3,000　山本幸美 3,000　米倉澄子 3,000　三木鎌吾 5,000　西本千恵子 100,000　玉岡昇治 10,000　南波春樹 3,000　佐野二三雄 3,000　食品公害を追放し安全な食べ物を求める会 3,896,685　信長正義・たか子 6,000

中道基夫 10,000　馬場友子 10,000　相川康子 5,000　菊谷裕洋 5,000　三木谷亜糧 5,000　中田政子 5,000　森哲二 3,000　柏崎千佳子 5,000　宇野雅美 3,000　所薫子 3,000　小林省三 3,000　野入直美 3,000　権鎬龍 3,000　勝村誠 3,000　リングホーファー・マンフレッド 5,000　高仁宝 5,000　夏見則行 10,000

計 188件　4,800,565円

以上感謝をもって領収いたしました。

賛助金ご協力のお願い

●賛助会費：一口 A3,000　B5,000　C10,000
※いずれも一口を単位としますが、何口でも結構です。
※送金方法
郵便振替〈01160-6-1083 公益財団法人 神戸学生青年センター〉
備考欄に「賛助金」とお書きください。
銀行振込 三井住友銀行 六甲支店 0779663
公益財団法人 神戸学生青年センター 賛助金

六甲奨学基金　2022.3.26～2022.8.25（敬称略・単位円）

和住香織 3,000　藤本紀子 5,000　嶋田恭子 3,000　李圭燮 5,000　伊奈垣圭映 2,000　辻川敦 3,000　ひつじ書房 10,000　片桐陽 5,000　森田弘子 5,000　松井京子 3,000　安田節子 5,000　近藤幸子 20,000　田原良次 3,000　志水紀代子 10,000　谷総保 5,000　髙橋治子 3,000

高石留美 3,000　吉田方則・真理 5,000　高仁宝 5,000　岩本光雄 10,000　大内大育 3,000　中塚明 5,000　西村裕美・誠 5,000　井上淳子 3,000　門野隆弘 5,000　板山眞由美 3,000　新居弥生 5,000　樋口文 5,000　今村直 5,000　森崎生子 3,000　久保田昌幸 3,000

おーまきちまき 5,000　原田紀敏 3,000　Gわびすけ 3,000　無名氏 5,000　大和田幸嗣 3,000　小林直哉 3,000　葉宜苑 10,000　中川慎二 5,000　三林寿子 5,000　李俊憲 3,000　奥田さが子 5,000　谷井尚子 3,000　枡田計雄 5,000　和住香織 3,000　慎英弘 5,000

一居誠・明子 5,000　李俊憲 3,000　田中章子 3,000　桂正孝 3,000　西本千恵子 100,000　李俊憲 3,000　武谷なおみ 5,000　玉岡昇治 5,000　近澤淑子 3,000　柏崎千佳子 5,000　大石恵理子 3,000　李俊憲 3,000　李俊憲 3,000　李俊憲 3,000　高仁宝 5,000　李俊憲 3,000

六甲奨学基金ご協力のお願い

●賛助会費：一口 A3,000　B5,000　C10,000
※いずれも一口を単位としますが、何口でも結構です。
※送金方法
郵便振替〈01160-6-1083 公益財団法人 神戸学生青年センター〉
備考欄に「奨学金」とお書きください。
銀行振込 三井住友銀行 六甲支店 0779651
公益財団法人 神戸学生青年センター 六甲奨学基金

計 61件　376,000円
毎月募金会計 45,000 円（千円：菱木康夫、金早雪、高仁宝、信長正義、信長たか子、飛田雄一、三千円：白川豊）
古本市による協力 1,072,871 円　総計 1,493,871 円
以上感謝をもって領収いたしました。

セミナーの記録　2022.4.1～2022.8.31

食料環境セミナー

4月16日設立50周年記念講演会「農はいのちをつなぐー時代を超えて引き継がれていくもの・資本主義の先を考えるー」宇根豊さん
5月21日「農薬は微量なら安全って本当??農薬毒性試験の中身?」星信彦さん
6月18日「ゲノム編集を考えるー安全性と生命倫理」河田昌東さん
7月16日「3.11から11年、福島の今は?」河田昌東さん

ろっこうおーがにっく市

非営利団体くらしの中のおーがにっく（共催）
毎週土曜日 野菜他の販売と交流会

第25期農塾

4月2日秋山和美さん／5月7日中野真惟子さん／6月4日大貫亜喜子さん／7月2日川邉雄さん

朝鮮語・韓国語講座

夜入門　尹智香さん／夜上級　尹智香さん
昼初級2　鄭京淑さん／応　用　林賢宜さん

林賢宜さんの韓国料理教室

4月2日イカ入りコチュジャンチゲ・しし唐辛子の蒸し物
6月4日青菜のキムチ・昆布揚げ他
7月2日水冷麺・三色包み

土曜ティーサロン

4月2日「エチオピアの歩き方」岡村奈津子さん
6月4日「旅行者から見たロシア、ウクライナ、ベラルーシ」新田浩之さん
7月2日「ベトナム中部の歩き方」Nguyen Thi Thu Haさん

六甲奨学基金

日本語サロン　毎週月・土曜日
1月22日～古本市常設開催

その他のセミナー・行事

4月23日はんてんの会「『豊かな海づくり』の欺瞞」湯浅一郎さん（共催）
4月30日講演会「神戸平民倶楽部と大逆事件ー岡林寅松・小松丑治とその周辺」上山慧さん
5月7日高作先生と学ぶ会「辺野古訴訟の現在」高作正博さん
5月28日設立50周年式典・記念講演会
6月1日技能実習制度廃止！全国キャラバンIN神戸（講演会と対談）鳥井一平さん、斎藤善久さん（後援）
7月30日高作先生と学ぶ会「2022年参議院選挙後の政治と社会」高作正博さん
8月6日てつがく対話実行委員会「てつがく対話を身近なものに～対話のコツ～」水上裕貴さん（後援）

50年記念式典・講演会

センターは、1972年4月にスタートしています。それ以前は、六甲キリスト教学生センター、1955年にアメリカ南長老教会によって作られました。その後、日本キリスト教団兵庫教区に活動が委譲され、そのご財団法人の設立にいたりました。

今年は、ちょうどそれから50年となります。コロナ下、盛大なお祝いはできませんでしたが、5月28日(土)、式典と記念講演会を対面とZOOMで開催しました。式典(礼拝)では、朴淳用館長が活動報告を行い、説教は、菅根信彦牧師(センター理事、同志社教会牧師)がしてくださいました。奏楽は、山下昌子さん、司会は飛田がつとめました。記念講演は、「ともに歩む共生社会への道」と題して李清一先生(在日基督教会館名誉館長、牧師)がしてくださいました。説教も記念講演もセンターの50年をふりかえセンターの活動を進めるための指針となるものでした。ありがとうございました。活動報告、説教、記念講演の内容は今秋発行の「センター50周年誌」に掲載いたします。

5.28　菅根信彦牧師

古本市へぜひお越しください

今年1月22日～本館3Fロビーで古本市を常設開催しています。毎年春に開催していた古本市を覚えてくださっているみなさまからは「今年は古本市ある?」とおたずねいただきます。「規模を縮小していますが、開催しています!」とおこたえしています。児童書、文庫、新書、単行本、洋書などが約1万冊ロビーに並んでいます。1月からの売上はおかげさまで170万円をこえました。本は随時募集しています。お近くにお越しの際はぜひお立ち寄りください。

林賢宜さんの韓国料理教室

毎回美味しい韓国家庭料理と文化のお話が楽しい林賢宜さんの韓国料理教室です。4/2イカ入りコチュジャンチゲ・しし唐辛子の蒸し物、6/4青菜のキムチ・昆布揚げ・豆もやしご飯、7/2水冷麺・三色包みを作りました。9月以降の秋のメニューもお楽しみに。

7.2 三色包み　7.2 水冷麺

六甲奨学基金2022年度の奨学生

①	NGUYEN THAO NGUYEN	ベトナム	神戸外語教育学院
②	ARTHORNMITRA KULLANANT	タイ	国際語学学院
③	DHUNGANA NARAYAN	ネパール	日本工科大学校
④	NGUYEN THI THU HA	ベトナム	日本経済大学
⑤	GAO XIANG	中国	関西国際教育学院

今年度は授与式を4月14日に開催しました。毎月1回奨学金受け取りに来館される際にお話をするのが楽しみです。

4.14　六甲奨学基金授与式

技能実習制度廃止！全国キャラバンＩＮ神戸

6月1日、学生センターで開催。主催は、技能実習制度廃止!全国キャラバン実行委員会とNGO神戸外国人救援ネット。センターは後援。対面とZOOMで開催しました。講演は鳥井一平さん(NPO法人移住者と連帯する全国ネットワーク代表理事)と斉藤善久さん(神戸移民連絡会、神戸大学准教授)。人権侵害事案が頻発する技能実習制度です。移民、外国人労働者がいなければこの社会が成り立たないという事実があります。外国人労働者の人権が保障されるためには何が必要か、被害を受けた技能実習生支援の最前線で関わってきたお二人のお話をうかがいました。

6.1　斉藤善久さん(左)　鳥井一平さん(右)

高作先生と学ぶ会

高作正博先生は、関西大学法学部教授。コロナ下、対面で開催しました。5月7日(土)には、「辺野古訴訟の現在」、7月30日(土)は、「2022年参議院選挙後の政治と社会」。

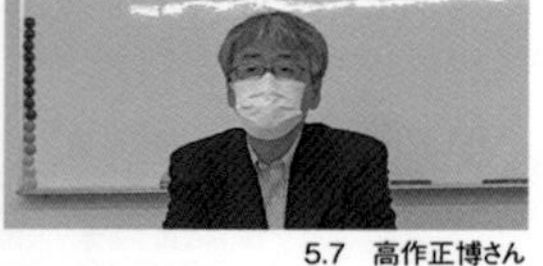

5.7　高作正博さん

会議に…ゼミ・会議・講演会に

ご予約は12か月前より
☎078-891-3018

会議室A(本館ウエスト100)　スタジオB(ノース10)

会場利用料金（1時間ごと）

■ウエスト100(本館)

部屋名	定員数	広さ	料金(一般)	料金(学生)
ホール(2F)	60名	90㎡	2,200円	1,760円
会議室A(1F)	36名	60㎡	1,650円	1,320円
サロン室(1F)	20名	40㎡	1,650円	1,320円
会議室B(4F)	18名	25㎡	1,100円	880円
和室(4F)	12名	20㎡	1,100円	880円

※ホール：グランドピアノ3,300円／回
会議室A：グランドピアノ2,200円／回
プロジェクター2,200円、マイク550円／本

■ノース10(北館)

部屋名	定員数	広さ	料金(一般)	料金(学生)
スタジオA	24名	35㎡	1,650円	1,320円
スタジオB	24名	30㎡	1,375円	1,100円
スタジオC	12名	20㎡	1,100円	880円

※スタジオA：アップライトピアノ1,100円／回、プロジェクター2,200円

• 準備、あとかたづけを含め、すべて利用時間内に行ってください。
• キャンセルをされる場合は必ずご連絡をお願いいたします。
• 連絡なく利用されなかった場合は利用料の100%、当日キャンセル80%、前日のキャンセル50%、前々日までのキャンセル無料です。
• 営業目的の会場利用は一般料金の倍額となります。
• 当館には駐車場がございません。ご了承ください。

事務所はウエスト100(本館)

ウエスト100　〒657-0051 神戸市灘区八幡町4丁目9-22
ノース10　〒657-0065 神戸市灘区宮山町3丁目3-1 六甲駅前ビル4F

●阪急六甲より徒歩1分
●JR六甲道より徒歩10分

食料環境セミナー

4.16 宇根豊さん　5.21 星信彦さん　6.18 河田昌東さん　7.16 河田昌東さん

2022年5月の食料環境セミナーは、センター設立50周年記念講演会として開催致しました。百姓・農と自然の研究所代表の宇根豊さんより、「農はいのちをつなぐ-時代を超えて引き継がれていくもの-資本主義の先を考える」というテーマでお話して頂きました。「農」とは、何なのかについて、いのちを奪う百姓、いのちを奪う食事を切口として説明して頂きました。いのちである自然、いのちで満ちている自然の中で、百姓だけでなく、人間は生きものに対して話をかけている。いのちある食べ物に対して、死んだ生きものと「また会える」ことの救い、そして喜びを頂くのが農であり、百姓の仕事であることを説明して頂きました。

5月は神戸大学農学研究科の星信彦さんより、「農薬は微量なら安全って本当?—農薬毒性試験の中身—」というテーマでお話して頂きました。環境汚染と健康、人類の未来はどうなるかについて、環境要因が人間の遺伝子(DNA)を変化させていることをネオニコチノイド系農薬を事例として説明して頂きました。何よりも、ネオニコチノイド系農薬の母子間移動に関する説明は衝撃でした。日本の子どもは有機リン、ピレスロイド、ネオニコチノイド系農薬などに日常曝露しており、複数の農薬による低用量長期曝露が懸念されているなど詳しい事例をもって説明して頂きました。6月は遺伝子組換え情報室の代表河田昌東さんより「ゲノム編集を考える−安全性と生命倫理」というテーマでお話していただく予定でしたが、先生が道に迷い、到着時間が大幅に遅れました。この日の講演会は簡単な懇談会とし、日を改めて、もう一度、河田先生から同じテーマでお話を聞くことにしております。7月も河田先生より、ご講演して頂きました。今月は「3.11から11年、福島の今は?」というテーマでお話して頂きました。メルトダウンした炉心がどうなっているか、11年経った今も、一部が観察可能になった程度で、今後、炉心取り出しから廃炉までには数十年から100年ほど時間がかかること、既に廃炉が決った原発は24基に及ぶが、具体的に廃炉された原発は一つもないのは、廃棄物の行き場がないからであり、廃棄物は10万年もの間、安全に隔離しなければならないもので、世界中の未来の人々に負の遺産を残しながら、目の前の利益を追求し続けてきたのが原発であることを説明して頂きました。福島第一原発の今の状況、規制解除による帰還政策、小児甲状腺がんの増加、農産物への影響など詳しく説明して頂きました。忙しい中、講演のため時間を頂いた講師のみなさまに感謝申し上げます。ありがとうございました。

農塾

4.2 秋山和美さん　5.7 中野眞惟子さん　6.4 大貫亜喜子さん　7.2 川邉雄さん

2022年第25期目を迎えた農塾では、月1回(基本第1週土曜日午後)生産者が登場して農業の道を選んだ理由、農業を通して得られた喜びや地域で行っている活動などについてお話して頂いています。4月は秋山和美さんより、六甲の近くで平凡な社会人から新規就農するきっかけになった丹波市豪雨災害時のボランティア活動などについて説明して頂きました。最後には美しい歌も聞かせて頂きました。5月は中野眞惟子さんより、近いうち神戸を離れて一人で新たな生活を始めると衝撃なお話を聞かせて頂きました。今まで六甲おーがにっく市に出店して頂きありがとうございました。これからもお元気で活動なさってください。6月は大貫亜喜子さんより、東日本大震災時の被害地でのボランティア活動と今とのつながりと「重ね煮」による調理方法と特徴などについて説明して頂きました。かさねてさんは、自然栽培米を土鍋と天然水で炊き、食材にもこだわるお弁当屋さんです。7月のパイレーツ・ユートピアの川邉雄さんは、天然酵母パン屋さんで関西を中心に日本各地のイベントを航海するパン屋ですと紹介しましたが、天然酵母を利用したパンづくりの話より、「人新世(アントロポセン)」という、人類の活動が地球環境に影響を与えた、新たな時代区分への移行と関連した話を聞かせて頂きました。難しい話で大変でしたが、最後に、試食用のパンを頂き幸せになりました。8月はラルブルフリュティエの堀江美紀さんより、お話を聞かせて頂く予定でしたが、オーブンの故障で来年以降に延期となりました。生産者のみなさん農塾にてお話を聞かせて頂きありがとうございました。

土曜ティーサロン

4月 岡村奈津子さん　6月 新田浩之さん　7月 NGUYEN THI THU HAさん

海外の楽しく学べるお話を聞く土曜ティーサロン。4月は「エチオピアの歩き方」岡村奈津子さん(JICAシニアOV会)、6月は「旅行者から見たロシア、ウクライナ、ベラルーシ」新田浩之さん(フリーライター/チェコ親善アンバサダー)、7月は「ベトナム中部の歩き方−ダナンへようこそ」NGUYEN THI THU HAさん(日本経済大学/2022年度六甲奨学基金奨学生)がお話して下さいました。豊かな知識と経験に基づくお話をありがとうございました。土曜ティーサロンは毎月第1土曜日の午後2〜3時にウエスト100の会議室Aで開催。参加費は無料。1月・5月・8月はお休みです。たくさんの御参加をお待ちしております。

定期利用

グループ・教室のご案内

◆からむい会(絵更紗)　第2・4木曜日・後0～4:00
連絡先・小塚　078-731-3694

◆すずなコーラス　月曜日・前10～12:00
連絡先・大谷　078-861-0338

◆神戸女声合唱団　金曜日・前10～12:30
連絡先・谷山　078-783-8665

◆創作アップリケ
第2・4月・金曜日・前10～12:00
第2・4金曜日・後1～3:00
柏原先生　078-821-4632

◆ノイエカンマーコール(混声コーラス)
土曜日・後5～9:00
連絡先・西山:080-5704-5406

◆ヨガ体操　火曜日・前10:00～12:00
廣瀬先生　078-851-8851

◆こうべこーる恵(コーラス)
第3火曜日・前10～12:00
連絡先・金山　078-851-6487

◆全珠連会員・熊内そろばん六甲教室
月・後3～6:00、火・後3～7:00、土・後2～5:00
奥野先生　078-241-1095

◆テコンドーアカデミー武哲館道場
毎週金曜日・後７～9:00
妹尾先生　070-1046-1575

◆実践空手道場稽錬会　毎週月曜日・後4～9:00
藤本先生　078-842-5669

◆すずめの学校(ニューヨークタイムズ紙を読む会)
第2・4金曜日　前10:00～12:00
連絡先・三田　090-7092-6903

◆前田書道会　第1・3火曜日・前9～後3:00
前田先生　078-385-1650

◆音楽の杜(リトミックピアノ教室)
土曜日・前9～後5:00
桂先生　078-891-3419

◆Rokko kids English Club
木・金 幼稚園クラス・親子クラス
山本先生　078-585-9328

◆東神戸トーストマスターズクラブ
第4土曜日　後1～5:00
連絡先・高橋　090-8160-2389

◆詩曲勉強会　第3日曜日　後1～5:00
連絡先・村田　078-806-8243

◆神戸フィラデルフィア教会　聖書の会
日曜日・前10～後1:00
連絡先　078-871-9192

◆公文阪急六甲駅前書写教室
水曜日・後3:30～8:00、土曜日・前9～後1:00
高田先生　080-4485-7877

◆居空間RoCoCo
火・水・木
連絡先　070-5346-6550

◆あんだんてKOBE
第2・4日曜日・後1:30～2:30
連絡先　078-203-3625

◆親子で手しごと「いいねっこ」
第2土曜日・前9時～12時

※当センターへの寄附金は、①所得控除または②税額控除が受けることができます。賛助会費、六甲奨学基金募金の両方に適用されます。詳しくはセンターにお問い合わせください。

賛助金・六甲ウィメンズハウス募金　2022.8.26～11.30（敬称略・単位円）

(社)ホワイトリボンキャンペーンジャパン 10,000
田中宏明 2,000
特定非営利活動法人兵庫県有機農業研究会 10,000
窪田実美 5,000
上内大育 3,000
張征峰 3,000
相川和之 300,000
古川明 1,000
徐聖壽 3,000
林弘城 10,000
辻川敦 6,000
加島宏 5,000
井上淳子 3,000
菅野真知子 10,000
西出郁代 10,000
松井京子 3,000
野澤祥子 5,000
小川雅由・三代子 5,000
兵頭晴喜 3,000
鈴東力 5,000
小林直哉 53,000
吉田敏子 3,000
林祐介 3,000
金野昌子 3,000
横山正代 3,000
片桐陽 5,000
大西國子・智子 10,000
徐根植 3,000
全美玉 5,000
全芳美 10,000
武藤迪子 5,000
酒井美里 5,000
大野克美 3,000
与茂田正 6,000
田原良次 6,000
谷井尚子 3,000
小若順一 5,000
中裕美智子 3,000
藤田ふみ子 15,000
谷綛保 5,000
森行雄 6,000
西八條敬洪 2,000
上田眞佐美 3,000
柳田恭子 3,000
水野直樹 3,000
無名氏 10,000
菊地真千子 3,000
原田紀敏 3,000
樋口文 3,000
若山晴子 3,000
大槻博司 5,000
無名氏 3,000
無名氏 10,000
佐藤之彦 10,000
大島董 5,000
澤田有希子 3,000
大浦秀樹 10,000
片桐元 2,000
清水康弘 3,000
黒木雅子 5,000
高石留美 3,000
無名氏 100,000
大和英子 10,000
西脇鈴代 10,000
高浜三保 10,000
吉田優 3,000
平野正 5,000
石川亮太 5,000
池田瑞枝 5,000
畑崎依子 10,000
梶谷懐 5,000
石井愛子 5,000
枡田計雄 7,000
本城智子 3,000
今村直 3,000
島津恒敏 5,000
堀内京子 5,000
高祐二 3,000
安福和子 5,000
柴田三千子 30,000
田中章子 100,000
和住香織 6,000
本山美登利 50,000
居空間RoCoCo 10,000
藤田珠恵 10,000
無名氏 3,000
納庄仁美 5,000
福島俊弘 3,000
金恒勝 3,000
今中成吉 10,000
石川和彦 10,000
野依昭子 5,000
(有)ピアノ技研 5,000
松田聖一 3,000
飛田雄一 100,000
猶原賢一郎 5,000
横谷啓子 3,000
中村大蔵 3,000
大槻小百合 3,000
岡内克江 5,000
溝口和子 15,000
北田美智子 3,000
飛田みえ子 15,000
無名氏 3,000
森下和子 5,000
平岡尚子 6,000
柳到亨 5,000
小泉昭夫 21,500
北山久子 3,000
小川健三 3,000
福村真理子 3,500
横川修 5,000
四方田文夫 3,000
宇野田尚哉 5,000
保田茂 10,000
田中義信 3,000
井江ミサ子 10,000
中勝博志 5,000
嶋村雅子 5,000
井上和歌 5,000
井上深要子 5,000
原和美 3,000
林みち代 6,000
津久井進 3,000
徐根植 10,000
津野勝俊 3,000
早川良彌 10,000
香山奈利子 3,000
梶原由美子 10,000
近藤和美 3,000
岡崎勝彦 5,000
川邉比呂子 5,000
石田米子 3,000
辻本久夫 2,000
蔡秋雄・蔡曙伍 3,000

計 135件 1,433,000円

以上感謝をもって領収いたしました。

賛助金ご協力のお願い

●賛助会費：一口 A3,000　B5,000　C10,000
※いずれも一口を単位としますが、何口でも結構です。
※送金方法
郵便振替〈01160-6-1083 公益財団法人 神戸学生青年センター〉
備考欄に「賛助金」とお書きください。
銀行振込 三井住友銀行 六甲支店 0779663
公益財団法人 神戸学生青年センター 賛助金

六甲奨学基金　2022.8.26～11.30（敬称略・単位円）

西定春 7,000
牛尾武博 5,000
窪田実美 5,000
崔相鐵 10,000
松井京子 3,000
小森悦子 10,000
嶋田千恵子 10,000
小林直哉 3,000
武藤迪子 5,000
与茂田正 3,000
田原良次 3,000
谷井尚子 3,000
藤田ふみ子 5,000
原田紀敏 3,000
大槻博司 5,000
清水康弘 3,000
高石留美 3,000
大和英子 10,000
高橋治子 3,000
藤岡みどり 10,000
李俊憲 3,000
枡田計雄 3,000
和住香織 3,000
無名氏 3,000
藤本紀子 5,000
松田聖一 3,000
溝口和子 5,000
飛田みえ子 5,000
平岡尚子 3,000
兼崎暉 3,000
内田玲子 3,000
李俊憲 3,000
井上深要子 5,000
林みち代 3,000
李俊憲 3,000
岩本光雄 10,000
徳田暁子 20,000
計 37件 192,000円

六甲奨学基金ご協力のお願い

●賛助会費：一口 A3,000　B5,000　C10,000
※いずれも一口を単位としますが、何口でも結構です。
※送金方法
郵便振替〈01160-6-1083 公益財団法人 神戸学生青年センター〉
備考欄に「奨学金」とお書きください。
銀行振込 三井住友銀行 六甲支店 0779651
公益財団法人 神戸学生青年センター 六甲奨学基金

毎月募金会計 27,000 円（千円：菱木康夫、金早雪、高仁宝、信長正義、信長たか子、飛田雄一、三千円：白川豊）
古本市による協力 433,254 円　総計 652,254 円　以上感謝をもって領収いたしました。

セミナーの記録　2022.9.1～11.30

食料環境セミナー

9月17日「農薬再評価とみどりの食料システム戦略の問題」星信彦さん
10月15日「永遠の化学物質PFASの環境汚染リスクとどう向き合うか」小泉昭夫さん
1月19日「有機の里 丹波市が抱えるごみ減量化問題～そのゴミは本当にゴミなのか～」前川進介さん

第25期農塾

生産者のお話と農産物の販売
9月3日西定春さん
10月1日大岸靖則さん
11月5日西岡直哉さん

ろっこうおーがにっく市

非営利団体くらしの中のおーがにっく（共催）
毎週土曜日 野菜他の販売と交流会

朝鮮史セミナー

「兵庫の朝鮮人の歴史をともに学ぶ―朝鮮人強制連行の現場・甲陽園地下壕発見から35年―」
10月27日「鄭鴻永さんの甲陽園地下壕発見、その後」徐根植さん
11月10日「戦前（解放前）の兵庫における朝鮮人労働者の闘い」堀内稔さん

朝鮮語・韓国語講座

夜初級1　毎週火曜日　尹智香さん
夜上級　毎週木曜日　尹智香さん
昼初級2　毎週金曜日　鄭京淑さん
応用　毎週金曜日午前　林賢宜さん

林賢宜さんの韓国料理教室

9月3日 いかフェ・宮廷トッポギ
10月1日 えごまの葉のしょうゆ漬け・韓国のみそチゲ
11月5日 干し明太魚の和え物・じゃがいも入りすいとん

六甲奨学基金

日本語サロン　毎週月・土曜日
1月22日～古本市常設開催

土曜ティーサロン

9月3日「アイルランド・ダブリンの歩き方」石川弘海さん
10月1日「ロシア・モスクワの歩き方」森井久美子さん
11月5日「韓国各地の歩き方」森崎和夫さん

その他のセミナー・行事

10月29日はんてんの会「『豊かな海づくり』の欺瞞」末田一秀さん（共催）
11月19日高作先生と学ぶ会「米軍基地の環境問題と表現の自由」高作正博さん

灘チャレンジ2022

阪神淡路大震災時、ボランティア活動をおこなった神戸大学の学生が中心になって1995年に始まりました。「淡路大震災から始まった神戸市灘区の復興祭」です。「震災継承だけでなく、障がい者や野宿者などの社会問題にも焦点を当てつつ、毎年お祭りの開催を続けてきました。また、長年会場としている都賀川公園で水難事故が起きてからは、再発防止に向けた継承活動も行っています。さらに、長年灘区に根付いた活動を行う中で、お祭りを通して普段出会えない人々が出会う/知り合うきっかけの場としての役割を持つようにもなってきています」（ホームページより）。毎年、六甲奨学基金の古本市も、開いていただいています。コロナ下、制限された灘チャレンジとなりましたが、都賀川公園で開催されました。

9.18 灘チャレンジ2022

神戸学生青年センター
センターニュース
KOBE STUDENT YOUTH CENTER NEWS No.110

No.110
発行所 (公財)神戸学生青年センター
理事長 飛田 雄一
館 長 朴 淳 用

〒657-0051 神戸市灘区八幡町4-9-22
TEL (078) 891-3018 FAX (078) 891-3019
Yahata-cho 4-9-22, Nada-ku
Kobe, 657-0051 Japan
E-mail : info@ksyc.jp
U R L https://ksyc.jp

困難を抱える女性と子どもたちが「ここにしか住めない」ではなく「ここに住みたい」と思える住まいをつくりたい

認定NPO法人
女性と子ども支援センター
ウィメンズネット・こうべ
代表理事
正井禮子

1992年に女性の人権を守り、ジェンダー平等社会の実現をめざしてウィメンズネット・こうべをたちあげ、今年で30年になります。記念事業として、コープこうべの旧女子寮を改修し、神戸学生青年センター様と共同で「六甲ウィメンズハウス」をつくります。

何故、ウィメンズハウスをつくろうと思ったのか？

94年に女性たちのエンパワメントをめざして「女たちの家」を開設し、さまざまなテーマで語り合いを続けていましたが、夫からの暴力に悩む女性の声を聞き、会報に「500円で誰でも泊まれます」と案内すると、女性たちが相次いで駆け込んでこられました。DVという概念もシェルターという言葉も知りませんでしたが、駆け込み寺も活動の一つになるのかなあと思いました。翌年1月17日に震災があり「女たちの家」は閉鎖。女性支援ネットワークをたちあげ、被災女性の支援に取り組み、震災以降はDV被害女性支援がメインの活動となり、04年には民間シェルター「ともだちの家」を開設し今日に至っています。

支援活動を通して、母子ともに心の傷が深いこと、その後の貧困や孤立を知り、2013年に神戸市内に居場所としてWACCA（わっか）を開設。困難を抱える女性と子どもの心の回復と生活再建に向けた支援を行っています（現在2か所）。被害者支援は、孤立させないことから始まります。シェルターを開設して以来、女性たちのその後の家探しも支援のひとつでした。しかし、保証人もいない、所持金も乏しい、低収入に加えて子連れという女性たちに紹介される家は、多くが、狭くて古く日当たりも悪い「ここにしか住めないのか」とため息がでるような家でした。

私は2010年、居住福祉を考える研究者とともに訪問したデンマークで、女性と子どもが住む家を見学し、外観は古い建物ですが、内部はデザイナーズマンションか！と思わせるほど美しく、広いリビング、プレイルームやカウンセリングルーム、キッチンに驚きました。**困難を抱える女性と子どもが「ここにしか住めない」ではなく「ここに住みたい」と思える住まいを日本でもつくりたいと強く思ったのでした。**2019年に居住支援法人の資格を取り、シングルマザー（離婚前の女性も）等、住宅取得が困難な女性を対象に居住支援（相談や同行支援）を行い、1年目は40件、昨年は98件に対応しました。

NPOと企業が連携し、社会貢献の建物をつくる仕組みは海外では広がりつつあります。日本ではまだまだ少ないので、私たちの事業をモデルとして全国各地に広がることを願っています。現在、神戸学生青年センター様と共同で、クラウドファンディングに挑戦しています。12月22日締め切り。ご支援と情報拡散よろしくお願いします！（集まった金額は全て寄付されます）

クラウドファンディング挑戦中
目標金額 3,000万円 12/22まで
六甲 ウィメンズハウス
困難を抱える女性や母子が安心して自立へと歩み出せる「住まい」をつくろう！

センターの50周年記念誌を作っています

センターは今年で創立50年をむかえました。これまでの記録などをまとめた50年記念誌をただいま作成中で、1月始めには出来上がる予定です。販売(¥1,100、Amazonでご購入いただけます)を予定していますので、お手に取っていただけると幸いです。

50年記念誌表紙

林賢宜さんの韓国料理教室

9月はいかフェ、宮廷トッポギ、10月はえごまの葉のしょうゆ漬け、韓国のみそチゲ、11月は干し明太魚の和え物、じゃがいも入りすいとんを学びました。林賢宜先生のお話も魅力の教室です。2月は人気のキムチの作り方を学びます。ご参加お待ちしております。

9.3 韓国料理メニュー

古本市開催中

今年1/22～、センター本館3Fロビーで六甲奨学基金のための古本市を常設開催しています。11月末までで220万円をこえる売上となっています。みなさまのご協力のおかげです。ありがとうございます。本は随時募集しております。今後ともご協力お願いいたします。

12.5 古本市

高作先生と学ぶ会

2014年6月、小谷美智子さんを中心にスタートした勉強会、初回のテーマは、「憲法の危機と沖縄－辺野古・普天間・高江が問う平和」。その後継続的に有志によって開催されていた勉強会ですが、昨年度より学生センター主催のプログラムとして再スタートしました。

毎回、高作正博先生(憲法学、関西大学教授)と相談しながら、時々のテーマをとりあげてきました。センターホームページに全記録がありますが、2018年(全7回)の各テーマは、以下のとおりです。

安倍政権の過去・現在・未来、「米軍基地爆音訴訟の現在」を知る、「押しつけ憲法論」と日本国憲法の正当性、公権力によるプライバシー情報の収集・集積と共謀罪社会、改憲勢力が狙う家族制度－「LGBT」「生産性」発言の背後にあるもの、「個人の尊重」と幸福追求権－強制不妊手術の憲法問題、不起立訴訟の現在。

前回11.19のテーマは、「11.19　米軍基地の環境問題と表現の自由」。年度内は、来年1.21(土)、「戦争被害と憲法上の補償(仮)」です。充実した勉強会が続いています。ぜひご参加ください。

11.19 高作正博さん

朝鮮史セミナー

「兵庫の朝鮮人の歴史をともに学ぶ―朝鮮人強制連行の現場・甲陽園地下壕発見から35年―」(全2回)を開催しました。講師は、兵庫朝鮮関係研究会の徐根植さんとむくげの会の堀内稔さん。1987年11月、西宮市甲陽園で地下工場跡が発見されました。発見されたのは鄭鴻永さん(2000年1月死亡)。「米国戦略爆撃報告書」に甲陽園地下工場の記録があり、鄭さんはこれに注目していました。宅地開発工事が進められたときに、地主の許可をえて中に入り、壁に残された「朝鮮國獨立」「綠の春」の文字を発見しました。発見から35年となる今秋、改めてこの事実に向き合うセミナーとなりました。(鄭鴻永著『歌劇の街のもうひとつの歴史―宝塚と朝鮮人』(1997.1神戸学生青年センター)はアマゾンで購入できます。)

講座は、①「鄭鴻永さんの甲陽園地下壕発見、その後」徐根植さん、②「戦前(解放前)の兵庫における朝鮮人労働者の闘い」堀内稔さん。充実した内容のセミナーとなりました。

10.27 徐根植さん　11.10 堀内稔さん

食料環境セミナー

9月は、5月にご講演して頂いた神戸大学大学院農学研究科の星信彦さんより「農薬再評価とみどりの食料システム戦略の問題」をテーマにお話して頂きました。前半はネオニコチノイド系農薬等による人体への被害を色んな事例を用いて説明して頂きました。後半は国の農業政策として「みどりの食料システム戦略」について現状と課題を具体的に説明して頂きました。2050年までに目指す姿としてCO2ゼロエミッション化の実現や化学肥料の使用量30%低減、有機農業面積25%に拡大などが盛り込まれているが、どのようなプロセスで実現させるかについて国の政策を検証する時間を頂きました。大幅に時間を延長して説明して頂きありがとうございました。

9.17 星信彦さん　10.15 小泉昭夫さん　11.19 前川進介さん

10月は社会健康医学福祉研究所所長の小泉昭夫さんより「永遠の化学物質PFASの環境汚染リスクとどう向き合うか」をテーマにお話して頂きました。新たな環境汚染物質PFOAとPFOS、PFHxSについて科学的な説明から人体への影響や健康リスクとして発がん性、胎児や新生児への影響などについて説明して頂きました。大阪府下のPFOAによる土壌汚染地域調査等を通じて明らかになった改善すべき点として、水道水の基準の見直し、土壌汚染対策、地下水汚染に対する基準と除染の必要性について説明して頂きました。

11月は丹波市議会議員の前川進介さんより「有機の里丹波市が抱えるごみ減量化問題～そのゴミは本当にゴミなのか～」をテーマにお話して頂きました。丹波市の燃やすごみ袋は兵庫県下で最も高額な80円である。燃やすごみ袋の半額化よりも先に、燃やすごみの減量化に取り組むべきであることに着目し、資源化へのいろんな工夫を紹介して頂きました。目先のごみ減量問題の裏面には、行き過ぎた資本主義がもたらした大量消費社会があり、その社会の弊害を克服するためには、食とエネルギーと教育の自給自足が必要で、食料・飼料・肥料・燃料の4つの「料」を手に入れるために前川さん自ら実践している生活の面々を紹介して頂きました。最後にニワトリの卵をお土産として頂きありがとうございました。

農塾

2022年第25期目を迎えた農塾では、月1回生産者が登場して農業の道を選んだ理由、農業を通じて得られた喜びや地域で行っている活動などについてお話して頂いています。月1回の開催として1名の生産者が自分の農場から収穫した農産物を農塾の開催日に販売しております。販売時には農産物の食べ方や調理方法も教えて頂いています。

9.3 西定春さん　10.1 大岸靖則さん　11.5 西岡直哉さん

9月は社会福祉法人すばる福祉会の西定春さんより、施設の利用者と一緒に開かれた場所で行っている農業についてお話して頂きました。ヤギとニワトリの話しや食パンとクッキー類をつくるようになった経緯などについてお話して頂きました。

10月は園北ファームの大岸靖則さんより、大阪南部で栽培していた門真れんこんの話から、地元尼崎に戻り、園北ファームを立ち上げ、地域住民と交流しながら今行っている自然農法のお話を聞かせて頂きました。きゅうりの生命力を写真で見せて頂いた時にはその生命力にビックリしました。

11月は株式会社口果報の西岡直哉さんより、大手メーカーの情報システム管理やITベンチャー企業勤めから、なぜ今丹波に移住し株式会社口果情を設立し、農業にかかわるようになったかについてお話して頂きました。すばる福祉会の卵と食パンや西岡さんが運ぶ野菜は、土曜日の六甲おーがにっく市でも販売しております。生産者のみなさん農塾にてお話を聞かせて頂きありがとうございました。

土曜ティーサロン

海外の楽しく学べるお話を聞いて、お茶を飲みながら語り合うひとときです。9月は石川弘海さん(神戸市灘区在住)が「アイルランド・ダブリンの歩き方～動乱の歴史とコロナ禍の今」、10月は森井久美子さんが(豊中市在住)「わたしの愛しのソビエト、そしてロシア」、11月は森崎和夫さん(学生センター古本市ボランティア)が「韓国各地の歩き方～ノレチャランで韓国各地を歩きまわる」をテーマに、コロナ禍の現状や数十年前の御自身の体験談などなど、大変貴重なお話を聞かせて下さいました。ありがとうございました。土曜ティーサロンは第1土曜日の午後2～3時にウエスト100の会議室にて開催(1月・5月・8月は休み)。たくさんの御参加お待ちしております。

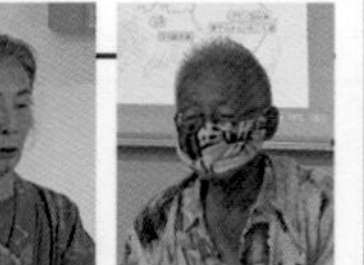
9月 石川弘海さん　10月 森井久美子さん　11月 森崎和夫さん

定期利用

グループ・教室のご案内

- ◆からむい会(絵更紗)　第2・4木曜日・後0～4:00　連絡先:小塚　078-731-3694
- ◆すぎなコーラス　月曜日・前10～12:00　連絡先:大谷　078-861-0338
- ◆神戸女声合唱団　金曜日・前10～12:30　連絡先:谷山　078-783-8665
- ◆創作アップリケ　第2・4月・金曜日・前10～12:00　第2・4金曜日・後1～3:00　柏原先生　078-821-4632
- ◆ノイエカンマーコール(混声コーラス)　土曜日・後5～9:00　連絡先:西山:080-5704-5406
- ◆ヨガ体操　火曜日・前10:00～12:00　廣瀬先生　078-851-8851
- ◆こうべこーる恵(コーラス)　第3火曜日・前10～12:00　連絡先:金山　078-851-6487
- ◆全珠連会員・熊内そろばん六甲教室　月・後3～6:00、火・後3～7:00、土・後2～5:00　奥野先生　078-241-1095
- ◆テコンドーアカデミー武哲館道場　毎週金曜日・後7～9:00　妹尾先生　070-1046-1575
- ◆実践空手道場稽古会　毎週月曜日・後4～9:00　藤本先生　078-842-5669
- ◆すずめの学校(ニューヨークタイムズ紙を読む会)　第2・4金曜日　前10:00～12:00　連絡先:三田　090-7092-6903
- ◆前田書道会　第1・3火曜日・前9～後3:00　前田先生　078-385-1650
- ◆音楽の杜(リトミックピアノ教室)　土曜日・前9～後5:00　桂先生　078-891-3419
- ◆Rokko kids English Club　木・金 幼稚園クラス・親子クラス　山本先生　078-585-9328
- ◆東神戸トーストマスターズクラブ　第4土曜日　後1～5:00　連絡先:高橋　090-8160-2389
- ◆謡曲勉強会　第3日曜日　後1～5:00　連絡先:村田　078-806-8243
- ◆神戸フィラデルフィア教会　聖書の会　日曜日・前10～後1:00　連絡先　078-871-9192
- ◆公文阪急六甲駅前書写教室　水曜日・後3:30～8:00、土曜日・前9～後1:00　高田先生　080-4485-7877
- ◆居空間RoCoCo　火・水・木　連絡先　070-5346-6550
- ◆あんだんてKOBE　第2・4日曜日・後1:30～2:30　連絡先　078-203-3625
- ◆親子で手しごと「いいねっこ」　第2土曜日・前9時～12時

お問合せやお申込は、各グループ・教室に直接ご連絡ください。

役員・職員・アルバイトの記録（2022年12月現在）

◇理　事　飛田雄一（理事長）
　　　　　足立康幸
　　　　　菊澤咲野加
　　　　　菅根信彦
　　　　　中道基夫
　　　　　朴淳用

◇監　事　林弘城
　　　　　信長たか子

◇評議員　上内鏡子
　　　　　高山和可子
　　　　　堀内稔
　　　　　大和泰彦
　　　　　兪澄子
　　　　　李裕美

◇職　員　朴淳用
　　　　　都築和可子
　　　　　大和泰彦

お世話になった＆お世話になっている
職員、管理人、清掃、日曜・祝日（平日含）のアルバイトの方々

＊フルネームをかけなかった方がおられます。申し訳ありません。

《職　員》

登佐尅巳/飛田みえ子/新井久子/向井/中野由貴/山本達士/鹿嶋節子

《管理人》

張力・高原/喬徳利・胡薇/朴淳用・金洙政/孫正権/柳到亭・山本朋子/孫正権・趙/黄棟・姚・孫毅/吉田敬洋/大森照輝/張主善

《清掃アルバイト》

多田伝三郎/名田和子/安福ちか子/滝上文枝/武田幸子/津山佐代子/竹川昌子/小西弘子/畠山登美子/李芝勲/高岡信代/間崎信子

《日曜・祝日（平日含）アルバイト》

＜1970年代＞

古家/藤井/辻本しげ子/瀬川雅之/近藤富男

＜1980年代＞

藤井/吉田泉子/安井隆人/平田（兄）/平田（弟）/山本正志/松尾尚子/安井孝/永松美希/月森寿子/稲田登/松葉和久/姜守殷/永井/村井純/中河初美/松浦/木綿敏/武田淳/定行良次/渡辺/慶徳敦/枡田計雄/石塚/川村/長尾孝次/木曽/高橋/小林真知/船橋仁美

＜1990年代＞

楊華/波多野豪/木村治代/三宅/青柳/門永朋子/宮部和幸/桜井/堀田学/古川/山口/金繁/金起燮/朴晟植/李素妗/呉美英/車金柱/金栄俊/鄭鎮基/朴商雨/鄭萬哲/朴鑑杓/鄭燦圭/安炳烈

＜2000年代＞

李中権/孫正権/孫皓準/金永基/金雲鎬/金炳助/金孝珍/張榮晋/蔡鍾吉/姜/孫/卜/朴/鄭/李銀志/河

＜2010年代＞

金/許晋碩/李俊憲/丁經凡/張主善/黒田寛子/橋本由里/東静香

＜2020年代＞

裵昶演/呉権盈

センター職員
大和泰彦

皆さま、最後までお読み下さりありがとうございました。

振り返れば、私自身も高校生の時に宿泊で神戸学生青年センターを利用して以来、朝鮮史セミナーやキリスト教セミナー、古本市などで入り浸るようになり、2018年からセンターで働かせてもらっています。気付けば私とセンターとの縁も20年近くになろうとしており、その間には数えきれないほどの出会いと新たな見識を得ることができました。

この50周年記念誌を製作する中で、30周年記念誌『20世紀から21世紀へ』以降20年間の写真を選んでみました。膨大な写真記録を見ながら、もう会えなくなってしまった方も多いのですが、家族のようなたくさんの皆さまの信頼と理解があってこそ、センターが今日まで幅広い活動をしてこられたのだと思います。自分も微力ながらその輪に加えて頂けたこと、感謝の思いでいっぱいです。

これからも日々変化する時代に寄りそい、社会の課題を敏感に受け止め、学生・市民の皆さまと共に連帯し、共に学び実践しながら、「人と人」「人とテーマ」「テーマとテーマ」の出会いを大切に、アジアに生きる1人の青年として、次の50年に向かうセンターを継承していきたいと思います。末永く宜しくお願い致します。

＊

センター職員
都築和可子

神戸学生青年センター50年記念誌「50周年を迎えたセンター、次の50年に向かって歩みます」をお読みいただきましてありがとうございます。

今回、50年記念誌をつくるにあたり、これまでのセミナーの記録を確認しました。センターのセミナー３本柱のひとつである食料環境セミナーは500回をこえ、朝鮮史セミナーは300回をこえ、キリスト教セミナーは次回が200回となります。それぞれのセミナーのテーマの歴史をみることは楽しみのひとつでした。このほかにも現在継続中の講座、セミナーがいくつかあり、みなさまに支えていただきながら今後も続けていきたいと思います。

センターは2021年、灘区山田町から灘区八幡町へ移転をいたしました。阪急六甲駅の北側から南側への移転です。大きく変わったことは宿泊設備がなくなったことです。毎年２月になると受験生が利用してくださり、４月・10月の新学期シーズンにはアパートが見つかるまで滞在したいという学生さんがおられ、夏休みになると合宿で使ってくださるグループがたくさんありました。宿泊のお客様たちとお会いできなくなったことはさみしいですが、移転先での新しい出会いもだんだん増えてきており楽しさも感じています。「引越してからも古本市はやってるんやね」とたずねてくださるお客様も多く、古本市を楽しみにしてくださっているお客様がたくさんいてくださることを感じます。「六甲奨学基金のための古本市」はロビーでいつでも開催しています。お近くにこられる際はぜひお立ち寄りください。

そういえば六甲にセンターあったよね、と思い出してもらえるようなセンターでありたいと思います。これからも少しずつ歩んでいきます。みなさま今後ともご支援ご協力をお願い申し上げます。

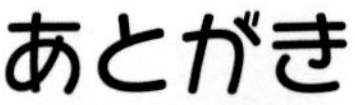

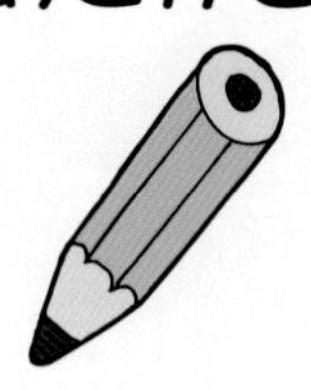